中華古籍保護計劃

ZHONG HUA GU JI BAO HU JI HUA CHENG GUO

·成 果·

鄭州大學圖書館古籍普查登記目錄

全國古籍普查登記目錄

國家圖書館出版社

National Library of China Publishing House

圖書在版編目(CIP)數據

鄭州大學圖書館古籍普查登記目錄/鄭州大學圖書館編. —北京:國家圖書館出版社,
2019.12
　(全國古籍普查登記目錄)
　ISBN 978 - 7 - 5013 - 6846 - 4

　Ⅰ.①鄭…　Ⅱ.①鄭…　Ⅲ.①鄭州大學—古籍—圖書館目録　Ⅳ.①Z838

中國版本圖書館 CIP 數據核字(2019)第 260263 號

書　　名　鄭州大學圖書館古籍普查登記目録
著　　者　鄭州大學圖書館　編
責任編輯　黄　鑫

出版發行　國家圖書館出版社(北京市西城區文津街 7 號　100034)
　　　　　(原書目文獻出版社 北京圖書館出版社)
　　　　　010 - 66114536　63802249　nlcpress@ nlc. cn(郵購)
網　　址　http://www. nlcpress. com
排　　版　凡華(北京)文化傳播有限公司
印　　裝　河北三河弘翰印務有限公司
版次印次　2019 年 12 月第 1 版　2019 年 12 月第 1 次印刷

開　　本　787×1092(毫米)　1/16
印　　張　28
字　　數　560 千字
書　　號　ISBN 978 - 7 - 5013 - 6846 - 4
定　　價　270.00 圓

《全國古籍普查登記目錄》
工作委員會

主　任：周和平

副主任：張永新　詹福瑞　劉小琴　李致忠　張志清

委　員（按姓氏筆畫排序）：

于立仁　王水喬　王　沛　王紅蕾　王筱雯

方自今　尹壽松　包菊香　任　競　全　勤

李西寧　李　彤　李忠昊　李春來　李　培

李曉秋　吳建中　宋志英　努　木　林世田

易向軍　周建文　洪　琰　倪曉建　徐欣禄

徐　蜀　高文華　郭向東　陳荔京　陳紅彦

張　勇　湯旭岩　楊　揚　賈貴榮　趙　嫄

鄭智明　劉洪輝　歷　力　鮑盛華　韓　彬

魏存慶　鍾海珍　謝冬榮　謝　林　應長興

《全國古籍普查登記目録》

序　言

　　全國古籍普查登記工作是"中華古籍保護計劃"的首要任務,是全面開展古籍搶救、保護和利用工作的基礎,也是有史以來第一次由政府組織、參加收藏單位最多的全國性古籍普查登記工作。

　　2007年國務院辦公廳發布《關於進一步加强古籍保護工作的意見》(國辦發〔2007〕6號),明確了古籍保護工作的首要任務是對全國公共圖書館、博物館和教育、宗教、民族、文物等系統的古籍收藏和保護狀況進行全面普查,建立中華古籍聯合目録和古籍數字資源庫。2011年12月,文化部下發《文化部辦公廳關於加快推進全國古籍普查登記工作的通知》(文辦發〔2011〕518號),進一步落實了全國古籍普查登記工作。根據文化部2011年518號文件精神,國家古籍保護中心擬訂了《全國古籍普查登記工作方案》,進一步規範了古籍普查登記工作的範圍、内容、原則、步驟、辦法、成果和經費。目前進行的全國古籍普查登記工作的中心任務是通過每部古籍的身份證——"古籍普查登記編號"和相關信息,建立古籍總臺賬,全面瞭解全國古籍存藏情况,開展全國古籍保護的基礎性工作,加强各級政府對古籍的管理、保護和利用。

　　《全國古籍普查登記工作方案》規定了全國古籍普查登記工作的三個主要步驟:一、開展古籍普查登記工作;二、在古籍普查登記基礎上,編纂出版館藏古籍普查登記目録,形成《全國古籍普查登記目録》;三、在古籍普查登記工作基本完成的前提下,由省級古籍保護中心負責編纂出版本省古籍分類聯合目録《中華古籍總目》分省卷,由國家古籍保護中心負責編纂出版《中華古籍總目》統編卷。

　　在黨和政府領導下,在各地區、各有關部門和全社會共同努力下,古籍普查登記工作得以扎實推進。古籍普查已在除臺、港、澳之外的全國各省級行政區域開展,普查内容除漢文古籍外,還包括各少數民族文字古籍,特别是於2010年分别啓動了新疆古籍保護和西藏古籍保護專項,因地制宜,開展古籍普查登記工作;國家古籍保護中心研製的"全國古籍普查登記平臺"已覆蓋到全國各省級古籍保護中心,并進一步研發了"中華古籍索引庫",爲及時展現古籍普查成果提供有力支持;截至目前,已有11375部古籍進入《國家珍貴古籍名録》,浙江、江蘇、山東、河北等省公布了省級《珍貴古籍名録》，古籍分級保護機制初步形成。

《全國古籍普查登記目録》是古籍普查工作的階段性成果，旨在摸清家底，揭示館藏，反映古籍的基本信息。原則上每申報單位獨立成册，館藏量少不能獨立成册者，則在本省範圍内幾個館目合并成册。無論獨立成册還是合并成册，均編製獨立的書名筆畫索引附於書後。著録的必填基本項目有：古籍普查登記編號、索書號、題名卷數、著者（含著作方式）、版本、册數及存缺卷數。其他擴展項目有：分類、批校題跋、版式、裝幀形式、叢書子目、書影、破損狀况等。有條件的收藏單位多著録的一些擴展項目，也反映在《全國古籍普查登記目録》上。目録編排按古籍普查登記編號排序，内在順序給予各古籍收藏單位較大自由度，可按分類排列古籍普查登記編號，也可按排架號、按同書名等排列古籍普查登記編號，以反映各館特色。

此次全國古籍普查登記工作，克服了古籍數量多、普查人員少、普查難度大等各種困難，也得到了全國古籍保護工作者的極大支持。在古籍普查登記過程中，國家古籍保護中心、各省古籍保護中心爲此舉辦了多期古籍普查、古籍鑒定、古籍普查目録審校等培訓班，全國共 1600 餘家單位參加了培訓，爲古籍普查登記工作培養了大量人才。同時在古籍普查登記工作中，也鍛煉了普查員的實踐能力，爲將來古籍保護事業發展奠定了良好的基礎。

《全國古籍普查登記目録》的出版，將摸清我國古籍家底，爲古籍保護和利用工作提供依據，也將是古籍保護長期工作的一個里程碑。

國家古籍保護中心
2013 年 10 月

《全國古籍普查登記目録》

編纂凡例

一、收録範圍爲我國境内各收藏機構或個人所藏,産生於 1912 年以前,具有文物價值、學術價值和藝術價值的文獻典籍,包括漢文古籍和少數民族文字古籍以及甲骨、簡帛、敦煌遺書、碑帖拓本、古地圖等文獻。其中,部分文獻的收録年限適當延伸。

二、以各收藏機構爲分册依據,篇幅較小者,適當合并出版。

三、一部古籍一條款目,複本亦單獨著録。

四、著録基本要求爲客觀登記、規範描述。

五、著録款目包括古籍普查登記編號、索書號、題名卷數、著者、版本、册數、存缺卷等。古籍普查登記編號的組成方式是:省級行政區劃代碼—單位代碼—古籍普查登記順序號。

六、以古籍普查登記編號順序排序。

《河南省古籍普查登記目録》
工作委員會

主　任：康　潔

副主任：湯　雁　程建立　孔德超

委　員（按姓氏筆畫排序）：

　　　王繼娜　申少春　江　路　李紅岩　李景文

　　　周新鳳　崔　波　楊　凡　謝　昱

《河南省古籍普查登記目録》

前　言

　　河南地處華夏腹地，得天獨厚的地理環境使其成爲中華文明的主要發源地，遺留下大批珍貴的文化遺産，古籍文獻即是其重要組成部分。但由於歷史原因，河南的古籍藏量一直没有詳細調查統計。1989 年至 1991 年，河南省文化廳曾組織專家對全省市縣公共圖書館進行了 4 次古籍調查，摸清了部分公共圖書館及文博單位的古籍收藏狀況，發現了一批有價值的古籍，但并未形成詳盡的古籍目録。2007 年"中華古籍保護計劃"實施以來，根據文化部、國家古籍保護中心的部署，在河南省文化廳的領導下，河南古籍普查工作開始穩步推進，公共圖書館、高校圖書館等古籍收藏單位積極行動，經過近 10 年的努力，全省古籍普查取得階段性成果。成立河南省古籍保護中心并對全省古籍普查工作給予具體業務指導；在 1989 年到 1991 年省内古籍調查的基礎上，出版《河南省市縣圖書館古籍善本聯合目録》；全省 19 家收藏單位 222 部古籍先後入選第一至五批《國家珍貴古籍名録》，河南省圖書館、河南大學圖書館、新鄉市圖書館、鄭州圖書館、鄭州大學圖書館、洛陽市圖書館、中國嵩山少林寺藏經閣、南陽市圖書館、開封市圖書館被評爲"全國古籍重點保護單位"，另有 534 部古籍入選第一批《河南省珍貴古籍名録》，16 家單位被評爲"河南省古籍重點保護單位"；古籍保護人才隊伍逐漸壯大，一批古籍收藏單位古籍保存條件得到顯著改善；全省古籍普查登記基本完成。

　　古籍普查登記是一項專業性很强的工作，著録人員除了需要具有相應的目録學、版本學等知識外，還需要具有一定的實踐工作經驗，需要在普查工作中，一絲不苟、兢兢業業。《河南省古籍普查登記目録》均嚴格按照古籍普查登記規範著録，不僅傾注了各藏書單位古籍普查登記人員的大量精力和心血，也包含着國家古籍保護中心、河南省古籍保護中心諸位專家指導、審校之辛勞，在此向他們表示深深的敬意和誠摯的感謝。

　　隨着河南省各收藏單位古籍普查登記目録的陸續出版，必將摸清全省古籍文化遺産家底，揭示全省各地區的文化脉絡，并修正館藏目録錯誤，實現古籍資源互通有無，從而建立統一的古籍信息數據庫，爲今後有針對性地開展古籍保護工作奠定堅實的基礎。由於時間緊、任務重，加之一些書名、著者、版本之失考，及經驗不足等原因，書中難免存在一些不盡如人意之處，敬請業內專家及廣大讀者批評指正。

河南省古籍保護中心
河南省圖書館
2017 年 8 月

《鄭州大學圖書館古籍普查登記目錄》
編委會

主　編：姚　武

副主編：趙長海　席會芬

編　委（按姓氏筆畫排序）：

　　　　周　荷　馬　越　徐振雲　張玉枝　張海濤　張　萍

　　　　焦　玥　劉　寧

《鄭州大學圖書館古籍普查登記目録》

前　言

鄭州大學由原鄭州大學、鄭州工業大學、河南醫科大學於 2000 年 7 月 10 日合并組建而成，是河南省唯一一所國家"211 工程"重點建設高校。2017 年 9 月，教育部等印發《關於公布世界一流大學和一流學科建設高校及建設學科名單的通知》，一流大學建設高校 42 所，鄭州大學位列其中。鄭州大學圖書館藏書現達 600 餘萬册，其中古籍近 19 萬册，雖比不上國內一流圖書館的館藏數量，但善本衆多，特色鮮明，是一座館藏豐厚、亟待開發的寶庫。其古籍主體來源主要是原鄭州大學圖書館館藏。

一、館藏古籍淵源

原鄭州大學於 1956 年創建，學校發軔之初就極爲重視圖書館的藏書建設。當時曾委托山東大學殷孟倫等知名教授專程赴京、滬采購文史古籍綫裝書和中文舊書刊。據説曾購買了上海一個古舊書店的庫藏，并且每包書上有"河大定"紅戳標籤（鄭州大學籌建之初，原定名"河南大學"），這件事驚動了當時的文化部副部長鄭振鐸先生和圖書館界。故鄭振鐸先生在 1958 年 7 月 4 日爲新華書店業務研究班的授課中特別指出，古舊書店"書存得越多越好，不要一下子賣光。有的機構拿五萬元來讓古舊書店給配貨，要拒絕"。鄭州大學圖書館籌建時的大手筆購書是確實的，據檔案記載，僅第一批綫裝書即有近 7 萬册，且多經名家遞藏。1957 年寒假，圖書館組織留校學生對積壓的 230 多包古籍綫裝書、古舊平裝書和 1949 年以前出版的舊期刊進行拆包、驗收、上架，特邀請荆三林教授和陳懷德老師協助進行初步分編，於 1957 年 5 月編出《鄭州大學圖書館叢書目録》，收録叢書 96 種；《鄭州大學圖書館現藏文學綫裝書目》，收録文學類綫裝圖書 1275 種。

李戲魚先生曾做過馮友蘭先生的助教、秘書，著作頗豐。1957 年，李戲魚先生應鄭州大學之邀擔任美學研究室名譽主任。之後在當年"反右"中，因交代了給陳毅副總理上書的內容被疑，遂被安排到我校圖書館工作。在圖書館工作期間，對古籍綫裝書的版本鑒別、整理、編目等工作做出了巨大貢獻。60 年代初，李戲魚先生編製了手寫本鄭州大學圖書館《館藏善本書目》和《地方志目録》，後來經過檢驗審定收入《中國古籍善本書目》。

此後，主政館務的著名圖書館學家孫雲疇先生（1949 年獲美國哥倫比亞大學圖

1

書館學碩士學位），對古籍的補充和整理都極爲重視，根據中國書店和上海古舊書店所寄徵訂書目，不斷添補缺藏圖書。除本館采購外，根據1956年《高等學校圖書館書刊調撥暫行辦法（草案）》，圖書館還接收了清華大學和同濟大學支援調撥的一批綫裝書。1958年圖書館組織李戲魚、孫雲疇、鄭毅三位先生組成古籍綫裝書分編小組，對初步整理的古籍綫裝書，按"科圖法"進行分類、編目。還先後邀請知名教授顧牧丁、徐士年、秦佩珩、劉銘恕、蔣鑒章等協助進行版本鑒定。經過幾年的努力，完成了綫裝書的分編工作，并細排上架。整理過程中，對一些殘破不整、沒有函套的圖書，則請裝訂師傅邢西庚重新裝池、補配函套。通過此次整理分編，發現這批藏書中筆記類小説和寶卷很有特色，受到專家學者的重視。

1961年，河南省委決定，鄭州師範學院并入鄭州大學，稱爲鄭州大學北校區。1963年7月，全國高等學校專業調整會議後，河南省人民政府與化學工業部商定，將鄭州大學的工科系劃出，於鄭州大學北校區成立鄭州工學院，歸化學工業部領導。1964年初，北校區圖書館把公共課及工科用書留給新建的鄭州工學院，其餘則全部遷入南校圖書館，包括1960年手刻鋼板油印《館藏古舊書目》多册及古籍綫裝書近6萬册。鄭州大學圖書館早期收藏采用"杜威十進分類法""科圖法"，後經過重新整理出版，采用英文字母加分類號的形式，著録僅有書名和索書號。

經過數年的努力，鄭州大學圖書館館藏古籍門類齊全，特色鮮明，對剛剛起步的鄭州大學教學科研工作提供了一定的文獻保障基礎，并起到了極大的促進作用。

1979年9月下旬至10月20日，爲了摸清"文革"後的家底，根據上級和學校的統一部署，圖書館進行了清産工作。清點古籍綫裝書16.5萬册。1979年後，曾參與《河南省善本書目》編纂工作的楊松如副研究館員負責古籍管理工作。1980年4月至7月初，根據工作計劃，組成古籍綫裝書清點小組，參加人員有趙作智、楊松如、林友民，另有四名臨時工作人員分別是楊秀珍、莫雲芳、王東平、張潤霞。清點小組歷時3個月，核實館藏古籍南館有89209册，北館實有55462册，共計144671册。楊松如、趙作智兩位老師對清點綫裝書情況撰寫了總結。通過清點，選出150種古籍善本書，製成卡片目録，報送河南省圖書館。1982年底，經全國古籍善本書總目編輯領導小組鑒定的善本有146種，其中元大德刻本《新增説文韻府群玉》、清康熙刻本《唐音戊籖》等爲稀見珍本。

1983年，郭嘉禎老師編製的《鄭州大學圖書館館藏地方志目録》納入《中國地方志聯合目録》。1992年5月，張玉枝、張清芬兩位老師編印了《舊分類法藏書目録（綫裝部分）》，爲打字油印本，三册，包含有原鄭州師範學院圖書館入藏的綫裝書，共收書9000餘種（包括叢書的子目），以書名首字筆劃排序，比1960年編印的《館藏古舊書目》著録內容增加了作者項和年代，方便師生查檢使用。

2000 年,圖書館爲了清産核資,由流通閲覽部對古籍書庫的圖書進行清點,共清點古籍圖書 168225 册,古舊平裝圖書 29719 册。三校合并後,2006 年 4 月,古籍經過再次清點、整理、分類,館藏古籍的總數爲 189456 册。其中,珍本書庫收藏善本古籍 139 種 3690 册。

鄭州大學作爲中華人民共和國成立後的第一所綜合性大學,圖書館自建館以來,在古籍資源建設中不斷汲取與纍積,逐漸形成了自己的館藏特色。版本方面有比較稀見的稿本、内府刻本、活字印本、名人批校本、四色套印本等。内容方面尤以明清小説、寶卷、彈詞、地方志和類書爲特色,其中明清小説 520 種 4655 册,寶卷 300 餘種。從而形成了以元版爲最早,明清版本居多,經、史、子、集、叢各部兼具的典藏體系。

二、館藏古籍普查情況

2007 年 1 月,國務院辦公廳印發《關於進一步加强古籍保護工作的意見》,隨後啓動了“中華古籍保護計劃”。在《國家珍貴古籍名録》和“全國古籍重點保護單位”的申報工作中,截至 2017 年,鄭州大學圖書館共計入選《國家珍貴古籍名録》的古籍有 35 種,在河南省高校中位居首位;入選《河南省珍貴古籍名録》的古籍有 72 種。2009 年 6 月,我館被國務院批准授予爲“第二批全國古籍重點保護單位”;2011 年,獲得首批“河南省古籍重點保護單位”稱號。

鄭州大學高度重視古籍的整理與開發工作,2007 年成立鄭州大學《周易》與古代文獻研究所,挂靠在圖書館,崔波研究館員任所長。同時,圖書館成立古籍與特藏部,設有珍本書庫、古籍書庫、特藏閲覽室及河南地方文獻閲覽室。

2010 年,爲展示鄭州大學圖書館豐富的古籍館藏,激發廣大師生探幽訪古之興趣,同時也爲研究古籍提供直觀形象的文獻資料,經館務會研究決定,編纂出版館藏古籍善本圖録。古籍與特藏部工作人員經過認真挑選、考證版本、攝製書影,《鄭州大學圖書館館藏古籍善本圖録》於 2012 年 7 月由中州古籍出版社出版,共計收録古籍善本 239 種,其中元代 4 種,明代 88 種,清代 157 種;有 35 種收入《國家珍貴古籍名録》,72 種收入《河南省珍貴名録》。

2010 年,鄭州大學圖書館参加了高校古文獻資源庫的擴建工作,并成爲 CALIS(中國高等教育文獻保障系統)三期的成員館,按要求導入本館古籍書目數據,并可以享受其他成員館的所有古籍書目數據的套録、古籍書影的免費查閲等。2011 年 3 月,鄭州大學圖書館承辦了“CALIS 三期高校古文獻資源庫”建設工作暨項目培訓會,來自全國各地共 21 所知名高校参建館的 50 餘位領導、專家與館員出席了會議。2011 年,我館爲 CALIS 提供書目數據有 12579 條,提供書影 1440 幅。在傳統古籍編目的基礎上,我館利用高校古文獻資源庫提供的平臺,積極開展館藏古籍資源的書目數據庫建設工作,實現了古籍書目資源統一檢索和共用,讀者上網即可查詢檢索古籍書目信息和館藏詳細信息。2012 年,由趙長海老師負責的河南地方文獻閱覽室參加了 CALIS 特色數據庫項目——"河南地方文獻數據庫",共計錄入數據 8 萬條并順利通過驗收。

2011 年始,國家啓動了全國古籍普查登記工作,鄭州大學圖書館積極響應國家政策,并以此爲契機,進一步加強古籍的管理保護工作,按照國家確定的方針和原則,建立了一支業務精湛、作風扎實的古籍管理保護隊伍。數次派專人參加國家古籍保護中心舉辦的各類古籍普查登記培訓班、進修班。經過古籍普查理論的學習,結合館藏古籍的現狀,古籍工作人員對館藏古籍進行全面的清點核對,逐步積纍了具有本館特色的古籍普查登記經驗。

在校領導和館領導的高度重視下,經過多位老師數年的艱辛努力,鄭州大學圖書館終於圓滿完成了多個校區所藏全部綫裝古籍的普查登記和全國古籍普查登記平臺著錄工作,共核查、勘定、著錄包括刻本、抄本、寫本、稿本等各類古籍 6000 餘部。鄭州大學圖書館古籍普查工作的完成,不僅有利於配合全國古籍普查登記工作的進行,也是對本館所藏的寶貴古籍財産的一次全部清點與整理,有助於日後更好地進行古籍的保護與研究。

《鄭州大學圖書館古籍普查登記目錄》即要出版,但目前所登記著錄的六項基本數據祇是古籍普查登記項目中的基礎工作,後續的任務還很艱巨,例如"書影的拍攝和製作""其他著錄項目的勘驗和登記"等。至於館藏古籍的整理和研究,也僅僅是剛剛起步,如珍稀善本書志的撰寫、珍本叢刊的編纂出版等,仍是"路漫漫其修遠兮",鄭大館的古籍特藏部同仁必將"上下而求索"。因爲他們清楚地知道,古籍普查是"中華古籍保護計劃"的重要内容,是古籍保護的基礎。帶着保護國家珍貴歷史文化遺産的强烈責任感和使命感,必將在今後的工作中做得更好。

編　者

2019 年 11 月

目　　録

410000－2241－0000001　44.143/538 = 2

范忠宣公文集二十卷　（宋）范純仁撰　元天曆、至正間褒賢世家家塾歲寒堂刻本　八冊

410000－2241－0000002　22.235/388.03

唐陸宣公集二十二卷　（唐）陸贄撰　元至大四年(1311)刻本　六冊

410000－2241－0000003　22.119/286

藏書六十八卷　（明）李載贄（贊）輯著　（明）沈汝楫　（明）金嘉謨重訂　（明）沈繼震校閱　明萬曆二十七年(1599)焦竑刻本　十六冊

410000－2241－0000004　44.199/554

三蘇文集七十一卷首一卷　（宋）蘇洵等撰　明嘉靖十二年(1533)楊煦刻本　二十四冊

410000－2241－0000005　44.32/383

楚辭十七卷　（戰國）屈原撰　（漢）王逸敘次　（明）陳深批點　附錄一卷　（漢）司馬遷撰　明萬曆二十八年(1600)吳興淩毓枏刻朱墨套印本　四冊

410000－2241－0000006　32.29163/324

大清會典二百五十卷　（清）尹泰等纂修　清雍正十年(1732)內府刻本　一百冊

410000－2241－0000007　44.246/449

東萊先生呂太史全集四十卷　（宋）呂祖謙撰　明嘉靖三年(1524)安正書堂刻本　五冊　存三十四卷(七至四十)

410000－2241－0000008　22.221/263

漢雋十卷　（宋）林鉞輯　元刻明重修本　四冊

410000－2241－0000009　22.221/553

兩漢紀　（宋）王銍輯　明嘉靖二十七年(1548)黃姬水刻本　十六冊

410000－2241－0000010　44.244/554 = 2

欒城集五十卷目錄二卷後集二十四卷三集十卷　（宋）蘇轍撰　明木活字印本　二十八冊

410000－2241－0000011　44.143/538

范文正公文集二十卷別集四卷政府奏議二卷

尺牘三卷雜錄不分卷　（宋）范仲淹撰　范忠宣公文集二十卷　（宋）范純仁撰　元天曆、至正間褒賢世家家塾歲寒堂刻本　二十八冊

410000－2241－0000012　92.21/035

初學記三十卷　（唐）徐堅等撰　明嘉靖十年(1531)晉陵楊鑨九洲書屋刻本　三十冊

410000－2241－0000013　44.31/897

詩經世本古義二十八卷首一卷後一卷　（明）何楷學　（清）何燾注　清嘉慶二十四年(1819)閩漳謝氏文林堂刻本　二十二冊

410000－2241－0000014　22.246/883

鄂國金佗稡編二十八卷續編三十卷　（宋）岳珂編　明嘉靖二十一年(1542)洪富刻三十七年(1558)黃日敬重修本　二十八冊

410000－2241－0000015　44.564/628 – 3

忠義水滸全書一百二十回　（元）施耐庵集撰　（元）羅貫中（本）纂修　（明）李卓吾（贊）評閱　宣和遺事一卷　（宋）□□撰　清初鬱鬱堂刻本　三十六冊

410000－2241－0000016　41.2412/828

金石韻府五卷　（明）朱雲輯篆　（明）俞顯謨校正　明嘉靖十年(1531)雲間俞顯謨刻朱印本　五冊

410000－2241－0000017　44.244/554 – 2

蘇長公表三卷啟二卷　（宋）蘇軾撰　（明）錢檟輯　（明）李贄等評　明萬曆淩濛初刻朱墨套印本　四冊

410000－2241－0000018　65.092/119

佩文齋廣羣芳譜一百卷目錄二卷　（清）汪灝編　（清）張逸少編　清康熙四十七年(1708)內府刻本　三十二冊

410000－2241－0000019　92.21/047

古今合璧事類備要前集六十九卷後集八十一卷續集五十六卷　（宋）謝維新輯　別集九十四卷外集六十六卷　（宋）虞載輯　明嘉靖三十一年至三十五年(1552－1556)三衢夏相刻本　一百六冊

410000－2241－0000020　92.21/041

錦繡萬花谷前集四十卷後集四十卷續集四十卷　（宋）蕭贊元輯　明嘉靖十五年(1536)秦汴繡石書堂刻本　二十四冊

410000－2241－0000021　92.21/005

修辭指南二十卷　（明）浦南金編次　明嘉靖三十六年(1557)東海浦氏五樂堂刻本　十冊

410000－2241－0000022　44.246/887

屏山集二十卷　（宋）劉子翬著　明弘治十七年(1504)建寧刻本　六冊

410000－2241－0000023　44.5356/901

何氏語林三十卷　（明）何良俊撰并注　明嘉靖二十九年(1550)華亭何氏青森閣刻本　十二冊

410000－2241－0000024　13.112/219

性理大全書七十卷　（明）胡廣等纂　（明）樊獻科重訂　明嘉靖三十八年(1559)樊獻科刻本　二十四冊

410000－2241－0000025　44.244/554

蘇長公合作八卷補二卷　（宋）蘇軾撰　（明）鄭圭輯　附錄一卷　明萬曆四十八年(1620)淩啓康刻四色套印本　六冊

410000－2241－0000026　44.2496/437

淵潁吳先生集十二卷　（元）吳萊撰　（明）宋濂編　附錄一卷　（明）宋濂著　明嘉靖元年(1522)祝鑾刻本　八冊

410000－2241－0000027　36.19/140

孫子集註十三卷　（漢）曹操等撰　明嘉靖三十四年(1555)談愷刻本　十二冊

410000－2241－0000028　13.081/177

六子全書　（明）顧春輯　明嘉靖十二年(1533)吳郡顧氏世德堂刻本　四十冊

410000－2241－0000029　22.235/388－2

註陸宣公奏議十五卷　（唐）陸贄撰　明嘉靖三十四年(1555)刻本　八冊

410000－2241－0000030　26.121/337

歷代君鑒五十卷　（明）代宗朱祁鈺撰　明景泰四年(1453)內府刻本　十冊

410000－2241－0000031　44.244/424

歐陽先生文粹二十卷遺粹十卷　（宋）歐陽修撰　（宋）陳亮　（明）郭雲鵬輯　明嘉靖二十六年(1547)郭雲鵬寶善堂刻本　十二冊

410000－2241－0000032　44.237/294

李文饒文集二十卷別集十卷外集四卷　（唐）李德裕撰　明嘉靖刻本　二十四冊

410000－2241－0000033　44.3535/242.202

集千家註杜工部詩集二十卷文集二卷　（唐）杜甫撰　（宋）黃鶴補註　附錄一卷　明嘉靖十五年(1536)玉几山人刻本　二十四冊

410000－2241－0000034　41.2432/400.1

新增說文韻府羣玉二十卷　（元）陰時夫編輯　（元）陰中夫編註　明弘治七年(1494)劉氏安正書堂刻本　二十冊

410000－2241－0000035　22.221/263.02

漢雋十卷　（宋）林鉞輯　明嘉靖十一年(1532)郟鼎刻本　十冊

410000－2241－0000036　48.3081/113/2

王氏書畫苑　（明）王世貞　（明）詹景鳳輯　明萬曆十八年至十九年(1590－1591)王元貞刻本　二十冊

410000－2241－0000037　D91.21/9989

[清光緒三十三年]大清搢紳全書不分卷(丁未春季)　（清）□□編　清光緒三十三年(1907)榮錄堂刻本　四冊

410000－2241－0000038　62.2711/118

新刊補注銅人腧穴鍼灸圖經五卷　（宋）王惟一編修　清光緒三十三年至宣統元年(1907－1909)貴池劉氏玉海堂刻本　二冊

410000－2241－0000039　49.49/301

新刻出像增補搜神記六卷　（晉）干寶撰　明萬曆金陵三山唐氏富春堂刻本　六冊

410000－2241－0000040　D27.1/7120

歷代地理沿革圖一卷　（清）馬徵麟編　清同治十一年(1872)金陵刻本　一冊

410000－2241－0000041　22.273/158＝2/2

項城袁氏家集六種　丁振鐸輯　清宣統三年
(1911)袁氏清芬閣鉛印本　五十六冊

410000－2241－0000042　44.3432/642.02

唐詩品彙九十卷拾遺十卷詩人爵里詳節一卷
（明）高棅編輯　（明）張恂重訂　明張恂刻
本　十六冊

410000－2241－0000043　44.256/272

李卓吾先生讀升菴集二十卷　（明）楊慎撰
（明）李贄輯並評　明刻本　十冊

410000－2241－0000044　44.132/994

重校正唐文粹一百卷　（宋）姚鉉纂　（明）尤
桂　（明）朱整校正　明嘉靖三年(1524)姑蘇
徐焴萬竹山房刻本　二十四冊

410000－2241－0000045　92.21/054

群書集事淵海四十七卷　（明）□□輯　明弘
治十八年(1505)賈性刻本　一百冊

410000－2241－0000046　92.21/056＝2.02

餘冬錄六十一卷　（明）何孟春輯　（清）邵綬
名重編　清光緒二年(1876)京都刻本　十
二冊

410000－2241－0000047　B34.1/1980

理學要旨不分卷　（清）耿介輯　清康熙十七
年(1678)嵩陽書院刻本　二冊

410000－2241－0000048　22.6533/861.073

[光緒]縉雲縣志十六卷首一卷末一卷　（清）
何乃容　（清）葛華修　（清）潘樹棠纂　清光
緒二年至七年(1876－1881)刻本　十二冊

410000－2241－0000049　44.31/385

續補舉業必讀詩經四卷　（清）陳非木集注
清康熙雲姿堂刻本　四冊

410000－2241－0000050　B34.54/2540/2

淵鑒齋御纂朱子全書六十六卷　（宋）朱熹撰
（清）李光地等纂修　清康熙五十三年
(1714)武英殿刻本　二十五冊

410000－2241－0000051　B39.1/7535

番禺陳氏東塾叢書　（清）陳澧撰集　清咸豐

至光緒番禺陳氏刻本　二冊　存二種八卷

410000－2241－0000052　D91.21/9989.02

[清光緒三十三年]大清搢紳全書不分卷(丁
未秋季)　（清）□□編　清光緒三十三年
(1907)榮錄堂刻本　二冊

410000－2241－0000053　44.1953/680

武林往哲遺箸五十六種後編十種　（清）丁丙
輯　清光緒錢唐丁氏嘉惠堂刻本　一冊　存
三種三卷

410000－2241－0000054　44.566/437

儒林外史五十六回　（清）吳敬梓撰　清同治
八年(1869)羣玉齋木活字印本　八冊

410000－2241－0000055　B39.1/7535

聲律通考十卷　（清）陳澧撰集　清咸豐十年
(1860)富文齋刻本　二冊

410000－2241－0000056　D21/4741

讀史兵略四十六卷　（清）胡林翼纂　清咸豐
十一年(1861)武昌節署刻本　十六冊

410000－2241－0000057　44.73/739

消災延壽閻王經一卷　（清）□□撰　清同治
十三年(1874)刻本　一冊

410000－2241－0000058　13.43/787

新安學繫錄十六卷　（明）程曈編輯　明正德
程啓刻清康熙三十五年(1696)綠蔭園重修本
二冊

410000－2241－0000059　55.832/401

大清道光四年七政經緯躔度時憲書　（清）欽
天監編　清道光三年(1823)欽天監刻本
一冊

410000－2241－0000060　D22.482/3030

大金國志四十卷　（宋）宇文懋昭撰　清嘉慶
二年(1797)南沙席氏掃葉山房刻本　二冊

410000－2241－0000061　D22.5/7542

皇明名臣經濟錄十八卷　（明）陳九德刪次
（明）嚴訥校正　明嘉靖二十八年(1549)羅鴻
刻本　二冊　存二卷(一至二)

410000－2241－0000062　22.26/376

皇清開國方畧三十二卷首一卷　（清）阿桂等撰　清乾隆五十一年（1786）武英殿刻本　三十二冊

410000－2241－0000063　22.25823/977

豫變紀略八卷　（清）鄭廉撰　燕都志變一卷（清）徐應芬撰　虎口餘生記一卷塘報稿一卷　（清）邊大綏撰　清乾隆八年（1743）彭衒彭家屏刻本　四冊

410000－2241－0000064　44.3432/642

唐詩品彙九十卷拾遺十卷詩人爵里詳節一卷（明）高棅編輯　明刻本　四十八冊

410000－2241－0000065　44.73/761＝2

慈雲寶卷不分卷　（清）□□撰　清光緒三十一年（1905）陳聚星堂陳鈺抄本　一冊

410000－2241－0000066　17.039/204

自警編九卷　（宋）趙善璙撰　明嘉靖二十四年（1545）唐曜刻本　十冊

410000－2241－0000067　44.3544/118

王荊文公詩箋注五十卷附補遺　（宋）王安石撰　（宋）李壁箋注　清乾隆六年（1741）張宗松清綺齋刻本　八冊

410000－2241－0000068　24.399/952

中山傳信錄六卷　（清）徐葆光撰　清康熙六十年（1721）長洲徐氏二友齋刻本　四冊

410000－2241－0000069　41.2432/400

新增說文韻府羣玉二十卷　（元）陰時夫編輯（元）陰中夫編註　元大德刻本　二十冊

410000－2241－0000070　41.225/062

通雅五十二卷首三卷　（清）方以智撰　清康熙五年（1666）浮山此藏軒刻本　十二冊

410000－2241－0000071　D22.6/3404

東晉畺域志四卷　（清）洪亮吉撰　清光緒十七年（1891）廣雅書局刻廣雅書局叢書本　二冊

410000－2241－0000072　610/S.429/2（東區）

沈氏尊生書七種　（清）沈金鰲撰　清同治十三年（1874）湖北崇文書局刻本　九冊

410000－2241－0000073　D24.12/4031

約章成案匯覽甲篇十卷乙篇四十二卷　（清）北洋洋務局輯　清光緒三十一年（1905）上海點石齋石印本　四十六冊

410000－2241－0000074　22.247/741

南宋雜事詩七卷　（清）沈嘉轍等撰　清同治十一年（1872）淮南書局刻本　四冊

410000－2241－0000075　96.4/990

茶香室叢鈔二十三卷續鈔二十五卷三鈔二十九卷四鈔二十九卷　（清）俞樾撰　清光緒九年至二十五年（1883－1899）吳下春在堂刻春在堂全書本　二冊　存二十三卷（叢鈔二十三卷）

410000－2241－0000076　22.15/262/1

四裔編年表四卷　（美國）林樂知　（清）嚴良勳譯　（清）李鳳苞彙編　清末江南製造總局刻本　四冊

410000－2241－0000077　22.15/262/2

四裔編年表四卷　（美國）林樂知　（清）嚴良勳譯　（清）李鳳苞彙編　清末江南製造總局刻本　四冊

410000－2241－0000078　22.15/262/3

四裔編年表四卷　（美國）林樂知　（清）嚴良勳譯　（清）李鳳苞彙編　清末江南製造總局刻本　一冊

410000－2241－0000079　22.15/337

歷代帝王世系圖一卷　（清）□□編　清宣統二年（1910）陸軍部刷印處石印本　一冊

410000－2241－0000080　22.15/418

春秋列國表一卷　（清）馬驌撰　清光緒二十八年（1902）兩湖書院刻本　一冊

410000－2241－0000081　44.73/100＝7

飡飯寶卷不分卷　（清）□□撰　清光緒三十一年（1905）樹德堂抄本　一冊

410000－2241－0000082　44.73/122

琵琶寶卷　（清）□□撰　清光緒十二年（1886）過厚均抄本　一冊

410000 – 2241 – 0000083　22.15/504

紀元通攷十二卷　（清）葉維庚撰　清道光八年(1828)鍾秀山房刻本　四冊

410000 – 2241 – 0000084　22.15/522

歷代史表五十九卷　（清）萬斯同撰　清留香閣刻本　六冊

410000 – 2241 – 0000085　22.15/522 – 2

歷代紀元彙考五卷　（清）萬斯同撰　清知不足齋刻本　一冊

410000 – 2241 – 0000086　22.15/166

歷代帝王年表一卷紀元同異攷略一卷　（清）黃大華撰　清光緒二十六年(1900)武昌黃氏夢紅豆邨刻本　一冊

410000 – 2241 – 0000087　22.15/662

歷代帝王年表不分卷　（清）齊召南編　（清）阮福續編　清道光四年(1824)刻本　四冊

410000 – 2241 – 0000088　22.15/708

讀史記十表十卷附史記十表　（清）汪越　（清）徐克范訂正　清雍正元年(1723)刻本　四冊

410000 – 2241 – 0000089　22.15/746

廿一史四譜五十四卷　（清）沈炳震撰　清同治十年(1871)武林吳氏清來堂刻本　十六冊

410000 – 2241 – 0000090　22.15/858

多識錄四卷　（清）練恕撰　清道光十八年(1838)連平練氏希鄭齋刻本　二冊

410000 – 2241 – 0000091　22.154/440

東三省沿革表六卷　（清）吳廷燮編　清宣統元年(1909)退耕堂刻本　六冊

410000 – 2241 – 0000092　22.154/440/1

東三省沿革表六卷　（清）吳廷燮編　清宣統元年(1909)退耕堂刻本　六冊

410000 – 2241 – 0000093　22.16/312

歷代名臣奏議三百五十卷　（明）黃淮　（明）楊士奇輯　（明）張溥刪正　明崇禎八年(1635)東觀閣刻本　五十一冊

410000 – 2241 – 0000094　12.113/952

易傳燈四卷　（宋）徐總幹撰　清刻本　一冊

410000 – 2241 – 0000095　22.17/119

孌史四十八卷　（清）王希廉輯　清光緒二年(1876)上海申報館鉛印申報館叢書本　八冊

410000 – 2241 – 0000096　13.08/385

諸子奇賞前集五十一卷後集六十卷　（明）陳仁錫評選　明天啓六年(1626)三徑齋刻本　二十二冊

410000 – 2241 – 0000097　13.081/100

二十二子　（清）浙江書局輯　清光緒元年至三年(1875 – 1877)浙江書局刻本　八十三冊

410000 – 2241 – 0000098　22.17/455

史學叢鈔五卷　（清）□□輯　清末江蘇存古學堂鉛印本　五冊

410000 – 2241 – 0000099　22.17/473

二十一史論贊三十六卷　（明）沈國元批選　明崇禎十年(1637)大來堂刻本　二十冊

410000 – 2241 – 0000100　22.17/754

讀史鏡古編三十二卷　（清）潘世恩輯　清同治十三年(1874)冶城飛霞閣刻本　六冊

410000 – 2241 – 0000101　22.17/947

讀史稗語十一卷　（清）徐枋撰　清咸豐九年(1859)刻本　四冊

410000 – 2241 – 0000102　22.17072/994/1

讀史探驪錄五卷　（清）姚芝生著　清光緒上海申報館鉛印申報館叢書本　五冊

410000 – 2241 – 0000103　22.17072/994/2

讀史探驪錄五卷　（清）姚芝生著　清光緒上海申報館鉛印申報館叢書本　四冊

410000 – 2241 – 0000104　22.17072/994＝2

省括編二十三卷　（明）姚文蔚編輯　明萬曆三十四年(1606)仁和楊廷筠刻本　二十四冊

410000 – 2241 – 0000105　13.09/738

洛學編四卷　（清）湯斌輯　續編一卷　（清）尹會一輯　補編一卷　（清）郭程先輯　清光緒二年(1876)鉛印本　二冊

410000－2241－0000106　44.73/231/2

韓湘寶卷二卷十八回　（清）煙波釣徒風月主人撰述　（清）王昭公鑒定　清光緒二十年（1894）上海翼化堂刻本　一冊　存十回（一至十）

410000－2241－0000107　79.3074/906/2

開礦器法圖十卷　（美國）俺特累著　（英國）傅蘭雅口譯　（清）王樹善筆述　清光緒元年（1875）石印本　六冊

410000－2241－0000108　13.09/738.02

洛學編四卷　（清）湯斌輯　**續編一卷**　（清）尹會一輯　清同治九年（1870）蘇廷魁等刻湯文正公全集刻本　二冊

410000－2241－0000109　13.09/738.03

洛學編四卷　（清）湯斌輯　**續編一卷**　（清）尹會一輯　清懷涮堂刻本　一冊

410000－2241－0000110　13.0958/990

諸子平議三十五卷　（清）俞樾撰　清德清俞氏刻本　十冊

410000－2241－0000111　13.1/252

註釋六子要語六卷　（明）桂天祥選編　（明）王良材註釋　明萬曆六年（1578）金陵書肆吳繼宗刻本　二冊

410000－2241－0000112　22.181/312.03

歷代史論十二卷宋史論三卷元史論一卷左傳史論二卷明史論四卷　（明）張溥論正　清光緒五年（1879）西江裴氏刻本　二冊

410000－2241－0000113　22.181/312

歷代史論十二卷宋史論三卷元史論一卷左傳史論二卷明史論四卷　（明）張溥論正　清光緒文餘堂刻本　十二冊

410000－2241－0000114　22.181/312.02

歷代史論十二卷宋史論三卷元史論一卷左傳史論二卷明史論四卷　（明）張溥論正　清光緒十三年（1887）掃葉山房刻本　八冊

410000－2241－0000115　22.18/438

史案二十卷首一卷　（清）吳裕垂撰　清光緒

六年（1880）大成堂刻本　六冊

410000－2241－0000116　22.181/285

史論五種　（清）李祖陶撰　清同治十年（1871）敖陽李氏尚友樓刻本　五冊

410000－2241－0000117　13.112/113

費氏古易訂文十二卷　（漢）費直撰　王樹柟輯訂　清光緒十七年（1891）青神文莫室刻陶廬叢刻本　四冊

410000－2241－0000118　44.73/475＝2

目連寶卷　（清）□□撰　清光緒二十四年（1898）包殿臣抄本　一冊

410000－2241－0000119　22.181/987

歷代史事政治論三百八卷　雷瑨等編　清光緒三十年（1904）上海雙璞齋刻本　二十四冊

410000－2241－0000120　13.112/114

周易兼義九卷　（三國魏）王弼注　（晉）韓康伯注　（唐）孔穎達正義　明崇禎四年（1631）古虞毛氏汲古閣刻十三經注疏本　四冊

410000－2241－0000121　22.183/100

欽定三通考證　（清）□□輯　清光緒二十年（1894）浙江書局刻本　六冊

410000－2241－0000122　13.112/114＝2

易翼述信十二卷　（清）王又樸撰　清乾隆十六年（1751）刻本　十二冊

410000－2241－0000123　616/M122（東區）

黃帝內經靈樞註證發微九卷補遺一卷　（明）馬蒔註證　清刻本　十二冊

410000－2241－0000124　13.112/138.02

周易述四十卷　（清）惠棟集注並疏　清乾隆二十四年至二十七年（1759－1762）德州盧見曾雅雨堂刻本（原缺卷八、二十一、二十五至四十）　六冊

410000－2241－0000125　13.112/158

周易解故一卷　（清）丁晏撰　清光緒十九年（1893）廣雅書局刻廣雅書局叢書本　一冊

410000－2241－0000126　13.112/170

新鐫增補周易備旨一見能解六卷　（明）黃淳

耀撰 （清）嚴而寬增補 清光緒二十五年
（1899）刻本 六冊

410000－2241－0000127 22.183/115
十七史商榷一百卷 （清）王鳴盛撰 清乾隆
五十二年（1787）洞涇草堂刻本 二十冊

410000－2241－0000128 13.112/217
周易函書約注十八卷 （清）胡煦纂 清雍正
七年（1729）胡氏葆璞堂刻本 十冊

410000－2241－0000129 22.183/291＝2
舊聞證誤四卷 （宋）李心傳撰 清末刻本
一冊

410000－2241－0000130 13.112/263
增訂易經存疑的薰十二卷 （明）林希元著
清初刻本 六冊

410000－2241－0000131 22.183/563
獨斷二卷 （漢）蔡邕撰 （清）盧文弨校 清
乾隆五十五年（1790）餘姚盧氏抱經堂刻抱經
堂叢書本 一冊

410000－2241－0000132 13.112/266
誠齋先生易傳二十卷 （宋）楊萬里撰 清刻
本 五冊

410000－2241－0000133 13.112/289
御纂周易折中二十二卷首一卷 （清）李光地
等纂 清康熙五十四年（1715）內府刻御纂七
經本 十六冊

410000－2241－0000134 22.183/929
嘉定錢氏潛研堂全書二十一種 （清）錢大昕
撰 清光緒十年（1884）長沙龍氏家塾刻本
二十二冊 存三種一百十卷

410000－2241－0000135 13.112/312
紫巖居士易傳十卷 （宋）張浚著 清康熙十
九年（1680）通志堂刻通志堂經解本 六冊

410000－2241－0000136 22.183/929.02
廿二史攷異一百卷 （清）錢大昕學 清乾隆
四十五年（1780）潛研堂刻潛研堂全書本 二
十四冊

410000－2241－0000137 22.183/929.03

廿二史攷異二十三卷 （清）錢大昕學 清末
上海鴻寶齋石印本 四冊

410000－2241－0000138 22.183/935
三國志證聞二卷 （清）錢儀吉撰 清光緒十
一年（1885）江蘇書局刻本 二冊

410000－2241－0000139 D26.743/5032＝2
[宣統]番禺縣續志四十四卷首一卷 梁鼎芬
修 丁仁長 吳道鎔纂 清宣統三年（1911）
刻本 十五冊 存四十三卷（二至四十四）

410000－2241－0000140 22.19/462
鑒撮四卷 （清）曠敏本編 清道光刻本
四冊

410000－2241－0000141 13.112/541
周易傳義附錄十四卷首一卷 （宋）董楷纂
清康熙十九年（1680）通志堂刻通志堂經解本
十二冊

410000－2241－0000142 22.211/482
重訂路史全本五種 （宋）羅泌撰 （宋）羅苹
註 （明）吳弘基等訂 清光緒二十年（1894）
文瑞廔石印本 六冊

410000－2241－0000143 22.212/220
禹貢錐指二十卷圖一卷 （清）胡渭學 清康
熙四十四年（1705）德清胡氏漱六軒刻本 十
二冊

410000－2241－0000144 22.212/804
書古微十二卷首一卷 （清）魏源撰 清刻本
四冊

410000－2241－0000145 22.2122/115
尚書後案三十卷後辨一卷 （清）王鳴盛學
清乾隆四十五年（1780）東吳王氏禮堂刻本
八冊

410000－2241－0000146 13.112/635
郭氏傳家易說十一卷總論一卷 （宋）郭雍撰
清刻武英殿聚珍版書本 四冊

410000－2241－0000147 22.2122/119
尚書孔傳參正三十六卷 王先謙撰 清光緒
三十年（1904）長沙王氏虛受堂刻本 六冊

410000－2241－0000148　22.2122/167

書蔡氏傳輯錄纂注六卷首一卷　（元）董鼎撰
清康熙十九年(1680)通志堂刻通志堂經解
本　四冊

410000－2241－0000149　22.2122/169

尚書說七卷　（宋）黃度撰　清同治十二年
(1873)粵東書局刻通志堂經解本　二冊

410000－2241－0000150　22.2122/215

尚書詳解十三卷　（宋）胡士行撰　清同治十
二年(1873)粵東書局刻通志堂經解本　三冊

410000－2241－0000151　22.2122/279

尚書考異六卷　（明）梅鷟撰　清嘉慶十九年
(1814)蘭陵孫氏刻本　二冊

410000－2241－0000152　22.2122/329

尚書通義二卷　（清）邵懿辰撰　清光緒二十
三年(1897)刻鴻齋刻刻鴻齋叢書本　二冊

410000－2241－0000153　22.2122/370

尚書注疏二十卷　（漢）孔安國傳　（唐）陸德
明音義　（唐）孔穎達疏　明崇禎五年(1632)
古虞毛氏汲古閣刻十三經注疏本　八冊

410000－2241－0000154　13.112/698

周易會解不分卷　（清）宋儀天撰　清抄本
六冊

410000－2241－0000155　22.2122/384

今文尚書經說考三十三卷敘錄一卷　（清）陳
喬樅撰　清同治元年(1862)陳氏刻本　十
六冊

410000－2241－0000156　22.2122/439

書纂言四卷　（元）吳澄撰　清康熙刻本
四冊

410000－2241－0000157　22.2122/459

尚書古文疏證八卷　（清）閻若璩撰　**朱子古
文書疑一卷**　（清）閻詠輯　清乾隆十年
(1745)眷西堂刻同治六年(1867)錢塘汪氏振
綺堂補刻本　十冊

410000－2241－0000158　22.2122/462

增修東萊書說三十五卷首一卷　（宋）呂祖謙

撰　（宋）時瀾注　清康熙十九年(1680)通志
堂刻通志堂經解本　八冊

410000－2241－0000159　13.112/828/2

周易本義十二卷　（宋）朱熹撰　清宣統三年
(1911)劉氏玉海堂刻本　四冊

410000－2241－0000160　13.112/828

周易本義十二卷　（宋）朱熹撰　清宣統三年
(1911)劉氏玉海堂刻本　四冊

410000－2241－0000161　22.6/114

元豐九域志六卷　（宋）王存撰　清乾隆五十
三年(1788)刻本　四冊

410000－2241－0000162　22.6/114.02

九域志十卷　（宋）王存等刪定　清光緒八年
(1882)金陵書局刻本　四冊

410000－2241－0000163　22.2122/562

書經六卷　（宋）蔡沈集傳　清光緒十二年
(1886)姑蘇彙文軒刻本　六冊

410000－2241－0000164　22.2122/562.02

書經六卷　（宋）蔡沈集傳　清光緒十九年
(1893)浙江書局刻本　一冊

410000－2241－0000165　22.2122/562.03

書經六卷　（宋）蔡沈集傳　清嘉慶十年
(1805)刻本　四冊

410000－2241－0000166　22.6/119

輿地紀勝二百卷首一卷　（宋）王象之編　清
咸豐五年(1855)南海伍氏粵雅堂刻本(原缺
卷十三至十六、五十至五十四、一百三十六至
一百四十四、一百六十八至一百七十三、一百
九十三至二百)　四十冊

410000－2241－0000167　22.2122/562.04

書經六卷　（宋）蔡沈集傳　清大魁堂刻本
四冊

410000－2241－0000168　22.2122/562.05

書經六卷　（宋）蔡沈集傳　清光緒五年
(1879)山西濬文書局刻本　三冊

410000－2241－0000169　98.81/861

通志堂經解一百四十種　（清）成德輯　清康

熙十九年(1680)通志堂刻本　六百冊

410000－2241－0000170　22.2122/562.06
書經六卷　(宋)蔡沈集傳　清嘉慶十六年
(1811)揚州十笏堂刻御案五經本　四冊

410000－2241－0000171　22.2122/717
欽定書經傳說彙纂二十一卷首二卷書序一卷
　(清)王頊齡等撰　清光緒十四年(1888)鴻
文書局石印本　一冊

410000－2241－0000172　22.2122/911
尚書大傳四卷　(漢)伏勝撰　**補遺一卷續補
遺一卷考異一卷**　(清)盧文弨撰　清嘉慶六
年(1801)愛日草廬刻本　一冊

410000－2241－0000173　22.6/286
元和郡縣志四十卷　(唐)李吉甫撰　清乾隆
刻武英殿聚珍版書本　十一冊　缺二卷(九
至十)

410000－2241－0000174　22.2122/911.2
尚書大傳四卷　(漢)伏勝撰　(漢)鄭玄注
(清)陳壽祺校　清刻本　二冊

410000－2241－0000175　22.6/286.02
元和郡縣圖志四十卷　(唐)李吉甫撰　**闕卷
逸文一卷**　(清)孫星衍輯　**補志九卷**　(清)
嚴觀輯　清光緒六年(1880)、八年(1882)金
陵書局刻本　十冊

410000－2241－0000176　22.2122/911.202
尚書大傳五卷　(漢)伏勝撰　(漢)鄭玄注
(清)陳壽祺校　清嘉慶十八年(1813)三山陳
氏刻本　二冊

410000－2241－0000177　22.6/288
天下一統志九十卷　(明)李賢等修　(明)萬
安等纂　明萬壽堂刻本(有圖)　四十八冊

410000－2241－0000178　22.2122/987
尚書表注二卷　(元)金履祥撰　清光緒十三
年(1887)金華金氏東藕塘刻本　一冊

410000－2241－0000179　13.112/917
易通釋二十卷　(清)焦循撰　清嘉慶十八年
(1813)江都焦氏雕菰樓刻焦氏叢書本　十冊

410000－2241－0000180　22.2123/310
書經衷論四卷　(清)張英撰　清光緒二十三
年(1897)桐城張氏刻本　一冊

410000－2241－0000181　13.112/972
周易廣義四卷　(宋)朱熹本義　(清)鄭敷教
廣義　清康熙二十三年(1684)松月樓刻本
六冊

410000－2241－0000182　22.6/392
廣輿記二十四卷　(明)陸應陽輯　明凝香閣
刻本　十二冊

410000－2241－0000183　13.112/219
性理大全書七十卷　(明)胡廣等纂修　明嘉
靖三十八年(1559)刻本　二十四冊

410000－2241－0000184　22.6/392.02
廣輿記二十四卷　(明)陸應陽纂　(清)蔡方
炳增輯　清康熙二十五年(1686)吳郡寶翰樓
刻本　十二冊

410000－2241－0000185　13.112/938
性理大全會通七十卷　(明)胡廣等纂　(明)
鍾人傑訂正　**續編四十二卷**　(明)鍾人傑輯
　明末武林光裕堂、聚錦堂刻本　四十冊

410000－2241－0000186　13.113/310
易經衷論二卷　(清)張英撰　清光緒二十三
年(1897)桐城張氏刻本　一冊

410000－2241－0000187　22.6/620
輿圖總論注釋一卷　(清)謝蘭生撰　清光緒
刻本　一冊

410000－2241－0000188　13.117/138
易漢學八卷　(清)惠棟撰　清柏筠堂刻本
一冊

410000－2241－0000189　22.6/672
補元和郡縣志四十七鎮圖說一卷　(清)龐鴻
書訂　清貴州調查局鉛印本　一冊

410000－2241－0000190　22.6/720
乾隆府廳州縣圖志五十卷　(清)洪亮吉編
清光緒二十三年(1897)新化三味書室刻本
二十冊

410000－2241－0000191　22.6/720/2

乾隆府廳州縣圖志五十卷　（清）洪亮吉編
清光緒二十三年(1897)新化三味書室刻本
二十冊

410000－2241－0000192　13.117/377

陳氏易說四卷附錄一卷　（清）陳壽熊著　清
光緒二十一年(1895)吳江陳氏木活字印本
二冊

410000－2241－0000193　22.6/720.02

乾隆府廳州縣圖志五十卷　（清）洪亮吉編
清光緒五年(1879)授經堂刻本　十二冊

410000－2241－0000194　22.2126/323

尚書釋音二卷　（唐）陸德明撰　清光緒刻本
一冊

410000－2241－0000195　13.117/713

周易學統九卷　（清）汪宗沂編　清刻本
八冊

410000－2241－0000196　22.6/783/2

大清一統志五百卷　（清）和珅等纂修　清光
緒二十八年(1902)上海寶善齋石印本　六
十冊

410000－2241－0000197　22.6/783

大清一統志五百卷　（清）和珅等纂修　清光
緒二十八年(1902)上海寶善齋石印本　六
十冊

410000－2241－0000198　22.2126/380

書蔡氏傳旁通六卷　（元）陳師凱撰　清康熙
十九年(1680)通志堂刻通志堂經解本　四冊

410000－2241－0000199　22.2126/842

書傳音釋六卷首一卷末一卷　（宋）蔡沈集傳
（元）鄒季友音釋　清同治五年(1866)望三
益齋刻本　四冊

410000－2241－0000200　22.2127/113

書疑九卷　（宋）王柏撰　清康熙刻本　一冊

410000－2241－0000201　22.2127/310

古文尚書私議三卷　（清）張崇蘭撰　清光緒
二十三年(1897)刻本　三冊

410000－2241－0000202　13.117/746

需時眇言十卷　（清）沈善登述　清光緒二十
八年(1902)桐鄉沈氏豫恕堂刻本　八冊

410000－2241－0000203　22.6/810

皇朝一統輿地全圖不分卷　題（清）欵乃軒主
人繪　清光緒二十年(1894)江右書林石印本
一冊

410000－2241－0000204　22.2127/379

書集傳或問二卷　（宋）陳大猷撰　清康熙十
九年(1680)通志堂刻通志堂經解本　二冊

410000－2241－0000205　13.117/746.02

需時眇言十卷　（清）沈善登述　清光緒二十
八年(1902)桐鄉沈氏豫恕堂刻本　十冊

410000－2241－0000206　22.21281/291

禹貢易知編十二卷　（清）李慎儒輯　清光緒
二十五年(1899)丹徒李氏刻本　四冊

410000－2241－0000207　22.21281/339

禹貢班義述三卷漢糜水入尚龍谿考一卷
（清）成蓉鏡撰　清光緒十四年(1888)廣雅書
局刻廣雅書局叢書本　一冊

410000－2241－0000208　22.6/873

太平寰宇記二百卷目錄二卷　（宋）樂史撰
清光緒八年(1882)金陵書局刻本　三十六冊

410000－2241－0000209　811.34/4026＝2

分類補注李太白詩二十五卷　（唐）李白撰
（宋）楊齊賢集注　（元）蕭士贇補注　唐翰林
李太白年譜一卷　（宋）薛仲邕編　明嘉靖二
十五年(1546)玉几山人刻本　十二冊

410000－2241－0000210　22.21281/339.02

禹貢班義述三卷漢糜水入尚龍谿考一卷
（清）成蓉鏡撰　清光緒十一年(1885)刻本
一冊

410000－2241－0000211　13.119/809

緯攟十四卷首一卷末一卷　（清）喬松年輯
（清）喬廷楸彙訂　清光緒三年(1877)塗水喬
氏強恕堂刻喬勤恪公全集本　四冊

410000－2241－0000212　22.6/870

皇朝一統直省府廳州縣全圖不分卷　（清）
□□輯　清道光刻本　四冊

410000－2241－0000213　22.21281/458

禹貢便蒙二卷　（清）張鉞撰　清光緒七年
(1881)刻本　一冊

410000－2241－0000214　13.12/361

理學宗傳二十六卷　（清）孫奇逢輯　（清）魏
一鼇等編　清光緒六年(1880)浙江書局刻本
十二冊

410000－2241－0000215　D91.21/7143

桐城耆舊傳十二卷　馬其昶撰　清宣統三年
(1911)刻本　六冊

410000－2241－0000216　26.12/965

山東考古錄三十四卷　（清）顧炎武撰　清光
緒八年(1882)山東書局刻本　七冊

410000－2241－0000217　22.21281/786

程尚書禹貢論二卷後論一卷山川地理圖二卷
（宋）程大昌撰　清康熙十九年(1680)通志
堂刻通志堂經解本　二冊

410000－2241－0000218　22.21281/906

杏溪傅氏禹貢集解二卷　（宋）傅寅撰　清康
熙十九年(1680)通志堂刻通志堂經解本
二冊

410000－2241－0000219　22.21281/994

禹貢正銓四卷　（清）姚彥渠輯　清同治九年
(1870)刻本　一冊

410000－2241－0000220　22.21283/377

洪範五行傳三卷　（漢）劉向撰　（清）陳壽祺
輯　清嘉慶十八年(1813)三山陳氏刻左海全
集本　二冊

410000－2241－0000221　22.215/164/2

周季編略九卷　（清）黃式三纂　清同治十二
年(1873)浙江書局刻儆居遺書本　四冊

410000－2241－0000222　22.215/164

周季編略九卷　（清）黃式三纂　清同治十二
年(1873)浙江書局刻儆居遺書本　四冊

410000－2241－0000223　13.12/886

明本釋三卷　（宋）劉荀撰　清乾隆刻本
一冊

410000－2241－0000224　13.12079/183

儒門法語一卷　（清）彭定求編　（清）湯金釗
輯要　清刻本　一冊

410000－2241－0000225　22.6081/217

問影樓輿地叢書第一集十五種　胡思敬輯
清光緒三十四年(1908)新昌胡氏京師鉛印本
十冊

410000－2241－0000226　22.6081/217/2

問影樓輿地叢書第一集十五種　胡思敬輯
清光緒三十四年(1908)新昌胡氏京師鉛印本
十冊

410000－2241－0000227　22.215074/377

春秋世族譜一卷　（清）陳厚耀撰　清雍正三
年(1725)刻本　一冊

410000－2241－0000228　22.6151/982

蘇省輿地圖說不分卷　（清）曾國藩　（清）丁
日昌編　清同治七年(1868)刻本　一冊

410000－2241－0000229　22.2151/370

逸周書十卷　（晉）孔晁注　校正補遺一卷附
錄一卷　（清）盧文弨輯　清乾隆五十一年
(1786)餘姚盧氏抱經堂刻抱經堂叢書本
四冊

410000－2241－0000230　13.121/286

四書反身錄八卷　（清）李顒撰　清浙江書局
刻本　四冊

410000－2241－0000231　22.216/244

春秋釋例十五卷　（晉）杜預撰　清乾隆四十
六年(1781)岱南閣刻本　五冊

410000－2241－0000232　22.216/366

春秋尊王發微十二卷附錄一卷　（宋）孫復撰
清康熙十九年(1680)通志堂刻通志堂經解
本　九冊

410000－2241－0000233　22.216/393

春秋微旨三卷　（唐）陸淳撰　清刻本　一冊

410000－2241－0000234　22.216/504

石林先生春秋傳二十卷 （宋）葉夢得撰 清康熙十九年(1680)通志堂刻通志堂經解本 五冊

410000－2241－0000235 22.6212/130.073

[光緒]重修天津府志五十四卷首一卷末一卷 沈家本等修 （清）徐宗亮等纂 清光緒二十五年(1899)刻本 二十八冊

410000－2241－0000236 22.6212/358.073

[道光]承德府志六十卷首二十六卷 （清）海忠纂修 （清）廷杰 （清）李世寅重訂 清光緒十三年(1887)刻本 二十四冊

410000－2241－0000237 22.216/963

春秋大事表五十卷輿圖一卷附錄一卷 （清）顧棟高輯 清光緒十四年(1888)陝西求友齋刻本 二十四冊

410000－2241－0000238 22.216074/377

春秋世族譜一卷 （清）陳厚耀撰 清光緒二十五年(1899)兩湖書院正學堂刻本 一冊

410000－2241－0000239 22.2161/394

春秋公羊傳十一卷 （漢）何休學 （唐）陸德明音義 清光緒十二年(1886)星沙文昌書局刻本 四冊

410000－2241－0000240 13.121/484

四書古註群義彙解八種 （清）□□輯 清光緒十六年(1890)珍藝書局鉛印本 十冊

410000－2241－0000241 13.221/548

董子春秋繁露十七卷 （漢）董仲舒撰 （清）盧文弨校 清末抱經堂刻本 一冊

410000－2241－0000242 13.1211/484

四子書 （□）□□輯 清末上海江南製造總局刻本 一冊

410000－2241－0000243 22.6212/371.073

[光緒]通州直隸州志十六卷首一卷末一卷訂訛一卷 （清）梁悅馨 （清）莫祥芝修 （清）季念詒 （清）沈鍠纂 清光緒元年(1875)刻本 十六冊

410000－2241－0000244 22.6212/371.

073/2

[光緒]通州直隸州志十六卷首一卷末一卷訂訛一卷 （清）梁悅馨 （清）莫祥芝修 （清）季念詒 （清）沈鍠纂 清光緒元年(1875)刻本 十六冊

410000－2241－0000245 13.221/548.02

董子春秋繁露十七卷附錄一卷 （漢）董仲舒撰 清光緒二年(1876)浙江書局刻二十二子本 四冊

410000－2241－0000246 22.6212/468.064

[乾隆]直隸易州志十八卷首一卷 （清）張登高纂修 清乾隆十二年(1747)刻本 八冊

410000－2241－0000247 13.1212/112

四書訓義三十六卷 （宋）朱熹集註 （清）王夫之訓義 清光緒十九年(1893)湖南宏達書局刻本（有圖） 二十六冊

410000－2241－0000248 22.6212/505.073

[光緒]蔚州志二十卷首一卷 （清）慶之金修 （清）楊篤纂 清光緒三年(1877)刻本 八冊

410000－2241－0000249 22.6212/505.073/2

[光緒]蔚州志二十卷首一卷 （清）慶之金修 （清）楊篤纂 清光緒三年(1877)刻本 八冊

410000－2241－0000250 55.832/401

大清道光二年七政經緯躔度時憲書 （清）欽天監編 清道光元年(1821)欽天監刻本 一冊

410000－2241－0000251 22.6212/653.073

[光緒]永平府志七十二卷首一卷末一卷 （清）游智開修 （清）史夢蘭纂 清光緒五年(1879)刻本 三十二冊

410000－2241－0000252 22.2161/904

春秋公羊經傳解詁十二卷 （漢）何休撰 （唐）陸德明音義 重刊宋紹熙公羊傳注附音本校記一卷 （清）魏彥撰 清道光四年(1824)汪氏問禮堂刻同治二年(1863)增刻本 一冊

410000－2241－0000253　22.2161/904.02

春秋公羊傳十一卷　（漢）何休學　（唐）陸德明音義　清光緒十二年(1886)湖北官書處刻本　一冊

410000－2241－0000254　22.6212/865.073/4

[光緒]**順天府志一百三十卷附錄一卷**　（清）周家楣等修　（清）張之洞　繆荃孫纂　清光緒十年至十二年(1884－1886)順天府刻本　六十四冊

410000－2241－0000255　22.6212/865.073/2

[光緒]**順天府志一百三十卷附錄一卷**　（清）周家楣等修　（清）張之洞　繆荃孫纂　清光緒十年至十二年(1884－1886)順天府刻本　六十四冊

410000－2241－0000256　22.6212/865.073

[光緒]**順天府志一百三十卷附錄一卷**　（清）周家楣等修　（清）張之洞　繆荃孫纂　清光緒十年至十二年(1884－1886)順天府刻本　六十四冊

410000－2241－0000257　22.6212/865.073/3

[光緒]**順天府志一百三十卷附錄一卷**　（清）周家楣等修　（清）張之洞　繆荃孫纂　清光緒十年至十二年(1884－1886)順天府刻本　六十四冊

410000－2241－0000258　22.2161/904.04

春秋公羊經傳解詁十二卷　（漢）何休撰　（唐）陸德明音義　**重刊宋紹熙公羊傳注附音本校記一卷**　（清）魏彥撰　**春秋穀梁傳十二卷**　（晉）范甯集解　（唐）陸德明音義　清光緒二十一年(1895)金陵書局刻本　四冊

410000－2241－0000259　22.6213/100.064

[乾隆]**三河縣志十六卷首一卷**　（清）陳昶修　（清）王大信纂　清乾隆二十五年(1760)刻本　四冊

410000－2241－0000260　22.6213/130.064

[同治]**續天津縣志二十卷首一卷**　（清）吳惠元修　（清）蔣玉虹纂　清同治九年(1870)刻本　八冊

410000－2241－0000261　13.1212/828

四書集注十九卷　（宋）朱熹撰　清光緒二十年(1894)金陵書局刻本　六冊

410000－2241－0000262　13.1212/828.01

四書集注十九卷　（宋）朱熹撰　清道光七年(1827)墨緣齋刻本　六冊

410000－2241－0000263　22.2161/983

春秋公羊傳音訓不分卷　（清）楊國楨撰　清道光十年(1830)大梁書院刻十一經音訓本　二冊

410000－2241－0000264　22.2162/536

春秋穀梁傳十二卷　（晉）范甯集解　（唐）陸德明音義　清光緒十二年(1886)湖北官書處刻本　一冊

410000－2241－0000265　13.1212/828.03

四書章句集注二十六卷　（宋）朱熹撰　**附考四卷**　（清）吳志忠輯　**四書家塾讀本句讀一卷四書章句集注本辨一卷**　（清）吳英撰　清刻本　七冊

410000－2241－0000266　13.1212/891

四書恒解二卷　（清）劉沅輯注　清光緒十年(1884)豫成堂刻本　一冊

410000－2241－0000267　E50.42/4641

光緒通商列表一卷　（清）楊楷撰　清光緒刻本　一冊

410000－2241－0000268　22.6213/152.065

[嘉慶]**棗強縣志二十卷**　（清）任衛蕙修　（清）楊元錫纂　清嘉慶八年(1803)刻本　八冊

410000－2241－0000269　22.6213/159.073

[光緒]**正定縣志四十六卷首一卷末一卷**　（清）慶之金　（清）賈孝彰修　（清）趙文濂等纂　清光緒元年(1875)刻本　十四冊

410000－2241－0000270　22.2162/938

春秋穀梁傳補注二十四卷首一卷末一卷　（晉）范甯集解　（清）鍾文烝補注　清光緒二年(1876)嘉善鍾氏信美室刻本　八冊

410000－2241－0000271　22.2163/244

春秋經傳集解三十卷　（晉）杜預注　春秋年表一卷　（宋）岳珂刊補　春秋名號歸一圖二卷　（五代）馮繼先撰　清同治八年(1869)楚北崇文書局刻本　十二冊

410000－2241－0000272　22.6213/333.073

[同治]靈壽縣志十卷末一卷　（清）陸隴其修　（清）劉廣年續纂修　清同治十二年(1873)刻本　六冊

410000－2241－0000273　J22/4001

字錄二卷　（清）李調元撰　清刻本　一冊

410000－2241－0000274　22.6213/389.062.02

[康熙]靈壽縣志十卷末一卷　（清）陸隴其修　（清）傅維橒纂　清康熙二十五年(1686)刻本　四冊

410000－2241－0000275　22.6213/425.073

[光緒]臨漳縣志十八卷首一卷　（清）周秉彝修　（清）周壽梓　（清）李燿中纂　清光緒三十一年(1905)刻本　十二冊

410000－2241－0000276　22.2163/244.03

春秋經傳集解三十卷　（晉）杜預注　（唐）陸德明釋文　明刻本　十四冊

410000－2241－0000277　22.2163/377

春秋規過考信三卷　（清）陳熙晉撰　清光緒十五年(1889)廣雅書局刻廣雅書局叢書本　三冊

410000－2241－0000278　22.2163/377－2

春秋述義拾遺八卷首一卷河間劉氏書目考一卷　（清）陳熙晉撰　清光緒十七年(1891)廣雅書局刻廣雅書局叢書本　二冊

410000－2241－0000279　13.121264/118

四書集益六卷　（清）于光華編次　清乾隆五十二年(1787)凝翠閣刻本　六冊

410000－2241－0000280　22.2163/411

左傳事緯十二卷　（清）馬驌編論　（清）潘霨校訂　清光緒三十四年(1908)上海文瑞樓石印本　六冊

410000－2241－0000281　22.2163/642

左傳紀事本末五十三卷　（清）高士奇撰　清同治十二年(1873)江西書局刻紀事本末五種本　十二冊

410000－2241－0000282　22.2163/642/2

左傳紀事本末五十三卷　（清）高士奇撰　清同治十二年(1873)江西書局刻紀事本末五種本　十二冊

410000－2241－0000283　22.6213/465.073

[光緒]昌平州志十八卷　（清）吳履福等修　繆荃孫等纂　清光緒十二年(1886)刻本　八冊

410000－2241－0000284　22.2163/973

屬辭集詩課十卷　（清）鄭慕僑撰　清道光二十九年(1849)書帶草堂刻本　二冊

410000－2241－0000285　13.1213/976

四書翼註論文十二卷　（清）鄭獻甫著　清光緒五年(1879)文昌書局刻本　十二冊

410000－2241－0000286　22.6213/522.064

[乾隆]萬全縣志十卷首一卷　（清）左承業纂修　清乾隆七年(1742)刻本　四冊

410000－2241－0000287　22.2163/994

春秋左傳杜注三十卷首一卷　（清）姚培謙補輯　清乾隆十一年(1746)吳郡小鬱林陸氏刻本　四冊

410000－2241－0000288　22.6213/529.073

[同治]萍鄉縣志十卷首一卷　（清）錫榮修　（清）熊清河纂　清同治十一年(1872)刻本　八冊

410000－2241－0000289　22.2163/994.02

春秋左傳杜注三十卷首一卷　（清）姚培謙學　清同治五年(1866)金陵書局刻十三經讀本　八冊

410000－2241－0000290　13.1213/987

率祖堂叢書　（元）金履祥撰　清雍正、乾隆間金華金氏刻本　一冊　存三種十七卷

410000－2241－0000291　22.21632/229.02

評點春秋綱目左傳句解彙雋六卷　（清）韓葵
重訂　清光緒九年(1883)上海掃葉山房刻本
　六冊

410000－2241－0000292　13.121464/385

增補四書精繡圖像人物備考十二卷　（明）薛
方山(應旂)輯　（明）陳仁錫增定　（清）何
屺瞻訂正　清康熙五十八年(1719)郁文堂刻
本　八冊

410000－2241－0000293　22.6213/653.064

[乾隆]永清縣志二十五篇文徵五卷　（清）周
震榮修　（清）章學誠纂　清乾隆四十四年
(1779)刻本　四冊　缺五卷(文徵五卷)

410000－2241－0000294　13.121464/459

校正四書釋地八卷孟子生卒年月考一卷
（清）閻若璩著　（清）顧問重編　清嘉慶八年
(1803)桐陰書屋刻本　六冊

410000－2241－0000295　22.6213/653.073

[光緒]良鄉縣志八卷　（清）陳嵋　（清）范
履福修　（清）黃儒荃纂　清光緒十五年
(1889)刻本　六冊

410000－2241－0000296　13.121464/459－1

四書釋地一卷續一卷又續一卷三續一卷孟子
生卒年月考一卷　（清）閻若璩撰　清乾隆五
十二年(1787)南城吳氏聽雨齋刻本　二冊
存二卷(又續一卷、三續一卷)

410000－2241－0000297　13.121464/459－2

四書釋地補一卷續補一卷又續補一卷三續補
一卷　（清）閻若璩撰　（清）樊廷枚校補　清
嘉慶二十一年(1816)梅陽海涵堂刻本　八冊

410000－2241－0000298　22.21632/370

春秋左傳注疏六十卷　（晉）杜預注　（唐）陸
德明音義　（唐）孔穎達疏　明崇禎十一年
(1638)古虞毛氏汲古閣刻本　十九冊　存五
十七卷(一至五十七)

410000－2241－0000299　13.121465/459

四書典制類聯音註三十三卷　（清）閻其淵編
輯　清嘉慶元年(1796)刻本　十六冊

410000－2241－0000300　22.21637/449

左氏傳說二十卷首一卷　（宋）呂祖謙撰　清
同治八年(1869)永康胡氏退補齋刻金華叢書
本　一冊

410000－2241－0000301　22.6213/667.073

[光緒]唐縣志十二卷首一卷　（清）陳詠修
（清）張惇德纂　清光緒四年(1878)刻本
八冊

410000－2241－0000302　13.121465/923

四書人物類典串珠四十卷　（清）臧志仁輯
清嘉慶四年(1799)刻本　十二冊

410000－2241－0000303　22.6213/701.073

[光緒]甯津縣志十二卷首一卷　（清）祝嘉庸
修　（清）吳潯源纂　清光緒二十六年(1900)
刻本　八冊

410000－2241－0000304　22.2163/244.02

春秋左傳杜注三十卷首一卷　（清）姚培謙撰
清光緒十六年(1890)務本書局刻本(有圖)
十冊

410000－2241－0000305　13.121473/814

四書典故辨正二十卷附錄一卷　（清）周柄中
撰　清光緒十二年(1886)善化許氏刻本
六冊

410000－2241－0000306　13.1215/248

四書圖考十三卷　（清）杜炳學　清光緒十三
年(1887)鴻文書局石印本　一冊　存十卷
(一至十)

410000－2241－0000307　22.21637/449.02

左氏傳說二十卷首一卷　（宋）呂祖謙撰　清
康熙十九年(1680)通志堂刻通志堂經解本
四冊

410000－2241－0000308　13.1217/288

四書反身錄八卷　（清）李顒撰　清浙江書局
刻本　一冊

410000－2241－0000309　13.1217/327

四書考異二編總考三十六卷條考三十六卷
（清）翟灝學　清乾隆三十四年(1769)無不宜

齋刻本　十二冊

410000－2241－0000310　13.1217/327/2

四書考異二編總考三十六卷條考三十六卷
(清)翟灝學　清乾隆三十四年(1769)無不宜
齋刻本　十二冊

410000－2241－0000311　13.1217/327/3

四書考異二編總考三十六卷條考三十六卷
(清)翟灝學　清乾隆三十四年(1769)無不宜
齋刻本　十二冊

410000－2241－0000312　13.1217/611

讀四書叢說八卷　(元)許謙撰　清刻本
七冊

410000－2241－0000313　13.1222/118

鄉黨正義十四卷　(三國魏)何晏集解　(南
朝梁)皇侃義疏　(宋)邢昺疏　(宋)朱熹集
註　(清)王塾刪補　清道光二十一年(1841)
藝海堂刻本　六冊

410000－2241－0000314　13.1222/121

論語經正錄二十卷王用誥年譜一卷　(清)王
肇晉撰　清光緒二十年(1894)刻本　十一冊

410000－2241－0000315　13.1222/164

論語後案二十卷　(清)黃式三學　清光緒九
年(1883)浙江書局刻儆居遺書本　十冊

410000－2241－0000316　22.21632/766

左繡三十卷首一卷　(清)馮李驊　(清)陸浩
評輯　(清)范允斌等叅評　清嘉慶七年
(1802)金陵致和堂刻本　十二冊

410000－2241－0000317　13.1222/730

論語集注旁證二十卷　(清)梁章鉅撰　清光
緒十二年(1886)刻本　四冊

410000－2241－0000318　13.1222/754

論語古注集箋十卷論語考一卷附一卷　(清)
潘維城學　清光緒七年(1881)江蘇書局刻本
六冊

410000－2241－0000319　22.2164/717

春秋傳說薈要十二卷　(清)聖祖玄燁案　清
嘉慶十六年(1811)刻本　四冊

410000－2241－0000320　13.1222/828.03

論語十卷　(宋)朱熹集註　清末石印本
二冊

410000－2241－0000321　13.1222/828.03/2

論語十卷　(宋)朱熹集註　清末石印本
二冊

410000－2241－0000322　13.1222/828.03/3

論語十卷　(宋)朱熹集註　清末石印本
二冊

410000－2241－0000323　22.21642/220

春秋三十卷　(宋)胡安國傳　(宋)林堯叟音
注　清康熙四十一年(1702)雲間華氏敬業堂
刻本　六冊

410000－2241－0000324　13.1222/828.03/4

論語十卷　(宋)朱熹集註　清末石印本
二冊

410000－2241－0000325　22.2165/247

春秋會義二十六卷　(宋)杜諤撰　清光緒十
八年(1892)孫氏山淵閣刻本　十二冊

410000－2241－0000326　22.2165/444

春秋五論一卷　(宋)呂大圭述　清康熙十九
年(1680)通志堂刻通志堂經解本　一冊

410000－2241－0000327　22.6213/717.073/2

[同治]清苑縣志十八卷首一卷　(清)李逢源
修　(清)諸崇儉纂　清同治十二年(1873)刻
本　八冊

410000－2241－0000328　22.6213/717.073

[同治]清苑縣志十八卷首一卷　(清)李逢源
修　(清)諸崇儉纂　清同治十二年(1873)刻
本　八冊

410000－2241－0000329　22.2165/449

東萊博議四卷　(宋)呂祖謙撰　清光緒二十
五年(1899)掃葉山房刻本　四冊

410000－2241－0000330　13.1222/828.04

四書集注十九卷　(宋)朱熹撰　清刻本
五冊

410000－2241－0000331　22.2165/668

春秋董氏學八卷傳一卷　康有爲撰　清光緒
二十四年(1898)上海大同譯書局刻萬木草堂
叢書本　六冊

410000－2241－0000332　22.6213/735.073
[乾隆]涿州志二十二卷首一卷　(清)吳山鳳
纂修　清乾隆三十年(1765)刻光緒元年
(1875)印本　六冊

410000－2241－0000333　22.2165/888
春秋傳說例一卷　(宋)劉敞撰　清乾隆刻本
　一冊

410000－2241－0000334　K01.213/1042/2
帶經堂詩話三十卷首一卷　(清)漁洋山人
(王士禛)撰　(清)張宗柟輯　清同治十二年
(1873)廣州藏修堂刻本　十冊

410000－2241－0000335　22.21652/203
木訥先生春秋經筌十六卷　(宋)趙鵬飛撰
清同治十二年(1873)粵東書局刻通志堂經解
本　十冊

410000－2241－0000336　13.1222/899
論語注疏解經十卷　(三國魏)何晏集解
(宋)邢昺疏　札記一卷　劉世珩撰　清光緒
三十年至三十三年(1904－1907)貴池劉氏玉
海堂影元刻本　二冊

410000－2241－0000337　22.21652/380
春秋提綱十卷　(元)陳則通撰　清同治十二
年(1873)粵東書局刻通志堂經解本　二冊

410000－2241－0000338　13.1222/899.02
論語注疏解經二十卷　(三國魏)何晏集解
(宋)邢昺疏　明崇禎十年(1637)古虞毛氏汲
古閣刻十三經注疏本　四冊

410000－2241－0000339　13.122273/164
論語後案二十卷　(清)黃式三學　清光緒九
年(1883)浙江書局刻儆居遺書本　十冊

410000－2241－0000340　13.123/362
孔子集語十七卷　(清)孫星衍輯　清光緒十
九年(1893)上海鴻文書局石印二十五子彙函
本　一冊

410000－2241－0000341　22.21652/385
止齋先生春秋後傳十二卷　(宋)陳傅良撰
清同治十二年(1873)粵東書局刻通志堂經解
本　三冊

410000－2241－0000342　13.123/114.02
孔子家語十卷　題(三國魏)王肅注　札記一
卷　劉世珩撰　清光緒二十四年(1898)貴池
劉世珩玉海堂武昌影宋刻本　四冊

410000－2241－0000343　13.123/379
新刻註釋孔子家語憲四卷　(明)陳際泰釋
明末潭陽劉舜臣刻本　二冊

410000－2241－0000344　22.21652/685
西疇居士春秋本例二十卷　(宋)崔子方撰
清同治十二年(1873)粵東書局刻通志堂經解
本　二冊

410000－2241－0000345　22.21652/770
則堂先生春秋集傳詳說三十卷　(宋)家鉉翁
撰　清刻通志堂經解本　十冊

410000－2241－0000346　22.21652/889
春秋劉氏傳十五卷　(宋)劉敞撰　清康熙十
九年(1680)通志堂刻通志堂經解本　二冊

410000－2241－0000347　22.21652/889－2
劉氏春秋意林二卷　(宋)劉敞撰　清康熙十
九年(1680)通志堂刻通志堂經解本　一冊

410000－2241－0000348　22.21653/113
春秋皇綱論五卷　(宋)王皙撰　清康熙十九
年(1680)通志堂刻通志堂經解本　一冊

410000－2241－0000349　22.21653/446
春秋或問十二卷　(宋)呂大圭撰　清同治十
二年(1873)粵東書局刻通志堂經解本　四冊

410000－2241－0000350　22.6213/739
深州風土記二十二卷附表五卷　(清)吳汝綸
纂　清光緒二十六年(1900)文瑞書院刻本
八冊

410000－2241－0000351　22.6213/739
深州風土記二十二卷附表五卷　(清)吳汝綸
纂　清光緒二十六年(1900)文瑞書院刻本

八冊

410000－2241－0000352　13.123079/308

孔孟志略三卷　（清）張承燮纂　清光緒二十
七年（1901）膠州聽雨何時軒刻本　三冊

410000－2241－0000353　22.2166/554

潁濱先生春秋集解十二卷　（宋）蘇轍撰　明
刻本　二冊

410000－2241－0000354　22.21662/312

春秋集注十一卷綱領一卷　（宋）張洽集注
清同治十二年（1873）粵東書局刻通志堂經解
本　三冊

410000－2241－0000355　22.6213/940.064

[乾隆]饒陽縣志二卷首一卷末一卷　（清）單
作哲修　（清）張正賢纂　清乾隆十四年
（1749）刻本　二冊

410000－2241－0000356　22.21662/449

春秋集解三十卷　（宋）呂祖謙撰　清同治十
二年（1873）粵東書局刻通志堂經解本　十
四冊

410000－2241－0000357　22.21662/789

春秋本義三十卷首一卷　（元）程端學撰　清
同治十二年（1873）粵東書局刻通志堂經解本
十二冊

410000－2241－0000358　22.2162/172

春秋通說十三卷　（宋）黃仲炎撰　清同治十
二年（1873）粵東書局刻通志堂經解本　四冊
存十二卷（一至十二）

410000－2241－0000359　22.2167/889

春秋權衡十七卷　（宋）劉敞撰　清同治十二
年（1873）粵東書局刻通志堂經解本　四冊

410000－2241－0000360　13.12362/114

詳訂四書難題集說七卷　（清）王鳴昌論定
（清）宋瀚評次　清康熙二十一年（1682）文盛
堂刻本　十冊

410000－2241－0000361　22.6222/425.064

[乾隆]臨清直隸州志十一卷首一卷　（清）張
度修　（清）朱鍾纂　清乾隆五十年（1785）刻

本　十一冊

410000－2241－0000362　811.18/0121

校訂定盦全集十卷　（清）龔自珍撰　定盦年
譜藁本一卷　（清）黃守恆撰　清宣統元年
（1909）時中書局鉛印本　八冊

410000－2241－0000363　44.5364/752

螢窗異草初編四卷二編四卷三編四卷四編四
卷　題（清）浩歌子撰　題（清）隨園老人評
清末上海錦章圖書局石印本　八冊

410000－2241－0000364　22.6223/101.073

[同治]泰安縣志十二卷首一卷末一卷　（清）
徐宗幹修　（清）蔣大慶纂　清道光八年
（1828）刻同治六年（1867）重修本　十四冊

410000－2241－0000365　22.2168/370

國語二十一卷　（三國吳）韋昭解　（清）孔傳
鐸校　清乾隆三十一年（1766）詩禮堂刻本
二冊

410000－2241－0000366　22.6223/137.073

[光緒]東平州志二十七卷首四卷圖一卷
（清）左宜似等修　（清）盧崟等纂　清光緒七
年（1881）刻本　二十冊

410000－2241－0000367　13.1252/220

大學原文集解一卷中庸原文集解一卷　（清）
胡清瑞著　清光緒二十三年（1897）梁垣文潤
齋刻本　一冊

410000－2241－0000368　22.6223/142.073

[光緒]曹縣志十八卷首一卷　（清）陳嗣良修
（清）孟廣來纂　清光緒十年（1884）刻本
十二冊

410000－2241－0000369　13.1257/329

忱行錄一卷　（清）邵懿辰著　清同治五年
（1866）錢塘丁氏當歸草堂刻當歸草堂叢書本
二冊

410000－2241－0000370　13.1262/455

中庸直指一卷　（明）史德清撰　清光緒十年
（1884）金陵刻經處刻本　一冊

410000－2241－0000371　13.127/200

孟子注疏解經十四卷 （漢）趙岐注 （宋）孫奭疏 明崇禎六年(1633)古虞毛氏汲古閣刻十三經注疏本 六冊

410000－2241－0000372 13.127/693

孟子外書四卷 （宋）熙時子注 清刻本 一冊

410000－2241－0000373 22.6223/182.073

[光緒]壽張縣志十卷首一卷 （清）劉文煒修 （清）王守謙纂 清光緒二十六年(1900)刻本 六冊

410000－2241－0000374 13.127/828

孟子要略五卷 （宋）朱熹撰 清同治十三年(1874)傳忠書局刻本 一冊

410000－2241－0000375 13.127/917

孟子正義三十卷 （清）焦循撰 清末焦氏半九書塾刻本 十二冊

410000－2241－0000376 13.1282/119

荀子集解二十卷首一卷 （戰國）荀況撰 （唐）楊倞注 王先謙集解 清光緒十七年(1891)思賢講舍刻本 六冊

410000－2241－0000377 22.6223/223.064.02

[乾隆]歷城縣志五十卷首一卷 （清）沈廷芳裁定 （清）胡德琳總修 （清）李文藻纂輯 清乾隆三十八年(1773)刻本 十六冊

410000－2241－0000378 22.6223/300.073

掖縣全志 （清）魏起鵬等輯 清乾隆二十三年(1758)、嘉慶十二年(1807)、道光二十三年(1843)、光緒十九年(1893)刻滙印本 十六冊

410000－2241－0000379 22.6223/317.073

[光緒]費縣志十六卷首一卷 （清）李敬修修 （清）劉寶鼎纂 清光緒二十二年(1896)刻本 十二冊

410000－2241－0000380 22.6223/343.066

[道光]重修平度縣州志二十七卷 （清）保忠修 （清）李圖纂 清道光二十九年(1849)刻本 八冊

410000－2241－0000381 13.1282/274

荀子二十卷 （戰國）荀況撰 （唐）楊倞注 校勘補遺一卷 清乾隆五十一年(1786)嘉善謝氏安雅堂刻本 六冊

410000－2241－0000382 13.1282/274.01

荀子二十卷 （戰國）荀況撰 （唐）楊倞注 校勘補遺一卷 清乾隆二十一年(1756)嘉善謝氏刻本 六冊

410000－2241－0000383 22.2171/850.03

戰國策十卷 （宋）鮑彪校注 （元）吳師道補正 清嘉慶二十年(1815)刻本 六冊

410000－2241－0000384 22.2168/579.04

國語二十一卷 （三國吳）韋昭解 （宋）宋庠補音 清嘉慶二十年(1815)刻本 六冊

410000－2241－0000385 13.129/759

孔叢正義五卷 （清）姜兆錫校 清雍正二年(1724)刻本 二冊

410000－2241－0000386 22.6223/372.073

[光緒]增修登州府志六十九卷首一卷 （清）賈瑚等修 （清）周悅讓纂 清光緒七年(1881)刻本 二十二冊

410000－2241－0000387 22.6223/410.066

[道光]長清縣志十六卷首四卷末二卷 （清）舒化民修 （清）徐德城纂 清道光十五年(1835)刻本 六冊

410000－2241－0000388 22.2168/579

國語二十一卷 （三國吳）韋昭解 校刊明道本韋氏解國語札記一卷 （清）黃丕烈撰 清嘉慶五年(1800)吳門黃氏讀未見書齋刻本 三冊

410000－2241－0000389 22.6223/425.066

[道光]臨邑縣志十六卷首一卷末一卷 （清）沈淮纂修 清道光十七年(1837)刻本 八冊

410000－2241－0000390 22.6223/425.073

光緒臨朐縣志十六卷首一卷 （清）姚延福修 （清）鄧嘉緝纂 清光緒十年(1884)刻本 六冊

410000－2241－0000391　13.13/263

三子口義　（宋）林希逸注　（明）施觀民校　明萬曆四年（1576）刻本　十六冊

410000－2241－0000392　22.2168/579.02

國語二十一卷　（三國吳）韋昭解　（清）孔傳校　清乾隆三十一年（1766）詩禮堂刻本　四冊

410000－2241－0000393　22.6223/479.064

[乾隆]曲阜縣志一百卷　（清）潘相纂修　清乾隆三十九年（1774）刻本　十二冊

410000－2241－0000394　22.2168/579.03/1

國語二十一卷　（三國吳）韋昭解　校刊明道本韋氏解國語札記一卷　（清）黃丕烈撰　國語明道本攷異四卷　（清）汪遠孫撰　清光緒三年（1877）永康退補齋刻本　四冊

410000－2241－0000395　22.2168/579.03/2

國語二十一卷　（三國吳）韋昭解　校刊明道本韋氏解國語札記一卷　（清）黃丕烈撰　國語明道本攷異四卷　（清）汪遠孫撰　清光緒三年（1877）永康退補齋刻本　四冊

410000－2241－0000396　22.2168/707/2

國語校注本三種　（清）汪遠孫撰　清道光二十六年（1846）錢塘汪氏振綺堂刻振綺堂遺書本　六冊

410000－2241－0000397　22.2168/707/1

國語校注本三種　（清）汪遠孫撰　清道光二十六年（1846）錢塘汪氏振綺堂刻振綺堂遺書本　六冊

410000－2241－0000398　22.6223/647.064

[乾隆]高密縣志十卷首一卷末一卷　（清）張乃史修　（清）錢廷熊纂　清乾隆十九年（1754）刻本　四冊

410000－2241－0000399　22.21682/377

國語翼解六卷　（清）陳瑑撰　清光緒十八年（1892）廣雅書局抄本　二冊

410000－2241－0000400　22.21686/695

國語補音三卷　（宋）宋庠撰　（清）錢保塘校

注　札記一卷　（清）錢保塘撰　清光緒二年（1876）盱眙吳氏成都尊經書院刻本　一冊

410000－2241－0000401　22.6223/656.062

[康熙]新城縣志十四卷首一卷　（清）崔懋修　（清）嚴濂曾纂　續志二卷　（清）孫元衡修　（清）王啟涞纂　清康熙三十二年（1693）刻本　六冊

410000－2241－0000402　22.6223/662.064

[雍正]齊河縣志十卷首一卷　（清）上官有儀修　（清）許琰纂　清乾隆元年（1736）刻本　五冊

410000－2241－0000403　13.131/804

老子本義二卷　（清）魏源著　清光緒二十八年（1902）避舍蓋公堂刻本　二冊

410000－2241－0000404　22.6223/689.064

[乾隆]定陶縣志十卷首一卷　（清）雷宏宇修　（清）劉珠纂　清乾隆十八年（1753）刻光緒二年（1876）北平周忠重修本　四冊

410000－2241－0000405　22.2171/646

戰國策三十三卷　（漢）高誘注　重刻剡川姚氏本戰國策札記三卷　（清）黃丕烈撰　清光緒三年（1877）永康胡氏退補齋刻本　四冊

410000－2241－0000406　22.6223/751.057

[萬曆]汶上縣志八卷　（明）栗可仕修　（明）王命新纂　明萬曆三十六年（1608）刻清康熙五十六年（1717）補刻本　二冊

410000－2241－0000407　22.6223/751.062

[康熙]續修汶上縣志六卷　（清）聞元炅纂修　清康熙五十六年（1717）刻本　三冊

410000－2241－0000408　22.2171/646/2

戰國策三十三卷　（漢）高誘注　重刻剡川姚氏本戰國策札記三卷　（清）黃丕烈撰　清光緒三年（1877）永康胡氏退補齋刻本　五冊

410000－2241－0000409　22.6223/752.062

[康熙]海豐縣志十二卷首一卷　（清）胡公著修　（清）張克家纂　清康熙九年（1670）刻本　四冊

410000－2241－0000410　22.6223/755.062

[康熙]沂州志八卷　（清）邵士修　（清）王塤等纂　清康熙十三年(1674)刻本　八冊

410000－2241－0000411　22.6223/753.064

[乾隆]濰縣志六卷首一卷末一卷　（清）張耀璧修　（清）王誦芬纂　清乾隆二十五年(1760)刻本　六冊

410000－2241－0000412　13.1312/917

老子翼八卷首一卷　（明）焦竑輯　清光緒二十一年(1895)漸西村舍刻本　四冊

410000－2241－0000413　22.2171/646.03

戰國策三十三卷　（漢）高誘注　重刻剡川姚氏本戰國策札記三卷　（清）黃丕烈撰　清同治八年(1869)湖北崇文書局刻本　四冊

410000－2241－0000414　22.2171/646.02

戰國策三十三卷　（漢）高誘注　重刻剡川姚氏本戰國策札記三卷　（清）黃丕烈撰　清嘉慶八年(1803)吳門黃氏讀未見齋刻本　五冊

410000－2241－0000415　22.2171/646/3

戰國策三十三卷　（漢）高誘注　重刻剡川姚氏本戰國策札記三卷　（清）黃丕烈撰　清光緒三年(1877)永康胡氏退補齋刻本　四冊

410000－2241－0000416　K01.213/1043

帶經堂詩話三十卷首一卷　（清）王士禎撰　（清）張宗柟輯　清乾隆刻本　八冊

410000－2241－0000417　22.2171/850

戰國策十卷　（宋）鮑彪校註　（元）吳師道補正　清詩禮堂刻本　四冊

410000－2241－0000418　22.2171/850/2

戰國策十卷　（宋）鮑彪校註　（元）吳師道補正　清詩禮堂刻本　六冊

410000－2241－0000419　22.6223/873.073

[同治]即墨縣志十二卷　（清）林溥修　（清）周翕鑅纂　清同治十二年(1873)刻本　八冊

410000－2241－0000420　13.1332/119

莊子集解八卷　（戰國）莊周撰　王先謙集解　清宣統元年(1909)湖南思賢書局刻本　三冊

410000－2241－0000421　22.6223/942.064

[乾隆]德州志十二卷首一卷　（清）王道亨修　（清）張慶源纂　清乾隆五十三年(1788)刻本　七冊

410000－2241－0000422　13.1332/377

南華真經正義不分卷識餘三種　（清）陳壽昌輯　清光緒十九年(1893)怡顏齋刻本　六冊

410000－2241－0000423　13.1332/635

莊子集釋十卷　（戰國）莊周撰　（清）郭慶藩集釋　清光緒二十年(1894)思賢講舍刻本　八冊

410000－2241－0000424　22.2179/170

天祿閣外史八卷　（漢）黃憲纂　（明）鍾惺評　清刻本　二冊

410000－2241－0000425　22.6223/982.073

[光緒]益都縣圖志五十四卷首一卷　（清）張承燮修　（清）法偉堂等纂　清光緒三十三年(1907)益都官舍刻本　十六冊

410000－2241－0000426　610/C281/.02（東區）

類經圖翼十一卷　（明）張介賓著　清刻本　十六冊

410000－2241－0000427　610/C281/3.04（東區）

景岳全書二十四集六十四卷　（明）張介賓著　（清）魯超訂　清刻本　三十六冊

410000－2241－0000428　13.1332/688

南華真經解三卷　（清）宣穎著　清康熙六十年(1721)積秀堂刻本　六冊

410000－2241－0000429　22.6231/718.073/1

[雍正]河南通志八十卷　（清）田文鏡等修　（清）孫灝等纂　清雍正十三年(1735)刻道光六年(1826)重修同治八年(1869)、光緒二十八年(1902)遞修本　四十冊

410000－2241－0000430　13.1338/412

莊子故八卷　（戰國）莊周撰　馬其昶注　清光緒三十一年(1905)集虛草堂刻本　四冊

410000－2241－0000431　22.6231/718.073.02/2

[乾隆]續河南通志八十卷首四卷　（清）阿思哈等纂修　清乾隆三十二年（1767）刻道光、同治、光緒遞修本　二十冊

410000－2241－0000432　22.6231/718.073.02/1

[乾隆]續河南通志八十卷首四卷　（清）阿思哈等纂修　清乾隆三十二年（1767）刻道光、同治、光緒遞修本　二十冊

410000－2241－0000433　22.221/124

後漢書九十卷附考證　（南朝宋）范曄撰（唐）李賢注　續漢志三十卷附考證　（晉）司馬彪撰　（南朝梁）劉昭注補　清光緒十年（1884）上海同文書局石印本　二十四冊

410000－2241－0000434　22.221/124

前漢書一百卷附考證　（漢）班固撰　（唐）顏師古注　清光緒十年（1884）上海同文書局石印二十四史本　三十二冊

410000－2241－0000435　22.6231/718.064.04/2

[乾隆]續河南通志八十卷首四卷　（清）阿思哈等纂修　清乾隆三十二年（1767）刻本　二十一冊

410000－2241－0000436　22.221/171

兩漢博聞十二卷　（宋）楊侃撰　清光緒上海申報館鉛印申報館叢書本　六冊

410000－2241－0000437　22.6232/113.056

[嘉慶]汝寧府志三十卷首一卷　（清）德昌修（清）王增纂　清嘉慶元年（1796）刻本　十二冊

410000－2241－0000438　22.6232/116.073

[光緒]續修睢州志十二卷首一卷　（清）王枚修　（清）徐紹廉纂　清光緒十八年（1892）刻本　八冊

410000－2241－0000439　22.6232/197.071.02

[道光]汝州全志十卷首一卷　（清）白明義修（清）趙林成纂　清道光二十年（1840）刻本　十冊

410000－2241－0000440　13.1391/248.02

文子纘義十二卷　（宋）杜道堅撰　清光緒三年（1877）浙江書局刻二十二子本　二冊

410000－2241－0000441　22.221/278

漢書蒙拾三卷　（清）杭世駿撰　清刻本　一冊

410000－2241－0000442　22.129/308

通鑑直解二十八卷　（明）張居正輯著　（清）高兆麟重訂　明崇禎四年（1631）古吳陳長卿刻本　十四冊

410000－2241－0000443　13.1412/364

墨子閒詁十五卷目錄一卷附錄一卷後語二卷　（清）孫詒讓撰　清光緒三十三年（1907）瑞安孫氏木活字印本　八冊

410000－2241－0000444　22.6232/236.062

[嘉慶]南陽府志六卷圖一卷　（清）孔傳金纂修　清嘉慶十二年（1807）刻本　十二冊

410000－2241－0000445　22.221/929

廣雅書局叢書　（清）廣雅書局輯　清光緒廣雅書局刻本　八冊　存二種三十三卷

410000－2241－0000446　22.221072/480

班馬字類五卷　（宋）婁機撰　清光緒十七年（1891）思賢書局刻本　二冊

410000－2241－0000447　22.222/119

前漢書補注一百卷　（漢）班固撰　（唐）顏師古注　王先謙補注　清光緒二十六年（1900）長沙王氏刻本　三十二冊

410000－2241－0000448　610/C281/.03（東區）

類經附翼四卷　（明）張介賓撰　清刻本　四冊

410000－2241－0000449　22.223/288/1

後漢書九十卷　（南朝宋）范曄撰　（唐）李賢注　續漢志三十卷　（晉）司馬彪撰　（南朝梁）劉昭注補　清同治八年（1869）金陵書局刻本　十四冊

410000－2241－0000450　22.223/288/2

後漢書九十卷　（南朝宋）范曄撰　（唐）李賢注　續漢志三十卷　（晉）司馬彪撰　（南朝

梁）劉昭注補　清光緒十四年（1888）上海圖書集成印書局鉛印二十四史本　十二冊

410000－2241－0000451　22.6232/412.062
[康熙]睢州志七卷首一卷　（清）馬世英修（清）陳應輔纂　清康熙三十二年（1693）刻本　四冊

410000－2241－0000452　22.223/712
七家後漢書　（清）汪文臺輯　清光緒二十八年（1902）刻本　六冊

410000－2241－0000453　22.223/888
後漢書九十卷　（南朝宋）范曄撰　（唐）李賢注　續漢志三十卷　（晉）司馬彪撰　（南朝梁）劉昭注補　清同治八年（1869）金陵書局刻本　二冊　存三十卷（續漢志三十卷）

410000－2241－0000454　22.223/888.02
後漢書九十卷　（南朝宋）范曄撰　（唐）李賢注　續漢志三十卷　（晉）司馬彪撰　（南朝梁）劉昭注補　清同治八年（1869）金陵書局刻本　二冊　存三十卷（續漢志三十卷）

410000－2241－0000455　22.224/257
三國志裴注述二卷　（清）林國贊撰　清光緒十六年（1890）學海堂刻本　二冊

410000－2241－0000456　13.1617/845.02
管子二十四卷　（春秋）管仲撰　（唐）房玄齡注　（明）劉績補注　清光緒十九年（1893）上海鴻文書局石印本　一冊

410000－2241－0000457　22.224/377
三國志六十五卷　（晉）陳壽撰　（南朝宋）裴松之注　清光緒十三年（1887）江南書局刻本　八冊

410000－2241－0000458　22.6232/612.066.02/1
[道光]許州志十六卷首一卷　（清）蕭元吉修（清）李堯觀纂　清道光十八年（1838）刻本　十二冊

410000－2241－0000459　22.6232/612.066.02/2
[道光]許州志十六卷首一卷　（清）蕭元吉修（清）李堯觀纂　清道光十八年（1838）刻本

十二冊

410000－2241－0000460　22.224/377.03
三國志六十五卷附考證　（晉）陳壽撰　（南朝宋）裴松之注　清光緒二十一年（1895）石印本　六冊

410000－2241－0000461　22.6232/682.064
[乾隆]新修懷慶府志三十二卷首二卷圖經一卷　（清）唐侍陛等修　（清）洪亮吉纂　清乾隆五十四年（1789）刻本　十六冊

410000－2241－0000462　22.2242/313
忠武誌十卷　（清）張鵬翮輯　清嘉慶十九年（1814）麻城周畹蘭刻本　四冊

410000－2241－0000463　22.224074/814
三國紀年表一卷　（清）周嘉猷撰　清光緒十七年（1891）廣雅書局刻廣雅書局叢書本　一冊

410000－2241－0000464　22.224/730
三國志旁證三十卷　（清）梁章鉅撰　清光緒十六年（1890）廣雅書局刻廣雅書局叢書本　六冊

410000－2241－0000465　22.6232/833.066
[道光]禹州志二十六卷　（清）朱煒修（清）姚椿纂　清道光十五年（1835）刻本　十二冊

410000－2241－0000466　13.1672/119
韓非子集解二十卷首一卷　（戰國）韓非著（清）王先慎集解　清光緒二十二年（1896）刻本　六冊

410000－2241－0000467　13.1832/646
呂氏春秋二十六卷　（戰國）呂不韋撰　（漢）高誘注　（清）畢沅校勘　附攷一卷　（清）畢沅輯　清光緒元年（1875）浙江書局刻二十二子本　六冊

410000－2241－0000468　22.224074/445
三國郡縣表八卷　（清）吳增僅編　清光緒二十一年（1895）盱眙吳氏木活字印本　四冊

410000－2241－0000469　13.1832/646.02

呂氏春秋二十六卷　（戰國）呂不韋撰　（漢）高誘注　清光緒十九年（1893）上海鴻文書局石印本　一冊

410000－2241－0000470　13.221/151

賈子次詁十六卷　（漢）賈誼撰　（清）王耕心次詁　清光緒二十九年（1903）正定王氏刻本　二冊

410000－2241－0000471　22.6233/103.065

[嘉慶]商城縣志十四卷首一卷末一卷　（清）武開吉修　（清）周之驥纂　清嘉慶八年（1803）刻本　六冊

410000－2241－0000472　22.225/819/1

晉畧六十六卷　（清）周濟撰　清光緒二年（1876）味雋齋刻本　十冊

410000－2241－0000473　22.6233/109.073/1

[光緒]祥符縣志二十四卷首一卷　（清）沈傳義修　（清）黃舒昺纂　清光緒二十四年（1898）刻本　十二冊

410000－2241－0000474　22.6233/109.073/2

[光緒]祥符縣志二十四卷首一卷　（清）沈傳義修　（清）黃舒昺纂　清光緒二十四年（1898）刻本　十二冊

410000－2241－0000475　22.6233/113.066/2

[道光]武陟縣志三十六卷　（清）王榮陛修　（清）方履籛纂　清道光九年（1829）刻本　八冊

410000－2241－0000476　22.6233/113.066/1

[道光]武陟縣志三十六卷　（清）王榮陛修　（清）方履籛纂　清道光九年（1829）刻本　八冊

410000－2241－0000477　22.225/819/2

晉畧六十六卷　（清）周濟撰　清光緒二年（1876）味雋齋刻本　十冊

410000－2241－0000478　22.6233/128.073.02

[光緒]柘城縣志十卷首一卷　（清）元淮纂修　清光緒二十二年（1896）刻本　十冊

410000－2241－0000479　22.225/819.03

晉畧六十六卷　（清）周濟撰　清光緒二年（1876）味雋齋刻本　十冊

410000－2241－0000480　13.2212/151/1

新書十卷　（漢）賈誼撰　（清）盧文弨校　清乾隆四十九年（1784）餘姚盧氏抱經堂刻抱經堂叢書本　四冊

410000－2241－0000481　13.2212/151/2

新書十卷　（漢）賈誼撰　（清）盧文弨校　清乾隆四十九年（1784）餘姚盧氏抱經堂刻抱經堂叢書本　三冊

410000－2241－0000482　22.6233/159.066

[道光]鄢陵縣志十八卷　（清）何鄂聯修　（清）洪符孫纂　清道光十三年（1833）刻本　八冊

410000－2241－0000483　22.6233/265.064

[乾隆]柘城縣志十八卷首一卷　（清）李志魯纂修　清乾隆三十八年（1773）刻本　八冊

410000－2241－0000484　22.6233/268.064

[乾隆]林縣志十卷首一卷末一卷　（清）楊潮觀纂修　清乾隆十七年（1752）刻本　四冊

410000－2241－0000485　22.225/958

晉書一百三十卷　（唐）房玄齡等撰　音義三卷　（唐）何超撰　清同治十年（1871）金陵書局刻本　二十冊

410000－2241－0000486　22.225/958.02

晉書一百三十卷　（唐）房玄齡等撰　音義三卷　（唐）何超撰　清光緒十四年（1888）上海集成圖書公司鉛印二十四史本　十六冊

410000－2241－0000487　13.2222/646.02

淮南子二十一卷　（漢）劉安輯　（漢）高誘注　清光緒十九年（1893）上海鴻文書局石印本　一冊

410000－2241－0000488　13.224/893

新序十卷　（漢）劉向撰　清刻本　一冊

410000－2241－0000489　22.226/589/1

十六國春秋一百卷　（北魏）崔鴻撰　（清）汪日桂重訂　清乾隆四十六年（1781）仁和汪氏

欣託山房刻本　十六冊

410000－2241－0000490　K01.213/1240/2

眉韻樓詩話續編四卷　孫雄輯　清宣統二年(1910)北洋官報局鉛印本　二冊

410000－2241－0000491　K08.1/2816

懷鬻雜俎十二種　徐乃昌輯　清光緒三十三年至宣統二年(1907－1910)刻本　八冊

410000－2241－0000492　K08.1/7519

塵海妙品十四卷　陳琰編輯　清宣統三年(1911)上海六藝書局石印本　四冊

410000－2241－0000493　22.226/589

十六國春秋一百卷　(北魏)崔鴻撰　(清)汪日桂重訂　清乾隆刻本　十二冊　存五十八卷(四十三至一百)

410000－2241－0000494　13.229/158

易林釋文二卷　(清)丁晏釋文　清光緒十六年(1890)廣雅書局刻廣雅書局叢書本　一冊

410000－2241－0000495　22.6233/319.066/1

[道光]尉氏縣志二十卷首一卷　(清)劉厚滋　(清)沈湜修　(清)王觀潮纂　清道光十一年(1831)刻本　八冊

410000－2241－0000496　22.6233/319.066/2

[道光]尉氏縣志二十卷首一卷　(清)劉厚滋　(清)沈湜修　(清)王觀潮纂　清道光十一年(1831)刻本　八冊

410000－2241－0000497　22.6233/319.066/3

[道光]尉氏縣志二十卷首一卷　(清)劉厚滋　(清)沈湜修　(清)王觀潮纂　清道光十一年(1831)刻本　八冊

410000－2241－0000498　13.2292/285

揚子法言十三卷　(漢)揚雄撰　(晉)李軌注　**音義一卷**　(宋)□□撰　清光緒二年(1876)浙江書局刻二十二子本　一冊

410000－2241－0000499　22.227/814

廣雅書局叢書　(清)廣雅書局輯　清光緒廣雅書局刻本　四冊　存三種七卷

410000－2241－0000500　22.227/708

南北史補志十四卷附贊一卷　(清)汪士鐸撰　清光緒四年(1878)淮南書局刻本　六冊

410000－2241－0000501　22.6233/354.066/1

[道光]太康縣志八卷　(清)戴鳳翔修　(清)高崧纂　清道光八年(1828)刻本　八冊

410000－2241－0000502　22.227/814－2

南北史捃華八卷　(清)周嘉猷輯　(清)胡鳳丹校　清光緒二年(1876)永康胡氏退補齋刻本　一冊

410000－2241－0000503　22.6233/354.066/2

[道光]太康縣志八卷　(清)戴鳳翔修　(清)高崧纂　清道光八年(1828)刻本　八冊

410000－2241－0000504　22.6233/354.066/3

[道光]太康縣志八卷　(清)戴鳳翔修　(清)高崧纂　清道光八年(1828)刻本　八冊

410000－2241－0000505　22.227/747

南北史識小錄南史十四卷北史十四卷　(清)沈名蓀　(清)朱昆田輯　(清)張應昌補正　清同治十年(1871)武林吳氏清來堂刻本　十四冊

410000－2241－0000506　55.832/401

大清道光三年七政經緯躔度時憲書　(清)欽天監編　清道光二年(1822)欽天監刻本　一冊

410000－2241－0000507　22.6233/372.064/1

[乾隆]登封縣志三十二卷　(清)陸繼萼修　(清)洪亮吉纂　清乾隆五十二年(1787)刻本　八冊

410000－2241－0000508　22.6233/372.064/2

[乾隆]登封縣志三十二卷　(清)陸繼萼修　(清)洪亮吉纂　清乾隆五十二年(1787)刻本　八冊

410000－2241－0000509　22.6233/372.064/3

[乾隆]登封縣志三十二卷　(清)陸繼萼修　(清)洪亮吉纂　清乾隆五十二年(1787)刻本　八冊

410000－2241－0000510　22.228/293

南史八十卷附考證　（唐）李延壽撰　清光緒十四年(1888)上海圖書集成印書局鉛印二十四史本　十二冊

410000－2241－0000511　22.228/508

南齊書五十九卷附考證　（南朝梁）蕭子顯撰　清光緒十四年(1888)上海圖書集成印書局鉛印二十四史本　六冊

410000－2241－0000512　22.2281/209/2

郝氏遺書　（清）郝懿行撰　清嘉慶至光緒刻本　二冊　存四種四卷

410000－2241－0000513　22.2281/209

郝氏遺書　（清）郝懿行撰　清嘉慶至光緒刻本　四冊　存四種四卷

410000－2241－0000514　22.2281/749

宋書一百卷　（南朝梁）沈約撰　清同治十一年(1872)金陵書局刻本　十六冊

410000－2241－0000515　22.2281/749.02

宋書一百卷　（南朝梁）沈約撰　清光緒十四年(1888)圖書集成印書局鉛印二十四史本　十二冊

410000－2241－0000516　22.2283/994

梁書五十六卷附考證　（唐）姚思廉撰　清光緒十四年(1888)上海圖書集成印書局鉛印二十四史本　四冊

410000－2241－0000517　22.2284/994

陳書三十六卷　（唐）姚思廉撰　清光緒十四年(1888)上海圖書集成印書局鉛印二十四史本　四冊

410000－2241－0000518　22.229/293

北史一百卷　（唐）李延壽撰　清光緒十四年(1888)上海圖書集成印書局鉛印二十四史本　十六冊

410000－2241－0000519　13.237/714

潛夫論十卷　（漢）王符撰　（清）汪繼培箋　清嘉慶二十二年(1817)蕭山陳氏刻湖海樓叢書本　四冊

410000－2241－0000520　22.6233/398.064

[乾隆]陽武縣志十二卷　（清）談諟曾修　（清）楊仲震等纂　清乾隆十年(1745)刻本　六冊

410000－2241－0000521　13.251/906

武英殿聚珍版書一百四十八種　清乾隆武英殿木活字印本　一冊　存二種五卷

410000－2241－0000522　22.2291/802

魏書一百十四卷附考證　（北齊）魏收撰　清光緒十四年(1888)上海圖書集成印書局鉛印二十四史本　十六冊

410000－2241－0000523　22.6233/410.073

[嘉慶]長垣縣志十六卷　（清）李于垣修　（清）楊元錫纂　清同治十二年(1873)刻本　九冊　存五卷(十二至十六)

410000－2241－0000524　22.2293/625

西魏書二十四卷附錄一卷　（清）謝啟昆撰　清乾隆六十年(1795)樹經堂刻光緒十八年(1892)溧陽繆氏小峒山館補刻本　六冊

410000－2241－0000525　13.292/679.2

顏氏家訓七卷　（北齊）顏之推撰　（清）趙曦明注　（清）盧文弨校　注補並重校一卷　（清）盧文弨撰　補正一卷壬子年重校一卷　（清）錢大昕撰　清乾隆五十四年(1789)餘姚盧氏抱經堂刻抱經堂叢書本　四冊

410000－2241－0000526　22.6233/440.071

[乾隆]獲嘉縣志十六卷首一卷　（清）吳喬齡修　（清）李棟纂　清乾隆二十一年(1756)刻道光二十五年(1845)補刻本　六冊

410000－2241－0000527　22.6233/445.074.02

[宣統]寧陵縣志十二卷首一卷末一卷　蕭濟南修　呂敬直纂　清宣統三年(1911)刻本　八冊

410000－2241－0000528　22.232/117.03

唐語林八卷　（宋）王讜撰　校勘記一卷　（清）錢熙祚撰　清刻本　四冊

410000－2241－0000529　22.6233/511.064

[乾隆]濟源縣志十六卷首一卷末一卷　（清）

蕭應植纂修　清乾隆二十六年(1761)刻本
六冊

410000－2241－0000530　22.232/117.02

唐語林八卷　(宋)王讜撰　清刻本　四冊

410000－2241－0000531　22.6233/521.071＝2

[道光]續修長垣縣志二卷　(清)葛之鏞修
(清)蔣庸纂　清道光二十九年(1849)刻本
二冊

410000－2241－0000532　22.232/203

新舊唐書互證二十卷　(清)趙紹祖撰　清光
緒十七年(1891)廣雅書局刻廣雅書局叢書本
四冊

410000－2241－0000533　13.41/287

性理標題綜要二十二卷　(明)詹淮纂輯
(明)陳仁錫訂正　明崇禎南城翁少麓刻本
十六冊

410000－2241－0000534　13.41/314

濂洛關閩書十九卷　(清)張伯行集解　清康
熙四十八年(1709)福州正誼堂刻本　四冊

410000－2241－0000535　22.232/424

唐書二百二十五卷　(宋)歐陽修等撰　釋音
二十五卷　(宋)董衡撰　清光緒十四年
(1888)上海圖書集成印書局鉛印二十四史本
三十二冊

410000－2241－0000536　22.231/807

隋書八十五卷　(唐)魏徵等撰　清光緒十四
年(1888)上海圖書集成印書局鉛印二十四史
本　十二冊

410000－2241－0000537　13.41/480

性理纂要附訓八卷　(清)冉覲祖輯　清康熙
三十二年(1693)寄願堂刻本　八冊

410000－2241－0000538　13.41084/754

一得錄四卷　(清)潘世璜著　清同治七年
(1868)潘遵祁刻本　一冊

410000－2241－0000539　22.2295/989

周書五十卷附考證　(唐)令狐德棻等撰　清
光緒十四年(1888)上海圖書集成印書局鉛印
二十四史本　四冊

410000－2241－0000540　22.2294/287

北齊書五十卷　(唐)李百藥撰　清光緒十四
年(1888)上海圖書集成印書局鉛印二十四史
本　六冊

410000－2241－0000541　13.412/920

儒門語要六卷　(清)倪元坦輯　清末上海鴻
寶齋石印本　四冊

410000－2241－0000542　22.232/446

唐書直筆四卷　(宋)呂夏卿撰　清乾隆刻本
一冊

410000－2241－0000543　13.4242/112

張子正蒙注九卷　(清)王夫之撰　清同治四
年(1865)湘鄉曾國荃金陵刻船山遺書本
五冊

410000－2241－0000544　22.232/530

東萊先生音註唐鑑二十四卷　(宋)范祖禹撰
(宋)呂祖謙註　清光緒十八年(1892)浙江
書局刻本　四冊

410000－2241－0000545　K21/0440

四忠遺集　(清)□□輯　清同治十年(1871)
刻本　十六冊

410000－2241－0000546　22.232/746

新舊唐書合鈔二百六十卷首一卷唐書宰相世
系表訂譌十二卷　(清)沈炳震訂鈔　唐書合
鈔補正六卷　(清)丁子復撰　清嘉慶海昌查
氏刻同治十年(1871)武林吳氏清來堂補刻本
八十冊

410000－2241－0000547　17.431/790－3

明道先生文集五卷　(宋)程顥撰　清刻本
一冊

410000－2241－0000548　K21/0442

蘭因集三卷　(清)陳文述輯　清刻本　一冊

410000－2241－0000549　K21.6/3004＝2

續古文苑二十卷　(清)孫星衍撰　清光緒九
年(1883)江蘇書局刻本　六冊

410000－2241－0000550　K22/8308.02

牧齋全集　(清)錢謙益撰　(清)錢曾箋注
清宣統二年(1910)遂漢齋鉛印本　四十冊

410000－2241－0000551　K22.6/0026
甫田集三十六卷　(明)文徵明撰　清宣統三
年(1911)鉛印本　十二冊

410000－2241－0000552　22.232/888
舊唐書二百卷　(五代)劉昫等撰　清光緒十
四年(1888)上海圖書集成印書局鉛印二十四
史本　三十冊

410000－2241－0000553　K22.6/0862
施愚山先生全集七種　(清)施閏章等撰　清
刻本　二十冊

410000－2241－0000554　13.454/292
朱子晚年全論八卷　(宋)朱熹撰　(清)李紱
編　清末三省堂鉛印本　四冊

410000－2241－0000555　13.454/314
廣近思錄十四卷　(清)張伯行輯　清光緒二
十年(1894)中州學署刻本　二冊

410000－2241－0000556　13.4542/314
小學集解六卷　(清)張伯行纂輯　清同治六
年(1867)楚北崇文書局刻本　三冊

410000－2241－0000557　13.4542/719
近思錄十四卷　(宋)朱熹　(宋)呂祖謙撰
(清)江永集注　考訂朱子世家一卷　(清)江
永著　校勘記一卷　(清)王炳錄　清同治八
年(1869)江蘇書局刻本　四冊

410000－2241－0000558　K22.64/3423
歸愚集六十九卷　(清)沈德潛撰　清乾隆教
忠堂刻本　二十八冊

410000－2241－0000559　22.6233/669.073/2
光緒鹿邑縣志十六卷首一卷　于滄瀾　(清)
馬家彥修　(清)蔣師轍纂　清光緒二十二年
(1896)刻本　六冊

410000－2241－0000560　22.6233/669.073/3
光緒鹿邑縣志十六卷首一卷　于滄瀾　(清)
馬家彥修　(清)蔣師轍纂　清光緒二十二年
(1896)刻本　六冊

410000－2241－0000561　22.6233/669.073
光緒鹿邑縣志十六卷首一卷　于滄瀾　(清)
馬家彥修　(清)蔣師轍纂　清光緒二十二年
(1896)刻本　六冊

410000－2241－0000562　22.235084/294
說郛　(明)陶宗儀編　清順治三年(1646)李
際期宛委山堂刻本　一冊　存二種二卷

410000－2241－0000563　22.233/327
魏鄭公諫續錄二卷　(元)翟思忠輯　清乾隆
三十八年(1773)刻本　一冊

410000－2241－0000564　22.236/294
李衛公文集二十卷別集十卷外集四卷補遺一
卷　(唐)李德裕撰　清光緒十六年(1890)常
慊慊齋刻本　六冊

410000－2241－0000565　13.454/787
閑闢錄十四卷　(明)程瞳輯　清正誼堂刻本
二冊

410000－2241－0000566　22.6233/701.062
[康熙]甯陵縣志十二卷首一卷　(清)王圖寧
修　(清)王肇棟等纂　清光緒十九年(1893)
汪鈞澤刻本　四冊

410000－2241－0000567　13.454/828.02
朱子語類一百四十卷　(宋)朱熹撰　(宋)黎
靖德編　清同治十一年(1872)應元書院刻本
四十冊

410000－2241－0000568　22.238/424/2
五代史七十四卷附考證　(宋)歐陽修撰　清
光緒十四年(1888)上海圖書集成印書局鉛印
二十四史本　六冊

410000－2241－0000569　22.238/424
五代史記七十四卷　(宋)歐陽修撰　(宋)徐
無黨注　(清)彭元瑞增注　(清)劉鳳誥排次
清道光八年(1828)刻本　四十冊

410000－2241－0000570　22.238/437
五代史記纂誤續補六卷　(清)吳光耀撰　清
光緒十四年(1888)江夏吳氏刻本　六冊

410000－2241－0000571　22.238/568

舊五代史一百五十卷附考證目錄二卷　（宋）薛居正等撰　清光緒十四年(1888)上海圖書集成印書局鉛印二十四史本　十二冊

410000－2241－0000572　22.6233/718.066

[道光]河內縣志三十六卷　（清）袁通修（清）方履籛纂　清道光五年(1825)刻本　十冊

410000－2241－0000573　22.235/388.02

唐陸宣公集二十二卷　（唐）陸贄撰　（清）年羹堯重訂　清光緒二十四年(1898)上海著易堂石印本　四冊

410000－2241－0000574　22.2382/392

南唐書十八卷　（宋）陸游撰　音釋一卷（元）戚光撰　明末海虞毛氏汲古閣刻本　四冊

410000－2241－0000575　22.2382/420

南唐書三十卷　（宋）馬令撰　清嘉慶十八年(1813)嘯園沈氏木活字印本　六冊

410000－2241－0000576　55.832/401

大清道光五年七政經緯躔度時憲書　（清）欽天監編　清道光四年(1824)欽天監刻本　一冊

410000－2241－0000577　13.454/828

朱子語類八十卷　（宋）朱熹撰　（清）程川重編　（清）柴世堂參考　（清）潘思齊訂　清雍正三年(1725)刻本　二十四冊

410000－2241－0000578　13.454/987

台學源流七卷　（明）金賁亨撰　清臨海金文燁刻同治八年(1869)同善會補刻本　一冊

410000－2241－0000579　13.455/384

陸象山先生文集三十六卷　（宋）陸九淵撰（清）李紱點次　少湖徐先生學則辯一卷（明）徐階撰　清道光三年(1823)金谿陸邦瑞槐堂書齋刻本　十二冊

410000－2241－0000580　22.239/440

十國春秋一百十四卷拾遺一卷備考一卷（清）吳任臣撰　清康熙八年(1669)海虞戴氏漱石山房刻本　十六冊

410000－2241－0000581　22.6233/759.073

[同治]郟縣志十二卷　（清）姜篾修　（清）張熙瑞續修　（清）茅恆春　（清）郭景泰纂　清咸豐九年(1859)刻同治四年(1865)續刻本　六冊

410000－2241－0000582　13.458/382

龍川文集三十卷首一卷　（宋）陳亮撰　附錄一卷辨誣考異二卷　（清）胡鳳丹撰　清同治七年(1868)永康胡氏退補齋刻金華叢書本　十冊

410000－2241－0000583　22.6233/726.064

[乾隆]滎陽縣志十二卷　（清）李煦修（清）李清纂　清乾隆十二年(1747)刻本　六冊

410000－2241－0000584　22.6233/772.064＝2

[乾隆]孟縣志十卷　（清）馮敏昌修　（清）仇汝瑚纂　清乾隆五十五年(1790)刻本　十冊

410000－2241－0000585　22.242/119

東都事略一百三十卷　（宋）王稱撰　清振鷺堂刻本　十六冊

410000－2241－0000586　13.49/615

許文正公遺書　（元）許衡撰　清乾隆五十五年(1790)刻本　八冊

410000－2241－0000587　22.243/303

涑水紀聞十六卷補遺一卷　（宋）司馬光撰清末掃葉山房石印本　四冊

410000－2241－0000588　22.243/840

孝肅包公奏議十卷　（宋）包拯撰　清道光二十年(1840)問經堂刻本　四冊

410000－2241－0000589　22.244/303

司馬溫公文集八十二卷　（宋）司馬光撰　明崇禎元年(1628)吳時亮等刻清康熙四十七年(1708)蔣起龍等重修本　六十四冊

410000－2241－0000590　22.6233/772.066

[道光]修武縣志十卷首一卷　（清）馮繼照修

（清）金臬纂　清道光二十年（1840）刻本
十二册

410000－2241－0000591　13.51/504
草木子四卷　（明）葉子奇著　清光緒元年
（1875）處州府署刻本　二册

410000－2241－0000592　22.244/654
靖康要錄十六卷　（宋）□□撰　清光緒十二
年（1886）歸安陸氏刻十萬卷樓叢書本　八册

410000－2241－0000593　22.6233/813.064
［乾隆］杞縣志二十四卷　（清）周璣修
（清）朱璿纂　清乾隆五十三年（1788）刻本
十二册

410000－2241－0000594　13.51/569
文清公薛先生文集二十四卷讀書錄十一卷讀
書續錄十二卷行實錄五卷　（明）薛瑄撰
（明）張鼎校正編輯　清乾隆十一年（1746）薛
天章刻本　二十四册

410000－2241－0000595　22.6233/815.073
［道光］輝縣志二十卷首一卷末一卷　（清）周
際華修　（清）戴銘纂　清道光十五年（1835）
輝縣百泉書院刻本　八册

410000－2241－0000596　13.53/628
陽明先生集要三種　（明）王守仁撰　（明）施
邦曜評輯　清宣統三年（1911）上海明明學社
鉛印本　四册

410000－2241－0000597　13.531/118
王文成公全書　（明）王守仁撰　清刻本　二
十四册

410000－2241－0000598　22.245/883
岳忠武王文集八卷首一卷末二卷　（宋）岳飛
撰　清道光十四年（1834）刻本　四册

410000－2241－0000599　13.533/362
陽明德言錄不分卷　孫甲榮編　清宣統三年
（1911）鉛印本　一册

410000－2241－0000600　13.55/650
高子遺書十二卷附錄一卷　（明）高攀龍撰
高忠憲公年譜一卷　（明）華允誠述　清光緒

二年（1876）無錫東林書院刻本　十三册

410000－2241－0000601　13.55/650－2
高子別集八卷　（明）高攀龍著　清光緒刻本
三册

410000－2241－0000602　22.245/883.02
岳忠武王文集八卷首一卷末一卷　（宋）岳飛
撰　清光緒二年（1876）上洋怡墨堂施九如刻
本　四册

410000－2241－0000603　22.6233/882.062
［康熙］汝陽縣志十卷　（清）邱天英纂修　清
康熙二十九年（1690）刻本　八册

410000－2241－0000604　13.56/308/2
張楊園先生集　（清）張履祥撰　清乾隆二十
一年（1756）柚樹書屋刻本　八册

410000－2241－0000605　13.56/308
張楊園先生集　（清）張履祥撰　清乾隆二十
一年（1756）柚樹書屋刻本　六册

410000－2241－0000606　22.6233/897.065
［嘉慶］續濟源縣志十二卷　（清）何荇芳修
（清）劉大觀纂　清嘉慶十八年（1813）刻本
四册

410000－2241－0000607　K22.65/4231
小謨觴館詩集注詩八卷續二卷詩餘集注二卷
文集注四卷續二卷　（清）彭兆蓀撰　（清）孫
元培　（清）孫長熙纂輯　清光緒二十年
（1894）泉唐汪氏刻本　八册

410000－2241－0000608　22.6233/906.064
［乾隆］偃師縣志三十卷首一卷　（清）湯毓倬
修　（清）孫星衍　（清）武億纂　清乾隆五十
四年（1789）刻本　十六册

410000－2241－0000609　13.56/445
去偽齋集十卷首一卷　（明）呂坤撰　清道光
七年（1827）開封府署刻本　十二册

410000－2241－0000610　22.243/538
范文正公政府奏議二卷　（宋）范仲淹撰　清
影元刻本　一册

410000－2241－0000611　22.6233/952.064

[乾隆]汲縣志十四卷首一卷末一卷 （清）徐汝瓚修 （清）杜崑纂 清乾隆二十年（1755）刻本 六冊

410000－2241－0000612 22.6233/994.073

[同治]滑縣志十二卷 （清）姚錕 （清）唐咸仰修 （清）徐光第纂 清同治六年（1867）刻本 八冊

410000－2241－0000613 22.6234/236.425

臥龍崗志二卷 （清）羅景輯 清康熙五十一年（1712）襄平羅氏刻本 二冊

410000－2241－0000614 22.244/684

宋宗忠簡公文集四卷首一卷補遺一卷遺事二卷 （宋）宗澤撰 清同治十二年（1873）述荊堂刻西京清麓叢書本 四冊

410000－2241－0000615 13.56/592

士翼三卷 （明）崔銑撰 （明）崔汲編次 明萬曆九年（1581）安陽崔氏家塾刻本 三冊

410000－2241－0000616 13.56/592

程志十卷 （明）崔銑校編 明嘉靖安陽崔氏家塾刻本 二冊

410000－2241－0000617 13.56/891

蕺山先生人譜一卷人譜類記二卷 （明）劉宗周撰 （清）洪正治校勘 清雍正四年（1726）教忠堂刻本 二冊

410000－2241－0000618 22.246/292－2

宋李忠定集□□卷 （宋）李綱撰 清末愛日堂刻本 一冊 存三卷（建炎時政記三卷）

410000－2241－0000619 22.246/290

建炎以來繫年要錄二百卷 （宋）李心傳撰 清光緒五年至八年（1879－1882）仁壽蕭氏刻本 六十四冊

410000－2241－0000620 32.2916/331.03/2

皇朝經世文續編一百二十卷 （清）葛士濬輯 清光緒二十四年（1898）上海文盛書局石印本 二十冊

410000－2241－0000621 13.6/173

國朝中州名賢集二十六卷 （清）黃舒昺編輯 清光緒十七年（1891）睢陽洛學書院刻本 十六冊

410000－2241－0000622 22.246/292

宋李忠定公奏議選十五卷文集選二十九卷首四卷目錄二卷 （宋）李綱著 （明）左光先選 （明）周之夔訂 （明）李春熙輯 （明）戴國士較 （明）李嗣玄評定 明崇禎十二年（1639）李嗣玄刻本 六冊

410000－2241－0000623 22.246/292－3

梁溪全集一百八十卷 （宋）李綱撰 附錄一卷年譜一卷 清福州刻本 三十二冊

410000－2241－0000624 22.247/246

杜清獻公集十九卷首一卷末一卷補遺一卷校勘記一卷 （宋）杜范著 清同治九年（1870）吳縣孫氏九峰書院刻本 四冊

410000－2241－0000625 13.61/112

船山遺書 （清）王夫之撰 清同治四年（1865）湘鄉曾國荃金陵刻本 一百一冊

410000－2241－0000626 13.61/118

俟後編六卷末一卷 （明）王敬臣著 （清）彭定求訂 清光緒元年（1875）刻本 一冊

410000－2241－0000627 22.2481/273

遼史拾遺補五卷 （清）楊復吉輯 清光緒三年（1877）江蘇書局刻本 五冊

410000－2241－0000628 13.61/216/2

繹志十九卷 （清）胡承諾撰 清同治十一年（1872）浙江書局刻本 八冊

410000－2241－0000629 13.61/216

繹志十九卷 （清）胡承諾撰 清同治十一年（1872）浙江書局刻本 八冊

410000－2241－0000630 22.2481/285

遼史紀事本末四十卷首一卷末一卷 （清）李有棠編纂 清光緒二十九年（1903）李杙鄂樓刻本 二十冊

410000－2241－0000631 22.2481/337/2

遼史拾遺二十四卷 （清）厲鶚撰 清光緒元年（1875）江蘇書局刻本 八冊

410000－2241－0000632　22.2481/337

遼史拾遺二十四卷　（清）厲鶚撰　清光緒元年(1875)江蘇書局刻本　六冊

410000－2241－0000633　13.61/331

水田居激書二卷　（清）賀貽孫撰　清咸豐三年(1853)敕書樓刻水田居全集本　二冊

410000－2241－0000634　22.2482/628

金史詳校十卷首一卷末一卷　（清）施國祁撰　清光緒六年(1880)會稽章氏刻本　十二冊

410000－2241－0000635　22.2482/890

歸潛志十四卷　（元）劉祁撰　清同治八年(1869)福建刻武英殿聚珍版書本　二冊

410000－2241－0000636　22.6241/582.064/2

[乾隆]山西志輯要十卷首一卷清涼山志輯要二卷　（清）雅德修　（清）汪本直纂　清乾隆四十五年(1780)刻本　十冊　缺二卷(清涼山志輯要二卷）

410000－2241－0000637　K22.73/3148

汪梅村先生集十二卷文外集一卷　（清）汪士鐸撰　清光緒七年(1881)刻本　四冊

410000－2241－0000638　22.6241/582.064

[乾隆]山西志輯要十卷首一卷清涼山志輯要二卷　（清）雅德修　（清）汪本直纂　清乾隆四十五年(1780)刻本　十四冊　缺二卷(清涼山志輯要二卷）

410000－2241－0000639　22.249/290

元朝秘史十五卷　（元）□□撰　（清）李文田注　清光緒二十二年(1896)通隱堂刻漸西村舍彙刊本　四冊

410000－2241－0000640　13.62/288

二曲集四十六卷　（清）李顒撰　清光緒三年(1877)信述堂刻本　十六冊

410000－2241－0000641　22.6243/105.073

[光緒]祁縣志十六卷　（清）劉發岐修　（清）李芬纂　清光緒八年(1882)刻本　十冊

410000－2241－0000642　K22.73/9702/2

恪靖侯盾鼻餘瀋不分卷　（清）左宗棠撰　清

光緒八年(1882)刻本　一冊

410000－2241－0000643　22.6243/343.073

[光緒]平遙縣志十二卷　（清）恩端修　（清）武達材　（清）王舒萼纂　清光緒八年(1882)刻本　八冊

410000－2241－0000644　22.249/384

元史紀事本末二十七卷　（明）陳邦瞻編輯　（明）張溥論正　清同治十三年(1874)江西書局刻紀事本末五種本　四冊

410000－2241－0000645　22.6243/348.073

[光緒]夏縣志十卷首一卷　（清）黃緝榮　（清）萬啟鈞修　（清）張承熊纂　清光緒六年(1880)刻本　四冊

410000－2241－0000646　22.249/399.02

南村輟耕錄三十卷　（明）陶宗儀撰　明玉蘭草堂刻本　六冊

410000－2241－0000647　22.249/399.03

南村輟耕錄三十卷　（明）陶宗儀撰　清光緒十一年(1885)福瀛書局刻本　八冊

410000－2241－0000648　13.62/736

湯子遺書八卷　（清）湯斌撰　（清）蔡方炳編　清康熙蔡方炳刻本　四冊

410000－2241－0000649　22.6243/354.066/2

[道光]太原縣志十八卷　（清）員佩蘭修　（清）楊國泰纂　清道光六年(1826)刻本　六冊

410000－2241－0000650　22.6243/354.066

[道光]太原縣志十八卷　（清）員佩蘭修　（清）楊國泰纂　清道光六年(1826)刻本　六冊

410000－2241－0000651　22.249/702.02

欽定蒙古源流八卷　（清）小徹辰薩囊台吉撰　清光緒七年(1881)頤雲山館抄本　二冊

410000－2241－0000652　22.6243/354.073

[光緒]續太原縣志二卷　（清）薛元釗修　（清）王效尊纂　清光緒八年(1882)刻本　二冊

410000－2241－0000653　22.6243/354.073/2

[光緒]續太原縣志二卷　（清）薛元釗修
（清）王效尊纂　清光緒八年(1882)刻本
二冊

410000－2241－0000654　13.631/286

李二曲先生集二十四卷　（清）李顒撰　清光
緒二年(1876)刻本　四冊

410000－2241－0000655　22.249/702

欽定蒙古源流八卷　（清）小徹辰薩囊台吉撰
清刻本　四冊

410000－2241－0000656　22.249/720/2

元史譯文證補三十卷　（清）洪鈞撰　清光緒
二十三年(1897)元和陸潤庠刻本　四冊

410000－2241－0000657　22.249/720

元史譯文證補三十卷　（清）洪鈞撰　清光緒
二十三年(1897)元和陸潤庠刻本　四冊

410000－2241－0000658　22.249/720/3

元史譯文證補三十卷　（清）洪鈞撰　清光緒
二十三年(1897)元和陸潤庠刻本　四冊

410000－2241－0000659　Z64/4630

勝國文徵四卷　（清）楊家麟輯　清光緒申報
館鉛印申報館叢書本　一冊

410000－2241－0000660　22.6243/756.073

[道光]汾陽縣志十四卷首一卷　（清）周貽繶
（清）曹文錦修　（清）曹樹穀纂　清咸豐元
年(1851)刻本　八冊

410000－2241－0000661　22.6243/795.073

[光緒]黎城縣續志四卷　（清）鄭灝等修
（清）楊恩樹纂　清光緒九年(1883)刻本
四冊

410000－2241－0000662　13.64/312

溯流史學鈔二十卷游梁講語一卷　（清）張沐
著　（清）王渭条証　清康熙三十三年(1694)
敦臨堂刻本　十冊

410000－2241－0000663　22.6243/991.065

[嘉慶]介休縣志十四卷　（清）徐品山
（清）陸元鏸修　（清）熊兆占等纂　清嘉慶二

十四年(1819)刻本　八冊

410000－2241－0000664　22.249/982

元書一百二卷首一卷　（清）曾廉撰　清宣統
三年(1911)陽曾氏層漪堂刻本　二十冊

410000－2241－0000665　13.65/348

強學錄類編四卷身金箴正字略一卷　（清）夏
錫疇撰　清道光十四年(1834)仕學齋刻本
六冊

410000－2241－0000666　13.65/714

讀問學錄一卷　（清）汪紱撰　清光緒二十年
(1894)浙江刻本　一冊

410000－2241－0000667　22.6251/680

常州賦不分卷　（清）褚邦慶編注　清光緒四
年(1878)刻本　一冊

410000－2241－0000668　22.6312/426.073

[咸豐]同州府志三十四卷首一卷文徵錄三卷
（清）李恩繼　（清）文廉修　（清）蔣湘南
纂　清咸豐二年(1852)刻本　二十四冊

410000－2241－0000669　13.71/754

養一齋剳記九卷　（清）潘德輿撰　清同治十
三年(1874)刻本　三冊

410000－2241－0000670　13.73/311

勸學篇二卷　（清）張之洞撰　清光緒二十四
年(1898)兩湖書院刻本　一冊

410000－2241－0000671　13.73/311.02

勸學篇二卷　（清）張之洞撰　清光緒二十四
年(1898)中江書院刻本　一冊

410000－2241－0000672　22.2491/903/2

校正元親征錄一卷　（清）何秋濤校正　清光
緒二十年(1894)小漚巢刻本　一冊

410000－2241－0000673　22.2491/903

校正元親征錄一卷　（清）何秋濤校正　清光
緒二十年(1894)小漚巢刻本　一冊

410000－2241－0000674　22.6313/103.073.02

[正德]武功縣志四卷首一卷　（明）康海纂
（清）孫景烈評注　清光緒二十年至二十一年
(1894－1895)海昌許氏刻本　一冊

410000－2241－0000675　22.6313/103.066

[正德]武功縣志三卷　（明）康海纂修
（清）孫景烈評注　清道光十一年(1831)得月
簃刻本　一冊

410000－2241－0000676　13.73/399

求己錄三卷　題（清）盧涇遯士編　清光緒二
十八年(1902)上海書局石印本　二冊

410000－2241－0000677　22.25/106

野記四卷　（明）祝允明撰　清同治十三年
(1874)元和祝氏刻本　二冊

410000－2241－0000678　22.25/106.02

野記四卷　（明）祝允明纂　清光緒四年
(1878)申報館鉛印申報館叢書本　二冊

410000－2241－0000679　22.25/113

弇山堂別集一百卷　（明）王世貞撰　清末廣
雅書局刻本　二十冊

410000－2241－0000680　22.25/118

明史藁三百十卷目錄三卷　（清）王鴻緒編撰
　清雍正元年(1723)敬慎堂刻本　八十冊

410000－2241－0000681　22.6313/226.064

[乾隆]韓城縣志十六卷首一卷　（清）傅應奎
修　（清）錢坫纂　清乾隆四十九年(1784)刻
本　六冊

410000－2241－0000682　22.6313/235.064

[乾隆]朝邑縣志十一卷首一卷　（清）金嘉琰
　（清）朱廷模修　（清）錢坫纂　清乾隆四十
五年(1780)刻本　四冊

410000－2241－0000683　13.75083/115

靜庵文集一卷詩稿一卷　王國維撰　清光緒
三十一年(1905)鉛印本　一冊

410000－2241－0000684　15.1169/208

天演論二卷　（英國）赫胥黎造論　（清）嚴復
達恉　清光緒二十九年(1903)杭州史學齋石
印本　二冊

410000－2241－0000685　17.039/100

康莊木鐸不分卷　題（清）一一閒叟彙輯　清
光緒二十五年(1899)商務書館鉛印本　一冊

410000－2241－0000686　17.039/526＝2

臣鑒錄二十卷　（清）蔣伊編輯　清康熙十四
年(1675)刻本　十冊

410000－2241－0000687　17.039/129

孝經注疏九卷　（唐）玄宗李隆基注　（宋）邢
昺校　明崇禎二年(1629)古虞毛氏汲古閣刻
十三經注疏本　一冊

410000－2241－0000688　17.039/187

了凡四訓一卷　（明）袁黃撰　清光緒七年
(1881)刻本　一冊

410000－2241－0000689　17.039/229

孝經衍義一百卷首二卷　（清）韓菼等纂　清
康熙二十九年(1690)刻本　三十冊

410000－2241－0000690　22.25/382

明紀六十卷　（清）陳鶴撰　清同治十年
(1871)江蘇書局刻本　二十冊

410000－2241－0000691　22.6313/528.064/2

[乾隆]蒲城縣志十五卷　（清）張心鏡修
（清）吳泰來纂　清乾隆四十六年(1781)刻本
　六冊

410000－2241－0000692　22.6313/528.064

[乾隆]蒲城縣志十五卷　（清）張心鏡修
（清）吳泰來纂　清乾隆四十六年(1781)刻本
　六冊

410000－2241－0000693　22.6313/688.073

[光緒]富平縣志稿十卷首一卷　樊增祥
（清）劉鯤修　（清）譚麐纂　清光緒十七年
(1891)刻本　十冊

410000－2241－0000694　22.25/382.02

明紀六十卷　（清）陳鶴撰　清末影印本　二
十四冊

410000－2241－0000695　22.6313/689.073/2

[光緒]定遠廳志二十六卷首一卷末一卷
（清）余修鳳纂修　清光緒五年(1879)刻本
六冊

410000－2241－0000696　22.6313/689.073

[光緒]定遠廳志二十六卷首一卷末一卷

（清）余修鳳纂修　清光緒五年(1879)刻本
十册

410000 – 2241 – 0000697　17.039/285 = 2
小學弦歌八卷　（清）李元度編　清光緒二十
八年(1902)經綸森寶刻本　六册

410000 – 2241 – 0000698　22.6313/735.074
[宣統]重修涇陽縣志十六卷首一卷末一卷
劉懋官修　宋伯魯　周斯億纂　清宣統三年
(1911)鉛印本　四册

410000 – 2241 – 0000699　17.039/292
粵獻法言不分卷　李鐘珏編　清光緒二十年
(1894)圭山官舍刻本　一册

410000 – 2241 – 0000700　22.6313/884.066
[道光]留壩廳志十卷足徵錄四卷　（清）賀仲
瑊修　（清）蔣湘南纂　清道光二十二年
(1842)刻本　四册

410000 – 2241 – 0000701　Z73.4/8045
春在堂全書三十三種　（清）俞樾撰　清同治
十年(1871)刻本　一百六十册

410000 – 2241 – 0000702　17.039/312
輶軒語　（清）張之洞撰　清光緒六年(1880)
江西書局木活字印本　一册

410000 – 2241 – 0000703　22.6322/102.073
[光緒]重纂秦州直隸州新志二十四卷首一卷
　（清）余澤春修　（清）王權　（清）任其昌
纂　清光緒十五年(1889)刻本　二十册

410000 – 2241 – 0000704　17.039/350
家寶全集四集三十二卷　（清）石成金撰集
清乾隆四年(1739)刻本　十六册

410000 – 2241 – 0000705　17.039/427/2
廿二史言行略四十二卷　（清）過元攽輯　清
嘉慶十五年(1810)刻本　十二册

410000 – 2241 – 0000706　17.039/427
廿二史言行略四十二卷　（清）過元攽輯　清
嘉慶十五年(1810)刻本　十六册

410000 – 2241 – 0000707　17.039/440
藥言二卷　（清）李惺撰　清光緒二十七年

(1901)上海養晦堂刻本　二册

410000 – 2241 – 0000708　17.039/445
童蒙訓三卷　（宋）呂本中撰　清同治二年
(1863)錢塘丁氏刻本　一册

410000 – 2241 – 0000709　22.25/463
明季稗史彙編十六種　題（清）留雲居士輯
清光緒都城琉璃廠刻本　十二册

410000 – 2241 – 0000710　K23.46/4084
曾太僕左夫人詩文稿合刻五種　（清）曾光煦
輯　清光緒十七年(1891)定襄官署刻本
六册

410000 – 2241 – 0000711　22.25/463.02
明季稗史彙編十六種　題（清）留雲居士輯
清光緒都城琉璃廠刻本　十册

410000 – 2241 – 0000712　22.25/601
明大政纂要六十三卷　（明）譚希思編　清光
緒二十一年(1895)湖南思賢書局刻本　二十
八册

410000 – 2241 – 0000713　22.6342/153.064
[乾隆]西寧府新志四十卷　（清）楊應琚纂修
　清乾隆十二年(1747)刻本　十二册

410000 – 2241 – 0000714　22.6351/282
欽定新疆識略十二卷首一卷　（清）松筠纂修
　清道光元年(1821)武英殿修書處刻本
十册

410000 – 2241 – 0000715　17.039/453
小兒語一卷女小兒語一卷　（明）呂得勝撰
續小兒語三卷演小兒語一卷　（明）呂坤撰
清呂獲珮刻本　一册

410000 – 2241 – 0000716　17.039/453/2
小兒語一卷女小兒語一卷　（明）呂得勝撰
續小兒語三卷演小兒語一卷　（明）呂坤撰
清呂獲珮刻本　一册

410000 – 2241 – 0000717　22.25/736
潛菴先生擬明史稿二十卷　（清）湯斌擬
（清）田蘭芳評　清康熙二十七年(1688)刻本
十五册

410000 - 2241 - 0000718   22.25/749/2

野獲編三十卷首一卷補遺四卷　（明）沈德符撰　（清）錢枋輯　清道光七年(1827)錢塘姚氏扶荔山房羊城刻本　二十冊

410000 - 2241 - 0000719   22.25/749/3

野獲編三十卷首一卷補遺四卷　（明）沈德符撰　（清）錢枋輯　清道光七年(1827)錢塘姚氏扶荔山房羊城刻本　二十冊

410000 - 2241 - 0000720   22.6351/554.073

吳郡地理誌要十七章　（清）崇辦蒙塾編輯　清光緒二十八年(1902)刻本　一冊

410000 - 2241 - 0000721   22.6351/906.073

欽定皇輿西域圖志四十八卷首四卷　（清）傅恒修　（清）褚廷璋纂　（清）英廉等續纂　清光緒十九年(1893)杭州便益書局石印本　十二冊

410000 - 2241 - 0000722   17.039/476/2

媿林漫錄二卷　（明）瞿式耜輯　清光緒十六年(1890)江蘇書局刻本　四冊

410000 - 2241 - 0000723   22.25/749

野獲編三十卷首一卷補遺四卷　（明）沈德符撰　（清）錢枋輯　清道光七年(1827)錢塘姚氏扶荔山房羊城刻本　十八冊

410000 - 2241 - 0000724   22.6352/866.065

三州輯略九卷　（清）和瑛纂　清嘉慶十年(1805)刻本　五冊

410000 - 2241 - 0000725   22.25/924

明史紀事本末八十卷　（清）谷應泰編輯　清同治十三年(1874)江西書局刻紀事本末五種本　二十冊

410000 - 2241 - 0000726   22.25/924/2

明史紀事本末八十卷　（清）谷應泰編輯　清同治十三年(1874)江西書局刻紀事本末五種本　二十冊

410000 - 2241 - 0000727   22.25/938

通紀會纂十卷　（明）鍾惺輯　清順治刻本　十冊

410000 - 2241 - 0000728   22.6353/653.077

[光緒]永康縣志十六卷首一卷　（清）李汝為修　（清）潘樹棠等纂　清光緒十七年(1891)刻本　四冊

410000 - 2241 - 0000729   17.039/526

人範六卷　（清）蔣元輯　清光緒三十一年(1905)鉛印本　二冊

410000 - 2241 - 0000730   22.641/113

奉天全省輿圖　（清）王志修編　清光緒二十年(1894)刻本　一冊

410000 - 2241 - 0000731   17.039/645

嘉懿集初鈔四卷續鈔四卷　（清）高嵣集評　清乾隆五十四年(1789)廣郡永邑培元堂楊氏刻高梅亭讀書叢鈔本　八冊

410000 - 2241 - 0000732   17.039/665

畜德錄二十卷　（清）席啟圖纂輯　清康熙繩武堂刻本　十冊

410000 - 2241 - 0000733   49.49/952

新刻黃掌綸先生評訂神仙鑑三集二十二卷　（清）徐衜述　（清）李理贊　清康熙刻本(有圖)　二十四冊

410000 - 2241 - 0000734   22.232/362/2

北夢瑣言二十卷　（宋）孫光憲撰　清乾隆二十一年(1756)德州盧氏雅雨堂刻雅雨堂藏書本　四冊

410000 - 2241 - 0000735   17.039/711

汪龍莊先生遺書八種　（清）汪輝祖撰　清光緒八年至十二年(1882 - 1886)山東書局刻本　六冊

410000 - 2241 - 0000736   17.039/726

勸戒近錄六卷續錄六卷三錄六卷四錄六卷　（清）梁恭辰輯　清光緒二十四年(1898)順成書局石印本　八冊

410000 - 2241 - 0000737   17.039/726.02

勸戒近錄六卷續錄六卷三錄六卷四錄六卷　（清）梁恭辰輯　清光緒六年(1880)盛京刻本　八冊

410000－2241－0000738　22.6421/516

吉林外記十卷　（清）薩英額撰　清光緒二十一年(1895)桐廬袁氏漸西村舍刻漸西村舍彙刊本　二冊

410000－2241－0000739　22.6421/749/2

吉林紀事詩四卷首一卷末一卷　沈兆錕著　清宣統三年(1911)金陵湯明林聚珍書局鉛印本　二冊

410000－2241－0000740　22.232/362

北夢瑣言二十卷　（宋）孫光憲撰　清乾隆二十一年(1756)德州盧氏雅雨堂刻雅雨堂藏書本　六冊

410000－2241－0000741　22.6421/749

吉林紀事詩四卷首一卷末一卷　沈兆錕著　清宣統三年(1911)金陵湯明林聚珍書局鉛印本　一冊

410000－2241－0000742　22.258/364.02

二申野錄八卷　（清）孫之騄輯　清刻本　四冊

410000－2241－0000743　K23.46/8030

句餘土音三卷全謝山先生遺詩一卷　（清）全祖望撰　清宣統三年(1911)國學扶輪社鉛印本　一冊

410000－2241－0000744　22.6431/952

[嘉慶]黑龍江述略六卷　（清）徐宗亮纂（清）徐士愷輯　清光緒十七年(1891)石埭徐氏刻觀自得齋叢書本　二冊

410000－2241－0000745　22.255/882

邱海二公合集　（清）焦映漢輯　清同治十年(1871)邱氏可繼堂刻本　十冊

410000－2241－0000746　22.6423/101.073

[光緒]奉化縣志十四卷首一卷末一卷　（清）錢開震修　（清）陳文焯等纂　清光緒十一年(1885)刻本　四冊

410000－2241－0000747　17.039/741

寒夜叢談三卷　（清）沈赤然撰　清光緒十一年(1885)新陽趙氏刻本　一冊

410000－2241－0000748　17.039/754

孝經講義三卷勘誤記一卷　潘任編　清末江南高等學堂木活字印本　一冊

410000－2241－0000749　17.039/754－2

孝經集注十八章　潘任輯　清光緒三十三年(1907)江南高等學堂木活字印本　一冊

410000－2241－0000750　17.039/754＝2

居易金箴二卷　（清）潘奕雋輯　清同治七年(1868)潘遵祁刻本　一冊

410000－2241－0000751　22.651/299.582

北湖小志六卷首一卷　（清）焦循著　清嘉慶二十四年(1819)刻本　二冊

410000－2241－0000752　22.256/267

楊椒山諫草不分卷　（明）楊繼盛撰　清拓本　一冊

410000－2241－0000753　17.039/827

尋常語一卷　（清）劉沅撰　清光緒五年(1879)守經堂刻本　一冊

410000－2241－0000754　17.039/844

孝經集注述疏一卷答問一卷　簡朝亮撰　清光緒三十一年(1905)讀書堂刻讀書堂叢刻本　二冊

410000－2241－0000755　22.258/364

二申野錄八卷　（清）孫之騄輯　清刻本　二冊

410000－2241－0000756　22.6511/987.066

金陵待徵錄十卷　（清）金鰲輯　清光緒二年(1876)金陵刻本　二冊

410000－2241－0000757　22.6512/282.065

[嘉慶]松江府志八十四卷首二卷圖一卷　（清）宋如林修　（清）孫星衍等纂　清嘉慶二十二年(1817)刻本　四十冊

410000－2241－0000758　17.039/891

冰言十卷補十卷　（清）李惺撰　清光緒二十七年(1901)上海養晦堂刻本　二冊

410000－2241－0000759　22.6512/282.073

[光緒]松江府續志四十卷首一卷圖一卷

（清）博潤修　（清）姚光發纂　清光緒十年
（1884）刻本　二十四冊

410000－2241－0000760　22.6512/299.065/2
[嘉慶]重修揚州府志七十二卷首一卷　（清）
阿克當阿修　（清）姚文田等纂　清嘉慶十五
年（1810）刻本　三十二冊

410000－2241－0000761　22.6512/299.065
[嘉慶]重修揚州府志七十二卷首一卷　（清）
阿克當阿修　（清）姚文田等纂　清嘉慶十五
年（1810）刻本　三十二冊

410000－2241－0000762　22.6512/371.064
[乾隆]直隸通州志二十二卷　（清）王繼祖修
　（清）夏之蓉等纂　清乾隆二十年（1755）刻
本　十四冊

410000－2241－0000763　17.039/912
詒謀隨筆二卷　（清）但明倫撰　清光緒四年
（1878）貴陽但氏刻本　四冊

410000－2241－0000764　K23.466/8064
半巖廬遺詩二卷　（清）邵懿辰撰　清同治十
年（1871）刻本　一冊

410000－2241－0000765　17.039/947
同善錄十卷　（清）徐起霖纂輯　（清）徐方
（清）徐京訂　清康熙三十二年（1693）刻道光
五年（1825）泰安徐宗幹重修本　十冊

410000－2241－0000766　22.6512/554.073
[同治]蘇州府志一百五十卷首三卷　（清）李
銘皖　（清）譚鈞培修　（清）馮桂芬纂　清光
緒八年（1882）江蘇書局刻本　八十冊

410000－2241－0000767　K23.56/1248
芳谷詩鈔六卷　（清）孫枚著　（清）王恩溥校
　清道光十六年（1836）刻本　二冊

410000－2241－0000768　22.6512/445.065
[嘉慶]新修江寧府志五十六卷　（清）呂燕昭
修　（清）姚鼐纂　清光緒六年（1880）刻本
十二冊

410000－2241－0000769　17.039/476
媿林漫錄二卷　（明）瞿式耜輯　清光緒十六

年（1890）江蘇書局刻本　四冊

410000－2241－0000770　22.6512/526.073/2
[光緒]續纂江寧府志十五卷　（清）蔣啟勛等
修　（清）汪士鐸纂　清光緒六年（1880）刻本
十冊

410000－2241－0000771　22.6512/526.073
[光緒]續纂江寧府志十五卷　（清）蔣啟勛等
修　（清）汪士鐸纂　清光緒六年（1880）刻本
十二冊

410000－2241－0000772　22.6512/752.065
嘉慶海州直隸州志三十二卷首一卷　（清）唐
仲冕修　（清）汪梅鼎纂　清嘉慶十六年
（1811）刻本　十六冊

410000－2241－0000773　22.6512/752.065
嘉慶海州直隸州志三十二卷首一卷　（清）唐
仲冕修　（清）汪梅鼎纂　清嘉慶十六年
（1811）刻本　七冊

410000－2241－0000774　22.257/308
明張文忠公全集四十六卷　（明）張居正撰
附錄二卷　（清）張敬修等撰　清光緒二十七
年（1901）紅藤碧樹山館刻本　十六冊

410000－2241－0000775　22.257/308/2
明張文忠公全集四十六卷　（明）張居正撰
附錄二卷　（清）張敬修等撰　清光緒二十七
年（1901）紅藤碧樹山館刻本　四冊

410000－2241－0000776　21.11/262
埏紘外乘二十五卷續編一卷補遺一卷　（美
國）林樂知　（清）嚴良勳譯　清光緒二十七
年（1901）上海江南制造局鉛印本　二冊

410000－2241－0000777　21.11/483
萬國史記二十卷　（日本）岡本監輔撰　清光
緒二十一年（1895）讀有用書齋石印本　十冊

410000－2241－0000778　22.6512/752.066
海州文獻錄十六卷　（清）許喬林纂　清抄本
十二冊

410000－2241－0000779　22.257/308.02
新刻張太岳詩集六卷文集四十一卷　（明）張

居正撰　清雍正八年(1730)刻本　十六冊

410000－2241－0000780　21.11/483.02
萬國史記二十卷　（日本）岡本監輔撰　清光緒上海申報館鉛印申報館叢書本　十冊

410000－2241－0000781　44.75/287
新刻珠玉圓四卷四十八回　題（清）柳浦散人編輯　題（清）西麓山人評點　題（清）覺軒居士校閱　清同治十一年(1872)樂善堂刻本　八冊

410000－2241－0000782　21.124079/987
西國近事彙編　（美國）金楷理口譯　（清）姚棻筆述　清同治十二年至光緒二十四年(1873－1898)上海機器製造局刻本　二十七冊

410000－2241－0000783　21.14/348
古文四聲韻五卷附錄一卷　（宋）夏竦集　清乾隆四十四年(1779)古歙汪啟淑刻本　四冊

410000－2241－0000784　22.6512/753.073
[光緒]淮安府志四十卷首一卷　（清）孫雲錦修　（清）吳昆田　（清）高延第纂　清光緒十年(1884)刻本　十六冊

410000－2241－0000785　22.6512/434.073
同治徐州府志二十五卷　（清）吳世熊　（清）朱忻修　（清）劉庠　（清）方駿謨纂　清同治十三年(1874)刻本　十六冊

410000－2241－0000786　22.6512/939.046
嘉定鎮江志二十二卷首一卷附錄一卷　（宋）盧憲纂修　校勘記二卷　（清）劉文淇撰　清宣統二年(1910)丹徒朱氏金陵刻橫山草堂叢書本　八冊

410000－2241－0000787　22.258/183
蜀碧四卷　（清）彭遵泗撰　清肇經堂刻本　二冊

410000－2241－0000788　22.6513/101.066
[道光]泰州志三十六卷首一卷　（清）王有慶等修　（清）陳世鎔等纂　清道光七年(1827)刻本　六冊

410000－2241－0000789　K23.573/0774
食筍齋遺稿二卷　（清）郭剛基撰　清同治九年(1870)養知書屋刻本　一冊

410000－2241－0000790　22.258/273
楊椒山集二卷　（明）楊繼盛撰　清道光八年(1828)尚友堂刻本　一冊

410000－2241－0000791　22.258/287
崇禎朝記事四卷　（清）李遜之撰　清光緒二十三年(1897)武進盛氏刻常州先哲遺書本　二冊

410000－2241－0000792　21.16/393
八紘譯史十三卷　（清）陸次雲撰　清康熙二十二年(1683)刻宛羽齋刻陸雲士雜著本　四冊

410000－2241－0000793　21.16/426
中外地輿圖說集成一百三十卷首三卷　題（清）同康廬主人編輯　清光緒二十年(1894)上海積山書局石印本　三十二冊

410000－2241－0000794　22.258/383
荊駝逸史五十一種　題（清）陳湖逸士輯　清木活字印本　二十四冊

410000－2241－0000795　22.258/383/2
荊駝逸史五十一種　題（清）陳湖逸士輯　清木活字印本　二十四冊

410000－2241－0000796　22.6513/101.073
[光緒]重修奉賢縣志二十卷首一卷末一卷　（清）韓佩金修　（清）張文虎纂　清光緒四年(1878)志書局刻本　六冊

410000－2241－0000797　21.16/814
海國圖志一百卷首一卷　（清）魏源撰　清光緒二年(1876)平慶涇固道署刻本　三十二冊

410000－2241－0000798　22.6513/101.073＝2/2
[光緒]泰興縣志二十六卷首一卷末一卷　（清）楊激雲修　（清）顧曾烜纂　清光緒十二年(1886)刻本　十冊

410000－2241－0000799　22.6513/101.073＝2

[光緒]泰興縣志二十六卷首一卷末一卷
(清)楊激雲修　(清)顧曾烜纂　清光緒十二年(1886)刻本　十冊

410000－2241－0000800　21.16/814.02
海國圖志一百卷　(清)魏源撰　續集二十五卷　(英國)麥高爾輯　(美國)林樂知　(清)瞿昂來譯　清光緒二十一年(1895)上海書局石印本　十六冊

410000－2241－0000801　22.258/424
五代史記七十四卷　(宋)歐陽脩撰　(宋)徐無黨注　清宣統元年至三年(1909－1911)貴池劉氏玉海堂影宋刻本　十二冊

410000－2241－0000802　22.6513/103.073－2
[道光]武進陽湖縣合志三十六卷首一卷
(清)孫琬　(清)王德茂修　(清)李兆洛　(清)周儀暐纂　清光緒十二年(1886)木活字印本　三十冊

410000－2241－0000803　21.16/837
改正世界地理學六卷首一卷　(日本)矢津昌永撰　吳闓生譯　清光緒三十一年(1905)上海文明書局鉛印本　二冊

410000－2241－0000804　21.16/953
瀛環志略十卷　(清)徐繼畬輯著　清光緒十九年(1893)上海鴻寶齋石印本　四冊

410000－2241－0000805　22.258/438
兩朝剝復錄六卷附校證　(明)吳應箕輯　(清)夏燮校證　清同治二年(1863)當塗夏氏江西省寓刻樓山堂遺書本　六冊

410000－2241－0000806　K23.573/5010
裁雲閣詞鈔五卷　(清)秦雲撰　清同治七年(1868)刻本　一冊

410000－2241－0000807　21.16/953.02
瀛環志略十卷　(清)徐繼畬輯著　清光緒二十一年(1895)上海寶文局石印本　四冊

410000－2241－0000808　22.258/496
盧忠肅公集十二卷首一卷　(明)盧象昇撰　清光緒元年(1875)會稽施惠刻本　八冊

410000－2241－0000809　21.16/953.03
瀛環志略十卷　(清)徐繼畬輯著　清同治十二年(1873)揿雲樓刻本　六冊

410000－2241－0000810　21.16/953.04
瀛環志略十卷　(清)徐繼畬輯著　清光緒二十八年(1902)善成堂石印本　四冊

410000－2241－0000811　22.6513/130.073.02
光緒武進陽湖縣志三十卷首一卷　(清)王其淦　(清)吳康壽修　(清)湯成烈纂　清光緒五年(1879)刻本　二十一冊

410000－2241－0000812　22.6513/137.065
[嘉慶]東臺縣志四十卷　(清)周右修　(清)蔡復午纂　清嘉慶二十一年(1816)刻本　十冊

410000－2241－0000813　22.258/602
明季北略二十四卷　(清)計六奇編輯　清末都城琉璃廠半松居士刻本　十冊

410000－2241－0000814　21.16083/120
小方壺齋輿地叢鈔十二帙補編十二帙　王錫祺輯　清光緒十七年(1891)、二十年(1894)上海著易堂鉛印本　六十八冊

410000－2241－0000815　22.258/602.02
明季北略二十四卷　(清)計六奇編輯　清光緒十三年(1887)上海圖書集成印書局鉛印本　六冊

410000－2241－0000816　21.16083/120/2
小方壺齋輿地叢鈔十二帙補編十二帙　王錫祺輯　清光緒十七年(1891)、二十年(1894)上海著易堂鉛印本　六十九冊

410000－2241－0000817　22.258/669
鹿忠節公集二十一卷　(明)鹿善繼撰　清刻本　六冊

410000－2241－0000818　55.832/401
大清道光六年七政經緯躔度時憲書　(清)欽天監編　清道光五年(1825)欽天監刻本　一冊

410000－2241－0000819　22.258/765

見聞隨筆二卷　（清）馮甦著　清嘉慶二十一年(1816)臨海宋氏刻台州叢書本　二冊

410000－2241－0000820　22.258/766

紀載彙編十種　（清）□□輯　清光緒四年(1878)上海申報館鉛印申報館叢書本　二冊

410000－2241－0000821　22.258/781/2

平叛記二卷　（清）毛霦編　清康熙五十五年(1716)刻本　四冊

410000－2241－0000822　22.6513/184.073

[光緒]嘉定縣志三十二卷首一卷補遺一卷（清）程其珏修　（清）楊震福纂　清光緒八年(1882)刻本　十六冊

410000－2241－0000823　21.18/158

西學考略二卷　（美國）丁韙良著　清光緒九年(1883)同文館鉛印本　二冊

410000－2241－0000824　21.18/185

談瀛錄四卷　（清）袁祖志撰　清光緒十年(1884)上海同文書局石印本　四冊

410000－2241－0000825　22.6513/236.071

光緒南滙縣志二十二卷首一卷末一卷　（清）金福曾　（清）顧思賢修　（清）張文虎纂　清光緒五年(1879)刻本　十二冊

410000－2241－0000826　21.18/286

環遊地球新錄四卷　（清）李圭撰　清光緒四年(1878)善成堂鉛印本　四冊

410000－2241－0000827　22.259/100－2

明季五藩實錄（明末五小史）七卷　題（清）三餘氏撰　清乾隆四年(1739)木活字印本　八冊

410000－2241－0000828　22.259/455

史忠正公文集四卷首一卷　（明）史可法撰（清）劉質慧輯　清同治十二年(1873)述荊堂刻四忠集本　二冊

410000－2241－0000829　22.259/602.02

明季南略十八卷　（清）計六奇編輯　清光緒十三年(1887)上海圖書集成印書局鉛印本　四冊

410000－2241－0000830　22.259/674

青燐屑二卷　（明）應喜臣撰　清刻本　一冊

410000－2241－0000831　21.18/724

西行日記二卷（清光緒六年）　（清）池仲祐撰　清光緒三十四年(1908)上海商務印書館鉛印本　一冊

410000－2241－0000832　22.259/738

南疆繹史勘本三十卷首二卷摭遺十八卷卬諡攷八卷　（明）溫睿臨撰　（清）李瑤勘補　清末都城琉璃廠半松居士木活字印本　四冊

410000－2241－0000833　22.259/947

小腆紀年附考二十卷　（清）徐鼒撰　清咸豐十一年(1861)刻本　十二冊

410000－2241－0000834　22.26/119

東華全錄四百二十五卷（天命朝至道光朝）王先謙編　清光緒十三年(1887)欽文書局刻本　一百六十四冊

410000－2241－0000835　22.26/119/2

東華續錄六十九卷（咸豐朝）　（清）潘頤福編　清光緒十三年(1887)欽文書局刻本　二十四冊

410000－2241－0000836　22.26/119－3

東華續錄一百卷（同治朝）　王先謙編　清光緒二十五年(1899)上海公記書局石印本　二十四冊

410000－2241－0000837　22.26/119＝2

東華續錄一百二十卷（光緒朝）　朱壽朋編清宣統元年(1909)上海集成圖書公司鉛印本　六十四冊

410000－2241－0000838　22.26/119.02

東華錄一百二十卷（天命朝至道光朝）　王先謙編　清光緒十年(1884)石印本　十五冊

410000－2241－0000839　21.18/906

游歷圖經餘記十五卷　（清）傅雲龍述　清光緒十五年(1889)鉛印本　四冊

410000－2241－0000840　21.18/950

歐游雜錄二卷　（清）徐建寅撰　清光緒無錫

徐氏刻本　二冊

410000－2241－0000841　21.18/982
曾侯日記一卷(清光緒四年至五年)　(清)曾
紀澤撰　清光緒七年(1881)申報館鉛印申報
館叢書本　一冊

410000－2241－0000842　K23.573/6073
東莊詩存七卷　(清)呂留良撰　清宣統三年
(1911)順德鄧氏鉛印本　一冊

410000－2241－0000843　22.03/168
史通訓故補二十卷　(清)黃叔琳補注　清乾
隆十九年(1754)刻本　六冊

410000－2241－0000844　K23.716/2530
湖州詞徵二十四卷　朱祖謀輯　清宣統三年
(1911)刻本　四冊

410000－2241－0000845　22.03/522
史鑒撮要四種　(清)萬青藜編　清抄本
一冊

410000－2241－0000846　22.03/718
史通通釋二十卷附錄一卷　(清)浦起龍釋
清乾隆十七年(1752)梁溪浦氏求放心齋刻本
四冊

410000－2241－0000847　22.03/718.02
史通通釋二十卷附錄一卷　(清)浦起龍釋
清乾隆十七年(1752)梁溪浦氏求放心齋刻本
十六冊

410000－2241－0000848　22.03/718.03
史通通釋二十卷附錄一卷　(清)浦起龍釋
清乾隆十七年(1752)梁溪浦氏求放心齋刻本
六冊

410000－2241－0000849　22.03/718.04
史通通釋二十卷　(清)浦起龍釋　清光緒翰
墨園刻本　六冊

410000－2241－0000850　22.03/859
史通削繁四卷　(唐)劉知幾撰　(清)浦起龍
注刪　(清)紀昀削繁　清道光十三年(1833)
涿州盧坤兩廣節署刻朱墨套印本　四冊

410000－2241－0000851　22.083/455/2

史學叢書初集十四種二集二十九種　(清)
□□輯　清光緒二十五年(1899)上海文瀾書
局石印本　三十二冊

410000－2241－0000852　22.083/455
史學叢書初集十四種二集二十九種　(清)
□□輯　清光緒二十五年(1899)上海文瀾書
局石印本　三十二冊

410000－2241－0000853　22.26/306
皇朝掌故彙編内編六十卷首一卷外編四十卷
首一卷　張壽鏞編　清光緒二十八年(1902)
上海求實書社鉛印本　六十冊

410000－2241－0000854　K23.72/3677
餐櫻詞一卷　況周頤撰　清末刻本　一冊

410000－2241－0000855　K23.726/2739/2
心安隱室詞集四卷　(清)詹肇堂撰　清末刻
本　一冊　存二卷(一至二)

410000－2241－0000856　K23.7266/2888
山滿樓詞鈔三卷　(清)徐金鏡撰　筠窗詩錄
一卷　(清)徐德源撰　清刻本　一冊

410000－2241－0000857　22.26/382/2
郎潛紀聞初筆七卷郎潛二筆八卷郎潛三筆六
卷　(清)陳康祺著　清宣統二年(1910)掃葉
山房石印本　十冊

410000－2241－0000858　22.26/382
郎潛紀聞初筆七卷郎潛二筆八卷郎潛三筆六
卷　(清)陳康祺著　清宣統二年(1910)掃葉
山房石印本　六冊

410000－2241－0000859　K23.7273/7238/2
約園詞二卷　(清)劉澍年撰　清光緒十年
(1884)刻本　一冊

410000－2241－0000860　22.26/382.02
郎潛紀聞十四卷郎潛二筆十六卷　(清)陳康
祺著　清光緒六年(1880)琴川刻本　四冊

410000－2241－0000861　K25.366/3347/2
池上草堂筆記八卷　(清)梁恭辰著　清同治
十二年(1873)豫章聽鸝館主人金陵刻本
八冊

410000 - 2241 - 0000862　22.26/382/3

燕下鄉脞錄(郎潛二筆)十六卷　(清)陳康祺撰　清光緒七年(1881)暨陽刻舊雨草堂叢書本　四冊

410000 - 2241 - 0000863　Z76.73/1274

蔡氏九儒書　(明)蔡有鶤輯　清同治七年(1868)盱南蔡氏三餘書屋刻本　六冊

410000 - 2241 - 0000864　K26.71/2683

國朝名人小簡二卷　吳曾祺編輯　清宣統三年(1911)上海商務印書館鉛印本　二冊

410000 - 2241 - 0000865　K26.77/6026

英軺日記十二卷(清光緒二十七年十二月至二十八年八月)　(清)載振撰　清光緒二十九年(1903)上海文明編譯書局鉛印本　四冊

410000 - 2241 - 0000866　K27.73/8354

甘泉鄉人稿二十四卷餘稿二卷　(清)錢泰吉撰　清敕授修職郎誥封朝議大夫顯考警石府君年譜一卷　(清)錢應溥述　四水子遺著一卷　(清)錢友泗撰　頒農偶吟一卷　(清)錢炳森撰　清同治十一年(1872)嘉興錢氏刻光緒十一年(1885)增刻本(有圖)　七冊

410000 - 2241 - 0000867　22.26/462/2

嘯亭雜錄十卷續錄三卷　(清)昭槤著　清宣統元年(1909)上海中國圖書公司鉛印本　四冊

410000 - 2241 - 0000868　22.26/462

嘯亭雜錄十卷續錄三卷　(清)昭槤著　清宣統元年(1909)上海中國圖書公司鉛印本　四冊

410000 - 2241 - 0000869　22.26/462/3

嘯亭雜錄十卷續錄三卷　(清)昭槤著　清宣統元年(1909)上海中國圖書公司鉛印本　一冊

410000 - 2241 - 0000870　K27.73/8354/2

甘泉鄉人稿二十四卷餘稿二卷　(清)錢泰吉撰　清敕授修職郎誥封朝議大夫顯考警石府君年譜一卷　(清)錢應溥述　四水子遺著一卷　(清)錢友泗撰　頒農偶吟一卷　(清)錢炳森撰　清同治十一年(1872)嘉興錢氏刻光緒十一年(1885)增刻本(有圖)　七冊

410000 - 2241 - 0000871　K26.8/2357

閒談消夏錄十二卷　(清)朱翊清撰　清同治十三年(1874)刻本　十二冊

410000 - 2241 - 0000872　L32.2/7113

虛齋名畫錄十六卷續錄四卷補遺一卷　龐元濟撰　清宣統元年至民國十四年(1909 - 1925)烏程龐氏刻本　二十冊

410000 - 2241 - 0000873　22.26/462.02

嘯亭雜錄八卷續錄二卷　(清)昭槤著　清光緒刻本　十冊

410000 - 2241 - 0000874　Z22/1157

遣愁集十二卷　(清)張貴勝纂輯　清刻本　六冊

410000 - 2241 - 0000875　Z76/3104

顧亭林先生遺書十種　(清)顧炎武撰　清蓬瀛閣刻本　十冊

410000 - 2241 - 0000876　Z81.6/2813

經籍訪古志六卷補遺一卷　(日本)澀江全善(日本)森立之撰　清光緒十一年(1885)六合徐承祖日本鉛印本　八冊

410000 - 2241 - 0000877　Z89/0346

小學考五十卷　(清)謝啟昆錄　清光緒十四年(1888)浙江書局刻本　二十冊

410000 - 2241 - 0000878　041.3/3708 - 2

浪跡續談八卷　(清)梁章鉅撰　清道光二十八年(1848)亦東園刻本　四冊

410000 - 2241 - 0000879　041.3/3708 - 3

歸田瑣記八卷　(清)梁章鉅撰　清道光二十五年(1845)刻本　四冊

410000 - 2241 - 0000880　98.81/832/2

十三經札記二十二卷　(清)朱亦棟學　清光緒四年(1878)武林竹簡齋刻本　六冊

410000 - 2241 - 0000881　98.09/375.03

宋本十三經注疏附校勘記　(清)阮元撰校勘記　(清)盧宣旬摘錄　清光緒十三年(1887)

脈望仙舘石印本　三十二冊

410000－2241－0000882　22.2163/994/2

附釋音春秋左傳注疏六十卷　（晉）杜預注
（唐）陸德明音義　（唐）孔穎達疏　校勘記六
十卷　（清）阮元撰　（清）盧宣旬摘錄　清光
緒十八年（1892）湖南寶慶務本書局刻重刊宋
本十三經注疏附校勘記本　二十七冊　缺四
卷(注疏五十五至五十六、校勘記五十五至五
十六)

410000－2241－0000883　982.23/4445

[同治]湘鄉縣志二十三卷首一卷末一卷
（清）齊德五修　（清）黃楷盛纂　清同治十三
年（1874）刻本　二十四冊

410000－2241－0000884　982.23/7544

[光緒]湘潭縣志十二卷　（清）陳嘉榆等修
王闓運等纂　清光緒十五年（1889）刻本　十
二冊

410000－2241－0000885　089/7525

陳定生先生遺書三種　（清）陳貞慧撰　清光
緒二十一年（1895）武進盛氏思惠乤刻朱印本
一冊

410000－2241－0000886　091.1/4439

新鐫增補周易備旨一見能解六卷　（明）黃淳
耀撰　（清）嚴而寬增補　清光緒三十二年
（1906）澹雅書局刻本　六冊

410000－2241－0000887　985/0814

斐洲遊記四卷　（英國）施登萊撰　（清）徐匯
口述　（清）鄒翰飛筆錄　清光緒二十六年
（1900）上海中西書室鉛印本　二冊

410000－2241－0000888　991/4010

國朝先正事略六十卷　（清）李元度纂　清光
緒十三年（1887）廣百宋齋鉛印本　十冊

410000－2241－0000889　991/4010/2

國朝先正事略六十卷　（清）李元度纂　清光
緒二十五年（1899）上海圖書集成印書局鉛印
本　八冊

410000－2241－0000890　091.42/1080

儀禮注疏五十卷　（漢）鄭玄注　（唐）陸德明
音義　（唐）賈公彥疏　校勘記五十卷　（清）
阮元撰　（清）盧宣旬摘錄　清光緒十八年
（1892）湖南寶慶務本書局刻重刊宋本十三經
注疏附校勘記本　十八冊

410000－2241－0000891　991.03/3192

史姓韻編六十四卷　（清）汪輝祖輯　清同治
九年（1870）南京金陵書局木活字印本　二十
四冊

410000－2241－0000892　991.33/4645

湯文正公[斌]年譜定本二卷　（清）方苞考訂
（清）楊椿重輯　清乾隆八年（1743）樹德堂
刻本　一冊

410000－2241－0000893　993/4308

日本維新三十年史十二編附表　（日本）博文
館編輯　（清）廣智書局譯　清光緒二十九年
（1903）上海廣智書局鉛印本　六冊

410000－2241－0000894　811.201/3766

六家文選六十卷　（南朝梁）蕭統輯　（唐）李
善等注　明嘉靖十三年至二十八年（1534－
1549）吳郡袁褧嘉趣堂刻本　二十四冊

410000－2241－0000895　811.201/6039

湖南文徵一百九十卷首一卷姓氏傳四卷目錄
六卷　（清）羅汝懷等輯　清同治十年（1871）
刻本　一百冊

410000－2241－0000896　811.21/0040

古文苑二十一卷　（宋）章樵注　清道光二十
年（1840）宏道書院刻惜陰軒叢書本　四冊

410000－2241－0000897　811.21/4033

駢體文鈔三十一卷　（清）李兆洛輯　清道光
元年（1821）合河康氏家塾刻光緒三十四年
（1908）蘇州振新書局印本　十冊

410000－2241－0000898　811.21/4033/2

駢體文鈔三十一卷　（清）李兆洛輯　清道光
元年（1821）合河康氏家塾刻本　十冊

410000－2241－0000899　811.22/1729

中國文學指南二卷　邵伯棠編　清宣統二年

（1910）上海會文堂石印本　二冊

410000－2241－0000900　811.22/2477

重訂七種文選　（清）儲欣評　清乾隆五十年（1785）二南堂刻本　十冊　存五種三十卷

410000－2241－0000901　811.22/2711

秦漢文定十二卷　（明）倪元璐輯　明末來儀堂刻本　六冊

410000－2241－0000902　811.22/2825

偶更堂文集二卷　（清）徐作肅撰　清康熙二十九年（1690）刻本　一冊

410000－2241－0000903　811.23/1120

漢魏六朝女子文選二卷　（清）張維輯　清宣統三年（1911）海鹽朱氏刻本　一冊

410000－2241－0000904　811.24/0700

唐文粹補遺二十六卷　（清）郭麐纂　清光緒十一年（1885）江蘇書局刻本　四冊

410000－2241－0000905　22.11/100.03

二十四史　清光緒三十三年（1907）上海華商集成圖書公司鉛印本　四百四冊

410000－2241－0000906　22.6513/351.073

［咸豐］邳州志二十卷首一卷　（清）董用威（清）馬軼群修　（清）魯一同纂　清咸豐元年（1851）刻光緒二十一年（1895）印本　四冊

410000－2241－0000907　22.6513/436.073

［光緒］吳江縣續志四十卷首一卷　（清）金福曾修　（清）熊其英纂　清光緒五年（1879）刻本　八冊

410000－2241－0000908　22.6513/486.073

同治上海縣志三十二卷圖説一卷敍錄一卷　（清）應寶時等修　（清）俞樾　（清）方宗誠纂　清同治十年（1871）吳門皋署刻十一年（1872）南園志局重校光緒八年（1882）重修本　十六冊

410000－2241－0000909　22.6513/486.073/2

同治上海縣志三十二卷圖説一卷敍錄一卷　（清）應寶時等修　（清）俞樾　（清）方宗誠纂　清同治十年（1871）吳門皋署刻十一年

（1872）南園志局重校光緒八年（1882）重修本　十六冊

410000－2241－0000910　22.26/804.02

聖武記十四卷　（清）魏源撰　清光緒四年（1878）上海申報館鉛印申報館叢書本　十冊

410000－2241－0000911　22.26/804/2

聖武記十四卷　（清）魏源撰　清道光古微堂刻本　十二冊

410000－2241－0000912　22.26/804

聖武記十四卷　（清）魏源撰　清道光古微堂刻本　二冊

410000－2241－0000913　22.6513/507

清河縣疆域沿革表一卷　（清）蕭令裕著　清道光十一年（1831）刻本　一冊

410000－2241－0000914　22.26/928/2

新斠注地理志集釋十六卷　（清）錢坫著（清）徐松集釋　清同治十三年（1874）會稽章氏刻本　八冊

410000－2241－0000915　22.26/928

新斠注地理志集釋十六卷　（清）錢坫著（清）徐松集釋　清同治十三年（1874）會稽章氏刻本　八冊

410000－2241－0000916　22.6513/554.073

吳地記一卷　（唐）陸廣微撰　**吳地記後集一卷**　（宋）□□輯　**吳郡圖經續記三卷**　（宋）朱長文撰　清同治十二年（1873）江蘇書局刻本　一冊

410000－2241－0000917　22.6513/582.073

［同治］山陽縣志二十卷　（清）張兆棟（清）孫雲修　（清）何紹基　（清）丁晏纂　清同治十二年（1873）刻本　八冊

410000－2241－0000918　22.6513/582.073＝2

［光緒］崑新兩縣續修合志五十二卷首一卷末一卷　（清）金吳瀾修　（清）汪堃　（清）朱成熙纂　清光緒六年（1880）刻本　二十四冊

410000－2241－0000919　22.6513/596.064

［乾隆］常昭合志十二卷首一卷　（清）王錦

（清）楊繼熊修　（清）言如泗等纂　清光緒二
十四年(1898)木活字印本　十四冊

410000 – 2241 – 0000920　22.111/303.02
史記一百三十卷　（漢）司馬遷撰　（南朝宋）
裴駰集解　（唐）司馬貞索隱　（唐）張守節正
義　校刊史記集解索引正義札記五卷　（清）
張文虎撰　清同治五年至九年(1866 – 1870)
金陵書局刻本　二十二冊

410000 – 2241 – 0000921　22.6513/596.073
[光緒]常昭合志稿四十八卷首一卷末一卷
（清）鄭鍾祥　（清）張瀛修　（清）龐鴻文纂
清光緒三十年(1904)木活字印本　十六冊

410000 – 2241 – 0000922　22.6513/596.073
[道光]琴川三志補記十卷續八卷　（清）黃廷
鑑纂修　清光緒二十四年(1898)丁祖蔭等木
活字印本　四冊

410000 – 2241 – 0000923　22.111/303.05
史記一百三十卷　（漢）司馬遷撰　（南朝宋）
裴駰集解　（唐）司馬貞索隱　（唐）張守節正
義　清光緒三十四年(1908)上海集成圖書公
司鉛印二十四史本　十六冊

410000 – 2241 – 0000924　811.24/4280
文粹一百卷　（宋）姚鉉纂　補遺二十六卷
（清）郭麐纂　清光緒十六年(1890)杭州許氏
榆園刻本　二十冊

410000 – 2241 – 0000925　22.26084/813
思益堂日札五卷　（清）周壽昌著　清光緒上
海申報館鉛印申報館叢書本　二冊

410000 – 2241 – 0000926　22.26084/985
熙朝新語十六卷　（清）余金輯　清光緒十年
(1884)務本堂刻本　八冊

410000 – 2241 – 0000927　22.261/100
瀕江紀事本末一卷　題（明）一明道人撰　明
抄本　一冊

410000 – 2241 – 0000928　22.6513/648.066
[道光]續增高郵州志不分卷　（清）左輝春修
（清）宋茂初纂　清道光二十三年(1843)刻

本　六冊

410000 – 2241 – 0000929　22.111/725
史記志疑三十六卷　（清）梁玉繩撰　清光緒
十三年(1887)廣雅書局刻廣雅書局叢書本
十六冊

410000 – 2241 – 0000930　22.6513/658.073
[光緒]贛榆縣志十八卷　王豫熙修　張謇纂
清光緒十四年(1888)刻本　四冊

410000 – 2241 – 0000931　22.261/382
順治鎮江防禦海寇記一卷　陳慶年撰　清抄
本　一冊

410000 – 2241 – 0000932　22.261/441.02
綏寇紀略十二卷補遺三卷　（清）吳偉業纂輯
（清）張海鵬重校　清嘉慶九年(1804)昭文
張海鵬照曠閣刻本　八冊

410000 – 2241 – 0000933　811.24/4480
韓柳合刻八卷　（明）陸夢龍選評　（明）顧懋
樊參訂　明崇禎元年(1628)武林顧懋樊刻本
四冊

410000 – 2241 – 0000934　22.261/504
續編綏寇紀略五卷　（清）葉夢珠纂輯　清宣
統三年(1911)鉛印本　二冊

410000 – 2241 – 0000935　22.261/504/2
續編綏寇紀略五卷　（清）葉夢珠纂輯　清宣
統三年(1911)鉛印本　二冊

410000 – 2241 – 0000936　22.261/504/3
續編綏寇紀略五卷　（清）葉夢珠纂輯　清宣
統三年(1911)鉛印本　二冊

410000 – 2241 – 0000937　22.261/893
庭聞錄六卷　（清）劉健述　清康熙五十八年
(1719)刻本　四冊

410000 – 2241 – 0000938　22.6513/686.066
[道光]重修寶應縣志二十八卷首一卷　（清）
孟毓蘭修　（清）喬載繇等纂　清道光二十一
年(1841)湯氏沐華堂刻本　十冊

410000 – 2241 – 0000939　22.6513/686.066 – 2
[光緒]寶應圖經六卷首二卷　（清）劉寶楠纂

修　清光緒九年(1883)淮南書局刻本　四冊

410000－2241－0000940　22.261/919

皇清開國方畧三十二卷首一卷　(清)阿桂等撰　清乾隆五十一年(1786)武英殿刻本　八冊

410000－2241－0000941　22.6513/700.073

[嘉慶]新修宜興縣志四卷首一卷　(清)阮升基修　(清)甯楷纂　清同治八年(1869)木活字印本　二冊

410000－2241－0000942　22.111/868/2

史記一百三十卷　(漢)司馬遷撰　(明)歸有光評點　方望溪平點史記四卷　(清)方苞撰　清光緒二年(1876)武昌張氏刻本　十六冊

410000－2241－0000943　22.111/868

史記一百三十卷　(漢)司馬遷撰　(明)歸有光評點　方望溪平點史記四卷　(清)方苞撰　清光緒二年(1876)武昌張氏刻本　二十冊

410000－2241－0000944　22.6513/717.073

[咸豐]清河縣志二十四卷首一卷　(清)吳棠修　(清)魯一同纂　清咸豐四年(1854)刻本　四冊

410000－2241－0000945　22.262/111

撫直奏疏不分卷　(清)于成龍撰　清康熙二十六年(1687)刻本　八冊

410000－2241－0000946　22.6513/718.066/2

[嘉慶]溧陽縣志十六卷　(清)李景嶧　(清)陳鴻壽修　(清)史炳等纂　清光緒二十二年(1896)木活字印本　十冊

410000－2241－0000947　22.6513/718.066

[嘉慶]溧陽縣志十六卷　(清)李景嶧　(清)陳鴻壽修　(清)史炳等纂　清光緒二十二年(1896)木活字印本　十冊

410000－2241－0000948　22.6513/718.073－2

[光緒]溧陽縣續志十六卷末一卷　(清)朱畯等修　馮煦等纂　清光緒二十五年(1899)木活字印本　八冊

410000－2241－0000949　22.262/815

寒松堂全集(寒松堂奏疏)四卷　(清)魏象樞撰　清光緒二十五年(1899)浙江官書局刻本　二冊

410000－2241－0000950　22.111/953

史記一百三十卷　(漢)司馬遷撰　(南朝宋)裴駰集解　(唐)司馬貞索隱　(唐)張守節正義　(明)徐孚遠　(明)陳子龍測議　清書業堂刻本　三十二冊

410000－2241－0000951　22.6513/719.064

[乾隆]江都縣志三十二卷　(清)五格　(清)黃湘纂修　清乾隆八年(1743)刻本　一冊

410000－2241－0000952　22.111/113

歸方評點史記合筆六卷　(清)王拯纂　清同治五年(1866)廣州刻本　四冊

410000－2241－0000953　22.263079/177

硃批諭旨不分卷　(清)世宗胤禛批　(清)鄂爾泰　(清)張廷玉編次　清光緒十三年(1887)上海點石齋石印朱墨印本　六十冊

410000－2241－0000954　22.113/100

三通考節要七十六卷　(清)□□輯　清光緒二十九年(1903)上海譯書社石印本　十九冊

410000－2241－0000955　22.6513/719.073

光緒江都縣續志三十卷首一卷　(清)謝延庚修　(清)劉壽曾纂　清光緒十年(1884)刻本　八冊

410000－2241－0000956　22.6513/719.073＝2

[光緒]江陰縣志三十卷首一卷　(清)盧思誠　(清)馮壽鏡修　(清)季念詒　(清)夏煒如纂　清光緒四年(1878)刻本　二十冊

410000－2241－0000957　22.6513/779.066

金匱縣輿地全圖　(清)朱子庚修　(清)華湛恩纂　清光緒三十四年(1908)鵝湖華存裕堂義莊石印本　六冊

410000－2241－0000958　22.262/630

疏稿五卷　(清)郭琇撰　華野郭公年譜一卷崇祀鄉賢錄一卷崇祀名宦錄一卷　(清)郭廷

翼輯　清乾隆九年(1744)刻本　二冊

410000－2241－0000959　22.113/416

文獻通考三百四十八卷首一卷　(元)馬端臨著　明嘉靖馮天馭刻本　二冊　存三卷(一至二、首一卷)

410000－2241－0000960　22.264/155

聖駕五幸江南恭錄一卷　(清)□□撰　清宣統二年(1910)汪氏振綺堂鉛印本　一冊

410000－2241－0000961　22.113/416.02

文獻通考二十四卷首一卷　(元)馬端臨撰　清光緒十一年(1885)點石齋石印本　十冊

410000－2241－0000962　22.264/643

南巡盛典一百二十卷　(清)高晉等纂輯　清乾隆三十六年(1771)武英殿刻本　四十八冊

410000－2241－0000963　22.265/340

靖逆記六卷　(清)盛大士纂　清嘉慶二十五年(1820)刻本　二冊

410000－2241－0000964　22.113/716

九通分類總纂二百四十卷　(清)汪鍾霖纂　清光緒二十八年(1902)上海文瀾閣石印本　八十冊

410000－2241－0000965　22.113/736

三通考輯要二十四卷　湯壽潛輯　清光緒二十五年(1899)上海通雅堂鉛印本　六冊

410000－2241－0000966　55.832/401

大清道光七年七政經緯躔度時憲書　(清)欽天監編　清道光六年(1826)欽天監刻本　一冊

410000－2241－0000967　22.113/854

九通全書　(清)□□輯　清咸豐九年(1859)崇仁謝氏刻本　一千冊

410000－2241－0000968　22.113/854.02

九通全書　(清)□□輯　清光緒二十七年至二十八年(1901－1902)貫吾齋石印本　一百二十八冊

410000－2241－0000969　55.832/401

大清道光八年七政經緯躔度時憲書　(清)欽

天監編　清道光七年(1827)欽天監刻本　一冊

410000－2241－0000970　811.24/7246

文心雕龍十卷　(南朝梁)劉勰撰　(清)黃叔琳注　(清)紀昀評　清道光十三年(1833)兩廣節署刻朱墨套印本　四冊

410000－2241－0000971　811.24/7547

唐駢體文鈔十七卷　(清)陳均輯　清嘉慶二十五年(1820)海昌陳氏刻本　四冊

410000－2241－0000972　811.25/4027

李忠定集　(宋)李綱撰　清光緒二十九年(1903)愛日堂刻本　二十冊

410000－2241－0000973　811.25/4946

味檗齋文集十五卷　(明)趙南星撰　清光緒五年(1879)定州王氏謙德堂刻畿輔叢書本　九冊

410000－2241－0000974　811.25/7707

周子全書　(宋)周敦頤撰　(清)鄧顯鶴編　清道光二十七年(1847)新化鄧氏刻本　四冊

410000－2241－0000975　811.25/8017

曾南豐文集四卷　(宋)曾鞏撰　清宣統二年(1910)上海會文堂石印本　二冊

410000－2241－0000976　811.26/4420

金文雅十六卷作者考一卷　(清)莊仲方編　清光緒十七年(1891)江蘇書局刻本　四冊

410000－2241－0000977　811.26/4420/2

金文雅十六卷作者考一卷　(清)莊仲方編　清光緒十七年(1891)江蘇書局刻本　四冊

410000－2241－0000978　811.27/2111

熊襄愍公集十卷首一卷末一卷　(明)熊廷弼撰　清同治三年(1864)熊氏家祠刻本　十冊

410000－2241－0000979　811.27/2749

歸震川集十卷　(明)歸有光撰　(清)張汝瑚選　清康熙二十一年(1682)郢雪書林刻本　五冊

410000－2241－0000980　22.6513/823.073

[光緒]丹徒縣志六十卷首四卷　(清)何紹章

（清）馮壽鏡修 （清）呂耀斗纂 清光緒五年（1879）刻本 三十二冊

410000－2241－0000981 22.6513/824.073

[光緒]無錫金匱縣志四十卷首一卷殉難紳民表二卷烈女姓氏錄四卷 （清）裴大中 （清）倪咸生修 （清）秦緗業纂 清光緒七年（1881）刻本 二十冊

410000－2241－0000982 22.6513/841.064

[乾隆]句容縣志十卷首一卷末一卷 （清）曹襲先纂修 校勘記略一卷 （清）楊世沅撰 清光緒二十六年（1900）句容縣楊世沅刻本 八冊

410000－2241－0000983 22.6513/865.073

[光緒]川沙廳志十四卷首一卷末一卷 （清）陳方瀛修 （清）俞樾等纂 清光緒五年（1879）刻本 六冊

410000－2241－0000984 22.271/257

林文忠公政書甲集九卷乙集十七卷丙集十一卷 （清）林則徐撰 清光緒五年（1879）長洲黃氏刻本 十一冊

410000－2241－0000985 22.6513/880.073

[咸豐]重修興化縣志十卷 （清）梁園棣修 （清）鄭之僑 （清）趙彥俞纂 清咸豐二年（1852）刻本 八冊

410000－2241－0000986 22.271/257.02

林文忠公政書甲集九卷乙集十七卷丙集十一卷 （清）林則徐撰 清刻本 八冊

410000－2241－0000987 22.113071/854

九通目錄四十卷 雷君彥編 清光緒二十九年（1903）上海圖書集成局石印本 十二冊

410000－2241－0000988 22.271/142

十三日備嘗記一卷 （清）曹晟撰 清光緒二年（1876）上海申報館鉛印申報館叢書本 一冊

410000－2241－0000989 22.272/102

平浙紀略十六卷 （清）秦緗業 （清）陳鍾英輯 清光緒元年（1875）申報館鉛印申報館叢書本 四冊

410000－2241－0000990 22.272/102.02

平浙紀略十六卷 （清）秦緗業 （清）陳鍾英輯 清同治十二年（1873）浙江書局刻本 一冊

410000－2241－0000991 22.272/115

湘軍志（湘軍水陸戰紀）十六篇 王闓運撰 清光緒十二年（1886）成都墨香書屋刻本 四冊

410000－2241－0000992 22.272/115/2

湘軍志（湘軍水陸戰紀）十六篇 王闓運撰 清光緒十二年（1886）成都墨香書屋刻本 四冊

410000－2241－0000993 22.119/294

尚史七十卷 （清）李鍇撰 清乾隆三十八年（1773）悅道樓刻本 二十八冊

410000－2241－0000994 22.272/115.02

湘軍志（湘軍水陸戰紀）十六篇 王闓運撰 清刻本 四冊

410000－2241－0000995 22.272/247

平定粵匪紀略十八卷附記四卷 （清）杜文瀾撰 清同治十年（1871）京都聚珍齋木活字印本 十冊

410000－2241－0000996 22.272/247/2

平定粵匪紀略十八卷附記四卷 （清）杜文瀾撰 清同治十年（1871）京都聚珍齋木活字印本 八冊

410000－2241－0000997 22.272/247/3

平定粵匪紀略十八卷附記四卷 （清）杜文瀾撰 清同治十年（1871）京都聚珍齋木活字印本 六冊

410000－2241－0000998 22.272/247.02/2

平定粵匪紀略十八卷附記四卷 （清）杜文瀾撰 清同治八年（1869）群玉齋木活字印本 八冊

410000－2241－0000999 22.272/247.02

平定粵匪紀略十八卷附記四卷 （清）杜文瀾

撰　清同治八年(1869)群玉齋木活字印本
二冊

410000－2241－0001000　22.121/209
竹書紀年校正十四卷通考一卷　(清)郝懿行
學　清光緒五年(1879)東路廳署刻郝氏遺書
本　二冊

410000－2241－0001001　22.6513/993.065
[嘉慶]如皋縣志二十四卷　(清)楊受廷
(清)左元鎮修　(清)馬汝舟　(清)江大鍵
纂　清嘉慶十三年(1808)刻本　十冊

410000－2241－0001002　811.27/6045
呂新吾先生去偽齋文集十卷　(明)呂坤撰
清刻本　十冊

410000－2241－0001003　22.272/309
山東軍興紀略二十二卷　(清)張曜編　清刻
本　十冊

410000－2241－0001004　22.6513/993.066/2
[道光]如皋縣續志十二卷　(清)范仕義修
(清)吳鎧纂　清道光十七年(1837)刻本
二冊

410000－2241－0001005　22.6513/993.066
[同治]如皋縣續志十六卷　(清)周際霖
(清)胡維蕃修　(清)周頊　(清)吳開陽纂
清同治十二年(1873)刻本　六冊

410000－2241－0001006　22.121/951
竹書紀年統箋十二卷　(南朝梁)沈約附注
(清)徐文靖統箋　**前編一卷**　(清)徐文靖統
箋　**雜述一卷**　(清)徐文靖彙輯　清光緒三
年(1877)浙江書局刻二十二子本　一冊

410000－2241－0001007　22.272/380
霆軍紀略十六卷　(清)陳昌輯　清光緒八年
(1882)上海申報館鉛印申報館叢書本　三冊

410000－2241－0001008　22.6514/101.073
泰州鄉土志二卷　(清)馬錫純編　清光緒三
十四年(1908)泰州教育會石印本　一冊

410000－2241－0001009　22.272/399
貞豐里庚申見聞錄二卷　(清)陶煦撰　清光

緒八年(1882)元和陶氏儀一堂刻本　一冊

410000－2241－0001010　22.272/439
蕩平髮逆圖記二十二卷首一卷　(清)杜文瀾
撰　清光緒十四年(1888)上海漱六山莊石印
本　四冊

410000－2241－0001011　22.123/214
資治通鑑二百九十四卷　(宋)司馬光編集
(元)胡三省音註　**通鑑釋文辯誤十二卷**
(元)胡三省輯著　清同治十年(1871)湖北崇
文書局刻本　一百四冊

410000－2241－0001012　22.272/440
四夢彙譚四卷　(清)吳紹箕撰　清光緒五年
(1879)上海申報館鉛印申報館叢書本　四冊

410000－2241－0001013　22.6514/436.983
分湖小識六卷　(清)柳樹芳輯錄　清道光二
十七年(1847)勝谿草堂柳氏刻本　二冊

410000－2241－0001014　22.6514/438.795
[嘉慶]黎里志十六卷首一卷　(清)徐達源纂
清嘉慶十年(1805)吳江徐氏孚遠堂刻本
四冊

410000－2241－0001015　55.832/401
大清道光九年七政經緯躔度時憲書　(清)欽
天監編　清道光八年(1828)欽天監刻本
一冊

410000－2241－0001016　22.6514/939.456
[宣統]開沙志二卷　(清)王錫極纂輯
(清)丁時需增修　(清)王之瑚刪訂　清宣統
三年(1911)鉛印本　二冊

410000－2241－0001017　22.272/850
湘軍水陸戰紀(湘軍志)十六卷　(清)鮑叔衡
撰　清光緒十二年(1886)石印本　二冊

410000－2241－0001018　22.272/915
任學士功績錄不分卷　(清)方策彙錄　清光
緒二十一年(1895)刻本　二冊

410000－2241－0001019　22.123/310
通鑑宋本校勘記五卷元本校勘記二卷　(清)
張瑛撰　清光緒八年(1882)江蘇書局刻本

一册　存五卷(宋本校勘記五卷)

410000－2241－0001020　22.273/916
拳匪紀略八卷前編二卷後編二卷　（清）僑析
生輯　清光緒二十九年(1903)上洋書局石印
本　六冊

410000－2241－0001021　22.123/311/2
資治通鑑刊本識誤三卷　（清）張敦仁校著
清光緒十二年(1886)新陽趙氏刻新陽趙氏叢
刊本　三冊

410000－2241－0001022　22.123/311
資治通鑑刊本識誤三卷　（清）張敦仁校著
清光緒十二年(1886)新陽趙氏刻新陽趙氏叢
刊本　三冊

410000－2241－0001023　811.27/7500
龍川文集三十卷補遺一卷　（宋）陳亮撰　附
錄二卷辨譌考異二卷　（清）胡鳳丹撰　清光
緒元年(1875)湖北崇文書局刻本（有圖）
十冊

410000－2241－0001024　811.3/4447
梅苑十卷　（宋）黃大輿撰　清刻本　一冊

410000－2241－0001025　22.272/930
吳中平寇記八卷　（清）錢勗編　清光緒元年
(1875)上海申報館鉛印申報館叢書本　二冊

410000－2241－0001026　22.272/982
曾忠襄公全集四種附二種　（清）曾國荃撰
清光緒二十九年(1903)刻本　八冊　存二種
十卷

410000－2241－0001027　22.123/471.02
續資治通鑑二百二十卷　（清）畢沅編集　清
乾隆鎮洋畢氏刻嘉慶六年(1801)桐鄉馮氏續
刻同治六年(1867)永康應氏重修八年(1869)
江蘇書局遞修資治通鑑彙刻本　六十冊

410000－2241－0001028　22.123/471.03
續資治通鑑二百二十卷　（清）畢沅編集　清
乾隆鎮洋畢氏刻嘉慶六年(1801)桐鄉馮氏續
刻　六十四冊

410000－2241－0001029　22.6522/671.073

[光緒]續修廬州府志一百卷首一卷末一卷
（清）黃雲修　（清）林之望　（清）王宗沂纂
清光緒十一年(1885)刻本　四十八冊

410000－2241－0001030　22.273/117
湘軍記二十卷　（清）王定安撰　清光緒十五
年(1889)江南書局刻本　八冊

410000－2241－0001031　22.273/117/2
湘軍記二十卷　（清）王定安撰　清光緒十五
年(1889)江南書局刻本　二冊

410000－2241－0001032　22.273/120
皇朝道咸同光奏議六十四卷　（清）王延熙
（清）王樹敏編輯　清光緒二十八年(1902)上
海久敬齋石印本　二十八冊

410000－2241－0001033　22.123/987
資治通鑑前編十八卷舉要三卷首一卷　（元）
金履祥編輯　清乾隆十年(1745)金華金氏刻
率祖堂叢書本　二冊

410000－2241－0001034　22.1235/116
於越先賢像傳贊二卷　（清）王齡撰　（清）任
熊繪　清咸豐七年(1857)蕭山王氏養龢堂光
緒三年(1877)張氏印本　四冊

410000－2241－0001035　22.273/158＝3
庚辛泣杭錄十六卷　（清）丁丙輯　清光緒二
十一年(1895)錢塘丁氏嘉惠堂刻武林掌故叢
編本　八冊

410000－2241－0001036　22.124/304
綱鑑擇語十卷　（清）司徒修撰　清光緒二十
四年(1898)上海書局石印本　六冊

410000－2241－0001037　22.6522/823.073
光緒鳳陽府志二十一卷　馮煦修　魏家驊
張德霈纂　清光緒三十四年(1908)木活字印
本　二十四冊

410000－2241－0001038　22.124/657
讀通鑑綱目劄記二十卷　（清）章邦元著　清
光緒十六年(1890)銅陵章氏刻本　二冊

410000－2241－0001039　22.6522/944.046/2
[淳熙]新安志十卷附錄一卷　（宋）羅願修

清光緒十四年（1888）安徽黟縣李氏刻本
四冊

410000－2241－0001040　22.6522/944.046

[淳熙]新安志十卷附錄一卷　（宋）羅願修
清光緒十四年（1888）安徽黟縣李氏刻本
四冊

410000－2241－0001041　22.273/158

丁文誠公遺集二種　（清）丁寶楨撰　清光緒
十九年至二十年（1893－1894）平遠丁體常京
師刻本　二十七冊

410000－2241－0001042　22.6523/105.066

[道光]祁門縣志三十六卷首一卷　（清）王讓
修　（清）桂超萬纂　清道光七年（1827）刻本
八冊

410000－2241－0001043　22.6523/105.073

[同治]祁門縣志三十六卷首一卷　（清）周溶
修　（清）汪韻珊纂　清同治十二年（1873）刻
本　十二冊

410000－2241－0001044　22.273/158＝2

項城袁氏家集六種　丁振鐸輯　清宣統三年
（1911）袁氏清芬閣鉛印本　五十六冊

410000－2241－0001045　22.124/929

錢陟園考訂資治通鑑綱目全書五十九卷續二
十七卷　（清）錢選考訂　（清）錢鵬　（清）
錢鳴編次　清光緒八年（1882）惜物軒刻本
八十四冊

410000－2241－0001046　811.31/1073

八代詩選二十卷　王闓運輯　清光緒十六年
（1890）江蘇書局刻本　八冊

410000－2241－0001047　22.129/285

歷代通鑑纂要九十二卷　（明）李東陽撰　清
光緒二十三年（1897）廣雅書局刻本　四十
八冊

410000－2241－0001048　811.31/2884

本事詩十二卷　（清）徐釚編輯　清乾隆二十
二年（1757）桐鄉汪肯堂半松書屋刻本　六冊

410000－2241－0001049　811.34/4453.6

杜工部草堂詩箋四十卷外集一卷傳序碑銘一
卷目錄二卷年譜二卷詩話二卷　（唐）杜甫撰
（宋）魯訔編次　（宋）蔡夢弼會箋　補遺十
卷　（宋）黃鶴集注　清光緒十年（1884）遵義
黎氏日本東京使署刻古逸叢書本　八冊

410000－2241－0001050　811.38/0143

百美新詠一卷題詞一卷圖傳一卷集詠一卷
（清）顏希源撰　（清）王翽繪圖　清嘉慶刻本
四冊

410000－2241－0001051　811.38/6039

墨畊堂試帖詩鈔二卷　（清）呂永輝撰　（清）
凌萬選輯　（清）張承誥評　清同治十年
（1871）刻本　一冊

410000－2241－0001052　182.2/0812

許文正公遺書　（元）許衡撰　清乾隆五十五
年（1790）刻本　八冊

410000－2241－0001053　22.129/383

綱鑑正史約三十六卷　（明）顧錫疇編　（清）
陳宏謀增訂　甲子紀元一卷　（清）陳宏謀輯
清同治八年（1869）浙江書局刻本　二十冊

410000－2241－0001054　811.38/6034

浣吾詩草一卷鞠圃詩草一卷　（清）呂祖枚撰
清刻本　一冊

410000－2241－0001055　811.38/7503

西泠閨詠十六卷　（清）陳文述著　（清）龔玉
晨編　清光緒十三年（1887）西泠翠螺閣刻十
九年（1893）印武林掌故叢編本　四冊

410000－2241－0001056　22.129/819

綱鑑總論二卷　（清）周道卿著　清光緒二十
八年（1902）上海書局石印本　一冊

410000－2241－0001057　22.129/906

御批歷代通鑑輯覽一百二十卷　（清）傅恒等
纂　清同治十一年（1872）湖北崇文書局刻本
六十冊

410000－2241－0001058　22.129/906.02

御批歷代通鑑輯覽一百二十卷　（清）傅恒等
纂　清光緒十七年（1891）上海日文書局石印

本　二十冊

410000 - 2241 - 0001059　22.129/906.03
御批歷代通鑑輯覽一百二十卷　（清）傅恒等纂　清光緒三十年（1904）文通書局石印本　八冊

410000 - 2241 - 0001060　22.273/178
北洋公牘類纂二十五卷　（清）甘厚慈輯　清光緒三十三年（1907）京城益森印刷公司鉛印本　二十冊

410000 - 2241 - 0001061　22.273/182
西巡回鑾始末記六卷　（日本）吉田良太郎彙錄　題（清）八詠樓主人刊正　清光緒二十八年（1902）石印本　六冊

410000 - 2241 - 0001062　22.273/183
彭剛直公奏稿八卷詩集八卷　（清）彭玉麟撰　清光緒十七年（1891）德清俞樾吳下刻本　八冊

410000 - 2241 - 0001063　22.273/211
英軺日記十二卷（清光緒二十七年十二月至二十八年八月）　（清）載振撰　清光緒二十九年（1903）上海文明編譯書局鉛印本　四冊

410000 - 2241 - 0001064　22.13/414
繹史一百六十卷世系圖一卷年表一卷　（清）馬驌撰　清同治七年（1868）姑蘇亦西齋刻本　四十二冊

410000 - 2241 - 0001065　22.273/214
胡文忠公遺集十卷首一卷　（清）胡林翼撰　清同治五年（1866）山左刻本　八冊

410000 - 2241 - 0001066　22.129/440
綱鑑易知錄九十二卷　（清）吳乘權等輯　清光緒二十七年（1901）上海商務印書館鉛印本　四冊

410000 - 2241 - 0001067　22.273/214/2
胡文忠公遺集八十六卷首一卷　（清）胡林翼撰　（清）鄭敦謹　（清）曾國荃纂輯　（清）胡鳳丹重編　清光緒元年（1875）湖北崇文書局刻本　八冊

410000 - 2241 - 0001068　22.13/642
歷朝紀事本末九種　（清）陳如升　（清）朱記榮輯　題（清）慎記主人增輯　清光緒二十五年（1899）上海慎記書莊石印本　五十六冊

410000 - 2241 - 0001069　22.273/214.02
胡文忠公遺集八十六卷首一卷　（清）胡林翼撰　（清）鄭敦謹　（清）曾國荃纂輯　（清）胡鳳丹重編　清光緒元年（1875）湖北崇文書局刻本　三十二冊

410000 - 2241 - 0001070　22.131/116
重訂法國志略二十四卷　（清）王韜輯撰　清光緒十六年（1890）淞隱廬鉛印本　十冊

410000 - 2241 - 0001071　22.132/311
通鑑宋本校勘記五卷元本校勘記二卷　（清）張瑛撰　清光緒八年（1882）江蘇書局刻本　一冊　存二卷（元本校勘記二卷）

410000 - 2241 - 0001072　22.273/262/3
中東戰紀本末八卷首一卷末一卷續編四卷首一卷末一卷　（美國）林樂知著譯　蔡爾康纂輯　清光緒二十二年至二十三年（1896 - 1897）上海圖書集成局鉛印本　十二冊

410000 - 2241 - 0001073　22.7/167
麟洲雜著四卷　（清）錢贊黃撰　清光緒二十四年（1898）金匱錢氏木活字印本　四冊

410000 - 2241 - 0001074　22.6523/886
貴池縣沿革表一卷　劉世珩撰　清光緒二十八年（1902）湖北三佛閣刻本　一冊

410000 - 2241 - 0001075　22.7/272
名山勝概記不分卷　（明）楊慎撰　清初刻本　一冊

410000 - 2241 - 0001076　22.6531/073
[光緒]浙志便覽十卷　（清）李應珏著　清光緒二十二年（1896）杭城吏隱齋刻本　四冊

410000 - 2241 - 0001077　22.7081/294
李氏五種合刊　（清）李兆洛輯　清光緒四年（1878）順德馬貞榆刻本　十二冊

410000 - 2241 - 0001078　22.273/262

中東戰紀本末八卷首一卷末一卷續編四卷首一卷末一卷文學興國策二卷三編四卷　（美國）林樂知著譯　蔡爾康纂輯　清光緒二十二年至二十六年（1896－1900）上海圖書集成局鉛印本　十六冊

410000－2241－0001079　22.7081/294.02
李氏五種合刊　（清）李兆洛輯　清光緒十四年（1888）掃葉山房刻本　十二冊

410000－2241－0001080　22.71/272
歷代輿地沿革險要圖　楊守敬　饒敦秩撰　清光緒五年（1879）東湖饒氏刻本　一冊

410000－2241－0001081　22.653/684
浙江全省輿圖並水陸道里記不分卷　（清）宗源瀚等編輯　清光緒二十年（1894）石印本　二十冊

410000－2241－0001082　22.273/262/2
中東戰紀本末八卷首一卷末一卷續編四卷首一卷末一卷　（美國）林樂知著譯　蔡爾康纂輯　清光緒二十二年至二十三年（1896－1897）上海圖書集成局鉛印本　十二冊

410000－2241－0001083　22.71/272.02
歷代輿地沿革險要圖　楊守敬　饒敦秩撰　清光緒三十二年（1906）刻本　一冊

410000－2241－0001084　22.6531/724.073
［雍正］敕修浙江通志二百八十卷首三卷　（清）嵇曾筠　（清）李衛修　（清）沈翼機等纂　清光緒二十五年（1899）浙江書局刻本　一百二十冊

410000－2241－0001085　22.6531/724.073/2
［雍正］敕修浙江通志二百八十卷首三卷　（清）嵇曾筠　（清）李衛修　（清）沈翼機等纂　清光緒二十五年（1899）浙江書局刻本　一百二十冊

410000－2241－0001086　22.71/381
歷代地理沿革表四十七卷　（清）陳芳績編　清道光十三年（1833）虞山清河張氏刻本　十二冊

410000－2241－0001087　22.71/424/2
輿地廣記三十八卷　（宋）歐陽忞撰　校勘輿地廣記札記二卷　（清）黃丕烈撰　清光緒六年（1880）金陵書局刻本　四冊

410000－2241－0001088　22.71/424
輿地廣記三十八卷　（宋）歐陽忞撰　校勘輿地廣記札記二卷　（清）黃丕烈撰　清光緒六年（1880）金陵書局刻本　四冊

410000－2241－0001089　22.71/294
歷代地理志韻編今釋二十卷校勘記一卷皇朝輿地韻編二卷　（清）李兆洛輯　（清）六嚴等編集　清光緒元年（1875）廣州羊城馬氏集益堂刻本　十冊

410000－2241－0001090　22.71/436
資治通鑑地理今釋十六卷　（清）吳熙載撰　清光緒八年（1882）江蘇書局刻本　三冊

410000－2241－0001091　22.273/291
李文忠公全集　（清）李鴻章撰　（清）吳汝綸編錄　清光緒三十一年至三十四年（1905－1908）金陵刻本　一百冊

410000－2241－0001092　22.6532/184.065
［嘉慶］嘉興府志八十卷首三卷　（清）伊湯安修　（清）馮應榴　（清）沈啟震纂　清嘉慶五年至六年（1800－1801）刻本　四十冊

410000－2241－0001093　22.71/723
光緒湖北輿地圖記二十四卷　（清）湖北輿圖局纂　清光緒二十年（1894）刻本　二十四冊

410000－2241－0001094　22.71/723
光緒湖北輿地圖記二十四卷　（清）湖北輿圖局纂　清光緒二十年（1894）刻本　四冊

410000－2241－0001095　22.71/959
讀史方輿紀要一百三十卷輿圖要覽四卷首一卷　（清）顧祖禹輯著　（清）彭元瑞校訂　清嘉慶錦里龍萬育刻光緒五年（1879）蜀南薛氏桐花書屋重修本　六十四冊

410000－2241－0001096　22.71/959.02
讀史方輿紀要一百三十卷方輿全圖總說五卷

（清）顧祖禹輯著　清光緒二十七年（1901）
圖書集成局鉛印本暨石印本　六十冊

410000－2241－0001097　22.71/959＝2

天下郡國利病書一百二十卷　（清）顧炎武輯
清光緒二十七年（1901）圖書集成局鉛印本
六十冊

410000－2241－0001098　22.6532/425.047/2

咸淳臨安志一百卷　（宋）潛說友纂　校栞咸
淳臨安志札記三卷　（清）黃士珣撰　清道光
十年（1830）錢唐振綺堂汪氏刻本（原缺卷九
十、九十八至一百）　二十四冊

410000－2241－0001099　22.71/965

歷代帝王宅京記二十卷　（清）顧炎武撰　清
光緒十四年（1888）吳縣朱氏槐廬家塾刻槐廬
叢書本　四冊

410000－2241－0001100　22.6532/425.047

咸淳臨安志一百卷　（宋）潛說友纂　校栞咸
淳臨安志札記三卷　（清）黃士珣撰　清道光
十年（1830）錢唐振綺堂汪氏刻本（原缺卷九
十、九十八至一百）　十六冊

410000－2241－0001101　22.7115/459.02

四書釋地補一卷續補一卷又續補一卷三續補
一卷　（清）閻若璩撰　（清）樊廷枚校補　清
嘉慶二十一年（1816）敬藝堂刻本　六冊

410000－2241－0001102　22.7115/459

四書釋地一卷續一卷又續一卷三續一卷孟子
生卒年月考一卷　（清）閻若璩撰　清乾隆八
年（1743）刻本　三冊

410000－2241－0001103　22.7117/430

戰國疆域圖一卷　楊守敬　熊會貞編繪　清
宣統元年（1909）鄂城楊守敬刻朱墨套印歷代
輿地圖本　一冊

410000－2241－0001104　811.41/7771

楚辭十七卷　（戰國）屈原撰　（漢）王逸章句
（宋）洪興祖補注　清初毛氏汲古閣刻本
八冊

410000－2241－0001105　22.6532/429.046

[淳熙]嚴州圖經三卷　（宋）董弅修　（宋）
陳公亮重修　校字記一卷　（清）袁昶撰　清
光緒二十二年（1896）桐廬袁氏漸西村舍刻漸
西村舍彙刊本　二冊

410000－2241－0001106　22.7117/963

七國地理考七卷　（清）顧觀光著　清光緒二
十八年（1902）刻本　三冊

410000－2241－0001107　22.7117/963

七國地理考七卷　（清）顧觀光著　清光緒二
十八年（1902）刻本　八冊

410000－2241－0001108　22.6532/429.047

景定嚴州續志十卷　（宋）鄭瑤　（宋）方仁榮
纂修　清光緒二十二年（1896）桐廬袁氏漸西
村舍刻漸西村舍彙刊本　三冊

410000－2241－0001109　22.6532/499.073

[光緒]處州府志三十卷首一卷末一卷　（清）
潘紹詒修　（清）周榮椿等纂　清光緒三年
（1877）刻本　二十八冊

410000－2241－0001110　22.7125/471

晉書地理志新補正五卷　（清）畢沅撰　清乾
隆四十九年（1784）鎮洋畢氏靈巖山館刻經訓
堂叢書本　七冊

410000－2241－0001111　22.6532/701.064

[雍正]寧波府志三十六卷首一卷　（清）曹秉
仁修　（清）萬經等纂　清雍正十一年（1733）
刻乾隆六年（1741）補刻本　十六冊

410000－2241－0001112　22.7127/951

東晉南北朝輿地表二十八卷　（清）徐文范編
清光緒二十四年（1898）廣雅書局刻廣雅書
局叢書本　十冊

410000－2241－0001113　22.71283/720

補梁疆域志四卷　（清）洪齮孫撰　清光緒十
七年（1891）廣雅書局刻廣雅書局叢書本
二冊

410000－2241－0001114　22.7131/272

隋書地理志考證九卷補遺一卷　楊守敬撰
清光緒二十二年（1896）宜都楊氏鄰蘇園刻本

六冊

410000－2241－0001115　22.6532/723.073

[同治]湖州府志九十六卷首一卷　（清）宗源
瀚　（清）郭世昌修　（清）周學濬　（清）陸
心源纂　清同治十三年（1874）愛山書院刻本
四十八冊

410000－2241－0001116　22.715/463

歷代輿地圖不分卷　楊守敬編繪　清光緒三
十二年至宣統三年（1906－1911）宜都楊守敬
觀海堂刻朱墨套印本　一冊　存明地理志圖

410000－2241－0001117　22.6532/860.064

[乾隆]紹興府志八十卷首一卷　（清）李亨特
修　（清）平恕　（清）徐嵩纂　清乾隆五十七
年（1792）刻本　四十六冊

410000－2241－0001118　22.6532/943.073

[康熙]衢州府志四十卷首一卷　（清）楊廷望
纂修　清光緒八年（1882）安陸劉國光刻本
十二冊

410000－2241－0001119　22.716/201

皇清地理圖韻編三卷　（清）趙齊嬰編　清咸
豐九年（1859）抄本　一冊

410000－2241－0001120　22.6532/987.062

[康熙]金華府志三十卷　（清）張薈修
（清）沈麟趾　（清）葉芳纂　清宣統元年
（1909）石印本　十二冊

410000－2241－0001121　22.716/429/2

大清中外壹統輿圖三十一卷首一卷　（清）胡
林翼等編　（清）嚴樹森等增輯　清同治二年
（1863）湖北撫署刻本　二十四冊

410000－2241－0001122　22.716/429

大清中外壹統輿圖三十一卷首一卷　（清）胡
林翼等編　（清）嚴樹森等增輯　清同治二年
（1863）湖北撫署刻本　二十冊

410000－2241－0001123　22.7173/935

光緒輿地韻編一卷　（清）錢保塘撰　清光緒
十九年（1893）海寧錢氏清風室刻本　一冊

410000－2241－0001124　22.6533/101.073

[光緒]奉化縣志四十卷首一卷　（清）李前泮
修　張美翊纂　清光緒三十四年（1908）刻本
十二冊

410000－2241－0001125　22.273/311

張大司馬奏稿四卷　（清）張亮基撰　清光緒
十七年（1891）湖南刻本　四冊

410000－2241－0001126　22.72/339/2

宋州郡志校勘記一卷　（清）成孺撰　清光緒
十四年（1888）廣雅書局刻廣雅書局叢書本
一冊

410000－2241－0001127　22.72/339

宋州郡志校勘記一卷　（清）成孺撰　清光緒
十四年（1888）廣雅書局刻廣雅書局叢書本
一冊

410000－2241－0001128　22.6533/125.073

[光緒]青田縣志十八卷首一卷　（清）雷銑
（清）方鼎銳修　（清）王棻纂　清光緒元年至
二年（1875－1876）刻本　十四冊

410000－2241－0001129　22.72/860

京師通各省會城道里記一卷　（清）繆九疇校
清刻本　一冊

410000－2241－0001130　22.6533/125.073＝
2/2

[光緒]青浦縣志三十卷首二卷末一卷　（清）
陳其元等修　（清）熊其英等纂　清光緒五年
（1879）刻本　十二冊

410000－2241－0001131　22.6533/125.073＝2

[光緒]青浦縣志三十卷首二卷末一卷　（清）
陳其元等修　（清）熊其英等纂　清光緒五年
（1879）刻本　十二冊

410000－2241－0001132　22.73/105/2

皇朝藩部要略十八卷世系表四卷　（清）祁韻
士纂　（清）毛嶽生編次　清光緒十年（1884）
浙江書局刻本　八冊

410000－2241－0001133　22.73/105

皇朝藩部要略十八卷世系表四卷　（清）祁韻
士纂　（清）毛嶽生編次　清光緒十年（1884）

浙江書局刻本　八冊

410000－2241－0001134　22.273/324

豫軍紀略十二卷　（清）尹耕雲輯　清光緒三年(1877)上海申報館鉛印申報館叢書本　六冊

410000－2241－0001135　22.6533/175.073

[同治]鄞縣志七十五卷　（清）戴枚修（清）張恕　（清）董沛纂　清光緒三年(1877)刻本　三十二冊

410000－2241－0001136　22.273/334

多忠勇公勤勞錄四卷　（清）雷正綰纂　清光緒元年(1875)固原提署刻本　四冊

410000－2241－0001137　22.6533/184.073

[光緒]重修嘉善縣志三十六卷首一卷　江峰青修　（清）顧福仁纂　清光緒二十年(1894)刻本　十六冊

410000－2241－0001138　22.273/340

三公奏議　盛宣懷輯　清光緒二年(1876)武進盛氏思補樓刻本　二十冊

410000－2241－0001139　22.273/352

左恪靖侯奏稿初編三十八卷續編七十六卷　（清）左宗棠撰　清同治至光緒刻本　七十冊

410000－2241－0001140　22.6533/343.077

[光緒]平湖縣志二十五卷首一卷末一卷　（清）彭潤章修　（清）葉廉鍔纂　清光緒十二年(1886)刻本　十三冊

410000－2241－0001141　22.273/378

庸閒齋筆記十二卷　（清）陳其元撰　清宣統三年(1911)上海掃葉山房石印本　四冊

410000－2241－0001142　22.273/379

兵垣奏議不分卷　（明）陳子龍撰　清光緒二十三年(1897)諸暨陳通聲刻本　二冊

410000－2241－0001143　22.6533/410.073

[同治]長興縣志三十二卷　（清）趙定邦修（清）周學濬　（清）丁寶書纂　清同治十三年至光緒元年(1874－1875)刻本　十六冊

410000－2241－0001144　22.73/429

三省邊防備覽十四卷　（清）嚴如熤輯　清道光二年(1822)刻本　八冊

410000－2241－0001145　22.73/429.02

三省邊防備覽十八卷　（清）嚴如熤輯　清道光十年(1830)來鹿堂刻本　十冊

410000－2241－0001146　22.273/383

庸盦尚書奏議十六卷　陳夔龍撰　俞陛雲編輯　清宣統三年(1911)鉛印本　八冊

410000－2241－0001147　610/C281/3.04(東區)

景岳全書二十四集六十四卷　（明）張介賓著（清）魯超校訂　清文富堂刻本　三十二冊

410000－2241－0001148　610/C288(東區)

醫說十卷　（宋）張杲撰　續醫說十卷　（明）俞弁撰　清宣統三年(1911)上海文明書局鉛印本　六冊

410000－2241－0001149　22.73/609/2

西北邊界圖地名譯漢攷證二卷　（清）許景澄撰　清光緒二十二年(1896)刻本　三冊

410000－2241－0001150　22.73/609

西北邊界圖地名譯漢攷證二卷　（清）許景澄撰　清光緒二十二年(1896)刻本　二冊

410000－2241－0001151　22.273/450

庚子海外紀事四卷　（清）呂海寰編　清光緒二十七年(1901)上海辦理商約行轅鉛印本　四冊

410000－2241－0001152　22.73/611

九邊圖論一卷　（明）許論撰　明刻本　一冊

410000－2241－0001153　22.6533/486.073

[光緒]上虞縣志四十八卷首一卷末一卷　（清）唐煦春等修　（清）朱士黻等纂　清光緒十六年至十七年(1890－1891)刻本　二十冊

410000－2241－0001154　22.73/628

遊歷芻言一卷　（清）黃楙材撰　清末鉛印本　一冊

410000－2241－0001155　22.73/990

防海輯要十八卷首一卷　（清）俞昌會撰　清

道光二十二年(1842)百嶧山房刻本　十冊

410000－2241－0001156　22.6533/518.073
[光緒]蘭谿縣志八卷首一卷附補遺一卷
(清)秦簧修　(清)唐壬森纂　清光緒十三年
至十五年(1887－1889)刻本　十冊

410000－2241－0001157　22.73/994
雲南勘界籌邊記二卷　(清)姚文棟撰　清光
緒十八年(1892)刻本　二冊

410000－2241－0001158　22.73/994.02
雲南勘界籌邊記二卷　(清)姚文棟撰　清光
緒二十三年(1897)成都尊經閣刻本　一冊

410000－2241－0001159　22.273/571
庸庵全集六種　(清)薛福成撰　清光緒二十
二年至二十三年(1896－1897)上海醉六堂石
印本　十二冊

410000－2241－0001160　22.273/571.02
庸庵全集十種　(清)薛福成撰　清光緒無錫
薛氏刻本　四十四冊

410000－2241－0001161　22.73/994.03
雲南初勘緬界記一卷　(清)姚文棟撰　清光
緒十八年(1892)雲南刻本　一冊

410000－2241－0001162　22.6533/582.073
[同治]嵊縣志二十六卷首一卷木一卷　(清)
嚴思忠　(清)陳仲麟修　(清)蔡以瑺纂　清
同治九年(1870)刻本　十六冊

410000－2241－0001163　22.273/571－2
庸盦文別集六卷　(清)薛福成撰　清光緒二
十九年(1903)薛氏石印本　六冊

410000－2241－0001164　22.273/571－2/2
庸盦文別集六卷　(清)薛福成撰　清光緒二
十九年(1903)薛氏石印本　六冊

410000－2241－0001165　22.273/593
狀元策不分卷　(清)駱成驤等撰　清光緒十
九年至二十一年(1893－1895)刻本　一冊

410000－2241－0001166　22.273/601
瀏陽二杰遺文二卷　(清)譚嗣同　(清)唐才
常撰　清光緒二十六年(1900)鉛印本　一冊

410000－2241－0001167　22.6533/604.073
[光緒]諸暨縣志六十一卷首一卷　(清)陳遹
聲修　(清)蔣鴻藻纂　清宣統元年至二年
(1909－1910)刻本　十八冊

410000－2241－0001168　22.273/607
督河奏疏十卷　(清)許振褘撰　清光緒鉛印
本　四冊

410000－2241－0001169　22.273/621
常勝軍案略一卷　(清)謝元壽輯　清抄本
一冊

410000－2241－0001170　22.273/634
郭侍郎奏疏十二卷　(清)郭嵩燾撰　清光緒
十八年(1892)刻本　十二冊

410000－2241－0001171　22.273/660
龔端毅公奏疏八卷　(清)龔鼎孳撰　清光緒
九年(1883)合肥龔氏聽彝書屋刻本　五冊

410000－2241－0001172　22.73081/170
皇朝藩屬輿地叢書六集二十八種　(清)文瑞
樓主人輯　清光緒二十九年(1903)金匱浦氏
靜寄東軒石印本　四十八冊

410000－2241－0001173　22.273/668
戊戌奏稿不分卷　康有爲撰　清宣統三年
(1911)麥仲華鉛印本　一冊

410000－2241－0001174　22.273/668/2
戊戌奏稿不分卷　康有爲撰　清宣統三年
(1911)麥仲華鉛印本　一冊

410000－2241－0001175　22.6533/688.073
[光緒]富陽縣志二十四卷首一卷　汪文炳修
　(清)何鎔纂　清光緒二十八年至三十二年
(1902－1906)刻本　十六冊

410000－2241－0001176　22.273/720
中東戰紀一卷　(清)洪棄父撰　清光緒三十
二年(1906)鉛印本　一冊

410000－2241－0001177　22.6533/688.073/2
[光緒]富陽縣志二十四卷首一卷　汪文炳修
　(清)何鎔纂　清光緒二十八年至三十二年
(1902－1906)刻本　十六冊

410000－2241－0001178　22.6533/688.073＝2

[光緒]宣平縣志二十卷首一卷　（清）皮樹棠修　（清）祝鳳梧　（清）潘澤鴻纂　清光緒四年(1878)刻本　八冊

410000－2241－0001179　22.273/744

沈文肅公政書七卷首一卷　（清）沈葆楨撰　清光緒六年(1880)吳門節署刻本　十二冊

410000－2241－0001180　22.273/744.02

沈文肅公政書七卷首一卷　（清）沈葆楨撰　清光緒七年(1881)精一閣鉛印本　八冊

410000－2241－0001181　22.6533/689.073

[光緒]定海廳志三十卷首一卷　（清）史致馴修　（清）陳重威　（清）黃以周纂　清光緒十一年(1885)黃樹藩刻本　十冊

410000－2241－0001182　22.273/765/2

校邠廬抗議二卷　（清）馮桂芬著　清光緒十年(1884)豫章刻本　二冊

410000－2241－0001183　22.273/765

校邠廬抗議二卷　（清）馮桂芬著　清光緒十年(1884)豫章刻本　二冊

410000－2241－0001184　22.6533/710.073

[同治]江山縣志十二卷首一卷末一卷　（清）王彬修　（清）朱寶慈等纂　清同治十二年(1873)文溪書院刻本　八冊

410000－2241－0001185　22.273/793－2

程中丞庚子函牘鈔略一卷　程德全撰　李遜編輯　清宣統元年(1909)鉛印本　一冊

410000－2241－0001186　811.411/4418

楚辭燈四卷楚懷襄二王在位事蹟考一卷　（清）林雲銘論述　清康熙三十六年(1697)挹奎樓刻本　二冊

410000－2241－0001187　22.273/833

從戎紀略不分卷　（清）朱洪章述　清光緒十九年(1893)紫陽堂刻本　一冊

410000－2241－0001188　22.73081/718

皇朝藩屬輿地叢書六集二十八種　（清）文瑞樓主人輯　清光緒二十九年(1903)金匱浦氏靜寄東軒石印本　四十八冊

410000－2241－0001189　361.82/4462.02

林文忠公政書五種　（清）林則徐撰　清光緒二十四年(1898)天津文德堂石印本　六冊

410000－2241－0001190　22.6533/752.073

[光緒]海鹽縣志二十二卷首一卷末一卷　（清）王彬修　（清）徐用儀纂　清光緒二年(1876)蔚文書院刻本　十六冊

410000－2241－0001191　22.273/886.02

江楚會奏變法三摺　（清）劉坤一　（清）張之洞撰　清光緒二十七年(1901)富強齋石印本　三冊

410000－2241－0001192　22.273/892＝2

越事備考十二卷　（清）劉名譽編輯　清光緒二十一年(1895)桂林刻本　四冊

410000－2241－0001193　22.273/915

倭文端公遺書八卷首二卷末一卷續刊三卷　（清）倭仁撰　清光緒元年(1875)六安求我齋刻本　四冊

410000－2241－0001194　22.6533/761.073

[光緒]慈溪縣志五十六卷附編一卷　（清）楊泰亨修　（清）馮可鏞纂　清光緒二十五年(1899)刻本　二十四冊

410000－2241－0001195　22.273/916/2

拳匪紀略八卷前編二卷後編二卷　（清）僑析生輯　清光緒二十九年(1903)上洋書局石印本　五冊

410000－2241－0001196　22.273/951

遼陽防守記一卷　（清）徐慶璋撰　清光緒二十一年(1895)刻本　一冊

410000－2241－0001197　22.273/982

曾惠敏公遺集四種　（清）曾紀澤撰　清光緒十九年(1893)江南製造總局鉛印本　八冊

410000－2241－0001198　22.273/982.02

曾惠敏公遺集四種　（清）曾紀澤撰　清光緒十九年(1893)江南製造總局鉛印本　二冊

410000－2241－0001199　422/1200

名原二卷　(清)孫詒讓記　清光緒三十一年(1905)刻本　一冊

410000－2241－0001200　22.6533/868.073/1
[光緒]歸安縣志五十二卷首一卷　(清)李昱修　(清)陸心源纂　清光緒八年(1882)刻本　十六冊

410000－2241－0001201　22.6533/868.073/2
[光緒]歸安縣志五十二卷首一卷　(清)李昱修　(清)陸心源纂　清光緒八年(1882)刻本　十六冊

410000－2241－0001202　22.6533/939.073
[光緒]鎮海縣志四十卷　(清)于萬川修　(清)俞樾纂　清光緒五年(1879)刻本　十六冊

410000－2241－0001203　22.273/982.03
曾惠敏公全集四種　(清)曾紀澤撰　清光緒二十年(1894)上海石印本　四冊

410000－2241－0001204　22.73131/903/2
朔方備乘六十八卷首十二卷凡例目錄一卷　(清)何秋濤撰　清光緒七年(1881)刻本　二十四冊

410000－2241－0001205　22.73131/903/3
朔方備乘六十八卷首十二卷凡例目錄一卷　(清)何秋濤撰　清光緒七年(1881)刻本　二十四冊

410000－2241－0001206　22.73131/903.02
朔方備乘六十八卷首十二卷　(清)何秋濤撰　清光緒七年(1881)鉛印本　八冊

410000－2241－0001207　22.273/982/2
曾惠敏公遺集四種　(清)曾紀澤撰　清光緒十九年(1893)江南製造總局鉛印本　八冊

410000－2241－0001208　22.73135/105
西陲要略四卷　(清)祁韻士輯　清道光十七年(1837)筠淥山房刻本　二冊

410000－2241－0001209　22.6533/940.073
[光緒]餘姚縣志二十七卷首一卷末一卷　(清)周炳麟修　(清)邵友濂　(清)孫德祖纂　清光緒二十五年(1899)刻本　十六冊

410000－2241－0001210　22.6533/940.073/2
[光緒]餘姚縣志二十七卷首一卷末一卷　(清)周炳麟修　(清)邵友濂　(清)孫德祖纂　清光緒二十五年(1899)刻本　十四冊

410000－2241－0001211　22.732/182
西巡大事本末記六卷　(日本)吉田良太郎譯題(清)八詠樓主人錄　清光緒二十七年(1901)上海書局石印本　二冊

410000－2241－0001212　22.273/982＝2
征倭四宜三益說不分卷　(清)曾之撰　清光緒二十年(1894)刻本　一冊

410000－2241－0001213　22.273079/781
壬寅新民叢報全編二十三卷　(清)新民叢報社編　清光緒二十八年(1902)石印本　十二冊　存二十一卷(二至十六、十八至二十三)

410000－2241－0001214　22.274/100
漢族光復史初編不分卷　(清)三戶移民編輯　清宣統三年(1911)上海印鴻書室石印本　一冊

410000－2241－0001215　22.274/595
諭摺彙存不分卷(清光緒三十三年三月)　(清)□□輯　清光緒三十三年(1907)鉛印本　五冊

410000－2241－0001216　811.7/4031＝2
剪燈叢話三種　(明)李禎等撰　清刻本　六冊

410000－2241－0001217　22.738/987
海道圖說十五卷長江圖說一卷　(英國)金約翰輯　(英國)傅蘭雅　(英國)金楷理口譯　(清)王德均筆述　清光緒江南製造總局刻本　二冊

410000－2241－0001218　22.738/987/2
海道圖說十五卷長江圖說一卷　(英國)金約翰輯　(英國)傅蘭雅　(英國)金楷理口譯　(清)王德均筆述　清光緒江南製造總局刻本　十冊

410000－2241－0001219　22.738/987/3

海道圖說十五卷長江圖說一卷　（英國）金約翰輯　（英國）傅蘭雅　（英國）金楷理口譯　（清）王德均筆述　清光緒江南制造總局刻本　十冊

410000－2241－0001220　49.49/952/2

新刻黃掌綸先生評訂神仙鑑三集二十二卷　（清）徐衢述　（清）李理贊　清康熙刻本（有圖）　二十四冊

410000－2241－0001221　422.11/4742

爾雅郭注義疏二十卷　（晉）郭璞注　（清）郝懿行疏　清咸豐六年（1856）吳門湯漱芳齋刻本　八冊

410000－2241－0001222　22.6534/824.279.02

[光緒]梅里志十八卷　（清）楊謙纂　（清）李富孫補輯　（清）余懋續補　清光緒三年（1877）仁濟堂刻本　六冊

410000－2241－0001223　22.738/429

洋防輯要二十四卷　（清）嚴如熤輯　清刻本　十六冊

410000－2241－0001224　22.6541/719.063

[雍正]江西通志一百六十二卷首三卷　（清）謝旻修　（清）陶成　（清）惲鶴生纂　清雍正十年（1732）刻本　八十冊

410000－2241－0001225　22.6542/123.073

[同治]瑞州府志二十四卷首一卷　（清）黃廷金修　（清）蕭浚蘭　（清）熊松之纂　清同治十二年（1873）刻本　十四冊

410000－2241－0001226　22.7521/837

盤山志十卷首一卷補遺四卷　（清）釋智樸纂輯　（清）王士禛　（清）朱彝尊較訂　清康熙三十年（1691）刻同治十一年（1872）印本　四冊

410000－2241－0001227　22.278/352

左文襄公全集　（清）左宗棠撰　清光緒十六年（1890）刻本　一百十八冊

410000－2241－0001228　22.7522/987

泰山志二十卷　（清）金棨撰　清刻本　十冊

410000－2241－0001229　22.6542/425.073

[同治]臨江府志三十二卷首一卷　（清）德馨（清）鮑孝光修　（清）朱孫詒纂　清同治十年（1871）刻本　六冊

410000－2241－0001230　22.7523/466

說嵩三十二卷例目一卷　（清）景日昣撰　清康熙六十年（1721）嶽生堂刻本　十冊

410000－2241－0001231　818.22/3718

聖諭象解二十卷　（清）梁延年編輯　（清）恩壽校錄　清光緒二十九年（1903）江蘇撫署石印本　十冊

410000－2241－0001232　22.7524/252

恒山志五集圖一卷　（清）桂敬順纂　清乾隆二十八年（1763）渾源州州署刻本　五冊

410000－2241－0001233　22.7524/252.02

恒山志五集圖一卷　（清）桂敬順纂　清刻本　四冊　缺一集（乾集）

410000－2241－0001234　22.6543/664.073/1

[光緒]廣昌縣志十四卷首一卷末一卷　（清）趙烈文修　（清）劉榮纂　清光緒元年（1875）刻本　六冊

410000－2241－0001235　22.6543/664.073/2

[同治]廣豐縣志十卷首一卷　（清）雙全（清）王麟書修　（清）顧蘭生　（清）林廷傑纂　清光緒元年（1875）刻本　十冊

410000－2241－0001236　22.7524/881

清涼山志十卷　（明）釋鎮澄撰　清乾隆二十年（1755）刻本　四冊

410000－2241－0001237　22.7531/286

華嶽志八卷首一卷　（清）李榕纂輯　（清）楊翼武評閱　清道光十一年（1831）華麓楊翼武清白別墅刻本　四冊

410000－2241－0001238　22.32914/117

金石萃編一百六十卷　（清）王昶撰　清嘉慶十年（1805）青浦王昶經訓堂刻本　六十四冊

410000－2241－0001239　22.7531/286.02

華嶽志八卷首一卷 （清）李榕纂輯 （清）楊翼武評閱 清道光十一年(1831)華麓楊翼武清白別墅刻光緒九年(1883)湘鄉楊昌濬重修本(有圖) 四冊

410000－2241－0001240 22.7531/994

華嶽志十二卷首一卷 （清）姚遠翻修 （清）鄭鴻撰纂 清乾隆二十七年(1762)鶴樹軒刻本 十冊

410000－2241－0001241 22.412/288

教務紀略四卷首一卷末一卷 李剛己輯 清光緒三十一年(1905)南洋官報局刻本 六冊

410000－2241－0001242 22.412/288.02

教務紀略四卷首一卷末一卷 李剛己輯 清光緒三十一年(1905)鉛印本 五冊

410000－2241－0001243 22.7532/314

崆峒山志二卷 （清）張伯魁纂 清同治十一年(1872)平涼崆峒山太和宮刻本 二冊

410000－2241－0001244 22.7535/466

冰嶺紀程不分卷 （清）景廉撰 清光緒五年(1879)都門刻本 一冊

410000－2241－0001245 22.7551/114

焦山志二十卷首一卷 （清）王豫纂輯 清道光三年(1823)焦山海西庵刻本 六冊

410000－2241－0001246 22.7551/271

京口山水志十八卷首一卷末一卷 （清）楊棨撰 清道光二十七年(1847)丹徒趙氏枕溪書屋刻本 四冊

410000－2241－0001247 22.7551/273

京口山水志十八卷首一卷末一卷 （清）楊棨撰 清光緒五年(1879)一枝巢刻本 四冊

410000－2241－0001248 22.412/348

中西紀事二十四卷首一卷 （清）夏燮撰 清同治七年(1868)刻本 六冊

410000－2241－0001249 22.7551/433

焦山志二十六卷首一卷 （清）吳雲輯 清同治十三年(1874)刻本 八冊

410000－2241－0001250 22.7551/433/3

焦山志二十六卷首一卷 （清）吳雲輯 清同治十三年(1874)刻本 十冊

410000－2241－0001251 22.7551/433/4

焦山志二十六卷首一卷 （清）吳雲輯 清同治十三年(1874)刻本 十冊

410000－2241－0001252 22.7551/433/2

焦山志二十六卷首一卷 （清）吳雲輯 清同治十三年(1874)刻本 十冊

410000－2241－0001253 610/C315/.02（東區）

儒門事親十五卷 （金）張從正著 （明）吳勉學校 清宣統二年(1910)上海千頃堂書局石印本 六冊

410000－2241－0001254 22.4122/932

出塞紀略一卷 （清）錢良擇撰 清抄本 一冊

410000－2241－0001255 22.7551/481

慧山記四卷 （明）釋圓顯輯 （明）邵寶定 （清）邵涵初附志 清咸豐七年(1857)二泉書院刻同治七年(1868)印本(有圖) 二冊

410000－2241－0001256 22.4124/288

使琉球記六卷 （清）李鼎元撰 清同治五年(1866)羅江縣捕廳署刻本 二冊

410000－2241－0001257 22.7551/481/2

慧山記續編三卷首一卷 （清）邵涵初輯 清同治七年(1868)二泉書院刻本(有圖) 四冊

410000－2241－0001258 22.4124/288.02

使琉球記六卷 （清）李鼎元撰 清嘉慶七年(1802)師竹齋刻本 二冊

410000－2241－0001259 22.4124/288.02

使琉球記六卷 （清）李鼎元撰 清嘉慶七年(1802)師竹齋刻本 三冊

410000－2241－0001260 22.7551/492

金山志十卷 （清）盧見曾纂 清刻本 二冊

410000－2241－0001261 22.6552/170.073/2

[光緒]黃州府志四十卷首一卷 （清）英啟修 （清）劉燡等纂 清光緒十年(1884)刻本

八十六冊

410000－2241－0001262　22.7551/492.02
金山志十卷續二卷　（清）盧見曾等撰　清乾
隆二十七年(1762)雅雨堂刻本　六冊

410000－2241－0001263　22.6552/170.073
[光緒]黃州府志四十卷首一卷　（清）英啟修
　（清）劉燨等纂　清光緒十年(1884)刻本
三十四冊

410000－2241－0001264　22.7551/492.03
金山志十卷續二卷　（清）盧見曾纂　（清）釋
秋崖續纂　清光緒二十六年(1900)刻本
六冊

410000－2241－0001265　22.6552/432.073
[同治]鄖陽志八卷　（清）吳葆儀修　（清）
王嚴恭纂　清同治九年(1870)刻本　十二冊

410000－2241－0001266　22.6552/503.073/2
[光緒]荊州府志八十卷首一卷　（清）倪文蔚
　（清）蔣銘勛修　（清）顧嘉蘅纂　清光緒六
年(1880)刻本　三十二冊

410000－2241－0001267　22.6552/503.073
[光緒]荊州府志八十卷首一卷　（清）倪文蔚
　（清）蔣銘勛修　（清）顧嘉蘅纂　清光緒六
年(1880)刻本　三十二冊

410000－2241－0001268　22.6553/137.073
[同治]東湖縣志三十卷首一卷續補藝文一卷
　（清）金大鏞修　（清）王柏心纂　清同治三
年(1864)刻本　十冊

410000－2241－0001269　22.6553/296.073
[光緒]續輯均州志十六卷首一卷　（清）馬雲
龍修　（清）賈洪詔纂　清光緒十年(1884)均
州志局刻本　八冊

410000－2241－0001270　22.4134/118
使俄草八卷　（清）王之春撰　清光緒二十一
年(1895)上海書局石印本　六冊

410000－2241－0001271　22.7551/892－2/2
南通州五山全志二十卷　（清）劉名芳纂修
清乾隆十六年(1751)通州徐嶺刻光緒三年

(1877)補刻本　五冊

410000－2241－0001272　22.7551/892－2
南通州五山全志二十卷　（清）劉名芳纂修
清乾隆十六年(1751)通州徐嶺刻光緒三年
(1877)補刻本　四冊

410000－2241－0001273　22.6553/629.073
[同治]襄陽縣志七卷首一卷　（清）楊宗時修
　（清）崔淦纂　（清）吳耀斗續修　（清）李
士彬續纂　清同治十三年(1874)刻本　八冊

410000－2241－0001274　22.7551/892－3
寶華山志十五卷首一卷　（清）劉名芳纂修
清刻本　四冊

410000－2241－0001275　22.4134/292
合肥李勤恪公政書十卷首一卷　（清）李瀚章
撰　（清）李經畬等編輯　清末合肥李氏石印
本　十冊

410000－2241－0001276　22.4134/292/2
合肥李勤恪公政書十卷首一卷　（清）李瀚章
撰　（清）李經畬等編輯　清末合肥李氏石印
本　十冊

410000－2241－0001277　22.4134/571
出使英法義比四國日記六卷(清光緒十六年
至十七年)　（清）薛福成著　清光緒二十年
(1894)孫谿校經堂刻本　六冊

410000－2241－0001278　22.4134/634
使西紀程二卷　（清）郭嵩燾撰　清刻本
一冊

410000－2241－0001279　22.6553/700.073
[康熙]宜都縣志十二卷首一卷末一卷　（清）
劉顯功纂修　清咸豐九年(1859)刻本　四冊

410000－2241－0001280　22.4134/982
游記彙刊八種　（清）曾紀澤撰　清光緒二十
三年(1897)湖南新學書局刻本　十四冊

410000－2241－0001281　22.6553/719.073
[光緒]江陵縣志六十五卷首一卷　（清）蒯正
昌修　（清）胡九皋等纂　清光緒二年至三年
(1876－1877)刻本　十六冊

410000－2241－0001282　22.6553/721.073/2

[同治]續輯漢陽縣志二十八卷　（清）黃式度修　（清）王庭楨修　（清）王柏心纂　清同治七年(1868)刻本　二十冊

410000－2241－0001283　22.6553/721.073

[同治]續輯漢陽縣志二十八卷　（清）黃式度修　（清）王庭楨修　（清）王柏心纂　清同治七年(1868)刻本　二十冊

410000－2241－0001284　22.5/667

蠻書十卷　（唐）樊綽撰　清光緒十六年至二十四年(1890-1898)桐廬袁氏漸西村舍刻漸西村舍彙刊本　一冊

410000－2241－0001285　22.6561/723.065

[嘉慶]湖南通志二百十九卷首三卷末六卷　（清）翁元圻等修　（清）王煦等纂　清嘉慶二十五年(1820)湖南布政使司刻本　八十冊

410000－2241－0001286　22.7552/458

黃山志定本七卷首一卷　（清）閔麟嗣纂次　清康熙十八年(1679)刻二十五年(1686)印本　十四冊

410000－2241－0001287　22.5/813

楚寶四十卷外篇五卷　（明）周聖楷纂輯　清道光九年(1829)刻本　二十二冊

410000－2241－0001288　22.6562/252.073

[同治]桂陽直隸州志二十七卷首一卷　（清）汪敔灝修　王闓運纂　清同治七年(1868)刻本　十三冊

410000－2241－0001289　22.7552/818

九華山志十卷首一卷末一卷　（清）謝維喈修　（清）周贇纂　清光緒二十六年(1900)刻本　六冊

410000－2241－0001290　22.7553/291

金蓋山志四卷首一卷　（清）李宗蓮編輯　清光緒二十二年(1896)烏程潘錫春古書隱樓刻本　二冊

410000－2241－0001291　22.6563/724.073/2

[光緒]湘潭縣志十二卷　（清）陳嘉榆等修

王闓運等纂　清光緒十五年(1889)刻本　十冊

410000－2241－0001292　22.6563/724.073/3

[光緒]湘潭縣志十二卷　（清）陳嘉榆等修　王闓運等纂　清光緒十五年(1889)刻本　十冊

410000－2241－0001293　22.6563/724.073

[光緒]湘潭縣志十二卷　（清）陳嘉榆等修　王闓運等纂　清光緒十五年(1889)刻本　十冊

410000－2241－0001294　22.51/705

欽定日下舊聞考一百六十卷　（清）于敏中等總裁　（清）竇光鼐等總纂　（清）潘曾起纂修　清乾隆武英殿刻本　四十八冊

410000－2241－0001295　22.6563/724.073＝2

[光緒]湘陰縣圖志三十四卷首一卷末一卷　（清）郭嵩燾纂修　清光緒六年(1880)湘陰縣志局刻本　十四冊

410000－2241－0001296　22.6563/758.073

[光緒]善化縣志三十四卷首一卷　（清）吳兆熙修　（清）張先掄纂　清光緒三年(1877)刻本　二十冊

410000－2241－0001297　22.7553/535

廣雁蕩山誌二十八卷首一卷末一卷　（清）曾唯纂　清乾隆五十五年(1790)鹿城曾唯依綠園刻嘉慶十三年(1808)增刻同治八年(1869)重修本　八冊

410000－2241－0001298　22.6611/311/2

蜀典十二卷　（清）張澍編輯　清光緒二年(1876)尊經書院刻本　四冊

410000－2241－0001299　22.6611/311/3

蜀典十二卷　（清）張澍編輯　清光緒二年(1876)尊經書院刻本　四冊

410000－2241－0001300　22.51/834

日下舊聞四十二卷　（清）朱彝尊會粹　（清）朱昆田補遺　清康熙二十六年至二十七年(1687-1688)六峰閣刻本　十冊

410000－2241－0001301　22.6611/311

蜀典十二卷　（清）張澍編輯　清光緒二年(1876)尊經書院刻本　四冊

410000－2241－0001302　22.6612/160.065

[嘉慶]邛州直隸州志四十六卷首一卷　（清）吳鞏修　（清）王來遴纂　清嘉慶二十三年(1818)刻本　十二冊

410000－2241－0001303　22.7553/632

明州阿育王山志十卷　（明）郭子章纂　續志六卷　（清）釋畹荃輯　清刻本　六冊

410000－2241－0001304　22.7553/664

西天目祖山志八卷首一卷末一卷補遺一卷　(明)釋廣賓輯　（清）釋際界增訂　清嘉慶十一年(1806)禪源寺刻本　四冊

410000－2241－0001305　22.6613/130.073

光緒井研志四十二卷首一卷　（清）高承瀛修　（清）吳嘉謨　（清）龔煦春纂　清光緒二十六年(1900)刻本　十二冊

410000－2241－0001306　22.6613/183.073/2

[光緒]重修彭縣志十三卷首一卷末一卷補遺一卷　（清）張龍甲修　（清）呂調陽纂　清光緒四年(1878)刻本　十冊

410000－2241－0001307　22.6613/183.073

[光緒]重修彭縣志十三卷首一卷末一卷補遺一卷　（清）張龍甲修　（清）呂調陽纂　清光緒四年(1878)刻本　十冊

410000－2241－0001308　22.6613/290

[嘉慶]羅江縣志十卷　（清）李調元纂修　清嘉慶七年(1802)刻本　二冊

410000－2241－0001309　22.6613/339.065

[嘉慶]成都縣志六卷首一卷　（清）王泰雲等修　（清）衷以壎等纂　（清）楊芳燦續纂　清嘉慶二十一年(1816)刻本　六冊

410000－2241－0001310　22.6613/341.065

[嘉慶]威遠縣志六卷　（清）陳汝秋纂修　清嘉慶十九年(1814)刻本　六冊

410000－2241－0001311　22.6613/346.065

[嘉慶]夾江縣志十二卷首一卷　（清）王佐修　（清）涂崧纂　清嘉慶十八年(1813)刻本　四冊

410000－2241－0001312　22.7553/981

四明談助四十六卷首一卷　（清）徐兆昺輯　清道光八年(1828)綺城徐氏敩學半齋木活字印本　二十冊

410000－2241－0001313　22.7554/170/2

重刊麻姑山志十二卷　（清）黃家駒編訂　清同治五年(1866)黃家駒洞天書屋刻本　六冊

410000－2241－0001314　22.7554/170

重刊麻姑山志十二卷　（清）黃家駒編訂　清同治五年(1866)黃家駒洞天書屋刻本　六冊

410000－2241－0001315　22.6613/482.073

[嘉慶]羅江縣志三十六卷　（清）李桂林修　(清)鄧林等纂　[同治]續修羅江縣志二十四卷　（清）馬傳業修　（清）劉正慧等纂　清同治四年(1865)刻本　四冊　缺十六卷(續修一至十六)

410000－2241－0001316　22.7554/387

逍遙山萬壽宮志二十二卷　（清）金桂馨　(清)漆逢源纂　清光緒四年(1878)江右鐵柱宮刻本　十冊

410000－2241－0001317　22.6613/582.073

[光緒]增修崇慶州志十二卷首一卷　（清）沈恩培　（清）李承保修　（清）胡麟等纂　清光緒三年(1877)刻本　十冊

410000－2241－0001318　22.7556/283

九疑山志四卷　（清）樊在廷纂　（清）吳繩祖重編　清嘉慶元年(1796)退思齋刻本　二冊

410000－2241－0001319　22.6613/987.065

[嘉慶]金堂縣志九卷首一卷末一卷　（清）謝惟傑修　（清）黃烈　（清）陳一津纂　清嘉慶十六年(1811)刻道光二十四年(1844)增刻本　八冊

410000－2241－0001320　22.6613/987.073

[同治]續金堂縣志八卷首一卷末一卷　（清）

王樹桐 （清)徐璞玉修 （清)米繪裳纂 清同治六年(1867)刻本 二冊

410000－2241－0001321 22.6613/656.066

[道光]新都縣志十八卷首一卷 （清)張奉書修 （清)張懷洵纂 清道光二十四年(1844)刻本 十二冊

410000－2241－0001322 22.6613/704.066

[道光]安岳縣志十六卷首一卷 （清)濮瑗修 （清)周國頤纂 清道光十六年(1836)刻本 八冊

410000－2241－0001323 22.6613/721.065

[嘉慶]漢州志四十卷首一卷末一卷 （清)劉長庚修 （清)侯肇元 （清)張懷泗纂 清嘉慶二十二年(1817)刻道光二十二年(1842)增刻本 十二冊

410000－2241－0001324 22.6613/721.073

[同治]續漢州志二十四卷首一卷補一卷 （清)張超等修 （清)曾履中 （清)張敏行纂 清同治八年(1869)刻本 八冊

410000－2241－0001325 22.7561/526.02

峨眉山志十二卷 （清)蔣超纂 （清)胡林秀校補 清道光二十九年(1849)刻本 六冊

410000－2241－0001326 22.7561/601

峨山圖說二卷 （清)譚鍾嶽纂 清光緒十七年(1891)刻本 四冊

410000－2241－0001327 22.6613/762.066

[道光]榮縣志三十八卷首一卷 （清)王培荀纂修 清道光二十五年(1845)刻本 八冊

410000－2241－0001328 22.7556/649

南嶽志八卷 （清)高自位重編 （清)黃宮 （清)黃有福校訂 （清)曠敏本輯 清乾隆十八年(1753)開雲樓刻本 六冊 存六卷(一至六)

410000－2241－0001329 22.7571/540/2

武夷山志二十四卷首一卷 （清)董天工編 清道光二十六年(1846)五夫尺木軒刻本 八冊

410000－2241－0001330 22.7571/540

武夷山志二十四卷首一卷 （清)董天工編 清道光二十六年(1846)五夫尺木軒刻本 八冊

410000－2241－0001331 22.6613/873.066

[道光]樂至縣志十六卷首一卷 （清)裴顯忠修 （清)劉碩輔纂 清道光二十年(1840)刻本 四冊

410000－2241－0001332 22.76/152.2

合校水經注四十卷首一卷 （北魏)酈道元撰 王先謙編校 附錄二卷 （清)趙一清錄 清光緒十八年(1892)長沙王氏思賢講舍刻本 十六冊

410000－2241－0001333 22.6613/874.073

[光緒]郫縣鄉土志二卷 （清)黃德潤修 （清)姜士譚纂 清光緒三十四年(1908)鉛印本 一冊

410000－2241－0001334 22.76/152.2.02

水經注四十卷首一卷末一卷 （漢)桑欽撰 （北魏)酈道元注 清光緒二十三年(1897)新化三味書室刻本 十六冊

410000－2241－0001335 22.6613/897

[同治]松潘紀略不分卷 （清)何遠慶纂修 清同治十二年(1873)刻本 一冊

410000－2241－0001336 22.76/152.3/2

水經注四十卷 （漢)桑欽撰 （北魏)酈道元注 （清)戴震等校 清光緒元年(1875)湖北崇文書局刻三年(1877)印崇文書局彙刻書本 十冊

410000－2241－0001337 22.76/152.3

水經注四十卷 （漢)桑欽撰 （北魏)酈道元注 （清)戴震等校 清光緒元年(1875)湖北崇文書局刻三年(1877)印崇文書局彙刻書本 十冊

410000－2241－0001338 22.76/152.4

水經注彙校四十卷首一卷 （漢)桑欽撰 （北魏)酈道元撰 （清)楊希閔校 附錄二卷 （清)趙一清撰 清光緒七年(1881)福州刻

本　十二册

410000－2241－0001339　22.6613/982.073

[光緒]遂甯縣志六卷首一卷　（清）孫海修
（清）李星根纂　清光緒五年(1879)刻本
六册

410000－2241－0001340　22.6534/824.279

[道光]梅里志四卷首一卷　（清）吳存禮編
清道光四年(1824)華乾刻本　四册

410000－2241－0001341　22.76/152.11

水經注釋地四十卷補遺二卷水道直指一卷
（漢）桑欽撰　（北魏）酈道元注　（清）張匡
學釋　清嘉慶二年至三年(1797－1798)新安
張氏上池書屋刻本　十册

410000－2241－0001342　22.6631/455.064

[乾隆]貴州通志四十六卷首一卷　（清）鄂爾
泰等修　（清）靖道謨等纂　清乾隆六年
(1741)刻本　二十四册

410000－2241－0001343　22.76/152.10

水經注釋四十卷首一卷附錄二卷水經注箋刊
誤十二卷　（清）趙一清撰　清乾隆五十九年
(1794)仁和趙氏小山堂刻本　三十二册

410000－2241－0001344　22.76/152.602

水經注疏要刪四十卷補遺一卷要刪補遺四十
卷　楊守敬撰　清光緒三十一年(1905)、宣
統元年(1909)宜都楊氏觀海堂刻本　十二册

410000－2241－0001345　22.76/152.6

水經注疏要刪四十卷補遺一卷　楊守敬撰
清光緒三十一年(1905)宜都楊氏觀海堂刻本
六册

410000－2241－0001346　22.76/152.7

水經注疏要刪四十卷補遺一卷　楊守敬撰
清光緒三十一年(1905)宜都楊氏觀海堂刻本
八册

410000－2241－0001347　22.76/152.8/2

水經注圖一卷附錄一卷　（清）汪士鐸撰　清
咸豐十一年(1861)長沙丁取忠刻本　一册

410000－2241－0001348　22.76/152.8

水經注圖一卷附錄一卷　（清）汪士鐸撰　清
咸豐十一年(1861)長沙丁取忠刻本　一册

410000－2241－0001349　22.76/152.802

水經注圖一卷附錄一卷　（清）汪士鐸撰　清
末石印本　一册

410000－2241－0001350　22.76/152.9

讀水經注小識四卷　（清）龐鴻書撰　清光緒
三十年(1904)石印本　二册

410000－2241－0001351　22.6632/971.066

[道光]遵義府志四十八卷首一卷　（清）平翰
等修　（清）鄭珍　（清）莫友芝纂　清道光二
十一年(1841)刻本　二十册

410000－2241－0001352　22.76/662/2

水道提綱二十八卷　（清）齊召南編錄　清乾
隆四十一年(1776)傳經書屋刻本　八册

410000－2241－0001353　22.76/662

水道提綱二十八卷　（清）齊召南編錄　清乾
隆四十一年(1776)傳經書屋刻本　八册

410000－2241－0001354　44.266/660－3

校訂定盦全集十卷　（清）龔自珍撰　定盦年
譜藁本一卷　（清）黃守恆撰　清宣統元年
(1909)時中書局鉛印本　八册

410000－2241－0001355　22.76/662.02

水道提綱二十八卷　（清）齊召南編錄　清光
緒四年(1878)津門徐士鑾霞城精舍刻本
八册

410000－2241－0001356　22.76/662.03

水道提綱二十八卷　（清）齊召南編錄　清光
緒十七年(1891)湖南崇德書局刻本　六册

410000－2241－0001357　22.76/720

漢志水道疏證四卷　（清）洪頤煊撰　清光緒
十八年(1892)廣雅書局刻廣雅書局叢書本
一册

410000－2241－0001358　22.6641/723.065

滇繫四十卷　（清）師範纂　清光緒十三年
(1887)雲南通志局刻本　十册

410000－2241－0001359　22.7621/754

畿輔水利四案四卷補一卷附錄一卷 （清）潘錫恩輯 清道光三年(1823)潘氏求是齋刻本 十冊

410000－2241－0001360 22.7621081/440
畿輔河道水利叢書九種 （清）吳邦慶輯 清道光四年(1824)益津吳氏刻本 十冊

410000－2241－0001361 22.7635/947
西域水道記五卷 （清）徐松撰 清道光三年(1823)刻本 二冊

410000－2241－0001362 22.6642/333.062
[康熙]雲南府志二十六卷 （清）張毓碧修 （清）謝儼纂 清康熙三十五年(1696)刻本 二十冊 存二十五卷(一至二十五)

410000－2241－0001363 22.7635/947.02
西域水道記五卷 （清）徐松撰 清道光京都本立堂刻本 四冊

410000－2241－0001364 22.7635/947.03
西域水道記五卷 （清）徐松撰 清光緒十九年(1893)寶善書局石印本 八冊

410000－2241－0001365 22.6643/465.073
[道光]昆明縣志十卷 （清）戴絅孫纂修 清光緒二十七年(1901)昆明縣五會紳耆刻本 六冊

410000－2241－0001366 22.7651/890/2
揚州水道記四卷 （清）劉文淇撰 清道光二十五年(1845)江西撫署刻同治十一年(1872)淮南書局補刻本 二冊

410000－2241－0001367 22.7651/890
揚州水道記四卷 （清）劉文淇撰 清道光二十五年(1845)江西撫署刻同治十一年(1872)淮南書局補刻本 二冊

410000－2241－0001368 22.5151/710/2
廣陵通典十卷 （清）汪中撰 清道光三年(1823)刻本 四冊

410000－2241－0001369 22.5151/710
廣陵通典十卷 （清）汪中撰 清道光三年(1823)刻本 四冊

410000－2241－0001370 22.7653/819
甬上水利志六卷 （清）周道遵攷述 清道光二十八年(1848)木活字印本 二冊

410000－2241－0001371 22.5151/710.02/2
廣陵通典十卷 （清）汪中撰 清同治八年(1869)揚州書局刻本 二冊

410000－2241－0001372 22.5151/710.02
廣陵通典十卷 （清）汪中撰 清同治八年(1869)揚州書局刻本 二冊

410000－2241－0001373 22.768/311
廣東海圖說一卷 （清）張之洞撰 清光緒十五年(1889)廣雅書局刻本 一冊

410000－2241－0001374 22.523/814
宋東京考二十卷 （清）周城輯 清乾隆二十七年(1762)六有堂刻本 四冊

410000－2241－0001375 22.769/906/2
行水金鑑一百七十五卷首一卷 （清）傅澤洪撰 清雍正三年(1725)淮揚官舍刻本 三十六冊

410000－2241－0001376 22.769/906
行水金鑑一百七十五卷首一卷 （清）傅澤洪撰 清雍正三年(1725)淮揚官舍刻本 三十六冊

410000－2241－0001377 22.6651/073
[嘉慶]衛藏通志十六卷首一卷 （清）和琳纂修 校字記一卷 （清）袁昶撰 清光緒二十二年(1896)桐廬袁氏漸西村舍刻漸西村舍彙刊本 八冊

410000－2241－0001378 22.527/314
蒙古游牧記十六卷 （清）張穆撰 （清）何秋濤校補 清同治六年(1867)壽陽祁氏刻本 四冊

410000－2241－0001379 22.535/289/2
漢西域圖考七卷首一卷 （清）李光廷撰 清光緒八年(1882)陽湖趙氏壽諼草堂木活字印本 四冊

410000－2241－0001380 22.535/289

漢西域圖考七卷首一卷 （清）李光廷撰 清
光緒八年(1882)陽湖趙氏壽諼草堂木活字印
本 四冊

410000－2241－0001381 22.535/289.02
漢西域圖考七卷首一卷 （清）李光廷撰 清
同治九年(1870)廣州富文齋刻本 四冊

410000－2241－0001382 22.535/289.02/2
漢西域圖考七卷首一卷 （清）李光廷撰 清
同治九年(1870)廣州富文齋刻本 四冊

410000－2241－0001383 22.6651/170
西藏圖考八卷首一卷 （清）黃沛翹輯 （清）
李文江 （清）陳兼善校 清光緒十二年
(1886)滇南李培榮刻本 四冊

410000－2241－0001384 22.535/289.03/2
漢西域圖考七卷首一卷 （清）李光廷撰 清
光緒八年(1882)上海鴻文書局石印本 四冊

410000－2241－0001385 22.535/289.03
漢西域圖考七卷首一卷 （清）李光廷撰 清
光緒八年(1882)上海鴻文書局石印本 四冊

410000－2241－0001386 22.7693/153/2
[嘉慶]黑龍江外記八卷 （清）西清纂修 清
光緒二十年(1894)桐廬袁氏漸西村舍刻漸西
村舍彙刊本(有圖) 二冊

410000－2241－0001387 22.535/947
漢書西域傳補注二卷 （清）徐松撰 清道光
九年(1829)陽湖張氏刻本 二冊

410000－2241－0001388 22.7693/153
[嘉慶]黑龍江外記八卷 （清）西清纂修 清
光緒二十年(1894)桐廬袁氏漸西村舍刻漸西
村舍彙刊本(有圖) 二冊

410000－2241－0001389 22.6651/170.02
西藏圖考八卷首一卷 （清）黃沛翹輯 （清）
李文江 （清）陳兼善校 （清）但祖蔭重校
清光緒二十三年(1897)蒲圻但祖蔭刻本
四冊

410000－2241－0001390 22.7693/153/3
[嘉慶]黑龍江外記八卷 （清）西清纂修 清

光緒二十年(1894)桐廬袁氏漸西村舍刻漸西
村舍彙刊本(有圖) 二冊

410000－2241－0001391 982.22/4062
[光緒]溧陽縣續志十六卷末一卷 （清）朱畯
等修 馮煦等纂 清光緒二十五年(1899)木
活字印本 八冊

410000－2241－0001392 22.6651/582
西藏通覽二編 （日本）山縣初男撰 清宣統
元年(1909)四川西藏研究會鉛印本 四冊

410000－2241－0001393 426/3191＝2
詩韻析五卷首一卷末一卷校勘記一卷 （清）
汪烜著 清光緒九年(1883)婺源紫陽書院刻
本 八冊

410000－2241－0001394 22.7694/166/2
長江圖說十二卷首一卷 （清）馬徵麟著 清
同治十年(1871)湖北崇文書局刻本 五冊

410000－2241－0001395 22.7694/166/3
長江圖說十二卷首一卷 （清）馬徵麟著 清
同治十年(1871)湖北崇文書局刻本 五冊

410000－2241－0001396 22.7694/166
長江圖說十二卷首一卷 （清）馬徵麟著 清
同治十年(1871)湖北崇文書局刻本 五冊

410000－2241－0001397 22.553079/212
兩浙宦游紀略不分卷 （清）戴槃撰 清同治
七年(1868)刻本 一冊

410000－2241－0001398 22.6712/751.073
[光緒]漳州府志五十卷首一卷 （清）沈定均
修 （清）吳聯薰纂 清光緒三年(1877)刻本
三十冊 存四十五卷(六至十八、二十至五
十,首一卷)

410000－2241－0001399 22.561/596.02
華陽國志十二卷 （晉）常璩撰 補華陽國志
三州郡縣目錄一卷 （清）廖寅撰 清嘉慶十
九年(1814)題襟館刻本 四冊

410000－2241－0001400 22.7694/331
峽江救生船二卷圖攷一卷行川必要一卷
（清）賀縉紳輯 清光緒九年(1883)水師新副

中營刻本　四冊

410000－2241－0001401　22.7694074/331
峽江救生船二卷圖攷一卷行川必要一卷
（清）賀縉紳輯　清光緒水師新副中營刻本
一冊　存一卷(圖攷一卷)

410000－2241－0001402　22.561/596.03
華陽國志十二卷　（晉）常璩撰　補華陽國志
三州郡縣目錄一卷　（清）廖寅撰　清光緒四
年(1878)二酉山房刻本　四冊

410000－2241－0001403　22.7697/221
曹娥江志八卷首一卷　（清）胡鳳丹編輯　清
光緒三年(1877)永康胡氏退補齋刻本　一冊

410000－2241－0001404　22.7698/412
莫愁湖志六卷首一卷　（清）馬士圖輯著　清
光緒八年(1882)刻本(有圖)　三冊

410000－2241－0001405　22.7698/412/3
莫愁湖志六卷首一卷　（清）馬士圖輯著　清
光緒八年(1882)刻本(有圖)　二冊

410000－2241－0001406　22.7698/412/2
莫愁湖志六卷首一卷　（清）馬士圖輯著　清
光緒八年(1882)刻本(有圖)　一冊

410000－2241－0001407　22.7698/412/4
莫愁湖志六卷首一卷　（清）馬士圖輯著　清
光緒八年(1882)刻本(有圖)　二冊

410000－2241－0001408　22.76983/977
太湖備考續編四卷　（清）鄭言紹輯　清光緒
二十九年(1903)憇園刻本　四冊

410000－2241－0001409　22.76983/984
具區志十六卷　（清）翁澍撰　清康熙二十八
年(1689)湘云閣刻本　四冊

410000－2241－0001410　22.76983/987
太湖備考十六卷首一卷　（清）金友理纂述
湖程紀略一卷　（清）吳曾撰　清乾隆十五年
(1750)藝蘭圃刻本　八冊

410000－2241－0001411　22.563/291
黔記四卷　（清）李宗昉纂修　清道光十四年
(1834)刻本　一冊

410000－2241－0001412　22.76988/749
西湖志纂十五卷首一卷後一卷　（清）沈德潛
（清）傅王露輯　（清）梁詩正合纂　清乾隆
二十年(1755)賜經堂刻二十七年(1762)增刻
本　五冊

410000－2241－0001413　22.563/478
黔書二卷　（清）田雯注　（清）張澍纂修　清
光緒二十三年(1897)貴陽書局刻本　二冊

410000－2241－0001414　22.79/152.02
水經注四十卷　（漢）桑欽撰　（北魏）酈道元
注　（清）戴震等校　清光緒元年(1875)湖北
崇文書局刻三年(1877)印崇文書局彙刻書本
十二冊

410000－2241－0001415　22.6713/504.064
[乾隆]興化府莆田縣志三十六卷首一卷
（清）汪大經等修　（清）廖必琦　（清）林黌
纂　清乾隆二十三年（1758）刻光緒五年
(1879)潘文鳳增修民國十五年(1926)遞修本
二十冊

410000－2241－0001416　22.79/152.203
合校水經注四十卷首一卷末一卷　（北魏）酈
道元撰　王先謙編校　附錄二卷　（清）趙一
清錄　清光緒二十年(1894)寶善書局石印本
二十冊

410000－2241－0001417　22.564/333
全滇紀要不分卷　（清）雲南課吏館編　清光
緒三十一年(1905)鉛印本　十冊

410000－2241－0001418　22.564/765
滇考二卷　（清）馮甦編　清道光元年(1821)
臨海宋氏刻台州叢書本　二冊

410000－2241－0001419　22.564/765.02
滇考二卷　（清）馮甦編　清道光元年(1821)
臨海宋氏刻十四年(1834)印台州叢書本
二冊

410000－2241－0001420　22.6713/701.073
[康熙]甯化縣志七卷　（清）祝文郁修
（清）李世熊纂　清同治八年(1869)蔣澤沄刻
本　八冊

410000－2241－0001421　525.5/1343

夏小正四卷　（漢）戴德傳　清約六家塾刻本
　　一冊

410000－2241－0001422　22.6713/718.073

[光緒]續修浦城縣志四十二卷首一卷　（清）
翁天祐　（清）呂渭英修　（清）翁昭泰纂　清
光緒二十六年(1900)刻本　二十冊

410000－2241－0001423　22.79/669

鴻雪因緣圖記三集　（清）麟慶撰　清光緒五
年(1879)上海點石齋石印本　六冊

410000－2241－0001424　22.572/994

東槎紀略五卷　（清）姚瑩撰　清光緒四年
(1878)申報館鉛印申報館叢書本　二冊

410000－2241－0001425　22.572/517

東征集六卷　（清）藍鼎元撰　清光緒四年
(1878)申報館鉛印申報館叢書本　二冊

410000－2241－0001426　32.2916/331.03/3

皇朝經世文三編八十卷　（清）陳忠倚輯　清
光緒二十四年(1898)上海寶文書局石印本
十六冊

410000－2241－0001427　26.32914/117

金石萃編補畧二卷　（清）王言撰　清光緒八
年(1882)刻本　二冊

410000－2241－0001428　26.32911/199

金石錄三十卷　（宋）趙明誠編著　清乾隆二
十七年(1762)德州盧氏雅雨堂刻本　六冊

410000－2241－0001429　26.32911/199/2

金石錄三十卷　（宋）趙明誠編著　清乾隆二
十七年(1762)德州盧氏雅雨堂刻本　八冊

410000－2241－0001430　26.32911/212

東甌金石志十二卷　（清）戴咸弼纂緝　（清）
孫詒讓校補　清光緒二十五年(1899)石印本
　四冊

410000－2241－0001431　26.32911/275

中州金石目錄八卷　（清）楊鐸輯　清光緒二
十六年(1900)南陵徐氏刻鄦齋叢書本　二冊

410000－2241－0001432　26.32911/275.02

中州金石目錄八卷　（清）楊鐸輯　清光緒二
十六年(1900)南陵徐氏刻鄦齋叢書本　四冊

410000－2241－0001433　929.3/1085

欽定滿洲源流考二十卷首一卷　（清）阿桂等
撰　清光緒十九年(1893)便益書局石印本
四冊

410000－2241－0001434　22.7911/581

宸垣識略十六卷　（清）吳長元輯　清同治二
年(1863)文淵堂刻本　六冊

410000－2241－0001435　26.3291/288/2

括蒼金石志十二卷續四卷　（清）李遇孫輯
（清）鄒柏森校補　清同治十三年(1874)浙江
處州府署刻本　五冊

410000－2241－0001436　26.3291/288

括蒼金石志十二卷續四卷　（清）李遇孫輯
（清）鄒柏森校補　清同治十三年(1874)浙江
處州府署刻本　六冊　缺四卷(續四卷)

410000－2241－0001437　22.7911/581.02

宸垣識略十六卷　（清）吳長元輯　清光緒二
年(1876)藻思堂刻本　八冊

410000－2241－0001438　22.7911/581.03

宸垣識略十六卷　（清）吳長元輯　清乾隆五
十三年(1788)池北草堂刻本　八冊

410000－2241－0001439　26.3291/424

集古錄跋尾十卷　（宋）歐陽修撰　清光緒十
三年(1887)行素草堂刻本　六冊

410000－2241－0001440　26.32911/860

藝風堂金石文字目十八卷　繆荃孫藏并編
清光緒三十二年(1906)刻本　八冊

410000－2241－0001441　22.6733/442.472

[光緒]臨桂縣志三十二卷首一卷　（清）吳徵
鼇修　（清）黃泌　（清）曹馴纂　清光緒三十
一年(1905)桂林蔣存遠刻本　六冊

410000－2241－0001442　26.32912/167

小蓬萊閣金石文字不分卷　（清）黃易輯　清
嘉慶五年(1800)刻本　五冊

410000－2241－0001443　26.32912/167.02

小蓬萊閣金石文字不分卷　（清）黃易輯　清
道光十四年(1834)刻本　五冊

410000－2241－0001444　26.32912/203
金石文鈔八卷續抄二卷　（清）趙紹祖輯　清
嘉慶刻本　十冊

410000－2241－0001445　22.6741/664.073
[道光]廣東通志三百三十四卷首一卷　（清）
阮元修　（清）陳昌齊　（清）劉彬華纂　清同
治三年(1864)刻本　一百二十冊

410000－2241－0001446　26.32912/290
和林金石錄一卷詩一卷　（清）李文田撰　和
林考一卷　（清）黃楙材撰　清光緒元和江氏
湖南使院刻靈鶼閣叢書本　一冊

410000－2241－0001447　22.79151/236
六朝事迹編類十四卷　（宋）張敦頤撰　清光
緒十三年(1887)寶章閣刻本　二冊

410000－2241－0001448　22.6742/723.064
[乾隆]潮州府志四十二卷首一卷　（清）周碩
勳纂修　清光緒十九年(1893)潮郡保安總局
刻本　二十五冊

410000－2241－0001449　22.79153/581
北隅掌錄二卷　（清）黃士珣撰　清道光二十
五年(1845)錢塘汪氏振綺堂刻本　一冊

410000－2241－0001450　22.6743/184.073
[光緒]嘉應州志三十二卷首一卷　（清）吳宗
焯修　（清）溫仲和纂　清光緒二十四年至二
十七年(1898－1901)刻本　十四冊

410000－2241－0001451　22.79171/104
閩都記三十三卷　（明）王應山纂修　清道光
十一年(1831)求放心齋刻本　六冊

410000－2241－0001452　26.32913/383
金石摘不分卷　（清）陳善墀輯　清同治十年
至光緒二年(1871－1876)瀏陽縣學不求甚解
齋刻本　十六冊

410000－2241－0001453　22.794/546/2
鳳臺祇謁筆記一卷　（清）董恂撰　清同治十
一年(1872)刻本　二冊

410000－2241－0001454　22.794/546/1
鳳臺祇謁筆記一卷　（清）董恂撰　清同治十
一年(1872)刻本　一冊

410000－2241－0001455　26.32913/384
求古精舍金石圖初集四卷　（清）陳經撰　清
嘉慶十八年至二十三年(1813－1818)烏程陳
氏說劍樓刻本　六冊

410000－2241－0001456　26.32913/384.02
求古精舍金石圖初集四卷　（清）陳經撰　清
嘉慶十八年至二十三年(1813－1818)烏程陳
氏說劍樓刻本　二冊

410000－2241－0001457　22.794/546－2
永寧祇謁筆記一卷　（清）董恂撰　清同治九
年(1870)刻本　二冊

410000－2241－0001458　26.32913/384.03
求古精舍金石圖初集四卷　（清）陳經撰　清
嘉慶十八年至二十三年(1813－1818)烏程陳
氏說劍樓刻本　四冊

410000－2241－0001459　22.794/754
東陵日記一卷(清同治四年至光緒十六年)西
陵日記一卷(清同治六年至光緒十三年)
（清）潘祖蔭撰　清刻本　二冊

410000－2241－0001460　26.32913/886
長安獲古編二卷補一卷　（清）劉喜海撰　清
同治丹徒劉鶚刻光緒三十一年(1905)補刻本
(有圖)　二冊

410000－2241－0001461　22.795/711
赤山元宗祠志一卷　（清）汪光烈撰　清同治
十二年(1873)木活字印本　一冊

410000－2241－0001462　22.796/107
潭柘山岫雲寺志一卷　（清）神穆德編　清乾
隆四年(1739)刻本　一冊

410000－2241－0001463　22.796/235
竹堂寺志一卷　（清）釋真鑑纂述　清宣統元
年(1909)鉛印本　一冊

410000－2241－0001464　22.796/275.02
洛陽伽藍記五卷　（北魏）楊衒之撰　清刻本

二冊

410000－2241－0001465　26.70922/370.02

附釋音禮記注疏六十三卷　（漢）鄭玄注
（唐）陸德明音義　（唐）孔穎達疏　清乾隆十
四年（1749）惠棟影宋刻本　二十四冊

410000－2241－0001466　26.32914/103

授堂金石文字續跋十四卷　（清）武億撰　清
嘉慶元年（1796）武穆淳刻授堂遺書本　六冊

410000－2241－0001467　26.32914/103/2

授堂金石文字續跋十四卷　（清）武億撰　清
嘉慶元年（1796）武穆淳刻授堂遺書本　八冊

410000－2241－0001468　26.32914/117.02

金石萃編一百六十卷　（清）王昶撰　**續編二
十一卷**　（清）陸耀通撰　清光緒十九年
（1893）上海醉六堂石印本　二十四冊

410000－2241－0001469　22.796/307

湯陰精忠廟志十卷　（明）張應登　（明）鄭懋
洵纂輯　清雍正十三年（1735）楊世達刻本
六冊

410000－2241－0001470　26.32914/262

來齋金石刻考署三卷　（清）林侗纂輯　清道
光二十一年（1841）上海徐氏刻春暉堂叢書本
三冊

410000－2241－0001471　26.32914/288

括蒼金石志十二卷續四卷　（清）李遇孫輯
（清）鄒柏森校補　清同治十三年（1874）浙江
處州府署刻本　八冊

410000－2241－0001472　26.32914/289/2

觀妙齋藏金石文攷略十六卷　（清）李光暎纂
清雍正七年（1729）刻本　八冊

410000－2241－0001473　26.32914/289

觀妙齋藏金石文攷略十六卷　（清）李光暎纂
清雍正七年（1729）刻本　八冊

410000－2241－0001474　810.75/7246

文心雕龍十卷　（南朝梁）劉勰撰　（清）黃叔
琳注　（清）紀昀評　清道光十三年（1833）兩
廣節署刻朱墨套印本　四冊

410000－2241－0001475　22.796/832

金鼓洞志八卷首一卷　（清）朱文藻纂　清嘉
慶十一年（1806）刻本　四冊

410000－2241－0001476　41.14/625

小學考五十卷　（清）謝啟昆錄　清光緒十五
年（1889）刻本　六冊

410000－2241－0001477　41.14/625.02

小學考五十卷　（清）謝啟昆錄　清光緒十四
年（1888）浙江書局刻本　二十冊

410000－2241－0001478　22.797/201

平山堂圖志十卷首一卷　（清）趙之壁編纂
清光緒九年（1883）楚南歐陽利見刻本　四冊

410000－2241－0001479　22.797/285

大觀亭志六卷　李國模纂輯　李丙榮編訂
清宣統三年（1911）合肥李氏慎餘堂木活字印
本　四冊

410000－2241－0001480　22.797/285－2

大觀亭志二卷　李丙榮編輯　清宣統三年
（1911）安徽官紙印刷局鉛印本　一冊

410000－2241－0001481　26.32914/306

石鼓文釋存一卷補注一卷　（清）張燕昌述
清光緒二十八年（1902）貴池劉氏刻本　一冊

410000－2241－0001482　41.14/915

小學鉤沉三十八種附一種　（清）任大椿輯
（清）王念孫校　清光緒十年（1884）龍氏刻本
二冊

410000－2241－0001483　26.32914/306－2

金石契不分卷　（清）張燕昌輯　清光緒二十
二年（1896）貴池劉世珩聚學軒刻本　四冊

410000－2241－0001484　26.32914/306－2/2

金石契不分卷　（清）張燕昌輯　清光緒二十
二年（1896）貴池劉世珩聚學軒刻本　四冊

410000－2241－0001485　26.32914/306－2/3

金石契不分卷　（清）張燕昌輯　清光緒二十
二年（1896）貴池劉氏聚學軒刻本　三冊

410000－2241－0001486　41.2081/307

澤存堂五種　（清）張士俊輯　清光緒十四年

（1888）上海蜚英館石印本　八冊

410000－2241－0001487　41.2081/307/2
澤存堂五種　（清）張士俊輯　清光緒十四年
（1888）上海蜚英館石印本　八冊

410000－2241－0001488　26.32914/313.2
清儀閣題跋不分卷　（清）張廷濟著　清光緒
十九年（1893）錢塘丁立誠刻本　四冊

410000－2241－0001489　26.32914/378
清儀閣金石題識四卷　（清）張廷濟撰　（清）
陳其榮輯　清光緒二十年（1894）石埭徐氏觀
自得齋刻觀自得齋叢書本　四冊

410000－2241－0001490　26.32914/429
鐵橋金石跋四卷　（清）嚴可均撰　清末古歡
閣刻本　二冊

410000－2241－0001491　26.32914/433
金石存十五卷　（清）吳玉搢撰　清嘉慶二十
四年（1819）山陽李氏聞妙香室刻本　四冊

410000－2241－0001492　26.32914/434
九鐘精舍金石跋尾甲編一卷　吳士鑑學　清
宣統二年（1910）錢塘吳士鑒九鐘精舍刻本
一冊

410000－2241－0001493　26.32914/434/2
九鐘精舍金石跋尾甲編一卷　吳士鑑學　清
宣統二年（1910）錢塘吳士鑒九鐘精舍刻本
一冊

410000－2241－0001494　41.21/215
古今中外音韻通例不分卷　（清）胡垣撰　清
光緒十四年（1888）刻本　四冊

410000－2241－0001495　26.32914/471
中州金石記五卷　（清）畢沅撰　清光緒八年
（1882）蛟川望三益齋邵氏刻本　二冊

410000－2241－0001496　22.799/713
甯郡城河丈尺圖志二卷　（清）汪海鶴繪　清
光緒七年（1881）河工局木活字印本　一冊

410000－2241－0001497　922.953/4067
國語二十一卷　（三國吳）韋昭解　校刊明道
本韋氏解國語札記一卷　（清）黃丕烈撰　國

語明道本攷異四卷　（清）汪遠孫撰　清同治
八年（1869）湖北崇文書局刻本　五冊

410000－2241－0001498　26.32914/476
古泉山館金石文編殘稿四卷　（清）瞿中溶撰
清咸豐六年（1856）刻本　二冊

410000－2241－0001499　41.21/291
李氏音鑑六卷　（清）李汝珍撰　清光緒十四
年（1888）掃葉山房刻本　四冊

410000－2241－0001500　41.21/291/2
李氏音鑑六卷　（清）李汝珍撰　清嘉慶十五
年（1810）寶善堂刻同治七年（1868）木樨山房
重修本　四冊

410000－2241－0001501　26.32914/528
香南精舍金石契不分卷　（清）崇恩撰　清光
緒二十六年（1900）影印本　二冊

410000－2241－0001502　22.799/774
須江鹿溪浮橋誌不分卷　（清）馮德坤　（清）
張寶琳撰　清光緒二年（1876）刻本　二冊

410000－2241－0001503　41.21/329
古今韻略五卷　（清）邵長蘅撰　清康熙三十
五年（1696）商丘宋犖刻本　五冊

410000－2241－0001504　41.21/329/3
古今韻略五卷　（清）邵長蘅撰　清康熙三十
五年（1696）商丘宋犖刻本　五冊

410000－2241－0001505　22.8/117
春融堂雜記八種　（清）王昶撰　清光緒五年
（1879）申報館鉛印申報館叢書本　四冊

410000－2241－0001506　41.21/329/2
古今韻略五卷　（清）邵長蘅撰　清康熙三十
五年（1696）商丘宋犖刻本　二冊

410000－2241－0001507　26.32914/627＝2
枕經堂金石書畫題跋三卷　（清）方朔撰　清
同治三年（1864）刻本　一冊

410000－2241－0001508　22.8/118
漫遊紀略（瓠園集）四卷　（清）王澐撰　清光
緒申報館鉛印申報館叢書本　一冊

410000－2241－0001509　26.32914/680.02

金石圖說四卷　（清）褚峻撫圖　（清）牛運震集說　清光緒十九年(1893)貴池劉世珩聚學軒刻本　四冊

410000－2241－0001510　26.32914/680.02/2

金石圖說四卷　（清）褚峻撫圖　（清）牛運震集說　清光緒十九年(1893)貴池劉世珩聚學軒刻本　四冊

410000－2241－0001511　26.32914/765

金石索十二卷首一卷　（清）馮雲鵬　（清）馮雲鵷輯　清光緒三十二年(1906)上海文新局石印本　二十三冊

410000－2241－0001512　26.32914/765.02

金石索十二卷首一卷　（清）馮雲鵬　（清）馮雲鵷輯　清光緒十九年(1893)上海積山書局石印本　二十四冊

410000－2241－0001513　26.32914/754

金石例十卷　（元）潘昂霄撰　清乾隆二十年(1755)德州盧氏雅雨堂刻金石三例本　二冊

410000－2241－0001514　26.32914/429.02

鐵橋漫稿四卷　（清）嚴可均撰　清光緒三十一年(1905)秀水王氏刻本　一冊

410000－2241－0001515　26.32914/834

宜錄堂收藏金石記六卷補編一卷　（清）朱士端輯　清同治二年(1863)寶應朱氏刻春雨樓叢書本　二冊

410000－2241－0001516　26.32914/886

金石苑六卷　（清）劉喜海編　清道光二十六年至二十八年(1846－1848)東武劉喜海來鳳堂刻本　六冊

410000－2241－0001517　22.8/340

荆州記三卷　（南朝宋）盛宏之撰　曹元忠輯　清光緒十九年(1893)東吳曹氏箋經室刻箋經室叢書本　一冊

410000－2241－0001518　26.32923/888－2

鐵雲藏龜不分卷藏陶不分卷附泥封　（清）劉鶚輯　清光緒二十九年(1903)、三十年

(1904)抱殘守缺齋石印本　十冊

410000－2241－0001519　22.8/375

瀛舟筆談十二卷首一卷　（清）阮亨記　清嘉慶二十五年(1820)揚州阮氏刻本　八冊

410000－2241－0001520　26.32924/364

契文舉例二卷　（清）孫詒讓撰　清光緒三十年(1904)蟫隱廬石印本　二冊

410000－2241－0001521　22.8/648

宦游紀略二卷　（清）高廷瑤述　清光緒二十六年(1900)貴築高氏刻朱印本　一冊

410000－2241－0001522　41.21/818

山門新語二卷　（清）周贇著　清光緒十九年(1893)六聲草堂刻本　二冊

410000－2241－0001523　41.21/906

古音類表九卷　（清）傅壽彤學　清同治三年(1864)宛南郡署刻澹勤室著述本　二冊

410000－2241－0001524　26.32924/482

殷商貞卜文字考一卷　羅振玉撰　清宣統二年(1910)玉簡齋石印蟫隱廬叢書本　一冊

410000－2241－0001525　41.21072/994

重校增訂初學檢韻十二集　（清）姚文登輯　清光緒九年(1883)會稽唐氏棣萼山房刻本　一冊

410000－2241－0001526　22.246/292

宋李忠定公奏議選十五卷文集選二十九卷首四卷目錄二卷　（宋）李綱著　（明）左光先選　（明）周之夔訂　（明）李春熙輯　（明）戴國士較　（明）李嗣玄評定　明崇禎十二年(1639)李嗣玄刻本　六冊

410000－2241－0001527　22.8/952

徐霞客遊記十二卷補編一卷　（明）徐宏祖撰　（清）葉廷甲增補　清嘉慶十三年(1808)江陰葉氏水心齋木活字印本　十冊

410000－2241－0001528　22.8/994

竹葉亭雜記八卷　（清）姚元之撰　清光緒十九年(1893)桐城姚氏刻本　四冊

410000－2241－0001529　26.3293/754

攀古樓彝器款識不分卷　（清）潘祖蔭輯
清同治十一年（1872）吳縣潘祖蔭滂喜齋京師
刻本　二冊

410000－2241－0001530　811.14/4007
玉谿生詩詳註三卷首一卷樊南文集詳註八卷
首一卷　（唐）李商隱撰　（清）馮浩編訂　清
乾隆四十五年（1780）德聚堂刻嘉慶元年
（1796）增刻同治七年（1868）桐鄉馮寶圻補刻
本　十二冊

410000－2241－0001531　41.21081/965
音學五書　（清）顧炎武撰　清光緒十六年
（1890）思賢講舍刻本　十二冊

410000－2241－0001532　41.21081/965/2
音學五書　（清）顧炎武撰　清光緒十六年
（1890）思賢講舍刻本　十二冊

410000－2241－0001533　22.81/266
都門紀略初集一卷二集一卷三集一卷四集一
卷　（清）楊靜亭編　（清）張琴　（清）徐永
年增補　清同治三年（1864）榮錄堂刻本
四冊

410000－2241－0001534　22.81/581
朝市叢載八卷　（清）李虹若輯　清光緒十三
年（1887）京都榮錄堂刻本　八冊

410000－2241－0001535　41.21081/965.02
音學五書　（清）顧炎武撰　清光緒十一年
（1885）四明觀稼樓刻本　十二冊

410000－2241－0001536　22.81/581.02
朝市叢載八卷　（清）李虹若輯　清光緒二十
一年（1895）京都寶榮齋刻本　八冊

410000－2241－0001537　22.81/581.03
朝市叢載八卷　（清）李虹若輯　清光緒刻本
八冊

410000－2241－0001538　41.211/149
詩經音韻譜五卷章句觸解一卷　（清）甄士林
音釋　清道光種樹書屋刻本　五冊

410000－2241－0001539　22.81/581.04
朝市叢載八卷　（清）李虹若輯　清光緒十九

年（1893）京都龍文閣刻本　八冊

410000－2241－0001540　22.82101/306
津門雜記三卷　（清）張燾撰　清光緒十年
（1884）錢塘張氏刻本　三冊

410000－2241－0001541　41.211/291
十三經不貳字不分卷　（清）李鴻藻等輯注
清光緒十三年（1887）王慎記書莊石印本
一冊

410000－2241－0001542　22.83/153
長春真人西遊記二卷　（元）李志常述　清道
光二十七年（1847）靈石楊氏刻本　二冊

410000－2241－0001543　26.32932/375
積古齋鐘鼎彝器款識十卷　（清）阮元　（清）
朱爲弼編錄　清嘉慶九年（1804）揚州阮氏刻
文選樓叢書本　四冊

410000－2241－0001544　26.32932/375/2
積古齋鐘鼎彝器款識十卷　（清）阮元　（清）
朱爲弼編錄　清嘉慶九年（1804）揚州阮氏刻
文選樓叢書本　六冊

410000－2241－0001545　26.32932/439
筠清館金石文字五卷　（清）吳榮光撰　清道
光二十二年（1842）南海吳氏筠清館刻本
五冊

410000－2241－0001546　41.211/501
柴氏古韻通八卷正音切韻復古編一卷　（清）
柴紹炳撰　清仁和柴氏刻本　八冊

410000－2241－0001547　41.211/659
古韻通說二十卷　（清）龍啟瑞撰　清光緒九
年（1883）四川尊經書局刻本　二冊

410000－2241－0001548　41.211/659/2
古韻通說二十卷　（清）龍啟瑞撰　清光緒九
年（1883）四川尊經書局刻本　四冊

410000－2241－0001549　26.32932/891
古文審八卷首一卷　（清）劉心源撰　清光緒
十七年（1891）嘉魚劉氏龍江樓刻本　四冊

410000－2241－0001550　41.211/704
古韻溯原八卷　（清）安念祖　（清）華湛恩輯

清道光十九年（1839）吳門親仁堂刻本
四冊

410000－2241－0001551　26.32932/949

從古堂款識學十六卷　（清）徐同柏釋文
（清）徐士燕撰錄　清光緒三十二年（1906）蒙
學報館石印本　八冊

410000－2241－0001552　26.32932/949/2

從古堂款識學十六卷　（清）徐同柏釋文
（清）徐士燕撰錄　清光緒三十二年（1906）蒙
學報館石印本　十六冊

410000－2241－0001553　41.211/754

楷法溯源十四卷目錄一卷　（清）潘存輯　楊
守敬編　清光緒三年至四年（1877－1878）宜
都楊氏刻本　十五冊

410000－2241－0001554　22.83/239

異域瑣談（西域瑣談）四卷　（清）七十一注
清抄本　四冊

410000－2241－0001555　22.83/239.02

西域瑣談四卷　題（清）椿園居士撰　清抄本
七冊　存三卷（二至四）

410000－2241－0001556　22.83/239－2/1

西域聞見錄四卷　（清）七十一著　清抄本
一冊

410000－2241－0001557　22.83/239－2/2

西域聞見錄四卷　（清）七十一著　清抄本
二冊

410000－2241－0001558　41.213/313

廣金石韻府五卷玉篇字略一卷　（明）朱時望
原纂　（清）林尚葵增輯　（清）李根校正
（清）周亮工鑒定　（清）張鳳藻增訂　清咸豐
七年（1857）巴郡張氏理董軒刻本　六冊

410000－2241－0001559　22.831/540

度隴記四卷　（清）董醇著　清咸豐元年
（1851）甘泉董氏刻本　四冊

410000－2241－0001560　22.831/754

秦輶日記一卷（清咸豐八年六月至十月）
（清）潘祖蔭撰　清同治刻本　一冊

410000－2241－0001561　41.213/433

歌麻古韻考四卷　（清）吳樹聲撰　（清）苗夔
補注　清末刻本　四冊

410000－2241－0001562　41.213/433/2

歌麻古韻考四卷　（清）吳樹聲撰　（清）苗夔
補注　清末刻本　四冊

410000－2241－0001563　22.835/508

聽園西疆雜述詩四卷　（清）蕭雄撰　清光緒
二十一年（1895）元和江氏湖南使院刻靈鶼閣
叢書本　四冊

410000－2241－0001564　41.213/526

唐寫本唐韻殘卷　（唐）孫愐撰　清光緒三十
四年（1908）上海國粹學報館影印本　一冊

410000－2241－0001565　22.84/598

滿洲旅行記二卷　（日本）小越平隆撰　（清）
克齋譯　清光緒二十八年（1902）上海廣智書
局鉛印本　二冊

410000－2241－0001566　26.32933/114

寶古堂重修宣和博古圖錄三十卷　（宋）王黼
等撰　明萬曆三十一年（1603）吳萬化寶古堂
刻本　二十六冊

410000－2241－0001567　22.841/754

瀋陽紀程一卷　（清）潘祖蔭撰　清光緒刻本
一冊

410000－2241－0001568　22.8501/116

瀛壖雜志六卷　（清）王韜撰　清光緒元年
（1875）刻本　二冊

410000－2241－0001569　41.213/683

切韻考六卷外篇三卷　（清）陳澧撰　清光緒
十年（1884）刻本　三冊

410000－2241－0001570　811.15/1031

王臨川全集一百卷目錄二卷　（宋）王安石撰
清光緒九年（1883）聽香館刻本　十六冊

410000－2241－0001571　26.32933/289

吉金志存四卷　（清）李光庭輯　清咸豐九年
（1859）寶坻李氏刻本　四冊

410000－2241－0001572　41.213/965

唐韻正二十卷 （清）顧炎武撰 清光緒十六年(1890)湖南思賢講舍刻音學五書本 六冊

410000－2241－0001573 26.32933/435－2

恆軒所見所藏吉金錄一卷 （清）吳大澂撰 清光緒十一年(1885)吳氏刻本 二冊

410000－2241－0001574 41.214/378

廣韻五卷 （宋）陳彭年等撰 清康熙四十三年(1704)吳郡張士俊刻澤存堂五種本 五冊

410000－2241－0001575 927.1/2631

聖武記十四卷 （清）魏源撰 清道光二十四年(1844)古微堂刻本 十二冊

410000－2241－0001576 26.32933/654

陶齋吉金錄八卷 （清）端方輯 清光緒三十四年(1908)金陵影印本 八冊

410000－2241－0001577 26.32933/654/1

陶齋吉金錄八卷 （清）端方輯 清光緒三十四年(1908)金陵影印本 八冊

410000－2241－0001578 26.32933/654/2

陶齋吉金續錄二卷補遺一卷 （清）端方輯 清宣統元年(1909)有正書局影印本 二冊

410000－2241－0001579 26.32933/654/2/2

陶齋吉金續錄二卷補遺一卷 （清）端方輯 清宣統元年(1909)有正書局影印本 二冊

410000－2241－0001580 22.855/757

游歷鄂省西北部記一卷 （日本）美代清彥著 （清）朱承慶譯 清光緒湖北農務學堂刻本 一冊

410000－2241－0001581 22.86/994

康輶紀行十六卷 （清）姚瑩撰 清同治六年(1867)桐城姚氏刻本 六冊

410000－2241－0001582 22.861/399

蜀輶日記四卷(清嘉慶十五年五月至十一月) （清）陶澍撰 清道光七年(1827)刻本 二冊

410000－2241－0001583 927/2722

南皮張宮保政書奏議初編十二卷 （清）張之洞撰 清光緒二十七年(1901)上海圖書集成

印書局鉛印本 六冊

410000－2241－0001584 22.863/434/1

黔語二卷 （清）吳振棫撰 清咸豐四年(1854)錢塘吳氏刻本 一冊

410000－2241－0001585 22.863/434/2

黔語二卷 （清）吳振棫撰 清咸豐四年(1854)錢塘吳氏刻本 一冊

410000－2241－0001586 41.215/158

姚氏叢刻 （清）姚覲元輯 清光緒二年(1876)川東官舍刻本 十五冊 存二種十五卷

410000－2241－0001587 41.215/158/2

姚氏叢刻 （清）姚覲元輯 清光緒二年(1876)川東官舍刻本 十四冊 存二種十五卷

410000－2241－0001588 26.32933/730.02

西清古鑑四十卷錢錄十六卷 （清）梁詩正等編纂 清光緒十四年(1888)上海鴻文書局石印本 二十四冊

410000－2241－0001589 22.864/257

滇軺紀程一卷荷戈紀程一卷政書蒐遺一卷 （清）林則徐撰 清光緒三年至五年(1877－1879)刻本 一冊

410000－2241－0001590 22.864/257/2

滇軺紀程一卷荷戈紀程一卷政書蒐遺一卷 （清）林則徐撰 清光緒三年至五年(1877－1879)刻本 一冊

410000－2241－0001591 41.215/856

古今韻會舉要三十卷 （宋）黃公紹編 （元）熊忠舉要 清光緒九年(1883)淮南書局刻本 十冊

410000－2241－0001592 993/4308/2

日本維新三十年史十二編附表 （日本）博文館編輯 （清）廣智書局譯 清光緒二十九年(1903)上海廣智書局鉛印本 六冊

410000－2241－0001593 26.32934/369.02

歷代鐘鼎彝器款識法帖二十卷 （宋）薛尚功

撝　清嘉慶二年(1797)儀徵阮氏小瑯嬛仙館刻本　四冊

410000－2241－0001594　26.32934/369.02/2

歷代鐘鼎彝器款識法帖二十卷　(宋)薛尚功撝　清嘉慶二年(1797)儀徵阮氏小瑯嬛仙館刻本　四冊

410000－2241－0001595　26.32933/369

歷代鐘鼎彝器款識法帖二十卷　(宋)薛尚功撝　清光緒二十九年(1903)貴池劉氏玉海堂影刻本　四冊

410000－2241－0001596　22.865/817－2

竺國紀游四卷　(清)周藹聯撝　清嘉慶九年(1804)金山周氏刻本　四冊

410000－2241－0001597　41.215/857

音韻闡微十八卷韻譜一卷　(清)李光地修(清)王蘭生等編纂　清光緒七年(1881)淮南書局刻本　五冊

410000－2241－0001598　22.874/212

瓊臺紀事錄一卷　(清)戴肇辰撝　(清)雲茂濟輯　清同治八年(1869)刻本　一冊

410000－2241－0001599　41.215/873

洪武正韻十六卷　(明)樂韶鳳　(明)宋濂撝　明劉以節刻本　四冊

410000－2241－0001600　22.88/287

西湖志四十八卷　(清)李衛等修　(清)傅王露等纂　清雍正十三年(1735)刻本　二十四冊

410000－2241－0001601　22.88/287.02

西湖志四十八卷　(清)李衛等修　(清)傅王露等纂　清光緒四年(1878)浙江書局刻本　二十冊

410000－2241－0001602　22.88/287.03

西湖志四十八卷　(清)李衛等修　(清)傅王露等纂　清刻本　二十四冊　存四十六卷(一至三十、三十三至四十八)

410000－2241－0001603　22.88/287.04

西湖志四十八卷　(清)李衛等修　(清)傅王

露等纂　清雍正十三年(1735)刻本　十冊存二十三卷(一至二十三)

410000－2241－0001604　22.88/327

湖山便覽十二卷　(清)翟灝　(清)翟瀚輯(清)王維翰重訂　清光緒元年(1875)上瀚槐蔭堂王氏刻本　四冊

410000－2241－0001605　41.216/303

切韻指掌圖二卷　(宋)司馬光撝　撿例一卷(元)邵光祖補正　清刻本　二冊

410000－2241－0001606　41.216/606

等韻學不分卷　(清)許惠撝　清光緒八年(1882)刻本　一冊

410000－2241－0001607　41.216/606/2

等韻學不分卷　(清)許惠撝　清光緒八年(1882)刻本　一冊

410000－2241－0001608　41.216/762

等韻一得內篇一卷外篇一卷補篇一卷　勞乃宣撝　清光緒二十四年(1898)吳橋官廨民國二年(1913)淶水寓齋刻本　三冊

410000－2241－0001609　41.216/790

射聲小譜三卷　(清)程定謨審編　清道光十九年(1839)詒陶閣刻光緒四年(1878)重修本一冊

410000－2241－0001610　41.217/712

今韻箋略五卷　(清)汪立名纂　清刻本一冊

410000－2241－0001611　41.217/719

韻歧五卷　(清)江昱輯　清光緒七年(1881)刻本　二冊

410000－2241－0001612　41.217/856

經韻集字析解五卷　(清)熊守謙撝　(清)彭良敞集註　清光緒三年(1877)安康來鹿堂刻本　四冊

410000－2241－0001613　26.32934/433＝2－2

攈古錄二十卷　(清)吳式芬撝　清刻本　二十冊

410000－2241－0001614　26.32934/433－2

虢季子白盤銘考一卷　（清）吳雲撰　清同治五年(1866)歸安吳雲二百蘭亭齋刻本　一冊

410000－2241－0001615　41.218/627

韻詁五卷補遺五卷　（清）方濬頤撰　清光緒四年(1878)淮南書局刻本　六冊

410000－2241－0001616　41.221/329

爾雅正義二十卷　（清）邵晉涵撰集　**爾雅釋文三卷**　（唐）陸德明撰　清乾隆五十三年(1788)餘姚邵氏面水層軒刻本　九冊

410000－2241－0001617　26.32934/433

兩罍軒彝器圖釋十二卷　（清）吳雲撰　清同治十一年(1872)歸安吳氏刻本　六冊

410000－2241－0001618　26.32934/433/2

兩罍軒彝器圖釋十二卷　（清）吳雲撰　清同治十一年(1872)歸安吳氏刻本　六冊

410000－2241－0001619　26.32934/433＝2

攈古錄金文三卷　（清）吳式芬撰　清光緒二十一年(1895)海豐吳氏刻本　九冊

410000－2241－0001620　26.32934/433＝2/2

攈古錄金文三卷　（清）吳式芬撰　清光緒二十一年(1895)海豐吳氏刻本　九冊

410000－2241－0001621　26.32934/570

歷代鐘鼎彝器款識法帖二十卷　（宋）薛尚功撰　清光緒八年(1882)點石齋影印本　四冊

410000－2241－0001622　26.32934/984

焦山鼎銘考一卷　（清）翁方綱編　清乾隆三十八年(1773)刻本　一冊

410000－2241－0001623　922.1/1779

資治通鑑彙刻八種　清同治、光緒間江蘇書局刻本　一百冊　存二種三百六卷

410000－2241－0001624　922.1/1779

通鑑宋本校勘記五卷元本校勘記二卷　（清）張瑛撰　清光緒八年(1882)江蘇書局刻資治通鑑彙刻本　一冊

410000－2241－0001625　922.1/1779－9031

續資治通鑑二百二十卷　（清）畢沅編集　清乾隆鎮洋畢氏刻嘉慶六年(1801)桐鄉馮氏續刻同治六年(1867)永康應氏重修同治八年(1869)江蘇書局遞修資治通鑑彙刻本　六十冊

410000－2241－0001626　22.912/313

蒙古游牧記十六卷　（清）張穆撰　（清）何秋濤校補　清同治六年(1867)壽陽祁氏刻本　四冊

410000－2241－0001627　22.912/313.02

蒙古游牧記十六卷　（清）張穆撰　（清）何秋濤校補　清刻本　四冊

410000－2241－0001628　22.92/746

前漢匈奴表三卷附錄一卷　（清）沈惟賢撰　清末上海修文書館鉛印本　二冊

410000－2241－0001629　23.72/860

俄游彙編八卷　（清）繆祐孫纂　清光緒二十四年(1898)上海書局石印本　六冊

410000－2241－0001630　26.32934/829

敬吾心室彝器款識不分卷　（清）朱善旂輯　清光緒三十四年(1908)朱之榛影印本　二冊

410000－2241－0001631　23.86/517

中亞洲俄屬遊記二卷　（英國）蘭士德著　（清）莫鎮藩譯　清光緒二十年(1894)上海時務報館石印本　二冊

410000－2241－0001632　26.32935/212

古泉叢話三卷　（清）戴熙撰　清末蘇州振新書社石印本　一冊

410000－2241－0001633　26.32935/292

古泉匯五集六十四卷續泉匯四集十四卷補遺二卷　（清）李佐賢　（清）鮑康編輯　清同治三年(1864)利津李氏石泉書屋刻光緒元年(1875)續刻本　二十冊

410000－2241－0001634　031/1115/2

佩文韻府一百六卷　（清）張玉書等彙閱　（清）蔡升元等纂修兼校勘　清刻本　九十五冊

410000－2241－0001635　26.32935/292/2

古泉匯五集六十四卷　（清）李佐賢編輯　清

同治三年（1864）利津李氏石泉書屋刻本　十六冊

410000－2241－0001636　26.32935/309

錢志新編二十卷　（清）張崇懿輯　清道光十年（1830）古婁尹氏酌春堂刻本　八冊

410000－2241－0001637　26.32935/317

巽齋所藏錢錄十二卷　（清）費錫申編　清光緒十六年（1890）刻本　四冊

410000－2241－0001638　26.32935/367

泉布統志九卷首一卷附錄一卷　（清）孟麟編　清道光六年（1826）會稽孟氏刻本　十六冊

410000－2241－0001639　26.32935/438

泉幣圖說六卷　（清）吳文炳　（清）吳鸞纂輯　清嘉慶五年（1800）香雪山莊刻本　二冊

410000－2241－0001640　24.26/567

東藩紀要十二卷補錄一卷　（清）薛培榕編輯　（清）吳承裕校訂　清光緒八年（1882）上海申報館鉛印申報館叢書本　四冊

410000－2241－0001641　24.26/819

奧籤朝鮮三種　（清）周家祿撰　清光緒二十五年（1899）刻本　一冊

410000－2241－0001642　26.32935/504

古泉雜詠四卷　葉德輝撰並注　清光緒二十七年（1901）刻本　二冊

410000－2241－0001643　26.32935/504/2

古泉雜詠四卷　葉德輝撰並注　清光緒二十七年（1901）刻本　二冊

410000－2241－0001644　031.1/0077/2

御定駢字類編二百四十卷　（清）張廷玉等纂　清光緒十三年（1887）上海同文書局石印本　四十八冊

410000－2241－0001645　26.32935/556

癖談六卷　（清）蔡雲撰　清光緒十一年（1885）刻本　一冊

410000－2241－0001646　26.32935/681

吉金所見錄十六卷首一卷末一卷　（清）初尚齡纂輯　清道光二十一年（1841）古香書舍刻本（有圖）　四冊

410000－2241－0001647　26.32935/720

泉志十五卷　（宋）洪遵撰　清同治十三年（1874）隸釋齋金陵刻本　二冊

410000－2241－0001648　24.3241/890

日本維新政治彙編十二卷　（清）劉慶汾輯譯　清光緒二十八年（1902）遵義劉氏成都刻本　六冊

410000－2241－0001649　26.32935/730

欽定錢錄十六卷　（清）梁詩正撰　清乾隆十六年（1751）刻本　四冊

410000－2241－0001650　26.32935/730/2

欽定錢錄十六卷　（清）梁詩正撰　清乾隆十六年（1751）刻本　四冊

410000－2241－0001651　24.36/173

日本國志四十卷首一卷　（清）黃遵憲編纂　清光緒二十四年（1898）浙江書局刻本　十冊

410000－2241－0001652　24.36/173.02

日本國志四十卷首一卷　（清）黃遵憲編纂　清光緒二十四年（1898）圖書集成印書局鉛印本　十冊

410000－2241－0001653　24.36/173.03

日本國志四十卷首一卷　（清）黃遵憲編纂　清光緒二十八年（1902）上海書局石印本　十冊

410000－2241－0001654　24.36/173.04

日本國志四十卷首一卷　（清）黃遵憲編纂　清光緒二十四年（1898）浙江書局刻本　十冊

410000－2241－0001655　811.35/2635

宋詩鈔　（清）吳之振等輯　清康熙十年（1671）洲錢吳氏鑑古堂刻本　二十四冊

410000－2241－0001656　26.32935/850

觀古閣叢稿二卷續稿一卷三編二卷　（清）鮑康撰　清同治十二年（1873）歙縣鮑氏刻觀古閣叢刻本　八冊

410000－2241－0001657　26.32935/906

鑄錢工藝三卷　（英國）傅蘭雅　（清）鍾天緯

譯　清末上海江南製造總局鉛印本　二冊

410000－2241－0001658　26.32935/920
古今錢略三十二卷首一卷末一卷　（清）倪模述　清光緒三年(1877)望江倪氏兩彊勉齋刻藍印本　十二冊

410000－2241－0001659　26.32935/920/2
古今錢略三十二卷首一卷末一卷　（清）倪模述　清光緒三年(1877)望江倪氏兩彊勉齋刻藍印本　十六冊

410000－2241－0001660　24.3643/994
日本地理兵要十卷　（清）姚文棟撰　清光緒十年(1884)同文館鉛印本　八冊

410000－2241－0001661　24.3643/994.02
日本地理兵要十卷會計錄四卷船師考一卷（清）姚文棟撰　清光緒二十年(1894)寶善書局石印本　六冊

410000－2241－0001662　26.32939/116
集古印譜六卷　（明）王常編　（清）顧從德校　明萬曆三年(1575)顧氏芸閣刻朱印本　四冊　存四卷(一至四)

410000－2241－0001663　24.38/790
丙午日本游記一卷附山西興革事宜條陳（清）程淯編　清光緒鉛印本　一冊

410000－2241－0001664　55.832/401
大清道光十年七政經緯躔度時憲書　（清）欽天監編　清道光九年(1829)欽天監刻本　一冊

410000－2241－0001665　55.832/401
大清道光十一年七政經緯躔度時憲書　（清）欽天監編　清道光十年(1830)欽天監刻本　一冊

410000－2241－0001666　26.32939/482
鄭厂所藏泥封一卷　羅振玉輯　清光緒二十九年(1903)石印本　一冊

410000－2241－0001667　26.3294/654
匋齋藏石記四十四卷首一卷藏磚記二卷（清）端方輯　清宣統元年(1909)石印本　十

二冊

410000－2241－0001668　26.32941/119
輿地碑記目四卷　（宋）王象之撰　清同治九年(1870)吳縣潘氏滂喜齋刻本　二冊

410000－2241－0001669　26.32941/201
補寰宇訪碑錄五卷失編一卷　（清）趙之謙撰　清同治三年(1864)會稽趙氏刻本　二冊

410000－2241－0001670　26.32941/362
寰宇訪碑錄十二卷　（清）孫星衍　（清）邢澍撰　清嘉慶七年(1802)蘭陵孫氏刻平津館叢書本　六冊

410000－2241－0001671　25.106/449
英法義比志譯略四卷　（清）薛福成鑒定　吳宗濂譯　清光緒二十五年(1899)石印本二冊

410000－2241－0001672　26.32941/362.02
寰宇訪碑錄十二卷　（清）孫星衍　（清）邢澍撰　清光緒九年(1883)江蘇書局刻本　四冊

410000－2241－0001673　26.32941/362.03
寰宇訪碑錄十二卷　（清）孫星衍　（清）邢澍撰　清嘉慶七年(1802)蘭陵孫氏刻平津館叢書本　五冊

410000－2241－0001674　25.136/605
法國新志四卷　（英國）該勒低輯　（英國）傅紹蘭口譯　（清）潘松筆述　清光緒二十四年(1898)上海江南製造局刻本　一冊

410000－2241－0001675　25.181/739
日耳曼史一卷　（英國）沙安撰　（清）商務印書館譯　清光緒二十九年(1903)上海商務印書館鉛印歷史叢書本　一冊

410000－2241－0001676　25.63245/237
一八九八年之西美戰史二卷　（法國）勃利德撰　（清）李景鎬譯　（清）黃伯申鑒定　清光緒三十年(1904)上海江南機器製造總局廣方言館鉛印本　一冊

410000－2241－0001677　25.63245/237
一八九八年之西美戰史二卷　（法國）勃利德

撰　（清）李景鎬譯　（清）黃伯申鑒定　清光緒三十年（1904）上海江南機器製造總局廣方言館鉛印本　一冊

410000－2241－0001678　26.32941/424
集古錄目十卷原目一卷　（宋）歐陽棐撰　繆荃孫校輯　清光緒十年（1884）江陰繆氏刻雲自在龕叢書本　二冊

410000－2241－0001679　25.506/654
黑蠻風土記不分卷　（英國）立溫斯敦撰　史錦鏞譯　沈定年述文　清光緒五年（1879）鉛印本　一冊

410000－2241－0001680　25.6111/906
遊歷美利加合眾國圖經三十二卷　（清）傅雲龍述　清光緒十五年（1889）鉛印本　十二冊

410000－2241－0001681　26.32941/440
漢魏六朝志墓金石例三卷唐人志墓諸例一卷　（清）吳鎬撰　清嘉慶十七年（1812）刻光緒十年（1884）常熟鮑氏補修後知不足齋叢書本　二冊

410000－2241－0001682　41.221/396－2
爾雅直音二卷　（清）孫佽輯　清嘉慶五年（1800）刻本　二冊

410000－2241－0001683　26.32941/723
山左訪碑錄十三卷　（清）法偉堂輯　清宣統元年（1909）山東提學署石印本　二冊

410000－2241－0001684　25.78111/906
遊歷古巴圖經二卷　（清）傅雲龍撰　清光緒十五年（1889）鉛印本　一冊

410000－2241－0001685　26.32941/879
山左碑目四卷　（清）段松苓輯　清光緒三十四年（1908）武進李氏聖譯樓刻聖譯樓叢書本　二冊

410000－2241－0001686　41.221/396
爾雅釋文三卷　（唐）陸德明撰　清刻本　一冊

410000－2241－0001687　26.1102/711
史姓韻編六十四卷　（清）汪輝祖輯　清光緒

十年（1884）慈谿耕餘樓書局鉛印本　十六冊

410000－2241－0001688　26.32942/183
高要金石略四卷　（清）彭泰來編　清末蘇元暉刻本　一冊

410000－2241－0001689　41.221/396－3
爾雅音義三卷　（唐）陸德明撰　清刻本　二冊

410000－2241－0001690　41.2211/073
說雅二卷　（清）朱駿聲撰　清光緒九年（1883）蛟川張氏樹根齋刻花雨樓叢鈔本　二冊

410000－2241－0001691　41.2211/630－2
爾雅郭注義疏二十卷　（清）郝懿行撰　清同治四年（1865）棲霞郝聯薇刻郝氏遺書本　八冊

410000－2241－0001692　26.32943/315
二銘草堂金石聚十六卷　（清）張德容輯　清同治十一年（1872）衢州張氏二銘草堂刻本　十六冊

410000－2241－0001693　41.2211/630－3
爾雅三卷　（晉）郭璞注　（唐）陸德明音義　清狀元閣刻本　四冊

410000－2241－0001694　41.221125/630
爾雅經注三卷音釋一卷　（晉）郭璞注　集證三卷　（清）龍啟瑞注　清光緒七年（1881）刻本　二冊

410000－2241－0001695　26.32944/116
碑版文廣例十卷　（清）王芑孫輯　清道光二十一年（1841）長洲王氏刻本　四冊

410000－2241－0001696　41.2211252/630
爾雅三卷　（晉）郭璞注　（唐）陸德明音義　清光緒三年（1877）永康胡氏退補齋刻本　一冊

410000－2241－0001697　26.121/292
宋名臣言行錄　（宋）□□輯　清道光元年（1821）歙縣續學堂洪氏刻本　十二冊

410000－2241－0001698　26.32944/214

山右石刻叢編四十卷 （清）胡聘之編 清光緒二十五年至二十七年（1899－1901）胡氏刻本 三十二冊

410000－2241－0001699 41.2211252/630.02

爾雅三卷 （晉）郭璞注 （唐）陸德明音義 清光緒八年（1882）碧琳琅館刻本 一冊

410000－2241－0001700 26.32944/307

石鼓文釋存一卷補注一卷 （清）張燕昌述 清光緒二十八年（1902）貴池劉氏刻本 一冊

410000－2241－0001701 26.32944/307/2

石鼓文釋存一卷補注一卷 （清）張燕昌述 清光緒二十八年（1902）貴池劉氏刻本 一冊

410000－2241－0001702 41.2211252/630.03

爾雅三卷 （晉）郭璞注 （唐）陸德明音義 清光緒十二年（1886）湖北官書處刻本 三冊

410000－2241－0001703 26.32944/315

墨妙亭碑目考二卷附考一卷 （清）張鑑撰 清光緒十年（1884）江蘇書局刻本 二冊

410000－2241－0001704 26.121/329

弘簡錄二百五十四卷 （明）邵經邦學 清康熙二十七年（1688）仁和邵遠平刻本 一百四冊

410000－2241－0001705 41.2211252/630.04

爾雅三卷 （晉）郭璞注 （唐）陸德明音義 清嘉慶十一年（1806）吳門顧氏思適齋刻本 三冊

410000－2241－0001706 41.2211252/630.05

爾雅三卷 （晉）郭璞注 （唐）陸德明音義 清嘉慶二十二年（1817）順德張青選清芬閣刻本 三冊

410000－2241－0001707 26.121/329/2

續弘簡錄元史類編四十二卷 （清）邵遠平撰 清刻本 二十四冊

410000－2241－0001708 41.221143/129

爾雅疏十卷 （宋）邢昺撰 清光緒四年（1878）吳興陸氏十萬卷樓刻本 一冊

410000－2241－0001709 26.32944/504

語石十卷 葉昌熾撰 清宣統元年（1909）刻本 四冊

410000－2241－0001710 26.121/375

國史儒林傳二卷 （清）阮元輯 清光緒十三年（1887）刻本 一冊

410000－2241－0001711 41.221143/129.03

爾雅注疏十一卷 （晉）郭璞注 （宋）邢昺疏 清刻本 四冊

410000－2241－0001712 41.221146/482

爾雅翼三十二卷 （元）羅願撰 序一卷 （元）洪焱祖釋 清嘉慶十一年（1806）琴川張氏照曠閣刻學津討原本 四冊 存十四卷（一至十四）

410000－2241－0001713 41.221164/212/3

爾雅郭注補正三卷 （清）戴鎣撰 清光緒十一年（1885）海陽韓氏刻本 三冊

410000－2241－0001714 41.221164/212

爾雅郭注補正三卷 （清）戴鎣撰 清光緒十一年（1885）海陽韓氏刻本 六冊

410000－2241－0001715 26.121/426

國史循吏傳一卷賢良傳二卷 （清）阮元輯 清光緒十三年（1887）刻本 二冊

410000－2241－0001716 41.221164/212/2

爾雅郭注補正三卷 （清）戴鎣撰 清光緒十一年（1885）海陽韓氏刻本 六冊

410000－2241－0001717 26.32944/720

洪氏晦木齋叢書 （清）洪汝奎輯 清同治至宣統間皖南洪氏晦木齋刻本 八冊 存三種四十九卷

410000－2241－0001718 26.121/456

歷代奸庸殷鑑錄三十二卷 （清）李漱蘭等輯 清光緒三十年（1904）上海開智社石印本 七冊 存二十六卷（一至十九、二十六至三十二）

410000－2241－0001719 26.32944/720＝2

洪氏晦木齋叢書 （清）洪汝奎輯 清同治至宣統間皖南洪氏晦木齋刻本 八冊 存三種

四十九卷

410000－2241－0001720　26.121/507
歷代名臣傳節錄三十卷　（清）朱軾輯　（清）蕭培元錄訂　（清）崇厚增訂　清同治九年(1870)雲蔭堂刻本　十冊

410000－2241－0001721　26.32944/740/2
石鼓文定本十卷　（清）沈梧撰　清光緒十六年(1890)無錫沈梧古華山館刻本　四冊

410000－2241－0001722　26.32944/740
石鼓文定本十卷　（清）沈梧撰　清光緒十六年(1890)無錫沈梧古華山館刻本　四冊

410000－2241－0001723　26.32944/746
常山貞石志二十四卷　（清）沈濤撰　清道光二十二年(1842)刻本　八冊

410000－2241－0001724　26.121/525
碧血錄五卷　（清）莊仲方撰　（清）夏鸞翔繪圖　清光緒八年(1882)上海同文書局石印本　五冊

410000－2241－0001725　26.32944/746.02
常山貞石志二十四卷　（清）沈濤撰　清光緒二十年(1894)靈溪精舍刻本　十冊

410000－2241－0001726　26.121/546
宮閨聯名譜二十二卷　（清）董恂撰　（清）陸繼輯　蔡爾康編定　清光緒二年(1876)上海申報館鉛印申報館叢書本　三冊

410000－2241－0001727　41.221366/216
爾雅古義二卷　（清）胡承珙撰　清道光十七年(1837)歙縣胡氏求是堂刻求是堂全集本　一冊

410000－2241－0001728　26.121/546.02
宮閨聯名譜二十二卷　（清）董恂撰　（清）陸繼輯　蔡爾康編定　清光緒二年(1876)上海申報館鉛印申報館叢書本　十冊

410000－2241－0001729　41.2219/429
爾雅匡名二十卷　（清）嚴元照撰　清光緒十六年(1890)廣雅書局刻廣雅書局叢書本　四冊

410000－2241－0001730　26.32945/114
唐王履清碑不分卷　（清）□□輯　清拓本　一冊

410000－2241－0001731　26.32945/119
敦煌石室真跡錄五卷附一卷　王仁俊輯　清宣統元年(1909)吳縣王氏國粹堂石印本　四冊

410000－2241－0001732　26.121/725
人表考九卷　（清）梁玉繩撰　清光緒十四年(1888)廣雅書局刻廣雅書局叢書本　四冊

410000－2241－0001733　41.223/065
聲類四卷　（清）錢大昕撰　清光緒十年(1884)長沙龍氏家塾刻嘉定錢氏潛研堂全書本　一冊

410000－2241－0001734　26.121/827
重刻朱之端公三傳五十一卷　（清）朱軾　（清）蔡世遠訂　清同治三年(1864)古唐朱氏古懽齋刻本　二十四冊

410000－2241－0001735　41.223/065＝2
釋名疏證八卷補遺一卷續釋名一卷　（漢）劉熙撰　（清）畢沅疏證　清光緒九年(1883)撫松館刻本　二冊

410000－2241－0001736　26.121/828
歷代名臣言行錄二十四卷　（清）朱桓編輯　清光緒二十六年(1900)湖南書局刻本　四冊

410000－2241－0001737　26.121/827－2
歷代名臣傳三十五卷首一卷　（清）朱軾　（清）蔡世遠訂　清刻本　十四冊

410000－2241－0001738　41.223/077
釋名疏證補八卷續一卷補遺一卷補附一卷　(漢)劉熙撰　王先謙撰集　清光緒二十二年(1896)刻本　三冊

410000－2241－0001739　41.223/077/2
釋名疏證補八卷續一卷補遺一卷補附一卷　(漢)劉熙撰　王先謙撰集　清光緒二十二年(1896)刻本　四冊

410000－2241－0001740　41.223/077/3

釋名疏證補八卷續一卷補遺一卷補附一卷
（漢）劉熙撰　王先謙撰集　清光緒二十二年
（1896）刻本　三冊

410000－2241－0001741　26.121/828＝2

宋名臣言行錄　（宋）□□輯　清道光元年
（1821）歙縣續學堂洪氏刻二十二年（1842）丹
徒包氏同治七年（1868）臨川桂氏遞修本　十
二冊

410000－2241－0001742　26.121/870.02

高士傳三卷　（晉）皇甫謐撰　清康熙七年
（1668）刻本　二冊

410000－2241－0001743　26.121/893

古列女傳七卷　（漢）劉向撰　（明）黃魯曾贊
　續列女傳一卷　清光緒元年（1875）湖北崇
文書局刻崇文書局彙刻書本　二冊

410000－2241－0001744　41.223/065＝2/2

釋名疏證八卷補遺一卷續釋名一卷　（漢）劉
熙撰　（清）畢沅輯　清光緒九年（1883）撫松
館刻本　四冊

410000－2241－0001745　41.224/066/2

廣雅疏證十卷　（清）王念孫學　（清）王引之
述　**博雅音十卷**　（隋）曹憲撰　（清）王念孫
校　清光緒五年（1879）淮南書局刻本　八冊

410000－2241－0001746　41.224/066

廣雅疏證十卷　（清）王念孫學　（清）王引之
述　**博雅音十卷**　（隋）曹憲撰　（清）王念孫
校　清光緒五年（1879）淮南書局刻本　二冊

410000－2241－0001747　615.12/T277（東
區）

**普濟應驗良方八卷首一卷末一卷補遺一卷續
　補遺一卷**　（清）德軒纂輯　清咸豐元年
（1851）刻本　一冊

410000－2241－0001748　41.224/241

文選樓叢書　（清）藝林山房輯　清光緒七年
（1881）藝林山房刻本　六冊　存三種三十
一卷

410000－2241－0001749　41.225/062/2

通雅五十二卷首一卷　（清）方以智撰　清康
熙五年（1666）浮山此藏軒刻本　十四冊

410000－2241－0001750　41.225/065

拾雅二十卷　（清）夏味堂述　清道光二年
（1822）刻本　八冊

410000－2241－0001751　41.225/065＝2

小爾雅疏八卷　（清）王煦撰　清光緒二十一
年（1895）邵武徐氏刻邵武徐氏叢書本　二冊

410000－2241－0001752　41.225/066.02

駢雅訓纂十六卷首一卷序目一卷駢雅七卷
（明）朱謀㙔撰　（清）魏茂林學　清道光二十
五年（1845）有不為齋刻咸豐元年（1851）補刻
本　八冊

410000－2241－0001753　26.32945/271

泰山石經峪刻字不分卷　楊守敬纂　清宣統
元年（1909）石印本　六冊

410000－2241－0001754　41.225/073/2

選雅二十卷　程先甲述　清光緒二十八年
（1902）江甯程氏千一齋刻千一齋叢書本
八冊

410000－2241－0001755　41.225/073

選雅二十卷　程先甲述　清光緒二十八年
（1902）江甯程氏千一齋刻千一齋叢書本
八冊

410000－2241－0001756　26.121/978

劍俠傳四卷　（唐）段成式撰　（清）王齡校
（清）任熊繪　清咸豐八年（1858）王氏翠蘇堂
刻本（有圖）　一冊

410000－2241－0001757　26.121/978/2

劍俠傳四卷　（唐）段成式撰　（清）王齡校
（清）任熊繪　清咸豐八年（1858）王氏翠蘇堂
刻本（有圖）　一冊

410000－2241－0001758　26.32945/272/2

望堂金石初集三十九種二集十八種　楊守敬
輯　清同治至光緒宜都楊氏飛青閣石印本
十二冊

410000－2241－0001759　26.32945/272

望堂金石初集三十九種　楊守敬輯　清同治至光緒宜都楊氏飛青閣石印本　六冊

410000－2241－0001760　41.225/073＝4/2
疊雅十三卷　（清）史夢蘭撰　清同治四年（1865）刻本　四冊

410000－2241－0001761　41.225/073＝4
疊雅十三卷　（清）史夢蘭撰　清同治四年（1865）刻本　四冊

410000－2241－0001762　26.32945/287
城隍廟碑不分卷　（唐）李陽冰書　清拓本一冊

410000－2241－0001763　26.121/987
中國女史二十一卷　（清）金炳麟　（清）王以銓輯　清宣統元年（1909）杭州中合公司鉛印本　六冊

410000－2241－0001764　26.121/990/1
薈蕞編二十卷　（清）俞樾編　清光緒七年（1881）上海申報館鉛印申報館叢書本　八冊

410000－2241－0001765　26.121/990/2
薈蕞編二十卷　（清）俞樾編　清光緒七年（1881）上海申報館鉛印申報館叢書本　八冊

410000－2241－0001766　41.226/126
一切經音義二十五卷　（唐）釋元應編　（清）莊炘等校勘　清同治八年（1869）武林張氏寶晉齋刻本　四冊

410000－2241－0001767　811.17/4437
黃漳浦集五十卷首一卷目錄二卷　（明）黃道周撰　（清）陳壽祺重編　漳浦黃先生年譜二卷　（清）莊起儔輯　清道光福州陳氏刻本二十四冊

410000－2241－0001768　41.226/160
五經文字三卷　（唐）張參撰　**新加九經字樣一卷**　（唐）唐玄度撰　清拓本　八冊

410000－2241－0001769　26.12102/717
[清代科考履歷]不分卷　（清）□□輯　清光緒刻本　四冊

410000－2241－0001770　26.12102/762

[清同治十一年]大清搢紳全書不分卷(壬申夏季)　（清）榮祿堂輯　清同治十一年（1872）京都榮祿堂刻本　四冊

410000－2241－0001771　41.226/160.02
五經文字三卷　（唐）張參撰　**千祿字書一卷**　（唐）顏元孫撰　新加九經字樣一卷　（唐）唐玄度撰　清末刻本　二冊

410000－2241－0001772　26.32945/380/2
寶刻叢編二十卷　（宋）陳思撰　清海豐吳式芬刻本　八冊

410000－2241－0001773　26.32945/380
寶刻叢編二十卷　（宋）陳思撰　清海豐吳式芬刻本　七冊

410000－2241－0001774　41.226/375
經籍籑詁一百六卷補遺一百六卷首一卷（清）阮元撰集　清嘉慶十七年（1812）揚州阮氏琅嬛僊館刻光緒六年（1880）淮南書局補刻本　十二冊

410000－2241－0001775　41.226/375.02
經籍籑詁一百六卷補遺一百六卷首一卷（清）阮元撰集　清光緒十四年（1888）鴻文書局石印本　十六冊

410000－2241－0001776　26.12102/856
新纂氏族箋釋八卷　（清）熊峻運著　（清）李正榮等糸　清經綸堂刻本　四冊

410000－2241－0001777　26.12102/879
邵氏姓解辨誤一卷　（清）段朝瑞撰　清光緒十三年（1887）邵武徐氏刻邵武徐氏叢書本一冊

410000－2241－0001778　22.11/100.04
二十四史　清光緒十年（1884）上海同文書局石印本　七百十一冊

410000－2241－0001779　26.12102/915
太平圖話姓氏綜四卷　（清）任若海撰　（清）任蓮叔箋補　清道光二十一年（1841）武陟觀我堂刻本　一冊

410000－2241－0001780　26.12103/455

異號類編二十卷　（清）史夢蘭輯　清同治四年（1865）止園刻本　四冊

410000－2241－0001781　41.226/396.02

經典釋文三十卷　（唐）陸德明撰　考證三十卷　（清）盧文弨輯　清同治八年（1869）湖北崇文書局刻本　十二冊

410000－2241－0001782　41.226/396

經典釋文三十卷　（唐）陸德明撰　考證三十卷　（清）盧文弨輯　清乾隆五十六年（1791）餘姚盧氏抱經堂刻抱經堂叢書本　二十四冊

410000－2241－0001783　26.12105/309/1

疑年賡錄二卷　（清）張鳴珂編　清光緒二十四年（1898）嘉興張氏寒松閣刻寒松閣全集本　一冊

410000－2241－0001784　41.226/494

各經師承立學考四編　（唐）陸德明撰　（清）盧文弨校正　清光緒九年至十一年（1883－1885）蛟川張氏花雨樓刻花雨樓鈔本　二冊　存一卷（經典釋文序錄一卷）

410000－2241－0001785　616/W244/2（東區）

脈經珍本十卷首一卷　（晉）王叔和撰　清道光二十五年（1845）來鹿堂刻本　四冊

410000－2241－0001786　41.226/679/2

匡謬正俗八卷　（唐）顏師古撰　清乾隆二十一年（1756）德州盧見曾雅雨堂刻雅雨堂藏書本　一冊

410000－2241－0001787　41.226/679

匡謬正俗八卷　（唐）顏師古撰　清乾隆二十一年（1756）德州盧見曾雅雨堂刻雅雨堂藏書本　一冊

410000－2241－0001788　41.226/879

羣經字詁七十二卷　（清）段諤廷撰　（清）黃本驥編訂　清道光二十九年（1849）長沙黔陽楊氏刻本　十六冊

410000－2241－0001789　41.229/929

恆言錄六卷　（清）錢大昕撰　清光緒十年

（1884）長沙龍氏家塾刻嘉定錢氏潛研堂全書本　二冊

410000－2241－0001790　26.32945/886

雙清堂石刻不分卷　（清）劉樹堂書　清光緒二十年（1894）杭州石印本　二冊

410000－2241－0001791　26.32945/915

隨軒金石文字九種　（清）徐渭仁撰　清道光十七年至二十四年（1837－1844）上海徐渭仁刻同治七年（1868）徐允臨補刻本　四冊

410000－2241－0001792　26.32945/915/2

隨軒金石文字九種　（清）徐渭仁撰　清道光十七年至二十四年（1837－1844）上海徐渭仁刻同治七年（1868）徐允臨補刻本　四冊

410000－2241－0001793　41.232/114

經傳釋詞十卷　（清）王引之撰　清道光二十七年（1847）錢氏刻本　二冊

410000－2241－0001794　41.232/114.02/1

經傳釋詞十卷　（清）王引之撰　清嘉慶二十四年（1819）刻本　四冊

410000－2241－0001795　41.232/114/2

經傳釋詞補一卷　（清）孫經世撰　清光緒十四年（1888）長洲蔣氏心矩齋刻心矩齋叢書本　一冊

410000－2241－0001796　41.232/114/3

經傳釋詞再補一卷　（清）孫經世撰　清光緒十一年（1885）蘇州適存廬刻本　一冊

410000－2241－0001797　41.232/605

虛字註釋一卷小雅釋一卷孟子釋一卷左傳釋一卷　題（清）課虛齋主人輯　清嘉慶二十五年（1820）小方壺齋刻本　一冊

410000－2241－0001798　41.2383/667

讀書作文譜十二卷父師善誘法二卷　（清）唐彪輯著　清大文堂刻本　四冊

410000－2241－0001799　26.32945/943

唐衛景武公碑不分卷　（唐）許敬宗撰　（唐）王知敬書　清拓本　一冊

410000－2241－0001800　26.12105/927

疑年錄四卷　（清）錢大昕編　（清）吳修校
清嘉慶十八年(1813)刻本　一冊

410000－2241－0001801　26.32946/252

歷代石經略二卷　（清）桂馥著　清光緒九年
(1883)海豐吳氏陳州郡齋刻本　四冊

410000－2241－0001802　26.12105/927

續疑年錄四卷　（清）吳修編　清嘉慶十七年
(1812)刻本　二冊

410000－2241－0001803　26.12122/920

班馬異同三十五卷　（宋）倪思編　（宋）劉辰
翁評　明刻本　六冊

410000－2241－0001804　26.12144/393

元祐黨人傳十卷　（清）陸心源纂　清光緒十
五年(1889)刻潛園總集本　三冊

410000－2241－0001805　41.24081/285/2

小學類編九種　（清）李祖望輯　清咸豐至光
緒江都李氏半畝園刻本　十四冊

410000－2241－0001806　41.24081/285

小學類編九種　（清）李祖望輯　清咸豐至光
緒江都李氏半畝園刻本　二十四冊

410000－2241－0001807　26.1215/168

明貢舉考略二卷　（清）黃崇蘭輯　清刻本
二冊

410000－2241－0001808　26.1215/168.02

明貢舉考畧二卷國朝貢舉考畧四卷　（清）黃
崇蘭輯　（清）趙學增續編　清光緒五年
(1879)金陵文英堂刻本　四冊

410000－2241－0001809　26.32946/278

石經考異二卷　（清）杭世駿撰　清乾隆杭賓
仁羊城刻杭大宗七種叢書本　一冊

410000－2241－0001810　26.32946/278/2

杭大宗七種叢書　（清）杭世駿撰　清乾隆杭
賓仁羊城刻本　一冊　存二種三卷

410000－2241－0001811　41.241/740

石鼓文定本十卷　（清）沈梧撰　清光緒十六
年(1890)無錫沈梧古華山館刻本　四冊

410000－2241－0001812　26.1215/380

東林列傳二十四卷末二卷　（清）陳鼎輯　清
康熙五十年(1711)鐵肩書屋刻本　六冊

410000－2241－0001813　26.32946/307

蜀石經殘字一卷　（清）陳宗彝輯　清道光六
年(1826)三山陳氏刻本　一冊

410000－2241－0001814　26.32946/307/2

蜀石經殘字一卷　（清）陳宗彝輯　清道光六
年(1826)三山陳氏刻本　一冊

410000－2241－0001815　22.2171/850.02

戰國策十卷　（宋）鮑彪校注　（元）吳師道重
校　清乾隆三十年(1765)文盛堂刻本　八冊

410000－2241－0001816　26.1215/464

國朝歷科題名碑錄初集(清順治丙戌科至光
緒丁丑科)不分卷明洪武至崇禎各科不分卷
　（清）李周望等輯　清康熙五十九年(1720)
刻雍正至光緒遞刻遞修本　八冊

410000－2241－0001817　26.1215/709

史外八卷　（清）汪有典撰　清同治三年
(1864)廬陵尋樂山房刻本　八冊

410000－2241－0001818　26.3296/435

古玉圖考不分卷　（清）吳大澂撰　清光緒十
五年(1889)上海同文書局石印本　二冊

410000－2241－0001819　26.1215/709.02

史外八卷　（清）汪有典撰　清光緒三年
(1877)刻本　八冊

410000－2241－0001820　26.3296/435/2

古玉圖考不分卷　（清）吳大澂撰　清光緒十
五年(1889)上海同文書局石印本　四冊

410000－2241－0001821　41.2412/129

金石文字辨異十二卷　（清）邢澍著　清嘉慶
十五年(1810)階州邢氏刻本　八冊

410000－2241－0001822　41.2412/308

復古篇二卷　（宋）張有撰　校正一卷附錄一
卷　（清）葛鳴陽輯　清乾隆四十五年至四十
六年(1780－1781)安邑葛氏京師琉璃廠刻本
二冊

410000－2241－0001823　26.32946/522

石經考一卷　（清）萬斯同撰　清常熟蔣氏省
吾堂刻省吾堂四種本　一冊

410000－2241－0001824　41.2412/308/2

續復古編四卷　（元）曹本撰　清光緒十二年
(1886)歸安姚覲元咫進齋刻朱印本　四冊

410000－2241－0001825　22.123/471.04

續資治通鑑二百二十卷　（清）畢沅編集　清
光緒十四年(1888)上海蜚英館石印本　二
十冊

410000－2241－0001826　22.2168/579.05

國語二十一卷　（三國吳）韋昭解　（宋）宋庠
補音　清乾隆文盛堂刻本　二冊

410000－2241－0001827　26.32946/965

石經彙函十種　王秉恩輯　清光緒十六年
(1890)四川尊經書局刻本　八冊

410000－2241－0001828　41.242/519

唐寫本說文解字木部箋異一卷　（清）莫友芝
撰　清同治三年(1864)刻影山草堂六種本
一冊

410000－2241－0001829　41.242/519/2

唐寫本說文解字木部箋異一卷　（清）莫友芝
撰　清同治三年(1864)刻影山草堂六種本
一冊

410000－2241－0001830　26.32947/165

古誌石華三十卷　（清）黃本驥編　清道光八
年(1828)湘陰蔣璪刻三長物齋叢書本　八冊

410000－2241－0001831　41.242071/795

說文通檢十四卷首一卷末一卷　（清）黎永椿
編　清光緒元年(1875)湖北崇文書局刻二年
(1876)印本　一冊

410000－2241－0001832　41.242071/795/3

說文通檢十四卷首一卷末一卷　（清）黎永椿
編　清光緒元年(1875)湖北崇文書局刻二年
(1876)印本　二冊

410000－2241－0001833　26.32947/442

漢魏六朝志墓金石例三卷唐人志墓諸例一卷

（清）吳鎬撰　清嘉慶十七年(1812)刻本
一冊

410000－2241－0001834　41.242071/795/2

說文通檢十四卷首一卷末一卷　（清）黎永椿
編　清光緒元年(1875)湖北崇文書局刻二年
(1876)印本　一冊

410000－2241－0001835　26.12158/380

留溪外傳十八卷　（清）陳鼎撰　清光緒二十
四年(1898)武進盛氏思惠齋刻本　四冊

410000－2241－0001836　26.12158/643

自靖錄考略八卷外編一卷　（清）高承埏撰
（清）高佑釲補　（清）王逢辰考證　清咸豐八
年(1858)嘉興竹里王氏槐華吟館刻本　六冊

410000－2241－0001837　26.1216/285

國朝先正事略六十卷　（清）李元度纂　清同
治五年(1866)循陔艸堂刻本　二十四冊

410000－2241－0001838　26.1216/285.02

國朝先正事略六十卷　（清）李元度纂　清光
緒十三年(1887)上海點石齋石印本　八冊

410000－2241－0001839　26.32978/888

鐵雲藏陶不分卷　（清）劉鶚輯　清光緒三十
年(1904)抱殘守缺齋石印本　四冊

410000－2241－0001840　41.2421/478

說文二徐箋異十四篇　（清）田吳炤撰　清宣
統元年(1909)石印本　二冊

410000－2241－0001841　41.2421/478/2

說文二徐箋異十四篇　（清）田吳炤撰　清宣
統元年(1909)石印本　二冊

410000－2241－0001842　26.1216/311

國朝畫徵錄三卷　（清）張庚著　（清）蔣泰等
校　清乾隆四年(1739)刻本　一冊

410000－2241－0001843　26.32981/633.02

汗簡三卷　（宋）郭忠恕撰　清康熙四十二年
(1703)一隅草堂刻本　二冊

410000－2241－0001844　22.03/718.07

史通通釋二十卷附錄一卷　（清）浦起龍釋
清光緒二十五年(1899)上海通時書局石印本

八冊

410000－2241－0001845　41.2421/955.02

說文解字十五卷　（漢）許慎撰　（宋）徐鉉校定　清嘉慶九年(1804)五松書屋刻本　六冊

410000－2241－0001846　26.32976/393

千甓亭古塼圖釋二十卷　（清）陸心源輯　清光緒十七年(1891)吳興陸氏石印本　十二冊

410000－2241－0001847　41.2421/955.03

說文解字三十卷　（漢）許慎撰　（宋）徐鉉等校定　清同治十三年(1874)刻本　三冊

410000－2241－0001848　41.2421/955.04

說文解字十五卷　（漢）許慎撰　（宋）徐鉉校定　清乾隆三十八年(1773)椒華吟舫刻本　八冊

410000－2241－0001849　43.235/313

國朝詩人徵略六十卷　（清）張維屏輯　清道光十年(1830)刻本　十冊

410000－2241－0001850　41.2422/955

說文解字通釋四十卷　（宋）徐鍇撰　（宋）朱翱反切　**校勘記三卷**　（清）承培元撰　清道光十九年(1839)壽陽祁氏刻本　八冊

410000－2241－0001851　41.2422/955/2

說文解字通釋四十卷　（宋）徐鍇撰　（宋）朱翱反切　**校勘記三卷**　（清）承培元撰　清道光十九年(1839)壽陽祁氏刻本　八冊

410000－2241－0001852　41.2422/955/3

說文解字通釋四十卷　（宋）徐鍇撰　（宋）朱翱反切　**校勘記三卷**　（清）承培元撰　清道光十九年(1839)壽陽祁氏刻本　十一冊

410000－2241－0001853　26.1216/441

昭代名人尺牘小傳二十四卷　（清）吳修采輯　清道光六年(1826)刻本　二冊

410000－2241－0001854　26.1216/426

國史列傳儒林二卷循吏一卷文苑二卷賢良二卷　（清）國史館編　清刻本　四冊

410000－2241－0001855　26.1216/426/2

國史列傳儒林二卷循吏一卷文苑二卷賢良二

卷　（清）國史館編　清刻本　一冊

410000－2241－0001856　26.32981/633.03

汗簡三卷　（宋）郭忠恕撰　清光緒十六年(1890)影印本　三冊

410000－2241－0001857　26.1216/635

藝林悼友錄初集一卷二集一卷　（清）郭容光編　清光緒十八年(1892)刻本　一冊

410000－2241－0001858　26.1216/722

滿洲名臣傳四十八卷漢名臣傳三十二卷　（清）國史館編纂　清京都榮錦書坊刻本　八十冊

410000－2241－0001859　26.32981/633.2

汗簡七卷　（宋）郭忠恕撰　（清）鄭珍箋正　清光緒十五年(1889)廣雅書局刻廣雅書局叢書本　四冊

410000－2241－0001860　26.32981/633.2/2

汗簡七卷　（宋）郭忠恕撰　（清）鄭珍箋正　清光緒十五年(1889)廣雅書局刻廣雅書局叢書本　四冊

410000－2241－0001861　26.32981/633.2/3

汗簡七卷　（宋）郭忠恕撰　（清）鄭珍箋正　清光緒十五年(1889)廣雅書局刻廣雅書局叢書本　四冊

410000－2241－0001862　26.1216/723

清秘述聞十六卷　（清）法式善纂　清嘉慶四年(1799)刻本　二冊

410000－2241－0001863　26.1216/850

內閣漢票簽中書舍人題名一卷補遺一卷續編一卷續編補遺一卷　（清）孔憲彝輯　（清）鮑康等續輯　清咸豐十一年(1861)直房刻本　四冊

410000－2241－0001864　26.1216/928

文獻徵存錄十卷　（清）錢林輯　（清）王藻編　清咸豐八年(1858)有嘉樹軒刻本　十二冊

410000－2241－0001865　26.1216/935

碑傳集一百六十卷首二卷末二卷　（清）錢儀吉纂錄　清光緒十九年(1893)江蘇書局刻本

六十冊

410000－2241－0001866　26.3443/906

游歷日本圖經三十卷　（清）傅雲龍撰　清光緒十五年(1889)石印本　一冊　存一卷(二十四)

410000－2241－0001867　41.2422/955－2

說文解字通釋四十卷　（宋）徐鍇撰　（宋）朱翱反切　校勘記三卷　（清）承培元撰　清道光十九年(1839)壽陽祁氏刻本　七冊

410000－2241－0001868　41.2422/955－203

說文解字通釋四十卷　（宋）徐鍇撰　（宋）朱翱反切　校勘記三卷　（清）承培元撰　清光緒二年(1876)平江吳氏刻本　八冊

410000－2241－0001869　41.2422/955－204

說文解字通釋四十卷　（宋）徐鍇傳釋　清光緒九年(1883)江蘇書局刻本　八冊

410000－2241－0001870　41.2423/202

說文長箋一百卷首二卷解題一卷六書長箋七卷　（明）趙宧光撰　明崇禎四年(1631)吳郡趙均小宛堂刻本　三十四冊

410000－2241－0001871　26.709/329

禮經通論一卷　（清）邵懿辰著　清宣統三年(1911)上海國學扶輪社鉛印張氏適園叢書本　一冊

410000－2241－0001872　41.2425/879－2

說文解字注三十卷六書音均表二卷汲古閣說文訂一卷　（清）段玉裁撰　清同治十一年(1872)湖北崇文書局刻本　一冊　存一卷(汲古閣說文訂一卷)

410000－2241－0001873　41.2425/879

說文解字十四卷　（清）段玉裁注　（清）徐灝箋　檢字三卷　徐橚編　清光緒二十年(1894)桂林刻民國三年(1914)京師補刻本　三十二冊

410000－2241－0001874　41.2425/879/2

說文解字十四卷　（清）段玉裁注　（清）徐灝箋　檢字三卷　徐橚編　清光緒二十年

(1894)桂林刻民國三年(1914)京師補刻本　三十二冊

410000－2241－0001875　26.12165/184

嘉慶十九年進士登科錄不分卷　（清）□□輯　清嘉慶刻本　二冊

410000－2241－0001876　26.12173/372

癸酉科十八省鄉試同年錄(清同治十二年)一卷　（清）□□輯　清同治十二年(1873)刻本　一冊

410000－2241－0001877　41.2425/879.03/2

說文解字注三十卷六書音均表二卷汲古閣說文訂一卷　（清）段玉裁撰　清同治十一年(1872)湖北崇文書局刻本　十八冊

410000－2241－0001878　41.2425/879.03

說文解字注三十卷六書音均表二卷汲古閣說文訂一卷　（清）段玉裁撰　清同治十一年(1872)湖北崇文書局刻本　十六冊

410000－2241－0001879　26.12173/829

咸豐以來功臣別傳三十卷　朱孔彰撰　清光緒二十四年(1898)元和胡氏漸學廬石印漸學廬叢書第一集本　六冊

410000－2241－0001880　26.709/383

禮書附錄十二卷　（清）陳寶泉輯　清嘉慶二十五年(1820)含暉閣刻本　二冊

410000－2241－0001881　41.2425/926

段氏說文注訂八卷　（清）鈕樹玉撰　清同治十三年(1874)湖北崇文書局刻本　四冊

410000－2241－0001882　26.709/384

禮堂經說二卷　（清）陳喬樅撰　清道光十年(1830)小嫏嬛館刻本　一冊

410000－2241－0001883　41.2425/926/2

段氏說文注訂八卷　（清）鈕樹玉撰　清同治十三年(1874)湖北崇文書局刻本　二冊

410000－2241－0001884　26.709/410

溫故錄一卷　（清）長庚撰　清光緒三十三年(1907)食魚齋刻本　一冊

410000－2241－0001885　26.709/722

禮經釋例十三卷首一卷　（清）淩廷堪學　清嘉慶十四年(1809)儀徵阮元刻文選樓叢書本　六冊

410000－2241－0001886　26.709/917

羣經宮室圖二卷　（清）焦循撰　清光緒十一年(1885)梁谿朱氏小曝書亭刻本　二冊

410000－2241－0001887　26.12321/361

畿輔人物考八卷　（清）孫奇逢輯　（清）高鐈（清）孫立雅編　清同治八年(1869)刻孫夏峰全集本　八冊

410000－2241－0001888　26.12323/361

中州人物考八卷　（清）孫奇逢輯　清道光二十四年(1844)刻本　八冊

410000－2241－0001889　26.7091/306

儀禮鄭注句讀十七卷監本正誤一卷唐石經誤字一卷　（清）張爾岐句讀　清乾隆八年(1743)和衷堂刻本　六冊

410000－2241－0001890　26.70912/151

儀禮注疏五十卷　（漢）鄭玄注　（唐）陸德明音義　（唐）賈公彥疏　校勘記五十卷　（清）阮元撰　（清）盧宣旬摘錄　清嘉慶二十年(1815)南昌府學刻重刊宋本十三經注疏附校勘記本　十四冊

410000－2241－0001891　26.70912/215

儀禮正義四十卷　（清）胡培翬撰　清咸豐二年(1852)刻本　十六冊

410000－2241－0001892　41.2426/119

說文釋例二十卷附補正　（清）王筠學　清光緒十二年(1886)上海積山書局石印本　二冊

410000－2241－0001893　26.70912/217

儀禮釋官九卷首一卷　（清）胡匡衷撰　清同治八年(1869)研六閣刻本　四冊

410000－2241－0001894　26.70912/291

儀禮纂錄二卷　（清）李清植撰　清道光十年(1830)刻本　二冊

410000－2241－0001895　41.2426/252

說文解字義證五十卷　（清）桂馥學　清同治九年(1870)湖北崇文書局刻本　三十二冊

410000－2241－0001896　26.12351/677

姑蘇名賢小記二卷　（明）文震孟撰　清光緒八年(1882)長洲蔣氏心矩齋刻心矩齋叢書本　一冊

410000－2241－0001897　41.2426/252/2

說文解字義證五十卷　（清）桂馥學　清同治九年(1870)湖北崇文書局刻本　三十二冊

410000－2241－0001898　41.2426/252/3

說文解字義證五十卷　（清）桂馥學　清同治九年(1870)湖北崇文書局刻本　三十二冊

410000－2241－0001899　26.70912/294

儀禮集釋三十卷　（宋）李如圭撰　（清）陶福恒校訂　清刻本　十二冊

410000－2241－0001900　41.2426/545.02

說文測議七卷　（清）董詔輯　清道光四年(1824)刻本　四冊

410000－2241－0001901　41.2426/545

說文測議七卷　（清）董詔注　清道光二年(1822)羊城竹香齋刻本　四冊

410000－2241－0001902　41.2426/927

說文解字斠詮十四卷　（清）錢坫學　清光緒九年(1883)淮南書局刻本　六冊

410000－2241－0001903　41.2426/927/2

說文解字斠詮十四卷　（清）錢坫學　清光緒九年(1883)淮南書局刻本　六冊

410000－2241－0001904　26.70912/414

儀禮易讀十七卷　（清）馬駉輯　清乾隆三十八年(1773)山陰縣學刻本　四冊

410000－2241－0001905　26.12351/965

吳郡名賢圖傳贊二十卷　（清）顧沅輯　清道光九年(1829)長洲顧氏刻本　八冊

410000－2241－0001906　41.2427/119

說文繫傳校錄三十卷　（清）王筠撰　清咸豐七年(1857)刻王菉友九種本　二冊

410000－2241－0001907　26.70912/440

儀禮章句十七卷 （清）吳廷華撰 清乾隆二十二年（1757）東壁書莊刻本 六冊

410000－2241－0001908 41.2427/119/2

說文繫傳校錄三十卷 （清）王筠撰 清咸豐七年（1857）刻王菉友九種本 四冊

410000－2241－0001909 41.2427/119/3

說文繫傳校錄三十卷 （清）王筠撰 清咸豐七年（1857）刻王菉友九種本 四冊

410000－2241－0001910 41.2427/119/4

說文繫傳校錄三十卷 （清）王筠撰 清咸豐七年（1857）刻王菉友九種本 二冊

410000－2241－0001911 26.70912/494

儀禮注疏詳校十七卷 （清）盧文弨撰 清乾隆六十年（1795）餘姚盧氏抱經堂刻抱經堂叢書本 七冊

410000－2241－0001912 41.2427/411

說文段注撰要九卷 （清）馬壽齡述 清光緒九年（1883）金陵胡恩燮愚園刻本 四冊

410000－2241－0001913 26.70912/627

抗希堂十六種 （清）方苞撰 清康熙至嘉慶桐城方氏抗希堂刻本 八冊 存二種十八卷

410000－2241－0001914 41.2427/754.02

說文蠡箋十四卷 （清）潘奕雋述 清同治十三年（1874）吳郡潘氏三松堂刻本 二冊

410000－2241－0001915 26.70912/828

儀禮經傳通解三十七卷 （宋）朱熹撰 續二十九卷 （宋）黃榦 （宋）楊復撰 清康熙呂氏寶誥堂刻本 二十冊

410000－2241－0001916 26.70912/828

儀禮經傳通解三十七卷 （宋）朱熹撰 續二十九卷 （宋）黃榦 （宋）楊復撰 清康熙呂氏寶誥堂刻本 十二冊

410000－2241－0001917 41.2427/754.02/2

說文蠡箋十四卷 （清）潘奕雋述 清同治十三年（1874）吳郡潘氏三松堂刻本 二冊

410000－2241－0001918 26.12353/212

西湖三祠明賢考畧三卷首一卷 （清）戴啟文纂輯 清光緒三十年（1904）杭州任有容齋刻本 一冊

410000－2241－0001919 41.2427/754

說文蠡箋十四卷 （清）潘奕雋述 清嘉慶七年（1802）吳郡潘氏三松堂刻本 一冊

410000－2241－0001920 26.12353/724

浙江鄉試同年齒錄光緒辛卯科一卷 （清）□□輯 清光緒刻本 四冊

410000－2241－0001921 41.2427/926.02

說文解字十五卷 （漢）許慎撰 （清）鈕樹玉校錄 清光緒十一年（1885）江蘇書局刻本 四冊

410000－2241－0001922 41.2427/926

段氏說文注訂八卷 （清）鈕樹玉撰 清同治十三年（1874）湖北崇文書局刻本 二冊

410000－2241－0001923 616/C279（東區）

譔集傷寒世驗精法八卷首一卷 （明）張吾仁撰 清嘉慶二十二年（1817）思誠堂刻本 四冊

410000－2241－0001924 41.2427/994

說文校議十五卷 （清）姚文田 （清）嚴可均撰 清同治十三年（1874）歸安姚覲元刻邃雅堂全書本 六冊

410000－2241－0001925 41.2427/994/2

說文校議十五卷 （清）姚文田 （清）嚴可均撰 清同治十三年（1874）歸安姚覲元刻邃雅堂全書本 六冊

410000－2241－0001926 26.70914/834

儀禮釋宮一卷 （宋）李如圭撰 （清）陶福恒校 清刻本 一冊

410000－2241－0001927 26.70915/273

儀禮圖十七卷旁通圖一卷 （宋）楊復撰 清康熙十九年（1680）通志堂刻通志堂經解本 八冊

410000－2241－0001928 26.70917/215

研六室文鈔十卷 （清）胡培翬撰 清道光十七年（1837）涇川書院刻本 四冊

410000－2241－0001929　26.12374/183

梅州輿頌四卷　(清)李壽祺彙輯　清光緒四年(1878)刻本　一冊　存二卷(一至二)

410000－2241－0001930　26.124/260

元和姓纂十卷　(唐)林寶撰　(清)孫星衍(清)洪瑩校　清光緒六年(1880)金陵書局刻本　四冊

410000－2241－0001931　26.70917/915

四禮從宜一卷　(清)任若海撰　清道光二十四年(1844)武陟觀我堂刻本　一冊

410000－2241－0001932　26.70917/987

儀禮經注疏正譌十七卷　(清)金日追撰(清)張式慎校　清乾隆五十二年(1787)刻本　六冊

410000－2241－0001933　26.70922/370

儀禮注疏六十三卷　(漢)鄭玄注　(唐)陸德明音義　(唐)孔穎達疏　明崇禎十二年(1639)古虞毛氏汲古閣刻十三經注疏本　二十冊

410000－2241－0001934　26.70922/377

禮記鄭讀攷六卷　(清)陳壽祺學　(清)陳喬樅述　清道光十二年(1832)刻本　四冊

410000－2241－0001935　41.243/073.05

說文釋例二十卷附補正　(清)王筠學　清光緒九年(1883)成都御風樓刻本　十六冊

410000－2241－0001936　41.243/073

說文釋例二十卷附補正　(清)王筠學　清同治四年(1865)刻本　十冊

410000－2241－0001937　41.243/073.02

說文釋例二十卷附補正　(清)王筠學　清光緒九年(1883)成都御風樓刻成都菇古書局印本　二十冊

410000－2241－0001938　41.243/073＝2

說文發疑六卷續一卷　(清)張行孚述　清光緒九年至十年(1883－1884)安吉張氏邗上寓廬刻本　三冊

410000－2241－0001939　41.243/073＝2/2

說文發疑六卷續一卷　(清)張行孚述　清光緒九年至十年(1883－1884)安吉張氏邗上寓廬刻本　三冊

410000－2241－0001940　41.243/119

說文釋例二十卷附補正　(清)王筠學　清同治四年(1865)刻本　八冊　存十六卷(一至十六)

410000－2241－0001941　26.70922/383

禮記集說十卷　(元)陳澔纂　清末金陵李光明莊刻本　十冊

410000－2241－0001942　41.2431/275

六書辨通五卷例解一卷　(清)楊錫觀編輯　清乾隆八年(1743)嘉禾瑞石軒刻本　五冊

410000－2241－0001943　41.2431/289

六書系韻二十四卷首一卷檢字二卷　(清)李貞編輯　清光緒十六年(1890)李貞刻本　二十六冊

410000－2241－0001944　41.2431/341

漢學諧聲二十四卷附說文補考一卷　(清)戚學標學　清嘉慶九年(1804)涉縣刻本　八冊

410000－2241－0001945　41.2431/341/2

漢學諧聲二十四卷附說文補考一卷　(清)戚學標學　清嘉慶九年(1804)涉縣刻本　八冊

410000－2241－0001946　41.2431/435.02

字說一卷　(清)吳大澂撰　清光緒十九年(1893)思賢講舍刻本　一冊

410000－2241－0001947　41.2431/435.02/2

字說一卷　(清)吳大澂撰　清光緒十九年(1893)思賢講舍刻本　一冊

410000－2241－0001948　26.124/313

[江蘇常州]溝溪張氏宗譜不分卷　(清)張順格等主修　(清)張應芝等修　清光緒十九年(1893)百忍堂刻本　五冊

410000－2241－0001949　26.70922/383.02

禮記十卷　(元)陳澔集說　清嘉慶十年(1805)刻本　十冊

410000－2241－0001950　41.2431/447

六書十二聲傳十二卷解字贅言一卷　（清）呂調陽述　清光緒十四年(1888)葉長高刻觀象廬叢書本　九冊

410000－2241－0001951　26.70922/383.03
禮記十卷　（元）陳澔集說　清康熙九年(1670)崇道堂刻本　十冊

410000－2241－0001952　41.2431/471.02
六書通十卷　（明）閔齊伋編　（清）畢弘述篆訂　清康熙五十九年(1720)海鹽畢氏刻本　十六冊

410000－2241－0001953　41.2431/471.03
六書通十卷　（明）閔齊伋編　（清）畢弘述篆訂　清康熙五十九年(1720)海鹽畢氏刻本　八冊

410000－2241－0001954　41.2431/471.04
六書通十卷首一卷　（明）閔齊伋編　（清）畢弘述篆訂　清光緒十九年(1893)上海校經山房石印本　四冊　缺二卷(九至十)

410000－2241－0001955　26.124/340
[江蘇常州]盛氏族譜十六卷　（清）盛清學（清）盛熙瑞修　清光緒九年(1883)思成堂刻本　十六冊

410000－2241－0001956　26.124/357
三遷志十二卷　（清）王特選增纂　清刻本　四冊

410000－2241－0001957　41.2432/119
說文解字句讀三十卷附補正　（清）王筠撰集　清同治四年(1865)安邱王氏刻本　十四冊

410000－2241－0001958　41.2432/119/2
說文解字句讀三十卷附補正　（清）王筠撰集　清同治四年(1865)安邱王氏刻本　三冊

410000－2241－0001959　41.2432/119.02
說文解字句讀三十卷附補正　（清）王筠撰集　清光緒八年(1882)餘姚朱迼然四川刻本　十六冊

410000－2241－0001960　41.2432/119.03
說文句讀三十卷附補正　（漢）許慎記　（清）

王筠撰集　清同治四年(1865)安邱王氏刻本　十六冊

410000－2241－0001961　41.2432/119－2
說文韻譜校五卷　（清）王筠撰　清光緒十六年(1890)濰縣劉嘉禾素心琴室刻本　五冊

410000－2241－0001962　41.2432/119－2/2
說文韻譜校五卷　（清）王筠撰　清光緒十六年(1890)濰縣劉嘉禾素心琴室刻本　四冊

410000－2241－0001963　41.2432/119－2/3
說文韻譜校五卷　（清）王筠撰　清光緒十六年(1890)濰縣劉嘉禾素心琴室刻本　二冊

410000－2241－0001964　41.2432/221
說文字原韻表二卷　（清）胡重編　（清）金孝柏訂　清嘉慶十六年(1811)秀水金氏月香書屋刻蕑圃十種本　一冊

410000－2241－0001965　26.70922/428/2
欽定禮記義疏八十二卷首一卷　（清）鄂爾泰等撰　清刻本　三十二冊

410000－2241－0001966　26.70922/428
欽定禮記義疏八十二卷首一卷　（清）鄂爾泰等撰　清刻本　八冊

410000－2241－0001967　41.2432/313
說文審音十六卷　（清）張行孚撰　清光緒二十四年(1898)桐廬袁氏漸西村舍刻漸西村舍彙刊本　四冊

410000－2241－0001968　41.2432/313/2
說文審音十六卷　（清）張行孚撰　清光緒二十四年(1898)桐廬袁氏漸西村舍刻漸西村舍彙刊本　四冊

410000－2241－0001969　26.70922/503
從宜禮記讀本四卷　（清）荆壽峒輯注　清光緒三十三年(1907)刻本　二冊

410000－2241－0001970　41.2432/372
許氏說文解字雙聲疊韻譜一卷　（清）鄧廷楨撰　清光緒九年(1883)上海同文書局影印本　一冊

410000－2241－0001971　26.70922/627

禮記析疑四十八卷 （清）方苞撰 清刻本
六冊

410000－2241－0001972 41.2432/382

說文諧聲孳生述一卷 （清）陳立撰 清光緒
二十六年（1900）南陵徐氏積學齋刻鄦齋叢書
本 一冊

410000－2241－0001973 26.70922/634

禮記質疑四十九卷 （清）郭嵩燾撰 清光緒
十六年（1890）思賢講舍刻本 九冊 存三十
六卷（一至三十六）

410000－2241－0001974 26.70922/827

禮記訓纂四十九卷 （清）朱彬輯 清咸豐元
年（1851）寶應朱氏宜祿堂刻本 十冊

410000－2241－0001975 41.2432/523

苗氏說文四種 （清）苗夔撰 清道光、咸豐
間壽陽祁氏漢專亭刻本 八冊

410000－2241－0001976 41.2432/523/2

苗氏說文四種 （清）苗夔撰 清道光、咸豐
間壽陽祁氏漢專亭刻本 五冊

410000－2241－0001977 26.124/366

[河南焦作]孫氏族譜不分卷 （清）孫鏡心修
清光緒二十八年（1902）修武孫氏抄本
一冊

410000－2241－0001978 41.2432/523－2

說文聲訂二十八卷 （清）苗夔撰 清道光二
十一年（1841）壽陽祁氏漢專亭刻苗氏說文四
種本 四冊

410000－2241－0001979 610/C315/.03（東
區）

儒門事親十五卷 （金）張從正著 （明）吳勉
學校 清宣統二年（1910）寧波汲綆齋書局、
上海國學扶輪社石印本 六冊

410000－2241－0001980 41.2432/830

說文通訓定聲十八卷分部柬韻一卷說雅一卷
古今韻準一卷 （清）朱駿聲記錄 行述一卷
朱孔彰撰 清道光三十年（1850）臨嘯閣刻
本 二十四冊

410000－2241－0001981 41.2432/830/2

說文通訓定聲十八卷分部柬韻一卷說雅一卷
古今韻準一卷 （清）朱駿聲記錄 行述一卷
朱孔彰撰 清道光三十年（1850）臨嘯閣刻
本 六冊

410000－2241－0001982 26.70922/977

禮記二十卷 （漢）鄭玄注 清刻本 十冊

410000－2241－0001983 41.2432/830－2

說文通訓定聲十八卷分部柬韻一卷說雅一卷
古今韻準一卷 （清）朱駿聲記錄 行述一卷
朱孔彰撰 清道光三十年（1850）臨嘯閣刻
同治九年（1870）補刻本 十二冊

410000－2241－0001984 41.2432/955

說文解字韻譜十卷 （宋）徐鍇撰 清同治三
年（1864）吳縣馮桂芬刻本 二冊

410000－2241－0001985 41.2432/994

四聲易知錄四卷 （清）姚文田輯 清嘉慶十
七年（1812）歸安姚氏刻光緒八年（1882）廣州
補刻邃雅堂全書本 四冊

410000－2241－0001986 41.2432/994/2

四聲易知錄四卷 （清）姚文田輯 清嘉慶十
七年（1812）歸安姚氏刻光緒八年（1882）廣州
補刻邃雅堂全書本 四冊

410000－2241－0001987 26.709289/373

王制箋一卷 （清）皮錫瑞編 清光緒三十四
年（1908）思賢書局刻本 一冊

410000－2241－0001988 41.2433/281

說文引經攷異十六卷 （清）柳榮宗撰 清咸
豐二年（1852）刻本 四冊

410000－2241－0001989 41.2433/334

雷刻四種 （清）雷浚撰 清光緒二年至十年
（1876－1884）吳縣雷氏刻本 六冊

410000－2241－0001990 41.2433/334/2

雷刻四種 （清）雷浚撰 清光緒二年至十年
（1876－1884）吳縣雷氏刻本 二冊

410000－2241－0001991 26.70932/212

大戴禮記十三卷 （漢）戴德撰 清宣統三年

(1911)刻本　二冊

410000 - 2241 - 0001992　41.2433/334/3

雷刻四種　(清)雷浚撰　清光緒二年至十年(1876 - 1884)吳縣雷氏刻本　六冊

410000 - 2241 - 0001993　26.124/443

[江蘇武進]路氏宗譜十卷　(清)路俊煥纂修　清光緒十三年(1887)尚德堂刻本　十冊

410000 - 2241 - 0001994　26.70932/212.03

大戴禮記十三卷　(漢)戴德撰　清康熙五十七年(1718)刻本　一冊

410000 - 2241 - 0001995　41.2433/329

說文解字羣經正字二十八卷　(清)邵瑛學　清嘉慶二十一年(1816)餘姚邵氏桂隱書屋刻本　六冊

410000 - 2241 - 0001996　26.124/443 = 2

[江蘇武進]路氏宗譜十二卷　(清)路培德纂修　清宣統二年(1910)尚德堂刻本　十二冊

410000 - 2241 - 0001997　26.70932/370

大戴禮記補注十三卷　(清)孔廣森注　清同治十三年(1874)淮南書局刻本　四冊

410000 - 2241 - 0001998　26.70932/370/2

大戴禮記補注十三卷　(清)孔廣森注　清同治十三年(1874)淮南書局刻本　四冊

410000 - 2241 - 0001999　41.2433/377

說文引經攷證七卷互異說一卷　(清)陳瑑學　清同治十三年(1874)湖北崇文書局刻本　二冊

410000 - 2241 - 0002000　41.2433/377/2

說文引經攷證七卷互異說一卷　(清)陳瑑學　清同治十三年(1874)湖北崇文書局刻本　二冊

410000 - 2241 - 0002001　41.2433/433

說文引經攷二卷補遺一卷　(清)吳玉搢撰　清光緒九年(1883)歸安姚氏刻咫進齋叢書本　四冊

410000 - 2241 - 0002002　41.2433/574

說文答問疏證六卷　(清)薛傳均撰　清光緒

十年(1884)鄞縣郭傳璞金峨山館刻金峨山館叢書本　一冊

410000 - 2241 - 0002003　41.2433/574/2

說文答問疏證六卷　(清)薛傳均撰　清光緒十年(1884)鄞縣郭傳璞金峨山館刻金峨山館叢書本　一冊

410000 - 2241 - 0002004　41.2435/364

古籀拾遺三卷宋政和禮器文字攷一卷　(清)孫詒讓記　清光緒十四年至十六年(1888 - 1890)永嘉戴鍾毓刻本　二冊

410000 - 2241 - 0002005　26.124/502

[無錫錫山]華氏通九支宗譜二十八卷文獻考傳芳集十卷　(清)華立均修　清光緒三十年(1904)惇敍堂木活字印本　二十八冊

410000 - 2241 - 0002006　41.2435/364.03

古籀拾遺三卷宋政和禮器文字攷一卷　(清)孫詒讓記　清光緒十四年至十六年(1888 - 1890)永嘉戴鍾毓刻本　一冊

410000 - 2241 - 0002007　41.2435/435

說文古籀補十四卷補遺一卷附錄一卷　(清)吳大澂撰　清光緒二十四年(1898)刻本　三冊

410000 - 2241 - 0002008　41.2435/435/2

說文古籀補十四卷補遺一卷附錄一卷　(清)吳大澂撰　清光緒二十四年(1898)刻本　二冊

410000 - 2241 - 0002009　41.2435/435.03

說文古籀補十四卷補遺一卷附錄一卷　(清)吳大澂撰　清光緒七年(1881)刻本　二冊

410000 - 2241 - 0002010　26.124/526

[江蘇宜興]蔣氏宗譜四卷　(清)蔣晉蕃主修　(清)蔣鑽魁纂修　(清)蔣南生等監修　清光緒三十年(1904)孝思堂木活字印本　十六冊

410000 - 2241 - 0002011　41.2435/746

說文古本考十四卷　(清)沈濤纂　清光緒十年(1884)吳縣潘氏滂喜齋刻本　八冊

410000－2241－0002012　41.2435/746/3

說文古本考十四卷　（清）沈濤纂　清光緒十年(1884)吳縣潘氏滂喜齋刻本　十四冊

410000－2241－0002013　41.2435/746/2

說文古本考十四卷　（清）沈濤纂　清光緒十年(1884)吳縣潘氏滂喜齋刻本　八冊

410000－2241－0002014　26.124/526＝2

睢陽蔣氏家譜十二卷　（清）蔣念學纂修　清光緒三十四年(1908)刻本　十冊

410000－2241－0002015　41.2436/158

重文二卷　（清）丁午輯　清光緒八年(1882)廣雅書局刻本　二冊

410000－2241－0002016　41.2437/073

說文逸字二卷　（清）鄭珍撰　**附錄經說一卷**　（清）鄭知同撰　清咸豐八年(1858)遵義望山堂刻本　二冊

410000－2241－0002017　41.2437/309/2

說文佚字攷四卷　（清）張鳴珂撰　清光緒十三年(1887)豫章刻本　二冊

410000－2241－0002018　41.2437/309

說文佚字攷四卷　（清）張鳴珂撰　清光緒十三年(1887)豫章刻本　一冊

410000－2241－0002019　41.2437/334

說文外編十五卷補遺一卷　（清）雷浚撰　清光緒二年(1876)吳縣雷氏刻雷刻八種本　六冊

410000－2241－0002020　41.2437/926/2

說文新附攷六卷續攷一卷　（清）鈕樹玉撰　清嘉慶六年(1801)非石居刻同治七年(1868)碧螺山館補刻本　二冊

410000－2241－0002021　41.2437/926

說文新附攷六卷續攷一卷　（清）鈕樹玉撰　清嘉慶六年(1801)非石居刻同治七年(1868)碧螺山館補刻本　三冊

410000－2241－0002022　41.2437/972

說文新附攷六卷　（清）鄭珍記　清光緒五年(1879)歸安姚氏刻咫進齋叢書本　二冊

410000－2241－0002023　41.2438/308

說文楬原二卷　（清）張行孚綴　清光緒十一年(1885)維陽識小居刻本　一冊

410000－2241－0002024　41.2439/065

說文管見三卷　（清）胡秉虔撰　清同治十二年(1873)績溪胡氏世澤樓刻績溪胡氏叢書本　一冊

410000－2241－0002025　41.2439/221

說文管見三卷　（清）胡秉虔撰　清刻本　一冊

410000－2241－0002026　41.2439/231

說文辨字正俗八卷　（清）李富孫學　清嘉慶二十三年(1818)嘉興李氏校經廎刻本　四冊

410000－2241－0002027　41.2439/231/2

說文辨字正俗八卷　（清）李富孫學　清嘉慶二十三年(1818)嘉興李氏校經廎刻本　四冊

410000－2241－0002028　41.2439/231/3

說文辨字正俗八卷　（清）李富孫學　清嘉慶二十三年(1818)嘉興李氏校經廎刻本　四冊

410000－2241－0002029　41.244/303

類篇十五卷　（宋）司馬光等纂修　清光緒二年(1876)姚覲元川東官舍刻姚氏叢刻本　十四冊

410000－2241－0002030　41.244/303/2

類篇十五卷　（宋）司馬光等纂修　清光緒二年(1876)姚覲元川東官舍刻姚氏叢刻本　十六冊

410000－2241－0002031　41.244/362

倉頡篇三卷　（清）孫星衍學　**續本一卷**　(清)任大椿學　**補本二卷**　（清）陶方琦學　**補本續一卷**　（清）龔道耕輯　清光緒二十三年(1897)成都龔氏褒馨精舍刻本　十二冊

410000－2241－0002032　32.2916/331.03/4

皇朝經世文四編五十二卷　（清）何良棟輯　清光緒二十八年(1902)上海書局石印本　二冊

410000－2241－0002033　26.124/648

[江蘇]高氏續修宗譜二十四卷 （清）高裕芳纂修 清光緒三十年(1904)江陰裕遠堂木活字印本 二十四冊

410000－2241－0002034 41.244/667
通俗字林辨證五卷 （清）唐壎輯 清咸豐六年(1856)刻本 二冊

410000－2241－0002035 13.2292/285.02
二十五子彙函 （清）鴻文書局輯 清光緒十九年(1893)上海鴻文書局石印本 一冊 存二種二十六卷

410000－2241－0002036 41.244/722
止觀輔行傳宏決一卷 （唐）釋湛然撰 清同治八年(1869)吳縣潘氏刻本 一冊

410000－2241－0002037 41.244/915
字林考逸八卷 （清）任大椿學 清光緒七年(1881)會稽章壽康刻本 二冊

410000－2241－0002038 41.244/962.04
玉篇殘四卷又二卷 （南朝梁）顧野王撰 清光緒遵義黎氏日本東京使署刻古逸叢書本 一冊

410000－2241－0002039 610/C318（東區）
醫門棒喝四卷 （清）章楠著 （清）孫廷鉦參訂 （清）田晉元評點 二集傷寒論本旨九卷 （漢）張仲景（機）撰 （清）章楠編注 清道光刻本 十二冊

410000－2241－0002040 41.245/308.02
復古篇二卷 （宋）張有撰 校正一卷附錄一卷 （清）葛鳴陽輯 曾樂軒稿一卷 （宋）張維撰 安陸集一卷 （宋）張先撰 清光緒八年(1882)淮南書局刻本 三冊

410000－2241－0002041 41.245/455
急就篇四卷 （漢）史游撰 清嘉慶十七年(1812)襄露軒刻本 一冊

410000－2241－0002042 22.6313/103.073
[正德]武功縣志三卷首一卷 （明）康海撰 （清）孫景烈評注 清同治十二年(1873)湖北崇文書局刻本 一冊

410000－2241－0002043 41.245/550
文字蒙求廣義四卷 （清）王筠撰 （清）蒯光典補注 清光緒二十七年(1901)江楚書局刻本 五冊

410000－2241－0002044 41.245/550/2
文字蒙求廣義四卷 （清）王筠撰 （清）蒯光典補注 清光緒二十七年(1901)江楚書局刻本 五冊

410000－2241－0002045 616/T.254.1（東區）
陶節菴傷寒全生集四卷 （明）陶華撰 （清）葉桂 （清）劉大化評 清刻本 一冊

410000－2241－0002046 41.245/928
十經文字通正書十四卷 （清）錢坫篆 清乾隆四十一年(1776)江蘇宿遷東關錢坫抄本 四冊

410000－2241－0002047 26.124/667
[江蘇武進胡莊]唐氏宗譜十卷 （清）唐企寬主修 （清）唐開楨纂修 （清）唐企增監修 清光緒二十九年(1903)成美堂木活字印本 十二冊

410000－2241－0002048 41.246/879
四書字詁七十八卷羣經字詁七十二卷檢字一卷 （清）段諤廷撰 （清）黃本驥編訂 清道光二十九年(1849)黔陽楊氏刻本 十六冊

410000－2241－0002049 41.2461/166
續三十五舉一卷 （清）黃子高撰 清光緒三年(1877)刻學海堂叢刻本 一冊

410000－2241－0002050 41.2461/252
繆篆分韻五卷繆篆補五卷 （清）桂馥撰輯 清歸安姚覲元咫進齋刻遂雅堂全書本 二冊

410000－2241－0002051 41.2463/161
隸法彙纂十卷 （清）項懷述編錄 清乾隆四十五年(1780)小西山房刻本 五冊

410000－2241－0002052 41.2463/327
隸篇十五卷續十五卷再續十五卷 （清）翟雲升撰 清道光十七年至十八年(1837－1838)

東萊翟氏五經歲編齋刻本　　十冊

410000－2241－0002053　　41.2463/327/2

隸篇續十五卷再續十五卷　　(清)翟雲升撰
清道光二十四年(1844)東萊翟氏五經歲編齋
刻本　　一冊

410000－2241－0002054　　41.2463/480

漢隸字源五卷碑目一卷　　(宋)婁機輯　清光
緒三年(1877)歸安姚覲元咫進齋川東官舍刻
本　　六冊

410000－2241－0002055　　41.2463/885

隸韻十卷　　(宋)劉球纂　隸韻攷證二卷碑目
攷證一卷　　(清)翁方綱撰　清嘉慶十五年
(1810)刻本　　十二冊

410000－2241－0002056　　41.2463/885/2

隸韻十卷　　(宋)劉球纂　隸韻攷證二卷碑目
攷證一卷　　(清)翁方綱撰　清嘉慶十五年
(1810)刻本　　六冊

410000－2241－0002057　　41.2463/963

隸辨八卷　　(清)顧藹吉撰　清乾隆八年
(1743)江寧甘瑞祥刻本　　二十四冊

410000－2241－0002058　　26.124/754＝2

[安徽黃山]大佛潘氏支譜二十四卷　　(清)潘
遵祁　(清)潘冕纂修　清咸豐四年(1854)滎
陽潘氏松麟莊刻本　　十二冊

410000－2241－0002059　　41.2463/963.02

隸辨八卷　　(清)顧藹吉撰　清光緒十三年
(1887)上海蜚英館石印本　　八冊

410000－2241－0002060　　41.2463/963.04

隸辨八卷　　(清)顧藹吉撰　清同治十二年
(1873)漁古山房刻本　　八冊

410000－2241－0002061　　41.25/279

字彙十二卷首一卷末一卷韻法直圖一卷韻法
橫圖一卷　　(明)梅膺祚音釋　明萬曆四十三
年(1615)貴文堂刻本　　十四冊

410000－2241－0002062　　41.25/279.02

字彙十二卷首一卷末一卷韻法直圖一卷韻法
橫圖一卷　　(明)梅膺祚音釋　清康熙二十七

年(1688)書業堂刻本　　十四冊

410000－2241－0002063　　26.70937/389

戴禮緒言四卷　　(清)陸奎勳撰　清康熙五十
年(1711)刻本　　一冊

410000－2241－0002064　　41.25/279.03

字彙十二卷首一卷末一卷韻法直圖一卷韻法
橫圖一卷　　(明)梅膺祚音釋　清乾隆七年
(1742)富春堂刻本　　十四冊

410000－2241－0002065　　26.709381/117

夏小正戴氏傳訓解四卷考異一卷通論一卷
(清)王寶仁學　清同治十三年(1874)舊香居
刻本　　一冊

410000－2241－0002066　　26.709381/212

士禮居黃氏叢書十八種附二種　　(清)黃丕烈
輯　清嘉慶、道光間吳縣黃氏士禮居刻本
二冊　　存二種九卷

410000－2241－0002067　　41.25/468

字孽補二卷　　(清)易鏡清輯　(清)易本烺補
　清同治九年(1870)京山易氏刻本　　二冊

410000－2241－0002068　　41.25/502

字類標韻六卷　　(清)華綱輯　(清)王乃棠重
校　清光緒元年(1875)肆江王氏刻本　　二冊

410000－2241－0002069　　26.709281/363

檀弓二卷　　(清)孫濩孫評訂　(清)林中柟參
閱　清康熙六十年(1721)天心閣刻本　　一冊

410000－2241－0002070　　41.25/708

五音集字十卷集字繫聲二卷　　(清)汪朝恩纂
輯　清光緒三十四年(1908)渝城聖家書局刻
本　　十二冊

410000－2241－0002071　　26.709381/458

夏小正註解摘要一卷　　(清)閔寶樑輯　清光
緒七年(1881)木活字印本　　一冊

410000－2241－0002072　　26.709381/525

明堂陰陽夏小正經傳考釋十卷　　(清)莊述祖
撰　清光緒九年(1883)劉翊宸刻本　　四冊

410000－2241－0002073　　41.25/764

康熙字典十二集三十六卷總目一卷檢字一卷

辨似一卷等韻一卷補遺一卷備考一卷 （清）凌紹雯纂修 清康熙五十五年(1716)內府刻本 四十冊

410000－2241－0002074 55.832/401
大清道光十二年七政經緯躔度時憲書 （清）欽天監編 清道光十一年(1831)欽天監刻本 一冊

410000－2241－0002075 26.124/882
[常州]毘陵東青邱氏宗譜六卷 （清）邱文孝主修 （清）邱鳳鳴監修 （清）邱彝德主稿 清光緒七年(1881)常州樂善堂刻本 六冊

410000－2241－0002076 26.709381/906
夏小正戴氏傳四卷 （宋）傅崧卿注 校錄一卷 （清）黃丕烈撰 清光緒十三年(1887)刻本 一冊

410000－2241－0002077 41.25/764.02
康熙字典十二集三十六卷總目一卷檢字一卷辨似一卷等韻一卷補遺一卷備考一卷 （清）凌紹雯纂修 清光緒三十二年(1906)上海商務印書館石印本 六冊

410000－2241－0002078 41.25/764.02/2
康熙字典十二集三十六卷總目一卷檢字一卷辨似一卷等韻一卷補遺一卷備考一卷 （清）凌紹雯纂修 清光緒三十二年(1906)上海商務印書館石印本 二冊

410000－2241－0002079 26.709381/730
夏小正通釋一卷 （清）梁章鉅輯 清光緒十三年(1887)浙江書局刻本 一冊

410000－2241－0002080 55.832/401
大清道光十三年七政經緯躔度時憲書 （清）欽天監編 清道光十二年(1832)欽天監刻本 一冊

410000－2241－0002081 26.709381/747
夏小正傳箋一卷 （漢）戴德傳 （清）沈秉成箋 清同治二年(1863)刻本 一冊

410000－2241－0002082 26.7096/102
五禮通考二百六十二卷首四卷總目二卷

（清）秦蕙田編輯 （清）方觀承訂 清光緒六年(1880)江蘇書局刻本 一百冊

410000－2241－0002083 26.7096/102/3
五禮通考二百六十二卷首四卷總目二卷 （清）秦蕙田編輯 （清）方觀承訂 清光緒六年(1880)江蘇書局刻本 一百冊

410000－2241－0002084 26.7096/102/2
五禮通考二百六十二卷首四卷總目二卷 （清）秦蕙田編輯 （清）方觀承訂 清光緒六年(1880)江蘇書局刻本 一百二十冊

410000－2241－0002085 41.25/764.05
康熙字典十二集三十六卷總目一卷檢字一卷辨似一卷等韻一卷補遺一卷備考一卷 （清）凌紹雯纂修 清光緒二十二年(1896)點石齋石印本 六冊

410000－2241－0002086 26.7096/987
求古錄禮說十六卷補遺一卷 （清）金鶚著 清光緒二年(1876)孫熹刻本 十冊

410000－2241－0002087 26.70961/261
三禮陳數求義三十卷 （清）林喬蔭撰 清乾隆四十七年(1782)刻本 十二冊

410000－2241－0002088 41.259/116
正字略一卷 （清）王筠撰 清道光十四年(1834)仕學齋刻本 一冊

410000－2241－0002089 26.717/245
典禮質疑六卷 （清）杜貴墀撰 清光緒二十六年(1900)刻本 二冊

410000－2241－0002090 41.259/290
字錄二卷 （清）李調元撰 清刻本 二冊

410000－2241－0002091 41.259/292
字學七種 （清）李祕園輯 清光緒十二年(1886)醫學書局石印本 一冊

410000－2241－0002092 26.709381/119
夏小正一卷 （清）王筠撰 清光緒七年(1881)福山王氏天壤閣刻本 二冊

410000－2241－0002093 26.70967/947
讀禮通考一百二十卷 （清）徐乾學撰 清光

緒七年(1881)江蘇書局刻本　三十二冊

410000－2241－0002094　26.63354/878
粵漢鐵路收支帳略一卷　(清)□□編　清光
緒抄本　二冊

410000－2241－0002095　41.259/659
字學舉隅不分卷　(清)龍啟瑞　(清)黃本驥
輯　清道光二十六年(1846)刻本　一冊

410000－2241－0002096　41.259/700
字學舉隅不分卷　(清)龍啟瑞　(清)黃本驥
輯　清光緒九年(1883)梅華書屋刻本　一冊

410000－2241－0002097　26.72/348
三綱制服尊尊述義三卷　(清)夏炘撰　清咸
豐三年(1853)刻本　二冊

410000－2241－0002098　26.72/915
深衣釋例三卷　(清)任大椿撰　清刻本
一冊

410000－2241－0002099　26.72/915－2
弁服釋例八卷　(清)任大椿撰　清嘉慶元年
至二年(1796－1797)蕭山王宗炎刻本　六冊

410000－2241－0002100　26.722/534
全本禮記體注十卷　(清)范翔定　清致和堂
刻本　十冊

410000－2241－0002101　26.74/144
昏禮通考二十四卷首一卷　(清)曹庭棟輯
清乾隆十九年(1754)嘉善曹氏刻本　八冊

410000－2241－0002102　26.75/285
讀禮叢鈔十六種　(清)李輔燿輯　清光緒十
七年(1891)湘西李氏鞠園懷翼草廬刻本
六冊

410000－2241－0002103　26.75/829
歷代陵寢備考五十卷歷代宗廟附考八卷
(清)朱孔陽輯　清光緒三年(1877)申報館鉛
印申報館叢書本　七冊

410000－2241－0002104　26.76/657
洪廬江祀典徵實二卷　(清)章世溶編　清同
治八年(1869)涇縣鄉賢祠刻本　一冊

410000－2241－0002105　26.782/688
燕京歲時記不分卷　(清)富察敦崇編　清光
緒三十二年(1906)刻本　二冊

410000－2241－0002106　610/C.389/6(東
區)
醫學實在易八卷　(清)陳念祖著　(清)陳元
犀參訂　(清)陳心典　(清)陳心蘭校字　清
道光二十四年(1844)漁古山房刻本　六冊

410000－2241－0002107　26.124/934
吳越錢氏宗譜十卷　(清)錢度　(清)錢養正
纂修　清光緒十四年(1888)思本堂木活字印
本　六冊　缺三卷(二至四)

410000－2241－0002108　41.259/926
增廣字學舉隅四卷　(清)鐵珊輯　清同治十
三年(1874)蘭州郡署刻本　四冊

410000－2241－0002109　26.7921/266
都門紀略二卷　(清)楊靜亭編　清道光二十
五年(1845)刻本　二冊

410000－2241－0002110　41.261/212
輶軒使者絕代語釋別國方言十三卷　(清)戴
震疏證　清光緒八年(1882)汗青簃刻本
四冊

410000－2241－0002111　41.261/212.02
輶軒使者絕代語釋別國方言十三卷　(清)戴
震疏證　清乾隆曲阜孔氏微波榭刻戴氏遺書
本　六冊

410000－2241－0002112　26.7921/266.02
都門彙纂不分卷菊部群英一卷　(清)楊靜亭
編　(清)李靜山增補　清同治十二年(1873)
刻本(有圖)　五冊

410000－2241－0002113　41.261/312
續方言新校補二卷　(清)杭世駿撰　張慎儀
校補　清光緒三十一年(1905)刻簑園叢書本
一冊

410000－2241－0002114　26.792501/164
淞南夢影錄四卷　(清)黃式權撰　清光緒九
年(1883)上海申報館鉛印本　一冊

410000－2241－0002115　26.792501/521

滬游雜記四卷　（清）葛元煦纂　清光緒二年
(1876)刻本　四冊

410000－2241－0002116　41.261/630.02

輶軒使者絕代語釋別國方言十三卷　（漢）揚
雄記　（晉）郭璞注　校正補遺一卷　（清）盧
文弨校　清乾隆四十九年(1784)餘姚盧氏抱
經堂刻抱經堂叢書本　二冊

410000－2241－0002117　41.261/635

輶軒使者絕代語釋別國方言十三卷首一卷
(漢)揚雄記　（晉）郭璞注　續方言二卷
(清)杭世駿纂輯　續方言補一卷　（清）程際
盛纂　清光緒十七年(1891)思賢講舍刻本
三冊

410000－2241－0002118　26.79251/291

揚州畫舫錄十八卷　（清）李斗著　清道光十
九年(1839)刻本　四冊

410000－2241－0002119　41.261/936

輶軒使者絕代語釋別國方言箋疏十三卷
(清)錢繹撰　校勘記十三卷　（清）何翰章學
　清光緒十六年(1890)廣雅書局刻本　四冊

410000－2241－0002120　41.266/566

學詁齋文集二卷　（清）薛壽撰　清光緒十五
年(1889)廣雅書局刻廣雅書局叢書本　一冊

410000－2241－0002121　41.271/215

弟子箴言十六卷　（清）胡達源輯　清光緒二
十八年(1902)柏香書屋刻本　四冊

410000－2241－0002122　26.124/954

[常州武進]盧莊徐氏宗譜十六卷　（清）徐川
大　（清）徐蘭亭倡修　（清）徐仕銘　（清）
徐茂德增修　（清）徐仁庚　（清）徐浩益校訂
　清光緒三十二年(1906)常州武進固本堂木
活字印本　十六冊

410000－2241－0002123　26.79274/290

南越筆記十六卷　（清）李調元撰　清刻本
四冊

410000－2241－0002124　41.271/307

課子隨筆節鈔六卷　（清）張師載輯　（清）徐
桐節鈔　續編一卷　（清）徐桐輯　清同治十
年(1871)龍云齋刻本　四冊

410000－2241－0002125　27.44/179

原富五部　（英國）斯密亞丹撰　嚴復譯　清
光緒二十八年(1902)上海南洋公學譯書院鉛
印本　八冊

410000－2241－0002126　28.2971/104

閩產錄異六卷　（清）郭柏蒼輯　清光緒十二
年(1886)刻本　五冊

410000－2241－0002127　41.271/442

松花庵韻史一卷　（清）吳鎮撰　（清）包祖同
校　清光緒四年(1878)仁和葛氏嘯園刻嘯園
叢書本　一冊

410000－2241－0002128　41.271/511

龍文鞭影二集四卷　（明）蕭良有著　（明）楊
臣諍增訂　清光緒十二年(1886)江左書林刻
本　四冊

410000－2241－0002129　616/C317/3(東區)

傷寒論六卷本義一卷　（清）張志聰注釋
(清)高世栻纂集　清平遠樓刻本　六冊

410000－2241－0002130　29.29221/820

直隸工藝志初編八卷附圖　（清）周爾潤總纂
　（清）周庚張編輯　清光緒三十三年(1907)
天津工藝總局鉛印本　八冊

410000－2241－0002131　29.331/121

闢邪錄三卷　王錫祺輯　清光緒二十六年
(1900)南清河王氏小方壺齋鉛印本　一冊

410000－2241－0002132　41.271/511.02

龍文鞭影初集二卷二集二卷　（明）蕭良有著
　（明）楊臣諍增訂　清道光五年(1825)福文
堂刻本　四冊

410000－2241－0002133　29.63354/651－5

京漢鐵路工程收支款表冊　清光緒寫本
三冊

410000－2241－0002134　29.63354/651

京漢鐵路工程收支各款譯冊　清光緒寫本

一百二十六冊

410000－2241－0002135　29.63354/651－2
京漢鐵路南路行車收支各款表冊　清光緒寫本　七冊

410000－2241－0002136　610/C.391.1/3：2（東區）
辨證錄十四卷　（清）陳士鐸著述　（清）陶式玉參訂　清咸豐四年（1854）新華齋刻本　十二冊

410000－2241－0002137　29.63354/651－4
京漢鐵路盧保路收支清冊　清光緒寫本　五冊

410000－2241－0002138　41.212/749
沈氏韻經五卷　（南朝梁）沈約撰　（明）楊慎注　清康熙古燕張純修刻本　四冊

410000－2241－0002139　41.271/679
蒙養約編十篇　（清）顏厚庵輯　清同治二年（1863）玉成堂刻本　一冊

410000－2241－0002140　41.271/886
澄衷蒙學堂字課圖說四卷　劉樹屏撰　吳子城繪圖　清光緒二十七年（1901）澄衷蒙學堂石印本　八冊

410000－2241－0002141　29.65/331
江蘇海運全案十二卷　（清）賀長齡等纂　清道光六年（1826）刻本　十二冊

410000－2241－0002142　41.271/925
六藝綱目二卷發原一卷字原一卷　（元）舒天民述　（元）舒恭注　（明）趙宜中附注　清咸豐三年（1853）聊城楊氏海源閣刻海源閣叢書本　二冊

410000－2241－0002143　29.6579/546
江北運程四十卷首一卷　（清）董恂輯　清咸豐十年（1860）甘泉董氏京都刻本　四十一冊

410000－2241－0002144　41.271/989
程氏家塾讀書分年日程三卷綱領一卷　（元）程端禮編　清同治七年（1868）湖北崇文書局刻本　二冊

410000－2241－0002145　41.272/947
徐氏三種箋註　（清）徐士業輯　清光緒歙西徐氏書業堂刻本　三冊

410000－2241－0002146　29.7253/339
四川官運鹽案類編二十八卷續編十五卷　（清）唐炯編　清光緒七年至十六年（1881－1890）成都官鹽總局刻本　二十冊

410000－2241－0002147　26.12613/378
庸閒老人自敘一卷　（清）陳其元撰　清同治十二年（1873）刻本　一冊

410000－2241－0002148　41.551/681
音韻逢源四卷　（清）裕恩撰　清道光二十年（1840）京都聚珍堂書坊刻本　四冊

410000－2241－0002149　26.12617/357
孟子時事考徵四卷　（清）陳寶泉編　清嘉慶梓經堂刻本　四冊

410000－2241－0002150　41.551/717＝2
欽定清漢對音字式不分卷　（清）福隆安等撰　清道光十六年（1836）刻本　一冊

410000－2241－0002151　41.611/857
欽定同文韻統六卷　（清）允祿等纂修　清宣統二年（1910）理藩部刻本　五冊

410000－2241－0002152　41.611/857/2
欽定同文韻統六卷　（清）允祿等纂修　清宣統二年（1910）理藩部刻本　五冊

410000－2241－0002153　29.7253/269
兩浙鹽法續纂備考十二卷　（清）楊昌濬纂　清同治十三年（1874）兩浙鹽運使司刻本　十二冊

410000－2241－0002154　29.7253/724
長蘆鹽法志二十卷附編十卷　（清）黃掌綸纂　清嘉慶十年（1805）長蘆鹽運使刻本　二十四冊

410000－2241－0002155　29.768/717
東盛和債案報告十六卷　羅飴編　清宣統元年（1909）營口大清分銀行鉛印本　八冊

410000－2241－0002156　42.261/932

牧齋全集 （清）錢謙益撰 （清）錢曾箋注
清宣統二年(1910)邃漢齋鉛印本 四十冊

410000 - 2241 - 0002157 610/C.391.1/2（東區）

辨證奇聞十六卷 （清）陳士鐸撰 （清）文守江 文先五述 清乾隆四十一年(1776)積善堂刻本 二冊 存八卷(一至八)

410000 - 2241 - 0002158 43.081/186 - 2

隨園三十種 （清）袁枚撰 清乾隆、嘉慶間刻本 八十冊

410000 - 2241 - 0002159 26.126496/920

清賢記六卷 （明）尤鐘撰 清宣統三年(1911)上海國學扶輪社鉛印張氏適園叢書初集本 二冊

410000 - 2241 - 0002160 43.081/186.02

隨園三十六種 （清）袁枚撰 清光緒十八年(1892)上海圖書集成印書局鉛印本 五十冊

410000 - 2241 - 0002161 31.253/978

盛世危言六卷續編六卷 鄭觀應輯著 清光緒二十二年(1896)上海書局石印本 十冊 存十卷(一至三、五,續編六卷)

410000 - 2241 - 0002162 43.081/442

小窗四紀四種附一種 （明）吳從先撰 明萬曆四十一年(1613)金陵刻本 四十冊

410000 - 2241 - 0002163 43.2/888

藝概六卷 （清）劉熙載撰 清同治十二年(1873)刻本 二冊

410000 - 2241 - 0002164 31.253/978.02

盛世危言十四卷 鄭觀應輯著 清光緒二十一年(1895)鉛印本 八冊

410000 - 2241 - 0002165 43.204/478

西圃文說三卷詩說一卷詞說一卷 （清）田同之纂 清康熙、乾隆間德州田氏刻德州田氏叢書本 一冊

410000 - 2241 - 0002166 43.204/887.02

文心雕龍十卷 （南朝梁）劉勰撰 （清）黃叔琳輯注 清乾隆三年(1738)黃氏養素堂刻本

四冊

410000 - 2241 - 0002167 32.1/952

五大洲政治通考四十八卷 （清）徐淮宜輯 清光緒二十七年(1901)急先務齋石印本 十二冊

410000 - 2241 - 0002168 32.17/212

列國政要續編九十四卷首一卷 （清）戴鴻慈 （清）端方輯 清宣統三年(1911)上海商務印書館石印本 三十二冊

410000 - 2241 - 0002169 32.17/345

列國歲計政要十二卷首一卷 （英國）麥丁富得力編纂 （美國）林樂知口譯 （清）鄭昌棪筆述 清光緒元年(1875)江南製造總局刻本 一冊

410000 - 2241 - 0002170 32.29/117.02

熙朝紀政(石渠餘紀)四卷 （清）王慶雲述 清光緒二十八年(1902)京都琉璃廠刻本 四冊

410000 - 2241 - 0002171 43.204/887.3

文心雕龍十卷 （南朝梁）劉勰撰 （清）黃叔琳注 （清）紀昀評 清道光十三年(1833)兩廣節署刻朱墨套印本 四冊

410000 - 2241 - 0002172 32.291/250

通典二百卷 （唐）杜佑纂 清同治十年(1871)學海堂刻本 四十冊

410000 - 2241 - 0002173 610/C.397.1（東區）

辨證奇聞十五卷 （清）陳士鐸撰 （清）文守江 文先五述 清道光二十三年(1843)刻本 十二冊

410000 - 2241 - 0002174 32.291/416.2

正續文獻通考識大編二十四卷 （元）馬端臨著 （明）王圻續 （清）方若珽編 清康熙十一年(1672)刻本 五冊 存十六卷(一至十六)

410000 - 2241 - 0002175 26.12663/827

[朱可亭]行述不分卷 （清）朱必堦撰 清刻

本　一冊

410000－2241－0002176　32.291/495

文獻通考正續合編三十二卷首一卷 （清）盧
宣旬編　清嘉慶武寧盧宣旬署識字齋刻本
三十二冊

410000－2241－0002177　32.29115/364

周禮正義八十六卷 （清）孫詒讓學　清光緒
三十一年(1905)瑞安孫氏玉海樓鉛印本　十
二冊

410000－2241－0002178　26.12665/307

輓詩不分卷 （清）張青選　清刻本　一冊

410000－2241－0002179　43.2081/785

詩觸十六種 （清）朱琰輯　清刻本　五冊
存十二種十三卷

410000－2241－0002180　43.23164/197

聲調前譜一卷後譜一卷續譜一卷 （清）趙執
信撰　清乾隆因園刻本　一冊

410000－2241－0002181　32.29115/151

附釋音周禮注疏四十二卷 （漢）鄭玄注
(唐)陸德明音義　(唐)賈公彥疏　**校勘記四
十二卷** （清）阮元撰　(清)盧宣旬摘錄　清
嘉慶二十年(1815)南昌府學刻重刊宋本十三
經注疏附校勘記本　十二冊

410000－2241－0002182　55.832/401

大清道光十四年七政經緯躔度時憲書 （清）
欽天監編　清道光十三年(1833)欽天監刻本
一冊

410000－2241－0002183　32.29115/151.02

周禮注疏四十二卷附考證 （漢）鄭玄注
(唐)陸德明音義　(唐)賈公彥疏　清同治十
年(1871)廣東書局刻十三經注疏附考證本
十二冊

410000－2241－0002184　26.12665/382

[江夏陳鑾]名宦鄉賢錄一卷 （清）彭祖賢等
編　清光緒十四年(1888)都門刻本　一冊

410000－2241－0002185　32.29115/151.03

周禮六卷 （漢）鄭玄注　(唐)陸德明音義

清光緒二十年(1894)金陵書局刻本　六冊

410000－2241－0002186　26.12665/917

先府君事略一卷 （清）焦廷琥撰　清嘉慶二
十五年(1820)江都焦氏雕菰樓刻焦氏叢書本
一冊

410000－2241－0002187　43.232/334

韻府鉤沉五卷 （清）雷浚撰　清光緒十三年
(1887)吳縣雷氏刻雷刻八種本　二冊

410000－2241－0002188　43.232/602

詩韻輯略五卷 （明）潘恩著　明隆慶三年
(1569)刻本　五冊

410000－2241－0002189　32.29115/386

石遺室叢書 陳衍撰　清光緒至民國刻本
一冊　存二種四卷

410000－2241－0002190　32.29115/428/2

欽定周官義疏四十八卷首一卷 （清）鄂爾泰
等纂修　清同治七年(1868)合肥李瀚章刻本
(有圖)　二十四冊

410000－2241－0002191　32.29115/428

欽定周官義疏四十八卷首一卷 （清）鄂爾泰
等纂修　清同治七年(1868)合肥李瀚章刻本
(有圖)　六冊

410000－2241－0002192　26.12666/199

**[趙文恪公]行狀江君[江忠濟][江忠源]行
狀[曾惠敏公]行狀** （清）姚瑩狀　清光緒四
年(1878)刻本　一冊

410000－2241－0002193　32.29115/657

考工記論文二卷首一卷 （清）章震福撰　清
光緒三十三年(1907)農工商部印刷科鉛印本
一冊

410000－2241－0002194　32.29115/759

周禮十二卷 （清）姜兆錫輯義　清雍正九年
(1731)寅清樓刻九經補注本　六冊

410000－2241－0002195　43.232/712

杜韓詩句集韻三卷 （清）汪文柏輯　清康熙
四十五年至四十六年(1706－1707)練江汪氏
古香樓刻本　三冊

410000 – 2241 – 0002196　44.166/313

花甲閒談十六卷　（清）張維屏撰　清道光二
十年（1840）粵東富文齋刻本（有圖）　四冊

410000 – 2241 – 0002197　32.29115/856

明堂圖說一卷　（清）熊羅宿撰　清宣統二年
（1910）刻本　一冊

410000 – 2241 – 0002198　43.232/712/2

杜韓詩句集韻三卷　（清）汪文柏輯　清康熙
四十五年至四十六年（1706 – 1707）練江汪氏
古香樓刻本　四冊

410000 – 2241 – 0002199　32.29115/972

輪輿私箋二卷圖一卷　（清）鄭珍撰　清同治
七年（1868）獨山莫氏金陵刻本　二冊

410000 – 2241 – 0002200　43.232/712.02

杜韓詩句集韻三卷　（清）汪文柏輯　清康熙
四十五年至四十六年（1706 – 1707）練江汪氏
古香樓刻洞庭麟慶堂印本　六冊

410000 – 2241 – 0002201　43.232/822.02

佩文詩韻釋要五卷　（清）周兆基輯　清光緒
八年（1882）河南督學刻本　一冊

410000 – 2241 – 0002202　32.29115/977.02

周禮十二卷　（漢）鄭玄注　（唐）陸德明音義
　清同治七年（1868）湖北崇文書局刻本
六冊

410000 – 2241 – 0002203　43.232/822

佩文詩韻釋要五卷　（清）周兆基輯　（清）吳
寶恕錄　清光緒三年（1877）粵東使署刻本
二冊

410000 – 2241 – 0002204　32.29122/946

西漢會要七十卷　（宋）徐天麟撰　清光緒十
年（1884）江蘇書局刻本　十冊

410000 – 2241 – 0002205　43.232/822/2

佩文詩韻釋要五卷　（清）周兆基輯　（清）吳
寶恕錄　清光緒三年（1877）粵東使署刻本
二冊

410000 – 2241 – 0002206　32.29123/946

東漢會要四十卷　（宋）徐天麟撰　清光緒十

年（1884）江蘇書局刻本　八冊

410000 – 2241 – 0002207　26.12673/120

王仙根［偉楨］行述一卷　（清）□□撰　清光
緒刻本　一冊

410000 – 2241 – 0002208　26.12673/153

西太后一卷　（日本）中久喜信周著　清末新
學書會鉛印本　一冊

410000 – 2241 – 0002209　32.29132/118

唐會要一百卷　（宋）王溥撰　清光緒十年
（1884）江蘇書局刻本　二十四冊

410000 – 2241 – 0002210　26.12673/164

黃明經公［式三］言行略一卷　（清）黃以周撰
述　清刻本　一冊

410000 – 2241 – 0002211　43.232/988

詩韻集成十卷　（清）余照輯　清咸豐三年
（1853）涇邑西城湯一正館刻本　四冊

410000 – 2241 – 0002212　43.232/988.02

詩韻集成十卷　（清）余照輯　清刻本　二冊

410000 – 2241 – 0002213　32.29132/118 ＝ 2

唐摭言十五卷　（五代）王定保撰　清光緒五
年（1879）仁和葛氏嘯園刻嘯園叢書本　四冊

410000 – 2241 – 0002214　32.2915/445

實政錄七卷　（明）呂坤撰　清嘉慶二年
（1797）寧陵呂譽安刻本　八冊

410000 – 2241 – 0002215　32.2916/117

石渠餘紀六卷　（清）王慶雲撰　清光緒十六
年（1890）龍氏刻本　六冊

410000 – 2241 – 0002216　43.2326/638

詩韻類錦十二卷　（清）郭化霖編　（清）陳懋
功參訂　清道光刻本　四冊

410000 – 2241 – 0002217　32.2916/117.02

石渠餘紀六卷　（清）王慶雲撰　清刻本
六冊

410000 – 2241 – 0002218　32.2916/117 – 3

熙朝紀政（石渠餘紀）四卷　（清）王慶雲述
清光緒二十八年（1902）同文仁記石印本

六冊

410000－2241－0002219　32.2916/285

大清通禮五十四卷　（清）來保修　（清）李玉
鳴等纂　（清）穆克登額等續纂　清光緒九年
(1883)江蘇書局刻本　十二冊

410000－2241－0002220　32.2916/331/2

皇朝經世文續編一百二十卷　（清）盛康輯
清光緒二十三年(1897)武進盛氏思補樓刻本
八十冊

410000－2241－0002221　32.2916/331

皇朝經世文編一百二十卷姓名總目二卷
（清）賀長齡輯　清道光七年(1827)刻本　七
十二冊

410000－2241－0002222　32.2916/331.02

皇朝經世文編一百二十卷姓名總目二卷
（清）賀長齡輯　清光緒上海廣百宋齋刻本
二十四冊

410000－2241－0002223　43.2326/682

詩韻全璧五卷　題（清）惜陰主人編　清光緒
二十一年(1895)四明暢懷書屋刻本　六冊

410000－2241－0002224　43.23264/890

詩韻含英四卷　（清）劉文蔚輯　清乾隆二十
三年(1758)善成堂刻本　四冊

410000－2241－0002225　43.23273/736

詩韻合璧五卷　（清）湯文潞彙集　清光緒四
年(1878)上海淞隱閣鉛印本　五冊

410000－2241－0002226　26.12673/399/1

陶勤肅公[模]行述一卷附墓銘　（清）陶葆廉
（清）陶葆霖述　清刻本　一冊

410000－2241－0002227　26.12673/399/2

陶勤肅公[模]行述一卷附墓銘　（清）陶葆廉
（清）陶葆霖述　清刻本　一冊

410000－2241－0002228　32.2916/396

皇朝詞林典故六十四卷　（清）朱珪纂　清宣
統元年(1909)石印本　三十四冊

410000－2241－0002229　26.12673/892

劉秉璋行狀一卷　（清）劉體乾等述　清光緒

三十一年(1905)刻本　一冊

410000－2241－0002230　32.2916/331.03

皇朝經世文編一百二十卷姓名總目二卷
（清）賀長齡輯　清光緒二十五年(1899)上海
中西書局石印本　二十四冊

410000－2241－0002231　32.2916/331.2/2/2

皇朝經世文續編一百二十卷　（清）葛士濬輯
清光緒十四年(1888)上海圖書集成局鉛印
本　八冊

410000－2241－0002232　32.2916/331.2/2

皇朝經世文續編一百二十卷　（清）葛士濬輯
清光緒十四年(1888)上海圖書集成局鉛印
本　三十冊

410000－2241－0002233　32.2916/434

養吉齋叢錄二十六卷餘錄十卷　（清）吳振棫
撰　清光緒二十二年(1896)錢塘吳氏刻本
三冊

410000－2241－0002234　32.2916/857

宗室王公世職章京爵秩襲次全表十卷　（清）
牟其汶編　清光緒三十二年(1906)石印本
十冊

410000－2241－0002235　32.29161/306

會典簡明錄一卷　（清）張祥河輯　清光緒二
十三年(1897)桐廬袁氏漸西村舍刻漸西村舍
彙刊本　一冊

410000－2241－0002236　32.29161/306/2

會典簡明錄一卷　（清）張祥河輯　清光緒二
十三年(1897)桐廬袁氏漸西村舍刻漸西村舍
彙刊本刻本　一冊

410000－2241－0002237　32.29164/438

玉亭集十四卷　（清）吳高增撰　清乾隆二十
八年(1763)刻本　八冊

410000－2241－0002238　32.29164/857

欽定大清會典一百卷　（清）崑岡等纂修　清
刻本　十六冊

410000－2241－0002239　32.29166/946/2

牧令書二十三卷　（清）徐棟輯　清道光二十

八年(1848)興國李煒刻本　　八册

410000－2241－0002240　32.29166/946

牧令書二十三卷　(清)徐棟輯　清道光二十八年(1848)興國李煒刻本　　十六册　缺六卷(二至五、九、十二)

410000－2241－0002241　32.29173/111

皇朝蓄艾文編八十卷　于寶軒輯　清光緒二十九年(1903)上海官書局鉛印本　　四十册

410000－2241－0002242　610/C415（東區）

儒門醫學三卷附一卷　(英國)海德蘭撰　(英國)傅蘭雅口譯　(清)趙元益筆述　清末刻本　　四册

410000－2241－0002243　610/C415.02（東區）

儒門醫學三卷附一卷　(英國)海德蘭撰　(英國)傅蘭雅口譯　(清)趙元益筆述　清末刻本　　四册

410000－2241－0002244　32.29173/119

正學篇三卷　王仁俊撰　清光緒三十四年(1908)江蘇存古學堂鉛印本　　一册

410000－2241－0002245　32.29173/133

欽定吏部銓選則例漢官八卷滿官五卷　(清)錫珍等輯　清光緒刻本　　十九册

410000－2241－0002246　32.29173/223

西學通攷三十六卷　(清)胡兆鸞輯　清光緒二十七年(1901)上海書局石印本　　十二册

410000－2241－0002247　32.29173/270

紙上談十二卷　(清)李揚華撰　清同治八年(1869)瀞紅山館刻本　　四册

410000－2241－0002248　32.29173/354

大婚禮節不分卷　(清)内務府　(清)禮部編　清同治九年(1870)刻本　　一册

410000－2241－0002249　32.29173/362

芻論二卷　(清)孫鼎臣撰　清咸豐十年(1860)武昌節署刻本　　二册

410000－2241－0002250　32.29173/766

校邠廬抗議不分卷　(清)馮桂芬著　清光緒

九年(1883)津河廣仁堂刻本　　一册

410000－2241－0002251　32.29173/828

鶹言外篇一卷　(清)朱克敬撰　清末刻本　　一册

410000－2241－0002252　32.29173/901

新政真詮六編　何啟　胡禮垣編　清光緒二十七年(1901)格致新報館鉛印本　　六册

410000－2241－0002253　32.293/293

鶴徵錄八卷首一卷　(清)李集輯　(清)李富孫　(清)李遇孫續輯　後錄十二卷首一卷　(清)李富孫輯　清嘉慶十六年(1811)刻同治十一年(1872)漾葭老屋補刻本　　六册

410000－2241－0002254　32.294/118

摭言十五卷　(五代)王定保撰　清乾隆二十一年(1756)德州盧氏雅雨堂刻雅雨堂藏書本　　六册

410000－2241－0002255　32.294/337

夢談隨錄二卷　(清)厲秀芳撰　清咸豐五年(1855)刻本　　一册

410000－2241－0002256　32.294/653

欽定歷代職官表七十二卷首一卷　(清)永瑢等修　(清)紀昀等纂　清光緒二十二年(1896)廣雅書局刻廣雅書局叢書本　　二十二册

410000－2241－0002257　32.294/674

平津館叢書十集三十八種　(清)孫星衍輯　清光緒十一年(1885)吳縣朱氏槐廬家塾刻平津館叢書本　　一册　存三種四卷

410000－2241－0002258　32.294/984

書生初見一卷　(清)翁傳照撰　清光緒刻本　　一册

410000－2241－0002259　33.652/730

稱謂錄三十二卷　(清)梁章鉅撰　清光緒元年至十年(1875－1884)福州梁恭辰刻本　　八册

410000－2241－0002260　33.652/730/2

稱謂錄三十二卷　(清)梁章鉅撰　清光緒元

年至十年（1875－1884）福州梁恭辰刻本
八册

410000－2241－0002261　33.692/396
欽定康濟錄四卷　（清）陸曾禹撰　（清）倪國
璉釐正　清同治八年（1869）湖北崇文書局刻
本　四册

410000－2241－0002262　33.6927/269
籌濟編三十二卷首一卷　（清）楊景仁輯　清
光緒四年（1878）刻本　六册

410000－2241－0002263　33.698/100
十洲春雨三卷　題（清）二石生撰　清光緒三
年（1877）上海申報館鉛印申報館叢書本
一册

410000－2241－0002264　33.698/297
秦淮畫舫錄二卷　題（清）捧花生撰　清同治
十三年（1874）鉛印本　二册

410000－2241－0002265　26.127/362
晏子春秋七卷　（春秋）晏嬰撰　（清）孫星衍
校　音義二卷　（清）孫星衍撰　清乾隆五十
三年（1788）陽湖孫氏刻經訓堂叢書本　二册

410000－2241－0002266　33.698/302
上海品艷百花圖四卷　題（清）司香舊尉評花
　題（清）花下解人寫艷　清光緒十年（1884）
上海王氏刻本　二册

410000－2241－0002267　33.698/578
吳門百艷圖五卷　題（清）花下解人撰　清光
緒六年（1880）雪祿軒刻本　一册

410000－2241－0002268　33.698/578＝2
申報館叢書　題（清）尊聞閣主編　清同治至
光緒申報館鉛印本　一册　存二種四卷

410000－2241－0002269　26.12736/234
宋本韓柳二先生年譜　（清）馬曰璐輯　清雍
正七年（1729）廣陵馬氏小玲瓏山館刻光緒元
年（1875）隸釋齋重修本　四册

410000－2241－0002270　33.698/750
海上遊戲圖說四卷　題（清）遊戲主人編　清
光緒二十四年（1898）石印本　四册

410000－2241－0002271　33.698/808
鴻雪軒紀豔四種　題（清）藝蘭生輯　清同治
十三年（1874）上海申報館鉛印申報館叢書本
　二册

410000－2241－0002272　33.698/842
海上尋芳譜二卷　（清）鄒弢撰　清光緒十年
（1884）刻本　二册

410000－2241－0002273　33.698/962
海上群芳譜四卷　（清）恬宜居士撰　（清）顧
曲詞人評　清光緒十年（1884）上海申報館鉛
印申報館叢書本　一册

410000－2241－0002274　33.8251/581
光緒丙午年交涉要覽上篇一卷中篇二卷下篇
四卷　（清）北洋洋務局輯　清光緒三十四年
（1908）北洋官報局鉛印本　六册

410000－2241－0002275　33.8286/563
約章分類輯要三十八卷首一卷　蔡乃煌等纂
　清光緒二十六年（1900）湖南商務局刻本
三十册

410000－2241－0002276　33.8268/563
約章分類輯要三十八卷首一卷　蔡乃煌等纂
　清光緒二十六年（1900）湖南商務局刻本
十四册　存十九卷（一至十八、首一卷）

410000－2241－0002277　33.8268/652
和約彙抄六卷首一卷　（清）望炊輯　清光緒
四年（1878）上海申報館鉛印申報館叢書本
五册

410000－2241－0002278　26.12746/720
四洪年譜　（清）洪汝奎編輯　清宣統元年
（1909）洪氏晦木齋刻洪氏晦木齋叢書本
四册

410000－2241－0002279　26.127494/951
宋仁山金先生［履祥］年譜一卷　（明）徐袍編
　清乾隆九年（1744）金華金氏刻率祖堂叢書
本　一册

410000－2241－0002280　26.12753/314
曹月川先生［端］年譜二卷　（明）張信民著

（清）韓養元續輯　　家規輯略一卷　（明）曹端撰　　錄粹一卷　（明）孟化鯉輯　清順治十五年(1658)刻本　　三冊

410000－2241－0002281　26.12757/341
戚少保[繼光]年譜節要六卷　（明）戚祚國纂　清光緒十七年(1891)山東書局刻本　　一冊

410000－2241－0002282　26.12762/459
閻潛丘先生[若璩]年譜一卷　（清）張穆編　清道光二十七年(1847)壽陽祁氏刻本　　一冊

410000－2241－0002283　26.12762/465
冒巢民先生[襄]年譜一卷　冒廣生編　清光緒二十二年(1896)如皋冒廣生刻本　　一冊

410000－2241－0002284　26.12762/630
華野郭公[琇]年譜一卷　（清）郭廷翼編　清道光二十一年(1841)勝溪草堂刻本　　一冊

410000－2241－0002285　26.12762/814
周漁潢先生[起渭]年譜一卷　陳田編　清光緒二十年(1894)貴陽陳田聽詩齋刻陳氏叢書本　　一冊

410000－2241－0002286　26.12762/964
顧亭林先生[炎武]年譜一卷　（清）吳映奎輯　清光緒四年(1878)嘉興金吳瀾刻本　　一冊

410000－2241－0002287　610/C.447（東區）
六醴齋醫書十種　（清）程永培輯　清刻本　十冊　存七種四十二卷

410000－2241－0002288　26.12762/964－2
顧亭林先生[炎武]年譜一卷　（清）張穆編　清道光二十四年(1844)刻本　　一冊

410000－2241－0002289　26.12763/286/1
李恕谷先生[塨]年譜五卷　（清）馮辰纂　（清）劉調贊續纂　（清）惲鶴生訂　（清）李鍇修訂　清道光十六年(1836)金陵李誥刻本　　一冊

410000－2241－0002290　26.12763/286
李恕谷先生[塨]年譜五卷　（清）馮辰纂　（清）劉調贊續纂　（清）惲鶴生訂　（清）李鍇修訂　清道光十六年(1836)金陵李誥刻本　二冊

410000－2241－0002291　26.12763/286.02
李恕谷先生[塨]年譜五卷　（清）馮辰纂　（清）李鍇修訂　清嘉慶十九年(1814)刻本　六冊

410000－2241－0002292　26.12763/917
焦南浦先生[袁熹]年譜不分卷　（清）焦以敬　（清）焦以恕編　清光緒二十三年(1897)雲間木活字印本　　一冊

410000－2241－0002293　26.12764/713
雙池先生[汪紱]年譜四卷　（清）余龍光編次　清同治五年(1866)沱川理源刻光緒九年(1883)重修本　　四冊

410000－2241－0002294　26.12764/713.02
雙池先生[汪紱]年譜四卷　（清）余龍光編次　清同治五年(1866)沱川理源刻本　　二冊

410000－2241－0002295　26.12765/827
南厓府君[朱珪]年譜三卷　（清）朱錫經述　清嘉慶刻本　　三冊

410000－2241－0002296　26.12773/164
先府君[黃輔辰]行略一卷　（清）黃彭年述　清同治五年(1866)稿本　　一冊

410000－2241－0002297　26.12773/183
彭文敬公[蘊章]行狀一卷　（清）彭慰高狀　清光緒六年(1880)刻本　　一冊

410000－2241－0002298　617/H461（東區）
外科證治全書五卷末一卷　（清）許克昌　（清）畢法輯　清光緒八年(1882)刻本　　五冊

410000－2241－0002299　26.12773/291
漸西村舍彙刊　（清）袁昶輯　清光緒桐廬袁氏漸西村舍刻本　　一冊　存二種二卷

410000－2241－0002300　26.12773/329
雪泥鴻爪四編　（清）邵亨豫撰　邵松年　邵椿年補編　清光緒刻本　　一冊

410000－2241－0002301　26.12773/657
章午峰先生[邦元]年譜一卷日記一卷(清光緒十一年十二月至十二年正月)　（清）章家

祚追述　清光緒十八年(1892)銅陵章家祚刻本　一冊

410000 – 2241 – 0002302　26.12773/754

小浮山人年譜一卷　(清)潘曾沂撰　**潘功甫舍人家傳一卷**　(清)吳嘉洤撰　清咸豐二年(1852)刻本　一冊

410000 – 2241 – 0002303　26.12773/942

德壯果公[楞泰]年譜三十二卷首一卷　(清)花沙納纂　(清)王正墀撰　清咸豐六年(1856)致遠堂刻本　八冊　缺十六卷(十七至三十二)

410000 – 2241 – 0002304　26.12773/950

徐愚齋自敘年譜一卷　(清)徐潤撰　清宣統二年(1910)香山徐氏鉛印本　一冊

410000 – 2241 – 0002305　26.1279/437

歷代名人年譜十卷存疑及生卒年月無攷一卷　(清)吳榮光撰　清咸豐刻光緒二年(1876)京都寶經書坊印本　十冊

410000 – 2241 – 0002306　26.1279/437.02

歷代名人年譜十卷存疑及生卒年月無攷一卷　(清)吳榮光撰　清光緒元年(1875)南海張蔭桓刻本　十冊

410000 – 2241 – 0002307　26.129/829

中興將帥別傳三十卷　朱孔彰撰　清光緒二十三年(1897)江甯刻本　十冊

410000 – 2241 – 0002308　26.129/982

曾太傅毅勇侯傳略不分卷　(清)黎庶昌撰　清末刻本　一冊

410000 – 2241 – 0002309　26.129/291

李鴻章(中國四十年大事記)　梁啓超撰　清光緒二十七年(1901)石印本　一冊

410000 – 2241 – 0002310　26.129/291/2

李鴻章(中國四十年大事記)　梁啓超撰　清光緒二十七年(1901)石印本　一冊

410000 – 2241 – 0002311　26.12973/665

贈太子少保席公[寶田]行狀一卷　陳三立狀　清光緒十六年(1890)刻本　一冊

410000 – 2241 – 0002312　85.845/158

墨表四纂　(清)萬壽祺纂　清嘉慶二十三年(1818)黃氏士禮居刻本　一冊

410000 – 2241 – 0002313　26.3283/312

士那補釋一卷　(清)張義澍撰　清光緒十八年(1892)金陵刻本　一冊

410000 – 2241 – 0002314　26.3283/952

建昭鴈足鐙考二卷　(清)徐渭仁錄　清道光十七年(1837)上海徐渭仁刻本　一冊

410000 – 2241 – 0002315　33.6929/382

陳氏義莊條規一卷　(清)陳鑾撰　清光緒十四年(1888)都門刻本　一冊

410000 – 2241 – 0002316　26.329/100

三古圖　(清)黃晟輯　明萬曆三十一年(1603)吳萬化寶古堂刻清乾隆十七年至十八年(1752－1753)天都黃晟重修本　十六冊

410000 – 2241 – 0002317　34.039/158

公法便覽四卷續一卷　(美國)丁韙良譯　清光緒三年(1877)同文館鉛印本　六冊

410000 – 2241 – 0002318　35.16/252

棠陰比事一卷　(宋)桂萬榮撰　清道光二十九年(1849)上元朱緒曾影宋刻本　一冊

410000 – 2241 – 0002319　35.179/606

洗冤錄詳義四卷首一卷　(宋)宋慈撰　(清)許槤編校　**洗冤錄撿遺二卷**　(清)葛元煦編　**撿遺補一卷**　(清)張開運編　清光緒三年(1877)湖北藩署刻本　五冊

410000 – 2241 – 0002320　35.179/684

補註洗冤錄集證四卷　(宋)宋慈撰　(清)王又槐集證　(清)阮其新補註　**檢骨圖格一卷**　(清)刑部題定　作吏要言一卷　(清)葉鎮著　(清)朱椿增　清道光二十三年(1843)刻三色套印本　四冊

410000 – 2241 – 0002321　610/C519(東區)

醫理真傳四卷　(清)鄭壽全著　(清)汪天經等校正　清光緒十七年(1891)宏道堂刻本　二冊

410000－2241－0002322　26.329/984

兩漢金石記二十二卷　（清）翁方綱撰　清乾隆五十四年(1789)南昌使院刻本　八冊

410000－2241－0002323　26.329071/504

葉氏存古叢書四種　葉銘編　清宣統二年(1910)杭州西泠印社鉛印本　二冊

410000－2241－0002324　610/C519.02（東區）

醫理真傳四卷　（清）鄭壽全著　**醫法圓通四卷**　（清）鄭壽全編輯　（清）敬先甲評　清乾元堂刻本　一冊　存四卷(醫理真傳四卷)

410000－2241－0002325　35.29/291

資治新書初集十四卷首一卷二集二十卷　（清）李漁輯　清光緒二十年(1894)上海圖書集成印書局鉛印本　十二冊

410000－2241－0002326　35.29/973

折獄龜鑑八卷首一卷　（宋）鄭克撰　清光緒八年(1882)刻本　二冊

410000－2241－0002327　35.296/133

欽定吏部處分則例五十二卷　（清）吏部纂修　清刻本　二十冊

410000－2241－0002328　35.296/182

大清現行刑律三十六卷首一卷禁煙條例一卷秋審條款一卷　沈家本修　吉同鈞纂　清宣統二年(1910)鉛印本　十二冊

410000－2241－0002329　35.296/399

大清律例增修統纂集成四十卷督捕則例二卷　（清）陶駿　（清）陶念霖增修　清光緒二十八年(1902)上海文淵山房鉛印本　二十四冊

410000－2241－0002330　35.296/517

鹿洲公案二卷　（清）藍鼎元撰　（清）曠敏本評　清雍正七年(1729)刻本　四冊

410000－2241－0002331　35.2967/648/2

宦遊紀畧二卷　（清）高廷瑤録存　清同治元年(1862)刻本　一冊　存一卷(上)

410000－2241－0002332　36.039/815

周武壯公遺書九卷外集三卷別集一卷首二卷

附錄一卷　（清）周盛傳撰　清光緒三十一年(1905)金陵刻本　十冊

410000－2241－0002333　36.04/215

讀史兵略四十六卷　（清）胡林翼纂　清咸豐十一年(1861)武昌節署刻本　十六冊

410000－2241－0002334　36.042/170

廣名將傳二十卷　（明）黃道周注斷　清道光二十七年(1847)番禺潘氏海山仙館刻海山仙館叢書本　六冊

410000－2241－0002335　36.1/906

營工要覽四卷　（英國）傅蘭雅　汪振聲譯　清末江南製造總局鉛印本　一冊

410000－2241－0002336　26.329081/549

金石叢書十種　（清）董金南輯　清光緒十二年(1886)敦懷書屋刻本　二十冊

410000－2241－0002337　36.19/139

孫吳司馬法三種附一種　（清）孫星衍輯　清光緒十五年(1889)浙江書局刻本　二冊

410000－2241－0002338　33.8268/854

各國條款稅則不分卷　（清）□□輯　清末刻本　四冊

410000－2241－0002339　616/K323（東區）

傷寒論註四卷　（漢）張機撰　（清）柯琴編註　（清）馬中驊校訂　清刻本　一冊

410000－2241－0002340　610/C529（東區）

醫法圓通四卷　（清）鄭壽全編輯　（清）敬先甲評　（清）易廷金　（清）馮景奎校　清光緒十七年(1891)宏道堂刻本　二冊

410000－2241－0002341　26.3291/167

中州金石攷八卷　（清）黃叔璥輯　清乾隆六年(1741)刻本　四冊

410000－2241－0002342　44.264/167

秋盒遺稿不分卷　（清）黃易著　清宣統二年(1910)石印本　一冊

410000－2241－0002343　26.32910/291

金石三例再續編　（清）朱記榮輯　清光緒十四年(1888)吳縣朱氏行素草堂刻本　二冊

410000－2241－0002344　26.3291/309

山右金石記十卷　（清）張煦纂修　清光緒十五年(1889)刻本　六冊

410000－2241－0002345　36.19/139＝2

司馬法古注三卷音義一卷　曹元忠輯　清光緒二十年(1894)曹氏箋經室刻朱印箋經室叢書本　一冊

410000－2241－0002346　26.3291/309/1

山右金石記十卷　（清）張煦纂修　清光緒十五年(1889)刻本　六冊

410000－2241－0002347　36.19/292

神機制敵太白陰經十卷　（唐）李荃撰　清抄本　四冊

410000－2241－0002348　36.19/289

兵鏡類編四十卷首一卷　（清）李蕊編輯　清光緒九年(1883)刻本　二十冊

410000－2241－0002349　36.19/290

衛公兵法輯本三卷附一卷　（唐）李靖撰　清光緒十四年(1888)桐廬袁氏漸西村舍刻漸西村舍彙刊本　一冊

410000－2241－0002350　26.3291/348－2

山右金石錄一卷跋尾一卷校語一卷　（清）夏寶晉撰　清光緒八年(1882)歸安石氏古歡閣刻本　一冊

410000－2241－0002351　26.3291/362

京畿金石考二卷　（清）孫星衍撰　清光緒十四年(1888)長沙惜陰書局刻惜陰軒叢書本　二冊

410000－2241－0002352　26.3291/362/1

京畿金石考二卷　（清）孫星衍撰　清光緒十四年(1888)長沙惜陰書局刻惜陰軒叢書本　二冊

410000－2241－0002353　26.3291/375

兩浙金石志十八卷　（清）阮元編錄　**補遺一卷**　（清）阮福撰　清光緒十六年(1890)浙江書局刻本　十二冊

410000－2241－0002354　26.3291/375/3

兩浙金石志十八卷　（清）阮元編錄　**補遺一卷**　（清）阮福撰　清光緒十六年(1890)浙江書局刻本　六冊

410000－2241－0002355　26.3291/375/2

兩浙金石志十八卷　（清）阮元編錄　**補遺一卷**　（清）阮福撰　清光緒十六年(1890)浙江書局刻本　十二冊

410000－2241－0002356　26.3291/391/2

金石續編二十一卷首一卷　（清）陸耀遹撰（清）陸增祥校訂　清同治十三年(1874)武進毗陵陸氏雙白燕堂刻本　十六冊

410000－2241－0002357　36.19/613

武備輯要六卷　（清）許學范撰　（清）許乃釗輯　清道光十二年(1832)錢塘許氏廣州刻敏果齋七種本　三冊　存五卷(二至六)

410000－2241－0002358　26.3291/429

江甯金石記八卷待訪目二卷　（清）嚴觀輯　清宣統二年(1910)江楚編譯書局刻本　二冊

410000－2241－0002359　36.19/660

借箸錄三卷　（清）龔禮撰　清咸豐五年(1855)刻檀園四種本　二冊

410000－2241－0002360　36.19/713

太公兵法逸文一卷　（清）汪宗沂輯　清光緒二十年(1894)桐廬袁氏漸西村舍刻漸西村舍彙刊本　一冊

410000－2241－0002361　26.3291/271

湖北金石志十四卷　楊守敬撰　清光緒湖北通志局刻朱印本　十四冊

410000－2241－0002362　36.19/714

戊笈談兵十卷　（清）汪紱撰　清光緒二十年(1894)刻本　八冊

410000－2241－0002363　610/C679.3（東區）

簡易醫訣四卷　（清）周雲章著　清宣統元年(1909)刻本　四冊

410000－2241－0002364　26.3291/471

關中金石記八卷　（清）畢沅撰　**附記一卷**　（清）蔡汝霖編輯　清光緒三十四年(1908)渭

南嚴氏成都刻本　　四冊

410000－2241－0002365　　26.3291/471/2

關中金石記八卷　（清）畢沅撰　**附記一卷**
（清）蔡汝霖編輯　清光緒三十四年(1908)渭
南嚴氏成都刻本　　四冊

410000－2241－0002366　　36.292/463

欽定中樞政考七十二卷　（清）明亮編　清道
光五年(1825)刻本　　六十八冊　存六十九卷
（綠營一至二十一、二十三至二十七、二十九
至四十,八旗一至三十一）

410000－2241－0002367　　36.444/158

礮法畫譜一卷　（清）丁乃文撰　清光緒十四
年(1888)江南製造局鉛印本　　一冊

410000－2241－0002368　　26.3291/471.02

關中金石記八卷　（清）畢沅撰　清刻本
二冊

410000－2241－0002369　　26.3291/471.03

中州金石記五卷　（清）畢沅撰　清光緒八年
(1882)蛟川望三益齋邵氏刻本　　二冊

410000－2241－0002370　　26.3291/471.03/2

中州金石記五卷　（清）畢沅撰　清光緒八年
(1882)蛟川望三益齋邵氏刻本　　二冊

410000－2241－0002371　　615.12/L656（東
區）

黃帝素問宣明論方十五卷　（金）劉完素撰
（明)吳勉學校　清刻本　　三冊

410000－2241－0002372　　610/CI264.3（東
區）

名醫類案十二卷附錄一卷　（明)江瓘集
（清)余集等重校　清光緒二十年(1894)著易
堂刻本　　十二冊

410000－2241－0002373　　37.671/504

藏書紀事詩六卷　葉昌熾撰　清光緒二十三
年(1897)元和江標長沙學使署刻靈鶼閣叢書
本　　十二冊

410000－2241－0002374　　37.671/504/2

藏書紀事詩六卷　葉昌熾撰　清光緒二十三

年(1897)元和江標長沙學使署刻靈鶼閣叢書
本　　十二冊

410000－2241－0002375　　37.682/627

書林揚觶二卷　（清）方東樹撰　清道光十一
年(1831)儀衛軒刻本　　一冊

410000－2241－0002376　　37.683/842

讀書鐙一卷　（清）鄒福保纂　清宣統元年
(1909)江蘇存古學堂鉛印本　　一冊

410000－2241－0002377　　26.3291/767－2

金石綜例四卷　（清）馮登府纂　清光緒十三
年(1887)吳縣朱氏槐廬家塾刻槐廬叢書本
四冊

410000－2241－0002378　　26.3291/850

金石屑不分卷　（清）鮑昌熙撰　清光緒二年
(1876)刻本　　四冊

410000－2241－0002379　　37.685/262

平津館鑒藏記書籍三卷補遺一卷續編一卷
（清)孫星衍撰　清道光十九年(1839)刻本
四冊

410000－2241－0002380　　37.685/933

讀書敏求記四卷　（清）錢曾撰　清道光二十
七年(1847)番禺潘氏刻海山仙館叢書本
二冊

410000－2241－0002381　　37.686/113

讀書後八卷　（明)王世貞撰　清味菜廬木活
字印本　　一冊

410000－2241－0002382　　37.686/113.02

讀書後八卷　（明)王世貞撰　（清)顧朝泰校
清乾隆二十七年(1762)天隨堂刻本　　三冊

410000－2241－0002383　　37.686/166－2

士禮居藏書題跋記六卷　（清）黃丕烈撰
（清)潘祖蔭輯　清光緒十年(1884)吳縣潘祖
蔭滂喜齋刻本　　四冊

410000－2241－0002384　　37.6836/383

東塾讀書記十五卷　（清）陳澧撰　清刻本
一冊

410000－2241－0002385　　613/K263（東區）

弦雪居重訂遵生八牋十九卷總目一卷　（明）高濂編次　（明）鍾惺較閱　清道光十二年（1832）刻本　十冊

410000－2241－0002386　610/CI264.3/.02（東區）

名醫類案十二卷　（明）江瓘集　（清）余集等重校　清光緒二十二年（1896）畊餘堂鉛印本　六冊

410000－2241－0002387　610/CI455（東區）

嵩厓尊生書十五卷　（清）景日昣著　清刻本　六冊

410000－2241－0002388　615/W254/3（東區）

增評童氏醫方集解二十二卷增訂童氏本草備要八卷　（清）汪昂著輯　（清）李保常批點　清光緒二十二年（1896）上海圖書集成印書局鉛印本　六冊

410000－2241－0002389　615/W254/2（東區）

圖註本草醫方合編　（清）汪昂輯　（清）汪恒參訂　清寶文堂刻本　六冊

410000－2241－0002390　615/w244.02（東區）

唐王燾先生外臺秘要方四十卷　（唐）王燾撰　（宋）林億等上進　（明）陸錫明校閱　（明）程衍道訂梓　清光緒二十四年（1898）上海圖書集成印書局鉛印本　十冊

410000－2241－0002391　610/F328（東區）

馮氏錦囊秘錄八種　（清）馮兆張纂輯　（清）羅如桂等校　清大文堂刻本　二十四冊　存三種四十一卷

410000－2241－0002392　615.1/C389.1（東區）

神農本草經讀四卷附一卷　（清）陳念祖著　清刻本　四冊

410000－2241－0002393　610/H.467（東區）

東醫寶鑑二十三卷目錄二卷　（朝鮮）許浚撰　清刻本　二十四冊

410000－2241－0002394　610/H.467.02（東區）

東醫寶鑑二十三卷目錄二卷　（朝鮮）許浚撰　清道光二十七年（1847）崇順堂刻本　二十五冊

410000－2241－0002395　610/L194（東區）

普門醫品四十八卷補遺四卷　（明）王化貞編　（清）郎廷模輯　（清）蔡一治校閱　清康熙三十三年（1694）廣甯郎氏娛暉堂刻本　四冊　存五卷（普門醫品三十至三十二、補遺一至二）

410000－2241－0002396　610/L339（東區）

證治彙補八卷　（清）李用粹著　（清）唐玉書等校　清末江左書林石印本　六冊

410000－2241－0002397　610/L339/2（東區）

證治彙補八卷　（清）李用粹著　（清）唐玉書等校　清末江左書林石印本　二冊　存四卷（一至四）

410000－2241－0002398　610/K775（東區）

豫醫雙璧二種　吳重憙輯　清宣統元年（1909）海豐吳氏梁園節署鉛印本　八冊

410000－2241－0002399　610/L341.1（東區）

醫經允中集成二十四卷　（清）李熙和纂述　（清）李法坤等參訂　清道光十一年（1831）松筠閣刻本　八冊

410000－2241－0002400　610/L536/.02（東區）

類證治裁八卷首一卷附一卷　（清）林珮琴著　（清）林芝本校　清光緒十年（1884）丹陽林氏研經堂刻本　二冊

410000－2241－0002401　615.12/C.389/3（東區）

景岳新方砭四卷金匱方歌括六卷醫學三字經四卷　（清）陳念祖撰　清刻本　五冊　缺二卷（醫學三字經三至四）

410000－2241－0002402　610/L656/.02（東區）

醫學集成四卷　（清）劉仕廉纂輯　（清）李培

郁校正　清同治十二年（1873）刻本　四冊

410000－2241－0002403　615.12/F236/2（東區）

醫醇賸義四卷　（清）費伯雄著　（清）費應蘭編次　清同治二年（1863）刻本　四冊

410000－2241－0002404　610/L787.3（東區）

三世醫驗五卷　（明）陸嶽著　（明）陸桂（明）陸士龍輯　（明）盧明銓發明　清道光十八年（1838）刻本　二冊

410000－2241－0002405　37.686/537

讀書小記二十種　（清）范爾梅撰　清雍正七年（1729）敬恕堂刻本　十冊

410000－2241－0002406　26.32914/886.02

金石苑六卷　（清）劉喜海編　清道光二十六年至二十八年（1846－1848）東武劉喜海來鳳堂刻本　十六冊

410000－2241－0002407　26.3291/984

兩漢金石記二十二卷　（清）翁方綱撰　清乾隆五十一年（1786）刻本　四冊

410000－2241－0002408　26.32911/203

竹崦盦金石目錄五卷　（清）趙魏編　清宣統元年（1909）錢塘吳士鑒長沙刻本　五冊

410000－2241－0002409　26.3291/984－2

粤東金石略九卷首一卷九曜石考二卷　（清）翁方綱錄　清乾隆三十六年（1771）石洲艸堂刻本　六冊

410000－2241－0002410　26.32914/635

試訓堂叢書　（清）章壽康輯　清光緒會稽章氏刻本　一冊　存二種四卷

410000－2241－0002411　26.127494/951

金華呂東萊先生正學編一卷　（宋）呂祖謙撰　清乾隆金華金氏刻率祖堂叢書本　一冊

410000－2241－0002412　43.235/707

旅譚五卷　（清）汪琼撰　清光緒十一年（1885）刻本　二冊

410000－2241－0002413　43.235/908

說詩樂趣類編二十卷偶詠草續集一卷　（清）

伍涵芬定　（清）汪鳴韶參訂　清嘉慶六年（1801）經國堂刻本　八冊

410000－2241－0002414　43.23532/695

三唐詩品三卷　宋育仁撰　清末攷雋堂刻本　一冊

410000－2241－0002415　43.23532/803

詩人玉屑二十卷　（宋）魏慶之撰　清光緒三十年（1904）古松堂刻本　八冊

410000－2241－0002416　43.23546/222.02

漁隱叢話前集六十卷後集四十卷　（宋）胡仔纂集　清乾隆耘經樓刻本　十冊

410000－2241－0002417　43.23546/306

歲寒堂詩話二卷　（宋）張戒撰　清刻本　一冊

410000－2241－0002418　43.2356/730

閩川閨秀詩話四卷　（清）梁章鉅撰　清道光二十九年（1849）刻本　一冊

410000－2241－0002419　43.23562/113

帶經堂詩話三十卷首一卷　（清）漁洋山人（王士禛）撰　（清）張宗柟輯　清乾隆刻本　二冊

410000－2241－0002420　43.23562/113.02

漁洋詩話二卷　（清）王貽上（士禛）撰　清宣統二年（1910）上海掃葉山房石印本　一冊

410000－2241－0002421　43.23562/113－2

漁洋山人詩問二卷　（清）王士禛撰　清乾隆刻本　一冊

410000－2241－0002422　43.23562/684

柳亭詩話三十卷　（清）宋長白纂　清康熙天茁園刻光緒八年（1882）重修本　十二冊

410000－2241－0002423　43.23562/781

西河詩話一卷詞話一卷　（清）毛奇齡撰　清宣統三年（1911）上海文瑞樓石印本　一冊

410000－2241－0002424　43.23565/186

隨園詩話十六卷補遺十卷　（清）袁枚撰　清光緒十八年（1892）勤裕堂鉛印隨園三十八種本　四冊

410000 – 2241 – 0002425　43.23565/186 – 3

隨園詩話十六卷補遺十卷　（清）袁枚撰　清光緒三十四年（1908）上海集成圖書公司鉛印隨園三十六種本　六冊

410000 – 2241 – 0002426　26.782/688.02

燕京歲時記不分卷　（清）富察敦崇編　清光緒二十五年至二十六年（1899 – 1900）稿本　二冊

410000 – 2241 – 0002427　43.23573/111

柳隱叢譚四卷　（清）于源撰　清道光三十年（1850）刻本　二冊

410000 – 2241 – 0002428　43.23573/111 – 2

鐙窗瑣話十卷　（清）于源撰　清道光二十七年（1847）刻一粟廬合集本　二冊　存五卷（一至五）

410000 – 2241 – 0002429　43.23573/627

昭昧詹言十卷續八卷續錄二卷附錄一卷陶詩附考一卷　（清）方東樹撰　清宣統元年（1909）安徽官紙印刷局鉛印本　四冊

410000 – 2241 – 0002430　43.237162/522

詞律二十卷　（清）萬樹論次　（清）吳興祚鑒定　清康熙二十六年（1687）陽羨萬氏堆絮園刻本　八冊

410000 – 2241 – 0002431　43.237162/522.02

詞律二十卷　（清）萬樹論次　**拾遺六卷**（清）徐本立纂　**補遺一卷**　（清）杜文瀾編清光緒二年（1876）吳下刻本　十六冊

410000 – 2241 – 0002432　43.237162/522.02/2

詞律二十卷　（清）萬樹論次　**拾遺六卷**（清）徐本立纂　**補遺一卷**　（清）杜文瀾編清光緒二年（1876）吳下刻本　十二冊

410000 – 2241 – 0002433　43.237166/616

碎金詞譜六卷　（清）謝元淮撰　（清）陳應祥譜　清抄本　六冊

410000 – 2241 – 0002434　43.237173/947

詞律拾遺八卷　（清）徐本立撰　清同治十二年（1873）吳下刻本　四冊

410000 – 2241 – 0002435　43.237241/925

白香詞譜不分卷晚翠軒詞韻不分卷　（清）舒夢蘭輯　清宣統元年（1909）振始堂石印本二冊

410000 – 2241 – 0002436　43.237266/401

詞林正韻三卷發凡一卷　（清）戈載輯　清光緒七年（1881）臨桂王鵬運四印齋刻本　一冊

410000 – 2241 – 0002437　43.237266/401.02

詞林正韻三卷發凡一卷　（清）戈載輯　清同治十二年（1873）俞氏定齋刻本　二冊

410000 – 2241 – 0002438　615.12/L794（東區）

增訂治療彙要三卷　（清）過鑄著　清光緒三十年（1904）成都官報書局鉛印本　二冊

410000 – 2241 – 0002439　43.239/360

四六叢話三十三卷選詩叢話一卷　（清）孫梅輯　清光緒七年（1881）吳下刻本　十二冊

410000 – 2241 – 0002440　37.686/845

花近樓叢書序跋記二卷　（清）管庭芬撰　清宣統三年（1911）上海國學扶輪社鉛印本一冊

410000 – 2241 – 0002441　37.686/860

重編紅雨樓題跋二卷　（明）徐熥撰　繆荃孫輯　清宣統三年（1911）新陽趙氏峭帆樓刻峭帆樓叢書本　三冊

410000 – 2241 – 0002442　43.242/173

紅樓夢散套十六卷　題（清）荊石山民填詞（清）黃兆魁訂譜　清光緒八年（1882）刻本四冊

410000 – 2241 – 0002443　37.6861/994

惜抱軒書錄四卷　（清）姚鼐撰　清光緒五年（1879）桐城徐宗亮刻惜抱軒遺書本　一冊

410000 – 2241 – 0002444　610/L787.6（東區）

素仙簡要四卷　（清）奎瑛著　（清）鍾祿校訂清道光二十四年（1844）刻本　四冊

410000 – 2241 – 0002445　37.6863/920

二初齋讀書記十卷首一卷 （清）倪思寬撰
清刻本 一冊

410000－2241－0002446 43.242/290

一笠菴北詞廣正譜十八卷南戲北詞正謬一卷
（明）徐于室（廣卿）撰 （清）鈕少雅樂句
（清）李玄玉（玉）更定 清康熙青蓮書屋刻
本（原缺卷十二至十三、十五） 八冊

410000－2241－0002447 43.242/504/2

納書楹曲譜正集四卷續集四卷外集二卷補遺
四卷玉茗堂四夢全譜八卷 （清）葉堂訂譜
（清）王文治參訂 清乾隆五十七年至五十九
年(1792－1794)長州葉氏納書楹刻本 二
十冊

410000－2241－0002448 43.242/504

納書楹曲譜正集四卷續集四卷外集二卷補遺
四卷玉茗堂四夢全譜八卷 （清）葉堂訂譜
（清）王文治參訂 清乾隆五十七年至五十九
年(1792－1794)長州葉氏納書楹刻本 二十
二冊

410000－2241－0002449 37.687/121

讀書雜志八十二卷餘編二卷 （清）王念孫撰
清光緒二十年(1894)上海醉六堂石印本
二冊

410000－2241－0002450 37.687/121.02

讀書雜志八十二卷餘編二卷 （清）王念孫撰
清同治九年(1870)南京金陵書局刻本 二
十四冊

410000－2241－0002451 37.687/353

稽古日鈔八卷 （清）郁文等輯 清乾隆二十
九年(1764)秋曉山房刻本 四冊

410000－2241－0002452 37.687/455

滙東手談三十二卷 （清）史珥著 清乾隆四
十一年(1776)萩潤書屋刻本 十六冊

410000－2241－0002453 37.687/482

眼學偶得一卷 羅振玉撰 清光緒十七年
(1891)刻本 一冊

410000－2241－0002454 37.687/720＝2

曉讀書齋初錄二卷二錄二卷三錄二卷四錄二
卷 （清）洪亮吉著 清光緒三年(1877)陽湖
洪用懃授經堂刻洪北江全集本 一冊 存二
卷(初錄二卷)

410000－2241－0002455 37.687/720

讀書叢錄二十四卷 （清）洪頤煊撰 清道光
二年(1822)廣東富文齋刻本 八冊

410000－2241－0002456 43.26/730

制義叢話二十四卷 （清）梁章鉅撰 清咸豐
九年(1859)知足知不足齋刻本 八冊

410000－2241－0002457 37.687/990

癸巳類稿十五卷 （清）俞正燮撰 清道光十
三年(1833)求日益齋刻本 十冊

410000－2241－0002458 37.687/990.02

癸巳類稿十五卷 （清）俞正燮撰 清道光十
三年(1833)求日益齋刻本 八冊

410000－2241－0002459 37.687/990－2

癸巳存稿十五卷崇祀鄉賢事實一卷 （清）俞
正燮撰 清光緒十年(1884)姚清祺刻本
八冊

410000－2241－0002460 32.2916/331.03/5

皇朝經世文新編二十一卷 麥仲華輯 清光
緒二十七年(1901)上海日新社石印本 二
十冊

410000－2241－0002461 37.687/994＝2

援鶉堂筆記經部十三卷史部十卷子部一卷集
部四卷 （清）姚範撰 清嘉慶二十四年
(1819)刻本 八冊

410000－2241－0002462 44.1/199

趙菁衫自選古文檢不分卷 （清）趙國華編
清宣統三年(1911)王金綬鉛印本 一冊

410000－2241－0002463 37.688/113

讀書記疑十六卷 （清）王懋竑撰 清同治十
一年(1872)寶應王氏刻本 八冊

410000－2241－0002464 37.688/247

詞律校勘記二卷 （清）杜文瀾撰 清咸豐十
一年(1861)秀水杜氏曼陀羅華閣刻曼陀羅華

閣叢書本　一冊　存一卷（上）

410000－2241－0002465　37.688/364/2

札迻十二卷　（清）孫詒讓撰　清光緒二十年（1894）刻本　四冊

410000－2241－0002466　37.688/364

札迻十二卷　（清）孫詒讓撰　清光緒二十年（1894）刻本　六冊

410000－2241－0002467　37.688/380－2

文道十書　（清）陳景雲撰　清乾隆十九年（1754）陳黃中樸茂齋刻本　三冊

410000－2241－0002468　37.688/380

綱目訂誤四卷　（清）陳景雲撰　清康熙四十二年（1703）刻本　一冊

410000－2241－0002469　37.688/494

羣書拾補三十九卷　（清）盧文弨撰　清光緒十三年（1887）上海蜚英館石印本　八冊

410000－2241－0002470　37.688/494.03

羣書拾補三十九卷　（清）盧文弨撰　清光緒十三年（1887）上海蜚英館石印本　八冊

410000－2241－0002471　37.688/596

羣書斠識　（清）常庸纂　清光緒八年（1882）安越堂刻本　四冊

410000－2241－0002472　37.688/832

羣書札記十六卷　（清）朱亦棟學　清光緒四年（1878）武林竹簡齋刻本　六冊

410000－2241－0002473　37.688/832/3

羣書札記十六卷　（清）朱亦棟學　清光緒四年（1878）武林竹簡齋刻本　六冊

410000－2241－0002474　37.688/832/2

羣書札記十六卷　（清）朱亦棟學　清光緒四年（1878）武林竹簡齋刻本　八冊

410000－2241－0002475　37.688/892

劉氏遺書八卷　（清）劉台拱撰　清光緒十五年（1889）廣雅書局刻廣雅書局叢書本　二冊

410000－2241－0002476　37.688/947

讀書雜釋十四卷　（清）徐鼒學　清咸豐十一

年（1861）福寗郡齋刻本　四冊

410000－2241－0002477　37.688/982

求闕齋讀書錄十卷　（清）曾國藩著　（清）王啓原編輯　清光緒二年（1876）傳忠書局刻曾文正公全集本　六冊

410000－2241－0002478　38.5039/453

小兒語一卷女小兒語一卷　（明）呂得勝撰

續小兒語三卷演小兒語一卷　（明）呂坤撰　清呂獲珮刻本　一冊

410000－2241－0002479　39.9974/885

廿四家隱語二卷　（清）劉玉才輯　清宣統三年（1911）鉛印本　二冊

410000－2241－0002480　615.12/L787（東區）

經驗方鈔四卷　（清）陸言輯　清道光八年（1828）刻本　四冊

410000－2241－0002481　44.1/173

聽嚶堂新書別集四卷廳嚶堂筍存偶刻一卷　（清）黃始評輯　清康熙二十一年（1682）金閶寶翰樓寫刻本　十二冊

410000－2241－0002482　44.1/312

漢魏六朝百三名家集　（明）張溥輯　清光緒三年（1877）滇南唐氏壽考堂刻本　一百二十冊

410000－2241－0002483　44.1/312.02/2

漢魏六朝百三名家集　（明）張溥輯　清光緒十八年（1892）善化章氏經濟堂刻本　一百二十冊

410000－2241－0002484　44.1/312.02

漢魏六朝百三名家集　（明）張溥輯　清光緒十八年（1892）善化章氏經濟堂刻本　一百冊

410000－2241－0002485　44.1/359

古文苑九卷　（宋）韓元吉輯　清嘉慶十四年（1809）蘭陵孫氏刻岱南閣叢書本　四冊

410000－2241－0002486　44.1/367

宛南書院課讀經義策論三種　（清）孫葆田輯　清光緒二十七年（1901）麗澤堂刻本　三冊

410000 – 2241 – 0002487　44.1/393

切問齋文鈔三十卷　（清）陸燿輯　清同治八年（1869）金陵錢氏刻本　十冊

410000 – 2241 – 0002488　38.88/891

重脩南溪書院志四卷首一卷　（清）楊毓健等纂修　（清）劉鴻略編輯　清康熙五十六年（1717）刻本　四冊

410000 – 2241 – 0002489　38.88/827

無邪堂答問五卷　（清）朱一新撰　清光緒二十一年（1895）廣雅書局刻本　五冊

410000 – 2241 – 0002490　38.8641/651

京師譯學館規章　（清）京師學務處編　清光緒三十一年（1905）京師學務處官書局鉛印本　一冊

410000 – 2241 – 0002491　38.63039/754

三千字文音釋不分卷　（清）潘茂才注　（清）劉志中校定　清光緒三十一年（1905）上海蒙學堂刻本　二冊

410000 – 2241 – 0002492　615.12/K479/02（東區）

重刻痰火點雪四卷　（明）龔居中輯　清嘉慶九年（1804）星聚樓刻本　二冊

410000 – 2241 – 0002493　38.88/793

通藝塾程四卷強學編一卷　程頌萬編撰　清光緒二十六年（1900）武昌自強學堂刻本　一冊

410000 – 2241 – 0002494　615.12/Y398.1/4（東區）

類證普濟本事方十卷　（宋）許叔微撰　（清）葉桂釋義　清嘉慶十九年（1814）姑蘇掃葉山房刻本　六冊

410000 – 2241 – 0002495　38.88/607

東林書院志二十二卷　（清）高柱等增輯　清光緒七年（1881）刻本　八冊

410000 – 2241 – 0002496　44.1/429

全上古三代秦漢三國六朝文七百四十六卷　（清）嚴可均輯　清光緒二十年（1894）黃岡王

毓藻刻本　一百冊

410000 – 2241 – 0002497　44.1/429.2/2

全上古三代秦漢三國晉南北朝文編目一百三卷　（清）蔣壑撰　清光緒五年（1879）烏程蔣氏刻本　十六冊　存九十卷（一至九十）

410000 – 2241 – 0002498　44.1/429.2

全上古三代秦漢三國晉南北朝文編目一百三卷　（清）蔣壑撰　清光緒五年（1879）烏程蔣氏刻本　十六冊

410000 – 2241 – 0002499　44.1/440

學源堂古文十二卷　（清）吳乘權　（清）吳大職錄　清康熙三十四年（1695）學源堂刻本　四冊

410000 – 2241 – 0002500　44.262/113

帶經堂集九十二卷　（清）王士禛撰　（清）程哲校編　清康熙四十九年至五十一年（1710 – 1712）程氏七略書堂刻本　三十六冊

410000 – 2241 – 0002501　44.1/513

文選六十卷　（南朝梁）蕭統選　（唐）李善注**考異十卷**　（清）胡克家撰　清同治八年（1869）湖北崇文書局刻本　二十四冊

410000 – 2241 – 0002502　44.1/513.02

文選六十卷　（南朝梁）蕭統撰　（唐）李善注　清乾隆十一年（1746）懷德堂刻本　十六冊

410000 – 2241 – 0002503　610/S.429/2.02（東區）

沈氏尊生書七種　（清）沈金鰲撰　清乾隆四十九年（1784）無錫沈氏刻本　三十二冊

410000 – 2241 – 0002504　44.1/513.3

文選集釋二十四卷　（清）朱珔撰　清光緒元年（1875）涇川朱氏梅村家塾刻本　十二冊

410000 – 2241 – 0002505　44.1/513.4

文選旁證四十六卷　（清）梁章鉅撰　清光緒八年（1882）吳下刻本　十二冊

410000 – 2241 – 0002506　44.1/513.5

文選古字通疏證六卷　（清）薛傳均撰　清道光二十一年（1841）迪志齋刻本　二冊

410000 – 2241 – 0002507　44.1/513.6

文選音義八卷　（清）余蕭客輯　清乾隆二十三年(1758)刻本　一冊

410000 – 2241 – 0002508　44.262/113.02

帶經堂集九十二卷　（清）王士禎撰　（清）程哲校編　清康熙四十九年至五十一年(1710－1712)程氏七略書堂刻乾隆十二年(1747)黃晟槐蔭草堂重修本　二十冊

410000 – 2241 – 0002509　44.1/513.6.02

文選音義八卷　（清）余蕭客輯　清光緒二十一年(1895)石印本　四冊

410000 – 2241 – 0002510　44.1/513.8

選樓集句二卷首一卷　（清）許祥光集　清道光二十年(1840)刻本　一冊

410000 – 2241 – 0002511　44.1/513.9

文選理學權輿八卷　（清）汪師韓撰　清光緒漢州張氏刻本　四冊

410000 – 2241 – 0002512　44.262/114

獨善堂文集八卷　（清）王大經撰　（清）周右編　清嘉慶二十二年(1817)春暉堂刻本　四冊

410000 – 2241 – 0002513　44.1/557

古文雅正十四卷　（清）蔡世遠選評　清光緒二十二年(1896)上海圖書集成印書局鉛印本　四冊

410000 – 2241 – 0002514　44.1/657

古文苑二十一卷　（宋）章樵注　清光緒十二年(1886)江蘇書局刻本　四冊

410000 – 2241 – 0002515　44.262/197

保閒堂集二十四卷　（清）趙士春撰　清光緒九年(1883)常熟趙氏木活字印本　四冊

410000 – 2241 – 0002516　44.1/657.02

古文苑二十一卷　（宋）章樵注　清道光二十年(1840)宏道書院刻惜陰軒叢書本　四冊

410000 – 2241 – 0002517　44.1/657.03

古文苑二十一卷　（宋）章樵注　清光緒十四年(1888)安康黃氏蘊石齋刻本　四冊

410000 – 2241 – 0002518　44.1/657/2

續古文苑二十卷　（清）孫星衍撰　清光緒九年(1883)江蘇書局刻本　六冊

410000 – 2241 – 0002519　44.1/667

古文翼五卷　（清）唐德宜編　清光緒二十四年(1898)姑蘇崇德公所刻本　六冊

410000 – 2241 – 0002520　44.1/667.02

古文翼五卷　（清）唐德宜編　清道光二十七年(1847)虞東秦氏刻本　六冊

410000 – 2241 – 0002521　44.1/719

古文經訓一卷　（清）江皋撰　清道光二十七年(1847)刻本　一冊

410000 – 2241 – 0002522　44.262/906

霜紅龕集四十卷　（清）傅山撰　**附錄三卷傅青主先生年譜一卷**　丁寶銓編　清宣統三年(1911)山陽丁氏刻本　十二冊

410000 – 2241 – 0002523　44.262/906/2

霜紅龕集四十卷　（清）傅山撰　**附錄三卷傅青主先生年譜一卷**　丁寶銓編　清宣統三年(1911)山陽丁氏刻本　十二冊

410000 – 2241 – 0002524　44.262/248

變雅堂文集五卷　（清）杜濬撰　清刻本　六冊

410000 – 2241 – 0002525　44.262/291

笠翁一家言全集十六卷　（清）李漁著　清雍正八年(1730)刻本　二十冊

410000 – 2241 – 0002526　44.262/306

望山堂文集四卷　（清）張扶翼撰　清光緒十二年(1886)黔陽黃氏刻本　二冊

410000 – 2241 – 0002527　44.262/308

楊園先生全集　（清）張履祥撰　（清）姚璉輯　（清）萬斛泉編次　清同治十年(1871)江蘇書局刻本　十六冊

410000 – 2241 – 0002528　44.262/329

青門簏稿十六卷　（清）邵長蘅撰　清康熙三十二年(1693)邵氏青門草堂刻邵子湘全集本　十二冊

410000－2241－0002529　44.262/355

西堂全集　（清）尤侗撰　清刻本　十一冊
存十三種四十四卷

410000－2241－0002530　44.1/781

十二名家集　（清）毛重倬點次　明崇禎十五
年(1642)刻本　十冊

410000－2241－0002531　44.262/384

**迦陵詞全集三十卷陳迦陵文集六卷儷體文集
十卷湖海樓詩集八卷**　（清）陳維崧撰　清康
熙陳宗石患立堂刻本　四冊　存十六卷（陳
迦陵文集六卷、儷體文集十卷）

410000－2241－0002532　44.262/384.2

陳檢討集二十卷　（清）陳維崧撰　（清）程師
恭注　清康熙三十二年(1693)皖江程氏刻本
六冊

410000－2241－0002533　44.1/795

續古文辭類纂二十八卷　（清）黎庶昌纂　清
光緒十五年(1889)上海商務印書局鉛印本
三冊

410000－2241－0002534　44.1/795.02

續古文辞類纂二十八卷　（清）黎庶昌纂　清
光緒二十一年(1895)金陵狀元閣刻本　十
二冊

410000－2241－0002535　44.1/795.03

續古文辞類纂二十八卷　（清）黎庶昌纂　清
光緒二十一年(1895)金陵狀元閣刻本　十
二冊

410000－2241－0002536　44.262/389

三魚堂文集十二卷外集六卷附錄一卷　（清）
陸隴其撰　（清）席永恂校　清掃葉山房刻本
八冊

410000－2241－0002537　44.1/938

鐫鍾伯敬先生秘集十五種十五卷　（明）鍾惺
輯　（明）葉舟校　明末刻本　十冊

410000－2241－0002538　44.1/947

古文淵鑒六十四卷　（清）徐乾學等編注　清
康熙二十四年(1685)內府刻五色套印本

十冊

410000－2241－0002539　44.1/947.02

古文淵鑒六十四卷　（清）徐乾學等編注　清
同治八年(1869)文海樓刻五色套印本　三十
二冊

410000－2241－0002540　615.12/K774/.02
（東區）

本草三家合註六卷　（清）郭汝聰集註　**神農
本草經百種錄一卷**　（清）徐靈胎撰　清刻本
四冊

410000－2241－0002541　44.1/982－2.02

經史百家雜鈔二十六卷首一卷　（清）曾國藩
纂　清光緒三十二年(1906)商務印書館鉛印
本　四冊

410000－2241－0002542　44.262/388

陸桴亭先生遺書二十二種　（清）陸世儀撰
清光緒二十五年(1899)太倉唐受祺京師刻本
十冊　存二種十八卷

410000－2241－0002543　44.262/429

嚴太僕先生集十二卷　（清）嚴虞惇撰　清光
緒十年(1884)常熟嚴氏刻本　二冊

410000－2241－0002544　44.118/767

秦漢文鈔十二卷　（明）馮有翼輯　（明）汪德
元訂　清光緒十三年(1887)婁東味菜廬刻本
六冊

410000－2241－0002545　44.121/959

兩漢鴻文二十卷　（明）顧錫疇評選　明崇禎
刻本　十冊

410000－2241－0002546　44.132/121

唐四家詩集　（清）□□輯　清光緒十年
(1884)上海同文書局石印本　八冊

410000－2241－0002547　44.132/422

唐人三家集　（清）秦恩復輯　清道光十年
(1830)江都秦氏石研齋刻本　八冊

410000－2241－0002548　44.132/545

欽定全唐文一千卷總目三卷　（清）董誥等輯
清嘉慶十九年(1814)內府刻本　二百四

十冊

410000 – 2241 – 0002549　44.132/717

御選唐宋文醇五十八卷　（清）高宗弘曆選
清乾隆三年(1738)刻三色套印本　二十冊

410000 – 2241 – 0002550　44.132/717.02

御選唐宋文醇五十八卷　（清）高宗弘曆選
清光緒三年(1877)浙江書局刻本　四冊

410000 – 2241 – 0002551　44.132/719

唐人五十家小集　（清）江標輯　清光緒二十
一年(1895)元和江氏靈鶼閣影宋刻本　十
六冊

410000 – 2241 – 0002552　44.132/749

唐宋八家文讀本三十卷　（清）沈德潛評點
清光緒十四年(1888)蘇州綠蔭堂刻本　八冊

410000 – 2241 – 0002553　44.132/914

唐宋十大家全集錄　（清）儲欣錄　清光緒八
年(1882)江蘇書局刻本　三十二冊

410000 – 2241 – 0002554　44.132/994.02

唐文粹一百卷　（宋）姚鉉纂　清光緒九年
(1883)江蘇書局刻本　四冊

410000 – 2241 – 0002555　44.132/994.03

唐文粹一百卷　（宋）姚鉉纂　補遺二十六卷
　（清）郭麐纂　清光緒十六年至十八年
(1890 – 1892)杭州許氏榆園刻本　二十冊

410000 – 2241 – 0002556　44.134/113

初唐四傑集　（清）項家達輯　清同治十二年
(1873)鄒氏叢雅居刻本　八冊

410000 – 2241 – 0002557　44.566/124

哀情小說碧血巾四卷三十六章　蔣景緘譯
清宣統元年(1909)時事報館石印本　四冊

410000 – 2241 – 0002558　44.145/525

南宋文範七十卷外編四卷作者考二卷　（清）
莊仲方編　清光緒十四年(1888)江蘇書局刻
本　十五冊

410000 – 2241 – 0002559　44.146/544

嚴陵集九卷　（宋）董棻輯　清光緒二十三年
(1897)桐廬袁氏于湖官舍刻漸西村舍彙刊本

二冊

410000 – 2241 – 0002560　44.1481/860

遼文存六卷藝文志一卷金石目一卷　繆荃孫
輯　清末來青閣影印本　二冊

410000 – 2241 – 0002561　44.1482/525

金文雅十六卷作者考一卷　（清）莊仲方編
清光緒十七年(1891)江蘇書局刻本　四冊

410000 – 2241 – 0002562　44.1482/525/2

金文雅十六卷作者考一卷　（清）莊仲方編
清光緒十七年(1891)江蘇書局刻本　四冊

410000 – 2241 – 0002563　44.149/312

元文類刪四卷　（明）張溥編　明刻本　二冊

410000 – 2241 – 0002564　44.149/781

元詩四大家　（清）毛晉編　明崇禎古虞毛氏
汲古閣刻本　十六冊

410000 – 2241 – 0002565　610/S463.1/.02
(東區)

醫宗摘要四卷　（明）薛己著　（明）黃承昊評
輯　清乾隆三十三年(1768)刻本　四冊

410000 – 2241 – 0002566　44.262/628

施愚山先生全集七種　（清）施閏章等撰　清
刻本　十六冊　存四種八十八卷

410000 – 2241 – 0002567　44.262/682.03

甌香館集十二卷首一卷末一卷　（清）惲格撰
　清光緒七年(1881)刻本　四冊

410000 – 2241 – 0002568　55.832/401

大清道光十五年七政經緯躔度時憲書　（清）
欽天監編　清道光十四年(1834)欽天監刻本
　一冊

410000 – 2241 – 0002569　44.15/570

明文在一百卷　（清）薛熙纂　清光緒十五年
(1889)江蘇書局刻本　十冊

410000 – 2241 – 0002570　44.153/888

中州名賢文表三十卷　（明）劉昌編　清康熙
四十五年(1706)高山堂刻本　八冊

410000 – 2241 – 0002571　44.16/117

湖海文傳七十五卷 （清）王昶輯 清道光十七年(1837)經訓堂刻本 十六冊

410000－2241－0002572 44.16/275
八旗文經五十六卷作者攷三卷敘錄一卷 （清）盛昱 （清）楊鍾羲編 清光緒二十七年(1901)武昌刻本 十二冊

410000－2241－0002573 44.16/465/2
同人集十二卷 （清）冒襄輯 清光緒八年(1882)刻本 十二冊

410000－2241－0002574 44.16/465
同人集十二卷 （清）冒襄輯 清光緒八年(1882)刻本 十二冊

410000－2241－0002575 44.16/746
國朝文匯甲前集二十卷甲集六十卷乙集七十卷丙集三十卷丁集二十卷姓氏目錄一卷 （清）沈粹芬編 清宣統元年(1909)上海國學扶輪社石印本 一百一冊

410000－2241－0002576 44.16/953
國朝二十四家文鈔二十四卷 （清）徐斐然輯評 清乾隆六十年(1795)刻本 八冊

410000－2241－0002577 44.16/994
國朝文錄八十二卷 （清）姚椿輯 清光緒二十六年(1900)上海掃葉山房石印本 十六冊

410000－2241－0002578 44.16/994＝2
皇朝古學類編十四卷首一卷 （清）姚燮選 清光緒二十一年(1895)玉軸山房石印本 八冊

410000－2241－0002579 44.164/922
蝶仙小史彙編六卷首一卷 （清）延清輯 清光緒二十五年(1899)刻本 三冊

410000－2241－0002580 44.262/707
鈍翁文集十六卷 （清）汪琬撰 清宣統二年(1910)國學扶輪社石印本 八冊

410000－2241－0002581 44.165/183
恩餘堂經進初稿十二卷續稿二十二卷三稿十一卷策問存課二卷知聖道齋讀書跋尾二卷 （清）彭元瑞撰 清乾隆刻本 十八冊

410000－2241－0002582 44.173/190
于湖題襟集十卷 （清）袁昶輯 清光緒二十一年(1895)桐廬袁氏刻漸西村舍彙刊本 五冊

410000－2241－0002583 44.173/437
學海堂集十六卷 （清）阮元輯 二集二十二卷 （清）吳蘭修輯 三集二十四卷 （清）張維屏輯 四集二十八卷 （清）金錫齡輯 清道光五年至光緒十二年(1825－1886)啟秀山房刻本 二十四冊

410000－2241－0002584 44.262/707－2
堯峰文鈔四十卷詩十卷 （清）汪琬撰 （清）林佶編 清康熙三十二年(1693)林佶刻本 六冊

410000－2241－0002585 44.175/860
遼文存六卷藝文志一卷金石目一卷 繆荃孫輯 清末來青閣影印本 二冊

410000－2241－0002586 44.1921/399
國朝畿輔詩傳六十卷 （清）陶樑輯 清道光十九年(1839)紅豆樹館刻本 十六冊

410000－2241－0002587 44.262/329/2
邵子湘全集三種 （清）邵長蘅撰 （清）顧景星批點 清康熙三十二年至三十八年(1693－1699)邵氏青門草堂刻本 二十四冊

410000－2241－0002588 44.1922/492
國朝山左詩鈔六十卷 （清）盧見曾纂 清乾隆二十三年(1758)德州盧見曾雅雨堂刻本 二十冊

410000－2241－0002589 44.1923/554
國朝中州文徵五十四卷首一卷 （清）蘇源生編 清道光二十三年至二十五年(1843－1845)刻本 二十八冊

410000－2241－0002590 44.262/759
湛園未定稿六卷 （清）姜宸英撰 清宣統二年(1910)寧波汲綆齋書局石印本 六冊

410000－2241－0002591 44.1951/252
徐州詩徵八卷 （清）桂中行輯 清光緒十七

年(1891)刻本　八冊

410000－2241－0002592　44.1951/348
海陵文徵二十卷　（清）夏荃輯　清道光二十三年(1843)刻本　十冊

410000－2241－0002593　44.1951/504
五湖漁莊圖題詞四卷太湖竹枝詞二卷　（清）葉承桂輯撰　清咸豐三年(1853)吳縣葉氏石林園刻本　三冊

410000－2241－0002594　44.1951/768
徐州二遺民集　馮煦輯　清光緒十九年(1893)臨川桂中行刻本　五冊

410000－2241－0002595　44.262/768
解春集文鈔十二卷補遺二卷詩鈔三卷　（清）馮景撰　清乾隆四十九年至六十年(1784－1795)錢塘盧氏抱經堂刻抱經堂叢書本　八冊

410000－2241－0002596　44.262/819
春酒堂文集一卷　（清）周容著　清宣統二年(1910)國學扶輪社鉛印本　一冊

410000－2241－0002597　44.1951/834
續金陵詩徵六卷首一卷　（清）朱緒曾等輯　清光緒二十年(1894)刻本　六冊

410000－2241－0002598　44.1953/121
黃巖集三十二卷首一卷　（清）王子莊輯　（清）王蜺補輯　（清）王維翰校　清光緒三年(1877)王維翰刻本　十四冊

410000－2241－0002599　26.782/688.03
燕京歲時記不分卷　（清）富察敦崇編　清光緒二十五年(1899)稿本　一冊

410000－2241－0002600　44.1/276
新刊迂齋先生標註崇古文訣三十五卷　（宋）樓昉輯　（明）吳邦楨　（明）吳邦杰校正　明刻本　十二冊

410000－2241－0002601　55.832/401
大清道光十六年七政經緯躔度時憲書　（清）欽天監編　清道光十五年(1835)欽天監刻本　一冊

410000－2241－0002602　44.262/847
居易堂集二十卷　（清）徐枋撰　清康熙刻嘉慶二十年(1815)鶯湖趙氏補刻本　十冊

410000－2241－0002603　44.262/893
七頌堂詩集十卷文集二卷　（清）劉體仁著　清同治九年(1870)潁川劉璸刻本　四冊

410000－2241－0002604　44.1961/272.02
全蜀藝文志六十四卷　（明）楊慎輯　（清）譚言藹重校　清嘉慶二十二年(1817)樂山張汝杰讀月草堂刻本　八冊

410000－2241－0002605　44.262/905
義門先生集十二卷附錄一卷家書四卷　（清）何焯撰　清宣統元年(1909)平江吳氏刻本　六冊

410000－2241－0002606　44.262/965
亭林詩集五卷文集六卷餘集一卷　（清）顧炎武撰　清宣統二年(1910)掃葉山房石印本　三冊　缺二卷(詩集四至五)

410000－2241－0002607　44.262/965－2
亭林文集六卷餘集一卷　（清）顧炎武撰　清乾隆三十八年(1773)山隱居刻本　四冊

410000－2241－0002608　44.262/982
習是堂文集二卷曾一川自序年譜一卷　（清）曾倬著　清光緒二十年(1894)常熟曾氏義莊木活字印本　一冊

410000－2241－0002609　44.199/113
清貽堂賸稿一卷　（清）王士駿撰　清咸豐五年(1855)刻本　一冊

410000－2241－0002610　44.199/442
吳氏一家稿十種　（清）吳清鵬輯　清咸豐五年(1855)錢塘吳氏刻本　二冊　存九種五十四卷

410000－2241－0002611　44.199/557
二希堂文集十二卷　（清）蔡世遠撰　緝齋文集八卷首一卷附錄二卷詩稿八卷　（清）蔡新撰　清光緒二十五年(1899)多藝齋刻本　十四冊

410000－2241－0002612　44.263/310

思綺堂文集十卷　（清）章藻功撰注　清康熙
六十一年(1722)錢塘章氏刻本　八冊　存五
卷(一至五)

410000－2241－0002613　44.199/741

沈氏三先生文集　（宋）高布輯　清光緒二十
二年(1896)浙江書局刻本　十冊

410000－2241－0002614　44.199/798

寧都三魏全集　（清）林時益輯　清道光二十
五年(1845)寧都謝庭綏緻緞園書塾刻本　二十
二冊

410000－2241－0002615　44.263/517

鹿洲全集八種　（清）藍鼎元撰　清雍正十年
(1732)刻本　二十四冊

410000－2241－0002616　44.264/112

鷺溪草堂存藁六卷　（清）王元鑑撰　清咸豐
五年(1855)王裦之刻繡水王氏家藏集本
一冊

410000－2241－0002617　44.264/197

飴山文集十二卷附錄一卷　（清）趙執信撰
清乾隆三十九年(1774)因園刻本　六冊

410000－2241－0002618　44.264/212

戴東原集十二卷　（清）戴震撰　戴東原先生
年譜一卷札記一卷　（清）段玉裁撰　清宣統
二年(1910)渭南嚴岳蓮孝義家塾成都刻本
四冊

410000－2241－0002619　44.264/212

望溪先生文集十八卷集外文十卷集外文補遺
二卷　（清）方苞撰　（清）戴鈞衡編　方望溪
先生年譜一卷附錄一卷　（清）蘇惇元編　清
咸豐元年至二年(1851－1852)桐城戴鈞衡味
經山館刻本　四冊

410000－2241－0002620　44.264/214

石笥山房文集六卷詩集四卷　（清）胡天游著
清嘉慶三年(1798)刻本　八冊

410000－2241－0002621　44.264/214－2

石笥山房全集二十四卷　（清）胡天游著　清

宣統二年（1910）上海國學扶輪社石印本
十冊

410000－2241－0002622　44.264/214－3

石笥山房文集六卷補遺一卷　（清）胡天游著
清咸豐二年(1852)山陰胡鳴泰刻本　四冊

410000－2241－0002623　44.264/278

道古堂全集文集四十六卷詩集二十六卷
（清）杭世駿撰　清乾隆五十五年至五十七年
(1790－1792)仁和杭賓仁刻本　十六冊

410000－2241－0002624　44.264/337

樊榭山房文集八卷　（清）厲鶚撰　清乾隆四
十三年(1778)汪氏刻本　二冊

410000－2241－0002625　44.264/370

儀鄭堂文二卷　（清）孔廣森撰　清刻本
一冊

410000－2241－0002626　44.264/525

虛一齋集五卷　（清）莊培因撰　清光緒九年
(1883)刻本　二冊

410000－2241－0002627　44.199/819

硯華堂周氏詩文合集六卷　（清）周杰等編
清咸豐二年(1852)刻本　二冊

410000－2241－0002628　44.199/946

香海盦叢書(香海盦詩全集)　（清）徐琪輯
清仁和徐氏刻光緒二十年(1894)彙印本
四冊

410000－2241－0002629　44.223/563

蔡中郎文集十卷外傳一卷　（漢）蔡邕撰　清
光緒七年(1881)吳興陸氏十萬卷樓刻十萬卷
樓叢書本　四冊

410000－2241－0002630　44.2281/399.02

陶淵明集八卷首一卷末一卷　（晉）陶潛撰
清光緒五年(1879)廣州翰墨園刻朱墨套印本
二冊

410000－2241－0002631　44.2281/399.03

陶淵明集十卷　（晉）陶潛撰　清咸豐十一年
(1861)皖城行營刻本　二冊

410000－2241－0002632　44.264/494

抱經堂叢書 （清）盧文弨撰 清乾隆、嘉慶間餘姚盧氏刻本 十三冊 存二種三十七卷

410000－2241－0002633 44.264/627
望溪先生文集十八卷 （清）方苞撰 清乾隆十一年(1746)刻本 四冊

410000－2241－0002634 44.2284/948
徐孝穆全集六卷 （南朝陳）徐陵撰 （清）吳兆宜箋注 備考一卷 （清）徐文炳補輯 清末揚州藝古堂刻本 三冊

410000－2241－0002635 44.264/627.03
望溪先生文集十八卷集外文十卷集外文補遺二卷 （清）方苞撰 （清）戴鈞衡編 方望溪先生年譜一卷附錄一卷 （清）蘇惇元編 清咸豐元年至二年(1851－1852)桐城戴鈞衡味經山館刻本 十二冊

410000－2241－0002636 44.2284/948/2
徐孝穆全集六卷 （南朝陳）徐陵撰 （清）吳兆宜箋注 備考一卷 （清）徐文炳補輯 清末揚州藝古堂刻本 二冊

410000－2241－0002637 44.2295/673/2
庾子山集十六卷 （北周）庾信撰 （清）倪璠注釋 庾子山年譜一卷庾集總釋一卷 清道光十九年(1839)刻本 十二冊

410000－2241－0002638 44.2295/673
庾子山集十六卷 （北周）庾信撰 （清）倪璠注釋 庾子山年譜一卷庾集總釋一卷 清道光十九年(1839)刻本 三冊

410000－2241－0002639 44.235/198/2
王右丞集二十八卷 （唐）王維撰 （清）趙殿成箋注 首一卷末一卷 （清）趙殿成輯錄 清乾隆元年(1736)仁和趙殿成刻本 十冊

410000－2241－0002640 44.235/198
王右丞集二十八卷 （唐）王維撰 （清）趙殿成箋注 首一卷末一卷 （清）趙殿成輯錄 清乾隆元年(1736)仁和趙殿成刻本 八冊

410000－2241－0002641 44.235/242
杜工部集二十卷 （唐）杜甫撰 （清）錢謙益箋注 清康熙刻本 六冊

410000－2241－0002642 44.235/242.02
杜工部集二十卷 （唐）杜甫撰 （清）錢謙益箋注 清刻本 六冊

410000－2241－0002643 44.235/242.2/1
杜工部集二十卷首一卷 （唐）杜甫撰 （明）王世貞評 清光緒二年(1876)粵東翰墨園刻五色套印本 十冊

410000－2241－0002644 44.235/242.2/2
杜工部集二十卷首一卷 （唐）杜甫撰 （明）王世貞評 清光緒二年(1876)粵東翰墨園刻五色套印本 十冊

410000－2241－0002645 44.235/293.02
李太白全集三十五卷 （唐）李白撰 清光緒十三年(1887)積山書局石印本 四冊

410000－2241－0002646 44.235/388
唐陸宣公集二十二卷 （唐）陸贄撰 （清）年羹堯重訂 清雍正元年(1723)上浣年羹堯刻本 十二冊

410000－2241－0002647 44.235/388.02
唐陸宣公集二十四卷 （唐）陸贄撰 清道光二十七年(1847)節署刻本 八冊

410000－2241－0002648 44.23562/113.02
漁洋詩話三卷 （清）王士禎撰 清刻本 一冊

410000－2241－0002649 44.264/802
存悔齋集二十八卷 （清）劉鳳誥撰 清道光十七年(1837)刻本 八冊

410000－2241－0002650 44.236/234.3
昌黎先生集四十卷外集十卷遺文一卷 （唐）韓愈撰 （唐）李漢編 朱子校昌黎先生集傳一卷 韓集點勘四卷 （清）陳景雲撰 清同治八年至九年(1869－1870)江蘇書局刻本 一冊 存四卷(韓集點勘四卷)

410000－2241－0002651 44.236/234.02/2
昌黎先生集四十卷外集十卷遺文一卷 （唐）韓愈撰 （唐）李漢編 朱子校昌黎先生集傳

一卷　韓集點勘四卷　（清）陳景雲撰　清同治八年至九年(1869－1870)江蘇書局刻本十冊

410000－2241－0002652　44.236/234.02

昌黎先生集四十卷外集十卷遺文一卷　（唐）韓愈撰　（唐）李漢編　**朱子校昌黎先生集傳一卷　韓集點勘四卷**　（清）陳景雲撰　清同治八年至九年(1869－1870)江蘇書局刻本十一冊

410000－2241－0002653　44.236/234.03

昌黎先生集四十卷外集十卷遺文一卷　（唐）韓愈撰　（唐）李漢編　**朱子校昌黎先生集傳一卷　韓集點勘四卷**　（清）陳景雲撰　清宣統二年(1910)掃葉山房石印本　二冊

410000－2241－0002654　44.236/281

河東先生文集六卷　（唐）柳宗元撰　清宣統二年(1910)會文堂書局石印本　六冊

410000－2241－0002655　44.236/281.04

柳柳州集四卷　（唐）柳宗元撰　清木活字印本　一冊

410000－2241－0002656　44.236/281.05

柳文四十三卷別集二卷外集二卷　（唐）柳宗元撰　（唐）劉禹錫編　**附錄一卷柳先生年譜一卷**　（唐）劉禹錫等撰　清同治六年(1867)廷桂刻本　八冊

410000－2241－0002657　44.236/281.05/2

柳文四十三卷別集二卷外集二卷　（唐）柳宗元撰　（唐）劉禹錫編　**附錄一卷柳先生年譜一卷**　（唐）劉禹錫等撰　清同治六年(1867)廷桂刻本　十二冊

410000－2241－0002658　44.236/579

韋蘇州集十卷　（唐）韋應物撰　清光緒十三年(1887)湖北官書處刻本　一冊

410000－2241－0002659　44.236/869

白氏長慶集七十一卷目錄二卷　（唐）白居易撰　（明）馬元調校　明萬曆三十四年(1606)松江馬元調魚樂軒刻元白長慶集本　十二冊

410000－2241－0002660　44.264/814

自怡軒雜文二卷　（清）周夢顏撰　清咸豐七年(1857)琳琅秘室木活字印本　一冊

410000－2241－0002661　44.264/835.02

梅崖居士文集三十卷首一卷外集八卷　（清）朱仕琇撰　清乾隆四十七年(1782)刻本　十二冊

410000－2241－0002662　615.12/W224（東區）

絳雪園古方選註不分卷　（清）王子接註　（清）葉桂校　清埽葉山房刻本　六冊

410000－2241－0002663　44.264/888

思補齋文集四卷　（清）劉星煒撰　清光緒二十年(1894)刻本　四冊

410000－2241－0002664　44.264/929

香樹齋詩集十八卷詩續集三十六卷文集二十八卷文集續鈔五卷　（清）錢陳羣撰　清光緒二十年(1894)刻本　二十四冊

410000－2241－0002665　44.264/977

鄭板橋集六卷　（清）鄭燮撰　清雪鴻齋刻本　四冊

410000－2241－0002666　44.264/987

冬心先生集四卷續集一卷拾遺一卷三體詩一卷自度曲一卷雜著六卷隨筆一卷　（清）金農撰　清同治七年至光緒九年(1868－1883)錢唐丁氏當歸草堂刻西泠五布衣遺著本　四冊

410000－2241－0002667　44.265/115

煙霞萬古樓文集六卷　（清）王曇撰　清嘉慶二十一年(1816)虎丘東山廟刻本　二冊

410000－2241－0002668　44.265/116

淵雅堂全集　（清）王芑孫撰　清嘉慶八年至九年(1803－1804)刻二十五年(1820)長洲王氏增刻本　十二冊

410000－2241－0002669　44.265/117

春融堂集六十八卷　（清）王昶撰　清光緒十八年(1892)珠溪文彬齋刻春融堂集三種本四冊

410000－2241－0002670　44.237/439

吳摯甫文集四卷深州風土記四篇　（清）吳汝
綸撰　清宣統元年(1909)國學扶輪社石印本
五冊

410000－2241－0002671　44.2381/170

黃御史集八卷附錄一卷　（唐）黃滔撰　清刻
本　四冊

410000－2241－0002672　44.2381/304

司空表聖文集十卷　（唐）司空圖撰　清光緒
三十一年(1905)仁和朱氏刻結一廬朱氏賸餘
叢書本　一冊

410000－2241－0002673　44.265/183

小謨觴館詩集八卷詩續集二卷詩餘附錄一卷
文集四卷文續集二卷　（清）彭兆蓀撰　清嘉
慶十一年(1806)韓江彭兆蓀刻本　四冊

410000－2241－0002674　44.265/186

袁文箋正十六卷補注一卷　（清）袁枚著
（清）石韞玉箋　清嘉慶十七年(1812)吳縣石
韞玉鶴壽山堂刻本　八冊

410000－2241－0002675　44.243/324

河南先生文集二十七卷　（宋）尹洙撰　附錄
一卷　（宋）韓琦等撰　清宣統二年(1910)守
政書局木活字印本　四冊

410000－2241－0002676　44.265/186－2

隨園文集二卷　（清）袁枚撰　清宣統二年
(1910)上海國學扶輪社石印本　二冊

410000－2241－0002677　44.243/350

[石祖徠先生集]不分卷　（宋）石介撰　清刻
本　一冊

410000－2241－0002678　44.243/955

徐騎省集三十卷補遺一卷　（宋）徐鉉撰　校
勘記一卷　（清）李英元纂　清光緒十六年至
十七年（1890－1891）黔南李氏刻十九年
(1893)增刻本　八冊

410000－2241－0002679　44.244/329

宋邵康節先生伊川擊壤集十卷附錄一卷
（宋）邵雍撰　（明）吳瀚摘註　（明）吳泰增

註　清乾隆十五年(1750)刻本　六冊

410000－2241－0002680　615.12/W224/.02
（東區）

絳雪園古方選註不分卷　（清）王子接註
（清）葉桂校　清綠蔭堂刻本　四冊

410000－2241－0002681　44.265/186－4

小倉山房文集三十五卷外集八卷詩集三十二
卷詩續集二卷　（清）袁枚撰　清光緒三十四
年(1908)集成圖書公司鉛印本　二十冊

410000－2241－0002682　44.244/380

後山先生集三十卷　（宋）陳師道撰　清南林
張氏刻本　四冊

410000－2241－0002683　615.12/W254.1
（東區）

醫林纂要探源十卷附錄一卷　（清）汪紱編
清光緒二十三年(1897)江蘇書局刻本　十冊

410000－2241－0002684　44.244/424.02

歐陽文忠公全集　（宋）歐陽修撰　清刻本
二十四冊

410000－2241－0002685　44.244/554－3.02

東坡先生全集七十五卷　（宋）蘇軾撰　明刻
本　四十六冊

410000－2241－0002686　44.265/211

詒晉齋集八卷後集一卷隨筆一卷　（清）永瑆
著　清道光二十八年(1848)刻本　四冊

410000－2241－0002687　44.244/554－3

東坡全集一百十五卷目錄七卷　（宋）蘇軾撰
明刻本　七十八冊

410000－2241－0002688　617/C786（東區）

文祖正訂傷寒瘟疫條辨七卷　（清）楊璿撰
（清）楊鼎編次　清道光刻本　五冊

410000－2241－0002689　44.244/842

道鄉公集四十卷補遺一卷　（宋）鄒浩撰　附
錄一卷道鄉先生年譜一卷　（清）李兆洛編
清光緒七年(1881)蘇州寶華山房刻本　十
二冊

410000－2241－0002690　44.244/982

元豐類稿五十卷 （宋）曾鞏撰 清乾隆二十八年（1763）查溪刻本 八冊

410000 – 2241 – 0002691 44.244/988

武溪集二十卷首一卷 （宋）余靖著 清嘉慶十八年（1813）廣州芸香堂刻本 六冊

410000 – 2241 – 0002692 44.246/120

雪山集十六卷 （宋）王質撰 清乾隆武英殿木活字印武英殿聚珍版書本 四冊

410000 – 2241 – 0002693 44.265/306

茗柯文初編一卷二編二卷三編一卷四編一卷 （清）張惠言撰 清道光八年（1828）刻本 四冊

410000 – 2241 – 0002694 44.246/173

莆陽知稼翁集二卷 （宋）黃公度撰 （宋）黃沃編 （明）黃廷宣 （明）黃廷用校 明天啓五年（1625）刻清道光九年（1829）重修本 二冊

410000 – 2241 – 0002695 44.265/306.02

茗柯文初編一卷二編二卷三編一卷四編一卷 （清）張惠言撰 清宣統三年（1911）掃葉山房石印本 一冊

410000 – 2241 – 0002696 44.265/306.02/2

茗柯文初編一卷二編二卷三編一卷四編一卷 （清）張惠言撰 清宣統三年（1911）掃葉山房石印本 二冊

410000 – 2241 – 0002697 44.246/393

陸放翁全集六種 （宋）陸游撰 明末海虞毛氏汲古閣刻清毛扆增刻張氏詩禮堂重修本 三十二冊

410000 – 2241 – 0002698 44.265/306＝2

宛鄰文二卷詩二卷 （清）張琦撰 蓬室偶吟一卷 （清）湯瑤卿撰 清光緒十七年（1891）鉛印本 二冊

410000 – 2241 – 0002699 55.832/401

大清道光十七年七政經緯躔度時憲書 （清）欽天監編 清道光十六年（1836）欽天監刻本 一冊

410000 – 2241 – 0002700 44.246/449 – 2

呂東萊先生文集四卷 （宋）呂祖謙撰 清康熙五十年（1711）刻本 二冊

410000 – 2241 – 0002701 44.265/362

問字堂集六卷 （清）孫星衍撰 清光緒十年（1884）四明是亦軒刻本 二冊

410000 – 2241 – 0002702 44.265/396

崇百藥齋文集二十卷續集四卷三集四卷 （清）陸繼輅撰 清嘉慶二十五年至道光八年（1820 – 1828）合肥學舍刻本 八冊

410000 – 2241 – 0002703 44.246/482/2

羅鄂州小集六卷 （宋）羅願撰 羅郢州遺文一卷 （宋）羅頌撰 清光緒十九年（1893）黟縣李氏刻本 二冊

410000 – 2241 – 0002704 44.265/442

有正味齋詩集十六卷駢體文二十四卷詞集八卷外集五卷 （清）吳錫麒撰 清嘉慶十三年（1808）刻本 十二冊

410000 – 2241 – 0002705 44.246/482

羅鄂州小集六卷 （宋）羅願撰 羅郢州遺文一卷 （宋）羅頌撰 清光緒十九年（1893）黟縣李氏刻本 一冊

410000 – 2241 – 0002706 44.246/573

艮齋先生薛常州浪語集三十五卷 （宋）薛季宣撰 清同治十一年（1872）瑞安孫氏詒善祠塾刻永嘉叢書本 六冊

410000 – 2241 – 0002707 44.265/442/2

有正味齋詩續集八卷 （清）吳錫麒撰 清刻本 二冊

410000 – 2241 – 0002708 44.246/720

盤洲文集八十卷末一卷校記一卷 （宋）洪适撰 清道光二十九年（1849）涇縣藤溪洪氏刻本 十六冊

410000 – 2241 – 0002709 44.265/682

大雲山房文槀初集四卷 （清）惲敬著 清刻本 四冊

410000 – 2241 – 0002710 44.246/828

晦庵先生朱文公文集一百卷目錄二卷續集五卷別集七卷 （宋）朱熹撰 （清）臧眉錫 （清）蔡方炳訂定 清康熙二十七年(1688)寶翰樓刻本 四十八冊

410000－2241－0002711 44.265/682.02

大雲山房文稿初集四卷二集四卷 （清）惲敬著 清光緒十四年(1888)官書處刻本 二冊

410000－2241－0002712 615.12/Y737（東區）

育寧堂頤世方書不分卷 （清）育寧堂編 清光緒八年(1882)育寧堂刻本 二冊

410000－2241－0002713 44.265/682.03

大雲山房文稿初集四卷二集四卷言事二卷 （清）惲敬著 清嘉慶二十年(1815)武甯盧旬宣南昌二十一年(1816)長州宋揚光南海刻本 六冊

410000－2241－0002714 44.247/677

廬陵宋丞相信國公文忠烈先生全集十六卷 （宋）文天祥撰 （清）文有煥等編輯 清雍正三年(1725)五桂堂刻本 十六冊

410000－2241－0002715 44.247/784

程洺水先生集三十卷附錄一卷 （宋）程珌著 （明）程至遠重訂 明崇禎元年(1628)雲溪程至遠刻本 十六冊

410000－2241－0002716 44.2491/209

郝文忠公陵川文集三十九卷附錄一卷 （元）郝經撰 （清）王鏐編訂 清乾隆三年(1738)高都王鏐刻本（有圖） 十冊

410000－2241－0002717 44.2492/128

元遺山先生集四十卷新樂府四卷續夷堅志四卷 （金）元好問撰 （元）張德輝編 首一卷附錄一卷附錄增一卷 （明）儲瓘輯 （清）華希閔增 補載一卷元遺山先生年譜一卷 （清）施國祁輯 元遺山先生年譜二卷 （清）凌廷堪編 元遺山先生年譜一卷 （清）翁方綱編 清光緒八年(1882)京都翰文齋刻本 十六冊

410000－2241－0002718 44.265/720

卷施閣文甲集十卷詩集二十卷 （清）洪亮吉撰 清乾隆五十九年(1794)刻本 八冊

410000－2241－0002719 44.265/720－3

卷施閣文甲集十卷續一卷補遺一卷乙集十卷續編一卷詩二十卷 （清）洪亮吉撰 清光緒三年(1877)洪用懃授經堂刻五年(1879)續刻洪北江全集本(原缺文乙集卷九至十) 八冊 存二十卷(甲集十卷、補遺一卷,乙集一至八、續編一卷)

410000－2241－0002720 44.2492/156

湛然居士文集十四卷 （元）耶律楚材撰 清光緒二十一年(1895)桐廬袁氏漸西村舍刻漸西村舍彙刊本 四冊

410000－2241－0002721 44.2492/156/2

湛然居士文集十四卷 （元）耶律楚材撰 清光緒二十一年(1895)桐廬袁氏漸西村舍刻漸西村舍彙刊本 四冊

410000－2241－0002722 44.2493/611

白雲先生許文懿公傳集四卷 （元）許謙撰 清雍正十年(1732)金華金氏刻率祖堂叢書本 一冊

410000－2241－0002723 44.265/720－2

更生齋文甲集四卷乙集二卷詩集八卷詩餘二卷 （清）洪亮吉著 清嘉慶七年(1802)洋川書院刻本 四冊

410000－2241－0002724 617/K269（東區）

瘍科臨證心得集三卷方彙三卷家用膏丹丸散方一卷 （清）高秉鈞纂輯 （清）吳辰燦糸訂 （清）高觀海校 景岳新方歌一卷 （清）吳辰燦等集 清光緒三十二年(1906)上海文瑞樓石印本 三冊

410000－2241－0002725 615.12/Y456/2（東區）

當歸草堂醫學叢書初編十種 （清）丁丙輯 清光緒四年(1878)錢塘丁氏當歸草堂刻本 十三冊

410000－2241－0002726 44.2494/987

仁山先生金文安公文集五卷 （元）金履祥撰

（明）董遵編輯　清雍正九年(1731)郡東藕塘賢祠義學刻本　一冊

410000－2241－0002727　44.2495/198

松雪齋文集十卷續集一卷　（元）趙孟頫撰
清同治元年(1862)城書堂刻本　六冊

410000－2241－0002728　44.2496/299

揭文安公文粹二卷　（元）揭傒斯撰　清咸豐
元年(1851)南海伍氏刻粵雅堂叢書本　一冊

410000－2241－0002729　44.265/728

頻羅庵遺集十六卷　（清）梁同書撰　清蛟川
修緶山莊刻本　六冊

410000－2241－0002730　44.265/728.02

頻羅庵遺集十六卷　（清）梁同書撰　清嘉慶
二十二年(1817)仁和陸貞一刻本　四冊

410000－2241－0002731　44.2496/424

歐陽文公圭齋集十五卷首一卷附錄一卷
（元）歐陽玄撰　（清）歐陽杰　（清）歐陽榮
校勘　清道光十四年(1834)刻本　六冊

410000－2241－0002732　44.265/859

紀文達公遺集文十六卷詩十六卷　（清）紀昀
撰　（清）紀樹馨編校　清嘉慶十七年(1812)
河間紀氏刻本　十六冊

410000－2241－0002733　44.265/879

經韻樓集十二卷　（清）段玉裁撰　清道光元
年(1821)七葉衍祥堂刻經韻樓叢書本　六冊

410000－2241－0002734　617/C.319/3（東
區）

重訂外科正宗十二卷　（明）陳實功撰　（清）
張駑重訂　清乾隆五十年(1785)書業堂刻本
四冊

410000－2241－0002735　44.265/888/2

尚絅堂詩集五十二卷詞集二卷駢體文二卷
（清）劉嗣綰撰　清同治八年(1869)刻本
十冊

410000－2241－0002736　44.265/888

尚絅堂詩集五十二卷詞集二卷駢體文二卷
（清）劉嗣綰撰　清同治八年(1869)刻本

九冊

410000－2241－0002737　44.2496/424.02

歐陽文公圭齋集十六卷首一卷末一卷　（元）
歐陽玄撰　（清）鄧顯鶴增訂　（清）彭洋中校
勘　清道光二十六年(1846)新化鄧氏南邨草
堂刻本　四冊

410000－2241－0002738　44.265/929

潛研堂文集五十卷詩集十卷詩續集十卷
（清）錢大昕撰　清光緒十年(1884)長沙龍氏
家塾刻嘉定錢氏潛研堂全書本　十冊

410000－2241－0002739　44.265/934

小學盦遺書四卷　（清）錢馥撰　清光緒二十
一年(1895)海寧錢氏清風室刻清風室叢刊本
一冊

410000－2241－0002740　55.832/401

大清道光十八年七政經緯躔度時憲書　（清）
欽天監編　清道光十七年(1837)欽天監刻本
一冊

410000－2241－0002741　44.265/994.02

惜抱軒全集　（清）姚鼐撰　清光緒三十三年
(1907)上海校經山房刻本　十六冊

410000－2241－0002742　44.265/994

惜抱軒全集　（清）姚鼐撰　清光緒三十三年
(1907)上海校經山房刻本　二冊

410000－2241－0002743　44.266/140

儀鄭堂殘稾二卷　（清）曹埰撰　清道光二十
四年(1844)上海徐氏刻春暉堂叢書本　一冊

410000－2241－0002744　44.266/183.2

**小謨觴館詩集注八卷詩餘附錄注一卷詩續集
注二卷詩餘續附錄注一卷文集注四卷文續集
注二卷**　（清）彭兆蓀撰　（清）孫元培
（清）孫長熙注　清抄本　八冊

410000－2241－0002745　44.266/113

無止境存藁十四卷　（清）王相撰　清咸豐五
年(1855)刻本　四冊

410000－2241－0002746　44.264/749

歸愚文鈔十二卷文續十一卷說詩晬語二卷浙

江通省志圖說一卷　（清）沈德潛撰　清刻本
　四册

410000－2241－0002747　44.251/117

王文忠公文集二十五卷附家集　（明）王禕撰
　清刻本　十册

410000－2241－0002748　44.251/439

聞過齋集四卷　（元）吳海撰　清同治五年
（1866）福州正誼書院刻正誼堂全書本　三册

410000－2241－0002749　44.266/183.202

小謨觴館詩集注詩八卷續二卷詩餘集注二卷
文集注四卷續二卷　（清）彭兆蓀撰　（清）孫
元培　（清）孫長熙纂輯　清光緒二十年
（1894）泉唐汪氏刻本　八册

410000－2241－0002750　44.266/183－2

小謨觴館文集四卷　（清）彭兆蓀撰　清光緒
七年（1881）近性樓刻本　一册

410000－2241－0002751　44.266/183＝2

無近名齋文鈔四卷二編二卷雜著二卷　（清）
彭翊著　清道光二十七年（1847）刻本　四册

410000－2241－0002752　44.251/696

宋文憲公全集五十三卷首四卷　（明）宋濂撰
　（清）嚴榮輯　清嘉慶十五年（1810）金華府
學刻本　二十四册

410000－2241－0002753　44.251/696.02

宋學士全集三十二卷補遺八卷附錄二卷
（明）宋濂撰　清同治十三年（1874）永康胡氏
退補齋刻金華叢書本　四十一册

410000－2241－0002754　44.266/262

脩本堂稿五卷　（清）林伯桐撰　清道光二十
四年（1844）番禺林世懋刻脩本堂叢書本
二册

410000－2241－0002755　44.266/273

潛吉堂詩錄二卷詞錄一卷雜著一卷　（清）楊
秉桂撰　清道光二十五年（1845）刻本　一册

410000－2241－0002756　44.251/731

新喻梁石門先生集十卷首一卷末一卷　（明）
梁寅撰　（清）暨用其訂　清道光十五年

（1835）新喻學宮刻本　六册

410000－2241－0002757　44.266/311

佩渠文集前集一卷後集一卷　（清）張調元撰
　清光緒七年（1881）榮陽刻本　二册

410000－2241－0002758　44.251/886

誠意伯文集二十卷　（明）劉基撰　清光緒元
年（1875）刻本　十册

410000－2241－0002759　44.251/946

始豐稿十四卷補遺一卷附錄一卷　（明）徐一
夔撰　清光緒二十年（1894）錢塘丁氏嘉惠堂
刻武林往哲遺箸本　四册

410000－2241－0002760　44.266/313

月齋集文集八卷詩集四卷　（清）張穆撰　清
咸豐八年（1858）刻本　四册

410000－2241－0002761　44.266/361

天真閣集五十四卷外集六卷　（清）孫原湘撰
　長真閣集七卷　（清）席佩蘭學　清光緒十
七年（1891）強氏南皋草廬刻本　八册　存四
十五卷（一至三十二、外集六卷、長真閣集七
卷）

410000－2241－0002762　44.255/374

思玄集十六卷　（明）桑悅撰　（明）徐威注
明萬曆四十四年（1616）翁憲祥刻本　八册

410000－2241－0002763　44.266/366

泰雲堂文集二卷駢體文集二卷詩集十八卷詞
集三卷　（清）孫爾準撰　清道光十三年
（1833）金鐀孫氏刻本　一册　存二卷（文集
二卷）

410000－2241－0002764　44.266/377

左海全集十種　（清）陳壽祺撰　清嘉慶、道
光間三山陳氏刻本　十五册　存三種十八卷

410000－2241－0002765　44.266/377－2

東觀存稿一卷　（清）陳壽祺撰　清刻左海全
集本　一册

410000－2241－0002766　44.255/378.02

白沙子全集九卷　（明）陳獻章撰　附錄一卷
（明）湛若水等撰　明萬曆四十年（1612）何

上新刻本 十冊

410000－2241－0002767 44.255/378

白沙子全集九卷 （明）陳獻章撰 附錄一卷
（明）湛若水等撰 明萬曆四十年（1612）何
上新刻本（卷九、附錄一卷配王蔭嘉抄本）
十冊

410000－2241－0002768 44.266/378

稽瑞樓文草一卷 （清）陳揆撰 清光緒十三
年（1887）刻本 一冊

410000－2241－0002769 44.266/382

頤道堂文鈔九卷 （清）陳文述撰 清道光三
年（1823）刻本 四冊

410000－2241－0002770 44.255/482

羅圭峯先生文集三十卷首一卷 （明）羅玘撰
明崇禎刻本 十二冊

410000－2241－0002771 44.266/384

太乙舟文集八卷 （清）陳用光撰 清道光甘
泉黃氏刻清頌堂叢書本 四冊

410000－2241－0002772 44.255/667

六如居士全集 （明）唐寅著 清嘉慶六年
（1801）長沙唐仲冕刻本 四冊

410000－2241－0002773 44.266/391

雙白燕堂文集二卷外集八卷 （清）陸耀遹撰
清光緒四年（1878）興國州署刻本 四冊

410000－2241－0002774 44.266/429

鐵橋漫稿十三卷 （清）嚴可均撰 清道光十
八年（1838）四錄堂刻四錄堂類集本 二冊

410000－2241－0002775 44.266/440

吳學士文集四卷 （清）吳翰撰 （清）梁肇煌
（清）薛時雨編訂 清光緒八年（1882）江甯
藩署刻本 四冊

410000－2241－0002776 44.255/887

劉忠宣公遺集四種 （明）劉大夏撰 （清）劉
乙燃纂輯 清光緒元年（1875）劉氏刻本
六冊

410000－2241－0002777 44.266/442

初月樓文鈔十卷文續鈔八卷詩鈔四卷 （清）

吳德旋撰 清光緒十年（1884）刻本 六冊

410000－2241－0002778 44.255/899

何大復先生集三十八卷 （明）何景明撰 附
錄一卷 （明）喬世寧等撰 清宣統元年
（1909）厚生印書館石印本 八冊

410000－2241－0002779 44.255/899.02

何大復先生集三十八卷 （明）何景明撰 附
錄一卷 （明）喬世寧等撰 清光緒十九年
（1893）豫南書院刻本 八冊

410000－2241－0002780 44.266/627

萬善花室文藁七卷 （清）方履籛撰 清光緒
七年（1881）定州王氏謙德堂刻畿輔叢書本
四冊

410000－2241－0002781 44.256/106/2

枝山文集四卷 （明）祝允明撰 清同治十三
年（1874）元和祝氏刻本 二冊

410000－2241－0002782 44.256/106

枝山文集四卷 （明）祝允明撰 清同治十三
年（1874）元和祝氏刻本 四冊

410000－2241－0002783 44.266/627＝2

生齋文稿八卷續刻一卷 （清）方坰撰 清道
光十七年（1837）刻本 二冊

410000－2241－0002784 44.266/627＝2－2

方學博全集六種 （清）方坰撰 清光緒元年
（1875）武昌藩署刻本 六冊

410000－2241－0002785 44.266/642

續東軒遺集 （清）高均儒撰 清光緒七年
（1881）刻本 三冊

410000－2241－0002786 44.266/660－2/2

定盦文集補編四卷 （清）龔自珍撰 清光緒
十二年（1886）平湖朱氏刻本 二冊

410000－2241－0002787 44.266/660－2

定盦文集三卷續集四卷補編四卷續錄一卷古
今體詩二卷雜詩一卷詞選一卷詞錄一卷
（清）龔自珍撰 清同治七年（1868）刻本 三
冊 存七卷（定盦文集三卷、續集四卷）

410000－2241－0002788 44.256/273

楊忠愍公全集四卷 （明）楊繼盛撰 清光緒
十九年(1893)味菜廬刻本 一冊

410000－2241－0002789 44.256/592
洹詞十二卷 （明）崔銑著 （清）金寶符編
清同治二年(1863)崔氏家塾刻本 十二冊

410000－2241－0002790 44.256/592/2
洹詞十二卷 （明）崔銑著 （清）金寶符編
清同治二年(1863)崔氏家塾刻本 十二冊

410000－2241－0002791 44.256/667
重刊校正唐荊川先生文集十二卷外集三卷補
遺五卷附錄一卷 （明）唐順之撰 清光緒三
十年(1904)江南書局刻本 十冊

410000－2241－0002792 13.123079/271
大成通志十八卷首二卷 （清）楊慶輯著 清
康熙八年(1669)理齋刻本 二十冊

410000－2241－0002793 44.256/667.02
荊川文集十八卷 （明）唐順之著 清刻本
十六冊

410000－2241－0002794 44.256/868
震川先生集三十卷別集十卷首一卷 （明）歸
有光撰 （清）歸莊校勘 （清）歸玠編輯 清
光緒元年(1875)常熟歸彭福刻本 十二冊

410000－2241－0002795 44.266/660
定盦文集三卷續集四卷文集補一卷詩三卷詞
三卷 （清）龔自珍撰 清同治七年(1868)刻
本 四冊

410000－2241－0002796 44.257/113
弇州山人續稿選三十八卷 （明）王世貞著
（明）顧起元選 （明）孫震卿校 明萬曆新都
孫氏刻本 二十冊

410000－2241－0002797 44.266/667
讀我書齋集字雜著二卷 （清）唐李杜撰 清
道光二十八年(1848)刻本 一冊

410000－2241－0002798 44.257/203
松石齋詩集六卷文集二十五卷趙文毅公奏疏五
卷 （明）趙用賢撰 遼事疏一卷 （明）趙琦
美撰 清光緒二十二年至二十八年(1896－

1902)常熟趙氏承啟堂刻本 十冊

410000－2241－0002799 44.266/754
三松堂集二十卷文四卷續集六卷 （清）潘奕
雋撰 清同治十一年(1872)刻本 八冊

410000－2241－0002800 44.266/754＝2
養一齋集二十六卷首一卷 （清）潘德輿撰
清同治二年(1863)刻本 八冊

410000－2241－0002801 44.257/355
尤西川先生擬學小記六卷續錄七卷附錄二卷
西川要語一卷 （明）尤時熙撰 （明）李根編
次 清刻本 六冊

410000－2241－0002802 44.257/445
呂新吾先生去偽齋文集十卷 （明）呂坤著
清康熙十三年(1674)繩其居刻本 十冊

410000－2241－0002803 44.257/445/2
呂新吾先生去偽齋文集十卷 （明）呂坤著
清康熙十三年(1674)繩其居刻本 十冊

410000－2241－0002804 44.266/809
陝南池館遺集二卷 （清）喬重禧撰 清咸豐
元年(1851)上海徐氏刻春暉堂叢書本 一冊

410000－2241－0002805 44.266/827
小萬卷齋文稿二十四卷 （清）朱琦撰 清光
緒十一年(1885)嘉樹山房刻本 十二冊

410000－2241－0002806 44.266/828
遊道堂集四卷 （清）朱彬撰 清同治七年
(1868)刻本 二冊

410000－2241－0002807 44.257/736－3
玉茗堂全集 （明）湯顯祖著 清康熙三十三
年(1694)阮氏竹林堂刻本 三十二冊

410000－2241－0002808 44.257/752
海忠介公集六卷 （明）海瑞撰 清刻本
三冊

410000－2241－0002809 44.266/845
因寄軒文初集十卷二集六卷補遺一卷 （清）
管同著 清道光十三年(1833)管氏刻本
四冊

410000－2241－0002810　44.266/885

**孟塗前集十卷後集二十二卷文集十卷駢體文
二卷**　（清）劉開撰　清道光六年(1826)桐城
姚氏檗山草堂刻本　八冊

410000－2241－0002811　44.266/892

劉禮部集十一卷　（清）劉逢祿撰　**麟石文鈔
一卷**　（清）劉承寬撰　清光緒十八年(1892)
延暉承慶堂刻本　六冊

410000－2241－0002812　44.266/892/2

劉禮部集十一卷　（清）劉逢祿撰　**麟石文鈔
一卷**　（清）劉承寬撰　清光緒十八年(1892)
延暉承慶堂刻本　六冊

410000－2241－0002813　44.257/952

徐文長文集三十卷　（明）徐渭撰　（明）袁宏
道評點　（明）閔德美校訂　明末刻本　十冊

410000－2241－0002814　44.266/892.02

劉禮部集十一卷　（清）劉逢祿撰　**麟石文鈔
一卷**　（清）劉承寬撰　清道光十年(1830)思
誤齋刻本　四冊

410000－2241－0002815　44.266/925

**綠猗軒文鈔二卷詩鈔二卷駢體文鈔一卷詞鈔
二卷**　（清）舒燾撰　清同治四年(1865)長沙
刻本　二冊

410000－2241－0002816　44.258/170

陶菴全集　（明）黃淳耀撰　清乾隆二十六年
(1761)刻本　四冊

410000－2241－0002817　44.258/170.02

陶菴集　（明）黃淳耀撰　清光緒五年(1879)
刻本　二冊

410000－2241－0002818　44.258/170＝2

黃漳浦集五十卷首一卷目錄二卷　（明）黃道
周撰　（清）陳壽祺重編　**漳浦黃先生年譜二
卷**　（清）莊起儔輯　清道光福州陳氏刻本
二十四冊

410000－2241－0002819　44.266/935

**衍石齋記事槀十卷續槀十卷刻楮集四卷旅逸
小槀二卷**　（清）錢儀吉撰　清光緒六年

(1880)嘉興錢彝甫刻本　十二冊

410000－2241－0002820　44.258/170.202

黃漳浦集五十卷首一卷目錄二卷　（明）黃道
周撰　（清）陳壽祺重編　**漳浦黃先生年譜二
卷**　（清）莊起儔輯　清道光福州陳氏刻本
十二冊

410000－2241－0002821　44.258/361

高陽集十二卷　（明）孫承宗撰　清順治十二
年(1655)刻本　六冊

410000－2241－0002822　44.258/384

眉公先生晚香堂小品二十四卷　（明）陳繼儒
著　明崇禎湯大節簡綠居刻本　十二冊

410000－2241－0002823　　615.12/Y867（東
區）

賽金丹二卷　題(清)蘊真子編　清光緒二年
(1876)刻本　一冊

410000－2241－0002824　44.266/994

邃雅堂集十卷文集續編一卷　（清）姚文田撰
清道光元年(1821)、八年(1828)江陰學使
者署刻邃雅堂全書本　四冊

410000－2241－0002825　44.266/994＝2

**通藝閣詩錄八卷續錄八卷三錄八卷晚學齋文
集十二卷**　（清）姚椿撰　清道光至咸豐刻本
十冊

410000－2241－0002826　44.27266/141

曇雲閣詩集一卷詞一卷音匏隨筆一卷　（清）
曹懋堅撰　清道光十五年(1835)抄本　一冊

410000－2241－0002827　44.272/215

國朝文棟八卷　（清）胡嘉銓輯　清宣統元年
(1909)上海時中書局鉛印本　四冊

410000－2241－0002828　44.273/115

慎其餘齋文集二十卷　（清）王贈芳撰　清咸
豐四年(1854)留香書屋刻本　六冊

410000－2241－0002829　44.273/117

平養堂文編十卷　王龍文撰　清宣統三年
(1911)思賢書局刻本　四冊

410000－2241－0002830　44.273/118

味諫果齋集六卷文集二卷 （清）王汝金著 （清）戴元謙編 清光緒八年(1882)錢江刻本 二冊

410000－2241－0002831　44.273/119＝2

虛受堂文集十六卷 王先謙撰 清宣統二年(1910)上海國學書社石印本 六冊

410000－2241－0002832　44.273/148

籀書內篇二卷外篇二卷續篇四卷 （清）曹金籀纂 清同治八年(1869)石屋藏書啟蕳刻本 十冊

410000－2241－0002833　44.273/187

遼懷堂全集 （清）袁翼撰 清光緒十三年(1887)遼懷堂刻本 四冊

410000－2241－0002834　44.273/212

謫麠堂遺集文二卷詩二卷補遺一卷 （清）戴望撰 清宣統三年(1911)順德鄧氏風雨樓鉛印風雨樓叢書本 一冊

410000－2241－0002835　44.273/269

遲鴻軒詩集四卷詩續一卷文棄二卷文續一卷 （清）楊峴撰 清光緒十一年至十九年(1885－1893)刻本 三冊

410000－2241－0002836　44.273/279

柏梘山房文集十六卷文續集一卷詩集十卷詩續集二卷駢體文二卷 （清）梅曾亮撰 清咸豐六年(1856)刻本 八冊

410000－2241－0002837　44.258/736

湘中草六卷 （明）湯傳楹撰 清康熙十二年(1673)刻本 一冊

410000－2241－0002838　44.258/736.02

湘中草六卷 （明）湯傳楹撰 清康熙十一年(1672)刻本 四冊

410000－2241－0002839　44.273/279.02

梅伯言全集 （清）梅曾亮撰 清宣統二年(1910)上海國學扶輪社石印本 八冊

410000－2241－0002840　44.273/279.03

柏梘山房文集十六卷文續集一卷詩集十卷詩續集二卷駢體文二卷 （清）梅曾亮撰 清咸

豐六年(1856)刻本 八冊

410000－2241－0002841　44.258/821

周忠介公燼餘集三卷 （明）周順昌著 周吏部年譜一卷 （明）殷獻臣述 忠介遺事一卷 清光緒二十九年(1903)太倉唐文治等刻本 二冊

410000－2241－0002842　44.258/821.02/2

周忠介公燼餘集三卷 （明）周順昌著 周吏部年譜一卷 （明）殷獻臣述 忠介遺事一卷 清光緒二十九年(1903)太倉唐文治等刻本 二冊

410000－2241－0002843　D91.21/9989

[清光緒二十九年]大清搢紳全書不分卷(癸卯冬季) （清）□□編 清光緒二十九年(1903)榮錄堂刻本 二冊

410000－2241－0002844　44.258/821.02

周忠介公燼餘集三卷 （明）周順昌著 周吏部年譜一卷 （明）殷獻臣述 忠介遺事一卷 清光緒二十九年(1903)太倉唐文治等刻本 二冊

410000－2241－0002845　44.273/281

蘧盦詩文鈔不分卷 （清）柳商賢著 清光緒十五年(1889)閑存小舍刻本 一冊

410000－2241－0002846　44.273/283

樊山集 樊增祥撰 清光緒十九年至二十八年(1893－1902)渭南縣署西安臬署刻本 二十四冊

410000－2241－0002847　44.258/885

劉文烈公全集十二卷 （明）劉理順撰 清光緒元年(1875)北平查以謙刻本 六冊

410000－2241－0002848　44.259/348

夏節愍全集十卷首一卷末一卷補遺一卷續補遺一卷 （明）夏完淳撰 （清）莊師洛輯 清嘉慶十二年(1807)刻本 二冊

410000－2241－0002849　44.259/379

陳忠裕全集三十卷首一卷末一卷 （明）陳子龍撰 （清）王昶輯 清嘉慶八年(1803)簳山

139

草堂刻本　十冊

410000－2241－0002850　44.259/835
觀復堂稿略一卷　（明）朱集璜撰　清光緒六年(1880)嘉興金吳瀾刻本　一冊

410000－2241－0002851　44.265/859.02
紀文達公遺集文十六卷詩十六卷　（清）紀昀撰　（清）紀樹馨編校　清嘉慶十七年(1812)河間紀氏刻本　八冊　存十六卷(文十六卷)

410000－2241－0002852　617/K566(東區)
瘍醫大全四十卷　（清）顧世澄纂輯　（清）錢之柏　（清）顧橪變校　清光緒二十七年(1901)上海圖書集成印書局鉛印本(有圖)十六冊

410000－2241－0002853　44.261/355－2
西堂全集　（清）尤侗撰　清順治十二年(1655)刻本　二十四冊　存十四種三十七卷

410000－2241－0002854　44.261/383
寶綸堂集十卷拾遺一卷　（清）陳洪綬著　清光緒十四年(1888)會稽董氏取斯堂木活字印本　四冊

410000－2241－0002855　44.261/832－2
牧齋晚年家乘文一卷　（清）錢謙益撰　錢牧翁先生年譜一卷　題(清)彭城退士撰　清宣統三年(1911)上海國學扶輪社鉛印本　一冊

410000－2241－0002856　44.261/907
壯悔堂集十卷遺稿一卷四憶堂詩集六卷　(清)侯方域著　（清）賈開宗等評點　清刻本十二冊

410000－2241－0002857　44.261/907/2
壯悔堂集十卷遺稿一卷四憶堂詩集六卷　(清)侯方域著　（清）賈開宗等評點　清刻本十二冊

410000－2241－0002858　44.261/907.02
壯悔堂集文集十卷遺稿一卷　（清）侯方域著（清）賈開宗等評點　清刻本　六冊

410000－2241－0002859　44.261/907.03
壯悔堂文集十卷遺稿一卷四憶堂詩集六卷遺

稿一卷　（清）侯方域著　（清）賈開宗等評點選注　清宣統元年(1909)中國圖書公司鉛印本　二冊

410000－2241－0002860　44.261/907.05
壯悔堂文集十卷　（清）侯方域著　（清）陳履中　（清）陳履平編次　清乾隆十四年(1749)刻本　四冊

410000－2241－0002861　44.261/932－3
錢牧齋文鈔不分卷　（清）錢謙益撰　清宣統元年(1909)國學扶輪社鉛印本　四冊

410000－2241－0002862　44.261/987
金忠節公文集八卷首一卷　（明）金聲著　清光緒十四年(1888)黟邑李氏刻本　四冊

410000－2241－0002863　44.273/285
好雲樓初集二十八卷首一卷　（清）李聯琇撰　清咸豐十一年(1861)恩養堂刻本　八冊

410000－2241－0002864　44.273/286
植庵集十卷　（清）李慎傳撰　清光緒十年(1884)丹徒李氏刻本　五冊

410000－2241－0002865　44.273/292
琴語堂雜體文續不分卷　（清）李肇增撰　清同治三年(1864)刻本　一冊

410000－2241－0002866　44.273/292/2
琴語堂雜體文續不分卷　（清）李肇增撰　清同治三年(1864)刻本　一冊

410000－2241－0002867　44.273/294
養一齋文集二十卷李養一先生詩集四卷詩餘一卷　（清）李兆洛撰　清光緒四年至八年(1878－1882)江陰崇養堂刻本　十冊

410000－2241－0002868　44.3561/129
石臼前集九卷後集七卷　（清）邢昉著　清光緒十八年(1892)刻本　六冊

410000－2241－0002869　44.273/309
寒松閣老人集五種　（清）張鳴珂撰　清光緒十九年(1893)刻民國蘇州圖書館印本　八冊

410000－2241－0002870　44.273/310
悔廬文鈔五卷首一卷文補一卷　（清）張崇蘭

著 清光緒二十三年(1897)刻悔廬全集本
三冊

410000－2241－0002871 44.273/311.02
廉亭文集八卷 (清)張裕釗撰 (清)查燕緒
編次 清宣統三年(1911)上海掃葉山房石印
本 二冊

410000－2241－0002872 44.273/311.03
廉亭文集八卷 (清)張裕釗撰 (清)查燕緒
編訂 清光緒八年(1882)海寧查氏木漸齋蘇
州刻本 二冊

410000－2241－0002873 44.3562/113
漁洋山人精華錄十卷 (清)王士禎撰 (清)
林佶編 清宣統二年(1910)上海嘉尚廬石印
本 六冊

410000－2241－0002874 44.3562/113.02
漁洋山人精華錄十卷 (清)王士禎撰 (清)
林佶編 清刻本 三冊

410000－2241－0002875 44.273/329
艾廬遺稾六卷 (清)邵曾鑑撰 清光緒二十
三年(1897)刻本 二冊

410000－2241－0002876 44.273/352/2
恪靖侯盾鼻餘瀋一卷 (清)左宗棠撰 清光
緒七年(1881)長沙柳葆元刻本 二冊

410000－2241－0002877 44.273/352
恪靖侯盾鼻餘瀋一卷 (清)左宗棠撰 清光
緒七年(1881)長沙柳葆元刻本 一冊

410000－2241－0002878 44.3562/118
清貽堂存稿四卷附錄一卷 (清)王益朋撰
清咸豐六年(1856)刻本 二冊

410000－2241－0002879 44.273/352－2
左文襄公詩集一卷文集五卷聯語一卷 (清)
左宗棠撰 (清)劉毓家校 清宣統元年
(1909)蘇州鉛印本 二冊

410000－2241－0002880 44.3562/321
翁山詩外二十卷 (清)屈大均撰 清宣統二
年(1910)上海國學扶輪社鉛印本(原缺卷二
十) 十二冊

410000－2241－0002881 44.3562/355

西堂全集 (清)尤侗撰 清刻本 十二冊
存十二種三十卷

410000－2241－0002882 44.273/360
誰與庵文鈔二卷孫氏先德傳一卷 (清)孫世
均撰 清光緒十五年(1889)歸安孫氏守恆堂
刻本 一冊

410000－2241－0002883 44.273/372
南邨草堂文鈔二十卷詩鈔二十四卷 (清)鄧
顯鶴撰 清道光九年(1829)刻本 十二冊

410000－2241－0002884 44.3562/372
林屋詩集九卷 (清)鄧旭撰 清道光三年
(1823)刻朱印本 二冊

410000－2241－0002885 44.3562/386
迦陵詞全集三十卷陳迦陵文集六卷儷體文集
十卷湖海樓詩集八卷 (清)陳維崧撰 清康
熙陳宗石患立堂刻本 一冊 存三卷(湖海
樓詩集一至三)

410000－2241－0002886 44.3562/433
虛白齋存藁九種 (清)吳壽昌撰 清乾隆五
十五年(1790)刻本 六冊

410000－2241－0002887 44.273/372＝3
扁善齋文存二卷詩存一卷 (清)鄧嘉緝撰
清光緒二十七年(1901)刻本 四冊

410000－2241－0002888 44.3562/439
黃葉村莊詩集八卷續集一卷後集一卷 (清)
吳之振撰 清康熙三十三年(1694)刻本
四冊

410000－2241－0002889 44.273/383/2
東塾集六卷申范一卷 (清)陳澧撰 清光緒
十八年(1892)菊坡精舍刻本 三冊 缺一卷
(申范一卷)

410000－2241－0002890 44.273/383
東塾集六卷申范一卷 (清)陳澧撰 清光緒
十八年(1892)菊坡精舍刻本 四冊

410000－2241－0002891 44.273/386
袌碧齋詩五卷詞一卷雜文一卷 陳銳撰 清

光緒三十一年（1905）揚州刻本　二冊

410000－2241－0002892　44.3562/441
梅村詩集箋注十八卷　（清）吳偉業撰　（清）吳翌鳳箋注　清光緒二十二年（1896）新化三昧堂刻本　十二冊

410000－2241－0002893　44.273/388
瓵翁文鈔四卷　（清）陸懋修撰　清刻本　一冊

410000－2241－0002894　44.3562/441.02
梅村詩集箋注十八卷　（清）吳偉業撰　（清）吳翌鳳箋注　清嘉慶十九年（1814）嚴榮滄浪吟榭刻本　十二冊

410000－2241－0002895　44.3562/441.02/2
梅村詩集箋注十八卷　（清）吳偉業撰　（清）吳翌鳳箋注　清嘉慶十九年（1814）嚴榮滄浪吟榭刻本　二冊

410000－2241－0002896　44.273/393
儀顧堂集二十卷　（清）陸心源撰　清光緒二十四年（1898）歸安陸氏刻本　六冊

410000－2241－0002897　44.273/393.02
儀顧堂集十六卷　（清）陸心源撰　清同治十三年（1874）福州刻潛園總集本　四冊

410000－2241－0002898　44.273/413
適可齋記言四卷記行六卷　（清）馬建忠撰　清光緒二十二年（1896）刻本　四冊

410000－2241－0002899　44.273/435
榴實山莊文稿一卷詩鈔六卷詞鈔一卷試律二卷　（清）吳存義撰　清同治十年（1871）刻本　六冊

410000－2241－0002900　44.273/436
漱六山房全集十一卷　（清）吳昆田撰　清光緒刻本　六冊

410000－2241－0002901　44.273/439
吳摯甫文集四卷深州風土記四篇詩集一卷　（清）吳汝綸撰　清宣統元年（1909）國學扶輪社石印本　六冊

410000－2241－0002902　44.3562/441－2/2

吳詩集覽二十卷　（清）吳偉業撰　（清）靳榮藩輯　**吳詩談藪一卷補注二十卷**　（清）靳榮藩抄撮　清乾隆四十六年（1781）綠蔭堂刻本　十六冊

410000－2241－0002903　44.3562/441－2
吳詩集覽二十卷　（清）吳偉業撰　（清）靳榮藩輯　**吳詩談藪一卷補注二十卷**　（清）靳榮藩抄撮　清乾隆四十六年（1781）綠蔭堂刻本　十六冊

410000－2241－0002904　44.273/440
柈湖文錄八卷首一卷　（清）吳敏樹著　清同治八年（1869）刻本　五冊

410000－2241－0002905　44.273/440.02
柈湖文集十二卷首一卷　（清）吳敏樹著　清光緒十九年（1893）思賢講舍刻本　四冊

410000－2241－0002906　44.273/440.02/2
柈湖文集十二卷首一卷　（清）吳敏樹著　清光緒十九年（1893）思賢講舍刻本　四冊

410000－2241－0002907　44.273/440.02/3
柈湖文集十二卷首一卷　（清）吳敏樹著　清光緒十九年（1893）思賢講舍刻本　四冊

410000－2241－0002908　617/TS738（東區）
外科真詮二卷　（清）鄒岳著　（清）沈振瑞校　清同治十一年（1872）刻本　四冊

410000－2241－0002909　44.273/457
紅韻閣遺橐一卷　（清）闞壽坤撰　清光緒五年（1879）金閶刻本　一冊

410000－2241－0002910　44.273/490
二十年來之最醒夢二卷　盧懋功撰　清光緒三十三年（1907）北京益森公司鉛印本　一冊

410000－2241－0002911　44.273/502
荔雨軒文集六卷　（清）華翼綸撰　清光緒九年（1883）梁溪華氏刻本　二冊

410000－2241－0002912　44.273/504
歸盦文稿八卷詩稿三卷　（清）葉裕仁撰　清光緒八年至九年（1882－1883）蔣銘勳刻本　五冊

410000－2241－0002913　44.3562/834.2

曝書亭集二十三卷　（清）朱彝尊撰　（清）孫銀槎輯注　清嘉慶五年（1800）三有堂刻本　八冊

410000－2241－0002914　44.3562/932

初學集二十卷　（清）錢謙益撰　（清）錢曾箋註　牧翁先生年譜一卷　（清）葛萬里編　清宣統三年（1911）國學扶輪社石印本　十二冊

410000－2241－0002915　44.273/611

賭棋山莊全集十三種　（清）謝章鋌撰　清光緒至民國間刻本　三十一冊

410000－2241－0002916　44.273/612

玉井山館集二十四卷　（清）許宗衡撰　清同治四年至九年（1865－1870）刻本　五冊

410000－2241－0002917　44.3562/966

宋氏綿津詩鈔八卷　（清）宋犖撰　（清）邵長蘅選　清康熙刻本　四冊

410000－2241－0002918　44.273/627

枕經堂文鈔二卷　（清）方朔撰　清道光二十六年（1846）刻本　一冊

410000－2241－0002919　44.273/627＝2

柏堂集四種　（清）方宗誠撰　清光緒六年（1880）刻本　十六冊

410000－2241－0002920　44.273/628

澤雅堂文集八卷　（清）施補華撰　清光緒二十二年（1896）吳興潛園刻本　一冊　存四卷（一至四）

410000－2241－0002921　44.273/634/2

養知書屋文集二十八卷詩集十五卷　（清）郭嵩燾撰　清光緒十八年（1892）刻本　十六冊

410000－2241－0002922　44.273/634

養知書屋文集二十八卷詩集十五卷　（清）郭嵩燾撰　清光緒十八年（1892）刻本　十六冊

410000－2241－0002923　44.3563/121

樓山詩集六卷　（清）王恕撰　清光緒二十年（1894）京師刻本　二冊

410000－2241－0002924　44.3564/167

兩當軒詩鈔十四卷悔存詞鈔二卷　（清）黃景仁撰　清書帶草堂刻本　四冊

410000－2241－0002925　44.3564/167－2

兩當軒集二十二卷攷異二卷附錄四卷　（清）黃景仁著　（清）黃志述輯　清光緒二年（1876）武進黃氏刻本　六冊

410000－2241－0002926　44.3564/167.03

兩當軒詩集十六卷　（清）黃景仁撰　清道光十七年（1837）海昌蔣氏別下齋刻本　四冊

410000－2241－0002927　44.3564/167.02

兩當軒詩鈔十四卷竹眠詞鈔二卷　（清）黃景仁撰　清道光十三年（1833）廣州刻本　四冊

410000－2241－0002928　44.3564/167－2.03

兩當軒集二十二卷攷異二卷附錄四卷　（清）黃景仁著　（清）黃志述輯　清光緒二年（1876）武進黃氏刻本　六冊

410000－2241－0002929　44.3564/183

測海集六卷　（清）彭紹升撰　清嘉慶二十四年（1819）刻本　一冊

410000－2241－0002930　44.3564/183

觀河集四卷　（清）彭紹升撰　清道光三年（1823）刻本　一冊

410000－2241－0002931　44.273/637

金峨山館文甲集不分卷乙集不分卷　（清）郭傳璞撰　清刻本　二冊

410000－2241－0002932　44.273/647

高陶堂遺集八卷　（清）高心夔撰　（清）李鴻裔刪定　清光緒八年（1882）平湖朱氏經注經齋刻本　四冊

410000－2241－0002933　44.273/649

涌翠山房文集四卷詩集四卷　（清）高延第撰　清光緒十四年（1888）山陽高氏刻涌翠山房集本　二冊　存四卷（文集四卷）

410000－2241－0002934　44.273/713

玉樹山房遺集四卷　（清）汪寶崧撰　清末鉛印本　二冊

410000 - 2241 - 0002935　44.273/745

樂志簃文錄四卷詩錄六卷詞錄一卷味經堂詩錄二卷樂志簃筆記四卷　（清）沈祥龍撰　清光緒二十六年（1900）文墨齋、二十七年（1901）雲間沈氏刻本　一冊

410000 - 2241 - 0002936　44.273/754 = 3

東津館文集三卷　（清）潘曾沂撰　清咸豐八年（1858）吳縣潘氏刻本　二冊

410000 - 2241 - 0002937　44.273/754 = 4

西圃集十卷續集四卷詩集補遺一卷詞續一卷詞三續一卷題畫詩一卷題畫詩續一卷文集四卷文集補遺一卷　（清）潘遵祁撰　清光緒二十三年（1897）刻本　六冊

410000 - 2241 - 0002938　44.273/754 = 5

有真意齋文集一卷　（清）潘世恩撰　清道光十三年（1833）刻本　一冊

410000 - 2241 - 0002939　44.273/766

顯志堂集十二卷夢奈詩稿一卷　（清）馮桂芬著　清光緒二年（1876）吳縣馮氏校邠廬刻本　四冊

410000 - 2241 - 0002940　44.273/786

萬涵堂遺稿　（清）程霖壽撰　清光緒二十七年（1901）長沙竢園刻本　二冊

410000 - 2241 - 0002941　44.273/804

古微堂內集三卷外集七卷　（清）魏源著　清光緒四年（1878）淮南書局刻本　四冊

410000 - 2241 - 0002942　44.273/842

學藝齋外集一卷　（清）鄒漢勛撰　清光緒九年（1883）鄒代鈞刻本　一冊

410000 - 2241 - 0002943　44.3564/197

飴山詩集二十卷　（清）趙執信撰　清乾隆十七年（1752）刻本　五冊

410000 - 2241 - 0002944　44.3564/198

甌北集五十三卷　（清）趙翼撰　清乾隆五十五年至嘉慶十七年（1790 - 1812）湛貽堂刻甌北全集本　十二冊

410000 - 2241 - 0002945　44.3564/198 - 2/2

甌北詩鈔二十卷　（清）趙翼撰　清宣統三年（1911）上海掃葉山房石印本　八冊

410000 - 2241 - 0002946　44.3564/198 - 2

甌北詩鈔二十卷　（清）趙翼撰　清宣統三年（1911）上海掃葉山房石印本　一冊

410000 - 2241 - 0002947　44.3564/214

石笥山房詩集十一卷詩餘一卷詩集補遺二卷續補遺二卷　（清）胡天游著　清咸豐二年（1852）山陰胡鳴泰刻本　六冊

410000 - 2241 - 0002948　44.273/856

恥不逮齋集三卷首一卷附錄一卷補遺一卷　（清）熊其英撰　清光緒十六年（1890）蘇州五畝園刻本　四冊

410000 - 2241 - 0002949　44.273/886

廣經室文鈔一卷　（清）劉恭冕撰　清光緒十五年（1889）廣雅書局刻廣雅書局叢書本　一冊

410000 - 2241 - 0002950　44.273/887

古紅梅閣集四卷　（清）劉履芬撰　清光緒六年（1880）蘇州刻本　一冊

410000 - 2241 - 0002951　44.273/890

青溪舊屋文集十一卷　（清）劉文淇撰　清光緒九年（1883）儀徵劉氏刻本　二冊

410000 - 2241 - 0002952　44.273/890/2

青溪舊屋文集十一卷　（清）劉文淇撰　清光緒九年（1883）儀徵劉氏刻本　二冊

410000 - 2241 - 0002953　44.273/897

悔餘庵集　（清）何栻撰　清同治四年（1865）鳩江戎幄刻本　十一冊　存二種二十八卷

410000 - 2241 - 0002954　44.273/927

甘泉鄉人稿二十四卷曝書雜記三卷　（清）錢泰吉撰　清敕授修職郎誥封朝議大夫顯考警石府君年譜一卷　（清）錢應溥述　頒農偶吟一卷　（清）錢炳森撰　清同治七年（1868）秀水杜小舫蘇州、十一年（1872）嘉興錢氏刻滙印本（有圖）　六冊

410000 - 2241 - 0002955　44.273/947

未灰齋文集八卷外集一卷　（清）徐鼒著　清咸豐十一年(1861)六合徐氏刻本　四冊

410000－2241－0002956　44.273/951

日損齋文稿一卷詩稿一卷　（清）徐敦仁撰　清光緒十五年(1889)刻本　一冊

410000－2241－0002957　44.273/965

城北草堂詩鈔四卷詩餘二卷詞餘一卷　（清）顧夔撰　清光緒十四年(1888)刻本　二冊

410000－2241－0002958　44.273/965/2

城北草堂詩鈔四卷詩餘二卷詞餘一卷　（清）顧夔撰　清光緒十四年(1888)刻本　二冊

410000－2241－0002959　44.273/968

孟晉齋文集四卷詩集一卷周烈士傳一卷　(清)顧壽楨著　清同治五年(1866)見素抱樸齋刻本　二冊

410000－2241－0002960　44.273/987

劬書室遺集十六卷　（清）金錫齡撰　清光緒二十一年(1895)刻本　五冊

410000－2241－0002961　44.273/990

賓萌集六卷外集四卷　（清）俞樾撰　清同治九年(1870)刻本　六冊

410000－2241－0002962　44.273/990－2

笠東草堂文稿二卷　（清）俞岳著　清光緒十七年(1891)刻本　二冊

410000－2241－0002963　44.273/994

東溟文集六卷外集四卷文後集十四卷文外集二卷　（清）姚瑩撰　清道光桐城姚氏刻中復堂全集本　一冊　存四卷(東溟文集一至四)

410000－2241－0002964　44.273/994＝3

補籬遺稿八卷　（清）姚福均撰　清光緒三十一年(1905)木活字印本　四冊

410000－2241－0002965　44.274/115

湘綺樓文集八卷詩集十四卷箋啟八卷　王闓運撰　清宣統三年(1911)上海國學扶輪社石印本　十二冊

410000－2241－0002966　44.274/115.02

湘綺樓文集八卷　王闓運撰　清光緒二十六年(1900)朵陽刻湘綺樓全書本　四冊

410000－2241－0002967　44.274/115.03

湘綺樓文集八卷　王闓運撰　清光緒三十四年(1908)湘靈文社鉛印本　四冊

410000－2241－0002968　44.274/117

函雅堂集四十卷　王詠霓撰　清光緒二十二年(1896)刻本　十冊

410000－2241－0002969　44.274/270

蘇盦文錄二卷駢文錄五卷詩錄八卷詞錄一卷　（清）楊葆光撰　清光緒九年(1883)杭州刻本　五冊

410000－2241－0002970　44.274/465

小三吾亭文甲集一卷詩二卷詞二卷　冒廣生撰　清末如皋冒氏刻本　二冊

410000－2241－0002971　44.3564/307

雪泉詩存四卷　（清）張楷撰　清乾隆五十九年(1794)刻本　一冊

410000－2241－0002972　44.3564/307/2

雪泉詩存四卷　（清）張楷撰　清乾隆五十九年(1794)刻本　一冊

410000－2241－0002973　44.3564/337

樊榭山房集十卷續集十卷　（清）厲鶚撰　清乾隆刻本　四冊

410000－2241－0002974　44.3564/340

青嶹遺稿二卷　（清）盛錦撰　（清）沈德潛評　清乾隆刻同治十一年(1872)重修本　一冊

410000－2241－0002975　44.3564/379

素峰詩鈔不分卷　（清）陳存矩撰　清嘉慶十三年(1808)刻本　一冊

410000－2241－0002976　44.3564/435

傅徵君霜紅龕詩鈔不分卷　（清）傅山著　吳徵君蓮洋詩鈔不分卷　（清）吳雯著　清乾隆三十二年(1767)蘇爾詒、劉贊刻本　六冊

410000－2241－0002977　44.3564/437

十國宮詞一卷　（清）吳省蘭撰　（清）范重榮注　清乾隆刻本　一冊

410000－2241－0002978　44.274/860

藝風堂文集七卷外篇一卷　繆荃孫撰　清光緒二十六年至二十七年(1900－1901)江陰繆氏刻本　四冊

410000－2241－0002979　44.275/146

復盦類稿八卷續稿四卷外稿二卷　曹允源撰　清光緒二十八年(1902)刻本　四冊

410000－2241－0002980　44.3564/437.02

十國宮詞一卷　(清)吳省蘭撰　清宣統三年(1911)掃葉山房石印本　一冊

410000－2241－0002981　44.275/261

畏廬文集一卷　林紓著　清宣統二年(1910)上海商務印書館鉛印本　一冊

410000－2241－0002982　44.3564/526

忠雅堂詩集二十七卷補遺二卷詞集二卷　(清)蔣士銓撰　清乾隆二十七年(1762)存仁堂刻本　八冊

410000－2241－0002983　44.3564/749

歸愚詩鈔二十卷　(清)沈德潛撰　清乾隆十六年(1751)教忠堂刻沈歸愚詩文全集本　五冊

410000－2241－0002984　44.3564/928

蘀石齋詩集五十卷　(清)錢載撰　清刻本　四冊

410000－2241－0002985　44.3565/117

吳越遊草一卷　(清)王文治撰　清宣統三年(1911)國學扶輪社石印本　一冊

410000－2241－0002986　44.3565/118

銅梁山人詩集二十五卷　(清)王汝璧撰　清光緒二十年(1894)京師刻本　三冊　存十七卷(一至十二、二十一至二十五)

410000－2241－0002987　44.3565/121＝2

憺園草二卷補遺一卷外集一卷　(清)王鉾撰　清道光八年(1828)王裝之刻繡水王氏家藏集本　一冊

410000－2241－0002988　44.3565/288

紅素山房詩鈔一卷　(清)李景程撰　清光緒

四年(1878)景州李氏刻本　一冊

410000－2241－0002989　44.3565/309.02

船山詩草二十卷　(清)張問陶撰　清宣統二年(1910)掃葉山房石印本　六冊

410000－2241－0002990　44.3565/309

船山詩草二十卷補遺五卷飲杜文集一卷　(清)張問陶撰　清嘉慶二十年(1815)刻道光二十九年(1849)增刻本　十二冊

410000－2241－0002991　44.3565/348

海鵠詩存二卷　(清)杜夔撰　清道光四年(1824)刻本　一冊

410000－2241－0002992　44.3565/362

平津館叢書三十八種　(清)孫星衍輯　清嘉慶二十三年(1818)蘭陵孫氏刻本　二冊　存二種十卷

410000－2241－0002993　44.3565/362.02

平津館叢書三十八種　(清)孫星衍輯　清光緒十一年(1885)吳縣朱氏槐廬家塾刻本　四冊　存二種十一卷

410000－2241－0002994　44.3565/377

琴海集二卷正字一卷　(清)陳玉鄰著　(清)宗德懋正字　清光緒二十一年(1895)刻本　一冊

410000－2241－0002995　44.3565/378

陳氏叢書　(清)陳本禮　(清)陳逢衡撰　清嘉慶、道光間江都陳氏裛露軒刻本　四冊　存三種十五卷

410000－2241－0002996　615.7/C.269(東區)

巢氏諸病源候總論五十卷　(隋)巢元方撰　(清)胡益謙校　清嘉慶十四年(1809)吳門經義齋胡益謙刻本　六冊

410000－2241－0002997　44.3565/526

牡丹百詠一卷　(清)蔣廷錫撰　清同治十三年(1874)刻本　一冊

410000－2241－0002998　44.3565/610

繡餘遺稿二卷詩餘一卷　(清)許藺撰　清嘉

慶十一年(1806)無涯道人刻本　一冊

410000－2241－0002999　617/W249/02（東區）

外科證治全生不分卷　（清）王維德撰　清光緒十六年(1890)善成堂刻本　二冊

410000－2241－0003000　44.3565/720

附鮚軒詩八卷　（清）洪亮吉撰　清乾隆六十年(1795)刻本　二冊

410000－2241－0003001　44.3565/736

金源紀事詩八卷　（清）湯運泰撰　（清）湯顯業　（清）湯顯幹注　清同治十二年(1873)淮南書局刻本　四冊

410000－2241－0003002　44.3565/754

功甫小集十一卷　（清）潘曾沂撰　清同治八年(1869)潘儀鳳刻本　二冊

410000－2241－0003003　44.31/102/2

毛詩日箋六卷　（清）秦松齡學　清康熙三十九年(1700)尊賢堂刻本　一冊

410000－2241－0003004　44.31/102

毛詩日箋六卷　（清）秦松齡學　清康熙三十九年(1700)尊賢堂刻本　四冊

410000－2241－0003005　44.3565/827

知足齋詩集二十卷續集四卷　（清）朱珪撰　清嘉慶十年(1805)刻本　八冊

410000－2241－0003006　44.31/113

詩疑二卷　（宋）王柏撰　清康熙刻本　一冊

410000－2241－0003007　44.31/113＝2

詩經廣大全二十卷　（清）王夢白編　清康熙二十一年(1682)吳郡寶翰樓刻本　十二冊

410000－2241－0003008　44.3565/887

海峰詩集十一卷　（清）劉大櫆撰　清刻本　六冊

410000－2241－0003009　44.3565/925

瓶水齋詩集十七卷別集二卷詩話一卷附錄一卷　（清）舒位撰　清光緒十二年至十七年(1886－1891)刻本　八冊

410000－2241－0003010　44.31/118

欽定詩經傳說彙纂二十一卷首二卷詩序二卷　（清）王鴻緒等撰　清雍正五年(1727)刻本　十八冊

410000－2241－0003011　44.31/118.02

欽定詩經傳說彙纂二十一卷首二卷詩序二卷　（清）王鴻緒等撰　清光緒十四年(1888)江南書局刻本　十六冊

410000－2241－0003012　44.31/119

詩經比義述八卷　（清）王千仞撰　清乾隆五十七年(1792)嘉德堂刻本　四冊

410000－2241－0003013　44.31/121

詩總聞二十卷　（宋）王質撰　清道光二十六年(1846)錢儀吉刻本　六冊

410000－2241－0003014　44.31/121/2

詩總聞二十卷　（宋）王質撰　清道光二十六年(1846)錢儀吉刻本　六冊

410000－2241－0003015　44.31/158

鄭氏詩譜考證不分卷　（漢）鄭玄撰　（宋）歐陽修補正　（清）丁晏重編　清嘉慶二年(1797)碧山堂刻本　二冊

410000－2241－0003016　44.3565/950

珠樓遺稿一卷　（清）徐貞撰　清嘉慶八年(1803)刻本　一冊

410000－2241－0003017　617/W233（東區）

外科證治準繩五卷　（明）王肯堂輯　清九思堂刻本　十冊

410000－2241－0003018　44.3565/113

嗣雅堂詩存五卷　（清）王嘉祿撰　清道光二十六年(1846)刻本　一冊

410000－2241－0003019　44.3566/117

竹韻樓詩鈔二卷琴趣一卷　（清）王淑撰　清道光二十五年(1845)刻本　一冊

410000－2241－0003020　44.31/204

毛詩草木鳥獸蟲魚疏校正二卷　（清）趙佑撰　清乾隆四十四年(1779)刻本　二冊

410000－2241－0003021　44.31/212

續呂氏家塾讀詩記三卷　（宋）戴溪撰　清乾隆武英殿木活字印武英殿聚珍版書本　二冊

410000－2241－0003022　44.31/216

毛詩後箋三十卷　（清）胡承珙撰　清光緒七年(1881)蛟川方氏綺園刻本　二十冊

410000－2241－0003023　44.3565/121

武城署齋秋樹十詠不分卷　（清）王錫朋撰　清道光三年(1823)刻本　一冊

410000－2241－0003024　44.31/228

韓詩外傳十卷　（漢）韓嬰撰　清光緒元年(1875)湖北崇文書局刻三年(1877)印崇文書局彙刻書本　二冊

410000－2241－0003025　44.3566/288

攬青閣詩鈔二卷　（清）李貽德撰　清同治六年(1867)刻本　一冊

410000－2241－0003026　44.31/228.2

韓詩外傳十卷　（漢）韓嬰撰　（清）周廷寀校注　補逸一卷　（清）趙懷玉輯　校注拾遺一卷　（清）周宗杬撰　清光緒元年(1875)盱眙吳氏望三益齋刻本　四冊

410000－2241－0003027　44.3566/312

傳硯堂詩錄八卷　（清）張鴻基撰　清同治七年(1868)刻本　二冊

410000－2241－0003028　44.31/228.3

韓詩外傳疏證十卷　（清）陳士珂輯　清嘉慶二十三年(1818)刻本　五冊

410000－2241－0003029　44.31/231

讀詩傳譌三十卷　（清）韓怡撰　清嘉慶二十年(1815)丹徒韓氏木存堂刻本　八冊

410000－2241－0003030　44.31/262－2

毛詩識小三十卷　（清）林伯桐撰　清刻本　四冊

410000－2241－0003031　44.31/286

詩經傳注八卷　（清）李塨撰　清道光二十四年(1844)蠡吾趙鍛莊靜穆堂刻本　四冊

410000－2241－0003032　44.3566/366

泰雲堂文集二卷駢體文集二卷詩集十八卷詞集三卷　（清）孫爾準撰　清道光十三年(1833)金鑽孫氏刻本　四冊　存二十一卷(詩集十八卷、詞集三卷)

410000－2241－0003033　44.31/292

詩義旁通十二卷　（清）李允升輯　清咸豐二年(1852)易簡堂刻本　六冊

410000－2241－0003034　44.3566/375

揅經室詩錄四卷　（清）阮元撰　清道光十三年(1833)汪瑩刻文選樓叢書本　一冊

410000－2241－0003035　44.31/307

毛詩述正八卷首一卷　（清）張其煥述　清光緒五年(1879)刻本　八冊

410000－2241－0003036　44.3566/378

小瓊海詩初集三卷二集六卷三集八卷四集四卷　（清）陳赫撰　清刻本　八冊

410000－2241－0003037　44.31/312

昭代叢書□□種　（清）張潮輯　清刻本　一冊　存二種二卷

410000－2241－0003038　44.31/312＝2

詩義鈔八卷　（清）張學尹撰　清同治九年(1870)師白山房刻本　四冊

410000－2241－0003039　44.31/324

詩管見七卷首一卷　（清）尹繼美撰　清咸豐十一年(1861)鼎吉堂木活字印本　四冊

410000－2241－0003040　44.3566/382

頤道堂詩選十九卷　（清）陳文述撰　清道光三年(1823)刻本　八冊

410000－2241－0003041　44.31/341

毛詩證讀五卷讀詩或問一卷　（清）戚學標撰　清嘉慶十年(1805)刻本　二冊

410000－2241－0003042　44.3566/434

吳學士詩集五卷　（清）吳焯撰　（清）梁肇煌（清）薛時雨編訂　清光緒八年(1882)江甯藩署刻本　二冊

410000－2241－0003043　44.31/359

毛詩說三十卷　（清）孫燾學　清嘉慶二十年(1815)平湖孫氏世德堂刻本　四冊

410000－2241－0003044　44.31/379

詩傳名物集覽十二卷　（清）陳大章撰　清刻本　六冊

410000－2241－0003045　44.31/379/2

詩傳名物集覽十二卷　（清）陳大章撰　清刻本　六冊

410000－2241－0003046　44.31/382

詩說二卷　（清）陳廣尊撰　清光緒九年(1883)刻本　二冊

410000－2241－0003047　44.31/384＝2

毛詩稽古編三十卷　（清）陳啟源述　附攷一卷　（清）費雲倬輯　清嘉慶十八年(1813)刻本　八冊

410000－2241－0003048　44.31/384＝3

讀風臆補二卷　（明）戴君恩撰　（清）陳繼揆補輯　清光緒六年(1880)刻本　二冊

410000－2241－0003049　44.31/384＝4

詩毛氏傳疏三十卷　（清）陳奐撰　清光緒十年(1884)掃葉山莊刻本　十二冊

410000－2241－0003050　44.31/384＝4/2

詩毛氏傳疏三十卷　（清）陳奐撰　清光緒十年(1884)掃葉山莊刻本　十二冊

410000－2241－0003051　44.31/384＝4/3

詩毛氏傳疏三十卷　（清）陳奐撰　清光緒十年(1884)掃葉山莊刻本　十冊

410000－2241－0003052　55.832/401

大清道光十九年七政經緯躔度時憲書　（清）欽天監編　清道光十八年(1838)欽天監刻本　一冊

410000－2241－0003053　44.31/384＝5

三家詩遺說考　（清）陳壽祺撰　清道光刻左海續集本　十七冊　缺一卷（韓詩遺說考一）

410000－2241－0003054　44.31/384＝5－2

齊詩翼氏學疏證二卷敍錄一卷　（清）陳喬樅撰　清道光小琅嬛館刻本　一冊

410000－2241－0003055　44.31/384＝5－3

詩經四家異文考五卷　（清）陳喬樅撰　清刻本　四冊

410000－2241－0003056　44.31/384＝5－4

毛詩鄭箋改字說三卷　（清）陳喬樅學　清道光十年(1830)小琅嬛館刻本　一冊

410000－2241－0003057　44.31/385＝2

詩誦五卷　（清）陳僅撰　清光緒十一年(1885)四明陳氏文則樓木活字印本　二冊

410000－2241－0003058　44.3566/441

述堂初集二卷　（清）吳修撰　清刻本　一冊

410000－2241－0003059　44.3566/477

咄咄吟二卷　（清）貝青喬撰　清光緒元年(1875)不懼無悶齋刻本　二冊

410000－2241－0003060　44.3566/561

燃藜閣詩鈔四卷　（清）蔡濤撰　清光緒七年(1881)刻本　一冊

410000－2241－0003061　44.3566/627

生齋詩稿九卷　（清）方坰撰　清道光十九年(1839)樹玉堂刻本　二冊

410000－2241－0003062　44.3566/667

陶山詩錄十二卷前錄二卷　（清）唐仲冕撰　清嘉慶十六年(1811)江南通州酌民言堂刻本　四冊

410000－2241－0003063　44.3566/686

法一集不分卷　（清）釋寶占撰　清道光三年(1823)刻本　一冊

410000－2241－0003064　44.3566/707

借閒生詩三卷詞一卷　（清）汪遠孫撰　清光緒元年(1875)錢唐汪氏振綺堂刻本　二冊

410000－2241－0003065　44.3566/710

夢衲盦詩偶存一卷　（清）汪昉撰　清光緒十年(1884)鄂城刻本　一冊

410000－2241－0003066　44.3566/754

養一齋試帖一卷　（清）潘德輿撰　清光緒十九年(1893)刻本　一冊

410000－2241－0003067　44.3566/769

凝香閣詩集二卷　（清）馮蘭貞撰　清道光十

三年(1833)刻本　一冊

410000－2241－0003068　44.31/386

毛詩稽古編三十卷　（清）陳啟源述　附攷一
卷　（清）費雲倬輯　清光緒九年(1883)上海
同文書局石印本　八冊

410000－2241－0003069　44.31/389

陸堂詩學十二卷讀詩總論一卷　（清）陸奎勳
著　清康熙五十三年(1714)陸氏小瀛山閣刻
本　三冊

410000－2241－0003070　617.7/F538/2（東
區）

傅氏眼科審視瑤函六卷首一卷前賢醫案一卷
　（明）傅仁宇纂輯　（清）林長生較補　清刻
本(有圖)　三冊

410000－2241－0003071　44.31/411

毛詩傳箋通釋三十二卷　（清）馬瑞辰撰　清
光緒十四年(1888)廣雅書局刻廣雅書局叢書
本　十二冊

410000－2241－0003072　44.31/429

詩緝三十六卷　（宋）嚴粲撰　明趙府味經堂
刻本　六冊

410000－2241－0003073　44.31/429/2

嚴氏詩緝補義八卷　（清）劉燦撰　清嘉慶十
六年(1811)刻本　六冊

410000－2241－0003074　44.31/434

詩小學三十卷補一卷　（清）吳樹聲撰　清同
治七年(1868)壽光官廨刻本　十二冊

410000－2241－0003075　44.31/434＝2

詩經申義十卷　（清）吳士模撰　清道光十五
年(1835)武進吳氏澤古齋刻本　四冊

410000－2241－0003076　44.31/435

毛詩復古錄十二卷首一卷　（清）吳懋清撰
清光緒二十年(1894)仁和徐琪廣州學使署刻
本　六冊

410000－2241－0003077　44.31/435/2

毛詩復古錄十二卷首一卷　（清）吳懋清撰
清光緒二十年(1894)仁和徐琪廣州學使署刻

本　六冊

410000－2241－0003078　44.3566/787

程侍郎遺集十卷附錄一卷　（清）程恩澤撰
清咸豐五年(1855)南海伍氏刻粵雅堂叢書本
　三冊

410000－2241－0003079　44.31/482

詩集傳音釋二十卷　（宋）朱熹集傳　（元）許
謙音釋　（元）羅復輯　清咸豐七年(1857)海
昌蔣氏衍芬草堂刻本　六冊

410000－2241－0003080　44.3566/816

十六國宮詞二卷　（清）周昇撰注　清道光二
十年(1840)刻本　二冊

410000－2241－0003081　44.3566/827

小萬卷齋詩稿三十二卷　（清）朱琦撰　清光
緒十一年(1885)嘉樹山房刻本　八冊

410000－2241－0003082　44.3566/827－2

小萬卷齋經進稿四卷詩續稿十二卷末一卷
（清）朱琦撰　清光緒十一年(1885)嘉樹山房
刻本　四冊

410000－2241－0003083　44.3566/832

繞竹山房詩稿十卷詩餘一卷　（清）朱文治撰
　清嘉慶二十三年(1818)刻本　四冊

410000－2241－0003084　44.3566/929

蔗軒遺稿一卷　（清）錢有穀撰　清嘉慶二十
三年(1818)履園刻本　一冊

410000－2241－0003085　44.31/523/2

毛詩昀訂十卷　（清）苗夔撰　清咸豐元年
(1851)壽陽漢專亭刻本　四冊

410000－2241－0003086　44.31/523

毛詩昀訂十卷　（清）苗夔撰　清咸豐元年
(1851)壽陽漢專亭刻本　三冊

410000－2241－0003087　44.3566/933

梅花溪詩草四卷續草三卷　（清）錢泳撰　清
嘉慶、道光間履園刻本　三冊

410000－2241－0003088　44.31/536

詩瀋二十卷　（清）范家相撰　清乾隆二十八
年(1763)古趣亭刻本　三冊

410000－2241－0003089　44.31/536/2

詩瀋二十卷　（清）范家相撰　清乾隆二十八年(1763)古趣亭刻本　三冊

410000－2241－0003090　44.3566/978

就正詩草二卷　（清）鄭憲銓撰　清道光十九年(1839)房山書屋刻本　一冊

410000－2241－0003091　44.3566/978/2

就正詩草二卷　（清）鄭憲銓撰　清道光十九年(1839)房山書屋刻本　一冊

410000－2241－0003092　44.31/602

詩經不分卷　清江南製造總局刻本　一冊

410000－2241－0003093　44.31/602/2

詩經不分卷　清江南製造總局刻本　一冊

410000－2241－0003094　44.31/627

朱子詩義補正八卷　（清）方苞著　（清）單作哲編次　清乾隆刻本　四冊

410000－2241－0003095　44.31/627.02

朱子詩義補正八卷　（清）方苞著　（清）單作哲編次　清光緒三年(1877)南海馮氏刻本　二冊

410000－2241－0003096　44.3566/982

賞雨茅屋詩集二十二卷　（清）曾燠著　清嘉慶二十四年至道光三年(1819－1823)刻本　六冊

410000－2241－0003097　44.31/659

毛詩補正十六卷　（清）龍起濤撰　清光緒二十五年(1899)刻鵠軒刻本　六冊

410000－2241－0003098　44.31/716

詩經詮義十二卷首一卷末二卷　（清）汪紱輯　清光緒二十五年(1899)刻本　十五冊

410000－2241－0003099　44.31/734

詩傳旁通十五卷　（元）梁益撰　清光緒二十三年(1897)武進盛氏思惠齋刻本　二冊

410000－2241－0003100　44.31/754

毛詩古音粂義五卷首一卷　（清）潘相學　清嘉慶五年(1800)攝謙堂刻本　二冊

410000－2241－0003101　44.31/755

詩解正宗五卷　（清）肫圖撰　清乾隆十三年(1748)紫竹齋刻本　五冊

410000－2241－0003102　44.3573/102

小睡足寮詩錄四卷　（清）秦敏樹撰　清光緒十三年(1887)刻本　一冊

410000－2241－0003103　44.31/800

毛詩要義二十卷毛詩序要義譜一卷　（宋）魏了翁撰　清光緒八年(1882)刻本　十二冊

410000－2241－0003104　44.3573/105

饅飢亭集三十二集後集十二卷　（清）祁寯藻撰　清咸豐六年至七年(1856－1857)壽陽祁氏刻本　六冊

410000－2241－0003105　44.31/804

詩古微上編三卷中編十卷下編二卷首一卷　（清）魏源撰　清光緒十一年(1885)刻本　八冊

410000－2241－0003106　44.3573/116

紫薇花館詩稿五卷　（清）王光熊撰　清光緒十一年(1885)刻本　一冊

410000－2241－0003107　44.31/815

詩考異字箋餘十四卷　（清）周邵蓮撰　清嘉慶六年(1801)刻本　六冊

410000－2241－0003108　44.31/828

詩經八卷先淺原公劄記一卷　（宋）朱熹注　清潯陽萬氏蓮峯書屋刻朱墨套印本　四冊

410000－2241－0003109　44.31/828.02

詩經八卷　（宋）朱熹注　清嘉慶十年(1805)刻本　四冊

410000－2241－0003110　44.3573/146

鴛字齋詩略四卷續一卷　曹允源撰　清光緒二十二年(1896)刻本　一冊

410000－2241－0003111　44.3573/156

紅樓百詠不分卷　（清）耿蒼齡撰　清道光二十三年(1843)刻本　一冊

410000－2241－0003112　44.31/828.03

詩經八卷詩序辨說一卷　（宋）朱熹集傳　清

光緒二十二年(1896)金陵書局刻本　　五冊

410000－2241－0003113　44.3573/158

松夢寮詩稿六卷　　（清）丁丙撰　　清光緒二十六年(1900)刻本　　二冊

410000－2241－0003114　44.31/828.04

詩經八卷　　（宋）朱熹集傳　　清嘉慶十六年(1811)揚州十笏堂刻本　　四冊

410000－2241－0003115　44.31/828.05

詩經八卷　　（宋）朱熹集傳　　清光緒十九年(1893)上海熙記書莊刻本　　四冊

410000－2241－0003116　44.31/828.05/2

詩經八卷　　（宋）朱熹集傳　　清光緒十九年(1893)上海熙記書莊刻本　　四冊

410000－2241－0003117　44.31/836

詩傳遺說六卷　　（宋）朱鑑撰　　清同治十二年(1873)粤東書局刻通志堂經解本　　二冊

410000－2241－0003118　44.3573/167

秋園吟草八卷　　（清）黃鼎著　　清宣統三年(1911)鉛印本　　一冊

410000－2241－0003119　44.31/840

毛詩禮徵十卷　　（清）包世榮述　　清道光八年(1828)包氏小倦游閣刻本　　六冊

410000－2241－0003120　44.31/857

毛詩質疑六種　　（清）牟應震撰　　清嘉慶棲霞牟氏刻本　　六冊

410000－2241－0003121　44.31/886

詩說十二卷　　（宋）劉克撰　　清道光八年(1828)藝芸書舍刻本　　四冊

410000－2241－0003122　44.31/915

毛詩通說三十卷首二卷補遺一卷　　（清）任兆麟學　　清乾隆經笥堂刻本　　二冊

410000－2241－0003123　44.31/920

參挍詩傳說存二卷　　（清）葛士清等輯　　清光緒十五年(1889)守經堂刻本　　一冊

410000－2241－0003124　44.31/954

詩故考異三十二卷　　（清）徐華嶽輯　　清道光

十二年(1832)咫聞齋刻本　　八冊

410000－2241－0003125　44.31/960

毛詩訂詁八卷附錄二卷　　（清）顧棟高著　　清光緒二十二年(1896)江蘇書局刻本　　四冊

410000－2241－0003126　44.31/960/2

毛詩訂詁八卷附錄二卷　　（清）顧棟高著　　清光緒二十二年(1896)江蘇書局刻本　　四冊

410000－2241－0003127　44.31/964

學詩詳說三十卷正詁五卷　　（清）顧廣譽撰　　清光緒三年(1877)平湖顧氏刻本　　九冊　　缺二卷(二十三至二十四)

410000－2241－0003128　44.31/968

虞東學詩十二卷首一卷　　（清）顧鎮述　　清乾隆三十二年(1767)誦芬堂刻本　　十冊

410000－2241－0003129　44.31/994＝2

詩經通論十八卷首一卷　　（清）姚際恒撰　　（清）王篤校訂　　清道光十七年(1837)鐵琴山館刻本　　八冊

410000－2241－0003130　616/C.389/4（東區）

傷寒真方歌括六卷長沙方歌括六卷傷寒醫訣串解六卷十藥神書註解一卷　　（清）陳念祖著　　（清）林壽萱校　　清三山林氏刻本　　六冊　　缺五卷(傷寒醫訣串解三至六、十藥神書註解一卷)

410000－2241－0003131　44.32/115

楚辭釋十一卷　　（漢）王逸章句　　王闓運注　　清光緒十二年(1886)成都尊經書院刻本　　二冊

410000－2241－0003132　44.32/119

楚辭十七卷　　（戰國）屈原撰　　（漢）劉向編集　　（漢）王逸章句　　明萬曆四十七年(1619)古吳光裕堂刻本　　四冊

410000－2241－0003133　44.32/212

屈原賦注七卷通釋二卷　　（戰國）屈原撰　　（清）戴震注　　音義三卷　　（清）汪梧鳳撰　　清光緒十七年(1891)廣雅書局刻廣雅書局叢書

本 一冊

410000 - 2241 - 0003134　44.32/212/2

屈原賦注七卷通釋二卷　（戰國）屈原撰
（清）戴震注　**音義三卷**　（清）汪梧鳳撰　清
光緒十七年（1891）廣雅書局刻廣雅書局叢書
本　一冊

410000 - 2241 - 0003135　44.32/254

楚辭燈四卷楚懷襄二王在位事蹟考一卷
（清）林雲銘論述　清康熙三十六年（1697）挹
奎樓刻本　二冊

410000 - 2241 - 0003136　44.32/390

楚辭十九卷讀楚辭語一卷楚辭雜論一卷
（明）陸時雍疏　清康熙四十四年（1705）有文
堂刻本　四冊

410000 - 2241 - 0003137　44.32/441

崇文書局彙刻書　（清）崇文書局輯　清光緒
元年（1875）湖北崇文書局刻三年（1877）印本
一冊　存二種五卷

410000 - 2241 - 0003138　44.32/441/2

崇文書局彙刻書　（清）崇文書局輯　清光緒
元年（1875）湖北崇文書局刻三年（1877）印本
一冊　存二種五卷

410000 - 2241 - 0003139　44.32/478

離騷一卷　（戰國）屈原撰　（清）田硯池注
清光緒二十四年（1898）夢鷗鴣樓刻本　一冊

410000 - 2241 - 0003140　44.32/627

屈子正音三卷　（清）方績撰　清光緒六年
（1880）網舊聞齋刻本　一冊

410000 - 2241 - 0003141　44.32/660

離騷箋二卷　（清）龔景瀚撰　清光緒元年
（1875）湖北崇文書局刻三年（1877）印崇文書
局彙刻書本　一冊

410000 - 2241 - 0003142　44.32/660/2

離騷箋二卷　（清）龔景瀚撰　清光緒元年
（1875）湖北崇文書局刻三年（1877）印崇文書
局彙刻書本　一冊

410000 - 2241 - 0003143　44.32/720

楚辭十七卷　（戰國）屈原撰　（漢）王逸章句
（宋）洪興祖補注　清同治十一年（1872）金
陵書局刻本　四冊

410000 - 2241 - 0003144　44.32/720.02

楚辭十七卷　（戰國）屈原撰　（漢）王逸章句
（宋）洪興祖補注　清光緒九年（1883）長沙
書堂山館刻本　四冊

410000 - 2241 - 0003145　44.32/720.03

楚辭補注十七卷　（宋）洪興祖補注　清道光
二十六年（1846）宏道書院惜陰軒叢書刻本
六冊

410000 - 2241 - 0003146　44.32/772

楚辭十七卷　（戰國）屈原撰　（漢）王逸章句
（明）馮紹祖校正　**附錄一卷**　明萬曆十四
年（1586）武林馮紹祖觀妙齋刻本　六冊

410000 - 2241 - 0003147　44.32/828

楚辭集注八卷辨證二卷　（宋）朱熹撰　清光
緒元年（1875）湖北崇文書局刻三年（1877）印
崇文書局彙刻書本　二冊

410000 - 2241 - 0003148　44.32/828/2

楚辭集注八卷辨證二卷　（宋）朱熹撰　清光
緒元年（1875）湖北崇文書局刻三年（1877）印
崇文書局彙刻書本　二冊

410000 - 2241 - 0003149　44.3573/169

倚晴樓詩集十二卷續集四卷詩餘四卷　（清）
黃燮清撰　清咸豐七年至同治九年（1857 -
1870）海鹽黃氏拙宜園刻倚晴樓集本　四冊

410000 - 2241 - 0003150　44.3573/173

胅餘集四卷雜存一卷　（清）黃鐸撰　清宣統
三年（1911）鉛印本　一冊

410000 - 2241 - 0003151　44.3573/190

談瀛閣詩稿八卷詩餘一卷　（清）袁祖志撰
清光緒十三年（1887）刻本　四冊

410000 - 2241 - 0003152　44.32/885

屈子章句六卷　（清）劉夢鵬撰　清乾隆五十
四年（1789）藜青堂刻本　四冊

410000 - 2241 - 0003153　44.3573/190 = 2

安般簃集詩續十卷春闈雜詠一卷　（清）袁昶
撰　清光緒十六年(1890)刻本　三冊

410000－2241－0003154　44.3573/212

洗蕉吟館詩鈔一卷詞鈔一卷　（清）戴青撰
清宣統二年(1910)石印本　一冊

410000－2241－0003155　44.3573/212＝2

三雁紀游一卷東甌紀游一卷　（清）戴啟文撰
　清光緒二十五年(1899)刻本　一冊

410000－2241－0003156　44.3573/219

自怡悅軒詩草一卷　（清）胡嗣福撰　清光緒
刻本　一冊

410000－2241－0003157　44.3573/290

髯仙詩舫遺稿二卷　（清）李鴻裔著　清光緒
十四年(1888)遵義黎氏刻本　一冊

410000－2241－0003158　44.326/927

粧樓摘豔十卷首一卷　（清）錢三錫輯　清道
光十三年(1833)香雨軒刻本　四冊

410000－2241－0003159　44.33/119

漢鏡歌釋文箋正一卷　王先謙撰　清同治十
一年(1872)王氏虛受堂刻本　一冊

410000－2241－0003160　44.33/119/2

漢鏡歌釋文箋正一卷　王先謙撰　清同治十
一年(1872)王氏虛受堂刻本　一冊

410000－2241－0003161　44.34/113

漁洋山人古詩選三十二卷　（清）王士禎選
清同治五年(1866)金陵書局刻本　八冊

410000－2241－0003162　44.3573/291－2

白華絳柎閣詩十卷　（清）李慈銘撰　清光緒
十六年(1890)刻本　六冊

410000－2241－0003163　44.34/113.2

古詩箋三十二卷　（清）王阮亭(士禎）選
（清）聞人倓箋　清乾隆三十一年(1766)芏蘭
堂刻本　十二冊

410000－2241－0003164　44.34/113.2/2

古詩箋三十二卷　（清）王阮亭(士禎）選
（清）聞人倓箋　清乾隆三十一年(1766)芏蘭
堂刻本　十冊

410000－2241－0003165　44.34/114

古唐詩合解十六卷　（清）王堯衢註　清李光
明莊刻本　六冊

410000－2241－0003166　44.34/114＝2

江蘇詩徵一百八十三卷　（清）王豫輯　清道
光元年(1821)王氏焦山海西庵詩徵閣刻本
四十冊

410000－2241－0003167　44.3573/308

退思軒詩集六卷補遺一卷　（清）張百熙撰
清宣統三年(1911)京師鉛印本　一冊

410000－2241－0003168　44.34/115

八代詩選二十卷　王闓運輯　清光緒七年
(1881)四川尊經書局刻本　八冊

410000－2241－0003169　44.3573/291＝2

蘇鄰遺詩續集一卷　（清）李鴻裔著　清光
緒十七年(1891)中江李氏上洋石印本　一
冊

410000－2241－0003170　44.3573/311

廣雅堂詩集不分卷　（清）張之洞撰　清宣統
二年(1910)四川官印刷局鉛印本　二冊

410000－2241－0003171　44.34/119

盛湖詩萃十二卷　（清）王鯤編次　續編四卷
（清）王致望編次　清咸豐五年(1855)刻本
四冊

410000－2241－0003172　44.3573/311.02

廣雅堂詩集不分卷　（清）張之洞撰　清末石
印本　二冊

410000－2241－0003173　44.3573/311－2

廣雅碎金四卷附錄一卷　（清）張之洞撰　清
光緒二十三年(1897)桐廬袁氏漸西村舍刻漸
西村舍彙刊本　二冊

410000－2241－0003174　44.34/279

古樂苑五十二卷目錄二卷前卷一卷衍錄四卷
（明）梅鼎祚補正　明刻本　二十冊

410000－2241－0003175　44.3573/311＝2/2

通隱堂詩存四卷　（清）張京度著　清同治六
年(1867)五百梅花艸堂刻本　二冊

410000－2241－0003176　44.3573/311＝2

通隱堂詩存四卷　（清）張京度著　清同治六年（1867）五百梅花艸堂刻本　一冊

410000－2241－0003177　44.34/306

宛鄰書屋古詩錄十二卷　（清）張琦輯　清嘉慶二十年（1815）宛鄰書屋刻本　六冊

410000－2241－0003178　44.3573/311＝2－2

梵隱堂詩存十卷　（清）釋祖觀撰　清同治五年（1866）釋悅巖刻本　二冊

410000－2241－0003179　44.34/350

葵青居七絕詩三百纂釋四卷　（清）石渠纂　清同治十二年（1873）清素堂刻本　一冊

410000－2241－0003180　44.3573/311＝3

舒蓺室詩存七卷索笑詞二卷　（清）張文虎撰　清咸豐六年（1856）刻本　二冊

410000－2241－0003181　44.3573/313

夬齋詩集七卷　（清）張爾耆撰　清光緒刻本　一冊

410000－2241－0003182　44.3573/313＝2

聽松廬詩略二卷　（清）張維屏撰　清光緒三年（1877）刻學海堂叢刻本　一冊

410000－2241－0003183　44.3573/313＝3

綠槐書屋詩稿三卷　（清）張綸英撰　清同治七年（1868）刻本　一冊

410000－2241－0003184　22.6513/718.073

[光緒]溧陽縣續志十六卷末一卷　（清）朱峻等修　馮煦等纂　清光緒二十五年（1899）木活字印本　八冊

410000－2241－0003185　44.3573/329＝2

蕙西先生遺稿一卷　（清）邵懿辰撰　清同治八年（1869）吳縣潘氏安順堂京師刻滂喜齋叢書本　一冊

410000－2241－0003186　44.3573/340

鬱華閣遺集四卷　（清）盛昱撰　清光緒二十八年（1902）刻本　一冊

410000－2241－0003187　44.3573/350

南雪草堂詩鈔三卷　（清）石經撰　清咸豐三年（1853）刻本　一冊

410000－2241－0003188　44.3573/352

餐霞樓詩軼稿一卷　（清）左白玉撰　清光緒三十四年（1908）常熟言氏鉛印本　一冊

410000－2241－0003189　44.3573/358

大小雅堂詩集四卷冰礨詞一卷　（清）承齡撰　清光緒十八年（1892）刻本　一冊

410000－2241－0003190　44.3573/372

清足居集一卷蕉窗詞一卷　（清）鄧瑜著　清光緒二十二年（1896）錢塘諸氏刻本　一冊

410000－2241－0003191　44.3573/372＝2

白香亭詩集三卷　（清）鄧輔綸撰　清光緒二十八年（1902）廣雅書局刻本　二冊

410000－2241－0003192　44.3573/378＝2

勝蓮花室詩鈔六卷　（清）陳翰芬撰　清光緒十六年（1890）刻本　一冊

410000－2241－0003193　44.34/377

采菽堂古詩選三十八卷補遺四卷　（清）陳祚明選　清乾隆二十三年（1758）采菽堂刻本　二十四冊

410000－2241－0003194　44.3573/378

蓬萊閣詩錄四卷　（清）陳克家撰　清同治四年（1865）鄂城刻本　一冊

410000－2241－0003195　44.34/383

詩比興箋四卷簡學齋詩存一卷　（清）陳沆撰　清咸豐五年（1855）蘄水陳氏刻本　三冊

410000－2241－0003196　44.34/384

御定歷代題畫詩類一百二十卷　（清）陳邦彥輯　清康熙四十六年（1707）內府刻本　三十冊

410000－2241－0003197　44.34/386

閩詩錄甲集六卷乙集四卷丙集二十三卷丁集一卷戊集七卷　（清）鄭杰輯　陳衍補訂　清宣統三年（1911）侯官陳氏石遺室刻石遺室叢書本　八冊

410000－2241－0003198　44.3573/381

織雲樓詩集五卷　（清）陳貞撰　清光緒六年

（1880）刻本　一冊

410000－2241－0003199　44.3573/382

冬暄草堂遺詩二卷　（清）陳豪撰　清宣統三
年（1911）刻本　二冊

410000－2241－0003200　44.34/439

六朝選詩定論十八卷　（清）吳淇著　清康熙
九年（1670）雨蕉齋刻本　八冊

410000－2241－0003201　44.3573/385

繼雅堂詩集三十四卷　（清）陳僅撰　清道光
二十七年（1847）刻本　八冊

410000－2241－0003202　44.34/513

選詩七卷訂註七卷　（南朝梁）蕭統選　（明）
郭正域批點　（明）凌濛初輯評　**詩人世次爵
里一卷**　明吳興凌濛初刻朱墨套印本　八冊

410000－2241－0003203　44.3573/386

退耕堂詩集十卷　（清）陳希敬撰　清光緒二
十八年（1902）刻本　四冊

410000－2241－0003204　44.34/708

近光集二十八卷　（清）汪士鋐編纂　（清）徐
修仁注　清康熙五十八年（1719）刻本　八冊

410000－2241－0003205　44.3573/399

通蓻堂詩錄二卷　（清）陶濬宣撰　清光緒二
十八年（1902）刻本　一冊

410000－2241－0003206　44.34/749

古詩源十四卷　（清）沈德潛選　清光緒十七
年（1891）湖南思賢書局刻本　四冊

410000－2241－0003207　616/C278/9（東區）

傷寒論直解六卷附餘一卷　（漢）張機撰
（清）張錫駒注解　清康熙五十一年（1712）刻
本　六冊

410000－2241－0003208　44.34/749.02

古詩源十四卷　（清）沈德潛選　清光緒善成
堂刻本　四冊

410000－2241－0003209　44.3573/429－2

紉蘭室詩鈔三卷　（清）嚴永華著　清光緒十
七年（1891）刻本　一冊

410000－2241－0003210　44.3573/429＝2

紫佩軒詩稿二卷　（清）嚴昭華撰　清光緒二
十二年（1896）吳門刻本　二冊

410000－2241－0003211　44.3573/437

灌香草堂初稿一卷　（清）吳蘭畹撰　清同治
五年（1866）刻本　一冊

410000－2241－0003212　44.3573/440

柈湖詩錄六卷首一卷　（清）吳敏樹撰　清同
治八年（1869）刻本　四冊

410000－2241－0003213　44.3573/440－2

釣者風一卷　（清）吳敏樹著　清刻本　一冊

410000－2241－0003214　44.3573/455

全史宮詞二十卷　（清）史夢蘭撰　清咸豐六
年（1856）刻本　四冊

410000－2241－0003215　44.3573/455.02

全史宮詞二十卷　（清）史夢蘭撰　清咸豐八
年（1858）刻本　六冊

410000－2241－0003216　44.3573/504

沂漻集不分卷　（清）葉名灃著　清道光二十
八年（1848）漢陽葉氏刻本　一冊

410000－2241－0003217　44.3573/521

傳樸堂詩稿四卷補遺一卷附錄一卷竹樊山莊
詞一卷　（清）葛金烺撰　**弢華館詩稿一卷**
（清）葛嗣浵撰　清光緒二十一年（1895）平湖
葛氏刻本　二冊

410000－2241－0003218　44.3573/526

歗古堂詩集八卷　（清）蔣敦復撰　清宣統三
年（1911）上海廣益書局石印本　二冊

410000－2241－0003219　44.3573/539

范白舫所刊書　（清）范鍇輯　清道光烏程范
氏刻本　一冊　存二種三卷

410000－2241－0003220　44.3573/569

藤香館詩續鈔二卷　（清）薛時雨撰　清同治
十年（1871）全椒薛氏刻本　一冊

410000－2241－0003221　44.3573/603/2

璞齋集詩六卷捶琴詞一卷　（清）諸可寶撰
清光緒二十二年（1896）錢塘諸氏玉峰官舍刻

本　三冊

410000－2241－0003222　44.3573/603
璞齋集詩六卷捶琴詞一卷　（清）諸可寶撰
清光緒二十二年（1896）錢塘諸氏玉峰官舍刻
本　二冊

410000－2241－0003223　44.3573/606
雪門詩艸十四卷　（清）許瑤光撰　清同治十
三年（1874）刻本　六冊

410000－2241－0003224　44.3573/608
瑞芍軒詩鈔四卷詞稿一卷　（清）許乃穀撰
清同治七年（1868）許氏刻本　二冊

410000－2241－0003225　44.3573/608/2
瑞芍軒詩鈔四卷詞稿一卷　（清）許乃穀撰
清同治七年（1868）許氏刻本　二冊

410000－2241－0003226　44.3573/613
聞見異辭四卷　（清）許秋坨撰　清光緒四年
（1878）上海申報館鉛印申報館叢書本　二冊

410000－2241－0003227　44.3573/627
枕經堂詩鈔二卷駢體文三卷　（清）方朔撰
清道光二十八年（1848）刻本　一冊

410000－2241－0003228　44.3573/639－2
漸西村人初集十三卷附錄一卷　（清）袁昶著
　清光緒二十年（1894）避舍蓋公堂刻本
三冊

410000－2241－0003229　44.3573/639－2/2
漸西村人初集十三卷附錄一卷　（清）袁昶著
　清光緒二十年（1894）避舍蓋公堂刻本
三冊

410000－2241－0003230　44.3573/639－2＝2
于湖小集六卷附錄一卷　（清）袁昶撰　清光
緒二十年（1894）袁氏水明樓刻本　三冊

410000－2241－0003231　44.3573/660
烏石山房詩存十卷　（清）龔易圖撰　清光緒
九年至十八年（1883－1892）雙驂園刻本
三冊

410000－2241－0003232　44.3573/677
雲起軒詩錄一卷　（清）文廷式撰　清光緒三

十四年（1908）盧江陳氏鉛印本　一冊

410000－2241－0003233　44.3573/682.02
澹如軒詩續編一卷　（清）惲炳孫撰　清光緒
二十五年（1899）刻本　一冊

410000－2241－0003234　44.3573/682－2
澹如軒試帖二卷　（清）惲炳孫撰　清光緒二
十年（1894）刻本　一冊

410000－2241－0003235　44.3573/691
紅杏樓詩賸稿一卷梅笛菴詞賸稿一卷　（清）
宋志沂撰　清同治刻本　一冊

410000－2241－0003236　44.3573/707
隨山館詩簡編四卷　（清）汪瑔撰　清光緒十
年（1884）刻本　一冊

410000－2241－0003237　44.3573/708
悔翁詩鈔十五卷補遺一卷詞三卷　（清）汪士
鐸撰　清光緒十年（1884）合肥張氏味古齋刻
本　五冊

410000－2241－0003238　44.3573/710
雕青館詩草一卷　（清）汪曰楨撰　清咸豐十
一年（1861）汪氏刻本　一冊

410000－2241－0003239　44.3573/711
茶磨山人詩鈔八卷　（清）汪芑著　清光緒十
年（1884）刻本　四冊

410000－2241－0003240　44.3573/712
梅花館詩集一卷詩餘一卷　（清）汪韻梅撰
清光緒三十四年（1908）常熟言氏鉛印本
一冊

410000－2241－0003241　44.3573/719
伏敔堂詩錄十五卷首一卷續錄四卷　（清）江
湜撰　清同治元年至五年（1862－1866）長洲
江氏刻本　四冊

410000－2241－0003242　44.3573/727
淡集齋詩鈔四卷　（清）梁承光撰　清光緒三
十年（1904）鉛印本　一冊

410000－2241－0003243　44.3573/743
蒙廬詩存四卷外集一卷　（清）沈景修撰　清
光緒二十一年（1895）杭州刻本　一冊

410000－2241－0003244　44.3573/754

西圃集十卷　（清）潘遵祁撰　清同治元年
(1862)刻本　二冊

410000－2241－0003245　44.3573/754＝2

鶴泉山館集八卷首一卷　（清）潘觀保撰　清
光緒十五年(1889)復始堂刻本　二冊

410000－2241－0003246　44.3573/754＝3

放猿集一卷桐江集一卷江山風月集一卷
（清）潘曾沂撰　清光緒二十七年(1901)刻本
　　一冊

410000－2241－0003247　44.3573/764

翠螺閣詩稾四卷詞稾一卷　（清）凌祉媛撰
清咸豐四年(1854)錢唐丁氏延慶堂刻本　一
冊　存三卷(一至三)

410000－2241－0003248　44.3573/793

楚望閣詩集十卷　程頌萬撰　清光緒二十七
年(1901)甯鄉程氏長沙刻本　三冊

410000－2241－0003249　44.3573/813

思益堂詩鈔六卷古文二卷詞鈔一卷日札十卷
　　（清）周壽昌撰　清光緒十四年(1888)刻本
　　二冊　存六卷(詩鈔六卷)

410000－2241－0003250　44.3573/816

粟香室叢書　周星詒輯　清光緒至民國江陰
金氏刻本　一冊　存二種六卷

410000－2241－0003251　44.3573/832

雙清閣袖中詩本二卷擁翠詞稿一卷　（清）朱
福清撰　清光緒十九年(1893)江蘇書局刻本
　　一冊

410000－2241－0003252　44.3573/840

錦霞閣詩集五卷詞集一卷　包蘭瑛撰　清宣
統二年(1910)杭州刻本　二冊

410000－2241－0003253　44.3573/842

紉餘小草一卷　（清）鄒佩蘭撰　清光緒元年
(1875)刻本　一冊

410000－2241－0003254　44.3573/846

寄鷗館梅花百詠一卷　（清）符葆森撰　清光
緒十九年(1893)稿本　一冊

410000－2241－0003255　44.3573/860

倦繡吟草一卷　（清）繆寶娟撰　清光緒四年
(1878)鉛印本　一冊

410000－2241－0003256　44.3573/882

菽園外集紅樓夢絕句題詞不分卷　（清）邱煒
萲撰　清光緒二十六年(1900)粤東一經堂刻
本　一冊

410000－2241－0003257　44.3573/885

雲水集二卷　（清）劉元機撰　（清）王廉選
清光緒十一年(1885)楚北余氏刻本　二冊

410000－2241－0003258　44.3573/887

旅窗懷舊詩一卷鷗夢詞一卷紫藤花館詩餘一
卷　（清）劉履芬撰　清同治二年(1863)刻本
　　一冊

410000－2241－0003259　44.3573/891

啟秀軒詩鈔二卷詞一卷　（清）劉之萊撰　清
光緒二十四年(1898)大興朱氏刻本　一冊

410000－2241－0003260　44.3573/891＝2

感知集二卷　（清）劉炳照撰　清光緒三十一
年(1905)潯溪劉氏刻本　一冊

410000－2241－0003261　44.3573/912

宜雅堂詩二集七卷　（清）仲湘撰　清咸豐七
年(1857)刻本　二冊

410000－2241－0003262　44.3573/948

寸草軒詩存四卷　（清）徐盛持撰　清光緒十
九年(1893)東河督署刻本　二冊

410000－2241－0003263　44.3573/949

草心閣詩存一卷　（清）徐景軾撰　清光緒二
十年(1894)刻本　一冊

410000－2241－0003264　44.3573/968

樂餘靜廉齋詩稿初集一卷二集一卷　（清）顧
復初著　清同治六年(1867)吳郡顧復初成都
刻本　二冊

410000－2241－0003265　44.3573/969

齊莊中正堂詩鈔十七卷首一卷　（清）殷兆鏞
撰　清光緒五年(1879)鸎湖世翰林家刻本
四冊

410000－2241－0003266　44.3573/982

古歡室全集　曾懿撰　清光緒三十年至三十三年(1904－1907)刻本　一冊　存二種二卷

410000－2241－0003267　44.3573/982＝2

曾文正公詩鈔四卷　(清)曾國藩撰　清光緒二年(1876)上海醉六堂刻本　二冊

410000－2241－0003268　44.3573/987

碧螺山館詩鈔八卷　(清)金蘭撰　清咸豐六年(1856)刻本　一冊

410000－2241－0003269　44.3573/990

春在堂詩編二十三卷　(清)俞樾撰　清同治七年(1868)刻本　八冊

410000－2241－0003270　44.3573/994

復莊詩問三十四卷　(清)姚燮撰　清道光二十六年至二十八年(1846－1848)鎮海姚氏大梅山館刻大梅山館集本　八冊

410000－2241－0003271　44.3574/115

湘綺樓詩集八卷附夜雪集一卷　王闓運著　清光緒二十六年(1900)東洲講舍刻本　四冊

410000－2241－0003272　616/C668.2/.02　(東區)

傷寒論三註十六卷　(清)周揚俊輯　(清)丁思孔定　清宣統二年(1910)掃葉山房石印本　六冊

410000－2241－0003273　44.3574/379

戊丁詩存一卷　陳霞章撰　清宣統元年(1909)京師鉛印本　一冊

410000－2241－0003274　44.3574/504

奇觚廎詩集前集一卷遺詞一卷補遺一卷　葉昌熾撰　清刻本　二冊

410000－2241－0003275　616/C668.2(東區)

傷寒論三註十六卷　(清)周揚俊輯　(清)丁思孔定　清光緒十三年(1887)漁古山房刻本　六冊

410000－2241－0003276　617.7/F538/2.02　(東區)

傅氏眼科審視瑤函六卷首一卷　(明)傅仁宇

纂輯　(明)林長生較補　清善成堂刻本　六冊

410000－2241－0003277　44.3574/982

環天室古近體詩類選五卷後集一卷　曾廣鈞撰　清宣統二年(1910)石印本　一冊

410000－2241－0003278　44.3575/668

南海先生詩集四卷　康有爲撰　梁啓超書　清宣統三年(1911)影印本　一冊

410000－2241－0003279　44.3575/668/2

南海先生詩集四卷　康有爲撰　梁啓超書　清宣統三年(1911)影印本　一冊

410000－2241－0003280　44.34/781－202

三家宮詞三卷二家宮詞二卷　(清)毛晉輯　清同治十二年(1873)淮南書局刻本　一冊

410000－2241－0003281　44.34/781.203

三家宮詞三卷二家宮詞二卷　(清)毛晉輯　清宣統三年(1911)掃葉山房石印本　一冊

410000－2241－0003282　44.34/842

歷朝二十五家詩錄三十七卷首一卷　(清)鄒湘倜編　清光緒元年(1875)新化鄒氏得頤堂刻本　三十冊

410000－2241－0003283　44.34/887

歷朝詩約選九十二卷　(清)劉大櫆纂　清光緒二十一年至二十三年(1895－1897)文徵閣刻本　二十四冊

410000－2241－0003284　44.34/938

詩歸二種　(明)鍾惺　(明)譚元春選定　明萬曆四十五年(1617)刻本　十二冊

410000－2241－0003285　44.34/938－2

古詩歸十五卷　(明)鍾惺　(明)譚元春選定　明萬曆四十五年(1617)刻詩歸本　五冊

410000－2241－0003286　44.3421/288

漢詩音註十卷　(清)李因篤評　清光緒元年(1875)金雨樓刻本　四冊

410000－2241－0003287　44.3577/112

文莫室詩集八卷　王樹枏撰　清光緒十三年(1887)新城王氏文莫室刻陶廬叢刻本　一冊

410000－2241－0003288　44.3432/113

十種唐詩選　（清）王士禎刪纂　清乾隆十七年(1752)蘿延齋刻本　八冊

410000－2241－0003289　44.3432/113－2

唐賢三昧集三卷　（清）王士禎編　清康熙二十七年(1688)刻本　一冊

410000－2241－0003290　44.3432/113－2.2

唐賢三昧集箋注三卷　（清）王阮亭(士禎)選　（清）吳煊　（清）胡棠輯注　（清）黃培芳評　清光緒九年(1883)翰墨園刻朱墨套印本　三冊

410000－2241－0003291　44.3432/113－3

唐人萬首絕句選七卷　（宋）洪邁編　（清）王士禎選　清同治九年(1870)金陵書局刻本　二冊

410000－2241－0003292　44.3432/115

唐詩選十三卷　王闓運輯　清宣統三年(1911)東洲刻本　十冊

410000－2241－0003293　44.3577/378

散原精舍詩二卷　陳三立撰　清宣統二年(1910)上海商務印書館鉛印本　二冊

410000－2241－0003294　44.3432/145

全唐詩三十二卷　（清）曹寅等編　清光緒十三年(1887)上海同文書局石印本　三十二冊

410000－2241－0003295　44.3432/145/2

全唐詩三十二卷　（清）曹寅等編　清光緒十三年(1887)上海同文書局石印本　三十二冊

410000－2241－0003296　44.3432/145.02

全唐詩九百卷總目十二卷　（清）曹寅等編　清刻本　一百二十冊

410000－2241－0003297　44.3432/165

唐詩百家選　（清）黃世傑選　清光緒十六年(1890)黃氏家塾刻本　四冊

410000－2241－0003298　44.3432/168

唐詩箋注十卷　（清）黃叔燦箋注　清乾隆三十年(1765)松筠書屋刻本　四冊

410000－2241－0003299　44.3432/173

唐詩紀一百七十卷目錄三十四卷　（明）黃德水彙編　（明）吳琯校訂　明萬曆金陵徐智刻本　三十冊

410000－2241－0003300　44.3432/209

東嵒草堂評訂唐詩鼓吹十卷　（金）元好問輯　（元）郝天挺注　（清）朱三錫評　清自怡居刻本　六冊

410000－2241－0003301　44.3432/216

唐音戊籤二百一卷餘閏六十三卷餘諸國主詩一卷　（明）胡震亨輯　清康熙刻本　二十二冊

410000－2241－0003302　44.3432/287

唐人五言排律選十卷　（元）李存選　清刻本　二冊

410000－2241－0003303　44.616/201

今文粹編八卷二編二卷　（清）趙熟典輯　清乾隆五十一年(1786)刻本　十冊

410000－2241－0003304　616/C278/11（東區）

張仲景註解傷寒百證歌五卷　（宋）許叔微述　經絡歌訣一卷　（清）汪昂註輯　傷寒六經定法一卷問答一卷　（清）舒詔著　清咸豐二年(1852)藏修書屋刻本　四冊

410000－2241－0003305　50/120

格致古微六卷　王仁俊述　清光緒二十二年(1896)吳縣王氏籀鄦諼刻本　五冊

410000－2241－0003306　616/C.447（東區）

傷寒經注十三卷　（清）程知撰　（清）黃允亮重訂　清乾隆三十一年(1766)勤慎堂刻本　四冊

410000－2241－0003307　616/S893.1（東區）

張仲景金匱要略論註二十四卷　（清）徐彬著　（清）朱裴較　清康熙十年(1671)刻本　八冊

410000－2241－0003308　618.9/C.374/：6（東區）

幼幼集成六卷　（清）陳復正輯　題(清)籽英

居士評點　（清）劉一勳校　（清）周宗頤參
清紫蕋仙館刻本　六冊

410000－2241－0003309　44.6123/553
子書百家　（清）崇文書局輯　清光緒元年
(1875)湖北崇文書局刻本　一冊　存二種
七卷

410000－2241－0003310　50/158
增訂格物入門七卷　（美國）丁韙良著　清光
緒十五年(1889)同文館鉛印本　七冊

410000－2241－0003311　55.832/401
大清道光二十年七政經緯躔度時憲書　（清）
欽天監編　清道光十九年(1839)欽天監刻本
一冊

410000－2241－0003312　010.75/4411
士禮居藏書題跋記六卷　（清）黃丕烈撰
（清）潘祖蔭輯　清光緒十年(1884)吳縣潘祖
蔭滂喜齋刻本　四冊

410000－2241－0003313　618.1/W512/.02
（東區）
濟陰綱目十四卷　（明）武之望輯著　（清）張
志聰訂正　（清）汪淇箋釋　（清）查望參閱
清宏道堂刻本　八冊

410000－2241－0003314　618.1/W512/.03
（東區）
濟陰綱目十四卷　（明）武之望輯著　（清）張
志聰訂正　（清）汪淇箋釋　（清）查望參閱
清經綸堂刻本　十二冊

410000－2241－0003315　010.75/4622
楹書隅錄五卷續編四卷　（清）楊紹和撰　清
光緒二十年(1894)聊城楊氏海源閣刻本
八冊

410000－2241－0003316　014.4/4444
宋元舊本書經眼錄三卷附錄二卷　（清）莫友
芝撰　清同治十二年(1873)獨山莫繩孫刻影
山草堂六種本　二冊

410000－2241－0003317　50.81/961
武陵山人遺書　（清）顧觀光撰　清光緒九年

(1883)獨山莫祥芝上海刻本　二冊

410000－2241－0003318　014.4/6005
四庫書目略二十卷首一卷附錄一卷　（清）費
莫文良編　清同治九年(1870)刻本　十二冊

410000－2241－0003319　51.08/158
白芙堂算學叢書二十三種　（清）丁取忠輯
清同治、光緒間湖南長沙古荷花池精舍刻本
三十二冊

410000－2241－0003320　616/C.389/5（東
區）
靈素提要淺注十二卷　（清）陳念祖集註
（清）陳元犀參訂　清光緒二十四年(1898)聚
文書局刻本　四冊

410000－2241－0003321　015.1/3033
欽定四庫全書簡明目錄二十卷　（清）紀昀等
纂　清乾隆四十七年(1782)刻本　十二冊

410000－2241－0003322　616/L656（東區）
劉河間傷寒三書劉河間傷寒六書　（金）劉完
素撰　清宣統元年(1909)上海千頃堂書局石
印本　八冊　缺一種一卷

410000－2241－0003323　51.08/279
兼濟堂纂刻梅勿菴先生曆算全書（梅氏叢書）
　（清）梅文鼎著　清光緒十一年(1885)敦懷
書屋刻本　二十四冊

410000－2241－0003324　015.101/1160
八史經籍志十種　（日本）□□輯　清光緒九
年(1883)鎮海張壽榮刻蘇州振新書社印本
十六冊

410000－2241－0003325　618.1/W176（東
區）
萬氏女科三卷　（明）萬全撰　（清）李光暹校
正　清富春堂刻本　三冊

410000－2241－0003326　616/L656/2（東區）
劉河間傷寒三書　（金）劉完素撰　清宣統元
年(1909)上海千頃堂書局石印本　八冊

410000－2241－0003327　51.08/717
御製數理精蘊上編五卷下編四十卷表八卷

(清)何國宗 (清)梅瑴成彙編 清光緒刻本
八冊 缺三卷(上編一至三)

410000－2241－0003328 015.101/4253
漢書藝文志條理八卷 (清)姚振宗編 清光
緒十八年(1892)鉛印本 二冊

410000－2241－0003329 44.66/696
國朝三家文鈔 (清)宋犖 (清)許汝霖選
清康熙三十三年(1694)刻本 十冊

410000－2241－0003330 44.545/130
石點頭十四卷 題(明)天然癡叟著 清同
治、光緒間同人堂刻本 十二冊

410000－2241－0003331 44.545/130.02
繪圖石點頭十四回 題(明)天然癡叟著 清
末石印本 六冊

410000－2241－0003332 616/M122/2（東
區）
黃帝內經素問註證發微九卷 (明)馬蒔註證
清嘉慶十年(1805)刻本 十冊

410000－2241－0003333 015.1011/1000
漢藝文志攷證十卷 (宋)王應麟撰 (清)鄭
興瀛 (清)孫瑛校 清光緒九年(1883)浙江
書局刻玉海本 二冊

410000－2241－0003334 618.2/Y449/.03
（東區）
胎產心法三卷 (清)閻純璽著 清咸豐六年
(1856)存心居士刻本 五冊

410000－2241－0003335 618.12/Y449（東
區）
胎產心法三卷 (清)閻純璽撰 清積慶堂刻
本 六冊

410000－2241－0003336 44.545/153＝2
歡喜冤家六卷二十四回 題(明)西湖漁隱主
人編 清嘉慶十三年(1808)刻本 十二冊

410000－2241－0003337 51.12/349
夏侯陽算經三卷 (□)夏侯陽撰 **五曹算經
五卷** (唐)李淳風等注 清刻本 一冊

410000－2241－0003338 44.671/386

翰海十二卷 (明)陳繼儒鑒定 (明)沈佳允
輯 清末鉛印本 四冊

410000－2241－0003339 44.671/386
翰海十二卷 (明)陳繼儒鑒定 (明)沈佳允
輯 清末鉛印本 六冊

410000－2241－0003340 44.671/389
五十名家書札不分卷 (清)陸心源輯 清光
緒二十年(1894)上海復古齋石印本 四冊

410000－2241－0003341 51.12/894
武英殿聚珍版書一百四十八種 清乾隆刻本
一冊 存二種四卷

410000－2241－0003342 51.12/894/2
武英殿聚珍版書一百四十八種 清乾隆刻本
一冊 存二種四卷

410000－2241－0003343 616/K775/2（東
區）
傷寒補亡論二十卷 (宋)郭雍撰 清宣統元
年(1909)海豐吳氏鉛印豫醫雙璧本 五冊

410000－2241－0003344 015.152/4820
淮安藝文志十卷 (清)王琛編 清同治十二
年(1873)刻本 八冊

410000－2241－0003345 51.12081/370
算經十書 (清)孔繼涵輯 清光緒十六年
(1890)刻本 十二冊

410000－2241－0003346 015.161/4694
全蜀藝文志六十四卷 (明)楊慎輯 清光緒
十五年(1889)安岳鄒蘭生雨餘山房刻本 十
四冊

410000－2241－0003347 44.545/301
今古奇觀四十卷 題(明)抱甕老人輯 清文
淵堂刻本 十二冊

410000－2241－0003348 51.1232/113
緝古算經三卷 (唐)王孝通撰并注 (清)張
敦仁撰細草 清嘉慶八年(1803)藝學軒刻本
一冊

410000－2241－0003349 51.1232/113/2
緝古算經三卷 (唐)王孝通撰并注 (清)張

敦仁撰細草　清嘉慶八年(1803)藝學軒刻本
　一冊

410000－2241－0003350　44.545/301.02

繡像今古奇觀四十卷　題(明)抱甕老人輯
清經元堂刻本　二十冊

410000－2241－0003351　616/H652.2（東
區）

黃氏醫書八種　(清)黃元御著　清咸豐十年
(1860)長沙燮鯀精舍刻本　八冊　存四種四
十五卷

410000－2241－0003352　44.3432/365.2

唐詩三百首註釋六卷　(清)孫洙編　(清)章
燮註　清光緒十年(1884)湖南經濟書局刻本
　六冊

410000－2241－0003353　51.1241/102

數書九章十八卷附考一卷　(宋)秦九韶撰
札記四卷　(清)宋景昌撰　清道光二十二年
(1842)上海郁氏刻宜稼堂叢書本　六冊

410000－2241－0003354　44.3432/365.202

唐詩三百首注疏六卷　(清)孫洙編　(清)章
燮注　清末石印本　一冊

410000－2241－0003355　017.2/2509/1

行素堂目睹書錄十編　(清)朱記榮輯訂　清
光緒十年(1884)蘇州吳縣朱氏槐廬家塾刻本
　十冊

410000－2241－0003356　44.671/389/2

五十名家書札不分卷　(清)陸心源輯　清光
緒二十年(1894)上海復古齋石印本　四冊

410000－2241－0003357　44.545/401

七十二朝四書人物演義八卷　(明)□□撰
清光緒二十三年(1897)上海十萬卷樓石印本
　八冊

410000－2241－0003358　51.1241/270

詳解九章算法一卷纂類一卷　(宋)楊輝撰
札記一卷　(清)宋景昌撰　清道光二十二年
(1842)上海郁氏刻宜稼堂叢書本　二冊

410000－2241－0003359　017.1/1085

欽定天祿琳琅書目十卷後編二十卷　(清)于
敏中編　(清)彭元瑞續編　清光緒十年
(1884)長沙王氏刻本　十冊

410000－2241－0003360　51.1249/828

四元玉鑑細艸三卷坿增一卷　(元)朱世傑編
述　(清)羅士琳補艸　(清)易之瀚校算
(清)李棠寫樣　清道光十六年(1836)刻本
七冊

410000－2241－0003361　017.2/2509/2

行素堂目睹書錄十編　(清)朱記榮輯訂　清
光緒十年(1884)刻本　十冊

410000－2241－0003362　44.545/659.02

新評龍圖神斷公案十卷　(明)李贄評　清咸
豐九年(1859)丹桂堂刻本　六冊

410000－2241－0003363　017.2/3195

彙刻書目二十卷　(清)顧修編　(清)王懿榮
重編　(清)朱學勤增訂　清光緒十二年至十
五年(1886－1889)上海福瀛書局刻本　二
十冊

410000－2241－0003364　51.1249/828－2

新編筭學啓蒙三卷總括一卷識誤一卷望海島
術一卷　(元)朱世傑編撰　(清)羅士琳斠詮
　後記一卷　(清)羅士琳撰　清同治十年
(1871)江南機器製造局刻本　二冊

410000－2241－0003365　44.3432/463

中晚唐詩二十六家　(清)劉云份編　清康熙
淮南劉云份野香堂刻貞隱堂增刻本　十冊

410000－2241－0003366　44.545/659.03

繪圖龍圖神斷公案十卷　(明)李贄評　清光
緒二十年(1894)上海寶箋軒石印本　四冊

410000－2241－0003367　51.126/151

弦切對數表　(清)賈步緯譯述　清光緒二十
六年(1900)江南製造局鉛印本　八冊

410000－2241－0003368　51.126/291

則古昔齋算學十三種　(清)李善蘭學　清同
治六年(1867)金陵刻本　六冊

410000－2241－0003369　616/P.175（東區）

傷寒論類方四卷　(清)徐大椿編釋　(清)潘
霨增輯　長沙方歌括一卷　(清)陳念祖撰
(清)蕭庭滋　(清)潘霨增輯　清同治五年
(1866)刻本　八冊

410000－2241－0003370　618.9/C.374/.02
(東區)
鼎鍥幼幼集成六卷　(清)陳復正輯訂　(清)
劉一勠校正　(清)周宗頤參定　清金裕堂刻
本　六冊

410000－2241－0003371　44.672/186
音註小倉山房尺牘八卷補遺一卷　(清)袁枚
著　清光緒四年(1878)蘭言書屋刻本　四冊

410000－2241－0003372　44.545/766
新編繡像古今列女傳演義六卷　(明)馮夢龍
撰　清初古吳三多齋刻本　六冊

410000－2241－0003373　44.672/186.02
音註小倉山房尺牘八卷補遺一卷　(清)袁枚
著　(清)胡光斗箋釋　清光緒十二年(1886)
掃葉山房刻朱墨套印本　四冊

410000－2241－0003374　017.2/7551
直齋書錄解題二十二卷　(宋)陳振孫撰　清
光緒九年(1883)江蘇書局刻本　六冊

410000－2241－0003375　51.126/337
毖緯瑣言一卷　(清)厲之鍔纂　清嘉慶五年
(1800)刻本　一冊

410000－2241－0003376　44.546/122
新編雷峰塔奇傳五卷十三回　題(清)玉花堂
主人撰　清末二友堂刻本　四冊

410000－2241－0003377　618.9/C465(東區)
痘科類編釋意三卷　(清)翟良輯　清光緒十
年(1884)刻本　三冊

410000－2241－0003378　44.546/122.03
新編雷峰塔奇傳五卷　題(清)玉花堂主人校
訂　清一經堂刻本　二冊

410000－2241－0003379　51.126/370
衍元小草二卷　(清)孔慶霳等述　清光緒二
十四年(1898)清苑官廨刻本　二冊

410000－2241－0003380　44.546/291
十二樓十二卷　(清)李漁撰　清末九經堂刻
本　六冊

410000－2241－0003381　51.126/434
算書廿一種　(清)吳嘉善述　清同治二年
(1863)刻本　四冊

410000－2241－0003382　44.546/291.02
十二樓十二卷　(清)李漁撰　清光緒二十一
年(1895)上海書局石印本　四冊

410000－2241－0003383　030/3425
各國時事類編十八卷　(清)沈純輯　清光緒
二十一年(1895)上海書局石印本　四冊

410000－2241－0003384　44.546/378
西湖拾遺四十八卷　(清)陳樹基搜輯　清刻
本　十六冊

410000－2241－0003385　44.37071/436
宋金元詞集見存卷目一卷附汲古閣詞苑英華
目　吳昌綬輯　清光緒三十三年(1907)上海
鴻文書局石印本　一冊

410000－2241－0003386　51.126/438
算學一隅二卷　(清)吳誠學　清光緒二十四
年(1898)寧波儲材學堂刻本　一冊

410000－2241－0003387　44.546/378.02
西湖拾遺四十四卷附錄一卷　(清)陳樹基搜
輯　清光緒上海申報館鉛印申報館叢書本
十二冊

410000－2241－0003388　44.3432/579.02
玉堂才調集　(五代)韋轂編　清光緒二年
(1876)紅杏山房刻本　十二冊

410000－2241－0003389　44.672/433
兩罍軒尺牘十二卷　(清)吳雲著　清光緒十
二年(1886)刻本　六冊

410000－2241－0003390　031/1115
佩文韻府一百六卷拾遺一百六卷　(清)張玉
書等彙閱　(清)蔡升元等纂修兼校勘　清光
緒十二年(1886)上海同文書局石印本　六
十冊

410000 – 2241 – 0003391　51.126/482

比例滙通四卷　（清）羅士林演　清嘉慶二十三年（1818）刻本　四冊

410000 – 2241 – 0003392　51.126/482/2

比例滙通四卷　（清）羅士林演　清嘉慶二十三年（1818）刻本　四冊

410000 – 2241 – 0003393　44.546/484

西湖佳話古今遺蹟十六卷　題（清）墨浪子搜輯　清刻本　六冊

410000 – 2241 – 0003394　44.546/484.02

西湖佳話古今遺跡十六卷　題（清）墨浪子搜輯　清末鉛印本　四冊

410000 – 2241 – 0003395　031/3236

宋稗類鈔八卷　（清）潘永因編輯　（清）潘永圜訂定　（清）費執御重較　清雍正五年（1727）掣鯨堂刻本　八冊

410000 – 2241 – 0003396　51.126/502

恆河沙館算草二種　（清）華世芳撰　清光緒二十三年（1897）文瑞樓石印本　一冊

410000 – 2241 – 0003397　44.546/484.03

西湖佳話古今遺蹟十六卷　題（清）墨浪子搜輯　清乾隆五十一年（1786）蔚文堂刻本　四冊

410000 – 2241 – 0003398　031/4060

太平廣記五百卷目錄十卷　（宋）李昉等編　清嘉慶十一年（1806）蘇州聚文堂刻本　六十四冊

410000 – 2241 – 0003399　44.3432/579.2

才調集補註十卷　（五代）韋縠輯　（清）殷元勳箋註　（清）宋邦綏補註　清光緒二十年（1894）江蘇書局刻本　四冊

410000 – 2241 – 0003400　44.546/484.04

西湖佳話古今遺蹟十六卷　題（清）墨浪子搜輯　清大文堂刻本　十二冊

410000 – 2241 – 0003401　51.126/547

星算補遺　（清）董毓琦述　清同治五年（1866）髀算山房刻本　二冊

410000 – 2241 – 0003402　031/4377

策學纂要十六卷　（清）戴朋　（清）黃卷輯　（清）萬年茂　（清）戴第元鑒定　（清）黎逢晨等訂　清乾隆四十七年（1782）刻本　三冊

410000 – 2241 – 0003403　44.371/103

草堂詩餘四卷　題（明）武陵逸史輯　（清）隱湖小隱（毛晉）訂　明海虞毛氏汲古閣刻詞苑英華本　二冊

410000 – 2241 – 0003404　031/7727

類書纂要三十三卷　（清）周魯輯　（清）黃機鑒定　（清）侯杲糸　清康熙三年（1664）刻本　二十冊

410000 – 2241 – 0003405　44.672/897

余辛集三卷　（清）何栻著　清同治元年（1862）刻本　一冊

410000 – 2241 – 0003406　51.126/762

古籌算考釋六卷　勞乃宣撰　清光緒十二年（1886）完縣官舍刻矩齋籌算六種本　六冊

410000 – 2241 – 0003407　44.546/529/1

刪訂二奇合傳十六卷四十回　題（清）芝香館居士刪訂　清光緒四年（1878）渝城二勝會刻本　八冊

410000 – 2241 – 0003408　44.672/938

如面譚二集十八卷　（明）鍾惺撰　明刻本　十六冊

410000 – 2241 – 0003409　51.126/762 – 2

古籌算考釋續編八卷　勞乃宣撰　清光緒二十六年（1900）吳橋官廨刻矩齋籌算六種本　八冊

410000 – 2241 – 0003410　44.546/529/2

刪訂二奇合傳十六卷四十回　題（清）芝香館居士刪訂　清光緒四年（1878）渝城二勝會刻本　八冊

410000 – 2241 – 0003411　031.1/0077

御定駢字類編二百四十卷　（清）張廷玉等纂　清光緒十三年（1887）上海同文書局石印本　四十八冊

410000 – 2241 – 0003412　55.832/401

大清道光二十一年七政經緯躔度時憲書
(清)欽天監編　清道光二十年(1840)欽天監
刻本　一冊

410000 – 2241 – 0003413　031.1/1000

玉海二百卷辭學指南四卷附刻十三種　(宋)
王應麟撰　清嘉慶十一年(1806)合河康基田
江寧藩署刻本　一百二十八冊

410000 – 2241 – 0003414　51.126/892

簡易庵算稿　(清)劉彝程撰　清光緒二十六
年(1900)江南製造局刻本　一冊

410000 – 2241 – 0003415　44.371/119

四印齋所刻詞二十種　(清)王鵬運輯　清光
緒臨桂王氏家塾刻本　十六冊

410000 – 2241 – 0003416　44.3432/627

瀛奎律髓四十九卷　(元)方回選　(清)吳之
振重閱　清康熙五十年至五十一年(1711 –
1712)州泉吳寶芝黃葉邨莊刻本　十六冊

410000 – 2241 – 0003417　44.675/113

尺牘清裁六十卷補遺一卷　(明)王世貞編
明刻本　五冊　缺十四卷(四十一至五十四)

410000 – 2241 – 0003418　44.3432/627/2

瀛奎律髓四十九卷　(元)方回選　(清)吳之
振重閱　清康熙五十年至五十一年(1711 –
1712)州泉吳寶芝黃葉邨莊刻本　十冊

410000 – 2241 – 0003419　51.126/894

六九軒算書　(清)劉衡著　清道光三十年
(1850)兩淮轉運署刻本　四冊

410000 – 2241 – 0003420　44.675/225

臙脂牡丹六卷　(清)韓□□著　清道光十九
年(1839)刻本　六冊

410000 – 2241 – 0003421　44.5464/249

娛目醒心編十六卷　(清)杜綱撰　(清)許寶
善評　清鄴餘堂刻本　六冊

410000 – 2241 – 0003422　616/T154.1(東區)

傷寒正解四卷　(漢)張機撰　(清)戴燿塈編
著　(清)吳紹箕參閱　清同治十年(1871)刻

本　四冊

410000 – 2241 – 0003423　51.126081/294/2

李氏遺書十一種　(清)李銳撰　清嘉慶二十
四年(1819)刻本　六冊

410000 – 2241 – 0003424　44.675/756

尺牘初桄二卷　(清)徐敷撰　清光緒十二年
(1886)吳雲書局鉛印本　二冊

410000 – 2241 – 0003425　51.126081/294

李氏遺書十一種　(清)李銳撰　清嘉慶二十
四年(1819)刻本　八冊

410000 – 2241 – 0003426　618.9/H.156(東
區)

幼科鐵鏡六卷　(清)夏鼎著　(清)鐸禹縣等
參　清光緒二十一年(1895)貴池劉信天堂刻
本　二冊

410000 – 2241 – 0003427　51.126/892/2

簡易庵算稿　(清)劉彝程撰　清光緒二十六
年(1900)江南製造局刻本　一冊

410000 – 2241 – 0003428　44.5473/174

繪圖古今奇聞二十二卷　題(清)燕山逸史重
訂　清光緒十七年(1891)燕山耕餘主人鉛印
本　四冊

410000 – 2241 – 0003429　031.1/1111/1

分類字錦六十四卷　(清)何焯選輯　(清)張
廷玉校勘　清康熙六十一年(1722)內府刻本
六十四冊

410000 – 2241 – 0003430　44.371/295

絕妙好詞箋七卷續鈔一卷　(宋)周密輯
(清)查爲仁　(清)厲鶚箋　清刻本　四冊

410000 – 2241 – 0003431　51.127/708

西算新法直解八卷　(清)汪桂芬撰　清光緒
二年(1876)吳縣馮氏校邠廬刻本　二冊

410000 – 2241 – 0003432　51.127/708/2

西算新法直解八卷　(清)汪桂芬撰　清光緒
二年(1876)吳縣馮氏校邠廬刻本　二冊

410000 – 2241 – 0003433　44.371/295.02

絕妙好詞箋七卷續鈔一卷　(宋)周密輯

（清）查爲仁　（清）厲鶚箋　清刻本　二冊

410000－2241－0003434　44.5473/578
繪圖工界偉人十回　題（清）蒼園撰　清宣統
元年（1909）時事報館石印本　一冊

410000－2241－0003435　031.1/1111/2
分類字錦六十四卷　（清）何焯選輯　（清）張
廷玉校勘　清康熙六十一年（1722）內府刻本
六十四冊

410000－2241－0003436　44.677/113
蜀道驛程集二卷秦蜀驛程後記二卷　（清）王
士禎記　清康熙十一年（1672）抄本　二冊

410000－2241－0003437　51.1511/502
微積溯源八卷　（英國）華里司輯　（英國）傅
蘭雅口譯　（清）華蘅芳筆述　清同治十三年
（1874）江南機器製造局刻本　六冊

410000－2241－0003438　44.3432/173.02
唐詩紀一百七十卷目錄三十四卷　（明）黃德
水　（明）吳琯編　（明）方一元彙編　（明）
方天眷　（明）方湛重訂　（明）李明睿閱　明
萬曆刻本　二十五冊　缺八卷（一百四十二
至一百四十九）

410000－2241－0003439　44.55/112
孫龐演義四卷二十四回　（清）王□撰　清蘊
古齋刻本　二冊

410000－2241－0003440　51.1511/502－2
代數術二十五卷首一卷　（英國）華里司輯
(英國)傅蘭雅口譯　（清）華蘅芳筆述　清同
治十二年（1873）江南製造總局刻本　六冊

410000－2241－0003441　031.1/1144
古香齋新刻袖珍淵鑑類函四百五十卷目錄四
卷　（清）張英等纂　清康熙四十九年（1710）
內府刻古香齋袖珍十種本　一百五十九冊

410000－2241－0003442　44.55/112.02
孫龐演義四卷二十四回　（清）王□撰　清光
緒二十年（1894）上海積山書局石印本　二冊

410000－2241－0003443　51.1511/502－2/2
代數術二十五卷首一卷　（英國）華里司輯

（英國）傅蘭雅口譯　（清）華蘅芳筆述　清同
治十二年（1873）江南製造總局刻本　五冊

410000－2241－0003444　44.55/149
新刻劍嘯閣批評西漢演義八卷　（明）甄偉撰
清刻本　八冊

410000－2241－0003445　51.1547/794
幾何原本十五卷　（意大利）利瑪寶口譯
（明）徐光啟筆受　清同治四年（1865）湘鄉曾
氏金陵刻本　八冊

410000－2241－0003446　031.1/1144.02
淵鑑類函四百五十卷目錄四卷　（清）張英等
纂　清康熙四十九年（1710）清吟堂刻本　二
百冊

410000－2241－0003447　44.3432/317
唐人應制六韻詩鈔　（清）汪玉樹選　清初省
齋刻本　四冊

410000－2241－0003448　51.1563/997
形學備旨十卷　（美國）狄考文選譯　（清）鄒
立文筆述　清光緒三十一年（1905）美華書館
鉛印本　二冊

410000－2241－0003449　51.1563/997/2
形學備旨十卷　（美國）狄考文選譯　（清）鄒
立文筆述　清光緒三十一年（1905）美華書館
鉛印本　二冊

410000－2241－0003450　031.1/2144
北堂書鈔一百六十卷　（唐）虞世南撰　（明）
陳禹謨校并補註　明萬曆二十八年（1600）海
虞陳禹謨刻本　十冊

410000－2241－0003451　44.55/149.02
繡像西漢演義八卷一百一回　（明）甄偉撰
清光緒十八年（1892）上海廣百宋齋鉛印本
四冊

410000－2241－0003452　031.1/2337
子史精華一百六十卷　（清）吳襄等纂修　清
雍正五年（1727）內府刻本　六十四冊

410000－2241－0003453　52/208
格致小引一卷　（英國）赫施贊著　（英國）羅

亨利　（清）瞿昂來譯　清末上海江南製造總局刻本　一冊

410000－2241－0003454　44.55/155

聖朝鼎盛萬年清八集七十六回　（清）□□撰　清末石印本　九冊

410000－2241－0003455　031.1/2337/2

子史精華一百六十卷　（清）吳襄等纂修　清雍正五年（1727）內府刻本　四十八冊

410000－2241－0003456　55.832/401

大清道光二十二年七政經緯躔度時憲書　（清）欽天監編　清道光二十一年（1841）欽天監刻本　一冊

410000－2241－0003457　44.3432/665

唐詩百名家全集　（清）席啓寓編錄　（清）席永恂校　清康熙四十一年（1702）洞庭席氏琴川書屋刻本　三十六冊

410000－2241－0003458　616/W326（東區）

金匱要略方論本義二十二卷　（清）何炫（清）冀棟評定　（清）魏荔彤釋義　清刻本　八冊

410000－2241－0003459　51.2054/661

數學教科書　（清）商務印書館編譯　清光緒三十二年（1906）上海商務印書館鉛印本　二冊

410000－2241－0003460　616/W241/2（東區）

重廣補註黃帝內經素問二十四卷　（唐）啓玄子（王冰）次注　（宋）林億等校正　（宋）孫兆改誤　清光緒二年（1876）新會李氏刻本　六冊

410000－2241－0003461　031.1/2337.02

子史精華一百六十卷　（清）吳襄等纂修　清光緒十二年（1886）上海同文書局石印本　八冊

410000－2241－0003462　031.1/2337/3

子史精華一百六十卷　（清）吳襄等纂修　清雍正五年（1727）內府刻本　四十八冊

410000－2241－0003463　52.1/578

重學二十卷　（英國）艾約瑟口譯　（清）李善蘭筆述　清同治五年（1866）刻本　五冊

410000－2241－0003464　44.3432/676

御選唐詩三十二卷目錄三卷　（清）聖祖玄燁選　（清）陳廷敬等輯　清康熙五十二年（1713）武英殿刻朱墨套印本　十六冊

410000－2241－0003465　44.55/160

新鐫異說五虎平西珍珠旗演義狄青前傳十四卷一百二十回　（清）□□撰　清光緒三十四年（1908）益元堂刻本　十四冊

410000－2241－0003466　51.23/423

幾何原本十五卷　（意大利）利瑪寶口譯（明）徐光啟筆受　清光緒二十二年（1896）上海積山書局石印本　四冊

410000－2241－0003467　031.1/2877

初學記三十卷　（唐）徐堅等撰　明嘉靖十年（1531）晉陵楊鑨九洲書屋刻本　八冊

410000－2241－0003468　44.55/160＝2

新鐫後續繡像五虎平南狄青後傳六卷四十二回　（清）□□撰　清刻本　六冊

410000－2241－0003469　44.371/348

歷朝名人詞選十三卷　（清）夏秉衡輯　清宣統元年（1909）掃葉山房石印本　六冊

410000－2241－0003470　44.55/195

繡像走馬春秋全傳四卷十六回　（清）□□撰　清上陳塘丹寶堂刻本　四冊

410000－2241－0003471　53/940

物理學上編四卷　（日本）飯盛挺造編纂（日本）藤田豐八譯　（清）王季烈潤辭　清光緒二十六年（1900）江南製造局刻本　四冊

410000－2241－0003472　44.3432/677

千家詩四卷笠翁對韻二卷唐司空圖詩品詳註一卷　（清）文華堂書林輯訂　清光緒十年（1884）京都文華堂書林刻本　二冊

410000－2241－0003473　031.1/3246

讀史鏡古編三十二卷　（清）潘世恩輯　清同

治十三年(1874)冶城飛霞閣刻本　六冊

410000－2241－0003474　44.371/401

宋七家詞選　（清）戈載輯　（清）杜文瀾校注
清光緒十一年(1885)曼陀羅華閣刻本
四冊

410000－2241－0003475　44.55/213

繡像捉拏康梁二逆演義四卷四十回　題(清)
古潤野道人撰　清光緒二十五年(1899)石印
本　四冊

410000－2241－0003476　44.3432/696

網師園唐詩箋十八卷　（清）宋宗元輯注　清
乾隆三十二年(1767)尚絅堂刻本　八冊

410000－2241－0003477　53.0576/158

格物測算八卷　（美國）丁韙良撰　清光緒九
年(1883)鉛印本　八冊

410000－2241－0003478　44.677/982.2

**求闕齋日記類鈔十卷(清咸豐八年至同治十
一年)**　（清）曾國藩撰　（清）王啓原編　清
光緒十三年(1887)申報館鉛印申報館叢書本
二冊

410000－2241－0003479　44.3432/696/2

網師園唐詩箋十八卷　（清）宋宗元輯注　清
乾隆三十二年(1767)尚絅堂刻本　八冊

410000－2241－0003480　031.1/4044

增訂二三場羣書備考四卷　（明）袁黃著
(明)袁儼註　明崇禎五年(1632)西湖四照閣
刻本　八冊

410000－2241－0003481　44.68/138

更豈有此理四卷　（清）□□撰　清嘉慶十九
年(1814)醒目齋刻本　四冊

410000－2241－0003482　44.55/149

北史演義六十四卷　（清）杜綱編次　（清）許
寶善批評　清道光二十二年(1842)敬業山房
刻本　二十冊

410000－2241－0003483　54.1/471

化學闡原十五卷首一卷　（法國）畢利幹口譯
（清）承霖等筆述　清光緒八年(1882)同文

館鉛印本　十六冊

410000－2241－0003484　44.3432/730

御選唐宋詩醇四十七卷目錄二卷　（清）高宗
弘曆選　清乾隆二十五年(1760)刻本　二十
四冊

410000－2241－0003485　44.68/138.02

更豈有此理四卷　（清）□□撰　清道光四年
(1824)刻本　二冊

410000－2241－0003486　031.1/4060

太平御覽一千卷目錄十五卷　（宋）李昉等纂
（清）鮑崇城校　清嘉慶十二年至十七年
(1807－1812)歙縣鮑崇城刻本　一百二十冊

410000－2241－0003487　44.55/251

南史演義三十二卷　（清）杜綱撰　（清）許寶
善評　清道光十年(1830)友文堂刻本　十
二冊

410000－2241－0003488　44.3432/730.02

御選唐宋詩醇四十七卷目錄二卷　（清）高宗
弘曆選　清光緒七年(1881)江蘇書局刻本
二十冊

410000－2241－0003489　54.1/688

化學求數十五卷附表一卷　（德國）富里西尼
烏司著　（英國）傅蘭雅口譯　（清）徐壽筆述
清光緒江南製造總局刻本　十三冊

410000－2241－0003490　44.68/220

新輯頤人奇談四卷　（宋）胡銓撰　（清）錢德
蒼重訂　清光緒三十二年(1906)海上書局石
印本　四冊

410000－2241－0003491　031.1/7144

事物異名錄四十卷　（清）厲荃輯　（清）關槐
增纂　清乾隆五十三年(1788)刻本　十二冊

410000－2241－0003492　44.55/252

梼杌閒評五十卷五十回　（清）□□撰　清京
都刻本　十六冊

410000－2241－0003493　618.2/F537(東區)

胎產秘書四卷　（□）□□撰　清同治十年
(1871)會稽馬傳誠、貴筑傅壽彤刻本　二冊

410000－2241－0003494　44.371/781

詞苑英華　（清）毛晉輯　清刻本　二十四冊

410000－2241－0003495　44.68/288

禺山雜著三種　（清）李暘撰　清嘉慶二十五年（1820）存守堂刻同治元年（1862）印本　四冊

410000－2241－0003496　44.55/282

鐵冠圖八卷五十回　（清）松滋山人編　清光緒二十年（1894）兩儀堂刻本　四冊

410000－2241－0003497　55/294

李氏遺書十一種　（清）李銳撰　清刻本　一冊　存二種四卷

410000－2241－0003498　44.55/282.02

鐵冠圖五十回　（清）松滋山人編　清末上海文宜書局石印本　四冊

410000－2241－0003499　616/W235/3（東區）

王氏潛齋醫書五種　（清）王士雄撰　清光緒上海圖書集成局鉛印本　八冊

410000－2241－0003500　55/378

天文算學纂要二十卷首一卷國朝萬年書二卷推測易知四卷　（清）陳松編　清光緒十三年（1887）樹德堂刻本　二十四冊

410000－2241－0003501　44.371/829

詞綜三十六卷　（清）朱彝尊抄撮　（清）汪森增定　（清）柯崇樸編次　（清）周篔辨譌　清康熙十七年（1678）休陽汪森裘杼樓刻三十年（1691）增刻本　八冊

410000－2241－0003502　55/719

翼梅八卷　（清）江永著　清光緒七年（1881）羣玉山房刻本　四冊

410000－2241－0003503　44.55/285

原本海公大紅袍傳六十卷六十回　（明）李春芳撰　清道光十年（1830）大文堂刻本　十二冊

410000－2241－0003504　041.2/1000

困學紀聞注二十卷　（宋）王應麟撰　（清）翁

元圻輯　清道光五年（1825）餘姚守福堂刻本　十六冊

410000－2241－0003505　44.3432/749

重訂唐詩別裁集二十卷　（清）沈德潛選　清乾隆二十八年（1763）長洲沈德潛教忠堂刻本　十二冊

410000－2241－0003506　44.68/377

塵海妙品十四卷　陳琰編輯　清宣統三年（1911）上海六藝書局石印本　四冊

410000－2241－0003507　55/907

談天十八卷表一卷　（英國）侯失勒撰　（英國）偉烈亞力口譯　（清）李善蘭刪述　清咸豐九年（1859）墨海活字印本　三冊

410000－2241－0003508　44.55/310

繪圖平金川四卷三十二回　（清）張小山撰　清光緒二十五年（1899）石印本　四冊

410000－2241－0003509　618.9/C743（東區）

痘疹定論四卷　（清）朱純嘏編輯　（清）莊世鑷校閱　清刻本　四冊

410000－2241－0003510　44.68/430

增補一夕語六卷　題（清）咄咄夫著　清光緒十七年（1891）三讓信記刻本　四冊

410000－2241－0003511　55/928

淮南天文訓補注二卷　（清）錢塘述　清光緒元年（1875）湖北崇文書局刻三年（1877）崇文書局彙刻書本　二冊

410000－2241－0003512　618.9/L812/.02（東區）

嬰童百問十卷　（明）魯伯嗣撰　清刻本　三冊

410000－2241－0003513　616/TS.525.1/2（東區）

圖注難經脈訣全集四種　（明）張世賢注　清光緒十五年（1889）京都泰山堂刻本　六冊

410000－2241－0003514　55/928/2

淮南天文訓補注二卷　（清）錢塘述　清光緒元年（1875）湖北崇文書局刻三年（1877）印崇

文書局彙刻書本　二冊

410000－2241－0003515　55/928/3

淮南天文訓補注二卷　（清）錢塘述　清光緒
元年(1875)湖北崇文書局刻三年(1877)印崇
文書局彙刻書本　二冊

410000－2241－0003516　44.55/313

新刊北魏奇史閨孝烈傳十二卷四十六回
（清）張紹賢著　清道光三十年(1850)文德堂
刻本　十二冊

410000－2241－0003517　44.3432/845

讀雪山房唐詩三十四卷　（清）管世銘輯　清
光緒十二年(1886)湖北官書處刻本　十二冊

410000－2241－0003518　44.3432/845/2

讀雪山房唐詩三十四卷　（清）管世銘輯　清
光緒十二年(1886)湖北官書處刻本　十二冊

410000－2241－0003519　616/Y713/3（東
區）

尚論篇四卷首一卷後篇四卷寓意草一卷
（清）喻昌撰　清刻本　八冊

410000－2241－0003520　44.371/829.02

詞綜三十八卷　（清）朱彝尊抄撮　（清）汪森
增定　（清）柯崇樸編次　（清）周賡辨譌　**明**
詞綜十二卷國朝詞綜四十八卷二集八卷
（清）王昶纂　清松江文萃堂刻本　十六冊

410000－2241－0003521　55/928.02

淮南天文訓補注二卷　（清）錢塘述　清道光
八年(1828)安漢淡氏懷陸堂刻本　四冊

410000－2241－0003522　041.2/6081

昭德先生郡齋讀書志二十卷　（宋）晁公武撰
（宋）姚應績編　**附志二卷**　（宋）趙希弁撰
校補一卷　王先謙撰　清光緒十年(1884)
長沙王氏刻本　十冊

410000－2241－0003523　55/928.02/2

淮南天文訓補注二卷　（清）錢塘述　清道光
八年(1828)安漢淡氏懷陸堂刻本　二冊

410000－2241－0003524　041.2/6097

國粹學報（分類合訂本）　（清）國粹學報社編

清光緒三十一年至宣統三年(1905－1911)
上海國粹學報館鉛印本　三十二冊

410000－2241－0003525　616/Y713/.02（東
區）

醫門法律六卷　（清）喻昌著　清陳守誠刻本
八冊

410000－2241－0003526　55/947

高厚蒙求四集　（清）徐朝俊編　清嘉慶、道
光間雲間徐氏刻本　四冊

410000－2241－0003527　041.2/8019

癸巳存稿十五卷崇祀鄉賢事實一卷　（清）俞
正燮撰　清光緒十年(1884)姚清祺刻本
八冊

410000－2241－0003528　44.68/554/2

真真豈有此理八卷　（清）蘇畹根撰　清光緒
二十年(1894)上海書局石印本　四冊

410000－2241－0003529　44.68/554

真真豈有此理八卷　（清）蘇畹根撰　清光緒
二十年(1894)上海書局石印本　一冊

410000－2241－0003530　44.371/829.03

詞綜三十八卷　（清）朱彝尊抄撮　（清）汪森
增定　（清）柯崇樸編次　（清）周賡辨譌　**明**
詞綜十二卷國朝詞綜四十八卷二集八卷
（清）王昶纂　清嘉慶七年至八年(1802－
1803)王昶三泖漁莊刻本　二十冊

410000－2241－0003531　44.55/333＝3

玉茗堂繡像昭君和番雙鳳奇緣傳八卷八十回
（清）雪樵主人撰　清芥子園刻本　六冊

410000－2241－0003532　041.2/8346

十駕齋養新錄二十卷餘錄三卷　（清）錢大昕
撰　**錢辛楣先生年譜一卷**　（清）錢大昕編
（清）錢慶曾校注　**竹汀居士年譜續編一卷**
（清）錢慶曾述　清光緒二年(1876)浙江書局
刻本　八冊

410000－2241－0003533　44.68/682/2

豈有此理四卷　（清）□□撰　清道光四年
(1824)刻本　二冊

410000－2241－0003534　616/Y713/2.02（東區）

寓意草一卷　（清）喻昌著　清光緒三十一年（1905）經元書室刻本　二冊

410000－2241－0003535　44.68/682

豈有此理四卷　（清）□□撰　清嘉慶刻本　四冊

410000－2241－0003536　44.371/829.04

詞綜三十八卷　（清）朱彝尊抄撮　（清）汪森增定　（清）柯崇樸編次　（清）周筼辨譌　**明**詞綜十二卷　（清）王昶纂　清嘉慶七年至八年（1802－1803）王昶三泖漁莊刻同治四年（1865）亦西齋重修本　七冊

410000－2241－0003537　041.3/0074

見聞續筆二十四卷　（清）齊學裘撰　清光緒二年（1876）天空海闊之居刻本　八冊

410000－2241－0003538　44.55/352

新輯左公平西全傳四卷三十二回　（清）□□撰　清光緒二十七年（1901）上海書局石印本　四冊

410000－2241－0003539　55.059/504

天文歌略一卷　（清）葉瀾撰　清光緒刻本　一冊

410000－2241－0003540　44.68/688

天花亂墜八卷　題（清）寅半生選輯　清光緒二十九年（1903）崇寔齋刻本　四冊

410000－2241－0003541　44.55/364

于少保萃忠全傳十卷四十回　（明）孫高亮纂述　清咸豐三年（1853）寶翰堂刻本　十冊

410000－2241－0003542　44.68/843

[康熙雍正乾隆三朝]策對不分卷　（清）□□輯　清刻本　六冊

410000－2241－0003543　616/Y398/2.02（東區）

三家醫案合刻三種附一種　（清）吳金壽輯　清道光十一年（1831）刻本　五冊

410000－2241－0003544　616/Y398/2.03（東區）

醫效秘傳三卷　（清）葉桂述　（清）吳金壽校　清刻本　二冊

410000－2241－0003545　616/W476（東區）

黃帝內經素問二十四卷　（明）吳崑注　清刻本　六冊

410000－2241－0003546　44.68/860

文章游戲初編八卷二編八卷三編八卷四編八卷　（清）繆艮輯　清道光四年（1824）一廠山房刻本　三十二冊

410000－2241－0003547　44.55/379

東西兩晉演義十二卷　（明）陳氏尺蠖齋評釋　明萬卷書屋刻本　十二冊

410000－2241－0003548　55.1/907

談天十八卷表一卷　（英國）侯失勒撰　（英國）偉烈亞力口譯　（清）李善蘭刪述　清咸豐九年（1859）墨海鉛印本　三冊

410000－2241－0003549　041.3/1014

經餘必讀八卷　（清）雷琳等輯　清嘉慶八年（1803）刻本　四冊

410000－2241－0003550　44.55/379.02

東西兩晉演義十二卷　（明）陳氏尺蠖齋評釋　清慎德堂刻本　十二冊

410000－2241－0003551　55.1/907.02

談天十八卷首一卷表一卷　（英國）侯失勒撰　（英國）偉烈亞力口譯　（清）李善蘭刪述　清江南製造總局刻本　四冊

410000－2241－0003552　041.3/1108

貴耳集三卷　（宋）張端義著　（清）毛晉訂　明崇禎虞山毛氏汲古閣刻津逮秘書本　三冊

410000－2241－0003553　55.141/554

新儀象法要三卷首一卷　（宋）蘇頌撰　清道光二十三年（1843）刻本　一冊

410000－2241－0003554　44.3432/946

御定全唐詩錄一百卷　（清）徐倬　（清）徐元正輯　清康熙四十五年（1706）內府刻本　三十二冊

410000－2241－0003555　44.3432/946/2

御定全唐詩錄一百卷　（清）徐倬　（清）徐元正輯　清康熙四十五年(1706)內府刻本　三十二冊

410000－2241－0003556　44.3432/946.02

御定全唐詩錄一百卷　（清）徐倬　（清）徐元正輯　清康熙四十五年(1706)內府刻本　二十四冊

410000－2241－0003557　44.55/433

飛龍傳六十四回　（清）吳璿刪定　清文德堂刻本　十冊

410000－2241－0003558　041.3/2230

述記（三代兩漢遺書）　（清）任兆麟輯　清乾隆五十三年(1788)忠敏家塾映雪草堂刻本　六冊

410000－2241－0003559　44.3432/947

而菴說唐詩二十二卷首一卷　（清）徐增述　清乾隆二十三年(1758)文茂堂刻本　十冊

410000－2241－0003560　44.55/433.02

飛龍傳六十回　（清）吳璿刪定　清嘉慶二十年(1815)同文堂刻本　十六冊

410000－2241－0003561　44.68/936

新訂解人頤廣集八卷　（宋）胡銓撰　（清）錢德蒼重訂　清善成堂刻本　四冊

410000－2241－0003562　44.68/981

零金碎玉四卷　（清）鄭錫祺著　清光緒申報館鉛印申報館叢書本　二冊

410000－2241－0003563　44.55/445

精訂綱鑑廿四史通俗衍義二十六卷四十四回　（清）呂撫撰　清光緒十三年(1887)上海廣百宋齋鉛印本　六冊

410000－2241－0003564　041.3/3191

日知錄集釋三十二卷　（清）顧炎武撰　（清）黃汝成集釋　刊誤二卷續刊誤二卷　（清）黃汝成撰　清同治八年(1869)廣州述古堂刻本　十六冊

410000－2241－0003565　44.55/451

新刻逸田叟女仙外史大奇書一百回　（清）呂熊撰　清康熙五十年(1711)釣璜軒刻本　十四冊

410000－2241－0003566　616/Y713/3（東區）

尚論篇四卷首一卷後篇四卷　（清）喻昌撰　清光緒三十一年(1905)經元書室刻本　八冊

410000－2241－0003567　44.55/451.02

繪圖評點女僊外史一百回　（清）呂熊撰　清光緒二十一年(1895)上海積山書局石印本　十六冊

410000－2241－0003568　44.55/455

忠孝勇烈奇女傳四卷三十二回　（清）□□撰　清刻本　四冊

410000－2241－0003569　616.91/Y692（東區）

翁仲仁先生痘科金鏡賦六卷　（清）俞茂鯤集解　（清）於人龍叅評　清光緒二年(1876)刻本　四冊

410000－2241－0003570　44.3432/951

唐詩約鈔不分卷　（清）徐應詔錄　清乾隆五十年(1785)刻本　一冊

410000－2241－0003571　041.3/3708

退菴隨筆二十二卷　（清）梁章鉅編　清道光十七年(1837)福州梁氏刻同治十一年(1872)重修本　八冊

410000－2241－0003572　44.371/605

詞選四卷　（金）完顏亮等撰　清刻本　一冊

410000－2241－0003573　55.19/239

天文圖說四卷　（英國）柯雅各著　（美國）摩嘉立　（清）薛承恩譯　清光緒十九年(1893)刻本　一冊

410000－2241－0003574　44.3432/961

唐詩英華二十二卷　（清）顧有孝編　清順治十四年(1657)刻本　七冊

410000－2241－0003575　44.681/273

分類西學課藝不分卷　（清）楊毓輝等撰　清

光緒石印本　四冊

410000－2241－0003576　041.3/4099

絜齋集二十四卷末一卷　（宋）袁燮撰　清乾隆刻武英殿聚珍版書本　十冊

410000－2241－0003577　44.681/843

策對名文約選不分卷　（清）□□輯　清刻本　一冊

410000－2241－0003578　44.3435/121

唐四家詩集　（清）胡鳳丹輯　清光緒十三年（1887）湖北官書處刻本　五冊

410000－2241－0003579　55.19/288

圜天圖說三卷　（清）李明徹著　（清）阮元鑒定　清嘉慶二十四年（1819）松梅軒刻本　一冊

410000－2241－0003580　610/W473/3.04（東區）

御纂醫宗金鑑（外科）十六卷　（清）吳謙等編　清刻本　十二冊

410000－2241－0003581　44.3435/649

唐中興閒氣集二卷　（唐）高仲武選　清武進費氏影宋刻本　二冊

410000－2241－0003582　44.55/482－202

增像全圖三國演義六十卷一百二十回　（元）羅貫中（本）撰　（清）毛宗崗評　清末上海鴻文書局石印本　十六冊

410000－2241－0003583　44.55/482－2

四大奇書第一種十九卷一百二十回　（明）羅本撰　（清）毛宗崗評　清刻本　二十冊

410000－2241－0003584　55.19/291

渾蓋通憲圖說二卷　（明）李之藻撰　（清）錢照祚校　清刻本　一冊

410000－2241－0003585　44.683/153

藤香館小品二卷　題（清）醉歌叟撰　清光緒三年（1877）刻本　二冊

410000－2241－0003586　44.371/953

小檀欒室彙刻閨秀詞十集附一種　徐乃昌輯　清光緒二十一年至宣統元年（1895－1909）

南陵徐氏小檀欒室刻本　二十八冊

410000－2241－0003587　44.3436/247

中晚唐詩叩彈集十二卷續集三卷　（清）杜詔　（清）杜庭珠輯　清康熙四十三年（1704）杜氏采山亭刻本　十冊

410000－2241－0003588　041.3/4623

楊伯漢先生遺稿不分卷　（清）楊凌霄著　清光緒二十五年（1899）項城四知堂刻本　一冊

410000－2241－0003589　55.41/719

心香閣考定二十四氣中星圖一卷　（清）江蕙刪訂　清光緒六年（1880）蜀東宋氏刻本　一冊

410000－2241－0003590　041.3/4917

簷曝雜記六卷　（清）趙翼撰　清刻本　二冊

410000－2241－0003591　55.41/890

中星全表二卷首一卷　（清）劉文瀾編　清道光十一年（1831）鶴山張氏刻本　一冊

410000－2241－0003592　610/W476（東區）

醫方考六卷　（明）吳崑著　明萬曆光啟堂刻本　六冊

410000－2241－0003593　44.55/482－2.04

繡像三國演義一百二十回　（明）羅本撰　（清）毛宗崗評　清咸豐三年（1853）刻本　二十冊

410000－2241－0003594　44.371/953－2

皖詞紀勝一卷　徐乃昌輯　清光緒南陵徐氏小檀欒室刻本　一冊

410000－2241－0003595　616.91/W244/2（東區）

隨息居重訂霍亂論四卷　（清）王士雄纂　清光緒十四年（1888）含經室刻本　二冊

410000－2241－0003596　44.683/268

孝竹貞松圖題詠不分卷　朱照輯　張定繪　清宣統二年（1910）集成圖書公司石印本　一冊

410000－2241－0003597　041.3/7531

鄉賢陳公遺集五卷首一卷　（清）陳心一撰

清道光二十五年(1845)刻本　一冊

410000－2241－0003598　55.5/401

新法曆書二卷　(□)□□撰　清刻本　一冊

410000－2241－0003599　44.37132/167

花菴絕妙詞選十卷　(宋)黃昇選　清刻本
八冊

410000－2241－0003600　44.55/482－3

新刻按鑑演義京本三國英雄志傳六卷　(晉)
陳壽志傳　(明)羅本演義　清同治十一年
(1872)經綸堂刻本　六冊

410000－2241－0003601　041.3/8383

竹汀先生日記鈔三卷　(清)錢大昕講　(清)
何元錫編次　清嘉慶十年(1805)錢唐何氏夢
華館刻本　一冊

410000－2241－0003602　55.5/959

御製歷象考成後編十卷　(清)顧琮等彙編
清乾隆七年(1742)刻本　十冊

410000－2241－0003603　44.55/482－4

繡像漢宋奇書二種　(清)熊飛輯　(清)金聖
嘆(人瑞)批點　清刻本　二十四冊

410000－2241－0003604　616.91/K775/02
(東區)

痧脹玉衡書三卷後卷一卷　(清)郭志邃著
清康熙東書業刻本　六冊

410000－2241－0003605　44.683/401

隨園八十壽言六卷　(清)袁枚編輯　清刻本
一冊

410000－2241－0003606　44.55/482－402

繡像漢宋奇書二種　(清)熊飛輯　(清)金聖
嘆(人瑞)批點　清右文堂刻本　二十冊

410000－2241－0003607　558/292

欽定協紀辨方書三十六卷　(清)李廷耀等纂
修　清乾隆六年(1741)刻本　十五冊

410000－2241－0003608　55.81/414

月令七十二候詩四卷　(清)馬國翰撰　清刻
本　一冊　存二卷(三至四)

410000－2241－0003609　619/Y713(東區)

新刊纂圖元亨療馬集六卷圖像水黃牛經合併
大全二卷駝經一卷　(明)喻本元　(明)喻本
亨著　清光緒十三年(1887)有益堂刻本
四冊

410000－2241－0003610　44.55/482－5

玉鼎隋唐演義十二卷　(明)羅本撰　(明)林
瀚參訂　清聚錦堂刻本　六冊

410000－2241－0003611　44.3437/295

晚唐詩鈔二十六卷　(清)查克弘　(清)凌紹
乾選　清康熙四十二年(1703)栖鳳閣刻本
六冊

410000－2241－0003612　55.81/440

月令輯要二十四卷首一卷　(清)吳廷楨等纂
清康熙五十四年(1715)刻本　十六冊

410000－2241－0003613　44.55/482－6.02

鐫玉茗堂批點殘唐五代史演義傳二卷六十回
(明)羅本編輯　(明)湯顯祖批評　清刻本
二冊

410000－2241－0003614　44.683/990

楹聯錄存三卷　(清)俞樾撰　清光緒二十一
年(1895)刻本　四冊

410000－2241－0003615　55.81/482

七十二候表一卷　(清)羅以智纂　清光緒八
年(1882)海昌羊氏刻本　一冊

410000－2241－0003616　55.81/482/2

七十二候表一卷　(清)羅以智纂　清光緒八
年(1882)海昌羊氏刻本　一冊

410000－2241－0003617　44.55/482－6/2

鐫李卓吾批點殘唐五代史演義傳八卷六十回
(明)羅本編輯　(明)李贄批評　清刻本
八冊

410000－2241－0003618　041.41/7110

學海堂集十六卷　(清)阮元輯　二集二十二
卷　(清)吳蘭修輯　清道光五年(1825)、十
八年(1838)啟秀山房刻本　十六冊

410000－2241－0003619　44.55/482－6

鐫李卓吾批點殘唐五代史演義傳八卷六十回
（明）羅本編輯 （明）李贄批評 清刻本
六冊

410000－2241－0003620 44.684/113

欽命四書詩題不分卷 （清）王懿榮撰 清光
緒刻本 一冊

410000－2241－0003621 55.82/386

恪遵憲度不分卷 （清）陳希齡輯著 清道光
三十年（1850）刻本 一冊

410000－2241－0003622 44.55/482－603

殘唐五代史演義傳十二卷六十回 （明）羅本
編輯 （明）李贄批評 清光緒十三年（1887）
京都老二西堂刻本 四冊

410000－2241－0003623 44.684/434

天崇百篇不分卷 （清）吳懋政選評 清光緒
十七年（1891）湖南思賢書局刻本 二冊

410000－2241－0003624 55.82/660

閏八月考三卷 （清）龔稺撰 清光緒二十六
年（1900）南清河王氏小方壺齋鉛印本 一冊

410000－2241－0003625 610/W427（東區）

醫鈔類編二十四卷 （清）翁藻編輯 清光緒
二十一年（1895）奉新許振褘刻本 二十五冊

410000－2241－0003626 44.55/482＝2

新刻三寶太監西洋記通俗演義二十卷一百回
（明）羅懋登編次 清光緒六年（1880）上海
申報館鉛印申報館叢書本 十冊

410000－2241－0003627 44.684/526

抱璞軒制藝 （清）蔣道宗撰 清同治六年
（1867）穆進文堂刻本 二冊

410000－2241－0003628 44.55/482＝202

圖像三寶太監下西洋通俗演義十六卷 （明）
羅懋登編次 清光緒二十二年（1896）上海書
局石印本 八冊

410000－2241－0003629 44.55/482＝3

增異說唐秘本後傳四卷十四回 題（清）鴛湖
漁叟撰 清英文堂刻本 四冊

410000－2241－0003630 44.684/607

明文才調集不分卷國朝文才調集不分卷
（清）許振褘輯 清光緒十七年（1891）大梁東
河行略刻本 四冊 存明文才調集

410000－2241－0003631 44.684/627

欽定四書文四十一卷 （清）方苞校閱 清光
緒二年（1876）崇文書局刻本 十六冊

410000－2241－0003632 55.821/130

新撰東西年表 （日本）井上賴圀 （日本）大
撱如電撰 清光緒二十七年（1901）王氏小方
壺齋石印本 一冊

410000－2241－0003633 44.55/555

新史奇觀演義二十二回 題（清）蓬蒿子編
清嘉慶十一年（1806）一笑軒刻本 四冊

410000－2241－0003634 44.684/754

養一齋四書文不分卷 （清）潘德輿撰 清道
光十七年（1837）刻本 三冊

410000－2241－0003635 55.823/383

三統術詳說四卷 （清）陳澧撰 清末刻本
一冊

410000－2241－0003636 44.684/845

韞山堂時文初集一卷二集二卷三集一卷
（清）管世銘著 清光緒六年（1880）湖南書局
刻本 四冊

410000－2241－0003637 618.99/Y817（東
區）

天花精言六卷 （清）袁句撰 清嘉慶十年
（1805）甌江陳瑾刻本 二冊

410000－2241－0003638 44.684/845/2

韞山堂時文初集一卷二集二卷三集一卷
（清）管世銘著 清光緒六年（1880）湖南書局
刻本 四冊

410000－2241－0003639 44.3441/118

宋代五十六家詩集 （清）坐春書塾選 清宣
統二年（1910）北京龍文閣石印本 六冊

410000－2241－0003640 55.823/627

三統歷算式一卷釋例一卷答問一卷附錄一卷
（清）方楷撰 清光緒十四年（1888）刻本

一册

410000－2241－0003641　44.684/947

山左校士錄四卷　（清）徐樹銘鑒定　清咸豐
五年(1855)四照樓刻本　四冊

410000－2241－0003642　618.99/S893（東
區）

仁端錄痘疹玄珠五卷　（清）徐謙輯　（清）勞
崇倫參閱　（清）胡尊典校訂　清乾隆八年
(1743)刻本　五冊

410000－2241－0003643　630/W243（東區）

二如亭群芳譜二十八卷首一卷　（明）王象晉
纂輯　（明）陳繼儒等較　（明）王與胤等詮次
　清刻本　二十四冊

410000－2241－0003644　44.37136/200/2

花間集二卷續集一卷　（清）卓長齡等校　清
刻本　二冊

410000－2241－0003645　44.685/239

七嬉二卷　題(清)樓雲野客編　清道光十七
年(1837)三味堂刻本　二冊

410000－2241－0003646　55.832/401

大清道光元年七政經緯躔度時憲書　（清）欽
天監編　清嘉慶二十五年(1820)欽天監刻本
　一冊

410000－2241－0003647　794/F149（東區）

桃花泉奕譜二卷　（清）范世勳撰　清末石印
本　二冊

410000－2241－0003648　081/1061

檀几叢書　（清）王晫　（清）張潮校　清康熙
三十四年至三十六年(1695－1697)新安張氏
霞舉堂刻本　十冊　缺二卷(餘集二卷)

410000－2241－0003649　610/W326/.02（東
區）

續名醫類案三十六卷　（清）魏之琇編集
(清)王士雄　(清)楊照藜校　清光緒二十二
年(1896)鉛印本　十四冊

410000－2241－0003650　22.221/553

兩漢紀　（宋）王銍輯　清康熙三十五年

(1696)襄平蔣氏樂三堂刻本　十冊

410000－2241－0003651　44.685/750

新刻笑林廣記四卷　題(清)遊戲主人纂輯
清同治三年(1864)刻本　四冊

410000－2241－0003652　55.84/158

中西合歷　（清）丁冠西作　清光緒三年
(1877)同文館鉛印本　一冊

410000－2241－0003653　44.55/558.02

東周列國志八卷一百八回　（清）蔡昇評點
清光緒二十五年(1899)上海久敬齋石印本
(有圖)　八冊

410000－2241－0003654　44.55/559－2

前後七國全志五卷二十四回　（清）蔡昇評點
　清乾隆五十年(1785)刻本　六冊

410000－2241－0003655　44.685/860

夢筆生花初編八卷二編八卷三編八卷四編八
卷　（清）繆艮輯　清光緒二十年(1894)積山
書局石印本　六冊

410000－2241－0003656　56.191/987

繪地法原　（美國）金楷理口譯　（清）王德均
筆述　清同治、光緒間上海江南機器製造局
刻本　一冊

410000－2241－0003657　44.3441/383

宋元詩會一百卷　（清）陳焯輯　清刻本　三
十二冊

410000－2241－0003658　44.55/558.03

東周列國志二十三卷一百八回　（清）蔡昇評
點　清光緒十九年(1893)刻本(有圖)　二十
四冊

410000－2241－0003659　55.832/401

大清道光二十三年七政經緯躔度時憲書
(清)欽天監編　清道光二十二年(1842)欽天
監刻本　一冊

410000－2241－0003660　610/W326/.02－2
（東區）

續名醫類案三十六卷　（清）魏之琇編集
(清)王士雄　(清)楊照藜校　清光緒上海著

易堂刻本　三十六冊

410000－2241－0003661　44.55/558

東周列國志二十七卷一百八回　（清）蔡昇評
點　清光緒上海書局石印本(有圖)　八冊

410000－2241－0003662　44.55/621

新刻劍嘯閣批評東漢演義傳十卷　（明）謝詔
撰　明末吳郡袁晉劍嘯閣刻本　四冊

410000－2241－0003663　44.73/100＝4

新鐫三世化生寶卷二卷　（清）□□撰　清光
緒五年(1879)寶善堂刻本　一冊

410000－2241－0003664　44.55/621.02

繡像東漢演義十卷　（明）謝詔撰　（明）鍾惺
評　清光緒十八年(1892)上海廣百宋齋鉛印
本　二冊

410000－2241－0003665　44.73/100＝3

三官寶卷　（清）□□撰　清光緒二十六年
(1900)抄本　一冊

410000－2241－0003666　44.73/100＝2/2

三世修道黃氏寶卷二卷　（清）□□撰　清光
緒八年(1882)抄本　一冊

410000－2241－0003667　081/1137

昭代叢書甲集五十種　（清）張潮輯　（清）王
嗣槐校　清康熙三十六年(1697)刻本　八冊

410000－2241－0003668　59.421/942

全體通考十八卷圖二卷　（英國）德貞輯　清
光緒十二年(1886)同文館鉛印本　十六冊

410000－2241－0003669　610/W473/3.02
(東區)

御纂醫宗金鑑九十卷首一卷　（清）吳謙等編
　清宣統元年(1909)上海章福記石印本　九
冊　缺十一卷(六十四至七十四)

410000－2241－0003670　44.55/662

新鐫全像通俗演義隋煬帝豔史八卷四十回
題(明)齊東野人編演　題(明)不經先生批評
　清刻本　十二冊

410000－2241－0003671　44.73/100＝2

三世修行黃氏寶卷二卷　（清）□□撰　清道

光二十八年(1848)刻本　二冊

410000－2241－0003672　44.73/100.02

三茅真君宣化度世寶卷二卷　（清）□□撰
清光緒三十三年(1907)刻本　一冊

410000－2241－0003673　610/Y224(東區)

弄丸心法八卷　（清）楊鳳庭撰　清宣統三年
(1911)成都張氏刻本　八冊

410000－2241－0003674　44.73/100

三茅真君宣化度世寶卷二卷　（清）□□撰
清光緒三年(1877)刻本　一冊

410000－2241－0003675　44.55/680

四雪草堂重訂通俗隋唐演義二十卷一百回
(清)褚人穫撰　清四雪草堂刻本　二十四冊

410000－2241－0003676　44.3441/452

宋詩鈔　（清）吳之振等輯　清康熙十年
(1671)洲錢吳氏鑑古堂刻本　十六冊

410000－2241－0003677　44.73/100＝6

三寶證盟寶卷　（清）□□撰　清光緒十六年
(1890)刻本　一冊

410000－2241－0003678　44.55/680.02

四雪草堂重訂通俗隋唐演義二十卷一百回
(清)褚人穫撰　清光緒二十二年(1896)嘗奇
齋鉛印本　十冊

410000－2241－0003679　081/2126

粵雅堂叢書二十集一百二十種續集五十種
(清)伍崇曜編　清道光至光緒南海伍氏粵雅
堂刻本　三百三十五冊

410000－2241－0003680　61.11/144

老老恒言五卷　（清）曹庭棟著　清抄本
二冊

410000－2241－0003681　44.73/107

神光寶卷　（清）□□撰　清光緒二十七年
(1901)金星明抄本　一冊

410000－2241－0003682　44.55/704

新出繪圖安祿山全傳四卷四十回　（清）□□
撰　清光緒三十二年(1906)發記書局石印本
　一冊

410000－2241－0003683　44.55/705

續英烈傳五卷三十四回　題(明)空谷老人編次　(清)玉茗堂批點　清會文堂刻本　四冊

410000－2241－0003684　61.117/296

實用衛生自強法　(日本)堀井宗一著　趙必振譯　清光緒二十九年(1903)廣智書局鉛印本　一冊

410000－2241－0003685　44.3441/987

濂洛風雅六卷　(元)金履祥輯　清雍正十年(1732)婺郡東藕塘賢祠義學刻本　一冊

410000－2241－0003686　610/Y398/2.3(東區)

臨證指南醫案十卷種福堂公選溫熱論醫案一卷良方三卷　(清)葉桂著　題(清)苕溪漫士臨本　(清)李大瞻等校　清光緒十八年(1892)上海圖書集成印書局鉛印本　十二冊

410000－2241－0003687　62.111/032

漸西村舍彙刊　(清)袁昶輯　清光緒桐廬袁氏刻本　六冊　存二種二十六卷

410000－2241－0003688　44.73/122＝2

玉燕寶卷　(清)□□撰　清抄本　一冊

410000－2241－0003689　44.55/717

新刻批評東漢演義八卷三十二回　題(清)清遠道人重編　清善成堂刻本　四冊

410000－2241－0003690　44.37141/401

宋七家詞選　(清)戈載輯　清宣統三年(1911)掃葉山房石印本　三冊

410000－2241－0003691　44.73/122＝4

玉玦寶卷一卷　(清)□□撰　清光緒二十五年(1899)徐俊錢抄本　一冊

410000－2241－0003692　62.113/032.02

黃帝內經靈樞十二卷補注黃帝內經素問二十四卷　(唐)王冰注　清光緒十九年(1893)上海鴻文書局石印本　二冊

410000－2241－0003693　44.55/752

泰西歷史演義三十六回　題(清)洗紅庵主撰　清光緒三十四年(1908)商務印書館鉛印本

一冊

410000－2241－0003694　44.73/122＝402

玉玦寶卷一卷　(清)□□撰　清光緒許友三抄本　一冊

410000－2241－0003695　081/1004

增訂漢魏叢書八十六種　(清)王謨輯　清乾隆五十六年(1791)金谿王氏刻本　九十六冊

410000－2241－0003696　44.55/752＝2

繡像海公小紅袍四卷四十二回　(清)□□撰　清光緒二十七年(1901)上海廣益書局石印本　一冊

410000－2241－0003697　44.73/124.02

珍珠塔寶卷二集　(清)□□撰　清抄本　一冊

410000－2241－0003698　44.73/124.03

珍珠塔寶卷二集　(清)□□撰　清道光二十八年(1848)范月泉抄本　一冊　存一集(下)

410000－2241－0003699　62.113/058

類經三十二卷　(明)張介賓類註　清嘉慶四年(1799)萃芙堂刻本　十七冊

410000－2241－0003700　44.73/124＝2

碧玉簪寶卷二卷　(□)□□撰　清宣統二年(1910)抄本　一冊

410000－2241－0003701　44.37141/781

宋名家詞六十一種　(清)毛晉輯　清光緒十四年(1888)錢塘汪氏刻本　二十四冊

410000－2241－0003702　44.73/124＝3

碧玉橘寶卷不分卷　(□)□□撰　清抄本　一冊

410000－2241－0003703　610/Y398.2(東區)

臨證指南醫案十卷種福堂公選溫熱論醫案一卷良方三卷　(清)葉桂著　(清)李大瞻等校　清道光二十四年(1844)刻朱墨套印本　十二冊

410000－2241－0003704　610/Y398.3(東區)

證治合參十八卷　（清）葉盛纂輯　（清）劉名玉較　清雍正七年(1729)刻本　八冊

410000－2241－0003705　610/Y398.3（東區）

女科二卷　（清）傅山著　（清）魯清藩校　清友文堂刻本　二冊

410000－2241－0003706　610.34/S659（東區）

重刊補註洗冤錄集證六卷　（宋）宋慈撰（清）王又槐集證　（清）李觀瀾補輯　（清）孫光烈參閱　（清）阮其新補註　（清）王又梧校訂　（清）張錫蕃重訂加丹　清道光二十四年(1844)刻四色套印本　五冊

410000－2241－0003707　62.19/951

壽世傳真八卷　（清）徐文弼編　清乾隆三十六年(1771)刻本　二冊

410000－2241－0003708　44.73/130

天仙寶卷　（清）□□撰　清嘉慶二十二年(1817)范雲亭抄本　一冊

410000－2241－0003709　44.37141/754

滂喜齋叢書　（清）潘祖蔭輯　清同治、光緒間吳縣潘氏京師刻本　一冊　存二種二卷

410000－2241－0003710　081/2714

知不足齋叢書三十集一百九十六種　（清）鮑廷博編　（清）鮑志祖續輯　清乾隆、道光間長塘鮑氏刻本　二百四十冊

410000－2241－0003711　610.34/S659－2（東區）

補註洗冤錄集證四卷　（宋）宋慈撰　（清）王又槐集證　（清）阮其新補註　檢骨圖格一卷（清）刑部題定　作吏要言一卷　（清）葉鎮著　（清）朱椿增　清道光二十三年(1843)刻三色套印本　五冊

410000－2241－0003712　32.2915/463

大明會典二百二十八卷　（明）申時行等纂修　明天啓元年(1621)刻本　二十冊

410000－2241－0003713　081/2749

木犀軒叢書二十五種　李盛鐸輯　清光緒德化李氏木犀軒刻本　四十八冊

410000－2241－0003714　44.55/819

新刻按鑑編纂開闢衍繹通俗志傳六卷八十回　（明）周游集　（明）王黌釋　（明）鍾惺評　清道光十年(1830)刻本　五冊

410000－2241－0003715　44.73/130.02

天仙寶卷　（清）□□撰　清光緒二十八年(1902)錢步雲抄本　一冊

410000－2241－0003716　44.73/130.03

天仙寶卷　（清）□□撰　清趙榮堂抄本　一冊

410000－2241－0003717　62.31/057

本草綱目五十二卷首一卷圖三卷瀕湖脈學一卷奇經八脈考一卷　（明）李時珍撰　（清）張紹棠校　拾遺十卷　（清）趙學敏輯　萬方鍼線八卷藥品總目一卷　（清）蔡烈先輯　清光緒九年至十三年(1883－1887)合肥張紹棠味古齋刻本　六十冊

410000－2241－0003718　44.3445/378

南宋群賢小集七十六種附刊四種四靈集四種附一種　（宋）陳起輯　（清）顧修重輯　清嘉慶六年(1801)石門顧氏讀畫齋刻本　三十六冊

410000－2241－0003719　44.73/130＝2

天緣寶卷　（清）□□撰　清光緒三十三年(1907)邵□抄本　一冊

410000－2241－0003720　44.3445/749

西江詩派韓饒二集七卷　沈曾植輯　清宣統二年(1910)姚埭沈氏刻本　二冊

410000－2241－0003721　62.31/057.02

本草綱目五十二卷瀕湖脉學一卷奇經八脉攷一卷　（明）李時珍編輯　（清）吳毓昌較訂　本草萬方針線八卷藥品總目一卷　（清）蔡烈先輯　本草綱目拾遺十卷　（清）趙學敏輯　清宣統元年(1909)上海經香閣石印本（有圖）　十二冊

410000－2241－0003722　44.73/135

新刻輪迴寶卷　（清）□□撰　清光緒二十六年(1900)樂善堂刻本　一冊

410000－2241－0003723　44.73/137

東平寶卷不分卷　（□）□□撰　清宣統元年(1909)俞崔山抄本　一冊

410000－2241－0003724　44.73/137.02

東平寶卷不分卷　（□）□□撰　清光緒三十一年(1905)趙榮堂抄本　一冊

410000－2241－0003725　081/2767

武英殿聚珍版書五十四種　清同治十三年(1874)江西書局刻本　一百二十八冊

410000－2241－0003726　610.34/S659－3（東區）

重刊補注洗冤錄集證五卷增一卷石香秘錄一卷　（宋）宋慈撰　（清）王又槐增輯　（清）李觀瀾補輯　（清）孫光烈參閱　（清）阮其新補注　（清）王又梧校訂　（清）張錫藩重訂加丹　清道光刻三色套印本　四冊

410000－2241－0003727　44.34482/128

中州集十卷首一卷中州樂府一卷　（金）元好問集　明末虞山毛氏汲古閣刻本　十冊

410000－2241－0003728　081/3141

秘書廿一種　（清）汪士漢輯校　清溫陵輔仁堂刻本　十二冊

410000－2241－0003729　610.34/L194（東區）

檢驗集證不分卷檢驗合參不分卷　（清）郎錦騏纂輯　清道光二十七年(1847)還珠山房姜榮刻本　五冊

410000－2241－0003730　44.55/819.02

繪圖開闢演義四卷八十回　（明）周游撰（明）王黌釋　清光緒十九年(1893)上海珍藝書局鉛印本　二冊

410000－2241－0003731　44.3716/169

國朝詞綜續編二十四卷　（清）黃燮清編　清同治十二年(1873)鄂垣刻本　八冊

410000－2241－0003732　44.55/838

新刻粉粧樓傳記十卷八十回　題(清)竹溪山人撰　清刻本　十冊

410000－2241－0003733　62.4081/307

仲景全書四種　（漢）張機著　清光緒二十年(1894)成都鄧氏崇文齋刻本　一冊

410000－2241－0003734　610.34/H.461（東區）

洗冤錄詳義四卷首一卷　（宋）宋慈撰　（清）許槤編校　洗冤錄摭遺二卷　（清）葛元煦編　摭遺補一卷　（清）張開運編　清光緒二十二年(1896)刻本　六冊

410000－2241－0003735　081/3436

晨風閣叢書二十二種　沈宗畸輯　清宣統元年(1909)番禺沈氏刻本　十六冊

410000－2241－0003736　610.4/W251（東區）

王氏醫存十七卷　（清）王燕昌述　清同治十三年(1874)皖城黃竹友齋刻本　四冊

410000－2241－0003737　610.8/L318/03（東區）

瀛經堂詳校醫宗必讀十卷　（明）李中梓著（明）吳肇廣糸　（明）李廷芳訂　清刻本　一冊

410000－2241－0003738　44.55/842

岳武穆精忠傳六卷六十八回　（明）鄒元標編訂　清一枝山房刻本　六冊

410000－2241－0003739　44.3716/385

國朝金陵詞鈔八卷閨秀一卷　陳作霖輯　清光緒二十八年(1902)刻本　四冊

410000－2241－0003740　610.8/L342－3（東區）

東垣十書　（明）□□輯　（明）王宇泰訂正　清敦化堂刻本　十四冊

410000－2241－0003741　610.8/L342－2（東區）

東垣十書　（明）□□輯　清光緒七年(1881)

羊城雲林閣刻本　十六冊

410000－2241－0003742　62.5/119
外科證治全生前集不分卷後集不分卷　（清）
王維德纂輯　清乾隆五年(1740)刻本　二冊

410000－2241－0003743　44.34482/128.02
中州集十卷首一卷中州樂府一卷　（金）元好
問集　明末虞山毛氏汲古閣刻本　十冊

410000－2241－0003744　44.55/856＝2
新鐫玉茗堂批點按鑑紮補北宋志傳十卷五十
回南宋志傳十卷五十回　（明）熊大木編　題
（明）研石山樵訂正　清小酉山房刻本　十冊

410000－2241－0003745　081/4015
青照堂叢書摘　（清）李元春編　清道光十五
年(1835)朝邑劉氏刻本　三十冊

410000－2241－0003746　44.55/856
新鐫全像武穆精忠傳八卷　（明）熊大木編
（明）李贄批點　清順治、康熙間刻本　十冊

410000－2241－0003747　610.8/L342（東區）
東垣十書　（明）□□輯　（明）王肯堂訂正
明刻本　三十二冊

410000－2241－0003748　62.61/372
啟矇真諦　（清）鄧苑撰　清光緒八年(1882)
鉛印本　一冊

410000－2241－0003749　44.55/858
台灣外記三十卷　（清）江日昇撰　清光緒四
年(1878)申報館鉛印本　六冊

410000－2241－0003750　610.8/C291/02（東
區）
張氏醫通十六卷　（清）張璐纂述　（清）張登
（清）張倬參訂　清三元堂刻本　十六冊

410000－2241－0003751　62.74/309
產孕集二卷　（清）張曜孫著　清同治七年
(1868)三松堂刻本　一冊

410000－2241－0003752　44.55/859
新鐫楊家府世代忠勇演義志傳八卷　（明）紀
振倫校閱　（明）烟波釣叟参訂　清同治元年
(1862)維揚文德堂刻本　八冊

410000－2241－0003753　610.8/H652/.03
（東區）
黃氏醫書八種　（清）黃元御著　清宣統元年
(1909)上海江左書林石印本　十二冊

410000－2241－0003754　081/4429＝2
雙楳景闇叢書十六種　葉德輝輯　清光緒、
宣統間長沙葉氏郎園刻本　四冊　存八種二
十卷

410000－2241－0003755　44.34482/630
御定全金詩增補中州集七十二卷首二卷
(金)元好問輯　（清）郭元釪補輯　清康熙五
十年(1711)刻乾隆五十四年(1789)西爽閣重
修本　二十八冊

410000－2241－0003756　44.55/900
大明正德皇遊江南傳七卷四十五回　（清）何
夢梅撰　清道光十二年(1832)連元閣刻本
四冊

410000－2241－0003757　610.8/H652/.02
（東區）
黃氏醫書八種　（清）黃元御著　清光緒二十
年(1894)上海圖書集成印書局鉛印本　十
一冊

410000－2241－0003758　610.8/H652/2（東
區）
新刻黃氏遺書三種　（清）黃元御撰　清同治
十一年至光緒六年(1872－1880)陽湖馮氏刻
本　十二冊

410000－2241－0003759　44.55/936
新鐫精忠演義說本岳王全傳二十卷八十回
(清)錢彩編次　（清）金豐增訂　清同治三年
(1864)刻本　二十冊

410000－2241－0003760　44.73/211
孝義寶卷　（清）□□撰　清光緒十七年
(1891)葛順忠抄本　一冊

410000－2241－0003761　44.3716/526
昭代詞選三十八卷　（清）蔣重光輯　清乾隆
三十二年(1767)經鉏堂刻本　十六冊

410000－2241－0003762　44.34482/958

河汾諸老詩集八卷　（元）房祺輯　清光緒刻本　一冊

410000－2241－0003763　081/4429

麗廔叢書九種　葉德輝輯　清光緒三十二年至宣統元年（1906－1909）長沙葉氏刻本　八冊

410000－2241－0003764　44.55/936.02

增訂精忠演義說本全傳二十卷八十回　（清）錢彩編次　（清）金豐增訂　清錦春堂刻本　十二冊

410000－2241－0003765　610/W176(東區)

萬密齋書十種　（明）萬全編著　（清）張伯琮校定　清視履堂刻本　八冊　存四種四十五卷

410000－2241－0003766　65.092/119.02

廣群芳譜一百卷　（明）王象晉著　（清）汪灝等重編　清同治七年（1868）江左書林刻本　三十六冊

410000－2241－0003767　65.092/119.02/2

廣群芳譜一百卷　（明）王象晉著　（清）汪灝等重編　清同治七年（1868）江左書林刻本　三十六冊

410000－2241－0003768　44.55/938－2

大隋志傳四卷四十六回　（明）鍾惺編次　（明）李贄參訂　清刻本　四冊

410000－2241－0003769　927/4034

李文襄公奏議二卷奏疏十卷首一卷別錄六卷　（清）李之芳撰　（清）李鍾麒編次　**李文襄公年譜一卷**　（清）程光祖編纂　清康熙四十一年（1702）刻本　十二冊

410000－2241－0003770　081/4457

三長物齋叢書二十五種附刻三種　（清）黃本驥編輯　清道光湘陰蔣瓚刻光緒四年（1878）古香書閣印本　八十冊

410000－2241－0003771　610/W241(東區)

重廣補註黃帝內經素問二十四卷黃帝內經靈

樞十二卷　（唐）啓玄子（王冰）次註　（宋）林億等校正　（宋）孫兆改誤　**素問遺編不分卷**　（□）□□注　清光緒十年（1884）文成堂刻本　十冊

410000－2241－0003772　55.832/401

大清道光二十四年七政經緯躔度時憲書　（清）欽天監編　清道光二十三年（1843）欽天監刻本　一冊

410000－2241－0003773　610/W235/2（東區）

王氏醫案二卷續編八卷霍亂論二卷　（清）王士雄著　題(清)籽荬居士參訂　（清）周鑅輯　（清）楊照藜評　清光緒十七年（1891）蒲圻但氏刻本　四冊

410000－2241－0003774　44.55/938

夏商合傳十卷　（明）鍾惺編輯　清嘉慶十九年(1814)稽古堂刻本　八冊

410000－2241－0003775　65.092/119－2

二如亭群芳譜二十八卷首一卷　（明）王象晉纂輯　（明）陳繼儒等較　（明）王與胤等詮次　明末沙村草堂刻本　二十四冊

410000－2241－0003776　44.55/939

鋒劒春秋十卷六十回　（清）□□撰　清同治四年(1865)刻本　十冊

410000－2241－0003777　55.832/401

大清道光二十五年七政經緯躔度時憲書　(清)欽天監編　清道光二十四年(1844)欽天監刻本　一冊

410000－2241－0003778　44.55/939.02

繪圖增像後列國志八卷六十回　（清）□□撰　清光緒二十六年(1900)上海江南書局鉛印本　八冊

410000－2241－0003779　65.092/119－2.02

二如亭群芳譜二十八卷首一卷　（明）王象晉纂輯　（明）陳繼儒等較　（明）王與胤等詮次　明末刻本　二十八冊

410000－2241－0003780　55.832/401

大清道光二十六年七政經緯躔度時憲書
(清)欽天監編　清道光二十五年(1845)欽天監刻本　一冊

410000－2241－0003781　44.73/231
韓湘寶卷二卷十八回　(清)煙波釣徒風月主人撰述　(清)王昭公鑒定　清光緒二十年(1894)上海翼化堂刻本　二冊

410000－2241－0003782　610/W228.2(東區)
利溥集三種　(清)王鴻驥編輯　清宣統二年(1910)成都閑存齋刻本　十二冊

410000－2241－0003783　65.092/151
齊民要術十卷雜說一卷　(北魏)賈思勰撰　清光緒二十二年(1896)桐廬袁氏漸西村舍刻漸西村舍彙刊本　四冊

410000－2241－0003784　44.73/235/2
真修寶卷一卷　(清)□□撰　清道光十二年(1832)瑪瑙經房刻本　一冊

410000－2241－0003785　65.092/151/2
齊民要術十卷雜說一卷　(北魏)賈思勰撰　清光緒二十二年(1896)桐廬袁氏漸西村舍刻漸西村舍彙刊本　四冊

410000－2241－0003786　44.73/235
真修寶卷一卷　(清)□□撰　清同治九年(1870)刻本　一冊

410000－2241－0003787　44.3449/665
元詩選癸集十集　(清)顧嗣立詮次　(清)席世臣校訂并補遺　清嘉慶三年(1798)南沙席氏掃葉山房刻本　十六冊

410000－2241－0003788　081/7123
龍威祕書十集一百七十七種　(清)馬俊良輯　清乾隆五十九年至嘉慶元年(1794－1796)石門馬氏大酉山房刻本　八十一冊

410000－2241－0003789　44.3449/665.02
元詩選癸集十集　(清)顧嗣立詮次　(清)席世臣校訂并補遺　清嘉慶三年(1798)南沙席氏掃葉山房刻光緒十四年(1888)補刻本

四冊

410000－2241－0003790　44.73/235.03
真修寶卷一卷　(清)□□撰　清光緒二年(1876)刻本　一冊

410000－2241－0003791　610/W225(東區)
醫林指月十二種　(清)王琦輯　清光緒二十二年(1896)上海圖書集成印書局鉛印本　八冊

410000－2241－0003792　44.55/945
新鐫繡像後宋慈雲太子逃難走國全傳八卷三十五回　(清)□□撰　清嘉慶二十五年(1820)慈心堂刻本　八冊

410000－2241－0003793　081/7164
玉函山房輯佚書　(清)馬國翰輯　清光緒十五年(1889)繡江李氏刻本　八十四冊

410000－2241－0003794　44.55/948
新編批評繡像後七國樂田演義四卷十八回　(清)徐震撰　清聚秀堂刻本　二冊

410000－2241－0003795　44.73/235.02
真修寶卷一卷　(清)□□撰　清光緒二年(1876)培本堂刻本　一冊

410000－2241－0003796　44.55/948.02
新編批評繡像後七國樂田演義四卷十八回　(清)徐震撰　清光緒二十年(1894)上海積山書局石印本　二冊

410000－2241－0003797　65.092/302
農桑輯要七卷　(元)司農司撰　清光緒六年(1880)河南臬暑刻本　三冊

410000－2241－0003798　44.73/235＝2
真武菩薩得道寶卷一卷　(清)□□撰　清光緒四年(1878)寶善堂刻本　一冊

410000－2241－0003799　44.55/952.02
繡像京本雲合奇蹤玉茗英烈全傳十卷八十回　(明)徐渭編　清經國堂刻本　十冊

410000－2241－0003800　44.3449/962
元詩選初集二集三集　(清)顧嗣立輯　清康熙長洲顧氏秀野草堂刻本　四十冊

410000－2241－0003801　44.73/280

柏郎公寶卷不分卷　（清）□□撰　清同治十三年(1874)邵立陞刻本　一冊

410000－2241－0003802　65.092/302.02

農桑輯要七卷　（元）司農司撰　**蠶事要略一卷**　（清）張行孚綴　清光緒二十一年(1895)中江榷署刻本　二冊

410000－2241－0003803　081/7534－2

唐代叢書六集一百六十四種　（清）王文誥輯　清嘉慶十一年(1806)天門渤海馬緯雲刻本　二十四冊

410000－2241－0003804　44.73/282

桃花寶卷　（清）□□撰　清光緒十五年(1889)聚星堂抄本　一冊

410000－2241－0003805　44.55/971

說呼全傳十二卷四十回　題(清)半閒居士題(清)學圃主人閱　清乾隆五十八年(1793)金閶書業堂刻本　六冊

410000－2241－0003806　44.345/167

藜照樓明二十四家詩定二十四卷　（清）黃昌衢選　清康熙二十八年(1689)婺江黃昌衢藜照樓刻本　十五冊

410000－2241－0003807　65.092/312

三農記十卷　（清）張宗法著　清乾隆十五年(1750)善成堂刻本　八冊

410000－2241－0003808　610/T.221（東區）

中西匯通醫書五種　（清）唐宗海著　清光緒三十四年(1908)千頃堂書局石印本　十二冊

410000－2241－0003809　44.345/252

徐州詩徵八卷　（清）桂中行輯　清光緒十七年(1891)刻本　四冊

410000－2241－0003810　610/TS439/3（東區）

醫畧十三卷醫畧稿六十七卷　（清）蔣寶素撰　清道光鎮江快志堂刻本　十二冊

410000－2241－0003811　65.092/316

欽定授時通考七十八卷　（清）弘晝等修　清

光緒二十八年(1902)富文局石印本　六冊

410000－2241－0003812　081/7534

唐人說薈（唐代叢書）六集一百六十四種　（清）陳世熙輯　清宣統三年(1911)上海掃葉山房石印本　十六冊

410000－2241－0003813　65.092/386

農話十章　（清）陳啓謙編輯　清光緒三十一年(1905)商務印書館鉛印本　一冊

410000－2241－0003814　610/TS.478/.02（東區）

辨證奇聞十卷　（清）錢松著　清末石印本　一冊

410000－2241－0003815　65.092/950

農政全書六十卷　（明）徐光啓纂輯　清道光二十三年(1843)刻本　二十冊

410000－2241－0003816　44.55/984.02

新編前明正德白牡丹傳八卷四十六回　（清）翁山撰　清光緒二十七年(1901)上海書局石印本　四冊

410000－2241－0003817　610/S463.1（東區）

醫宗摘要四卷　（明）薛己著　（明）黃承昊評注　**折肱漫錄六卷**　（明）黃承昊撰　清嘉慶十七年(1812)刻本　八冊

410000－2241－0003818　44.55/993－2

說唐前傳十卷六十八回　題(清)如蓮居士編次　清經文堂刻本　十冊

410000－2241－0003819　65.092/950.02

農政全書六十卷　（明）徐光啓纂輯　清末鉛印本　七冊　存五十三卷(八至六十)

410000－2241－0003820　610/S463（東區）

醫經原旨六卷　（清）薛雪集注　清刻本　六冊

410000－2241－0003821　44.73/295/2

杏花寶卷一卷　（清）□□撰　清光緒五年(1879)培本堂刻本　一冊

410000－2241－0003822　44.73/295/3

杏花寶卷一卷　（清）□□撰　清光緒五年

185

(1879)培本堂刻本　一冊

410000－2241－0003823　44.73/295/4

杏花寶卷一卷　（清）□□撰　清光緒五年
(1879)培本堂刻本　一冊

410000－2241－0003824　44.73/295

杏花寶卷一卷　（清）□□撰　清光緒五年
(1879)培本堂刻本　一冊

410000－2241－0003825　44.55/993－2－2

說唐小英雄傳二卷十六回說唐薛家府傳六卷
四十二回　題(清)如蓮居士編次　清刻本
八冊

410000－2241－0003826　44.345/519

黔詩紀略三十三卷　（清）黎兆勳採詩　（清）
唐樹義審例　（清）莫友芝傳證　清同治十二
年(1873)遵義唐氏夢研齋金陵刻本　八冊

410000－2241－0003827　65.64/717

御製耕織圖不分卷　（清）聖祖玄燁製　清光
緒二十年(1894)上海新聞報館石印本　二冊

410000－2241－0003828　44.55/993

說唐三傳薛丁山征西十卷八十八回　題(清)
如蓮居士編次　清大成堂刻本　十冊

410000－2241－0003829　44.55/993.03

說唐傳征西三集十卷八十八回　題(清)如蓮
居士編次　清刻本　十冊

410000－2241－0003830　44.73/296

地藏寶卷不分卷　（□）□□撰　清光緒八年
(1882)周祖德抄本　一冊

410000－2241－0003831　66.1072/891

釋穀四卷　（清）劉寶楠撰　清光緒十四年
(1888)廣雅書局刻廣雅書局叢書本　一冊

410000－2241－0003832　44.345/712

明三十家詩選初集八卷二集八卷　（清）汪端
輯　清同治十二年(1873)蘊蘭吟館刻本
八冊

410000－2241－0003833　55.832/401

大清道光二十七年七政經緯躔度時憲書
(清)欽天監編　清道光二十六年(1846)欽天

監刻本　一冊

410000－2241－0003834　44.55/993－3

說唐薛家府傳六卷四十二回　題(清)如蓮居
士編次　清同治三年(1864)刻本　六冊

410000－2241－0003835　67/990

漸西村舍彙刊　（清）袁昶輯　清光緒桐廬袁
氏刻本　一冊　存二種二卷

410000－2241－0003836　44.345/749

明詩別裁集十二卷　（清）沈德潛　（清）周準
輯　清小酉山房刻本　二冊

410000－2241－0003837　081.8/3141

靈鶼閣叢書六集五十六種　（清）江標輯　清
光緒元和江氏湖南使院刻本　四十八冊

410000－2241－0003838　44.55/993－2－
2.02

說唐小英雄傳二卷十六回說唐薛家府傳六卷
四十二回　題(清)如蓮居士編次　清文奎堂
刻本　四冊

410000－2241－0003839　44.345/749.02

明詩別裁集十二卷　（清）沈德潛　（清）周準
輯　清乾隆四年(1739)刻本　四冊

410000－2241－0003840　67.63/615

東籬中正一卷　（清）許兆熊評贊　清光緒三
十四年(1908)石印本　一冊

410000－2241－0003841　55.832/401

大清道光二十八年七政經緯躔度時憲書
(清)欽天監編　清道光二十七年(1847)欽天
監刻本　一冊

410000－2241－0003842　44.345/829

明詩綜一百卷　（清）朱彝尊錄　（清）汪森等
緝評　清康熙刻雍正秀水朱氏六峰閣印本
二十四冊

410000－2241－0003843　44.55/993－4

新刻異說南唐演義全傳十卷一百回　題(清)
如蓮居士編次　清刻本　十冊

410000－2241－0003844　44.345/829.02

明詩綜一百卷　（清）朱彝尊錄　（清）汪森等

緝評　清康熙刻乾隆西泠清來堂吳氏印本
三十冊

410000－2241－0003845　44.55/993－2.02
說唐前傳十卷六十八回　題(清)如蓮居士編
次　清愛日堂刻本　五冊

410000－2241－0003846　44.73/314
張氏三娘賣花寶卷一卷　(清)□□撰　清光
緒十年(1884)明臺經房刻本　一冊

410000－2241－0003847　44.345/932
列朝詩集乾集二卷甲集前編十一卷甲集二十
二卷乙集八卷丙集十六卷丁集十六卷閏集六
卷　(清)錢謙益輯　清宣統二年(1910)神州
國光社鉛印本　五十六冊

410000－2241－0003848　44.564/482
批評北宋三遂平妖傳八卷四十回　(明)羅本
編次　(明)馮夢龍增補　清嘉慶十七年
(1812)講德齋刻本　八冊

410000－2241－0003849　69.5/912
廣蠶桑說輯補二卷　(清)陳練撰　(清)仲學
輅輯補　清光緒二十三年(1897)桐廬袁氏漸
西村舍刻漸西村舍彙刊本　一冊

410000－2241－0003850　44.345/932/2
列朝詩集乾集二卷甲集前編十一卷甲集二十
二卷乙集八卷丙集十六卷丁集十六卷閏集六
卷　(清)錢謙益輯　清宣統二年(1910)神州
國光社鉛印本　二十四冊

410000－2241－0003851　44.345/940
明宮雜詠二十卷　(清)饒智元撰　清光緒湘
淥館刻湘淥館叢書本　六冊

410000－2241－0003852　55.832/401
大清道光二十九年七政經緯躔度時憲書
(清)欽天監編　清道光二十八年(1848)欽天
監刻本　一冊

410000－2241－0003853　44.564/628.02
評論出像水滸傳二十卷七十回　(元)施耐庵
撰　(清)金人瑞刪定　(清)王望如加評　清
順治十四年(1657)刻本　二十冊

410000－2241－0003854　44.73/334
雷峰寶卷二集　(清)□□撰　清光緒十三年
(1887)景文齋刻本　二冊

410000－2241－0003855　44.345/986
續甬上耆舊詩集一百四十卷　(清)全祖望選
　清光緒、宣統間上海國學保存會鉛印本
二冊

410000－2241－0003856　55.832/401
大清道光三十年七政經緯躔度時憲書　(清)
欽天監編　清道光二十九年(1849)欽天監刻
本　一冊

410000－2241－0003857　44.564/628.06
繡像第五才子書水滸傳七十五卷七十回
(元)施耐庵撰　(清)金人瑞評　清雍正十二
年(1734)芥子園刻本　二十冊

410000－2241－0003858　44.3455/308
弘正四傑詩集　(清)張祖同輯　清光緒二十
一年(1895)長沙張氏湘雨樓刻本　十六冊

410000－2241－0003859　44.564/628－202
第五才子書十二卷一百二十四回　(元)施耐
庵撰　清乾隆五十一年(1786)元德堂刻本
六冊

410000－2241－0003860　44.73/347
百花寶卷不分卷　(清)□□撰　清光緒元年
(1875)陳氏抄本　一冊

410000－2241－0003861　55.832/401
大清同治元年七政經緯躔度時憲書　(清)欽
天監編　清咸豐十一年(1861)刻本　一冊

410000－2241－0003862　74.78/761
取濾火油法一卷　(美國)日得烏特著　(美
國)秀耀春　(美國)衛理譯　汪振聲述　清
光緒二十六年(1900)江南製造局刻本　一冊

410000－2241－0003863　55.832/401
大清同治二年七政經緯躔度時憲書　(清)欽
天監編　清同治元年(1862)刻本　一冊

410000－2241－0003864　44.564/628.04
第五才子書水滸傳七十五卷七十回　(元)施

耐庵撰　（清）金人瑞評　清刻本　十六冊

410000－2241－0003865　55.832/401

大清同治三年七政經緯躔度時憲書　（清）欽
天監編　清同治二年(1863)刻本　一冊

410000－2241－0003866　086/0070

文史通義八卷　（清）章學誠撰　清光緒三年
(1877)貴陽刻本　五冊　存三卷(一至三)

410000－2241－0003867　76.25/952

鍊鋼要言　（清）徐家寶譯述　清光緒二十年
(1894)刻本　一冊

410000－2241－0003868　44.37247/438

夢窗詞甲乙丙丁稿四卷補遺一卷　（宋）吳文
英撰　**重校夢窗詞札記一卷**　朱祖謀撰　清
光緒三十四年(1908)无著盦刻本　二冊

410000－2241－0003869　44.73/354＝2

太平錢寶卷二卷　（清）李玉撰　清光緒二十
一年(1895)抄本　一冊

410000－2241－0003870　44.37247/438.02

夢窗詞甲乙丙丁稿四卷　（宋）吳文英撰　清
刻本　三冊

410000－2241－0003871　55.832/401

大清同治四年七政經緯躔度時憲書　（清）欽
天監編　清同治三年(1864)刻本　一冊

410000－2241－0003872　55.832/401

大清同治五年七政經緯躔度時憲書　（清）欽
天監編　清同治四年(1865)刻本　一冊

410000－2241－0003873　76.3/906

寶藏興焉十二卷　（英國）費而奔著　（英國）
傅蘭雅口譯　（清）徐壽筆述　清末江南製造
總局刻本　十五冊　缺二卷(一至二)

410000－2241－0003874　55.832/401

大清同治六年七政經緯躔度時憲書　（清）欽
天監編　清同治五年(1866)刻本　一冊

410000－2241－0003875　55.832/401

大清同治七年七政經緯躔度時憲書　（清）欽
天監編　清同治六年(1867)刻本　一冊

410000－2241－0003876　44.564/628－2

**新增第五才子書水滸全傳十卷四十九回（六
十七至一百十五回）**　（元）施耐庵撰　（清）
金人瑞評　清刻本　十冊

410000－2241－0003877　78.53/528

汽機必以十二卷首一卷附一卷　（英國）蒲而
捺撰　（英國）傅蘭雅口譯　（清）徐建寅筆述
清末上海江南製造總局刻本　二冊

410000－2241－0003878　44.346/117

湖海詩傳四十六卷　（清）王昶輯　清嘉慶八
年(1803)青浦王昶三泖漁莊刻同治四年
(1865)亦西齋印本　十二冊

410000－2241－0003879　44.73/372

花香寶卷　（清）□□撰　清光緒二十九年
(1903)趙榮堂抄本　一冊

410000－2241－0003880　79.3074/906

開礦器法圖十卷　（美國）俺特累著　（英國）
傅蘭雅口譯　（清）王樹善筆述　清光緒元年
(1875)石印本　六冊

410000－2241－0003881　55.832/401

大清同治八年七政經緯躔度時憲書　（清）欽
天監編　清同治七年(1868)刻本　一冊

410000－2241－0003882　44.346/117.02

湖海詩傳四十六卷　（清）王昶輯　清嘉慶八
年(1803)青浦王昶三泖漁莊刻同治四年
(1865)綠蔭堂印本　四冊

410000－2241－0003883　55.832/401

大清同治九年七政經緯躔度時憲書　（清）欽
天監編　清同治八年(1869)刻本　一冊

410000－2241－0003884　55.832/401

大清同治十年七政經緯躔度時憲書　（清）欽
天監編　清同治九年(1870)刻本　一冊

410000－2241－0003885　44.565/268

繡像韓湘子全傳三卷三十回　（明）楊爾曾撰
清光緒二十一年(1895)上海十萬卷樓石印
本　四冊

410000－2241－0003886　55.832/401

大清同治十一年七政經緯躔度時憲書 （清）
欽天監編　清同治十年(1871)刻本　一冊

410000－2241－0003887　55.832/401

大清同治十二年七政經緯躔度時憲書 （清）
欽天監編　清同治十一年(1872)刻本　一冊

410000－2241－0003888　44.565/268.03

新鐫批評出相韓湘子三十回 （明）楊爾曾編
次　題（明）泰和仙客評閱　明天啓三年
(1623)金陵九如堂刻本　六冊

410000－2241－0003889　85.11/915

釋繒一卷 （清）任大椿著　清乾隆四十八年
(1783)刻燕禧堂五種本　一冊

410000－2241－0003890　44.565/333

繪像鐵花仙史二十六回　題（清）雲封山人編
次　清光緒十八年(1892)石印本　四冊

410000－2241－0003891　55.832/401

大清同治十三年七政經緯躔度時憲書 （清）
欽天監編　清同治十二年(1873)刻本　一冊

410000－2241－0003892　44.565/379.03

東西晉演義十二卷 （明）陳氏尺蠖齋評釋
清光緒十九年(1893)上海文玉山房石印本
八冊

410000－2241－0003893　44.565/383.02

水滸後傳十卷四十回首一卷　題（明）古宋遺
民雁宕山樵編輯　題（清）金陵憨客野雲主人
評定　清大道堂刻本　六冊

410000－2241－0003894　086/1075

湘綺樓全書十九種　王闓運撰　清光緒、宣
統間刻本　八十一冊

410000－2241－0003895　44.565/383

水滸後傳十卷四十回首一卷　題（明）古宋遺
民雁宕山樵編輯　題（清）金陵憨客野雲主人
評定　清刻本　十冊

410000－2241－0003896　086/1182

張氏適園叢書初集七種　張鈞衡輯　清宣統
三年(1911)上海國學扶輪社鉛印本　十冊

410000－2241－0003897　44.565/545

西遊補十六回 （明）董說撰　清光緒元年
(1875)申報館鉛印本　二冊

410000－2241－0003898　086/2233

崔東壁遺書十四種 （清）崔述著　清光緒五
年(1879)定州王氏謙德堂刻畿輔叢書本　二
十冊

410000－2241－0003899　086/2747

安吳四種 （清）包世臣著　清光緒十四年
(1888)刻本　十四冊

410000－2241－0003900　086/3191

施注蘇詩四十二卷總目二卷 （宋）蘇軾撰
（清）施元之等注　（清）顧嗣立等刪補　蘇詩
續補遺二卷 （宋）蘇軾撰　（清）馮景補注
王注正譌一卷 （清）邵長蘅撰　東坡先生年
譜一卷 （宋）王宗稷編　清康熙三十八年
(1699)商丘宋犖刻本　十冊

410000－2241－0003901　44.73/425

賢妻寶卷 （清）□□撰　清光緒二十一年
(1895)姚溍泉抄本　一冊

410000－2241－0003902　086/3191＝2

亭林先生遺書彙輯四十三種 （清）顧炎武撰
（清）朱記榮　（清）席威輯　清光緒十四年
(1888)朱氏校經山房刻本　二十四冊

410000－2241－0003903　44.73/426/2

純陽祖師說三世因果寶卷一卷 （清）□□撰
　清光緒元年(1875)昭慶寺經房刻本　一冊

410000－2241－0003904　086/3603

湯子遺書十卷首一卷續編二卷 （清）湯斌著
（清）徐光第等編輯　清同治九年(1870)蘇
廷魁刻湯文正公全集本　十八冊

410000－2241－0003905　44.73/426

純陽祖師說三世因果寶卷一卷 （清）□□撰
　清光緒元年(1875)昭慶寺經房刻本　一冊

410000－2241－0003906　44.565/550

新刻天花藏批評玉嬌梨四卷二十回　題（明）
荻岸散人編次　清集文堂刻本　四冊

410000－2241－0003907　44.73/455

蝴蝶寶卷不分卷 （清）□□撰 清光緒七年(1881)陳燧洲抄本 一冊

410000－2241－0003908 086/4061

項城袁氏家集六種 丁振鐸輯 清宣統三年(1911)袁氏清芬閣鉛印本 五十六冊

410000－2241－0003909 44.73/455.02

蝴蝶寶卷不分卷 （清）□□撰 清宣統三年(1911)趙榮堂抄本 一冊

410000－2241－0003910 086/4421

鹿洲全集八種 （清）藍鼎元撰 清雍正十年(1732)刻光緒五年(1879)漳浦藍謙補刻本 二十二冊

410000－2241－0003911 44.565/627.02

新鐫批評出像通俗奇俠禪真逸史八卷四十回 （明）方汝浩編次 （明）心心僊侶等評訂 清刻本 十六冊

410000－2241－0003912 44.372494/819

草窗詞二卷補二卷 （宋）周密撰 清光緒二十六年(1900)无著盒刻本 一冊

410000－2241－0003913 44.565/627

新鐫批評出像通俗奇俠禪真逸史八卷四十回 （明）方汝浩編次 （明）心心僊侶等評訂 清刻本 十四冊

410000－2241－0003914 44.565/627/2

新鐫批評出像通俗奇俠禪真逸史八卷四十回 （明）方汝浩編次 （明）心心僊侶等評訂 清刻本 十冊

410000－2241－0003915 44.37262/528

聊齋詩餘不分卷 （清）蒲松齡著 清宣統元年(1909)石印本 一冊

410000－2241－0003916 44.565/627.02/2

禪真後史五十三回 （明）方汝浩撰 清同人堂刻本 八冊

410000－2241－0003917 086/4453

唱經堂才子書彙稿 （清）金人瑞撰 清順治十六年(1659)傳萬堂刻本 八冊

410000－2241－0003918 086/4742

郝氏遺書三十三種 （清）郝懿行撰 清嘉慶、光緒間刻本 八十三冊

410000－2241－0003919 86.8/314

居濟一得八卷 （清）張伯行著 清康熙四十七年(1708)榕城正誼堂刻本 四冊

410000－2241－0003920 086/6031

經訓堂叢書二十一種 （清）畢沅輯 清光緒十三年(1887)大同書局石印本 二十冊

410000－2241－0003921 44.73/456

開家寶卷一卷 （清）□□撰 清同治十一年(1872)尤榮昌抄本 一冊

410000－2241－0003922 44.73/456.02

開家寶卷一卷 （清）□□撰 清光緒十一年(1885)吳興梓抄本 一冊

410000－2241－0003923 086/7269

述古叢鈔四集二十四種 （清）劉晚榮輯 清同治、光緒間古崗劉氏藏修書屋刻本 四十冊

410000－2241－0003924 44.73/456.03

開家寶卷一卷 （清）□□撰 清末聚星堂抄本 一冊

410000－2241－0003925 44.37262/834.2

曝書亭集詞註七卷 （清）朱彝尊撰 （清）李富孫纂 清嘉慶十九年(1814)嘉興李氏校經廎刻本 六冊

410000－2241－0003926 44.73/456 ＝2

開橋寶卷一卷 （清）□□撰 清道光二十五年(1845)周大德抄本 一冊

410000－2241－0003927 086/8346

嘉定錢氏潛研堂全書二十一種 （清）錢大昕撰 清光緒十年(1884)長沙龍氏家塾刻本 六十四冊

410000－2241－0003928 86.836/953

橫橋堰水利記不分卷 （清）徐用福著 清光緒二十四年(1898)刻本 一冊

410000－2241－0003929 44.566/100

警世新書四卷四十回 （清）□□撰 清聯益

堂刻本　二冊

410000－2241－0003930　44.37262/963

彈指詞二卷　（清）顧貞觀撰　（清）邱石常評
清海寧陳氏刻本　二冊

410000－2241－0003931　86.839/124

海塘新志六卷　（清）琅玕等纂　清乾隆刻本
四冊

410000－2241－0003932　089/6745

嘯亭雜錄十卷續錄三卷　（清）昭槤著　清光
緒上海申報館鉛印申報館叢書本　十冊

410000－2241－0003933　44.37264/735

弟一生修梅花館詞八卷存悔词一卷香海棠館
詞話一卷　況周儀撰　清光緒刻蕙風叢書本
一冊

410000－2241－0003934　44.566/100＝2

新刻三合明珠寶劍全傳六卷四十二回　（清）
□□撰　清道光二十八年(1848)經綸堂刻本
六冊

410000－2241－0003935　86.8391/920

荊州萬城隄志十卷首一卷末一卷　（清）倪文
蔚纂　清光緒二年(1876)刻本　六冊

410000－2241－0003936　44.73/457

重刊改邪歸正消災延壽立愿寶卷一卷　（清）
□□撰　清同治十三年(1874)最樂善齋刻本
一冊

410000－2241－0003937　44.73/457/2

重刊改邪歸正消災延壽立愿寶卷一卷　（清）
□□撰　清同治十三年(1874)最樂善齋刻本
一冊

410000－2241－0003938　44.37265/118

銅梁山人詞四卷　（清）王汝璧撰　清光緒二
十年(1894)刻本　一冊

410000－2241－0003939　44.73/459

閻羅寶卷不分卷　（□）□□撰　清光緒十五
年(1889)寶善堂刻本　一冊

410000－2241－0003940　86.8391/986

荊州萬城隄續志十卷首一卷末一卷　（清）舒

惠撰　清光緒二十年(1894)刻本　四冊

410000－2241－0003941　44.73/462

時運寶卷一卷　（清）□□撰　清光緒二十三
年(1897)抄本　一冊

410000－2241－0003942　44.566/125

錦香亭四卷十六回　題（清）素庵主人編　清
光緒十九年(1893)石印本　四冊

410000－2241－0003943　44.566/125.02

錦香亭四卷十六回　題（清）素庵主人編　清
光緒二十年(1894)上海書局石印本　二冊

410000－2241－0003944　86.86/393

山東運河備覽十二卷圖說一卷　（清）陸耀纂
清同治十年(1871)刻本　六冊

410000－2241－0003945　44.566/125.03

第一美女錦香亭四卷十六回　題（清）素庵主
人編　題（清）種花小史閱　清末石印本
四冊

410000－2241－0003946　44.73/469

顯應橋寶卷　（清）□□撰　清光緒三年
(1877)朱湧泉抄本　一冊

410000－2241－0003947　090.11/8000

古經解彙函十六種附小學彙函十四種　（清）
鍾謙鈞等輯　清同治十二年(1873)粵東書局
刻本　六十四冊

410000－2241－0003948　44.566/125.04

錦香亭四卷十六回　題（清）素庵主人編　清
光緒二十五年(1899)益元書局刻本　二冊

410000－2241－0003949　44.37265/442

有正味齋詞集八卷　（清）吳錫麒撰　清宣統
元年(1909)石印本　三冊

410000－2241－0003950　86.86/530

佐治芻言不分卷　（清）范玉昆撰　清道光二
十一年(1841)刻本　一冊

410000－2241－0003951　86.86/588

靳文襄公治河方略十卷首一卷　（清）靳輔撰
（清）崔應階重編　清乾隆三十二年(1767)
聽泉齋刻本　八冊

410000 – 2241 – 0003952　44.566/125 ＝ 2

金石緣全傳八卷二十四回　題(清)靜恬主人撰　清咸豐三年(1853)刻本　四冊

410000 – 2241 – 0003953　44.73/475

目蓮三世寶卷三卷　(清)□□撰　清光緒十二年(1886)刻本　一冊

410000 – 2241 – 0003954　44.566/125 ＝ 2.02

金石緣全傳八卷二十四回　題(清)靜恬主人撰　清道光六年(1826)文錦堂刻本　四冊

410000 – 2241 – 0003955　44.37266/201

碧聲吟館叢書　(清)許善長撰　清光緒仁和許氏碧聲吟館刻本　一冊　存二種二卷

410000 – 2241 – 0003956　86.86/747

督河奏疏十卷　(清)許振禕撰　清光緒十六年(1890)廣州刻本　四冊

410000 – 2241 – 0003957　44.566/125 ＝ 2 – 2

金石富貴緣三十三回　題(清)靜恬主人撰　清光緒十九年(1893)滬江北石印本　四冊

410000 – 2241 – 0003958　44.73/477

財神寶卷不分卷　(清)□□撰　清光緒十八年(1892)抄本　一冊

410000 – 2241 – 0003959　86.8674/754

潘方伯公遺稿六卷　(清)潘駿文撰　(清)潘學祖　(清)潘延祖編　清光緒二十二年(1896)都門刻本　六冊

410000 – 2241 – 0003960　44.566/130

新刻濟顛大師醉菩提全傳四卷二十回　題(清)天花藏主人編次　清同治七年(1868)松盛堂刻本　四冊

410000 – 2241 – 0003961　44.73/477 ＝ 2

鸚兒寶卷一卷　(清)□□撰　清光緒七年(1881)培本堂刻本　一冊

410000 – 2241 – 0003962　44.566/130.02

新鑴濟顛大師醉菩提全傳二十回　題(清)天花藏主人編次　清刻本　八冊

410000 – 2241 – 0003963　44.73/477 ＝ 2/2

鸚兒寶卷一卷　(清)□□撰　清光緒七年(1881)樂善堂刻本　一冊

410000 – 2241 – 0003964　86.8675/533

淡災蠡述不分卷　(清)范鳴龢撰　清光緒五年(1879)刻本　一冊

410000 – 2241 – 0003965　44.566/130 ＝ 203

快心編初集五卷十回二集五卷十回三集六卷十二回　題(清)天花才子編輯　題(清)四橋居士評點　清課花書屋刻本　十三冊

410000 – 2241 – 0003966　44.73/477 ＝ 3

鸚哥寶卷一卷　(清)□□撰　清光緒七年(1881)寶善堂刻本　一冊

410000 – 2241 – 0003967　44.566/130 ＝ 2

快心編初集五卷十回二集五卷十回三集六卷十二回　題(清)天花才子編輯　題(清)四橋居士評點　清光緒元年(1875)申報館鉛印申報館叢書本　十冊

410000 – 2241 – 0003968　44.73/477 ＝ 302

鸚哥寶卷一卷　(清)□□撰　清宣統三年(1911)陳金敘抄本　一冊

410000 – 2241 – 0003969　091.1/1223

周易兼義九卷　(三國魏)王弼　(晉)韓康伯注　(唐)孔穎達正義　音義一卷　(唐)陸德明撰　周易注疏校勘記九卷釋文校勘記一卷　(清)阮元撰　(清)盧宣旬摘錄　清光緒十八年(1892)湖南寶慶務本書局刻重刊宋本十三經注疏附校勘記本　四冊

410000 – 2241 – 0003970　86.8678/656

鶴陽新河紀略一卷　(清)朱洪章著　清光緒十八年(1892)梓文閣刻本　一冊

410000 – 2241 – 0003971　86.86851/982

續纂江蘇水利全案正編四十卷首一卷附編十二卷　(清)李慶雲等纂　(清)曾國荃等訂　清光緒十五年(1889)水利工程局木活字印本　二十二冊

410000 – 2241 – 0003972　44.566/130.03

繪圖皆大歡喜四卷二十回　題(清)天花藏主人編次　清光緒二十年(1894)石印本　四冊

410000－2241－0003973　44.73/484

四親寶卷　（清）□□撰　清光緒十八年
(1892)趙百壽抄本　一冊

410000－2241－0003974　87.587/795

鐵甲叢譚三卷　（英國）黎特著　舒高第
(清)鄭昌棪譯　清末刻本　一冊

410000－2241－0003975　091.1/4094

御纂周易折中二十二卷首一卷　（清）李光地
等纂　清康熙五十四年(1715)刻本　十冊

410000－2241－0003976　44.566/130.04

繪圖度世金繩四卷二十回　題（清）天花藏輯
編次　（清）劉修元校　清劉修元刻本　六冊

410000－2241－0003977　44.566/130－2

繡像批評麟兒報四卷十六回　題（清）天花主
人撰　清咸豐二年(1852)刻本　八冊

410000－2241－0003978　091.17/1223

周易兼義九卷　（三國魏）王弼　（晉）韓康伯
注　（唐）孔穎達正義　明萬曆十四年(1586)
刻本　四冊

410000－2241－0003979　44.566/130＝2－2

新刻批評繡像後西遊記四十回　題（清）天花
才子評點　清乾隆五十八年(1793)金閶書業
堂刻本　十冊

410000－2241－0003980　44.566/130＝2－
2.02

繡像後西遊記六卷四十回　（清）□□撰　清
光緒二十一年(1895)上海書局石印本　四冊

410000－2241－0003981　091.17/2111

易經本意五卷　（清）何西夏撰　清光緒十四
年(1888)南浦三塗邱刻本　七冊

410000－2241－0003982　44.73/500

貞節寶卷　（清）□□撰　清光緒三十一年
(1905)沈懷義抄本　一冊

410000－2241－0003983　44.566/130＝2－
2.03

後西遊記四十回　（清）□□撰　清光緒上海
申報館鉛印申報館叢書本　八冊

410000－2241－0003984　091.2/1012

欽定書經傳說彙纂二十一卷首二卷書序一卷
　（清）王頊齡等撰　清雍正八年(1730)刻本
十六冊

410000－2241－0003985　91.11/719

江刻書目三種　（清）江標輯　清光緒元和江
氏靈鶼閣刻本　四冊

410000－2241－0003986　091.2/1231

欽定書經圖說五十卷　（清）孫家鼐等纂修
（清）詹秀林　（清）詹布魁繪圖　清光緒三十
一年(1905)石印本　十六冊

410000－2241－0003987　91.12/312

書目答問五卷別錄一卷國朝著述諸家姓名略
一卷　（清）張之洞撰　清宣統元年(1909)石
印本　二冊

410000－2241－0003988　91.12/312.05

書目答問五卷別錄一卷國朝著述諸家姓名略
一卷　（清）張之洞撰　清光緒元年(1875)刻
本　一冊

410000－2241－0003989　091.2/4434

書經六卷　（宋）蔡沈集傳　清光緒十二年
(1886)湖北官書處刻本　四冊

410000－2241－0003990　44.73/503.203

芙蓉延壽寶卷不分卷　（清）□□撰　清趙百
壽抄本　一冊

410000－2241－0003991　44.73/503.202

芙蓉延壽寶卷不分卷　（清）□□撰　清光緒
六年(1880)樹德堂抄本　一冊

410000－2241－0003992　44.566/752

繪圖仙俠五花劍六卷三十回　題（清）海上劍
癡撰　清光緒二十七年(1901)笑林報館鉛印
本　六冊

410000－2241－0003993　44.566/754

金蓮仙史四卷二十四回　（清）潘昶撰　清光
緒三十四年(1908)上海翼化堂刻本　四冊

410000－2241－0003994　91.93/675

字典考證十二集三十六卷　（清）奕繪等輯

清道光七年(1827)愛日堂刻本　　八冊

410000－2241－0003995　44.566/755

新編玉燕姻緣傳記七十七回　題(清)滬北俗子撰　清光緒二十一年(1895)上海書局石印本　　六冊

410000－2241－0003996　44.75/124

繪圖碧玉杯六卷十四回　(清)□□撰　清光緒二十一年(1895)上海書局石印本　　六冊

410000－2241－0003997　44.566/758

繪圖善惡圖全傳四十回　(清)□□撰　清光緒二十三年(1897)上海書局石印本　　四冊

410000－2241－0003998　44.566/759

永慶昇平前傳九十七回　(清)姜振名演說　清光緒十七年(1891)圖書集成局鉛印本　六冊

410000－2241－0003999　44.75/128

千秋恨十二回　題(清)頑石子撰　清光緒八年(1882)頑石山房刻本　　六冊

410000－2241－0004000　44.566/759.02

繡像永慶昇平前傳十二卷九十七回　(清)姜振名　(清)哈輔源演說　清光緒三十三年(1907)上海京師書業公司石印本　　六冊

410000－2241－0004001　44.75/130

新刻天寶圖十卷五十七回　題(清)隨安散人撰　清道光十年(1830)刻本　　四冊

410000－2241－0004002　44.566/759/2

繡像永慶昇平後傳十二卷一百回　(清)貪夢道人編　清光緒三十三年(1907)上海京師書業公司石印本　　六冊

410000－2241－0004003　92.21/035.02

初學記三十卷　(唐)徐堅等撰　明嘉靖十年(1531)錫山安國桂坡館刻本(卷一至二配明萬曆陳大科刻本,卷三、六、十五至十七、二十配明萬曆徐守銘寧壽堂刻本,卷十九、二十九配明嘉靖楊鑑九州書屋刻本)　　二十六冊

410000－2241－0004004　92.21/035.03

古香齋鑒賞袖珍初學記三十卷　(唐)徐堅等

撰　清光緒八年(1882)南海孔氏刻古香齋袖珍十種本　　十六冊

410000－2241－0004005　44.75/130.03

新刻天寶圖十卷五十七回　題(清)隨安散人撰　清末經國書屋刻本　　十冊

410000－2241－0004006　44.566/762

新選繡像鳳凰池四卷十六回　題(清)煙霞散人撰　清光緒三十二年(1906)上海書局石印本　　四冊

410000－2241－0004007　92.21/035.04

初學記三十卷　(唐)徐堅等撰　**校勘記一卷校勘補遺一卷**　清刻本　　十六冊

410000－2241－0004008　44.566/794

繡像載陽堂意外緣四卷十八回　(清)周竹安撰　清光緒二十一年(1895)上海書局石印本　　四冊

410000－2241－0004009　92.21/035.05

初學記三十卷　(唐)徐堅等撰　(明)陳大科校　明萬曆二十五年至二十六年(1597－1598)維揚陳大科刻本　　十二冊

410000－2241－0004010　44.566/803

繡雲閣八卷一百四十三回　(清)魏文中編輯　清姑蘇刻本　　八冊

410000－2241－0004011　44.566/805

花月痕全書十六卷五十二回　(清)魏秀仁撰　題(清)棲霞居士評閱　清光緒十八年(1892)上海圖書集成書局鉛印本　　四冊

410000－2241－0004012　92.21/041＝2

新編古今事文類聚前集六十卷後集五十卷續集二十八卷別集三十二卷　(宋)祝穆輯　**新集三十六卷外集十五卷**　(元)富大用輯　**遺集十五卷**　(元)祝淵輯　清乾隆二十八年(1763)積秀堂刻本　　十四冊　存六十卷(前集六十卷)

410000－2241－0004013　44.75/138

再生緣三十卷　(清)陳端生著　清道光三十年(1850)善成堂刻本　　四十冊

194

410000－2241－0004014　44.566/805.04

繪圖花月因緣十六卷五十二回　（清）魏秀仁撰　題（清）棲霞居士評　清光緒十九年（1893）上海書局鉛印本　六冊

410000－2241－0004015　44.75/139

新刻繡像換空箱全傳二十一卷　（清）曹春江撰　清咸豐八年（1858）蘭蕙軒刻本　八冊

410000－2241－0004016　44.566/810

風月夢三十二回　題（清）邗上蒙人撰　清光緒十年（1884）上海江左書林刻本　四冊

410000－2241－0004017　422/7714/2

說文解字注三十卷六書音均表二卷　（清）段玉裁撰　說文通檢十四卷首一卷末一卷（清）黎永椿編　說文解字注匡謬八卷　（清）徐承慶撰　清宣統二年（1910）上海蜚英館石印本　八冊

410000－2241－0004018　44.566/810.02

風月夢三十二回　題（清）邗上蒙人撰　清光緒九年（1883）上海申報館鉛印申報館叢書本　四冊

410000－2241－0004019　422.22/1065

說文偏旁考二卷　（清）吳照輯　清乾隆五十一年（1786）南城吳氏聽雨齋刻本　二冊

410000－2241－0004020　92.21/047－2

古今合璧事類備要前集六十九卷後集八十一卷續集五十六卷　（宋）謝維新輯　別集九十四卷外集六十六卷　（宋）虞載輯　明嘉靖三十一年至三十五年（1552－1556）三衢夏相刻本　一百六冊

410000－2241－0004021　422.22/1088－2.02

王氏說文四種　（清）王筠撰　清咸豐四年（1854）安邱王氏刻本　三十三冊

410000－2241－0004022　44.566/842

飛跎全傳四卷三十二回　（清）鄒必顯撰　清咸豐七年（1857）一笑軒刻本　四冊

410000－2241－0004023　44.566/842＝2

海上塵天影六十章　（清）鄒弢撰　清光緒二十年（1894）石印本　十二冊

410000－2241－0004024　92.21/056/2

修辭指南二十卷　（明）浦南金編次　明嘉靖三十六年（1557）東海浦氏五樂堂刻本　四冊

410000－2241－0004025　44.566/846

繪圖增批節義廉明十五回　（清）□□撰　清光緒二十一年（1895）石印本　四冊

410000－2241－0004026　44.75/139－2

繡像九美圖全傳十二卷七十五回　（清）曹春江編　清道光二十三年（1843）四友軒刻本　十二冊

410000－2241－0004027　92.21/056＝2/2

何燕泉先生餘冬序錄六十五卷　（明）何孟春著　清乾隆二十三年（1758）郴州何氏刻本　十二冊

410000－2241－0004028　44.75/153

增像全圖定本醒世錄十二卷一百回　（清）□□撰　清光緒二十一年（1895）香港日華書局石印本　十二冊

410000－2241－0004029　422.22/2574

說文通訓定聲十八卷分部柬韻一卷說雅一卷　（清）朱駿聲紀錄　（清）朱鏡蓉參訂　清道光二十八年（1848）刻本　二十四冊

410000－2241－0004030　92.21/056＝2

餘冬錄六十一卷　（明）何孟春輯　（清）邵綬名重編　清同治三年（1864）恭壽堂刻本　十冊

410000－2241－0004031　44.75/160

新刻五女興唐傳四十四回　（清）□□撰　清同治元年（1862）許昌同文堂刻本　四冊

410000－2241－0004032　92.21/057

省軒考古類編十二卷　（清）柴紹炳纂　清雍正四年（1726）澹成堂刻本　四冊

410000－2241－0004033　44.566/852

義俠好逑傳四卷十八回　（清）名教中人編次　清乾隆五十二年（1787）青雲樓刻本　六冊

410000－2241－0004034　44.566/852.02

義俠好逑傳四卷十八回 （清）名教中人編次
清末經綸堂刻本　　四冊

410000－2241－0004035　422.22/3434

說文古本考十四卷 （清）沈濤纂　清光緒十
年(1884)吳縣潘氏滂喜齋刻本　　八冊

410000－2241－0004036　44.75/161

巧奇冤全傳十卷 （清）□□撰　清光緒十五
年(1889)泰山堂刻本　　十冊

410000－2241－0004037　92.21/057＝3

山堂肆考五集二百四十卷 （明）彭大翼纂著
（明）張幼學編輯　明萬曆二十五年(1597)
刻本　　五十冊

410000－2241－0004038　44.566/854

繡像三俠記新編四卷四十八回 題（清）九龍
山人補輯　清光緒十九年(1893)石印本
二冊

410000－2241－0004039　422.22/4427

說文解字義證五十卷 （清）桂馥學　清同治
九年(1870)湖北崇文書局刻本　　三十二冊

410000－2241－0004040　44.75/161.02

繪圖巧奇冤全傳十卷 （清）□□撰　清光緒
二十年(1894)珍藝書局鉛印本　　六冊

410000－2241－0004041　44.566/858

繡像紅樓重夢四十八回 題（清）紅樓俗客撰
清光緒三十四年(1908)石印本　　四冊

410000－2241－0004042　92.21/057.02

省軒考古類編十二卷 （清）柴紹炳纂　清刻
本　　三冊

410000－2241－0004043　44.75/161＝3

巧姻緣十卷 （清）□□撰　清抄本　十冊

410000－2241－0004044　44.566/858＝2

續小五義一百二十四回 （清）石玉崑撰　清
末鉛印本　　十冊

410000－2241－0004045　92.21/057＝2

唐類函二百卷目錄二卷 （明）俞安期彙纂
明萬曆三十一年(1603)東吳俞安期刻文盛堂

印本　　八十二冊

410000－2241－0004046　44.75/173

黃金印六卷 （清）□□撰　清同治十二年
(1873)集古山房刻本　　四冊

410000－2241－0004047　44.566/858＝3

紅樓幻夢二十四回 題（清）花月癡人撰　清
道光二十三年(1843)刻本　　八冊

410000－2241－0004048　44.75/212

燈月緣二十回 （清）戴玉亭編　清同治三年
(1864)刻本　　四冊

410000－2241－0004049　44.566/859

繡球緣四卷二十九回 （清）□□撰　清同治
五年(1866)佛山連元閣刻本　　四冊

410000－2241－0004050　44.566/859.02

繡球緣四卷二十九回 （清）□□撰　清光緒
二十五年(1899)上海書局石印本　　一冊

410000－2241－0004051　44.75/213

明末彈詞第一集十二回 題（清）古木山人撰
清玉壺堂刻本　　四冊

410000－2241－0004052　44.566/826

繡像綠牡丹全傳六卷六十四回 （清）□□撰
清道光二十七年(1847)經綸堂刻本　　六冊

410000－2241－0004053　44.75/281＝3

新訂考據真實湘子全傳十六回 （清）韓沐泉
撰　清光緒二十九年(1903)維楊韓青芝堂刻
本　　二冊

410000－2241－0004054　92.21/058

玉海纂二十二卷 （宋）王應麟撰　（明）劉鴻
訓纂　清光緒五年(1879)八杉齋刻本　　十
六冊

410000－2241－0004055　422.224/4021

六書系韻二十四卷首一卷檢字二卷 （清）李
貞編輯　清光緒十六年(1890)李貞刻本　　二
十六冊

410000－2241－0004056　44.566/826.04

綠牡丹全傳八卷六十四回 （清）□□撰　清
光緒十八年(1892)上海書局石印本　　六冊

410000 - 2241 - 0004057　92.21/058

表異錄二十卷　（明）王志堅輯　清光緒二年（1876）陳氏庸閒齋刻陳刻二種本　二冊

410000 - 2241 - 0004058　44.566/868

紅樓夢補四十八回　題（清）歸鋤子撰　清刻本　十六冊

410000 - 2241 - 0004059　44.75/253

繡像採金桃全傳十二卷四十八回　題（清）樹堂抄　清光緒二十一年（1895）中西書局石印本　六冊

410000 - 2241 - 0004060　92.21/058 = 3/2

潛確居類書一百二十卷　（明）陳仁錫纂輯　明金閶映雪草堂刻本　六十冊

410000 - 2241 - 0004061　92.21/058 = 3

潛確居類書一百二十卷　（明）陳仁錫纂輯　明金閶映雪草堂刻本　八十冊

410000 - 2241 - 0004062　44.75/272

廿一史彈詞註十一卷　（明）楊慎編著　（清）張三異增定　清乾隆五十一年（1786）漢陽張任佐視履堂刻本　十冊

410000 - 2241 - 0004063　44.75/272./2

廿一史彈詞註十一卷　（明）楊慎編著　（清）張三異增定　清乾隆五十一年（1786）漢陽張任佐視履堂刻本　八冊

410000 - 2241 - 0004064　44.566/869

玉楼春四卷二十四回　題（清）白云道人編輯　題（清）無緣居士點評　清末上海鍊石齋書局石印本　四冊

410000 - 2241 - 0004065　92.21/058 = 2

增訂二三場羣書備考四卷　（明）袁黃撰　（明）袁儼註　明崇禎十五年（1642）同文堂刻本　四冊

410000 - 2241 - 0004066　44.566/885

西遊原旨二十四卷一百回　（明）吳承恩撰　（清）劉一明解　清同治二年（1863）刻本　二十冊

410000 - 2241 - 0004067　422.225/1023

說文外編十五卷補遺一卷　（清）雷浚撰　清光緒二年（1876）吳縣雷氏刻雷刻八種本　二冊

410000 - 2241 - 0004068　92.21/062

淵鑑類函四百五十卷目錄四卷　（清）張英等纂　清光緒十三年（1887）上海同文書局石印本　四十八冊

410000 - 2241 - 0004069　44.75/279

梅花韵全傳十卷四十二回　（清）□□撰　清道光六年（1826）刻本　十冊

410000 - 2241 - 0004070　44.566/913

繪圖仙狐竊寶錄二十二回　（清）□□撰　清光緒十九年（1893）上海書局石印本　四冊

410000 - 2241 - 0004071　44.566/913 - 2

仙俠平倭傳二卷十六回　（清）□□撰　清光緒二十四年（1898）石印本　二冊

410000 - 2241 - 0004072　92.21/062.02

淵鑑類函四百五十卷目錄四卷　（清）張英等纂　清光緒二十年（1894）上海點石齋石印本　十冊

410000 - 2241 - 0004073　422.225/4793

說文引經攷異十六卷　（清）柳榮宗撰　清咸豐二年（1852）刻本　四冊

410000 - 2241 - 0004074　44.566/926

廻文傳十六卷　（清）李漢著　題（清）鐵華山人重輯　清刻本　八冊

410000 - 2241 - 0004075　92.21/062 = 2

讀書紀數略五十四卷　（清）宮夢仁輯　清康熙四十六年至四十七年（1707 - 1708）宮夢仁刻本　十冊

410000 - 2241 - 0004076　92.21/062 = 3

五經類編二十八卷　（清）周世樟編輯　清康熙二十九年（1690）刻本　八冊

410000 - 2241 - 0004077　92.21/062 = 4

類林新咏三十六卷　（清）姚之駰著　清康熙四十七年（1708）刻本　六冊

410000 - 2241 - 0004078　423/1115 - 1013

字典考證十二集三十六卷　（清）奕繪等輯
清光緒二年（1876）崇文書局刻本　六冊

410000－2241－0004079　44.75/282
繡像十美圖傳四十卷　題（清）松筠撰　清光
緒二年（1876）搣巇館舍刻本　四冊

410000－2241－0004080　92.21/063＝2
唐詩金粉十卷　（清）沈炳震輯　清雍正二年
（1724）刻本　二冊

410000－2241－0004081　423/3161
大廣益會玉篇三十卷　（南朝梁）顧野王撰
（唐）孫強增字　（宋）陳彭年等重修　清康熙
四十三年（1704）吳郡張士俊澤存堂刻澤存堂
五種本　十六冊

410000－2241－0004082　92.21/063.02
四書典林三十卷　（清）江永編　清同治十二
年（1873）古董一經室刻本　二冊

410000－2241－0004083　423/3643
字林古今正俗異同通攷四卷六書辨異二卷補
遺一卷　（清）湯容焴輯　（清）吳應庚等編次
　清嘉慶二年（1797）四明滋德堂道光五年
（1825）重修本　六冊

410000－2241－0004084　92.21/064＝2/2
格致鏡原一百卷　（清）陳元龍輯　清康熙五
十六年（1717）陳元龍刻雍正十三年（1735）印
本　二十四冊

410000－2241－0004085　92.21/064＝2
格致鏡原一百卷　（清）陳元龍輯　清康熙五
十六年（1717）陳元龍刻雍正十三年（1735）印
本　二十四冊

410000－2241－0004086　44.75/282.02
繡像十美緣圖詠四卷　題（清）松筠撰　清光
緒三十一年（1905）海左書莊石印本　四冊

410000－2241－0004087　44.381/285
賦學正鵠十卷　（清）李元慶編　清同治十年
（1871）文光堂刻本　四冊

410000－2241－0004088　92.21/064
通俗編三十八卷　（清）翟灝撰　清乾隆十六

年（1751）無不宜齋刻本　十冊

410000－2241－0004089　44.381/306.02
七十家賦鈔六卷　（清）張惠言輯　札記六卷
　（清）朱錦綬撰　清光緒二十三年（1897）江
蘇書局刻本　五冊

410000－2241－0004090　92.21/065
記事珠選十卷　（清）張以謙輯　清嘉慶四年
（1799）刻本　四冊

410000－2241－0004091　44.75/288
新造李旦仔全歌八卷　（清）□□撰　清末潮
城王生記刻本　二冊

410000－2241－0004092　44.381/334
賦鈔箋畧十五卷　（清）雷琳　（清）張杏濱箋
　清乾隆三十一年（1766）刻本　八冊

410000－2241－0004093　425/7115
馬氏文通十卷　（清）馬建忠著　清光緒二十
四年（1898）上海商務印書館鉛印本　十冊

410000－2241－0004094　92.21/065＝2
事物原會四十卷　（清）汪汲撰　清嘉慶二年
（1797）盛德堂刻本　十二冊

410000－2241－0004095　44.381/377
御定歷代賦彙一百四十卷外集二十卷逸句二
卷補遺二十二卷目錄三卷　（清）陳元龍編輯
　清康熙四十五年（1706）內府刻本　一百冊

410000－2241－0004096　92.21/062＝6
小知錄十二卷　（清）陸鳳藻輯　清嘉慶九年
（1804）羣玉山房刻本　四冊

410000－2241－0004097　426/0860
詩韻合璧五卷　（清）湯文潞重編　（清）許時
庚增編　虛字韻藪一卷　（清）潘維城輯　清
光緒上海公興書局鉛印本　五冊

410000－2241－0004098　44.566/926.02
合錦回文傳十六卷　（清）李漁撰　清光緒二
十年（1894）怡紅仙館石印本　四冊

410000－2241－0004099　44.75/293
庚子國變彈詞四十回　（清）李伯元撰　清光
緒二十八年（1902）上海世界繁華報館鉛印本

六冊

410000 - 2241 - 0004100　92.21/066

增補事類統編九十三卷首一卷　(清)黃葆真
增輯　清光緒十二年(1886)上海同文書局石
印本　十二冊

410000 - 2241 - 0004101　44.381/947

同館賦續鈔十八卷　(清)徐桐等編　清光緒
十六年(1890)翰林院刻本　四冊

410000 - 2241 - 0004102　92.21/073

策學淵萃四十六卷目錄二卷　(清)□□編
清光緒十一年(1885)上海同文書局石印本
一冊

410000 - 2241 - 0004103　44.566/940

繪圖劍俠奇中奇傳四十八回　(清)□□撰
清光緒十九年(1893)上海書局石印本　四冊

410000 - 2241 - 0004104　426/1099

**明通鑑九十卷首一卷目錄二十卷前編四卷附
編六卷**　(清)夏燮編輯　清光緒二十三年
(1897)湖北官書處刻本　四十冊

410000 - 2241 - 0004105　44.566/945

後紅樓夢三十二回　(清)□□撰　清刻本
十二冊

410000 - 2241 - 0004106　92.21/073 = 2

策學備纂三十二卷目錄三十二卷首一卷
(清)蔡啟盛　(清)吳潁炎輯　清光緒十四年
(1888)上海點石齋石印本　十六冊

410000 - 2241 - 0004107　44.566/945/2

後紅樓夢三十二回　(清)□□撰　清刻本
十二冊

410000 - 2241 - 0004108　44.382/320

結一宧駢體文二卷詩略三卷　屠寄撰　清光
緒十六年(1890)廣州刻本　一冊

410000 - 2241 - 0004109　44.75/299

巧合三緣四卷十六回　題(清)拙存散人撰
清道光二十九年(1849)上洋文海堂刻本
四冊

410000 - 2241 - 0004110　426/1779

切韻指掌圖一卷　(宋)司馬光著　清宣統二
年(1910)豐城熊氏舊補史堂刻朱印本　一冊

410000 - 2241 - 0004111　44.566/945.02

後紅樓夢三十二回　(清)□□撰　清刻本
十六冊

410000 - 2241 - 0004112　426/2042 - 2

韻學要指(古今通韻括略)十一卷　(清)毛奇
齡稿　清康熙三十年(1691)刻西河合集本
四冊

410000 - 2241 - 0004113　92.21/073 = 3

新輯時務滙通一百八卷　(清)李作棟輯　清
光緒二十九年(1903)上海崇新書局石印本
三十二冊

410000 - 2241 - 0004114　44.382/959

蘭脩館賦稿一卷　(清)顧元熙撰　清咸豐三
年(1853)誦芬堂刻四家賦鈔本　一冊

410000 - 2241 - 0004115　426/2042

康熙甲子史館新刊古今通韻十二卷　(清)毛
奇齡撰　清康熙二十四年(1685)刻本　八冊

410000 - 2241 - 0004116　44.39072/310

四字類賦二十七卷　(清)張師載輯　清道光
五年(1825)樂彼園刻本　四冊

410000 - 2241 - 0004117　426/2625

韻畧易通二卷　(明)蘭茂撰　(明)吳允中校
　明萬曆三十七年(1609)吳允中刻本　一冊

410000 - 2241 - 0004118　92.21/073 = 4

時務通考三十一卷　題(清)杞廬主人編　清
光緒二十四年(1898)石印本　二十冊

410000 - 2241 - 0004119　44.75/323

增像西湖緣真蹟圖詠四卷五十三回　(清)陳
遇乾撰　(清)陳士奇　(清)俞秀山評定　清
光緒十九年(1893)上海石印書局石印本
四冊

410000 - 2241 - 0004120　44.391/140

宋四六選二十四卷　(清)彭元瑞定本　(清)
曹振鏞編　清乾隆四十二年(1777)刻本
八冊

410000 – 2241 – 0004121　44.566/990

蕩寇志七十卷一百四十回末一卷　（清）俞萬春撰　（清）范辛來　（清）邵祖恩糸評　清同治十年(1871)山陰俞漢玉屏山館刻本　二十四冊

410000 – 2241 – 0004122　92.21/073 = 5

萬國分類時務大成十八卷　（清）錢豐選輯　清光緒二十七年(1901)上海文盛書局石印本　十四冊

410000 – 2241 – 0004123　426/3040

韻徵十六卷　（清）安吉纂輯　清道光十七年(1837)親仁堂刻本　六冊

410000 – 2241 – 0004124　44.566/990 = 2

青樓夢六十四回　題（清）慕真山人著　題（清）瀟湘館侍者評　清刻本　十冊

410000 – 2241 – 0004125　92.21/073 = 6

靈檀碎金六十八卷附錄一卷　（清）郎玉銘著　清光緒八年(1882)上海申報館鉛印申報館叢書本　十冊

410000 – 2241 – 0004126　426/3104

杜韓詩句集韻三卷　（清）汪文柏輯　清康熙四十五年至四十六年(1706 – 1707)練江汪氏古香樓刻本　三冊

410000 – 2241 – 0004127　44.75/333

新刻秘本雲中落綉鞋九卷　（清）□□撰　清光緒二十年(1894)上海書局石印本　四冊

410000 – 2241 – 0004128　44.566/990 = 2.03

青樓夢六十四回　題（清）慕真山人著　題（清）瀟湘館侍者評　清光緒申報館鉛印申報館叢書本　十冊

410000 – 2241 – 0004129　92.21/073 = 7

增補註釋故事白眉十卷　（明）許以忠集　清光緒二年(1876)經濟堂刻本　六冊

410000 – 2241 – 0004130　44.566/990.02

蕩寇志七十卷七十回結子一回　（清）俞萬春撰　清光緒九年(1883)上海申報館鉛印本　十八冊

410000 – 2241 – 0004131　426/3130.02

貸園叢書初集十二種　（清）周永年輯　清乾隆益都李文藻刻五十四年(1789)歷城周氏竹西書屋重編印本　二冊　存三種十一卷

410000 – 2241 – 0004132　44.75/333 = 2

綉像蘊香丸十卷二十回　（清）雲坡撰　清嘉慶二十二年(1817)刻本　四冊

410000 – 2241 – 0004133　44.75/333 = 2/2

綉像蘊香丸十卷二十回　（清）雲坡撰　清嘉慶二十二年(1817)刻本　四冊

410000 – 2241 – 0004134　426/3130

古韻標準四卷詩韻舉例一卷　（清）江永編　（清）戴震參定　（清）李文藻覆校　清乾隆三十六年(1771)益都李文藻刻本　一冊

410000 – 2241 – 0004135　92.21/377

格致鏡原一百卷　（清）陳元龍輯　清光緒十四年(1888)上海大同書局石印本　十四冊　缺八卷(十九至二十六)

410000 – 2241 – 0004136　44.75/333 = 3

綉像雲琴閣全譜五十二卷　（清）□□撰　清嘉慶十七年(1812)醉墨軒刻本　十二冊

410000 – 2241 – 0004137　44.391/294

駢體文鈔三十一卷　（清）李兆洛輯　清道光元年(1821)合河康氏家塾刻同治六年(1867)婁江徐氏印本　八冊

410000 – 2241 – 0004138　426/3191

顧氏音學五書　（清）顧炎武著　清光緒十六年(1890)思賢講舍刻本　十四冊

410000 – 2241 – 0004139　44.391/294.02

駢體文鈔三十一卷　（清）李兆洛輯　清光緒八年(1882)滬上刻本　八冊

410000 – 2241 – 0004140　44.75/342

晉陽外史十二卷　（清）□□撰　清同治八年至九年(1869 – 1870)抄本　十二冊

410000 – 2241 – 0004141　44.75/344

來生福彈詞三十六回　題（清）橘中逸叟撰　清刻本　三十六冊

410000 – 2241 – 0004142　426/4037

切韻攷四卷　（清）李鄴撰　清刻本　一冊

410000 – 2241 – 0004143　44.75/347

繡像百鳥圖十八回　（清）□□撰　清同治二年(1863)刻本　四冊

410000 – 2241 – 0004144　426/4206

四聲易知錄四卷　（清）姚文田輯　清嘉慶十七年(1812)歸安姚氏刻光緒八年(1882)廣州補刻邃雅堂全書本　二冊

410000 – 2241 – 0004145　92.21/638

新鐫校正詳註分類百子金丹十卷　（清）郭偉選註　（清）郭中吉編次　清光緒二十一年(1895)上海鴻文書社石印本　五冊　存八卷（一至二、五至十）

410000 – 2241 – 0004146　44.566/993

補紅樓夢四十八回　題（清）嫏嬛山樵撰　清嘉慶二十五年(1820)刻本　十二冊

410000 – 2241 – 0004147　426/4310

聲韻考四卷　（清）戴震著　清潮陽縣署刻本　一冊

410000 – 2241 – 0004148　92.21/803

行年錄不分卷　（清）魏方泰輯　清刻本　一冊

410000 – 2241 – 0004149　44.566/993＝2

繪圖如意緣四卷十六回　（清）□□撰　清光緒二十九年(1903)福記書莊石印本　四冊

410000 – 2241 – 0004150　44.75/348

綉像荊釵全傳六卷二十回　（清）夏竹軒撰　清光緒二年(1876)古虞喜雨山房刻本　八冊

410000 – 2241 – 0004151　426/4477

五方元音二卷　（清）樊騰鳳撰　（清）年希堯增補　清刻本　一冊

410000 – 2241 – 0004152　92.2143/399/2

清異錄二卷　（宋）陶穀撰　清光緒元年至二年(1875 – 1876)陳氏庸閒齋刻陳刻二種本　二冊

410000 – 2241 – 0004153　44.566/998

一字不識之新黨初編十六回　題（清）虎林真小人撰　清光緒三十二年(1906)鉛印本　四冊

410000 – 2241 – 0004154　44.75/378

繡像義妖全傳二十八卷五十四回　（清）陳遇乾撰　（清）陳士奇　（清）俞秀山校訂　清嘉慶十四年(1809)刻本　十冊

410000 – 2241 – 0004155　426/4482

古今韻會舉要三十卷　（宋）黃公紹編　（元）熊忠舉要　清光緒九年(1883)淮南書局刻本　十冊

410000 – 2241 – 0004156　92.2143/399

清異錄二卷　（宋）陶穀撰　清光緒元年至二年(1875 – 1876)陳氏庸閒齋刻陳刻二種本　四冊

410000 – 2241 – 0004157　426/4482/2

古今韻會舉要三十卷　（宋）黃公紹編　（元）熊忠舉要　清光緒九年(1883)淮南書局刻本　十冊

410000 – 2241 – 0004158　92.2143/399/3

清異錄二卷　（宋）陶穀撰　清光緒元年至二年(1875 – 1876)陳氏庸閒齋刻陳刻二種本　二冊

410000 – 2241 – 0004159　44.75/378.02

繡像義妖全傳二十八卷五十四回　（清）陳遇乾撰　（清）陳士奇　（清）俞秀山校訂　清嘉慶刻本　十二冊

410000 – 2241 – 0004160　92.2158/113

表異錄二十卷　（明）王志堅輯　清光緒二年(1876)陳氏庸閒齋刻陳刻二種本　二冊

410000 – 2241 – 0004161　44.75/378 – 2

綉像芙蓉洞全傳十卷四十回　（清）陳遇乾撰　（清）陳士奇評論　（清）俞秀山校閱　清道光十六年(1836)刻本　十冊

410000 – 2241 – 0004162　92.22/062

錦字箋四卷　（清）黃澐纂　清康熙二十八年(1689)刻本　六冊

410000－2241－0004163　44.75/378－2/2

繡像芙蓉洞全傳十卷四十回　（清）陳遇乾撰　（清）陳士奇評論　（清）俞秀山校閱　清道光十六年(1836)刻本　十冊

410000－2241－0004164　426/6404

聲譜二卷　（清）時庸勱學　清光緒十八年(1892)河南星使行臺刻聽古廬聲學十書本　二冊

410000－2241－0004165　426/6404－2

聲說二卷　（清）時庸勱學　清光緒十八年(1892)河南星使行臺刻聽古廬聲學十書本　二冊

410000－2241－0004166　44.75/393

繪圖拱璧奇緣傳奇四卷二十四回　（清）陸怡安編　清光緒二十一年(1895)上洋文盛堂石印本　四冊

410000－2241－0004167　44.75/393/2

繪圖拱璧奇緣傳奇四卷二十四回　（清）陸怡安編　清光緒二十一年(1895)上洋文盛堂石印本　二冊

410000－2241－0004168　44.391/320

國朝常州駢體文錄三十一卷結一宦駢體文一卷　屠寄輯　清光緒十六年(1890)武進屠氏廣州刻本　八冊

410000－2241－0004169　92.22/064

增訂金壺字考十九卷　（宋）釋適之編　（清）田朝垣增訂　**二集二十一卷補錄一卷補註一卷**　（清）田朝垣續編　清乾隆二十四年(1759)貽安堂刻本　四冊

410000－2241－0004170　44.567/526

費娥劍二十四章　蔣景緘著　清宣統二年(1910)時事報石印本　一冊

410000－2241－0004171　92.22/073

經史喻言八卷　（清）李光庭輯　清道光二十八年(1848)刻本　八冊

410000－2241－0004172　44.75/420

馬如飛先生南詞小引初集二卷　（清）馬如飛撰　清末刻本　二冊

410000－2241－0004173　44.75/422

繡像鬧盧莊十六卷　（清）□□撰　清抱經堂刻本　四冊

410000－2241－0004174　44.391/378

唐駢體文鈔十七卷　（清）陳均輯　清嘉慶二十五年(1820)海昌陳氏刻本　八冊

410000－2241－0004175　426/7430

澤存堂五種　（清）張士俊輯　清康熙吳郡張氏刻本　八冊　存二種三十五卷

410000－2241－0004176　44.75/431

繡像還金鐲全傳八卷五十四回　題（清）吹竽先生編　清光緒二十二年(1896)上海書局石印本　四冊

410000－2241－0004177　44.75/431.02

繡像還金鐲傳八卷五十四回　題（清）吹竽先生編　清道光元年(1821)吾馨軒刻本　八冊

410000－2241－0004178　44.5081/388.02/2

古今說海一百三十五種　（明）陸楫輯　清道光元年(1821)苕溪邵氏西山堂刻本　二十冊

410000－2241－0004179　44.75/431－2

繡像落金扇全傳八卷五十回　題（清）吹竽先生編　清同治十二年(1873)刻本　八冊

410000－2241－0004180　44.391/610

八家四六文注八卷首一卷　（清）孫星衍著　（清）許貞幹注　清光緒十七年(1891)刻本　十六冊

410000－2241－0004181　44.75/472

果報錄十二卷一百回　（清）海蘭溪撰　清刻本　十二冊

410000－2241－0004182　44.391/610/2

八家四六文注八卷首一卷　（清）孫星衍著　（清）許貞幹注　清光緒十七年(1891)刻本　八冊

410000－2241－0004183　92.23/062

佩文韻府一百六卷　（清）蔡升元等纂修　清康熙五十年(1711)武英殿刻本　九十五冊

410000 - 2241 - 0004184　427/4430

越諺三卷賸語二卷　（清）范寅輯稿　清光緒八年(1882)谷應山房刻本　一冊

410000 - 2241 - 0004185　92.23/062.02

佩文韻府一百六卷　（清）蔡升元等纂修　拾遺一百六卷　（清）汪灝等纂修　清光緒十二年(1886)上海同文書局石印本　六十冊

410000 - 2241 - 0004186　B31.2/5502

曹月川先生遺書　（明）曹端撰　清道光十二年(1832)刻咸豐十一年(1861)增刻本　六冊

410000 - 2241 - 0004187　44.391/610.02

八家四六文註八卷首一卷補註一卷　（清）孫星衍著　（清）許貞幹註　清光緒十八年(1892)上海圖書集成印書局鉛印本　一冊

410000 - 2241 - 0004188　B31.22/4443

論語後案二十卷　（清）黃式三撰　清道光二十四年(1844)魯岐峰木活字印本　六冊

410000 - 2241 - 0004189　44.75/472.02

果報錄十二卷一百回　（清）海蘭溪撰　清刻本　十二冊

410000 - 2241 - 0004190　B31.33/7430

莊子因六卷　（清）林雲銘評述　清光緒六年(1880)白雲精舍刻本　二冊

410000 - 2241 - 0004191　B31.33/7546

南華真經正義不分卷識餘三種　（清）陳壽昌輯　清光緒十九年(1893)怡顏齋刻本　六冊

410000 - 2241 - 0004192　44.75/472 = 2

繡像桃柳爭春全傳二卷八回　題（清）野園居士編　清道光四年(1824)一枝山房刻本　四冊

410000 - 2241 - 0004193　B31.39/2627

道統大成不分卷　（清）汪啟濩輯　清光緒二十六年(1900)刻本　十冊

410000 - 2241 - 0004194　92.24/062

摘錄古今類傳麗句四卷　（清）董穀士　（清）董炳文輯　清光緒十一年(1885)上海文藝齋刻本　四冊

410000 - 2241 - 0004195　44.75/473

繡像文武香球十二卷七十二回　（清）申江逸史改編　清同治二年(1863)刻本　十二冊

410000 - 2241 - 0004196　44.3473/191

桐溪耆隱集一卷補錄一卷　（清）袁炯輯　清光緒十六年(1890)桐廬袁氏漸西村舍刻漸西村舍彙刊本　一冊

410000 - 2241 - 0004197　510.8/4460

算法一得　（清）董恩新撰　清光緒三十四年(1908)河南省城崇實齋算書館刻本　九冊　存三種三十卷

410000 - 2241 - 0004198　510.8/4460/2

算法一得　（清）董恩新撰　清光緒三十四年(1908)河南省城崇實齋算書館刻本　九冊　存三種三十卷

410000 - 2241 - 0004199　92.24/063

歷代名賢齒譜九卷　（清）易宗涒輯　清賜書堂刻本　十七冊

410000 - 2241 - 0004200　44.3473/238

對影閒吟草十二卷　（清）裘寶善輯著　清咸豐七年(1857)芝玉堂刻本　六冊

410000 - 2241 - 0004201　44.3473/286

詩夢鐘聲錄一卷　（清）李嘉樂撰　清光緒十九年(1893)刻本　一冊

410000 - 2241 - 0004202　92.24/063 - 2

歷代名媛齒譜三卷　（清）易宗涒輯　清乾隆十三年(1748)湘鄉易氏賜書堂刻本　三冊

410000 - 2241 - 0004203　44.391/982.2

清朝駢體正宗十二卷　（清）曾燠輯　清光緒十一年(1885)蜚英館石印本　一冊

410000 - 2241 - 0004204　92.24/065

月令粹編二十四卷　（清）秦嘉謨編　清嘉慶十七年(1812)江都秦嘉謨琳琅仙館刻本　八冊

410000 - 2241 - 0004205　44.75/503

繡像全圖荊襄快談錄十二卷一百回　（清）□□撰　清光緒二十年(1894)石印本　十

203

六冊

410000－2241－0004206　B34.1/1980

中州道學編二卷　（清）耿介輯　清康熙三十年(1691)嵩陽書院刻本　四冊

410000－2241－0004207　92.24/066

人壽金鑑二十二卷　（清）程得齡輯　清嘉慶二十五年(1820)刻本　八冊

410000－2241－0004208　B34.54/2540

朱子集一百四卷目錄二卷　（宋）朱熹撰（清）朱玉輯　清咸豐十年(1860)刻本　四十冊

410000－2241－0004209　44.75/550

子虛記十卷六十四回　（清）胡藕裳撰　清光緒二十七年(1901)世界繁華報館鉛印本　十冊

410000－2241－0004210　92.243/439

事類賦三十卷　（宋）吳淑撰注　明崇禎崇正書院刻本　八冊

410000－2241－0004211　44.75/570

新造薛仁貴征東二十四卷　（清）□□撰　清末潮城王生記刻本　四冊

410000－2241－0004212　B35.3/7164

樸麗子二卷續編二卷　馬時芳撰　清光緒二十一年(1895)刻本　四冊

410000－2241－0004213　627.4/8024

海道圖說十五卷長江圖說一卷　（英國）金約翰輯　（英國）傅蘭雅　（英國）金楷理口譯（清）王德均筆述　清光緒刻本　十冊

410000－2241－0004214　44.3473/288

李氏倡隨集四卷　（清）李嶽生　（清）趙純碧撰　清光緒十五年(1889)文寶書局石印本　四冊

410000－2241－0004215　44.75/581

新選背解紅羅全本六卷　（清）□□撰　清富經堂刻本　六冊

410000－2241－0004216　635.9/7531

秘傳花鏡六卷　（清）陳淏子輯　清康熙二十

七年(1688)金閶書業堂刻本　四冊

410000－2241－0004217　92.243/439.02

重訂事類賦三十卷　（宋）吳淑撰注　重鐫增廣事類賦四十卷　（清）華希閔著　清道光二十二年(1842)寶翰樓刻本　十六冊

410000－2241－0004218　44.75/581＝2

繡像水晶球三十八卷　（清）□□撰　清嘉慶二十五年(1820)鴛湖悅成閣刻本　八冊

410000－2241－0004219　44.3473/364

粵閩餘事三編一卷　（清）孫福清輯　清光緒二年(1876)望雲仙館刻本　一冊

410000－2241－0004220　B36/1014

家寶全集四集三十二卷　（清）石成金撰集　清乾隆四年(1739)刻本　三十二冊

410000－2241－0004221　92.26/073

衛濟餘編（通天曉）五卷　（清）王纕堂編　清咸豐六年(1856)刻本　四冊

410000－2241－0004222　44.392/442

有正味齋駢文十六卷　（清）吳錫麒撰　（清）葉聯芬箋注　清同治七年(1868)慈北葉氏刻本　一冊

410000－2241－0004223　44.3473/372

鄧林唱和詩詞全刻四卷　（清）鄧廷楨　（清）林則徐撰　陳潛輯　清宣統元年(1909)江浦陳氏刻本　一冊

410000－2241－0004224　92.26/073＝2

利器集要　（清）□□輯　清光緒十四年(1888)善成堂刻本　六冊

410000－2241－0004225　44.75/598

繪圖小金錢全傳二十四卷　（清）□□撰　清光緒二十六年(1900)上海書局石印本　四冊

410000－2241－0004226　44.392/442/2

有正味齋駢體文續集八卷　（清）吳錫麒撰　清刻本　二冊

410000－2241－0004227　B37.3/3334

中國魂二卷　梁啟超編輯　清光緒二十八年(1902)上海廣智書局鉛印本　二冊

410000－2241－0004228　44.75/602

綉像詩髪緣四卷十二回　題(清)潤齋氏著
清同治五年(1866)蛟川書屋刻本　四冊

410000－2241－0004229　44.392/526

歠古堂駢體文集一卷　(清)蔣敦復撰　清末
刻本　一冊

410000－2241－0004230　B39.1/7535

漢儒通義七卷　(清)陳澧撰　清咸豐八年
(1858)番禺陳氏刻番禺陳氏東塾叢書本
二冊

410000－2241－0004231　44.75/626

新鐫忠孝節義鸞鳳圖八卷八回　(清)□□撰
清文郁堂刻本　四冊

410000－2241－0004232　44.392/607

擇雅堂初集駢體文一卷　(清)許惠撰　清同
治刻本　一冊

410000－2241－0004233　B70.39/1117

入幕須知四種　(清)張廷驤輯　清光緒刻本
五冊

410000－2241－0004234　B70.39/4243

證學編一卷　(清)彭希洛輯　清光緒八年
(1882)刻本　一冊

410000－2241－0004235　44.75/659

萬世玉衡錄四卷　(清)蔣伊編輯　清康熙十
二年(1673)刻本　四冊

410000－2241－0004236　44.75/659

新鐫忠孝節義龍鳳報八卷八回　(清)□□撰
清同治十一年(1872)玉燭山房刻本　四冊

410000－2241－0004237　92.29/306

增廣群策彙源五十卷　(清)張甡卿輯　清光
緒十一年(1885)同文書局石印本　一冊

410000－2241－0004238　44.75/659 ＝2

綉像龍鳳金釵十集　(清)□□撰　清咸豐八
年(1858)寧城汲古齋刻本　二冊

410000－2241－0004239　44.392/928

示樸齋駢體文六卷　(清)錢振倫撰　清同治
七年(1868)袁浦崇實書院刻本　四冊

410000－2241－0004240　92.43/735

和名類聚抄十卷　(日本)源順撰　清光緒二
十三年(1897)湖北黃岡楊氏刻本　十冊

410000－2241－0004241　44.75/669

新編繡像福壽大紅袍十四卷一百回　題(清)
廢閑主人編　清光緒八年(1882)刻本　十
六冊

410000－2241－0004242　D20.3/5053

歷代史事論海三十二卷　題(清)知新子輯
清光緒二十八年(1902)石印本　三十二冊

410000－2241－0004243　44.75/675

繡像六月雪全傳二十卷一百十三回　(清)
□□撰　清光緒三十三年(1907)上海錬石書
局石印本　八冊

410000－2241－0004244　44.392/946

酌雅堂駢體文集二卷　(清)徐壽基撰　清光
緒十一年(1885)武進徐氏桓臺刻志學齋集本
二冊

410000－2241－0004245　44.75/675 ＝2

綉像六美圖三十卷三十回　(清)朱鏡江
(清)章惟善撰　清同治九年(1870)刻本　五
冊　存二十五卷(一至二十五)

410000－2241－0004246　92.511/667

廣學類編十二卷　(英國)唐蘭孟編輯　(清)
任廷旭譯　清光緒二十七年(1901)商務印書
館鉛印本　六冊

410000－2241－0004247　44.75/681

新編玉鴛鴦全傳八卷三十六回　題(清)裕德
里居士編訂　清道光二十一年(1841)維揚寶
翰齋刻本　八冊

410000－2241－0004248　D21.19/2004

藏書六十八卷　(明)李贄撰　明刻本　二十
四冊

410000－2241－0004249　810.8/0848

榆園叢刻二十八種　(清)許增輯　清同治、
光緒間仁和許增榆園刻本　十六冊

410000－2241－0004250　44.75/689

新刻鍾無豔娘娘全本六集附操藕絲琴　題（清）守拙主人訂　清璧經堂刻本　十二冊

410000－2241－0004251　44.392/994

復莊駢儷文榷八卷二編八卷　（清）姚燮撰　清咸豐四年（1854）、六年（1856）鎮海姚氏大梅山館刻大梅山館集本　二冊　缺八卷（二編八卷）

410000－2241－0004252　811.075/1094

重訂文選集評十五卷首一卷末一卷　（清）于光華編　清乾隆五十四年（1789）有懷堂刻本　十六冊

410000－2241－0004253　96/166/2

慈溪黃氏日抄分類九十七卷古今紀要十九卷　（宋）黃震編輯　清乾隆三十二年（1767）新安汪佩鍔刻本　二十四冊

410000－2241－0004254　96/166

慈溪黃氏日抄分類九十七卷古今紀要十九卷　（宋）黃震編輯　清乾隆三十二年（1767）新安汪佩鍔刻本　三十二冊

410000－2241－0004255　44.75/700

繪圖繡像四雲亭新書全傳二十四卷　（清）彭靚娟撰　清光緒二十五年（1899）鉛印本　八冊

410000－2241－0004256　811.078/2163

浣花草堂志八卷首一卷　（清）何明禮輯　清道光六年（1826）刻本　五冊

410000－2241－0004257　96/362

師鄭堂集六卷　孫同康撰　清光緒十七年（1891）無錫文苑閣木活字印本　四冊

410000－2241－0004258　44.75/722

金魚緣二十卷　題（清）凌雲仙子撰　清光緒二十九年（1903）上海書局石印本　十冊

410000－2241－0004259　44.35252/399

陶淵明詩一卷雜文一卷　（晉）陶潛撰　清光緒元年（1875）刻本　一冊

410000－2241－0004260　44.35252/399/2

陶淵明詩一卷雜文一卷　（晉）陶潛撰　清光

緒元年（1875）刻本　一冊

410000－2241－0004261　811.1/1000

寄圃詩草初集四卷　（清）王庚著　清道光十六年（1836）敬業堂刻本　三冊　存三卷（一至三）

410000－2241－0004262　96.1/183

潘瀾筆記二卷　（清）彭兆蓀著　清光緒二十四年（1898）鎮洋繆朝荃東倉書庫刻本　一冊

410000－2241－0004263　44.75/776.03

繡像何必西廂三十七卷三十七回　題（清）心鐵道人編次　題（清）和松居士譜訂　清嘉慶五年（1800）五桂堂刻本　八冊

410000－2241－0004264　44.75/776.02

繡像何必西廂三十七卷三十七回　題（清）心鐵道人編次　題（清）和松居士譜訂　清嘉慶五年（1800）五桂堂刻本　六冊　存十六卷（一至十六）

410000－2241－0004265　811.11/2683

涵芬樓古今文鈔一百卷　吳曾祺編　清宣統二年（1910）上海商務印書館鉛印本　一百冊

410000－2241－0004266　96.1/291

敬齋古今黈八卷　（元）李冶撰　清刻本　二冊

410000－2241－0004267　44.75/776＝2

繪圖筆生花八卷三十二回　題（清）心如女史著　清光緒二十年（1894）申江袖海山房石印本　八冊

410000－2241－0004268　44.75/781

新刻千里駒六卷　（清）□□撰　清光緒十七年（1891）三義堂刻本　六冊

410000－2241－0004269　96.1/311

博雅備考二十七卷　（清）張彥琦纂　清雍正四年（1726）刻本　十冊

410000－2241－0004270　44.75/808

新刻香蓮帕六卷四十回　（清）□□撰　清光緒二十一年（1895）德茂堂刻本　六冊

410000－2241－0004271　44.3535/119.3

類箋唐王右丞詩集十卷　（唐）王維撰　（宋）劉辰翁評　（明）顧起經注　明嘉靖三十五年(1556)無錫顧氏奇字齋刻本　四冊

410000－2241－0004272　D21.23/1033

續資治通鑑六十四卷　（明）王宗沐編　明隆慶五年(1571)刻本　二十冊

410000－2241－0004273　96.1/719

經濟實學考八卷　（清）江標著　清光緒二十三年(1897)上海博濟書局石印本　十二冊

410000－2241－0004274　44.75/809

新刻繡像花月夢八卷五十八回　題(清)香雪山樵輯　清光緒三十年(1904)奇書小說報館石印本　六冊

410000－2241－0004275　811.11/2780

中州名賢文表三十卷　（明）劉昌輯　續六十八卷　邵松年輯　清光緒三十年(1904)鴻文書局石印本　二十八冊

410000－2241－0004276　96.1/768

嵩盦隨筆五卷　馮煦撰　清光緒二十八年(1902)刻本　六冊

410000－2241－0004277　D21.23/1779－6621

資治通鑑補二百九十四卷　（宋）司馬光補　清光緒二年(1876)武進盛氏思補樓木活字印本　八十冊

410000－2241－0004278　811.13/4421

文選遺集五種　（明）閻光世輯　明末刻本　十二冊

410000－2241－0004279　96.1/906

格致彙編第四年　（英國）傅蘭雅輯　清光緒七年(1881)上海格致書室鉛印本（有圖）一冊

410000－2241－0004280　44.75/810＝2

新譜東調雙剪髮傳四卷十八回　題(清)月湖居士釐正　清光緒四年(1878)刻本　四冊

410000－2241－0004281　96.4/112

素庵文稿不分卷　（清）王珏著　清光緒刻本　一冊

410000－2241－0004282　44.75/815－2

十五人傳二十四回　（清）周珠士撰　清乾隆六十年(1795)刻本　五冊　存二十回（一至二十）

410000－2241－0004283　96.4/112＝2

蛾術編八十二卷　（清）王鳴盛撰　清道光二十一年(1841)世楷堂刻本　二十冊

410000－2241－0004284　44.75/815

孝義真蹟珍珠塔二十四回　（清）周殊士撰　清光緒三年(1877)杭州小西堂刻本　六冊

410000－2241－0004285　96.4/113

池北偶談二十六卷　（清）王士禎著　清文萃堂刻本　八冊

410000－2241－0004286　44.75/810

繡像孝義真蹟珍珠塔二十四回　（清）周殊士撰　（清）居鵬程增補　清光緒八年(1882)方來堂刻本　六冊

410000－2241－0004287　811.14/4007/2

玉谿生詩詳註三卷首一卷樊南文集詳註八卷首一卷　（唐）李商隱撰　（清）馮浩編訂　清乾隆四十五年(1780)德聚堂刻嘉慶元年(1796)增刻同治七年(1868)桐鄉馮寶圻補刻本　八冊

410000－2241－0004288　D21.23/7246

資治通鑑外紀十卷目錄五卷　（宋）劉恕編集　（清）胡克家注補　清同治十年(1871)江蘇書局刻資治通鑑彙刻本　十冊

410000－2241－0004289　96.4/113－2/2

香祖筆記十二卷　（清）王士禎著　清宣統三年(1911)上海掃葉山房石印本　四冊

410000－2241－0004290　96.4/113－2

香祖筆記十二卷　（清）王士禎著　清宣統三年(1911)上海掃葉山房石印本　四冊

410000－2241－0004291　D21.24/0480

歷代通鑑纂要九十二卷　（明）李東陽撰　清光緒二十三年(1897)廣雅書局刻本　四十

八冊

410000－2241－0004292　811.14/4480－3

朱文公校昌黎先生文集四十卷外集十卷遺文
一卷　（唐）韓愈著　（宋）朱熹考異　（宋）
王伯大音釋　（明）朱吾弼重編　集傳一卷
明萬曆新安朱崇沐刻本　十二冊

410000－2241－0004293　44.75/823－02

綉像鳳凰圖六卷三十六回　（清）□□撰　清
同治三年(1864)味蘭軒刻本　四冊

410000－2241－0004294　D21.3/4083

續通鑑紀事本末一百十卷　（清）李銘漢編輯
　清光緒二十九年至三十二年(1903－1906)
武威李氏刻本　三十二冊

410000－2241－0004295　811.14/4480－2

韓昌黎詩集編年箋注十二卷　（唐）韓愈撰
（唐）李漢編　（清）方世舉考訂　清宣統二年
(1910)石印本　十二冊

410000－2241－0004296　96.4/117

柳南隨筆四卷續筆四卷　（清）王應奎撰　清
光緒四年(1878)申報舘鉛印本　三冊

410000－2241－0004297　44.75/823＝2

鳳凰山七十二卷七十二回　（清）□□撰　清
海陵軒刻本　三十二冊

410000－2241－0004298　D21.3/7127

繹史一百六十卷世系圖一卷年表一卷　（清）
馬驌撰　清光緒二十三年(1897)武林尚友齋
石印本　二十四冊

410000－2241－0004299　96.4/118

椒生隨筆八卷　（清）王之春撰　清光緒七年
(1881)上洋文藝齋刻本　四冊

410000－2241－0004300　44.75/823＝202

鳳凰山七十二卷七十二回　（清）□□撰　清
刻本　三十二冊

410000－2241－0004301　811.15/0049

盧陵宋丞相信國公文忠烈先生全集十六卷
（宋）文天祥撰　（清）文有煥等編輯　清雍正
三年(1725)五桂堂刻本　十六冊

410000－2241－0004302　44.75/827

綉像玉連環八卷七十六回　（清）朱素仙著
清道光三年(1823)亦芸書屋刻本　八冊

410000－2241－0004303　96.4/138

金氏精華錄箋註辯訛一卷　（清）惠棟撰　清
紅豆齋刻本　一冊

410000－2241－0004304　44.75/838/2

綉像風箏誤八卷三十二回　題（清）竹齋主人
編次　清嘉慶十五年(1810)漱芳閣刻本
八冊

410000－2241－0004305　44.75/838

綉像風箏誤八卷三十二回　題（清）竹齋主人
編次　清嘉慶十五年(1810)漱芳閣刻本
六冊

410000－2241－0004306　D21.6/3149

江蘇省徵信冊一卷　（清）□□輯　清光緒刻
本　一冊

410000－2241－0004307　96.4/140

稗販八卷　（清）曹斯棟輯　清乾隆五十九年
(1794)飯顆山房刻本　二冊

410000－2241－0004308　44.75/838.02

綉像風箏誤八卷三十二回　題（清）竹齋主人
編次　清嘉慶十六年(1811)環秀閣刻本
八冊

410000－2241－0004309　44.75/838－2

繡像一箭緣全傳八卷　題（清）竹齋主人編
清嘉慶二十三年(1818)環秀閣刻本　八冊

410000－2241－0004310　44.75/838－2/2

繡像一箭緣全傳八卷　題（清）竹齋主人編
清嘉慶二十三年(1818)環秀閣刻本　八冊

410000－2241－0004311　44.3535/242.202

集千家註杜工部詩集二十卷文集二卷　（唐）
杜甫撰　（宋）黃鶴補註　附錄一卷　明嘉靖
十五年(1536)玉几山人刻本　二十四冊

410000－2241－0004312　44.75/838＝2

新鐫繡像描金鳳十二卷四十六回　題（清）竹
亭居士編　清光緒二年(1876)刻本　十二冊

410000－2241－0004313　44.75/846－2

笑中緣圖說四卷七十四回　（清）□□撰　清光緒二十二年(1896)上海書局石印本　四冊

410000－2241－0004314　44.75/852

繡像十五貫傳八集十六卷　（清）鴛湖逸史刪改　清同治六年(1867)蓮溪書屋刻本　四冊

410000－2241－0004315　44.75/852－2

繡像說唱麒麟豹傳十卷六十回　題（清）鴛湖逸史訂補　清道光二年(1822)刻本　十冊

410000－2241－0004316　D21.83/3479

諸史考異十八卷　（清）洪頤煊撰　清光緒十五年(1889)廣雅書局刻廣雅書局叢書本　二冊

410000－2241－0004317　44.75/854

綉像九龍陣十六卷十六回　（清）□□撰　清刻本　四冊

410000－2241－0004318　811.15/4414

安陽集五十卷附錄一卷　（宋）韓琦著　**別錄三卷**　（宋）王巖叟輯　**遺事一卷**　（宋）強至編次　**家傳十卷**　清乾隆四年(1739)陳錫輅刻三十五年(1770)黃邦寧重修本（有圖）十冊

410000－2241－0004319　44.3535/242.2

集千家註杜工部詩集二十卷文集二卷　（唐）杜甫著　（明）許自昌校　明萬曆三十年(1602)長洲許自昌刻本　二十二冊

410000－2241－0004320　44.75/858＝2

新刻紅霞征北六卷五十六回　（清）□□撰　清光緒二十六年(1900)德茂堂刻本　六冊

410000－2241－0004321　96.4/173

金壺七墨　（清）黃鈞宰著　清同治十二年(1873)松江蕭隆盛刻本　八冊

410000－2241－0004322　D22.16/3113

春秋大事表五十卷輿圖一卷附錄一卷　（清）顧棟高輯　清光緒十四年(1888)陝西求友齋刻本　二十四冊

410000－2241－0004323　D22.16/3140

春秋大事表五十卷輿圖一卷附錄一卷　（清）顧棟高輯　清同治十二年(1873)平遠丁寶楨刻本　二十冊

410000－2241－0004324　811.15/4428

蘇學士文集十六卷　（宋）蘇舜欽著　（清）宋犖鑒定　清康熙三十七年(1698)徐氏白華書屋刻本　三冊

410000－2241－0004325　96.4/185

續異書四種　（清）申報館輯　清光緒三年(1877)上海申報館鉛印申報館叢書本　四冊

410000－2241－0004326　D22.21/4443

文林綺繡五種　（明）凌迪知輯　清光緒二十年(1894)鴻寶齋刻本　六冊

410000－2241－0004327　D22.21/7203

楚漢諸侯疆域志三卷　（清）劉文淇撰　清光緒二年(1876)金陵刻本　一冊

410000－2241－0004328　811.15/5046

淮海集十七卷後集二卷詞一卷補遺一卷　（宋）秦觀著　（清）蔣錫琳等校閱　**重編淮海先生年譜節要一卷**　（清）秦瀛編　清道光十七年(1837)刻本　八冊

410000－2241－0004329　811.15/7438

陸放翁全集六種　（宋）陸游撰　明末海虞毛氏汲古閣刻清毛扆增刻張氏詩禮堂重修本　四十冊

410000－2241－0004330　811.15/7734

校正重刊官板宋朝文鑑一百五十卷目錄三卷　（宋）呂祖謙輯　明弘治十七年(1504)胡韶刻本　二十四冊

410000－2241－0004331　96.4/212/2

藤陰雜記十二卷　（清）戴璐撰　清光緒三年(1877)吳興會館刻本　二冊

410000－2241－0004332　96.4/212

藤陰雜記十二卷　（清）戴璐撰　清光緒三年(1877)吳興會館刻本　二冊

410000－2241－0004333　D22.21/9032

校漢書八表八卷　（清）夏燮撰　清光緒十六

年(1890)江城公所刻本　六冊

410000－2241－0004334　44.3535/242.2.02

集千家註杜工部詩集二十卷文集二卷　（唐）杜甫著　（明）許自昌校　明萬曆三十年(1602)長洲許自昌刻本　十四冊　缺三卷（詩集一至三）

410000－2241－0004335　D22.23/3104

七家後漢書　（清）汪文臺輯　清光緒十三年(1887)刻本　六冊

410000－2241－0004336　96.4/214

實存四卷　（清）胡式鈺著　清道光二十一年(1841)刻本　四冊

410000－2241－0004337　44.75/887

新刻古本劉成美忠節全傳二十五卷　（清）□□撰　清道光二十二年(1842)維揚有德堂刻本　十二冊

410000－2241－0004338　44.3535/242.2.03

集千家註杜工部詩集二十卷文集二卷　（唐）杜甫著　（明）許自昌校　明萬曆三十年(1602)長洲許自昌刻本　六冊

410000－2241－0004339　44.75/887/2

新刻古本劉成美忠節全傳二十五卷　（清）□□撰　清道光二十二年(1842)維揚有德堂刻本　八冊

410000－2241－0004340　D22.23/4422

蔡邕十意輯存十六卷　（漢）蔡邕撰　清光緒東陽于氏鉛印本　二冊

410000－2241－0004341　44.3535/242.2.04

集千家註杜工部詩集二十卷文集二卷　（唐）杜甫著　（明）許自昌校　明刻本　十冊

410000－2241－0004342　96.4/217

訂譌雜錄十卷　（清）胡鳴玉撰　清光緒二年(1876)申報館鉛印申報館叢書本　二冊

410000－2241－0004343　44.75/887.02

新刻古本劉成美忠節全傳二十五卷　（清）□□撰　清光緒二十五年(1899)香雪主人石印本　十二冊

410000－2241－0004344　D22.23/8346

後漢郡國令長考一卷　（清）錢大昭撰　清光緒十七年(1891)廣雅書局刻廣雅書局叢書本　一冊

410000－2241－0004345　811.16/0821

至正集八十一卷　（元）許有壬著　清宣統三年(1911)河南教育總會石印本　十冊

410000－2241－0004346　96.4/230

讀有用書齋雜著二卷　（清）韓應陛撰　清同治九年(1870)古婁韓氏刻本　一冊

410000－2241－0004347　96.4/230/2

讀有用書齋雜著二卷　（清）韓應陛撰　清同治九年(1870)古婁韓氏刻本　一冊

410000－2241－0004348　D22.24/2642

三國郡縣表補正八卷　（清）吳增僅編　楊守敬補正　清光緒三十三年(1907)鄂城刻本　四冊

410000－2241－0004349　96.4/230/3

讀有用書齋雜著二卷　（清）韓應陛撰　清同治九年(1870)古婁韓氏刻本　一冊

410000－2241－0004350　44.3535/242.205

杜工部詩集二十卷文集二卷　（唐）杜甫撰　清康熙刻本　八冊

410000－2241－0004351　44.3535/242.3

杜詩詳注二十五卷　（唐）杜甫撰　（清）仇兆鰲輯注　**首一卷附編二卷**　（清）仇兆鰲輯　清康熙三十二年(1693)刻本　十四冊

410000－2241－0004352　96.4/252

札樸十卷　（清）桂馥撰　清光緒九年(1883)長州蔣氏心矩齋刻心矩齋叢書本　八冊

410000－2241－0004353　44.75/907

金閨傑十六回　（清）侯香葉刪改　清道光二年(1822)懷古堂刻本　十六冊

410000－2241－0004354　D22.24/8346

三國志辨疑三卷　（清）錢大昭撰　清光緒十五年(1889)廣雅書局刻廣雅書局叢書本　一冊

410000－2241－0004355　D22.25/1102

六朝事迹編類十四卷　（宋）張敦頤撰　清光緒十三年(1887)寶章閣刻本　二冊

410000－2241－0004356　44.75/910

繡像義俠九絲縧全傳十二卷　（清）□□撰　清光緒二十三年(1897)上海中一書局石印本　六冊

410000－2241－0004357　811.16/4047

宜稼堂叢書　（清）郁松年輯　清道光上海郁氏刻本　十四冊　存二種五十二卷

410000－2241－0004358　44.3535/242.4

辟疆園杜詩注解十七卷　（唐）杜甫撰　（清）顧宸注　（清）李壯　（清）畢忠吉評　**杜子美年譜一卷**　（清）顧宸撰　清順治十八年至康熙二年(1661－1663)梁谿顧氏辟疆園刻本　四冊　存五卷(七言律五卷)

410000－2241－0004359　44.75/913

錦上花四十八回　題(清)修目閣主人撰　清道光三十年(1850)善成堂刻本　十二冊

410000－2241－0004360　96.4/272

秋林伐山二十卷　（明）楊慎著　清光緒申報館鉛印申報館叢書本　四冊

410000－2241－0004361　D22.27/3434

南北史識小錄南史十四卷北史十四卷　（清）沈名蓀　（清）朱昆田輯　（清）張應昌補正　清同治十年(1871)武林吳氏清來堂刻本　八冊

410000－2241－0004362　811.16/4330

金華叢書　（清）胡鳳丹輯　清同治、光緒間永康胡鳳丹退補齋刻本　十冊　存二種三十九卷

410000－2241－0004363　96.4/272/2

秋林伐山二十卷　（明）楊慎著　清光緒申報館鉛印申報館叢書本　四冊

410000－2241－0004364　44.3535/242.5

杜詩闡三十三卷　（唐）杜甫撰　（清）盧元昌注　清康熙二十一年(1682)聽玉堂刻本　十

六冊

410000－2241－0004365　811.16/4412

元文類七十卷目錄三卷　（元）蘇天爵編　清光緒十五年(1889)江蘇書局刻本　十冊

410000－2241－0004366　91.12/312.02

書目答問五卷別錄一卷國朝著述諸家姓名略一卷　（清）張之洞撰　清光緒十四年(1888)上海蜚英舘石印本　二冊

410000－2241－0004367　091.212/8364

融堂書解二十卷　（宋）錢時撰　清乾隆刻武英殿聚珍版書本　一冊

410000－2241－0004368　44.37266/272

真松閣詞六卷　（清）楊夑生撰　清光緒元年(1875)心禪室刻本　二冊

410000－2241－0004369　091.27/1223

附釋音尚書注疏二十卷　（漢）孔安國傳　（唐）陸德明音義　（唐）孔穎達疏　**校勘記二十卷**　（清）阮元撰　（清）盧宣旬摘錄　清光緒十八年(1892)湖南寶慶務本書局刻重刊宋本十三經注疏附校勘記本　八冊

410000－2241－0004370　44.73/517＝2

勸人連七七寶卷　（清）□□撰　清光緒二十三年(1897)陳寶玉抄本　一冊

410000－2241－0004371　44.37266/288

夢春廬詞一卷　（清）李貽德著　**早花集一卷**　（清）吳筠著　清同治六年(1867)刻本　一冊

410000－2241－0004372　44.566/141－2.3

紅樓夢一百二十回　（清）曹霑　（清）高鶚撰　（清）王希廉評　清道光十二年(1832)刻本　二十四冊

410000－2241－0004373　44.566/141－2

紅樓夢一百二十回　（清）曹霑　（清）高鶚撰　（清）王希廉評　清光緒三年(1877)刻本　二十四冊

410000－2241－0004374　091.27/1343

尚書因文六卷首一卷末一卷　（清）武士選學

清約六山房刻本　四冊

410000－2241－0004375　44.37266/635

靈芬館詞四種　（清）郭麐撰　清光緒五年
(1879)仁和許增娛園刻榆園叢刻本　二冊

410000－2241－0004376　91.16/284/2

經籍訪古志六卷補遺一卷　（日本）澀江全善
（日本）森立之撰　清光緒十一年(1885)六
合徐承祖日本鉛印本　八冊

410000－2241－0004377　44.73/580

出獵寶卷二卷　（清）□□撰　清光緒二十六
年(1900)王永源鈔本　二冊

410000－2241－0004378　91.16/284

經籍訪古志六卷補遺一卷　（日本）澀江全善
（日本）森立之撰　清光緒十一年(1885)六
合徐承祖日本鉛印本　八冊

410000－2241－0004379　44.566/141－2.03

繡像批點紅樓夢一百二十回　（清）曹霑撰
（清）高鶚補　清刻本　十六冊

410000－2241－0004380　44.37266/754

養一齋詞三卷　（清）潘德輿撰　清道光十六
年(1836)刻本　三冊

410000－2241－0004381　091.3/1032

欽定詩經傳說彙纂二十一卷首二卷詩序二卷
（清）王鴻緒等撰　清刻本　十六冊　缺五
卷（一至三、首二卷）

410000－2241－0004382　44.566/141－
2.202

增評補像全圖紅樓夢一百二十回　（清）曹霑
（清）高鶚撰　題（清）護花主人評　清光緒
十五年(1889)石印本　十六冊

410000－2241－0004383　44.37273/119

半塘定稿二卷賸稿一卷　（清）王鵬運撰　清
光緒三十二年(1906)小放下庵刻本　一冊

410000－2241－0004384　091.3/1223

附釋音毛詩注疏二十卷　（漢）毛亨傳　（漢）
鄭玄箋　（唐）陸德明音義　（唐）孔穎達疏
校勘記二十卷　（清）阮元撰　（清）盧宣旬摘

錄　清光緒十八年(1892)湖南寶慶務本書局
刻重刊宋本十三經注疏附校勘記本　二十
二冊

410000－2241－0004385　44.73/605

訪鼠寶卷不分卷　（□）□□撰　清宣統二年
(1910)王子亮抄本　一冊

410000－2241－0004386　091.3/2631

詩古微二十卷　（清）魏源撰　清道光二十年
(1840)刻本　十冊

410000－2241－0004387　44.37273/169

倚晴樓詩餘四卷　（清）黃燮清撰　清同治六
年(1867)黃鶴樓刻本　一冊

410000－2241－0004388　44.37273/175

太素齋詞鈔二卷　（清）勒方錡撰　清光緒十
年(1884)刻本　一冊

410000－2241－0004389　44.37273/222

茞芬館詞集六卷　（清）胡延撰　清光緒二十
九年(1903)金陵糧儲道廨刻本　四冊

410000－2241－0004390　44.37273/245

桐華閣詞鈔二卷　（清）杜貴墀撰　清光緒二
十六年(1900)刻桐華閣叢書本　一冊

410000－2241－0004391　44.73/650

龍圖寶卷不分卷　（清）□□撰　清光緒十八
年(1892)抄本　一冊

410000－2241－0004392　091.3/4764

毛詩後箋三十卷　（清）胡承珙撰　清光緒七
年(1881)蛟川方氏綺園刻本　二十冊

410000－2241－0004393　91.18/659

經籍舉要一卷附告示家塾課程　（清）龍啟瑞
著　清光緒十九年(1893)中江講院刻本
一冊

410000－2241－0004394　091.3/7117

毛詩傳箋通釋三十二卷　（清）馬瑞辰撰　清
光緒十四年(1888)廣雅書局刻廣雅書局叢書
本　十二冊

410000－2241－0004395　44.37273/247

采香詞四卷　（清）杜文瀾撰　清同治四年

（1865）秀水杜文瀾曼陀羅華閣刻本　一冊

410000－2241－0004396　91.21/124/2

八史經籍志十種　（日本）□□輯　清光緒九年（1883）鎮海張壽榮刻本　十七冊

410000－2241－0004397　91.21/124

八史經籍志十種　（日本）□□輯　清光緒九年（1883）鎮海張壽榮刻蘇州振新書社印本　十六冊

410000－2241－0004398　44.566/141＋2

紅樓夢偶說二卷　題（清）晶三蘆月草舍居士撰　清光緒二年（1876）簣覆山房刻本　四冊

410000－2241－0004399　44.346/117＝2

海虞詩苑十八卷　（清）王應奎編輯　清乾隆二十四年（1759）仁和王氏古處堂刻本　六冊

410000－2241－0004400　44.566/141＋3

夢癡說夢二編　題（清）夢癡學人撰　清光緒十三年（1887）管可壽齋刻本　二冊

410000－2241－0004401　91.2124/907

補三國藝文志四卷　（清）侯康撰　清光緒十三年（1887）廣雅書局刻廣雅書局叢書本　一冊

410000－2241－0004402　91.2125/158

補晉書藝文志四卷坿錄一卷　丁國鈞撰　丁辰注　清末常熟丁氏刻本　二冊

410000－2241－0004403　91.2125/158/3

補晉書藝文志四卷坿錄一卷補遺一卷　丁國鈞撰　丁辰注　**刊誤一卷**　丁辰述錄　清光緒廣雅書局刻廣雅書局叢書本　二冊

410000－2241－0004404　44.566/141＋5

癡說四種　（清）申報館輯　清光緒申報館鉛印申報館叢書本　二冊

410000－2241－0004405　44.346/194

袁氏家集八種　（清）袁鎮嵩輯　清光緒遂懷堂刻十六年（1890）彙印本　一冊

410000－2241－0004406　91.2125/158/2

補晉書藝文志四卷坿錄一卷　丁國鈞撰　丁辰注　清末常熟丁氏刻本　二冊

410000－2241－0004407　44.566/141＋4

紅樓夢本義約編二卷　題（清）話石主人定題（清）醉紅軒主校字　清光緒四年（1878）刻本　四冊

410000－2241－0004408　44.566/141＋6

紅樓夢紀略一卷紅樓夢廣義二卷　題（清）青山山農撰　**紅樓夢論贊一卷**　題（清）讀花人編　清末石印本　三冊

410000－2241－0004409　091.4/0428

欽定周官義疏四十八卷首一卷　（清）允祿等纂修　清同治十年（1871）湖北崇文書局刻本　二十八冊

410000－2241－0004410　91.2131/657

隋經籍志考證十三卷　（清）章宗源撰　清光緒三年（1877）湖北崇文書局刻本　四冊

410000－2241－0004411　44.346/311

國朝詩鐸二十六卷首一卷　（清）張應昌輯　清同治八年（1869）永康應氏秀芷堂刻本　十八冊

410000－2241－0004412　44.73/662

齋僧寶卷　（清）□□撰　清光緒二十四年（1898）楊啟抄本　一冊

410000－2241－0004413　091.4/5046

五禮通考二百六十二卷首四卷總目二卷　（清）秦蕙田編輯　（清）方觀承訂　清光緒六年（1880）江蘇書局刻本　一百冊

410000－2241－0004414　091.41/1080

附釋音周禮注疏四十二卷　（漢）鄭玄注（唐）陸德明音義　（唐）賈公彥疏　**校勘記四十二卷**　（清）阮元撰　（清）盧宣旬摘錄　清光緒十八年（1892）湖南寶慶書局刻重刊宋本十三經注疏附校勘記本　十八冊

410000－2241－0004415　44.566/141＋7

紅樓夢竹枝詞不分卷　（清）盧先駱撰　清同治八年（1869）刻本　一冊

410000－2241－0004416　091.43/1223

附釋音禮記注疏六十三卷　（漢）鄭玄注

（唐）陸德明音義　（唐）孔穎達疏　**校勘記六十三卷**　（清）阮元撰　（清）盧宣旬摘錄　清光緒十八年（1892）湖南寶慶務本書局刻重刊宋本十三經注疏附校勘記本　二十六冊

410000－2241－0004417　44.1921/366

遵化詩存十卷補遺一卷詩餘一卷　（清）孫贊元編輯　清光緒十三年（1887）陳氏刻本　四冊

410000－2241－0004418　44.73/672

龐公寶卷　（清）□□撰　清光緒二十一年（1895）刻本　一冊

410000－2241－0004419　44.566/141＋8

石頭記評贊　（清）王希廉撰　清同治十三年（1874）金陵刻本　十二冊

410000－2241－0004420　44.73/672＝2

龐仁寶卷　（清）□□撰　清光緒十二年（1886）楊恒德抄本　一冊

410000－2241－0004421　91.216/111

欽定天祿琳琅書目十卷後編二十卷　（清）于敏中編　（清）彭元瑞續編　清光緒十年（1884）長沙王氏刻本　十冊

410000－2241－0004422　44.73/677

文武香毬寶卷　（清）□□撰　清光緒三十一年（1905）丁連甫抄本　一冊

410000－2241－0004423　91.216/111/2

欽定天祿琳琅書目十卷後編二十卷　（清）于敏中編　（清）彭元瑞續編　清光緒十年（1884）長沙王氏刻本　十冊

410000－2241－0004424　091.43/4877

欽定禮記義疏八十二卷首一卷　（清）鄂爾泰等撰　清紫陽書院刻本　四十六冊

410000－2241－0004425　44.73/682

惜殺免災寶卷　（清）□□撰　清光緒二年（1876）培本堂刻本　一冊

410000－2241－0004426　44.73/682/2

惜殺免災寶卷　（清）□□撰　清光緒十三年（1887）玄妙觀得見齋刻本　一冊

410000－2241－0004427　44.346/368

皇清詩選二十七卷　（清）孫鋐輯評　清康熙二十六年（1687）刻本　十六冊

410000－2241－0004428　091.43/7534

禮記簡註四十二卷　（元）陳澔著　（明）侯應琛定　明崇禎凝香館刻本　六冊

410000－2241－0004429　091.5/0077

欽定春秋傳說彙纂三十八卷首二卷　（清）王掞等纂　清康熙六十年（1721）刻本　二十九冊

410000－2241－0004430　44.73/698

宋氏女寶卷一卷　清光緒八年（1882）寶善堂刻本　一冊

410000－2241－0004431　44.73/700

寄緣寶卷不分卷　（清）□□撰　清光緒二十六年（1900）僧廣慧抄本　一冊

410000－2241－0004432　44.346/375

淮海英靈集甲集四卷乙集四卷丙集四卷丁集四卷戊集四卷壬集一卷癸集一卷　（清）阮元輯　清嘉慶三年（1798）儀徵阮氏小琅嬛僊館刻本　十二冊

410000－2241－0004433　44.73/723

九品道臺記全傳二卷　（清）釋法彙記述　清同治十年（1871）金鑑堂刻本　二冊

410000－2241－0004434　44.73/724

湘子寶卷　（清）□□撰　清光緒二年（1876）慕道子抄本　一冊

410000－2241－0004435　44.346/436

三家絕句選五卷　（清）江昱錄　清乾隆二十四年（1759）刻本　二冊

410000－2241－0004436　44.566/141＋13

紅樓警幻圖不分卷　（清）王墀階繪　清末石印本　四冊

410000－2241－0004437　91.216/859

欽定四庫全書總目二百卷　（清）紀昀等纂　清同治七年（1868）廣東書局刻本　一百二十冊

410000－2241－0004438　091.5/4411

春秋釋例十五卷　（晉）杜預撰　清光緒二十五年(1899)傅氏集文堂刻朱印本　八冊

410000－2241－0004439　44.566/141＋14

菽園外集紅樓夢絕句題詞不分卷　（清）邱煒萲撰　清光緒二十六年(1900)石印本　一冊

410000－2241－0004440　91.216/859－202

欽定四庫全書簡明目錄二十卷　（清）紀昀等纂　清同治七年(1868)廣東書局刻本　二十冊

410000－2241－0004441　44.346/492

國朝山左詩鈔六十卷　（清）盧見曾纂　清乾隆二十三年(1758)德州盧見曾雅雨堂刻本　二十冊

410000－2241－0004442　091.52/2124

監本附音春秋公羊注疏二十八卷　（漢）何休注　（唐）陸德明音義　（唐）徐彥疏　校勘記二十八卷　（清）阮元撰　（清）盧宣旬摘錄　清光緒十八年(1892)湖南寶慶務本書局刻重刊宋本十三經注疏附校勘記本　九冊

410000－2241－0004443　44.73/754

潘公免災救難寶卷三卷　（清）潘沂撰　清咸豐五年(1855)刻本　一冊

410000－2241－0004444　44.346/492/2

國朝山左詩續鈔三十二卷　（清）張鵬展纂　清嘉慶十八年(1813)刻本　十冊

410000－2241－0004445　44.566/141＋16

紅樓夢圖詠不分卷　（清）改琦繪　（清）李光祿輯　（清）淮浦居士重編　清光緒五年(1879)淮浦居士上海刻本　四冊

410000－2241－0004446　091.52/4411

左繡三十卷首一卷　（清）馮李驊　（清）陸浩評輯　（清）范允斌等糸評　清善成堂刻本　十六冊

410000－2241－0004447　44.73/754.02/2

潘公免災救難寶卷三卷　（清）潘沂撰　清咸豐八年(1858)刻本　一冊

410000－2241－0004448　44.346/610

國朝閨秀香咳集十卷附錄一卷　（清）許夔臣輯　清光緒四年(1878)上海申報館鉛印申報館叢書本　四冊

410000－2241－0004449　44.73/754.02

潘公免災救難寶卷三卷　（清）潘沂撰　清翼化堂刻本　一冊

410000－2241－0004450　091.53/4646

監本附音春秋穀梁注疏二十卷　（晉）范甯集解　（唐）陸德明音義　（唐）楊士勛疏　校勘記二十卷　（清）阮元撰　（清）盧宣旬摘錄　清光緒十八年(1892)湖南寶慶務本書局刻重刊宋本十三經注疏附校勘記本　五冊

410000－2241－0004451　44.566/141＋18

紅樓夢賦一卷　（清）沈謙撰　清道光二十六年(1846)眠琴書屋刻本　一冊

410000－2241－0004452　91.216/859－2

四庫全書簡明目錄二十卷　（清）紀昀等撰　清乾隆四十九年(1784)刻本　八冊

410000－2241－0004453　091.6/6023

孝經大全二十八卷首一卷或問三卷詩一卷　（明）呂維祺箋次　孝經翼一卷　（明）呂維祮著　清康熙二年(1663)新安呂氏刻本　六冊

410000－2241－0004454　091.6/7110

孝經注疏九卷　（唐）玄宗李隆基注　（宋）邢昺校　校勘記九卷　（清）阮元撰　（清）盧宣旬摘錄　清光緒十八年(1892)湖南寶慶務本書局刻重刊宋本十三經注疏附校勘記本　二冊

410000－2241－0004455　91.2251/494

常郡八邑藝文志十二卷　（清）盧文弨纂　（清）莊翊昆校補　（清）莊毓鋐重校　清光緒十六年(1890)刻本　十六冊

410000－2241－0004456　44.73/758＝2

養親寶卷二卷　（清）□□撰　清光緒三年(1877)陳蘊齋抄本　二冊

410000－2241－0004457　091.7/7741

增刪四書朱子大全精言四十一卷 （清）周大璋重訂 （清）張廷璐鑒定 清刻本 四十冊

410000－2241－0004458 44.346/682

國朝閨秀正始集二十卷附錄一卷補遺一卷 （清）完顏惲珠撰 清道光十一年(1831)紅香館刻本 十冊

410000－2241－0004459 44.73/760＝2

普陀寶卷 （□）□□撰 清光緒二十八年(1902)趙榮堂抄本 一冊

410000－2241－0004460 44.566/153＝2

繪芳錄八十回 題(清)西泠野樵撰 清光緒申報館鉛印申報館叢書本 十六冊

410000－2241－0004461 44.566/153＝202

繪圖繪芳錄八卷八十回 題(清)西泠野樵撰 清光緒二十年(1894)上海書局鉛印本 八冊

410000－2241－0004462 091.73/1760

論語注疏解經二十卷 （三國魏）何晏集解（宋）邢昺疏 **校勘記二十卷** （清）阮元撰（清）盧宣旬摘錄 清光緒十八年(1892)湖南寶慶務本書局刻重刊宋本十三經注疏附校勘記本 五冊

410000－2241－0004463 44.73/762

灶皇寶卷 （清）□□撰 清道光十六年(1836)抄本 一冊

410000－2241－0004464 44.346/741

南宋雜事詩七卷 （清）沈嘉轍等撰 清同治十一年(1872)淮南書局刻本 二冊

410000－2241－0004465 44.566/153＝3

紅樓夢影二十四回 題(清)西湖散人撰 清光緒三年(1877)聚珍堂刻本 六冊

410000－2241－0004466 44.73/762.02

灶皇寶卷 （清）□□撰 清光緒十六年(1890)張成金抄本 一冊

410000－2241－0004467 91.243/668

日本書目志十四卷 康有為輯 清光緒上海大同譯書局石印本 八冊

410000－2241－0004468 44.566/153＝4

狐狸緣六卷二十二回 題(清)醉月山人著 清光緒十四年(1888)文酉堂刻本 六冊

410000－2241－0004469 44.73/762.03

灶皇寶卷 （清）□□撰 清光緒二十二年(1896)張永泰抄本 一冊

410000－2241－0004470 44.346/749/2

國朝詩別裁集三十二卷 （清）沈德潛纂評 清刻本 十二冊

410000－2241－0004471 44.566/157

聽月樓二十回 （清）□□撰 清嘉慶二十四年(1819)刻本同文堂刻本 二冊

410000－2241－0004472 44.346/749/3

國朝詩別裁集三十二卷 （清）沈德潛纂評 清刻本 十二冊

410000－2241－0004473 44.566/158

瑤華傳十一卷四十二回 （清）丁秉仁編著 題(清)真閬仙評 清嘉慶濤音書屋刻本 十二冊

410000－2241－0004474 44.566/158.02

瑤華傳十一卷四十二回 （清）丁秉仁編著（清）尤夙真評 清道光二十五年(1845)慎修堂刻本 十冊

410000－2241－0004475 44.346/749

欽定國朝詩別裁集三十二卷 （清）沈德潛纂評 清乾隆二十六年(1761)刻本 四冊

410000－2241－0004476 44.73/762＝2

灶君寶卷 （清）□□撰 （清）三寶蓮社較正 清光緒十年(1884)培本堂刻本 一冊

410000－2241－0004477 44.566/158＝2

繡像續金瓶梅六十四回 （清）丁耀亢撰 清刻本 十二冊

410000－2241－0004478 44.346/749.02

國朝詩別裁集三十六卷 （清）沈德潛纂評 清乾隆二十四年(1759)刻本 十二冊

410000－2241－0004479 44.566/160

五美奇緣十五回 （清）□□撰 清光緒二十

一年(1895)宏仁堂石印本　二冊

410000－2241－0004480　44.73/808

香山寶卷二卷　（宋）釋普明編集　清同治七年(1868)慧通經房刻本　二冊

410000－2241－0004481　091.74/1240

孟子注疏解經十四卷　（漢）趙岐注　（宋）孫奭疏并音義　**校勘記十四卷**　（清）阮元撰（清）盧宣旬摘錄　清光緒十八年(1892)湖南寶慶務本書局刻重刊宋本十三經注疏附校勘記本　八冊

410000－2241－0004482　44.73/808.02

香山寶卷二卷　（宋）釋普明編集　清西湖瑪瑙明臺經房刻本　一冊

410000－2241－0004483　44.346/828

白田風雅二十四卷　（清）朱彬輯　清光緒十二年(1886)金陵刻本　四冊

410000－2241－0004484　44.566/131

繪圖巧合情絲緣十八回　（清）□□撰　清光緒二十一年(1895)利記書局刻本　四冊

410000－2241－0004485　44.73/808.03

香山寶卷二卷　（宋）釋普明編集　清同治七年(1868)翁雲亭善書局刻本　二冊

410000－2241－0004486　44.346/832

新安先集二十卷　（清）朱之榛輯　清同治十三年(1874)蘇州刻本　八冊

410000－2241－0004487　44.73/808.04

香山寶卷二卷　（宋）釋普明編集　清同治十年(1871)積善堂何禮堂抄本　二冊

410000－2241－0004488　44.566/166

嶺南逸史十卷二十八回　（清）黃耐庵撰　清同治元年(1862)文選樓刻本　十冊

410000－2241－0004489　91.33251/719

江南圖書館書目　（清）江南圖書館編　清末鉛印本　八冊

410000－2241－0004490　44.73/808.05

香山寶卷二卷　（宋）釋普明編集　清光緒十二年(1886)萬松經房刻本　一冊

410000－2241－0004491　44.566/168

廿載繁華夢四十回　（清）黃小佩撰　清光緒三十三年(1907)漢口東亞印刷局石印本　四冊

410000－2241－0004492　44.346/836

國朝金陵詩徵四十八卷　（清）朱緒曾編　清光緒十三年(1887)刻本　十六冊

410000－2241－0004493　44.566/174

金粉錄四卷三十四回　題（清）燕山逸叟編輯　清光緒二十五年(1899)石印本　四冊

410000－2241－0004494　44.346/886

國朝六家詩鈔八卷　（清）劉執玉選　清宣統二年(1910)澄衷學堂石印本　六冊

410000－2241－0004495　44.73/808 ＝3

秀英寶卷一卷　（清）□□撰　清同治六年(1867)趙百壽抄本　一冊

410000－2241－0004496　44.566/211

支那兒女英雄遺事八卷六十八回　題（清）吟梅山人撰　清光緒三十年(1904)上海宏文館石印本　八冊

410000－2241－0004497　44.566/232

海上花列傳六十四回　（清）韓邦慶撰　清光緒石印本　八冊

410000－2241－0004498　44.566/232.02

海上花列傳六十四回　（清）韓邦慶撰　清光緒石印本　四冊

410000－2241－0004499　44.566/236

蝴蝶媒四卷十六回　題（清）南嶽道人撰　清刻本　四冊

410000－2241－0004500　44.566/236.02

蝴蝶媒四卷十六回　題（清）南嶽道人撰　清光緒二十一年(1895)上海書局石印本　四冊

410000－2241－0004501　91.4/130

天一閣書目四卷碑目一卷　（明）范欽藏　清嘉慶十三年(1808)阮氏文選樓刻本　六冊

410000－2241－0004502　44.3462/212

唐詩類苑選三十四卷　（清）戴明說等選　清

初武林翼聖堂刻本　二十四冊

410000 – 2241 – 0004503　44.566/256

繡像義勇四俠閨媛傳六卷五十回　(清)林研
農撰　清光緒二十六年(1900)石印本　六冊

410000 – 2241 – 0004504　91.4/130/2

天一閣書目四卷碑目一卷　(明)范欽藏　清
嘉慶十三年(1808)阮氏文選樓刻本　十冊

410000 – 2241 – 0004505　44.566/282

第九才子書平鬼傳四卷十回　題(清)樵雲山
人編次　清末刻本　四冊

410000 – 2241 – 0004506　44.73/823 ＝2

雕龍扇寶卷二卷　(□)□□撰　清光緒二十
九年(1903)顧利賓抄本　二冊

410000 – 2241 – 0004507　91.4/130 – 2

天一閣見存書目四卷首一卷末一卷　(清)薛
福成編次　清光緒十五年(1889)無錫薛氏刻
本　四冊

410000 – 2241 – 0004508　91.4/130 – 2/2

天一閣見存書目四卷首一卷末一卷　(清)薛
福成編次　清光緒十五年(1889)無錫薛氏刻
本　四冊

410000 – 2241 – 0004509　121.4/4477

荀子二十卷　(戰國)荀況撰　(唐)楊倞注
校勘補遺一卷　清光緒二年(1876)浙江書局
刻二十二子本　六冊

410000 – 2241 – 0004510　121/4700

新刻九我李太史校正大方性理全書七十卷
(明)胡廣等撰　(明)李九我校正　明萬曆吳
勉學刻本　二十四冊

410000 – 2241 – 0004511　44.566/282.02

第九才子書捉鬼傳四卷十回　題(清)樵雲山
人編次　清末石印本　四冊

410000 – 2241 – 0004512　121.1/1262

孔子集語十七卷　(清)孫星衍輯　清光緒三
年(1877)浙江書局刻二十二子本　一冊

410000 – 2241 – 0004513　121.5/2540

朱子語類一百四十卷　(宋)朱熹撰　(宋)黎

靖德編　清同治十一年(1872)應元書院刻本
四十冊

410000 – 2241 – 0004514　44.566/282 ＝2

繪圖桃花女陰陽斗異說傳奇四卷十六回
(清)□□撰　清光緒二十年(1894)上海書局
石印本　二冊

410000 – 2241 – 0004515　44.37273/311

詩舲詞錄二卷　(清)張祥河撰　清道光十八
年(1838)華亭張氏松風草堂刻本　一冊

410000 – 2241 – 0004516　44.37273/314

瞻園詞二卷　(清)張仲炘撰　清光緒三十一
年(1905)刻本　一冊

410000 – 2241 – 0004517　44.37273/339

漱泉詞一卷　(清)成肇麐撰　清光緒刻本
一冊

410000 – 2241 – 0004518　44.566/282 ＝2/2

繪圖桃花女陰陽斗異說傳奇四卷十六回
(清)□□撰　清光緒二十年(1894)上海書局
石印本　二冊

410000 – 2241 – 0004519　122.1/2004

老子翼三卷　(明)焦竑著　(明)王元貞校
明萬曆十六年(1588)王元貞刻本　三冊

410000 – 2241 – 0004520　44.566/282 ＝3

英雲夢傳八卷　題(清)松雲氏撰　清寶華順
刻本　四冊

410000 – 2241 – 0004521　44.3464/982

邗上題襟集不分卷　(清)曾燠輯　清乾隆五
十八年(1793)兩淮官署刻本　一冊

410000 – 2241 – 0004522　44.566/285

水石緣六卷　(清)李春榮撰　清經綸堂刻本
四冊

410000 – 2241 – 0004523　91.4/213

古越藏書樓書目二十卷首一卷　(清)徐樹蘭
編　清光緒三十年(1904)崇實書局石印本
八冊

410000 – 2241 – 0004524　44.37273/377

鴛鴦宜福館吹月詞二卷　(清)陳元鼎撰　清

同治元年(1862)刻光緒十六年(1890)補刻本
　　一冊

410000－2241－0004525　44.3465/471
樂游聯唱集二卷　（清）畢沅撰　清刻本
　　一冊

410000－2241－0004526　44.566/287
綠野仙蹤八十回　（清）李百川撰　清道光十
年(1830)刻本　二十冊

410000－2241－0004527　44.73/852
鴛鴦寶卷一卷　（清）□□撰　清光緒三十二
年(1906)黃寶文抄本　一冊

410000－2241－0004528　44.3465/495
駝岡分韻草不分卷　（清）盧煐輯　清乾隆五
十七年(1792)刻本　一冊

410000－2241－0004529　44.37273/437
鶴緣詞一卷　（清）呂耀斗撰　清光緒二十六
年(1900)呂氏敬止堂刻本　一冊

410000－2241－0004530　44.566/291
鏡花緣二十卷一百回　（清）李汝珍撰　清同
治八年(1869)文富堂刻本　二十二冊

410000－2241－0004531　44.73/853
解神星寶卷不分卷　（清）□□撰　清光緒四
年(1878)虞世屏抄本　一冊

410000－2241－0004532　122.4/0704
莊子集釋十卷　（戰國）莊周撰　（清）郭慶藩
集釋　清光緒二十年(1894)思賢講舍刻本
八冊

410000－2241－0004533　44.3465/926
欽定熙朝雅頌集一百六卷首集二十六卷餘集
二卷　（清）鐵保纂輯　清刻本　二十四冊

410000－2241－0004534　44.3465/926/2
欽定熙朝雅頌集一百六卷首集二十六卷餘集
二卷　（清）鐵保纂輯　清刻本　二十四冊

410000－2241－0004535　91.4/737
楊州吳氏測海樓藏書目錄十二卷　吳引孫編
　　清宣統二年(1910)揚州吳氏刻本　六冊

410000－2241－0004536　44.73/853.02
解神星寶卷不分卷　（清）□□撰　清光緒十
五年(1889)陳鈺抄本　一冊

410000－2241－0004537　44.566/291.03
圖像鏡花緣全傳六卷一百回　（清）李汝珍撰
　　清光緒三十年(1904)上海書局石印本
六冊

410000－2241－0004538　44.37273/667
蘇菴詩餘五卷　（清）唐壎撰　清同治福州吳
玉田刻本　二冊

410000－2241－0004539　44.566/293
夢中緣四卷十五回　（清）李修行撰　清光緒
十一年(1885)崇德堂刻本　四冊

410000－2241－0004540　44.3466/354
齋宿聯吟草不分卷　（清）奎照彙集　清道光
元年(1821)刻本　一冊

410000－2241－0004541　44.73/853.03
解神星寶卷不分卷　（清）□□撰　清光緒十
五年(1889)棣若時抄本　一冊

410000－2241－0004542　44.37273/677
雲起軒詞鈔一卷　（清）文廷式撰　清光緒三
十三年(1907)南陵徐氏刻本　一冊

410000－2241－0004543　44.566/307
新鐫三分夢全傳十六卷十六回　（清）張士登
著　（清）何芳苡評　清道光十五年(1835)刻
本　六冊

410000－2241－0004544　44.566/308
新說西遊記一百回　（明）吳承恩撰　（清）張
書紳注　清光緒十四年(1888)邗江味潛齋石
印本　八冊

410000－2241－0004545　91.42/177
帶經堂書目四卷　（清）陳徵芝鑒藏　（清）陳
樹杓編次　清宣統三年(1911)順德鄧氏鉛印
風雨樓叢書本　三冊

410000－2241－0004546　44.37273/754
鵲泉山館詞一卷　（清）潘觀保撰　清光緒
五年(1889)復始堂刻本　一冊

410000 - 2241 - 0004547　44.3473/186

圭塘倡和詩一卷　袁克文編　清宣統二年
(1910)石印本　一冊

410000 - 2241 - 0004548　44.566/308.02

新說西遊記一百回　(明)吳承恩撰　(清)張
書紳注　清善成堂石印本　二十冊

410000 - 2241 - 0004549　44.37273/754 = 3

曉夢春紅詞一卷　(清)潘介繁撰　清同治八
年(1869)刻本　一冊

410000 - 2241 - 0004550　44.73/854

九蓮金丹證性寶卷不分卷　(□)□□撰　清
光緒十七年至十八年(1891 - 1892)積福堂抄
本　一冊

410000 - 2241 - 0004551　44.566/320

蟫史二十卷　(清)屠紳撰　清庭梅朱氏刻本
十六冊

410000 - 2241 - 0004552　44.73/858

紅羅寶卷不分卷　(清)□□撰　清道光九年
(1829)俞金萬抄本　一冊

410000 - 2241 - 0004553　91.42/347/2

皕宋樓藏書志一百二十卷續志四卷　(清)陸
心源編　清光緒八年(1882)歸安陸心源十萬
卷樓刻潛園總集本　八冊

410000 - 2241 - 0004554　91.42/347

皕宋樓藏書志一百二十卷續志四卷　(清)陸
心源編　清光緒八年(1882)歸安陸心源十萬
卷樓刻潛園總集本　三十六冊

410000 - 2241 - 0004555　44.566/320.02

蟫史二十卷　(清)屠紳撰　清光緒申報館鉛
印申報館叢書本　六冊

410000 - 2241 - 0004556　91.42/505

藝風藏書記八卷續記八卷附錄一卷　繆荃孫
撰　清光緒二十六年至二十七年(1900 -
1901)江陰繆荃孫刻民國元年至二年(1912 -
1913)續刻本　六冊

410000 - 2241 - 0004557　91.42/505/2

藝風藏書記八卷續記八卷附錄一卷　繆荃孫

撰　清光緒二十六年至二十七年(1900 -
1901)江陰繆荃孫刻民國元年至二年(1912 -
1913)續刻本　二冊

410000 - 2241 - 0004558　44.566/297

富翁傳四卷十六回　題(清)落魄道人編　清
末石印本　四冊

410000 - 2241 - 0004559　44.73/858 = 2

紅袍寶卷不分卷　(清)□□撰　清光緒十一
年(1885)陶繼賢抄本　一冊

410000 - 2241 - 0004560　125.2/0045

商君書五卷　(戰國)商鞅撰　(清)嚴萬里校
附攷一卷　(清)嚴萬里輯　清光緒二年
(1876)浙江書局刻二十二子本　一冊

410000 - 2241 - 0004561　44.566/322

繡像三敲三鸞維揚佳話奇傳四卷三十二回
題(清)己趣齋主人撰　清光緒二十年(1894)
石印本　二冊

410000 - 2241 - 0004562　44.566/323

畫圖緣四卷十六回　題(清)步月主人撰　清
蘇州來青閣刻本　四冊

410000 - 2241 - 0004563　44.566/325

新鍥異說奇聞群英傑全傳六卷三十四回
(清)□□撰　清同治、光緒間廣州丹柱堂刻
本　六冊

410000 - 2241 - 0004564　44.73/858 = 3

結緣寶卷不分卷　(清)□□撰　清光緒三十
二年(1906)榮竹溪抄本　一冊

410000 - 2241 - 0004565　127.1/1003

新書十卷　(漢)賈誼撰　(清)盧文弨校　清
光緒元年(1875)浙江書局刻二十二子本
二冊

410000 - 2241 - 0004566　44.566/325 = 2

新出群英大鬧瓊花樓四卷四十回　(清)□□
撰　清光緒三十一年(1905)發記書局石印本
一冊

410000 - 2241 - 0004567　127.1/4428

董子春秋繁露十七卷附錄一卷　(漢)董仲舒

著　清光緒二年(1876)浙江書局刻二十二子本　二冊

410000－2241－0004568　44.566/333

紅樓真夢六十四回　題(清)云淙花隱撰　清光緒六年(1880)鉛印本　十六冊

410000－2241－0004569　44.566/333＝2

草木春秋五卷三十二回　題(清)雲閒子集撰　題(清)樂山人纂修　清大文堂刻本　五冊

410000－2241－0004570　128.1/2540

二程全書　(宋)程頤　(宋)程顥撰　(宋)朱熹輯　(清)程湛重訂　清刻本　十冊

410000－2241－0004571　44.566/333＝202

草木春秋五卷三十二回　題(清)雲閒子集撰　題(清)樂山人纂修　清經綸堂刻本　四冊

410000－2241－0004572　128.1/2540－3

近思錄十四卷　(宋)朱熹　(宋)呂祖謙撰　(清)江永集注　清光緒二十五年(1899)浙江官書局刻本　四冊

410000－2241－0004573　44.73/869

白蛇寶卷不分卷　(清)□□撰　清光緒十八年(1892)浦賦梅抄本　一冊

410000－2241－0004574　44.566/333＝5/2

繪像鐵花仙史二十六回　題(清)雲封山人編次　清末鉛印本　四冊

410000－2241－0004575　44.566/333＝5

繪像鐵花仙史二十六回　題(清)雲封山人編次　清光緒十八年(1892)春申浦石印本　四冊

410000－2241－0004576　44.566/333＝3

續紅樓夢三十卷　(清)秦子忱撰　清刻本　十二冊

410000－2241－0004577　128.1/2540－2

上蔡謝先生語錄三卷附錄一卷　(宋)謝良佐撰　(清)韓㬊　(清)魏標重校　清光緒三年至四年(1877－1878)刻本　一冊

410000－2241－0004578　91.42/752

楹書隅錄五卷續編四卷　(清)楊紹和撰　清

同治八年(1869)聊城楊氏海源閣刻本　六冊

410000－2241－0004579　44.566/347

繪圖繡像烈女驚魂傳四卷二十九回　(清)□□撰　清光緒二十七年(1901)上海江南書局石印本　四冊

410000－2241－0004580　44.566/348

第一奇書野叟曝言二十卷一百五十二回　(清)夏敬渠撰　清光緒六年(1880)毘陵彙珍樓木活字印本　六十四冊

410000－2241－0004581　44.566/348.02

繡像野叟曝言二十卷一百五十四回　(清)夏敬渠撰　清光緒八年(1882)廣東書局石印本　二十冊

410000－2241－0004582　44.73/877

血湖寶卷一卷　(清)□□撰　清光緒六年(1880)秦金函抄本　一冊

410000－2241－0004583　128.1/6074

性理輯要四卷　(清)呂履泰輯　清咸豐四年(1854)刻本　一冊

410000－2241－0004584　44.566/348.03

第一奇書野叟曝言二十卷一百五十四回　(清)夏敬渠撰　清光緒八年(1882)鉛印本　二十冊

410000－2241－0004585　44.37273/888

麼㭎詞一卷　(清)劉恩黻撰　清光緒三十四年(1908)吳氏雙照樓刻本　一冊

410000－2241－0004586　44.73/881

鼠瘟寶卷　(清)李善保撰　清宣統三年(1911)石印本　一冊

410000－2241－0004587　128.3/1243

理學宗傳二十六卷　(清)孫奇逢輯　(清)魏一鼇等編　清光緒六年(1880)浙江書局刻本　十二冊

410000－2241－0004588　44.37273/891

留雲借月盦詞四卷　(清)劉炳照撰　清光緒十九年(1893)刻本　一冊

410000－2241－0004589　44.566/350

忠烈俠義傳一百二十回　（清）石玉崑述　清光緒五年(1879)聚珍堂木活字印本　二十冊

410000 – 2241 – 0004590　44.566/350.02

三俠五義四集二十四卷一百二十回　（清）石玉崑述　清光緒九年(1883)京都老二酉堂刻本　二十四冊

410000 – 2241 – 0004591　128.3/4414

草木子四卷　（明）葉子奇著　清乾隆二十七年(1762)刻本　二冊

410000 – 2241 – 0004592　91.42/926

鐵琴銅劍樓藏書目錄二十四卷　（清）瞿鏞撰　清光緒二十四年(1898)常熟瞿氏罟里家塾刻鐵琴銅劍樓叢書本　十冊

410000 – 2241 – 0004593　91.42/926/2

鐵琴銅劍樓藏書目錄二十四卷　（清）瞿鏞撰　清光緒二十四年(1898)常熟瞿氏罟里家塾刻鐵琴銅劍樓叢書本　十冊

410000 – 2241 – 0004594　128.3/6045

呂新吾先生全集二十種　（明）呂坤著　清刻本　三十六冊

410000 – 2241 – 0004595　44.73/892

劉香寶卷二卷　（清）□□撰　清光緒三年(1877)內妙見閣刻本　二冊

410000 – 2241 – 0004596　44.73/904

何仙姑寶卷二卷　（清）□□撰　清光緒六年(1880)培本堂刻本　一冊

410000 – 2241 – 0004597　44.566/354

繪圖大明奇俠傳十四卷五十四回　（清）□□撰　清光緒二十一年(1895)理文軒鉛印本　六冊

410000 – 2241 – 0004598　44.73/904/2

何仙姑寶卷二卷　（清）□□撰　清光緒六年(1880)培本堂刻本　一冊

410000 – 2241 – 0004599　44.566/354.02

增像大明奇俠傳十四卷五十四回　（清）□□撰　清光緒二十年(1894)上海理文軒書莊石印本　六冊

410000 – 2241 – 0004600　44.37273/930

寄廬詞存二卷　（清）錢國珍撰　清咸豐十年(1860)古章安署刻本　一冊

410000 – 2241 – 0004601　44.566/378

繪圖增像西遊記一百回　（明）吳承恩撰　（清）陳士斌詮解　（清）煥文書局增批　清光緒十九年(1893)上海煥文書局石印本　八冊

410000 – 2241 – 0004602　44.73/913

仙女寶卷　（清）□□撰　清同治十三年(1874)徐德成抄本　一冊

410000 – 2241 – 0004603　170.1/0438

教諭語四卷　（清）謝金鑾著　（清）王召南校正　清光緒二十五年(1899)汴省奇文齋刻本　一冊

410000 – 2241 – 0004604　44.73/913 = 2

仙桃寶卷　（清）□□撰　清光緒十六年(1890)方林元抄本　一冊

410000 – 2241 – 0004605　44.37273/964

眉綠樓詞八卷　（清）顧文彬撰　清光緒十年(1884)吳下刻本　四冊

410000 – 2241 – 0004606　44.73/918

雙蝴蝶寶卷一卷　（清）□□撰　清光緒三十年(1904)王兆立抄本　一冊

410000 – 2241 – 0004607　44.566/378.02

西遊真詮一百回　（明）吳承恩撰　（清）陳士斌詮解　清翠山房刻本　二十冊

410000 – 2241 – 0004608　170.1/6045

呂語集粹四卷　（明）呂坤著　（清）陳宏謀評　清末上海文瑞樓石印本　二冊

410000 – 2241 – 0004609　44.566/378.03

西遊真詮六卷一百回　（明）吳承恩撰　（清）陳士斌詮解　清刻本　六冊

410000 – 2241 – 0004610　44.37273/987

靜鄉居詞一卷　（清）金馥撰　清宣統二年(1910)程邦達刻本　一冊

410000 – 2241 – 0004611　44.73/918 = 3

雙金花寶卷　（清）□□撰　清光緒十二年

(1886)李茂枝抄本　一冊

410000－2241－0004612　44.566/378.04

西遊真詮一百回　(明)吳承恩撰　(清)陳士斌詮解　清乾隆五十六年(1791)文盛堂刻本　二十冊

410000－2241－0004613　44.73/918＝4

雙仙寶卷　(清)□□撰　清光緒二十一年(1895)蔣明貴抄本　一冊

410000－2241－0004614　170.1/7531

彊善堂臆說八卷　(清)陳宗石著　清商邱陳氏清芬草堂刻本　一冊

410000－2241－0004615　44.566/378＝2.02

品花寶鑑六十回　(清)陳森撰　清刻本　二十冊

410000－2241－0004616　44.37273/990

春在堂詞錄三卷　(清)俞樾撰　清光緒十五年(1889)刻本　二冊

410000－2241－0004617　44.73/918＝9

雙玉燕寶卷　(清)□□撰　清光緒九年(1883)包浩然抄本　一冊

410000－2241－0004618　91.51/158

善本書室藏書志四十卷附錄一卷　(清)丁丙輯　清光緒二十五年至二十七年(1899－1901)錢唐丁立中鄂中刻本　十六冊

410000－2241－0004619　44.566/382

雪月梅傳十卷五十回　(清)陳朗編輯　(清)董孟汾評釋　清聚錦堂刻本　十冊

410000－2241－0004620　91.51/158/2

善本書室藏書志四十卷附錄一卷　(清)丁丙輯　清光緒二十五年至二十七年(1899－1901)錢唐丁立中鄂中刻本　十六冊

410000－2241－0004621　91.51/158/3

善本書室藏書志四十卷附錄一卷　(清)丁丙輯　清光緒二十五年至二十七年(1899－1901)錢唐丁立中鄂中刻本　十六冊

410000－2241－0004622　171/4638

增訂與善錄六卷　(清)楊心鎔輯　(清)牛拱

辰增訂　清道光三年(1823)刻本　六冊

410000－2241－0004623　44.566/382.02

雪月梅傳十卷五十回　(清)陳朗編輯　(清)董孟汾評釋　邵松年校定　清乾隆四十年(1775)德華堂刻本　二十冊

410000－2241－0004624　44.73/922

延壽寶卷一卷　(清)□□撰　清同治元年(1862)聽雨軒抄本　一冊

410000－2241－0004625　175.4/4635

體驗錄不分卷附訓子語　(清)楊明德著　清光緒二十四年(1898)明道書院刻本　一冊

410000－2241－0004626　44.73/922.02

延壽寶卷一卷　(清)□□撰　清同治十年(1871)顏丕顯抄本　一冊

410000－2241－0004627　44.566/382.04

雪月梅傳十卷五十回　(清)陳朗編輯　(清)董孟汾評釋　清末茂苑琅嬛仙館石印本　六冊

410000－2241－0004628　44.73/922.03

延壽寶卷一卷　(清)□□撰　清光緒十年(1884)抄本　一冊

410000－2241－0004629　44.73/922.05

延壽寶卷一卷　(清)□□撰　清光緒培本堂刻本　一冊

410000－2241－0004630　44.566/393

繪圖醒夢錄全傳十六回　(清)陸沈山房撰　清光緒二十一年(1895)上海語記書局石印本　四冊

410000－2241－0004631　44.73/940

饑荒寶卷不分卷　(清)□□撰　清光緒二十五年(1899)抄本　一冊

410000－2241－0004632　44.566/397

林蘭香八卷六十四回　題(清)隨緣下士編輯　題(清)寄旅散人批點　清光緒四年(1878)維新堂刻本　十六冊

410000－2241－0004633　44.566/418

新編馬成龍演義四卷二十回　(清)□□撰

清末民初石印本　四冊

410000－2241－0004634　44.566/437.02

儒林外史五十六回　（清）吳敬梓撰　清光緒十三年（1887）上海申報館鉛印本　八冊

410000－2241－0004635　44.566/437.2

儒林外史評二卷　題（清）天目山樵評　清光緒七年（1881）刻本　四冊

410000－2241－0004636　44.566/439－2

糊塗世界十二回　（清）吳沃堯撰　清光緒三十二年（1906）上海世界繁華報館鉛印本　六冊

410000－2241－0004637　44.566/440

第十才子書六卷二十四回　題（清）吳航野客編次　題（清）水箸散人評閱　清乾隆五十三年（1788）忠華堂刻本　四冊

410000－2241－0004638　44.37273/754＝2

香隱盦詞二卷　（清）潘遵璈輯　清咸豐八年（1858）刻本　一冊

410000－2241－0004639　194.3/8634

異方便淨土傳燈歸元鏡三祖實錄二卷　（清）釋智達拈頌　（清）釋德日閱錄　清光緒十一年（1885）刻本　二冊

410000－2241－0004640　44.566/463

繪圖明珠緣六卷五十回　（清）□□撰　清光緒二十年（1894）上海書局石印本　六冊

410000－2241－0004641　44.73/987

金鳳寶卷不分卷　（清）□□撰　清光緒十九年（1893）陸天爵抄本　一冊

410000－2241－0004642　44.73/987＝2

金錢寶卷不分卷　（清）□□撰　清光緒十二年（1886）楊恒德抄本　一冊

410000－2241－0004643　91.51/710

藝芸書舍宋元本書目不分卷　（清）汪士鍾藏并編　清同治七年（1868）文學山房刻本　一冊

410000－2241－0004644　44.566/472

屑樓志二十四回　題（清）庚嶺勞人說　（清）禺山老人編　清咸豐八年（1858）裘賢堂刻本　六冊

410000－2241－0004645　44.73/987＝3

金蝙蝠寶卷不分卷　（清）□□撰　清光緒七年（1881）趙誠有堂抄本　一冊

410000－2241－0004646　44.566/503

新刻繡像後唐奇書蓮子瓶演義傳四卷二十三回　（清）□□撰　清同治十年（1871）瀛海賢刻本　二冊

410000－2241－0004647　44.37274/977

瘦碧詞二卷　鄭文焯撰　清光緒十四年（1888）大鶴山房刻本　一冊

410000－2241－0004648　44.73/987＝4

金釵寶卷不分卷　（清）□□撰　清光緒二十年（1894）陳鈺抄本　一冊

410000－2241－0004649　44.566/517

海游記六卷三十回　（清）□□撰　清刻本　六冊

410000－2241－0004650　44.73/987＝4.02

金釵寶卷不分卷　（清）□□撰　清宣統元年（1909）王明洲抄本　一冊

410000－2241－0004651　44.566/523

紅樓圓夢三十回　題（清）夢夢先生撰　清紅薔閣刻本　八冊

410000－2241－0004652　44.37274/977－3

比竹餘音四卷　鄭文焯撰　清光緒二十八年（1902）吳興沈氏刻本　二冊

410000－2241－0004653　44.566/523/2

紅樓圓夢三十回　題（清）夢夢先生撰　清刻本　六冊

410000－2241－0004654　44.566/528

醒世姻緣傳一百回　題（清）西周生撰　清同治九年（1870）刻本　十六冊

410000－2241－0004655　44.566/550

新刻天花藏批評平山冷燕四卷二十回　題（清）荻岸散人編次　清清明堂刻本　四冊

410000 – 2241 – 0004656　303/7107

文獻通考詳節二十四卷　（元）馬端臨著
（清）嚴虞惇錄　清光緒二十四年(1898)匯文
書局鉛印本　八冊

410000 – 2241 – 0004657　44.73/992 = 2

希奇寶卷一卷　（清）□□撰　清同治五年
(1866)玄妙觀得見齋刻本　一冊

410000 – 2241 – 0004658　44.566/578

繪圖花田金玉緣四卷十六回　（清）□□撰
清末民初上海煉石書局石印本　四冊

410000 – 2241 – 0004659　44.73/993

妙英寶卷　（清）□□撰　清咸豐七年(1857)
尤惠卿抄本　一冊

410000 – 2241 – 0004660　44.566/578.02

繪圖花田金玉緣四卷十六回　（清）□□撰
清光緒二十年(1894)上海書局石印本　四冊

410000 – 2241 – 0004661　44.566/590.02

第十才子書白圭志四卷十六回　（清）崔象川
輯　清刻本　四冊

410000 – 2241 – 0004662　44.73/993.02

妙英寶卷　（清）□□撰　清同治八年(1869)
趙榮堂抄本　一冊

410000 – 2241 – 0004663　44.73/993.03

妙英寶卷　（清）□□撰　清光緒二十二年
(1896)培本堂刻本　一冊

410000 – 2241 – 0004664　44.566/590 – 2

新編玉蟾記六卷五十三回　（清）崔象川撰
清光緒綠玉山房刻本　六冊

410000 – 2241 – 0004665　44.37276/892

濯絳宧存槀一卷　（清）劉毓盤撰　清光緒二
十七年(1901)刻本　一冊

410000 – 2241 – 0004666　44.566/590 – 3

繪圖第一才女傳四卷　（清）崔象川輯　清光
緒三十三年(1907)上海書局鉛印本　四冊

410000 – 2241 – 0004667　44.73/993 = 3/2

如如寶卷一卷　（清）□□撰　清光緒元年
(1875)杭州昭慶寺刻本　一冊

410000 – 2241 – 0004668　44.566/597

掌故演義七回　（清）□□撰　清刻本　一冊

410000 – 2241 – 0004669　361.219/2028

爵秩全覽(清光緒癸卯秋季)不分卷　（清）
□□輯　清光緒二十九年(1903)刻本　六冊

410000 – 2241 – 0004670　44.566/598

紅樓復夢一百回　題(清)小和山樵編輯　清
嘉慶四年(1799)嫏嬛齋刻本　二十四冊

410000 – 2241 – 0004671　361.219/6001

[呂新吾先生集]七卷　（明)呂坤著　清嘉慶
二年(1797)呂譽安刻本　八冊

410000 – 2241 – 0004672　44.73/995

猛將寶卷　（清）□□撰　清光緒四年(1878)
毛櫃抄本　一冊

410000 – 2241 – 0004673　361.81/1023

上諭內閣八十九卷　（清)允祿編　續編七十
卷　（清)弘晝續編　清雍正七年至乾隆六年
(1729 – 1741)內府刻本　三十二冊

410000 – 2241 – 0004674　361.81/4041

十朝聖訓九百二十二卷　（清）□□輯　清末
石印本　一百冊

410000 – 2241 – 0004675　361.82/3444

沈文肅公政書七卷首一卷　（清)沈葆楨撰
清光緒六年(1880)吳門節署刻本　十二冊

410000 – 2241 – 0004676　361.82/3444/2

沈文肅公政書七卷首一卷　（清)沈葆楨撰
清光緒六年(1880)吳門節署刻本　十二冊

410000 – 2241 – 0004677　361.82/4462

林文忠公政書甲集九卷乙集十七卷丙集十一
卷　（清)林則徐撰　清末刻本　二十冊

410000 – 2241 – 0004678　361.82/7720

駱文忠公奏議湘中稿十六卷續刻四川奏議九
卷附錄一卷　（清)駱秉章撰　清末刻本　三
十二冊

410000 – 2241 – 0004679　361.82/7507

歷代名臣奏議三百十九卷　（明)黃淮　（明)
楊士奇彙錄　（明)張溥編次　（明)陳明卿刪

225

正　明崇禎陳明卿刻本　六十四冊

410000－2241－0004680　361.82/8328

錢敏肅公奏疏七卷　（清）錢鼎銘撰　清光緒
六年(1880)存素堂刻本　四冊

410000－2241－0004681　361.84/4443

樊山政書二十卷　樊增祥撰　清宣統二年
(1910)金陵湯明林聚珍書局鉛印本　十冊

410000－2241－0004682　361.84/8064

曾文正公批牘六卷　（清）曾國藩撰　清光緒
二年(1876)傳忠書局刻曾文正公全集本
六冊

410000－2241－0004683　361.88/4474

試場新則不分卷　（清）林履莊編　清光緒二
十四年(1898)刻本　一冊

410000－2241－0004684　44.566/598.02

紅樓復夢一百回　題（清）小和山樵編輯
（清）史月文校訂　清光緒上海申報館鉛印申
報館叢書本　十冊

410000－2241－0004685　44.566/598.02/2

紅樓復夢一百回　題（清）小和山樵編輯
（清）史月文校訂　清光緒上海申報館鉛印申
報館叢書本　十冊

410000－2241－0004686　377.8/0845

洗冤錄詳義四卷首一卷　（宋）宋慈撰　（清）
許槤編校　洗冤錄摭遺二卷　（清）葛元煦編
　清光緒二年(1876)仁和葛氏嘯園刻本
五冊

410000－2241－0004687　91.561/833

彙刻書目二十卷　（清）顧修編　（清）王懿榮
重編　（清）朱學勤增訂　清光緒十二年至十
五年(1886－1889)上海福瀛書局刻本　十冊

410000－2241－0004688　91.561/967

彙刻書目不分卷　（清）顧修編　清同治九年
(1870)群玉齋刻本　十冊

410000－2241－0004689　44.566/603

葛仙翁全傳十六回　題（清）諸粤山人編次
清光緒九年(1883)古香書屋刻本　四冊

410000－2241－0004690　377.8/1074

補註洗冤錄集證四卷　（宋）宋慈撰　（清）王
又槐集證　（清）阮其新補註　檢骨圖格一卷
（清）刑部題定　作吏要言一卷　（清）葉鎮
著　（清）朱椿增　清道光二十三年(1843)刻
三色套印本　四冊

410000－2241－0004691　44.566/627－2

續證道書東遊記二十卷一百回　（明）方汝浩
撰　清康熙八年(1669)雲林刻本　二十冊

410000－2241－0004692　44.566/628

繪圖施公案十集　（清）□□撰　清光緒二十
八年(1902)上海廣益書局石印本　二十冊

410000－2241－0004693　44.749/231

新編韓湘子九度文公道情全本三卷　（清）
□□編　清咸豐九年(1859)務本堂刻本
二冊

410000－2241－0004694　44.566/628－2

繪圖施公案前傳八卷九十八回　（清）□□撰
　清光緒二十二年(1896)上海書局石印本
四冊

410000－2241－0004695　91.57/928

金山錢氏家刻書目　（清）錢培蓀彙錄　清光
緒四年(1878)金山錢氏刻本　四冊

410000－2241－0004696　44.749/301

指南鏡四卷　（清）□□撰　清光緒二十五年
(1899)廣安長生寨刻本　六冊

410000－2241－0004697　44.749/371

照膽臺四卷　題（清）務本子編輯　清光緒二
十六年(1900)刻本　六冊

410000－2241－0004698　44.566/628－3

續施公案四十卷一百回　（清）□□撰　清光
緒二十年(1894)珍藝書局鉛印本　六冊

410000－2241－0004699　420.74/1246

宛南書院課讀經義策論三種　（清）孫葆田輯
　清光緒二十七年(1901)麗澤堂刻本　三冊

410000－2241－0004700　44.749/689

明善復初三集　題（清）守一子編　清光緒十

三年（1887）刻本　　六冊

410000－2241－0004701　91.58/185

袁氏藝文志一卷文錄一卷詩錄一卷金石錄附錄一卷　（清）袁渭漁等撰　（清）袁昶編　清光緒二十三年（1897）桐廬袁氏漸西村舍刻漸西村舍彙刊本　　一冊

410000－2241－0004702　44.566/682

新刻增刪二度梅奇說五卷四十回　題（清）惺陰堂主人撰　清道光五年（1825）務本堂刻本　六冊

410000－2241－0004703　44.749/853

觸目驚心五卷　（清）□□編　清光緒十九年（1893）沙市善成堂刻本　六冊

410000－2241－0004704　44.75/100

繡像一捧雪全傳八卷三十二回　（清）□□撰　清嘉慶二十四年（1819）澄碧軒刻本　六冊

410000－2241－0004705　91.58/215

續溪金紫胡氏所箸書目二卷　（清）胡培系編輯　清光緒十年（1884）續溪胡廷楨世澤樓刻本　一冊

410000－2241－0004706　421.14/4042

石鼓文定本十卷　（清）沈梧輯　清光緒十六年（1890）無錫沈梧古華山館刻本　四冊　存五卷（一至五）

410000－2241－0004707　421.14/4042/2

石鼓文定本十卷　（清）沈梧輯　清光緒十六年（1890）無錫沈梧古華山館刻本　四冊　存三卷（三至五）

410000－2241－0004708　91.59/235

直隸津局運售各省書籍總目不分卷　（清）天津海防支應局編　清光緒九年（1883）天津總理天津海防支應局刻本　一冊

410000－2241－0004709　44.566/682＝3

繪圖李公案奇聞四卷三十四回　題（清）惺紅居士編　清光緒三十二年（1906）上海鑄記書局石印本　四冊

410000－2241－0004710　44.566/685

兒女英雄傳四十回首一回　（清）文康撰　清光緒申報館鉛印申報館叢書本　十六冊

410000－2241－0004711　91.596/378

直齋書錄解題二十二卷　（宋）陳振孫撰　清乾隆刻本　十二冊

410000－2241－0004712　44.566/685

繪圖續兒女英雄傳三十二回　（清）□□撰　清光緒二十四年（1898）石印本　八冊

410000－2241－0004713　91.596/378.02

直齋書錄解題二十二卷　（宋）陳振孫撰　清光緒九年（1883）江蘇書局刻本　六冊

410000－2241－0004714　44.75/101

增廣繪像蜃樓傳六卷三十二回　（清）□□撰　清光緒二十一年（1895）上海書局鉛印本　六冊

410000－2241－0004715　91.596/378.02/2

直齋書錄解題二十二卷　（宋）陳振孫撰　清光緒九年（1883）江蘇書局刻本　六冊

410000－2241－0004716　44.566/685.2

兒女英雄傳評話八卷四十回續兒女英雄傳四卷三十二回　題（清）還讀我書室主人評　清光緒三十三年（1907）上海鍊石齋書局石印本　十冊

410000－2241－0004717　421.15/0199

隸篇十五卷續十五卷再續十五卷　（清）翟云升撰　清道光十七年至十八年（1837－1838）東萊翟氏五經歲編齋刻本　十冊

410000－2241－0004718　44.75/101.02

增廣繪像蜃樓傳六卷三十二回　（清）□□撰　清光緒三十四年（1908）石印本　二冊

410000－2241－0004719　44.566/700

爭春園全傳六卷四十八回　題（清）寄生氏撰　清道光五年（1825）大經堂刻本　十冊

410000－2241－0004720　44.566/700.02

爭春園全傳六卷四十八回　題（清）寄生氏撰　清刻本　四冊

410000－2241－0004721　44.75/102＝2

新造秦雪梅歌八卷　（清）□□撰　清末潮安
府王生記刻本　二冊

410000－2241－0004722　91.596/470/2
昭德先生郡齋讀書志二十卷　（宋）晁公武撰
　（宋）姚應績編　附志二卷　（宋）趙希弁撰
　校補一卷　王先謙撰　清光緒十年(1884)
長沙王氏刻本　四冊

410000－2241－0004723　91.596/470.03
昭德先生郡齋讀書志二十卷　（宋）晁公武撰
　（宋）姚應績編　清光緒六年(1880)會稽章
氏刻本　十冊

410000－2241－0004724　44.566/700－2
新刊五美緣全傳八卷八十回　題(清)寄生氏
撰　清道光二十八年(1848)九如堂刻本
八冊

410000－2241－0004725　44.75/122
新刻玉釧緣全傳三十二卷　（清）□□撰　清
道光二十二年(1842)大文堂刻本　三十二冊

410000－2241－0004726　44.566/700－2.02
五美緣全傳八十回　題(清)寄生氏撰　清光
緒六年(1880)文奎堂刻本　十二冊

410000－2241－0004727　91.596/470
昭德先生郡齋讀書志二十卷　（宋）晁公武撰
　（宋）姚應績編　附志二卷　（宋）趙希弁撰
　校補一卷　王先謙撰　清光緒十年(1884)
長沙王氏刻本　九冊　缺目錄

410000－2241－0004728　44.75/122＝2
新刻玉蜻蜓八卷　（清）□□撰　清乾隆三十
四年(1769)雲龍閣刻本　四冊

410000－2241－0004729　44.75/122＝202
新刻玉蜻蜓八卷　（清）□□撰　清同治十二
年(1873)刻本　四冊

410000－2241－0004730　44.566/713
希夷夢四十卷　（清）汪寄撰　清嘉慶十四年
(1809)刻本　二十四冊

410000－2241－0004731　44.566/713.02
希夷夢四十回　（清）汪寄撰　清末石印本

四冊　存十一回(一至十一)

410000－2241－0004732　91.596/727
蛾術堂集　（清）沈豫著　清道光十八年
(1838)蕭山沈豫漢讀齋刻本　一冊　存二種
五卷

410000－2241－0004733　44.75/122＝2－2
玉蜻蜓四十回　（清）□□撰　清抄本　十冊

410000－2241－0004734　44.566/714
西遊證道大奇書二十卷一百回　（明）吳承恩
撰　（清）汪象旭評　清九如堂刻本　二十冊

410000－2241－0004735　422/1713
爾雅正義二十卷　（清）邵晉涵撰集　爾雅釋
文三卷　（唐）陸德明撰　清乾隆五十三年
(1788)餘姚邵氏面水層軒刻本　八冊

410000－2241－0004736　44.566/718.02
繪圖清風閘四卷三十二回　（清）蒲琳撰　清
光緒二十一年(1895)上海書局石印本　四冊

410000－2241－0004737　91.597/834
經義考三百卷　（清）朱彝尊編　總目二卷
(清)盧見曾編　清康熙刻乾隆二十年(1755)
德州盧見曾續刻本(原缺卷二百八十六、二百
九十九至三百)　四十八冊

410000－2241－0004738　422/3077
清文補彙八卷　（清）宜興著　清嘉慶七年
(1802)刻本　八冊

410000－2241－0004739　44.566/718
新刻清風閘四卷三十二回　（清）蒲琳撰　清
同治十三年(1874)刻本　四冊

410000－2241－0004740　44.75/918
新編雙玉盃全傳三十六卷　（清）□□撰　清
道光八年(1828)醉墨軒刻本　六冊

410000－2241－0004741　96.4/292
左庵瑣語　（清）李佳繼昌撰　清光緒二十七
年(1901)刻朱印本　一冊

410000－2241－0004742　D22.38/2634
十國春秋一百十六卷　（清）吳任臣撰　清光
緒十二年(1886)刻本　二十四冊

410000－2241－0004743　811.16/4431

黃文獻公集十卷補遺一卷附錄一卷　（元）黃
溍撰　清光緒二年（1876）永康胡鳳丹退補齋
刻金華叢書本　十二冊

410000－2241－0004744　96.4/295

人海記二卷　（清）查慎行編輯　清光緒七年
（1881）刻本　二冊

410000－2241－0004745　44.3535/242.6

杜工部集二十卷　（唐）杜甫撰　（清）錢謙益
箋注　諸家詩話一卷唱酬題詠附錄一卷少陵
先生年譜一卷附錄一卷　清宣統三年（1911）
上海時中書局石印本　八冊

410000－2241－0004746　811.17/0041

方正學先生遜志齋集二十四卷拾補一卷
（明）方孝孺撰　（清）張紹謙纂定　外紀一卷
（明）張紹謙纂　校勘記一卷　（清）盛朝彥
識　方正學先生年譜一卷　（明）盧演撰　清
同治十二年（1873）孫憙武林任有容齋刻本
十六冊

410000－2241－0004747　44.3535/242.7

讀杜心解六卷首二卷　（清）浦起龍講解　清
雍正二年至三年（1724－1725）無錫浦氏寧我
齋刻本　八冊

410000－2241－0004748　44.3535/242.7/2

讀杜心解六卷首二卷　（清）浦起龍講解　清
雍正二年至三年（1724－1725）無錫浦氏寧我
齋刻本　十冊

410000－2241－0004749　D22.41/1022

東都事略一百三十卷　（宋）王稱撰　清影宋
刻本　八冊

410000－2241－0004750　44.75/918.02/2

新編雙玉盃全傳三十六卷　（清）□□撰　清
上洋恒德堂刻本　八冊

410000－2241－0004751　44.3535/242.7.02

讀杜心解六卷首二卷　（清）浦起龍講解　清
文淵堂刻本　二冊

410000－2241－0004752　D22.41/2844

三朝北盟會編二百五十卷首一卷　（宋）徐夢
莘編集　校勘記二卷補遺一卷　（清）袁祖安
撰　清光緒四年（1878）如臯袁氏越東鉛印本
四十冊

410000－2241－0004753　811.17/0428

謝氏三賢遺稿三種　（清）謝維伺輯　清同治
十三年（1874）蛾術齋刻本　三冊

410000－2241－0004754　44.75/918.02

新編雙玉盃全傳三十六卷　（清）□□撰　清
上洋恒德堂刻本　二冊

410000－2241－0004755　811.17/1171

新刻張太岳先生文集四十七卷附帝鑑圖說
（明）張居正撰　明萬曆四十年（1612）繡谷唐
國達刻本　二十冊

410000－2241－0004756　44.75/918＝3

綉像雙珠鳳全傳十二卷八十回　（清）□□撰
清同治二年（1863）淨雅書屋刻本　十二冊

410000－2241－0004757　D22.482/3030

契丹國志二十七卷　（宋）葉隆禮撰　清嘉慶
二年（1797）南沙席氏掃葉山房刻宋遼金元別
史本　二冊

410000－2241－0004758　44.75/918＝4

繪圖增像雙珠球十二卷四十九回　（清）黃子
貞撰　清光緒三十二年（1906）上海書局石印
本　六冊

410000－2241－0004759　D22.482/4049

金史紀事本末五十二卷首一卷　（清）李有棠
編纂　清光緒二十七年（1901）廣雅書局刻紀
事本末彙刻本　六冊

410000－2241－0004760　44.3535/242.8

杜詩會粹二十三卷賦一卷　（唐）杜甫撰
（清）張遠箋注　清文蔚堂刻本　十冊

410000－2241－0004761　96.4/311

舒蓺室雜著甲編二卷乙編二卷賸稿一卷
（清）張文虎撰　清光緒五年至七年（1879－
1881）刻覆瓿集本　三冊　缺一卷（賸稿一
卷）

410000－2241－0004762　44.75/918＝5

雙鳳奇緣傳二十卷八十回　題(清)雪樵主人撰　清道光二十六年(1846)經元堂刻本八冊

410000－2241－0004763　D22.483/1185

西夏紀事本末三十六卷年表一卷　(清)張鑑著　清光緒十年(1884)江蘇書局刻本　四冊

410000－2241－0004764　44.75/918＝6

綉像双冠誥全傳四卷十二回　(清)□□撰清光緒四年(1878)玉積山房刻本　四冊

410000－2241－0004765　96.4/311＝2

佩渠隨筆十六卷　(清)張調元述　清道光二十一年(1841)刻本　四冊

410000－2241－0004766　44.75/918＝7

新鐫時調彈詞說唱雙金錠全傳五十卷　(清)□□撰　清咸豐十一年(1861)秋菊軒刻本十冊

410000－2241－0004767　811.17/4006

落落齋遺集十卷　(明)李應昇撰　清光緒二十二年(1896)武進盛氏刻朱印常州先哲遺書本　六冊

410000－2241－0004768　44.75/918＝7.02

新刻綉像雙金錠全傳六回　(清)陳遇乾撰清光緒二十年(1894)上海書局石印本　二冊

410000－2241－0004769　811.17/4057

懷麓堂詩稿二十卷文稿三十卷詩後稿十卷文後稿三十卷雜記十卷　(明)李東陽撰　**明李文正公七卷**　(清)法式善輯　清嘉慶李萃刻本　二十二冊

410000－2241－0004770　44.75/918＝8

繡像雙帥印十四卷十四回　(清)□□撰　清刻本　二冊

410000－2241－0004771　D22.49/8000

元書一百二卷首一卷　(清)曾廉撰　清宣統三年(1911)陽曾氏層漪堂刻本　二十冊

410000－2241－0004772　96.4/314

食舊惠齋雜著不分卷　(清)劉嶽雲撰　清光

緒八年(1882)刻本　二冊

410000－2241－0004773　44.75/918＝9

新譜雙玉燕傳四卷二十四回　(清)□□撰清刻本　四冊

410000－2241－0004774　44.75/918＝10

新編繡像雙連筆全傳四卷　(清)□□撰　清光緒二十七年(1901)石印本　四冊

410000－2241－0004775　811.17/4610

清江楊忠節公遺集八卷　(明)楊廷麟著　清光緒五年(1879)蕭江書院刻本　八冊

410000－2241－0004776　96.4/320

鴻苞節錄七卷　(明)屠隆著　清咸豐七年(1857)保硯齋刻本　十冊

410000－2241－0004777　D22.5/1237

二申野錄八卷　(清)孫之騄輯　清雍正刻本二冊

410000－2241－0004778　811.17/4625

楊忠愍公全集四卷　(明)楊繼盛撰　(清)毛大可鑒定　章鈺輯　清道光三十年(1850)刻本　四冊

410000－2241－0004779　811.17/7510

陳忠裕全集三十卷首一卷末一卷　(明)陳子龍撰　(清)王昶輯　清嘉慶八年(1803)簳山草堂刻本　十冊

410000－2241－0004780　D22.5/3191

明季稗史彙編十六種　題(清)留雲居士輯清光緒二十二年(1896)上海圖書集成印書局鉛印本　六冊

410000－2241－0004781　44.75/918＝2

新刻雙玉鐲前傳十五集十五卷後集十卷(清)□□撰　清乾隆三十二年(1767)刻本十冊

410000－2241－0004782　96.4/334

漁磯漫鈔十卷　(清)雷琳等輯　清道光二十年(1840)刻本　六冊

410000－2241－0004783　D22.5/7234

勝朝殉揚錄三卷　(清)劉寶楠輯　清同治十

年(1871)淮南書局刻本　二冊

410000－2241－0004784　96.4/334＝2

學古堂日記　（清）雷浚　（清）汪之昌輯　清
光緒十六年(1890)學古堂刻二十二年(1896)
續刻本　二十六冊

410000－2241－0004785　44.3535/242.8.02

杜詩會粹二十三卷賦一卷　（唐）杜甫撰
（清）張遠箋注　清康熙二十七年(1688)有文
堂刻本　十二冊

410000－2241－0004786　96.4/334＝2/2

學古堂日記　（清）雷浚　（清）汪之昌輯　清
光緒十六年(1890)學古堂刻二十二年(1896)
續刻本　二十六冊

410000－2241－0004787　44.75/949

夢白新翻錦香亭全傳三十二回　（清）徐品南
刪訂　清嘉慶七年(1802)九友山房刻本
六冊

410000－2241－0004788　44.3535/242.9

杜詩註釋二十四卷首一卷　（唐）杜甫撰
（清）許寶善編輯　清嘉慶八年(1803)雲間許
氏自怡軒刻光緒三年(1877)吳縣朱氏補刻本
十二冊

410000－2241－0004789　44.3535/242.9/2

杜詩註釋二十四卷首一卷　（唐）杜甫撰
（清）許寶善編輯　清嘉慶八年(1803)雲間許
氏自怡軒刻光緒三年(1877)吳縣朱氏補刻本
十二冊

410000－2241－0004790　D22.5/8005

明朝紀事本末八十卷　（清）谷應泰編著　清
順治十五年(1658)刻本　二十四冊

410000－2241－0004791　44.75/949－2

夢白新編白獺傳八卷　（清）徐品南編　清嘉
慶二十二年(1817)吾馨軒刻本　二冊

410000－2241－0004792　811.18/1020

虛受堂文集十五卷詩存十五卷書札二卷　王先
謙撰　清光緒二十六年至三十三年(1900－
1907)刻本　十二冊

410000－2241－0004793　44.75/956

新編盤龍鐲全傳二十四卷　（清）□□撰　清
嘉慶武林會成堂刻本　四冊

410000－2241－0004794　44.3535/242.10/1

杜詩鏡銓二十卷　（唐）杜甫撰　（清）楊倫編
輯　讀書堂杜工部文集注解二卷　（清）張潛
評注　杜工部年譜一卷　（清）楊倫編　清同
治十一年(1872)望三益齋刻本(有圖)　十冊

410000－2241－0004795　44.75/971

八美圖前集二十卷二十回後集二十九卷二十
九回　（清）□□撰　清同治三年(1864)芸香
閣刻本　八冊

410000－2241－0004796　811.18/1073

遡園全集(賈靜子先生集)四種　（清）賈開宗
撰　清道光九年(1829)賈洪信刻本　八冊

410000－2241－0004797　44.75/971.02

繡像真本八美圖十卷六十回　（清）□□撰
清嘉慶二十四年(1819)飛春閣刻本　二十
四冊

410000－2241－0004798　D22.59/1052

三湘從事錄一卷　（明）蒙正發著　（清）金永
森輯註　清光緒三十三年(1907)鄂垣刻本
一冊

410000－2241－0004799　96.4/375

定香亭筆談四卷　（清）阮元記　（清）吳文溥
錄　清嘉慶五年(1800)揚州阮氏琅嬛僊館刻
本　二冊

410000－2241－0004800　811.18/1148

陶園全集四種　（清）張九鉞撰　清道光二十
三年(1843)賜錦樓刻本　十冊　存三種三十
四卷

410000－2241－0004801　44.3535/242.10/2

杜詩鏡銓二十卷　（唐）杜甫撰　（清）楊倫
輯　讀書堂杜工部文集注解二卷　（清）張潛
評注　杜工部年譜一卷　（清）楊倫編　清同
治十一年(1872)望三益齋刻本(有圖)　十冊

410000－2241－0004802　96.4/375.02

定香亭筆談四卷　（清）阮元記　（清）吳文溥錄　清光緒二十五年(1899)浙江書局刻本　一冊

410000－2241－0004803　44.75/978

繡像夢影緣四十八回　（清）鄭澹若撰　清光緒二十一年(1895)竹簡齋石印本　十六冊

410000－2241－0004804　811.18/1243

夏峯先生集十四卷補遺二卷首一卷　（清）孫奇逢著　清道光二十五年(1845)大梁書院刻孫夏峰全集本　十六冊

410000－2241－0004805　44.75/987

新刻雅調唱口平陽傳金臺全集十二卷六十回　（清）□□撰　清光緒七年(1881)墨海堂刻本　十二冊

410000－2241－0004806　44.3535/242.11

杜律啓蒙十二卷　（唐）杜甫撰　（清）邊連寶集注　年譜一卷　清乾隆四十二年(1777)刻本　六冊

410000－2241－0004807　44.75/987＝3

金錢記七卷　（□）□□撰　清光緒十一年(1885)天水氏抄本　七冊

410000－2241－0004808　44.75/993

娛萱草彈詞三十二篇　題（清）橘道人撰　清光緒二十年(1894)木活字印本　六冊

410000－2241－0004809　811.18/1728

秋根書室詩文集十四卷西行紀程二卷西征集一卷　（清）孟傳鑄撰　清宣統二年(1910)章邱孟氏綠野堂鉛印本　八冊

410000－2241－0004810　44.3535/242.12

杜詩集說二十卷首一卷末一卷　（唐）杜甫撰　（清）江浩然纂輯　清本立堂刻本　二十四冊

410000－2241－0004811　811.18/1774

邵子湘全集三種　（清）邵長蘅撰　（清）顧景星批點　清康熙三十二年至三十八年(1693－1699)邵氏青門草堂刻本　六冊

410000－2241－0004812　44.3535/242.13

讀書堂杜工部詩集注解二十卷文集注解二卷　（唐）杜甫撰　（清）張溍評注　杜工部編年詩史譜目一卷　清道光二十一年(1841)張氏讀書堂刻本　十二冊

410000－2241－0004813　44.3535/242.14

杜詩提要十卷　（唐）杜甫撰　（清）吳瞻泰評注　清初刻本　十冊

410000－2241－0004814　811.18/2400

儲遯菴文集十二卷附錄一卷　（清）儲方慶著　（清）儲欣評　清光緒二年(1876)刻本　四冊

410000－2241－0004815　44.761/100

新編三國志鼓詞八部　（清）□□撰　清末石印本　八冊

410000－2241－0004816　811.18/2764

從野堂存稿八卷補遺一卷附錄一卷　（清）繆昌期著　文貞公年譜一卷　（清）繆之鎔撰　清光緒二十一年(1895)武進盛氏刻朱印本　四冊

410000－2241－0004817　44.761/102

新刻秦雪梅三元記全部六卷　（清）□□撰　清四友堂刻本　二冊

410000－2241－0004818　96.4/381

四溟瑣記十二卷　（清）陳裴之輯　清光緒元年(1875)申報館鉛印申報館叢書本　十冊

410000－2241－0004819　44.3535/242.06

王狀元集百家注編年杜陵詩史三十二卷　（唐）杜甫撰　（宋）魯訔編年并注　（宋）王十朋集注　杜集札記一卷　劉世珩撰　清宣統三年(1911)貴池劉氏玉海堂影印本　八冊

410000－2241－0004820　D22.6/2684

松花庵全集　（清）吳鎮撰　清乾隆刻本六冊

410000－2241－0004821　44.761/160＝2

五代興隆傳四卷一百三篇　（清）□□撰　清光緒二十一年(1895)上海書局石印本　四冊

410000－2241－0004822　D22.6/2807

不慊齋漫存七卷 （清）徐賡陛著 清光緒八年(1882)烏程徐氏南海官署刻本 六冊

410000－2241－0004823 44.3535/242.18

讀杜小箋三卷讀杜二箋二卷 （清）錢謙益撰 清宣統三年(1911)國學扶輪社石印本 一冊

410000－2241－0004824 44.761/195

新刊賣油郎四卷九十六回 （清）□□撰 清光緒三十二年(1906)上海書局石印本 四冊

410000－2241－0004825 96.4/391

冷廬雜識八卷 （清）陸以湉撰 清咸豐六年(1856)刻本 三冊 存六卷(一至六)

410000－2241－0004826 811.18/4047－2

詞科掌錄十七卷詞科餘話七卷 （清）杭世駿編輯 清乾隆刻本 八冊

410000－2241－0004827 D22.6/3144

校邠廬抗議二卷 （清）馮桂芬著 清光緒十年(1884)豫章刻本 二冊

410000－2241－0004828 44.761/230

繡像韓祖成仙寶傳四卷二十四回 （清）□□撰 清末上海錦章圖書局石印本 四冊

410000－2241－0004829 96.4/393

老學庵筆記十卷 （宋）陸游撰 清光緒元年(1875)湖北崇文書局刻三年(1877)印崇文書局彙刻書本 二冊

410000－2241－0004830 811.18/4047

道古堂文集四十八卷詩集二十六卷集外文一卷集外詩一卷軼事一卷 （清）杭世駿撰 清乾隆四十年至四十一年(1775－1776)刻光緒十四年(1888)泉唐汪氏振綺堂增修本 十六冊

410000－2241－0004831 44.761/377

新刻陳塘關鼓詞四卷三十二回 （清）□□撰 清光緒二十三年(1897)恒慶堂刻本(有圖) 四冊

410000－2241－0004832 44.761/430

戰國春秋十二部 （□）□□撰 清京都中和堂刻本 十二冊

410000－2241－0004833 811.18/4060

理齋偶存七卷附一卷 （清）袁賦諶著 （清）孫昉 （清）田蘭芳選 清康熙二十九年(1690)臥雪樓刻本 一冊

410000－2241－0004834 D22.6/4253

靳文襄公奏疏八卷 （清）靳輔撰 （清）靳治豫編 清刻本 八冊

410000－2241－0004835 D22.6/4418

上諭內閣八十九卷 （清）允祿編 續編七十卷 （清）弘晝續編 清刻本 三十二冊

410000－2241－0004836 44.761/693

繡像宋史奇書十二卷六十六回 （清）□□撰 清光緒十九年(1893)上海書局鉛印本 六冊

410000－2241－0004837 44.761/737

新刻五毒傳十二卷 （清）□□撰 清刻本 十二冊

410000－2241－0004838 811.18/4096

西泅全集 （清）李惺撰 （清）宋寶槭 （清）童樾編輯 清同治六年(1867)眉州劉鴻典等刻本 十六冊

410000－2241－0004839 D22.6/4427

東華錄三十二卷（天命朝至雍正朝） （清）蔣良騏撰 清刻本 十二冊

410000－2241－0004840 44.761/781

新刻毛公案說唱鼓詞四卷 （清）□□撰 清刻本 四冊

410000－2241－0004841 44.761/881

白綾記四卷旋風案五卷拿國太四卷 （清）□□撰 清文盛堂刻本 八冊

410000－2241－0004842 D22.6/4741

胡文忠公政書十四卷 （清）胡林翼著 （清）但湘良編輯 清光緒二十五年(1899)湖南糧儲道署刻本 十六冊

410000－2241－0004843 96.4/439

尖陽叢筆十卷 （清）吳騫著 清宣統三年

233

（1911）國學扶輪社鉛印張氏適園叢書初集本
　　二冊

410000－2241－0004844　44.761/918

新刻双掛印四卷三十二回　（清）□□撰　清
刻本　四冊

410000－2241－0004845　96.4/456

淮南雜識四卷　（清）聞益編　清同治七年
（1868）刻本　六冊

410000－2241－0004846　44.769/301

採茶偈不分卷　（清）張道宗錄　清道光三十
年（1850）張道宗抄本　一冊

410000－2241－0004847　D22.6/6008

撫豫宣化錄四卷　（清）田文鏡撰　清雍正刻
本　九冊

410000－2241－0004848　811.18/4232

芝庭先生集十八卷附錄一卷　（清）彭啟豐撰
　　清乾隆五十年（1785）長洲彭氏刻本　六冊

410000－2241－0004849　96.4/459

潛邱劄記六卷　（清）閻若璩撰　左汾近棗一
卷　（清）閻詠撰　清乾隆十年（1745）眷西堂
刻本　六冊

410000－2241－0004850　44.3535/242.20

杜詩百篇二卷　（唐）杜甫撰　（清）張燮承集
解　清咸豐九年（1859）汲郡賀氏藏真壽世室
刻本　二冊

410000－2241－0004851　D22.6/7241

江楚會奏變法三摺　（清）劉坤一　（清）張之
洞撰　清光緒二十五年（1899）鉛印本　一冊

410000－2241－0004852　96.4/477

小慧集十二卷續六卷　題（清）貯香主人編
清道光刻本　五冊　存十五卷（小慧集四至
十二、續六卷）

410000－2241－0004853　44.78/247

古謠諺一百卷　（清）杜文瀾輯　清咸豐十一
年（1861）秀水杜氏曼陀羅華閣刻曼陀羅華閣
叢書本　二十冊

410000－2241－0004854　44.78/247/2

古謠諺一百卷　（清）杜文瀾輯　清咸豐十一
年（1861）秀水杜氏曼陀羅華閣刻曼陀羅華閣
叢書本　二十冊

410000－2241－0004855　D22.6/0010

南巡盛典一百二十卷　（清）高晉等纂輯　清
乾隆三十六年（1771）武英殿刻本　四十八冊

410000－2241－0004856　44.78/426/2

越諺三卷賸語二卷　（清）范寅輯稿　清光緒
八年（1882）谷應山房刻本　二冊　存二卷
（一、三）

410000－2241－0004857　44.3535/242.21

杜工部詩選五卷　（唐）杜甫撰　（清）陳克壭
選　清抄本　二冊

410000－2241－0004858　44.78/426

越諺三卷賸語二卷　（清）范寅輯稿　清光緒
八年（1882）谷應山房刻本　三冊

410000－2241－0004859　96.4/504

避暑錄話二卷　（宋）葉夢得著　（明）商濬校
　　清刻本　二冊

410000－2241－0004860　96.4/504.02

避暑錄話二卷　（宋）葉夢得撰　清宣統元年
（1909）觀古堂刻本　二冊

410000－2241－0004861　811.18/4486

國朝中州名賢集十卷首一卷末一卷　（清）黃
舒昺編輯　清光緒十七年（1891）睢陽洛學書
院刻中州明道書院補修本　十二冊

410000－2241－0004862　44.3535/293.02

重刊分類補註李詩全集二十五卷分類編次李
太白文五卷　（唐）李白撰　（宋）楊齊賢集注
　　（元）蕭士贇補註　明霏玉齋刻本　十冊

410000－2241－0004863　96.4/522

羣書疑辨十二卷　（清）萬斯同纂　清嘉慶二
十一年（1816）供石亭刻本　六冊

410000－2241－0004864　811.18/4738

中山文鈔四卷詩鈔四卷奏議四卷史論二卷
（清）郝浴著　清康熙刻本　八冊

410000－2241－0004865　44.3535/293.2

分類補註李太白詩二十五卷　（唐）李白撰
（宋）楊齊賢集註　（元）蕭士贇補註　清刻本
　六冊

410000－2241－0004866　45.04/117

湖海詩傳小傳六卷　（清）王昶撰　清光緒四
年（1878）上海淞晉閣鉛印本　二冊

410000－2241－0004867　44.3535/293.4

李翰林集三十卷　（唐）李白撰　清宣統元年
（1909）影印本　六冊

410000－2241－0004868　811.18/7245

虛直堂文集二十四卷首一卷　（清）劉榛著
（清）田蘭芳選　清康熙刻本　六冊

410000－2241－0004869　44.3535/294.4

分類補注李太白詩二十五卷　（唐）李白撰
（宋）楊齊賢集注　（元）蕭士贇補注　（明）
許自昌校　唐翰林李太白年譜一卷　（宋）薛
仲邕編　明萬曆三十年（1602）許自昌刻本
十六冊

410000－2241－0004870　44.3535/293.3

李詩選五卷　（唐）李白撰　（明）張含編
（明）楊慎等評　明刻本　二冊

410000－2241－0004871　811.18/7442

陸桴亭先生遺書二十二種　（清）陸世儀撰
清光緒二十五年（1899）太倉唐受祺京師刻本
　十六冊

410000－2241－0004872　44.3535/357

孟襄陽集二卷　（唐）孟浩然撰　清刻本
一冊

410000－2241－0004873　811.18/7532

寶綸堂集十卷拾遺一卷　（清）陳洪綬著　清
光緒十四年（1888）會稽董氏取斯堂木活字印
本　八冊

410000－2241－0004874　96.4/592

古今注三卷　（晉）崔豹撰　清光緒五年
（1879）定州王氏謙德堂刻畿輔叢書本　一冊

410000－2241－0004875　96.4/625

文海披沙八卷　（明）謝肇淛著　清光緒三年

（1877）申報館鉛印申報館叢書本　四冊

410000－2241－0004876　D22.72/2023

變法自強奏議彙編二十卷　（清）毛佩之輯
清光緒二十七年（1901）上海書局石印本
十冊

410000－2241－0004877　96.4/627

物理小識十二卷首一卷　（清）方以智集　清
光緒十年（1884）寧靜堂刻本　六冊

410000－2241－0004878　44.3536/234

昌黎先生詩集注十一卷　（唐）韓愈撰　（清）
顧嗣立刪補　昌黎先生年譜一卷　清康熙三
十八年（1699）長洲顧氏秀野草堂刻本　六冊

410000－2241－0004879　96.4/634

芸窗叢話五集附續集　（清）郭芳蘭撰　清光
緒十年（1884）刻本　六冊

410000－2241－0004880　44.3536/234.02

昌黎先生詩集注十一卷　（唐）韓愈撰　（清）
顧嗣立刪補　（清）朱彝尊　（清）何焯評　昌
黎先生年譜一卷　清道光十六年（1836）膚德
堂刻朱墨套印本　四冊

410000－2241－0004881　47.1152/862

昕夕閒談三卷　（英國）李約瑟撰　題（清）蠡
勺居士譯　清同治十三年（1874）滬江申報館
鉛印本　三冊

410000－2241－0004882　44.3536/234.02/3

昌黎先生詩集注十一卷　（唐）韓愈撰　（清）
顧嗣立刪補　（清）朱彝尊　（清）何焯評　昌
黎先生年譜一卷　清道光十六年（1836）膚德
堂刻朱墨套印本　三冊　存十卷（二至十一）

410000－2241－0004883　96.4/653

七修類藁五十一卷續藁七卷　（明）郎瑛著述
　清乾隆四十年（1775）耕煙草堂刻本　十
六冊

410000－2241－0004884　44.3536/234.02/2

昌黎先生詩集注十一卷　（唐）韓愈撰　（清）
顧嗣立刪補　（清）朱彝尊　（清）何焯評　昌
黎先生年譜一卷　清道光十六年（1836）膚德

堂刻朱墨套印本　四冊

410000－2241－0004885　47.1152/862.02

重譯外國小說昕夕閒談二卷五十五回　（英國）約納約翰重譯　（英國）李約瑟筆述　清光緒三十年（1904）上海日商同文社鉛印本　二冊

410000－2241－0004886　47.1152/912

繪圖偶像奇聞三卷　（英國）□□撰　清宣統元年（1909）時事報館石印本　三冊

410000－2241－0004887　811.2/2847

古文淵鑒六十四卷　（清）徐乾學等編注　清同治十二年（1873）浙江書局刻本　三十二冊

410000－2241－0004888　D22.73/3600

合肥李勤恪公政書十卷首一卷　（清）李瀚章撰　（清）李經畬編　清末合肥李氏石印本　十冊

410000－2241－0004889　44.3536/234.2

韓昌黎詩集編年箋注十二卷　（唐）韓愈撰　（清）方世舉考訂　清乾隆二十三年（1758）德州盧見曾雅雨堂刻春及堂印本　十二冊

410000－2241－0004890　96.4/662

見聞續筆二十四卷　（清）齊學裘撰　清光緒二年（1876）天空海闊之居刻本　六冊　存十八卷（一至十八）

410000－2241－0004891　96.4/667

文房肆考圖說八卷　（清）唐秉鈞纂　（清）康愷繪圖　清乾隆刻本　八冊

410000－2241－0004892　811.2/3766

文選六十卷　（南朝梁）蕭統撰　（唐）李善注　（清）何焯評點　（清）葉樹藩參訂　清乾隆三十七年（1772）長洲葉氏海錄軒刻朱墨套印本　十二冊

410000－2241－0004893　D22.73/3734/2

同治中興京外奏議約編八卷　（清）陳弢編　清光緒元年（1875）篋劍囊琴之室刻本　四冊

410000－2241－0004894　811.2/3766.02

文選六十卷　（南朝梁）蕭統輯　（唐）李善注

（清）胡果泉校　（清）林植梅重校　清光緒六年（1880）四明林氏刻本　二十四冊

410000－2241－0004895　D22.73/3734

同治中興京外奏議約編八卷　（清）陳弢編　清光緒元年（1875）篋劍囊琴之室刻本　八冊

410000－2241－0004896　47.6352/280

羅敷怨二十章　（美國）格蘭撰　清宣統元年（1909）時事報館石印本　二冊

410000－2241－0004897　811.7/4442＝3

繪圖後聊齋志異十二卷　（清）王韜撰　清光緒二十九年（1903）上海點石齋石印本　六冊

410000－2241－0004898　44.3536/287

李長吉歌詩四卷外詩集一卷　（唐）李賀撰　（清）王琦彙解　**首一卷**　（清）王琦輯　清乾隆二十五年（1760）王氏寶笏樓刻本　四冊

410000－2241－0004899　47.6352/651

五更鐘二十四回　（美國）亮樂月命意　（清）陳春生編輯　清宣統元年（1909）上海美華書館鉛印本　二冊

410000－2241－0004900　44.3536/287.02

李長吉集四卷外卷一卷　（唐）李賀撰　（明）黃淳耀評述　（清）黎簡批點　清宣統元年（1909）掃葉山房石印本　四冊

410000－2241－0004901　96.4/712

青學齋裕後錄一卷　（清）汪之昌著　清同治十年（1871）刻本　一冊

410000－2241－0004902　D22.73/4663

平浙紀略十六卷　（清）秦緗業輯　（清）陳鍾英輯　清同治十二年（1873）浙江書局刻本　四冊

410000－2241－0004903　D22.73/4742

證俗文十九卷　（清）郝懿行著　清光緒十年（1884）東路廳署刻郝氏遺書本　六冊

410000－2241－0004904　D22.73/7201

洋務時事彙編八卷　（清）葛子源輯　清光緒二十四年（1898）上海書局石印本　十二冊

410000－2241－0004905　44.3536/579

浣花集十卷　（五代）韋莊撰　清谷園刻本
二冊

410000－2241－0004906　26.32939/433
封泥考略十卷　（清）吳式芬　（清）陳介祺輯
清光緒三十年（1904）石印本　十冊

410000－2241－0004907　26.32939/433/2
封泥考略十卷　（清）吳式芬　（清）陳介祺輯
清光緒三十年（1904）石印本　十冊

410000－2241－0004908　96.4/715
中州雜俎三十五卷　（清）汪價撰述　張鳳臺
鑾訂　清抄本　八冊

410000－2241－0004909　44.3536/579.02
古歡室詩詞集二卷　曾懿撰　清光緒三十年
（1904）古歡堂刻古歡室全集本　一冊

410000－2241－0004910　44.3536/869
白香山詩長慶集二十卷後集十七卷別集一卷
補遺二卷　（唐）白居易撰　（清）汪立名編訂
　　白香山年譜一卷　（清）汪立名撰　白香山
年譜舊本一卷　（宋）陳振孫撰　清康熙四十
一年至四十二年（1702－1703）汪立名一隅草
堂刻本　十四冊

410000－2241－0004911　96.4/730－2
歸田瑣記六卷　（清）梁章鉅撰　清道光二十
五年（1845）刻本　六冊

410000－2241－0004912　96.4/730/2
浪跡續談八卷　（清）梁章鉅撰　清刻本
二冊

410000－2241－0004913　44.3536/869.02
白香山詩集長慶集二十卷後集十七卷別集一
卷補遺二卷　（唐）白居易撰　（清）汪立名編
訂　清末石印本　六冊　缺十五卷（長慶集
一至十五）

410000－2241－0004914　96.4/730.02/2
浪跡續談八卷　（清）梁章鉅撰　清道光二十
八年（1848）亦東園刻本　四冊

410000－2241－0004915　96.4/730/3
浪跡三談　（清）梁章鉅撰　清咸豐七年

（1857）福州梁氏刻本　二冊

410000－2241－0004916　96.4/730.02
浪跡叢談十一卷　（清）梁章鉅撰　清道光二
十七年（1847）亦東園刻本　四冊

410000－2241－0004917　44.3536/869.03
白香山詩長慶集二十卷後集十七卷別集一卷
補遺二卷　（唐）白居易撰　（清）汪立名編訂
　　白香山年譜一卷　（清）汪立名撰　白香山
年譜舊本一卷　（宋）陳振孫撰　清康熙四十
一年至四十二年（1702－1703）汪立名一隅草
堂刻本　十四冊

410000－2241－0004918　96.4/730－3
梁氏筆記三種　（清）梁章鉅著　清宣統三年
（1911）上海掃葉山房石印本　八冊

410000－2241－0004919　96.4/730－4
退菴隨筆二十二卷　（清）梁章鉅編　清道光
十七年（1837）福州梁氏刻同治十一年（1872）
重修本　四冊

410000－2241－0004920　44.3537/290
李義山詩集十六卷　（唐）李商隱撰　（清）姚
培謙箋　清乾隆五年（1740）姚氏松桂讀書堂
刻本　四冊

410000－2241－0004921　96.4/741
夢溪筆談二十六卷補筆談三卷續筆談一卷
（宋）沈括撰　校字記一卷　（清）陶福祥輯
清光緒三十二年（1906）番禺陶氏愛廬刻本
四冊

410000－2241－0004922　D24.12/3123
中西紀事二十四卷　（清）夏燮撰　清光緒十
年（1884）江上草堂木活字印本　六冊

410000－2241－0004923　44.3537/290.2
玉谿生詩詳註三卷首一卷　（唐）李商隱撰
（清）馮浩編訂　清乾隆四十五年（1780）德聚
堂刻本　四冊

410000－2241－0004924　44.3537/290.2/2
玉谿生詩詳註三卷首一卷　（唐）李商隱撰
（清）馮浩編訂　清乾隆四十五年（1780）德聚

堂刻本　四册

410000－2241－0004925　44.3537/290.3
李義山詩集三卷　（唐）李商隱撰　（清）朱鶴
齡箋注　（清）沈厚塽輯評　李義山詩譜一卷
諸家詩評一卷　（清）□□輯　清同治九年
(1870)廣州倅署刻三色套印本　四册

410000－2241－0004926　96.4/754
消暑隨筆四卷　（清）潘世恩撰　清宣統三年
(1911)海左書局石印本　三册

410000－2241－0004927　96.4/766
雲仙散錄一卷　（唐）馮贄撰　札記一卷　徐
乃昌撰　清光緒三十二年(1906)南陵徐氏影
宋刻本　一册

410000－2241－0004928　48.31071/819
雲煙過眼錄二卷　（元）周密著　（清）陸心源
校　清光緒十三年(1887)歸安陸氏十萬卷樓
刻十萬卷樓叢書本　一册

410000－2241－0004929　96.4/790
有恆心齋集　（清）程鴻詔撰　清同治刻本
一册　存二種五卷

410000－2241－0004930　96.4/794
異聞益智叢錄三十四卷　題(清)種蕉藝蘭生
輯　清光緒二十六年(1900)江南書局鉛印本
八册

410000－2241－0004931　D25/3704
皇朝藩部要略十八卷世系表四卷　（清）祁韻
士纂　（清）毛嶽生編次　清光緒十年(1884)
浙江書局刻本　八册

410000－2241－0004932　48.312/371.02
庚子銷夏記八卷閒者軒帖考一卷　（清）孫承
澤著　（清）盧文紹校勘　清乾隆二十五年至
二十六年(1760－1761)長塘鮑廷博、慈溪鄭
竺刻乾隆增刻本　六册

410000－2241－0004933　48.312/371
庚子銷夏記八卷　（清）孫承澤著　清乾隆二
十五年至二十六年(1760－1761)長塘鮑廷
博、慈溪鄭竺刻本　四册

410000－2241－0004934　96.4/819－2
浩然齋雅談三卷　（宋）周密撰　清刻本
一册

410000－2241－0004935　96.4/821
詅癡符七卷　（清）周兆魁纂　清光緒二十四
年(1898)文匯書局鉛印本　二册

410000－2241－0004936　96.4/882
菽園贅談七卷附詩一卷　（清）邱煒菱著　清
光緒二十三年(1897)鉛印本　四册

410000－2241－0004937　96.4/883
桯史十五卷　（宋）岳珂著　（清）毛晉訂　附
錄一卷　清光緒四年(1878)申報館鉛印申報
館叢書本　四册

410000－2241－0004938　96.4/886
隱居通議三十一卷　（元）劉壎著　（清）劉冠
寰輯　清嘉慶六年(1801)愛餘堂刻本　四册

410000－2241－0004939　D26/2642
三國郡縣表八卷　（清）吳增僅編　清光緒二
十一年(1895)盱眙吳氏木活字印本　四册

410000－2241－0004940　48.312/390
吳越所見書畫錄六卷書畫說鈴一卷　（清）陸
時化編輯　清宣統二年(1910)順德鄧氏風雨
樓鉛印本　六册

410000－2241－0004941　D26/3400
三國疆域志補注十九卷首一卷　（清）洪亮吉
撰　（清）謝鍾英補注　清光緒二十四年
(1898)刻本　八册

410000－2241－0004942　96.4/888＝2
說部精華十二卷　（清）王士禛撰　（清）劉堅
類次　清光緒五年(1879)仁和葛氏刻嘯園叢
書刻本　六册

410000－2241－0004943　48.3131/308
清河書畫舫十二卷　（明）張丑造　（清）吳長元
校勘　清乾隆二十七年至二十八年(1762－
1763)仁和吳長元池北草堂刻本　十二册

410000－2241－0004944　D26.221/4412
山東考古錄一卷　（清）顧炎武撰　續山東考

古錄三十二卷首一卷 （清）葉圭綬撰 清光緒八年（1882）山東書局刻本 七冊

410000－2241－0004945 96.4/891

十科策略箋釋十卷附呆齋公年譜 （明）劉定之撰 （清）劉作樑註釋 清雍正十年（1732）劉氏刻本 六冊

410000－2241－0004946 96.4/892

在園雜志四卷 （清）劉廷璣撰 清光緒申報館鉛印申報館叢書本 四冊

410000－2241－0004947 44.3537/738.2

溫飛卿詩集七卷別集一卷集外詩一卷 （唐）溫庭筠撰 清刻本 六冊

410000－2241－0004948 48.3131/329

澄蘭室古緣萃錄十八卷 邵松年輯 清光緒三十年（1904）上海鴻文書局石印本 六冊

410000－2241－0004949 48.3131/329/2

澄蘭室古緣萃錄十八卷 邵松年輯 清光緒三十年（1904）上海鴻文書局石印本 六冊

410000－2241－0004950 96.4/902

義門讀書記五十八卷 （清）何焯撰 清乾隆三十四年（1769）刻本 十六冊

410000－2241－0004951 44.3537/738.02

溫飛卿詩集七卷別集一卷集外詩一卷 （唐）溫庭筠撰 （清）曾益注 （清）顧予咸補注 （清）顧嗣立重校 清宣統二年（1910）掃葉山房石印本 二冊

410000－2241－0004952 48.3131/367

佩文齋書畫譜一百卷 （清）孫岳頒等纂輯 清康熙四十七年（1708）靜永堂刻本 六十四冊

410000－2241－0004953 48.3131/367/2

佩文齋書畫譜一百卷 （清）孫岳頒等纂輯 清康熙四十七年（1708）靜永堂刻本 六十三冊

410000－2241－0004954 D26.241/1324

[乾隆]山西志輯要十卷首一卷清涼山志輯要二卷 （清）雅德修 （清）汪本直纂 清乾隆四十五年（1780）刻本 十二冊

410000－2241－0004955 44.3543/279

宛陵集六十卷 （宋）梅堯臣撰 清宣統二年（1910）上海石印本 十冊

410000－2241－0004956 48.3131/367.02

佩文齋書畫譜一百卷 （清）孫岳頒等纂輯 清光緒九年（1883）上海同文書局石印本 十六冊 存五十二卷（二十四至四十九、七十五至一百）

410000－2241－0004957 D26.243/0037

[光緒]汾陽縣志十四卷首一卷 （清）方家駒 （清）慶文修 （清）王文員纂 清光緒十年（1884）刻本 十冊

410000－2241－0004958 96.4/927

曝書雜記三卷 （清）錢泰吉記 清末刻本 三冊

410000－2241－0004959 48.3131/370

嶽雪樓書畫錄五卷 （清）孔廣陶編 （清）孔廣鏞閱 清光緒十五年（1889）南海孔氏三十有三萬卷堂刻本 五冊

410000－2241－0004960 48.3131/393

穰梨館過眼錄四十卷續錄十六卷 （清）陸心源編 清光緒十七年（1891）吳興陸氏刻潛園總集本 十四冊

410000－2241－0004961 96.4/929.02

十駕齋養新錄二十卷餘錄三卷 （清）錢大昕撰 清嘉慶九年（1804）刻本 三冊

410000－2241－0004962 96.4/929.03

十駕齋養新錄二十卷餘錄三卷 （清）錢大昕撰 錢辛楣先生年譜一卷 （清）錢大昕編 （清）錢慶曾校注 竹汀居士年譜續編一卷 （清）錢慶曾述 清光緒二年（1876）浙江書局刻本 二冊

410000－2241－0004963 44.3544/169

山谷內集詩注二十卷外集詩注十七卷外集詩注補四卷別集詩注二卷 （宋）黃庭堅撰 （宋）任淵等注 清光緒二十年（1894）刻本

十四冊

410000－2241－0004964　48.3131/860

寓意錄四卷　（清）繆日藻輯　（清）徐渭仁校勘　清道光二十年(1840)上海徐氏寒木春華館刻春暉堂叢書本　二冊

410000－2241－0004965　37.686/393

儀顧堂題跋十六卷續跋十六卷　（清）陸心源撰　清光緒十六年(1890)、十八年(1892)刻潛園總集本　四冊　存十六卷(續跋十六卷)

410000－2241－0004966　96.4/934.02

履園叢話二十四卷　（清）錢泳輯　清道光三年(1823)述德堂刻本　八冊

410000－2241－0004967　44.3544/169－2

山谷外集詩注十七卷別集詩注二卷　（宋）黃庭堅撰　（宋）史容　（宋）史季溫注　楊守敬校　清光緒十年(1884)刻本　十冊

410000－2241－0004968　96.4/935

語新二卷　（清）錢學綸撰　清光緒二年(1876)申報館鉛印申報館叢書本　二冊

410000－2241－0004969　96.4/950

增訂徐文定公集五卷首二卷　（明）徐光啟著　李之藻文稿一卷　（明）李之藻撰　清宣統元年(1909)上海慈母堂鉛印本　四冊

410000－2241－0004970　D26.322/8035

[光緒]重纂秦州直隸州新志二十四卷首一卷　（清）余澤春修　（清）王權　（清）任其昌纂　清光緒十五年(1889)刻本　十六冊

410000－2241－0004971　96.4/965－2

菰中隨筆一卷　（清）顧炎武著　清光緒十年(1884)還讀樓刻本　一冊

410000－2241－0004972　44.3544/554

蘇文忠公詩合註五十卷首一卷　（宋）蘇軾撰　（清）馮應榴輯訂　清乾隆六十年(1795)桐鄉馮氏踵息齋刻同治九年(1870)增修本　二十四冊

410000－2241－0004973　96.4/965.202

日知錄集釋三十二卷　（清）顧炎武撰　（清）

黃汝成集釋　刊誤二卷續刊誤二卷　（清）黃汝成撰　清同治十一年(1872)崇文書局刻本　四冊

410000－2241－0004974　96.4/965

日知錄三十二卷　（清）顧炎武撰　清康熙三十四年(1695)潘耒遂初堂刻本　二十冊

410000－2241－0004975　44.3544/554.2

蘇文忠公詩編注集成四十六卷總案四十五卷諸家雜綴酌存一卷蘇海識餘四卷箋詩圖一卷　（宋）蘇軾撰　（清）王文誥輯訂　清光緒十四年(1888)浙江書局刻本(有圖)　二十四冊

410000－2241－0004976　D26.351/7540

[光緒]溧陽縣續志十六卷末一卷　（清）朱畯等修　馮煦等纂　清光緒二十五年(1899)木活字印本　七冊　存十四卷(一至十四)

410000－2241－0004977　44.3544/554.3

東坡先生編年詩五十卷　（宋）蘇軾撰　（清）查慎行補注　東坡先生年表一卷　清乾隆二十六年(1761)查開香雨齋刻本　十六冊

410000－2241－0004978　44.3544/554.3/2

蘇詩查注補正四卷　（清）沈欽韓撰　清光緒八年(1882)長洲蔣鳳藻心矩齋刻心矩齋叢書本　二冊

410000－2241－0004979　48.3222/118

淳化祕閣法帖考正十二卷　（清）王澍詳定　（清）汪玉球參正　清雍正八年(1730)詩鼎齋刻本　六冊

410000－2241－0004980　96.4/965.2

日知錄集釋三十二卷　（清）顧炎武撰　（清）黃汝成集釋　清同治七年(1868)朝宗書屋刻本　二十二冊

410000－2241－0004981　48.3222/359

御刻三希堂石渠寶笈法帖釋文十六卷首一卷　（清）梁詩正等編　（清）孫功烈等校　清光緒二十三年(1897)上海鴻寶齋石印本　四冊

410000－2241－0004982　D26.5013/8043

同治上海縣志三十二卷圖說一卷敘錄一卷

（清）應寶時等修　（清）俞樾　（清）方宗誠纂　清同治十年（1871）吳門桌署刻十一年（1872）南園志局重校印本　十六冊

410000－2241－0004983　44.3544/554.4
施注蘇詩四十二卷總目二卷　（宋）蘇軾撰（清）施元之等注　（清）顧嗣立等刪補　**蘇詩續補遺二卷**　（宋）蘇軾撰　（清）馮景補注**王注正譌一卷**　（清）邵長蘅撰　**東坡先生年譜一卷**　（宋）王宗稷編　清康熙三十八年（1699）商丘宋犖刻本　四冊

410000－2241－0004984　96.4/984
困學紀聞注二十卷　（宋）王應麟撰　（清）翁元圻輯　清道光五年（1825）餘姚守福堂刻本十二冊

410000－2241－0004985　96.4/984/2
困學紀聞注二十卷　（宋）王應麟撰　（清）翁元圻輯　清道光五年（1825）餘姚守福堂刻本三冊

410000－2241－0004986　D26.511/4031
江蘇海塘新志八卷首一卷　（清）李慶雲（清）蔣師轍纂　清光緒十六年（1890）刻本四冊

410000－2241－0004987　44.3544/554－3
蘇文忠公詩集五十卷目錄二卷　（宋）蘇軾撰（清）紀昀評點　清同治八年（1869）韞玉山房刻朱墨套印本　十二冊

410000－2241－0004988　44.3546/393
劍南詩鈔六卷　（宋）陸游著　（清）楊大鶴選清康熙二十四年（1685）毗陵楊氏刻本八冊

410000－2241－0004989　44.3546/393/2
劍南詩鈔六卷　（宋）陸游著　（清）楊大鶴選清康熙二十四年（1685）毗陵楊氏刻本八冊

410000－2241－0004990　49.3225/544
廣川書跋十卷　（宋）董逌撰　清光緒十三年（1887）吳縣朱氏槐廬家塾刻槐廬叢書刻本二冊

410000－2241－0004991　44.3546/393.02
劍南詩鈔六卷　（宋）陸游著　（清）楊大鶴選清敦化堂刻本　八冊

410000－2241－0004992　D26.512/1034
[乾隆]直隸通州志二十二卷　（清）王繼祖修（清）夏之蓉等纂　清乾隆二十年（1755）刻本　十六冊

410000－2241－0004993　96.4/984.03
校訂困學紀聞三箋二十卷　（宋）王應麟撰（清）閻若璩等注　清嘉慶十二年（1807）金閶友益齋刻本　八冊

410000－2241－0004994　44.3546/470
晁具茨先生詩集十五卷　（宋）晁沖之撰　清道光十年（1830）晁氏刻本　四冊

410000－2241－0004995　D26.512/1781
[嘉慶]重修揚州府志七十二卷首一卷　（清）阿克當阿修　（清）姚文田等纂　清嘉慶十五年（1810）刻本　四十冊

410000－2241－0004996　44.3546/532
范石湖詩集二十卷　（宋）范成大撰　（清）黃昌衢纂訂　清康熙二十七年（1688）婺源黃昌衢藜照樓刻本　十冊

410000－2241－0004997　41.2463/161
隸法彙纂十卷　（清）項懷述編錄　清乾隆四十五年（1780）小酉山房刻本　五冊

410000－2241－0004998　96.4/987
粟香室叢書　金武祥輯　清光緒至民國間江陰金氏刻本　一冊　存二種三卷

410000－2241－0004999　44.3546/532.2
石湖居士詩集三十五卷　（宋）范成大撰（清）顧嗣臬等重訂　清康熙二十七年（1688）姑蘇顧氏依園刻本(原缺卷三十五)　四冊

410000－2241－0005000　D26.512/6005
[同治]續纂揚州府志二十四卷　（清）方濬頤（清）英傑修　（清）晏端書　（清）錢振倫纂　清同治十三年（1874）刻本　八冊

410000－2241－0005001　96.4/990

茶香室叢鈔二十三卷續鈔二十五卷三鈔二十九卷四鈔二十九卷　（清）俞樾撰　清光緒九年至二十五年（1883－1899）吳下春在堂刻春在堂全書本　六冊　存二十九卷（三鈔二十九卷）

410000－2241－0005002　44.3546/982

茶山集八卷　（宋）曾幾撰　清乾隆武英殿木活字印武英殿聚珍版書本　一冊

410000－2241－0005003　96.4/990.2

茶香室叢鈔二十三卷續鈔二十五卷三鈔二十九卷四鈔二十九卷　（清）俞樾撰　清光緒九年至二十五年（1883－1899）吳下春在堂刻春在堂全書本　二冊　存二十三卷（叢鈔二十三卷）

410000－2241－0005004　96.4/990－2

曲園雜纂五十卷　（清）俞樾著　清光緒二十五年（1899）刻春在堂全書本　八冊

410000－2241－0005005　44.3547/128

元遺山詩集箋注十四卷　（元）元好問撰（清）施國祁箋注　附錄一卷補載一卷　（清）施國祁輯　清刻本　六冊

410000－2241－0005006　D26.513/0070

同治宿遷縣志十九卷　（清）李德溥　（清）游春澤修　（清）方駿謨纂　清同治十三年（1874）刻本　十二冊

410000－2241－0005007　96.4/996

笑笑錄六卷　題（清）獨逸窩退士編　清光緒五年（1879）申報館鉛印申報館叢書本　四冊

410000－2241－0005008　44.35482/128

遺山先生詩集二十卷　（金）元好問撰　明崇禎十一年（1638）海虞毛氏汲古閣刻元人十種詩本　六冊

410000－2241－0005009　48.323/378

百壽篆文圖不分卷　（清）陳嘉穀集篆　清乾隆五十一年（1786）項氏刻本　一冊

410000－2241－0005010　44.35496/119

梧溪集七卷困學齋雜錄一卷　（元）王逢撰

清同治十三年（1874）思補樓木活字印本八冊

410000－2241－0005011　97.234/860

雲自在龕叢書五集三十五種　繆荃孫輯　清光緒元年（1875）江陰繆氏刻本　二十六冊

410000－2241－0005012　D26.513/2160

[光緒]江陰縣志三十卷首一卷　（清）盧思誠（清）馮壽鏡修　（清）季念詒　（清）夏煒如纂　清光緒四年（1878）刻本　二十冊

410000－2241－0005013　44.35496/299

揭曼碩詩集三卷　（元）揭傒斯撰　清道光二十七年（1847）番禺潘氏海仙山館刻海仙山館叢書本　一冊

410000－2241－0005014　D26.513/2718

[光緒]丹徒縣志六十卷首四卷　（清）何紹章（清）馮壽鏡修　（清）呂耀斗纂　清光緒五年（1879）刻本　三十冊

410000－2241－0005015　44.355/749

武林往哲遺箸五十六種後編十種　（清）丁丙輯　清光緒錢唐丁氏嘉惠堂刻本　一冊　存二種十二卷

410000－2241－0005016　D26.513/3364

[咸豐]重修興化縣志十卷　（清）梁園棣修（清）鄭之僑　（清）趙彥俞纂　清咸豐二年（1852）刻本　八冊

410000－2241－0005017　44.3551/189

海叟詩集四卷集外詩一卷附錄一卷　（明）袁凱著　（清）曹炳曾重輯　清康熙六十一年（1722）曹炳曾城書室刻本　二冊

410000－2241－0005018　D26.513/3651

光緒武進陽湖縣志三十卷首一卷　（清）王其淦　（清）吳康壽修　（清）湯成烈纂　清光緒五年（1879）刻本　二十冊

410000－2241－0005019　811.28/1026

詒穀堂制藝不分卷　（清）王德固撰　清光緒十六年（1890）刻本　一冊

410000－2241－0005020　41.2463/885/2

隸韻十卷　（宋）劉球纂　隸韻攷證二卷碑目
攷證一卷　（清）翁方綱撰　清嘉慶十五年
（1810）刻本　六冊

410000－2241－0005021　41.2463/885/1

隸韻十卷　（宋）劉球纂　隸韻攷證二卷碑目
攷證一卷　（清）翁方綱撰　清嘉慶十五年
（1810）刻本　十二冊

410000－2241－0005022　44.3551/502

樓碧先生黃楊集三卷補遺一卷附錄一卷
（元）華幼武撰　明崇禎十四年（1641）無錫華
氏承先堂刻本　二冊

410000－2241－0005023　44.3553/157

東軒集選一卷補遺三卷附錄一卷　（明）聶大
年撰　清光緒二十三年（1897）錢塘丁氏嘉惠
堂刻武林往哲遺箸本　一冊

410000－2241－0005024　811.28/1064

慎其餘齋文集二十卷　（清）王贈芳撰　清咸
豐四年（1854）留香書屋刻本　六冊

410000－2241－0005025　D26.513/7245

［崇禎］泰州志十卷圖一卷　（明）李自滋修
（明）劉萬春纂　明崇禎六年（1633）刻本　十
六冊

410000－2241－0005026　811.28/1134

養素堂文集三十五卷首一卷　（清）張澍撰
清道光十七年（1837）棗華書屋刻本　十六冊

410000－2241－0005027　44.3556/255

空同詩集三十四卷　（明）李夢陽撰　清光緒
十五年（1889）渭南嚴氏刻本　六冊

410000－2241－0005028　48.323/990

曲園墨戲不分卷　（清）俞樾著　清刻本
一冊

410000－2241－0005029　44.3556/294

滄溟先生集十四卷附錄一卷　（明）李攀龍撰
清光緒二十一年（1895）長沙張氏湘雨樓刻
本　四冊

410000－2241－0005030　97.31/382

麓山精舍叢書　（清）陳運溶輯　清光緒、宣

統間湘西陳氏刻本　六冊　存第一集八十六
種一百卷

410000－2241－0005031　44.3556/294.02

滄溟詩集十四卷　（明）李攀龍撰　清光緒三
十三年（1907）渭南嚴氏刻本　四冊

410000－2241－0005032　D26.513/7258

光緒江都縣續志三十卷首一卷　（清）謝延庚
修　（清）劉壽曾纂　清光緒十年（1884）刻本
八冊

410000－2241－0005033　48.324/314

固始張侍郎墨蹟不分卷　（清）張仁黼書　清
宣統元年（1909）北京懿文齋石印本　一冊

410000－2241－0005034　811.28/1262

續古文苑二十卷　（清）孫星衍撰　清光緒十
一年（1885）吳縣朱氏槐廬家塾刻本　八冊

410000－2241－0005035　D26.513/7711

［同治］如皋縣續志十六卷　（清）周際霖
（清）胡維藩修　（清）周頊　（清）吳開陽纂
清同治十二年（1873）刻本　六冊

410000－2241－0005036　811.28/1630

求益齋全集　（清）強汝詢撰　清光緒二十四
年（1898）江蘇書局刻本　八冊

410000－2241－0005037　48.325/100

御刻三希堂石渠寶笈法帖不分卷　（清）梁詩
正等編　清宣統元年（1909）文盛書局石印本
三十二冊

410000－2241－0005038　811.28/2013

西河文選十一卷　（清）毛奇齡撰　（清）汪霦
等選評　清乾隆四十八年（1783）萬卷樓刻本
四冊

410000－2241－0005039　D26.52/7762

浙江全省輿圖並水陸道里記不分卷　（清）宗
源瀚等編輯　清光緒二十年（1894）石印本
十七冊

410000－2241－0005040　48.325/122

玉煙堂帖不分卷　（明）陳元瑞編　清拓本
八冊

410000－2241－0005041　44.3559/907

四憶堂詩集六卷遺稿一卷　（清）侯方域撰
（清）賈開宗等選注　清宣統元年（1909）掃葉
山房石印本　二冊

410000－2241－0005042　44.3559/929

禾學庵詩集尺五集二卷得閒集二卷　（明）錢
履撰　明崇禎十七年（1644）刻本　一冊

410000－2241－0005043　48.325/441

昭代名人尺牘二十四卷　（清）吳修審定　清
光緒三十四年（1908）西泠印社影印本　二十
三冊　存二十三卷（一至二十二、二十四）

410000－2241－0005044　48.325/541

戲鴻堂法書十六卷　（明）董其昌審定　清末
影印本　四冊　存四卷（十三至十六）

410000－2241－0005045　811.28/2680

有正味齋駢體文二十四卷首一卷　（清）吳錫
麒撰　（清）王廣業箋　清咸豐九年（1859）青
箱塾刻本　八冊

410000－2241－0005046　48.325/686

寶賢堂集古法帖十二卷　（明）朱奇源輯　清
拓本　八冊

410000－2241－0005047　811.28/2680/2

有正味齋駢文十六卷補注一卷　（清）吳錫麒
撰　（清）葉聯芬箋註　清道光二十年（1840）
慈北葉氏刻本　八冊

410000－2241－0005048　811.28/2741

藝風堂文集七卷外篇一卷　繆荃孫撰　清光
緒二十六年至二十七年（1900－1901）江陰繆
氏刻本　四冊

410000－2241－0005049　48.325/751

淳化閣帖十卷　（宋）王著摹刻　清拓本
十冊

410000－2241－0005050　811.28/2879

國朝二十四家文鈔二十四卷　（清）徐斐然輯
評　清乾隆六十年（1795）刻本　八冊

410000－2241－0005051　811.28/3191

國朝文匯甲前集二十卷甲集六十卷乙集七十

卷丙集三十卷丁集二十卷姓氏目錄一卷
（清）沈粹芬編　清宣統元年（1909）上海國學
扶輪社石印本　一百冊

410000－2241－0005052　97.33/903

廣漢魏叢書八十種　（明）何允中輯　清嘉慶
刻本　八十冊

410000－2241－0005053　44.413149/267

樂府新編陽春白雪前集五卷後集五卷　（元）
楊朝英選集　清嘉慶十六年（1811）刻本
一冊

410000－2241－0005054　811.28/3603

湯子遺書十卷附錄一卷　（清）湯斌撰　（清）
王廷燦輯　清康熙四十二年（1703）錢塘王氏
刻本　四冊

410000－2241－0005055　44.35495/267

楊仲宏集八卷　（元）楊載撰　清嘉慶十五年
（1810）浦城祝氏留香室刻浦城遺書本　二冊

410000－2241－0005056　97.34/100

三才略七種　蔣德鈞輯　清光緒二十八年
（1902）濟南聚和堂刻本　二冊

410000－2241－0005057　811.28/4010

天岳山館文鈔四十卷　（清）李元度撰　清光
緒六年（1880）爽谿精舍刻本　二十冊

410000－2241－0005058　811.28/4044

國朝洛學文徵二卷　（清）李翰華錄　清光緒
五年（1879）有不為齋刻本　一冊

410000－2241－0005059　97.34/103

武英殿聚珍版書一百四十八種　清乾隆四十
二年（1777）福建刻道光、同治間遞修光緒十
八年至二十一年（1892－1895）增修本　七百
三十冊　缺四十九種七百四十九卷

410000－2241－0005060　811.28/4048

袁文箋正十六卷補注一卷　（清）袁枚著
（清）石韞玉箋　清嘉慶十七年（1812）吳縣石
韞玉鶴壽山堂刻本　四冊

410000－2241－0005061　D26.532/3044

[嘉慶]松江府志八十四卷首二卷圖一卷

(清)宋如林修 （清)孫星衍等纂 清嘉慶二十二年(1817)刻本 四十册

410000－2241－0005062 811.28/4088

笠翁一家言全集十六卷 （清)李漁著 清世德堂刻本 二十册

410000－2241－0005063 97.34/110

碣砳亭叢書八種 （清)祁寯藻輯 清道光二十七年(1847)刻 六册

410000－2241－0005064 D26.532/4291

[光緒]松江府續志四十卷首一卷圖一卷 （清)博潤修 （清)姚光發纂 清光緒十年(1884)刻本 二十四册

410000－2241－0005065 811.28/4254

國朝文錄八十二卷 （清)姚椿輯 清光緒二十六年(1900)上海掃葉山房石印本 十六册

410000－2241－0005066 44.536/112

秋燈叢話十八卷 （清)王椷撰 **覓燈因話二卷** （明)邵景詹撰 清同治十年(1871)文盛堂刻本 九册

410000－2241－0005067 811.28/4324

潛虛先生文集十四卷補遺一卷 （清)戴名世撰 **潛虛先生年譜一卷** （清)尤雲鶚撰 清光緒十八年(1892)刻本 八册

410000－2241－0005068 97.34/113

天壤閣叢書十六種 （清)王懿榮輯 清同治、光緒間福山王氏天壤家塾刻本 二十册

410000－2241－0005069 D26.533/1044

[光緒]永嘉縣志三十八卷首一卷 （清)張寶琳修 （清)王棻 （清)孫詒讓纂 清光緒六年至八年(1880－1882)刻本 二十册

410000－2241－0005070 811.28/4426

敬孚類稿十六卷 （清)蕭穆撰 清光緒三十二年至三十三年(1906－1907)刻本 四册

410000－2241－0005071 44.536/114

甕牖餘談八卷 （清)王韜撰 清光緒元年(1875)申報館鉛印本 四册

410000－2241－0005072 97.34/115

檀几叢書 （清)王晫 （清)張潮校 清吳門掃葉山房刻本 十一册

410000－2241－0005073 811.28/4430

正誼堂文集二十四卷 （清)董沛著 清光緒二十二年(1896)刻本 六册

410000－2241－0005074 97.34/117

增訂漢魏叢書八十六種 （清)王謨輯 清光緒二年(1876)紅杏山房刻本 一百册

410000－2241－0005075 44.536/153

莊諧選錄十二卷 （清)汪康年編 清光緒三十年(1904)上海吳雲記印書局鉛印本 六册

410000－2241－0005076 97.34/117－2

漢魏遺書鈔四集一百七種 （清)王謨輯 清嘉慶三年(1798)金谿王氏刻本 十六册

410000－2241－0005077 D26.533/2543

[光緒]上虞縣志四十八卷首一卷末一卷 （清)唐煦春等修 （清)朱士黻等纂 清光緒十六年至十七年(1890－1891)刻本 二十册

410000－2241－0005078 97.34/119

南菁書院叢書 王先謙 繆荃孫輯 清光緒十四年(1888)江陰南菁書院刻本 四十册

410000－2241－0005079 D26.533/3109

[光緒]富陽縣志二十四卷首一卷 汪文炳修 （清)何鎔纂 清光緒二十八年至三十二年(1902－1906)刻本 十六册

410000－2241－0005080 48.326/554

蘇書醉翁亭記 （宋)蘇軾書 清拓本 一册

410000－2241－0005081 D26.533/3132

[光緒]重修嘉善縣志三十六卷首一卷 江峰青修 （清)顧福仁纂 清光緒二十年(1894)刻本 十六册

410000－2241－0005082 811.28/4438

松陵文錄二十四卷 （清)凌淦輯 清同治十三年(1874)刻本 八册

410000－2241－0005083 D26.533/4230

[光緒]平湖縣志二十五卷首一卷末一卷 （清)彭潤章修 （清)葉廉鍔纂 清光緒十二

245

年(1886)刻本　十三冊

410000－2241－0005084　811.28/4444

重刻天傭子全集十卷首一卷末一卷　（明）艾南英著　（清）艾爲珖　（清）艾曰芬編輯（清）蔡元鳳等評點　（清）饒汝栒編訂　清道光十六年(1836)刻本　十冊

410000－2241－0005085　97.34/145

學海類編　（清）曹溶輯　（清）陶越增訂　清道光十一年(1831)六安晁氏木活字印本　一百二十冊

410000－2241－0005086　97.34/158

月河精舍叢鈔四種　（清）丁寶書輯　清光緒六年(1880)苕溪丁氏刻本　十冊

410000－2241－0005087　44.536/153＝2

申報館叢書　題(清)尊聞閣主輯　清同治至光緒申報館鉛印本　四冊　存三種五卷

410000－2241－0005088　97.34/158＝2

當歸草堂叢書八種　（清）丁申輯　清同治錢塘丁氏刻本　八冊

410000－2241－0005089　44.536/212

鸝砭軒質言二卷　（清）戴蓮芬撰　清光緒五年(1879)上海申報館鉛印申報館叢書本一冊

410000－2241－0005090　44.536/261

可驚可愕集四卷　題(清)杜鄉漁隱撰　清光緒二十一年(1895)石印本　四冊

410000－2241－0005091　811.28/6039

篤實堂文集八卷　（清）呂永輝著　清光緒三十二年(1906)大梁明道書院刻本　四冊

410000－2241－0005092　44.536/281

解醒語四卷　題(清)泖濱野客著　清光緒二十一年(1895)申報館鉛印本　二冊

410000－2241－0005093　D26.533/7514

[乾隆]奉化縣志十四卷首一卷　（清）曹膏（清）唐宇霖修　（清）陳琦纂　清乾隆三十八年(1773)刻本　六冊

410000－2241－0005094　811.28/7217

岳忠武王文集八卷首一卷末一卷　（宋）岳飛撰　清光緒十二年(1886)上海簡玉山房刻本四冊

410000－2241－0005095　D26.533/8040

[光緒]諸暨縣志六十一卷首一卷　（清）陳遹聲修　（清）蔣鴻藻纂　清宣統元年至二年(1909－1910)刻本　十八冊

410000－2241－0005096　97.34/164

儆居遺書　（清）黃式三撰　清同治、光緒間刻本　九冊　存二種二十五卷

410000－2241－0005097　811.28/7497/2

切問齋文鈔三十卷　（清）陸燿輯　清光緒十九年(1893)合肥李氏刻本　十二冊

410000－2241－0005098　44.536/307

妙香室叢話十四卷　（清）張培仁撰　清光緒十年(1884)上海申報館鉛印申報館叢書本六冊

410000－2241－0005099　811.28/7497

切問齋文鈔三十卷　（清）陸燿輯　清道光二十九年(1849)刻本　十二冊

410000－2241－0005100　44.536/309

瑣事閒錄二卷　（清）張畇撰　清咸豐元年(1851)河南義文齋刻本　四冊

410000－2241－0005101　44.413164/120

霓裳續譜八卷　（清）王廷紹輯　清乾隆六十年(1795)集賢堂刻本　四冊

410000－2241－0005102　44.536/335

夜譚隨錄十二卷　題(清)霽園主人閑齋氏撰題(清)葵園主人蘭岩氏評　清乾隆五十六年(1791)緯文堂刻本　十二冊

410000－2241－0005103　D26.536/4214

[嘉慶]湘潭縣志四十卷　（清）張雲璈修（清）周系英纂　清嘉慶二十三年(1818)刻本十八冊

410000－2241－0005104　44.536/381

簪雲樓雜說一卷　（清）陳尚古撰　清刻本一冊

410000－2241－0005105　D26.536/1111

[嘉慶]湘潭縣志四十卷　（清）張雲璈修（清）周系英纂　清嘉慶二十三年(1818)刻本　十八冊

410000－2241－0005106　D26.542/4023

[乾隆]汀州府志四十五卷首一卷　（清）曾曰瑛等修　（清）李紱等纂　清同治六年(1867)刻本　二十冊

410000－2241－0005107　97.34/202

仰視千七百二十九鶴齋叢書六集　（清）趙之謙輯　清光緒六年(1880)會稽趙氏刻本　三十六冊

410000－2241－0005108　44.536/438

譚瀛八種　（清）吳文藻撰　清光緒二十二年(1896)上海鴻寶齋石印本　四冊

410000－2241－0005109　97.34/214

琳琅祕室叢書四集二十九種　（清）胡珽輯　清咸豐三年(1853)仁和胡氏木活字印本　二十四冊

410000－2241－0005110　44.536/439

客窗閒話八卷續八卷　（清）吳熾昌著　清光緒元年(1875)滋本堂刻本　八冊

410000－2241－0005111　48.35/210

鐵網珊瑚二十卷　（明）都穆撰　清乾隆二十三年(1758)都肇斌刻本　三冊

410000－2241－0005112　811.3/4469

藏書紀事詩六卷　葉昌熾撰　清光緒二十三年(1897)元和江標長沙學使署刻靈鶼閣叢書本　十二冊

410000－2241－0005113　D26.552/1053

[光緒]施南府志續編十卷　（清）王庭楨（清）李謙修　（清）雷春沼　（清）尹壽衡纂　清光緒十一年(1885)刻本　四冊

410000－2241－0005114　811.3/4469/2

藏書紀事詩六卷　葉昌熾撰　清光緒二十三年(1897)元和江標長沙學使署刻靈鶼閣叢書本　四冊

410000－2241－0005115　48.35/212

習苦齋畫絮十卷　（清）戴熙記　（清）惠年編輯　清光緒十九年(1893)刻本　四冊

410000－2241－0005116　97.34/254

竹柏山房十五種附刻四種　（清）林春溥撰　清嘉慶、咸豐間閩中林氏竹柏山房刻本　四十冊

410000－2241－0005117　44.536/439.02

客窗閒話初集四卷續集四卷　（清）吳熾昌著　清光緒二十七年(1901)上海文宜書局石印本　四冊

410000－2241－0005118　811.3/7100

漁洋山人古詩選三十二卷　（清）王士禎選　清同治五年(1866)金陵書局刻本　八冊

410000－2241－0005119　D26.553/7518

[同治]安陸縣志補正二卷　（清）陳廷鈞纂修　清同治十一年(1872)刻本　二冊

410000－2241－0005120　D26.553/8048

[同治]續修東湖縣志三十卷首一卷續補藝文一卷　（清）金大鏞修　（清）王柏心纂　清同治三年(1864)刻本　十冊

410000－2241－0005121　48.35/340

谿山臥游錄四卷　（清）盛大士著　清光緒十八年(1892)太倉繆氏刻東倉書庫叢刻初編本　二冊

410000－2241－0005122　44.536/444

科場異聞錄五種　（清）呂相燮輯　清光緒二十四年(1898)順成書局石印本　四冊

410000－2241－0005123　D26.554/2604

荊州萬城隄志十卷首一卷末一卷　（清）倪文蔚纂　清光緒二年(1876)刻本　五冊

410000－2241－0005124　97.34/272

連筠簃叢書十二種　（清）楊尚文輯　清道光二十八年(1848)靈石楊氏刻本　二十四冊

410000－2241－0005125　811.3/7171

甌香居詩草一卷泉頌一卷柘霜草一卷畏草一卷駉課一卷　（清）馬顒撰　清刻本　一冊

410000－2241－0005126　D26.573/2144

[光緒]吳江縣續志四十卷首一卷　（清）金福曾修　（清）熊其英纂　清光緒五年(1879)刻本　八冊

410000－2241－0005127　44.536/549

三岡識略十卷續一卷　（清）董含撰　清光緒上海申報館鉛印申報館叢書本　六冊

410000－2241－0005128　48.35/754

紅雪山房畫品十二則　（清）潘曾瑩著　清道光十三年(1833)刻本　一冊

410000－2241－0005129　44.536/549/2

三岡識略十卷續一卷　（清）董含撰　清光緒上海申報館鉛印申報館叢書本　六冊

410000－2241－0005130　D26.611/4242

蜀故二十七卷　（清）彭遵泗輯　清光緒二年(1876)讀書堂刻本　六冊

410000－2241－0005131　97.34/287

木犀軒叢書二十五種　李盛鐸輯　清光緒德化李氏木犀軒刻本　四十冊

410000－2241－0005132　44.536/607

珊瑚舌雕談初筆八卷　（清）許起著　清光緒十一年(1885)弢園王氏木活字印本　四冊

410000－2241－0005133　48.35/987

桐園臥游錄一卷　（清）金鳳清撰　清同治十一年(1872)刻本　一冊

410000－2241－0005134　811.3/7446

古今說海一百三十五種　（明）陸楫輯　清宣統元年(1909)上海集成圖書公司鉛印本　十二冊

410000－2241－0005135　44.536/627

夢園叢說內篇八卷外篇八卷　（清）方濬頤撰　清光緒元年(1875)鉛印本　四冊

410000－2241－0005136　97.34/288

集虛草堂叢書甲集九種　李國松輯　清光緒三十年至三十二年(1904－1906)合肥李氏刻本　二十二冊

410000－2241－0005137　44.536/627.02

夢園叢說內篇八卷　（清）方濬頤撰　清光緒上海申報館鉛印申報館叢書本　二冊

410000－2241－0005138　48.3504/102

桐陰論畫二卷首一卷附錄一卷畫訣一卷續桐陰論畫一卷二編二卷三編二卷　（清）秦祖永撰　清宣統二年(1910)上海中國書畫會石印本　四冊

410000－2241－0005139　D26.612/7232

[乾隆]西寧府新志四十卷　（清）楊應琚纂修　清乾隆十二年(1747)刻二十七年(1762)印本　十二冊

410000－2241－0005140　811.3/7530

詩比興箋四卷簡學齋詩存一卷　（清）陳沆撰　清咸豐五年(1855)蘄水陳氏刻本　三冊

410000－2241－0005141　97.34/289

榕村叢書四十九種　（清）李光地編輯　清乾隆元年(1736)李氏刻本　一百二十冊

410000－2241－0005142　44.536/659

本立堂重梓燕居筆記藻學精林十卷　題（清）龍鍾道人編　清光緒三十二年(1906)本立堂刻本　十二冊

410000－2241－0005143　97.34/290

函海一百五十九種　（清）李調元輯　清光緒七年至八年(1881－1882)廣漢鍾登甲樂道齋刻本　一百二十冊

410000－2241－0005144　811.3/8097

江西詩徵九十四卷補遺一卷　（清）曾燠編輯　清嘉慶九年(1804)賞雨茅屋刻本　六十四冊

410000－2241－0005145　97.34/294

惜陰軒叢書三十四種　（清）李錫齡輯　清道光二十六年(1846)宏道書院刻本　一百十四冊

410000－2241－0005146　48.3504/183.02

歷代畫史彙傳七十二卷首一卷總目三卷附錄二卷　（清）彭蘊燦編　清道光五年(1825)吳門彭氏尚志堂刻本　二十四冊

410000－2241－0005147　44.536/736/1

陰陽鏡十六卷　（清）湯承驥輯　清同治元年(1862)刻本　六冊

410000－2241－0005148　811.301/3105

詩學指南八卷　（清）顧龍振編輯　清乾隆二十四年(1759)敦本堂刻本　四冊

410000－2241－0005149　44.536/736/2

陰陽鏡十六卷　（清）湯承驥輯　清同治元年(1862)刻本　六冊

410000－2241－0005150　811.3025/7167

宋詩紀事一百卷　（清）厲鶚　（清）馬曰琯輯　清乾隆十一年(1746)錢塘厲氏樊榭山房刻本　二十冊

410000－2241－0005151　D26.612/3267

[嘉慶]華陽縣志四十四卷首一卷　（清）吳鞏　（清）董淳修　（清）潘時彤等纂　清嘉慶二十一年(1816)刻光緒十八年(1892)補刻本　十六冊

410000－2241－0005152　48.3504/285

甌鉢羅室書畫過目考四卷附卷一卷　（清）李玉棻輯　清光緒上海鴻文齋石印本　四冊

410000－2241－0005153　44.536/754

道聽塗説十二卷　（清）潘綸恩著　清光緒元年(1875)上海申報館鉛印申報館叢書本　六冊

410000－2241－0005154　97.34/294－2

惜陰軒叢書三十四種續編一種　（清）李錫齡輯　清道光二十六年(1846)、咸豐八年(1858)宏道書院刻本　一百二十冊

410000－2241－0005155　48.3504/774

國朝畫識十七卷　（清）馮金伯纂輯　清乾隆五十六年(1791)刻道光十一年(1831)增修本　八冊

410000－2241－0005156　44.536/785

諧史四卷　（清）程森泳輯　清嘉慶五年(1800)西西山房刻本　四冊

410000－2241－0005157　97.34/306

花雨樓叢鈔十二種　（清）張壽榮輯　清光緒蛟川張氏花雨樓刻本　三十二冊

410000－2241－0005158　44.536/833

妄妄錄十二卷　（清）朱海撰　清道光十年(1830)檻旌堂刻本　八冊

410000－2241－0005159　48.35071/672

虛齋名畫錄十六卷　龐元濟撰　清宣統元年(1909)烏程龐氏申江刻本　十六冊

410000－2241－0005160　811.303/2010

全唐詩話六卷　（宋）尤袤撰　（清）毛晉訂　明末海虞毛氏汲古閣刻本　六冊

410000－2241－0005161　97.34/306＝2

暢園叢書甲函五種　（清）張邁輯　清光緒二十年(1894)始豐張氏四明刻本　四冊

410000－2241－0005162　811.303/2603

詩人玉屑二十卷　（宋）魏慶之撰　清道光七年(1827)刻本　六冊

410000－2241－0005163　97.34/309

張氏叢書(張恩霨所著書)六種　（清）張恩霨撰　清光緒慈元張氏刻本　十二冊

410000－2241－0005164　44.413256/272

陶情樂府四卷　（明）楊慎撰　清宣統三年(1911)岷陽精舍刻本　一冊

410000－2241－0005165　811.303/7512

詩傳名物集覽十二卷　（清）陳大章撰錄　清康熙閩中刻本　六冊

410000－2241－0005166　97.34/312＝202

二酉堂叢書(張氏叢書)二十一種　（清）張澍輯　清道光元年(1821)武威張氏二酉堂刻本　十二冊

410000－2241－0005167　D26.641/7188

滇繫四十卷　（清）師範纂　清光緒十三年(1887)雲南通志局刻本　四十冊

410000－2241－0005168　44.536/845

影談四卷　（清）管世灝著　清末鉛印本　二冊

410000－2241－0005169　48.3711/214

十竹齋書畫譜八種　（清）胡正言摹古　（清）
張學畊重校　清光緒五年（1879）彩色套印本
七冊　存七卷（一至二、四至八）

410000－2241－0005170　97.34/312＝3

昭代叢書十二集六百一十三種　（清）張潮
（清）張漸輯　（清）楊復吉　沈楙悳續輯　清
道光吳江沈氏世楷堂刻本　一百七十二冊

410000－2241－0005171　44.413265/929

餅笙館修簫譜四種　（清）舒位撰　清道光十
三年（1833）錢塘汪氏振綺堂刻本　一冊

410000－2241－0005172　97.34/312＝3－2

昭代叢書甲集五十種乙集四十種　（清）張潮
輯　（清）王嗣槐校　清吳門掃葉山房刻本
十三冊

410000－2241－0005173　D26.643/4321

［道光］昆明縣志十卷　（清）戴絅孫纂修　清
光緒二十七年（1901）昆明縣五會紳耆刻本
六冊

410000－2241－0005174　811.304/4727

漁隱叢話前集六十卷後集四十卷　（宋）胡仔
纂集　清乾隆耘經樓刻本　八冊

410000－2241－0005175　44.536/852

女才子十二卷首一卷　題（清）鴛湖煙水散人
撰　清光緒三年（1877）上海申報館鉛印申報
館叢書　四冊

410000－2241－0005176　811.306/5343/2

詩詞韻輯二種　（清）姚詩雅輯　清同治四年
（1865）滑臺官舍刻本　二冊

410000－2241－0005177　811.306/5343

詩詞韻輯二種　（清）姚詩雅輯　清同治四年
（1865）滑臺官舍刻本　二冊

410000－2241－0005178　44.536/859

吉祥花六卷　（清）邵紀棠輯　清同治十年
（1871）右文堂刻本　二冊

410000－2241－0005179　44.4141/267

樂府新編陽春白雪前集五卷後集五卷　（元）

楊朝英選集　清光緒三十一年（1905）影元刻
隨盦徐氏叢書本　一冊

410000－2241－0005180　97.34/314

正誼堂全書　（清）張伯行輯　（清）楊浚重輯
清同治五年（1866）福州正誼書院刻八年至
九年（1869－1870）續刻本　一百六十冊

410000－2241－0005181　97.34/353

宜稼堂叢書　（清）郁松年輯　清道光上海郁
氏刻本　八十冊

410000－2241－0005182　44.536/947

宋豔十二卷　（清）徐士鑾輯　清光緒十七年
（1891）天津徐氏蝶園刻本　六冊

410000－2241－0005183　44.536/987

客窗偶筆四卷　（清）金捧閶撰　清嘉慶二年
（1797）守一齋刻本　四冊

410000－2241－0005184　44.536/987.02

客窗偶筆四卷二筆一卷　（清）金捧閶撰　清
同治十二年（1873）刻本　四冊

410000－2241－0005185　97.34/362－2

平津館叢書四十三種　（清）孫星衍輯　清光
緒十一年（1885）吳縣朱氏槐廬家塾刻本　五
十冊

410000－2241－0005186　97.34/362－2/2

平津館叢書四十三種　（清）孫星衍輯　清光
緒十一年（1885）吳縣朱氏槐廬家塾刻本　五
十冊

410000－2241－0005187　44.536/990

右臺仙館筆記十六卷　（清）俞樾撰　清宣統
二年（1910）上海朝記書莊石印本　八冊

410000－2241－0005188　97.34/365

古棠書屋叢書二十四種　（清）孫澍輯　清道
光蜀郡鵝溪孫氏刻本　四十八冊

410000－2241－0005189　D26.741/2931

羊城古鈔八卷首一卷　（清）仇池石輯　清嘉
慶十一年（1806）大賚堂刻本　四冊

410000－2241－0005190　44.536/990＝2

見聞近錄四卷　（清）俞超撰　清咸豐六年

（1856）平江三德堂刻本　二册

410000－2241－0005191　97.34/378
養志居僅存稿　（清）陳宗起著　清光緒十一年（1885）丹徒陳氏刻本　二十册

410000－2241－0005192　D26.742/7712
[乾隆]潮州府志四十二卷首一卷　（清）周碩勳纂修　清光緒十九年（1893）潮郡保安總局刻本　二十五册

410000－2241－0005193　97.34/383
湖海樓叢書十二種　（清）陳春輯　清嘉慶蕭山陳氏湖海樓刻本　三十二册

410000－2241－0005194　97.34/393
奇晉齋叢書十六種　（清）陸烜輯　清乾隆平湖陸氏刻本　六册

410000－2241－0005195　97.34/393＝2
十萬卷樓叢書初編十六種二編二十種三編十五種　（清）陸心源輯　清光緒歸安陸氏刻本三十一册　存初編二種、二編十一種

410000－2241－0005196　44.536/990＝3
豔異新編五卷　（清）俞宗駿輯　清光緒九年（1883）上海王氏刻本　四册

410000－2241－0005197　44.536/994
譚史志奇八卷　（清）姚彥臣撰　清光緒十四年（1888）五知堂刻本　四册

410000－2241－0005198　44.5362/197
寄園寄所寄十二卷　（清）趙吉士輯　清康熙三十五年（1696）休寧趙氏寄園刻本　十册

410000－2241－0005199　44.5362/291
集聖堂鐫李笠翁先生彙纂警世怡情集一卷（清）李漁編　清集聖堂刻本　一册

410000－2241－0005200　44.5362/528
聊齋志異新評十六卷　（清）蒲松齡撰　（清）王士正評　（清）但明倫新評　清道光二十二年（1842）廣順但氏刻朱墨套印本　十六册

410000－2241－0005201　44.5362/528/2
聊齋志異新評十六卷　（清）蒲松齡撰　（清）王士正評　（清）但明倫新評　清道光二十二

年（1842）廣順但氏刻朱墨套印本　十六册

410000－2241－0005202　97.34/393＝2－2
十萬卷樓叢書初編十六種二編二十種三編十五種　（清）陸心源輯　清光緒歸安陸氏刻本三十六册　存二編二十種一百卷

410000－2241－0005203　48.43/827
陶說六卷　（清）朱琰述　清乾隆三十九年（1774）新安鮑氏刻本　一册

410000－2241－0005204　97.34/414
玉函山房輯佚書　（清）馬國翰輯　清同治十年（1871）濟南皇華舘書局刻本　八十册

410000－2241－0005205　44.5362/528.2/4
詳註聊齋志異圖詠十六卷首一卷　（清）蒲松齡著　（清）呂湛恩註　清光緒十二年（1886）同文書局石印本　八册

410000－2241－0005206　97.34/414.02
玉函山房輯佚書　（清）馬國翰輯　清光緒九年（1883）長沙嫏嬛館刻本　一百册

410000－2241－0005207　44.5362/528.2/3
詳註聊齋志異圖詠十六卷首一卷　（清）蒲松齡著　（清）呂湛恩註　清光緒十二年（1886）同文書局石印本　八册

410000－2241－0005208　97.34/416
龍威祕書十集一百七十七種　（清）馬俊良輯清世德堂刻本　八十册

410000－2241－0005209　811.34/0077
全唐詩九百卷總目十二卷　（清）曹寅等編清光緒元年（1875）豫章饒玉成雙峰書屋刻本一百二十册

410000－2241－0005210　811.34/1000
王右丞集二十八卷　（唐）王維撰　（清）趙殿成箋注　首一卷末一卷　（清）趙殿成輯錄清乾隆元年（1736）仁和趙殿成刻本　十册

410000－2241－0005211　97.34/435
說鈴前集三十七種後集十六種　（清）吳震方輯　清康熙四十四年（1705）學古堂刻本　十二册

410000－2241－0005212　97.34/435/2

說鈴前集三十七種後集十六種　（清）吳震方編　清康熙四十四年(1705)學古堂刻本　二十冊

410000－2241－0005213　44.5362/528.2

聊齋志異注十六卷　（清）呂湛恩輯　清道光五年(1825)姑蘇步月樓刻本　六冊

410000－2241－0005214　97.34/435－2

說鈴前集三十三種後集十九種續集七種（清）吳震方輯　清康熙五十一年(1712)刻本　二十冊

410000－2241－0005215　811.34/1020

唐四家詩集　（清）胡鳳丹輯　清同治九年(1870)永康胡鳳丹退補齋刻本　六冊

410000－2241－0005216　D26.743/5032

[同治]番禺縣志五十四卷首一卷附錄一卷（清）李福泰修　（清）史澄　（清）何若瑤纂　清同治十年(1871)光霽堂刻本　一冊　存五卷(一至五)

410000－2241－0005217　44.5362/528.202

詳註聊齋志異圖詠十六卷首一卷　（清）蒲松齡著　（清）呂湛恩註　清光緒十九年(1893)鴻文書局石印本　八冊

410000－2241－0005218　97.34/437

經策通纂　（清）吳穎炎等纂輯　清光緒十三年(1887)點石齋石印本　八十冊

410000－2241－0005219　44.5362/680/1

堅瓠集首集四卷二集四卷三集四卷四集四卷五集四卷六集四卷七集四卷八集四卷九集四卷十集四卷續集四卷廣集六卷補集六卷秘集六卷餘集四卷　（清）褚人穫纂輯　清刻本八冊　存十六卷(九集四卷、十集四卷、續集四卷、餘集四卷)

410000－2241－0005220　97.34/439

重刊拜經樓叢書七種　（清）吳騫輯　清光緒十一年(1885)會稽章氏鄂渚刻本　四冊

410000－2241－0005221　97.34/471

經訓堂叢書二十一種　（清）畢沅輯　清光緒十三年(1887)大同書局石印本　二十冊

410000－2241－0005222　D27.1/1023

輿地紀勝二百卷首一卷　（宋）王象之編　清咸豐五年(1855)南海伍氏粵雅堂刻本(原缺卷十三至十六、五十至五十四、一百三十六至一百四十四、一百六十八至一百七十三、一百九十三至二百)　二十四冊

410000－2241－0005223　48.72/682

繪圖情天外史一卷　題（清）情天外史編　清光緒二十一年(1895)天津石印本　二冊

410000－2241－0005224　D27.1/7774

歷代疆域表三卷歷代沿革表三卷歷代統紀表十三卷　（清）段長基編輯　清味古山房刻本二十四冊

410000－2241－0005225　44.5362/680/2

堅瓠集首集四卷二集四卷三集四卷四集四卷五集四卷六集四卷七集四卷八集四卷九集四卷十集四卷續集四卷廣集六卷補集六卷秘集六卷餘集四卷　（清）褚人穫纂輯　清刻本三十二冊

410000－2241－0005226　811.34/1043.02

唐賢三昧集三卷　（清）王士禎選　（清）吳煊（清）胡棠輯注　（清）黃培芳評　清宣統二年(1910)淵古齋石印本　六冊

410000－2241－0005227　811.34/1043

唐賢三昧集三卷　（清）王阮亭(王士禎)選（清）吳煊　（清）胡棠輯注　（清）黃培芳評清光緒九年(1883)翰墨園刻朱墨套印本三冊

410000－2241－0005228　97.34/504

雙楳景闇叢書十六種　葉德輝輯　清光緒、宣統間長沙葉氏郎園刻本　五冊

410000－2241－0005229　811.34/1044/2

唐人五十家小集　（清）江標輯　清刻本　三十二冊

410000－2241－0005230　97.34/504－2

觀古堂彙刻書一集十三種二集六種　葉德輝
輯　清光緒二十八年(1902)長沙葉氏刻本
十四冊

410000－2241－0005231　44.5362/707

說鈴一卷　（清）汪琬撰　清光緒二十七年
(1901)仁和葛氏嘯園刻本　一冊

410000－2241－0005232　811.34/1044

唐人五十家小集　（清）江標輯　清光緒二十
一年(1895)元和江氏靈鶼閣影宋刻本　十
二冊

410000－2241－0005233　D27.3/7554

中國江海險要圖誌二十二卷首一卷補編五卷
　（英國)海軍海圖官局編　（清）陳壽彭譯
清光緒二十七年(1901)經世文社石印本
十冊

410000－2241－0005234　97.34/521

嘯園叢書五十八種　（清）葛元煦輯　清光緒
仁和葛氏刻本　三十六冊

410000－2241－0005235　97.34/525

長恩書室叢書甲集十種乙集十種　（清）莊肇
麟輯　清咸豐四年(1854)新昌莊氏過客軒刻
本　十六冊

410000－2241－0005236　44.5362/754

宋稗類鈔八卷　（清）潘永因編輯　清康熙八
年(1669)刻本　八冊

410000－2241－0005237　D27.524/5014

清涼山志十卷　（明）釋鎮澄撰　清乾隆二十
年(1755)刻本　四冊

410000－2241－0005238　44.5362/754.02

宋稗類鈔三十六卷　（清）潘永因編輯　清宣
統三年(1911)上海黎光社石印本　十二冊

410000－2241－0005239　811.34/2676

中晚唐詩叩彈集十二卷續集三卷　（清）杜詔
　（清）杜庭珠輯　清敦厚堂刻本　十四冊

410000－2241－0005240　97.34/526－2

鐵華舘叢書六種　（清）蔣鳳藻輯　清光緒九
年至十年(1883－1884)長洲蔣氏刻本　六冊

410000－2241－0005241　811.34/2814

而菴說唐詩二十二卷首一卷　（清）徐增述
清乾隆二十三年(1758)文茂堂刻本　八冊

410000－2241－0005242　97.34/526－2/2

鐵華舘叢書六種　（清）蔣鳳藻輯　清光緒九
年至十年(1883－1884)長洲蔣氏刻本　六冊

410000－2241－0005243　D27.551/4937

平山堂圖志十卷首一卷　（清）趙之壁編纂
清光緒九年(1883)楚南歐陽利見刻本　四冊

410000－2241－0005244　48.91/525

樂說二卷卦氣解一卷　（清）莊存與撰　清刻
本　一冊

410000－2241－0005245　44.5364/296

吹影編四卷　題(清)垣赤道人撰　清嘉慶二
年(1797)酉山堂刻本　四冊

410000－2241－0005246　D27.551/8859

茅山志十四卷　（清）笪蟾光審編　清光緒三
年(1877)懶雲草堂刻本　六冊

410000－2241－0005247　D27.552/7703

九華山志十卷首一卷末一卷　（清）謝維喈修
　（清）周贇纂　清光緒二十六年(1900)刻本
八冊

410000－2241－0005248　44.5364/390

廣新聞八卷　（清）無悶居士(陸鼎翰)編　清
乾隆五十七年(1792)雨樓亭刻本　四冊

410000－2241－0005249　48.91/860

律呂通今圖說一卷　（清）繆闓述　清咸豐十
一年(1861)刻本　一冊

410000－2241－0005250　811.34/3423.2

唐詩別裁集引典備註二十卷　（清）沈德潛選
　（清）俞汝昌增注　清道光十八年(1838)白
鹿山房刻本　十二冊

410000－2241－0005251　97.34/582

崇文書局彙刻書三十三種　（清）崇文書局輯
　清光緒元年(1875)湖北崇文書局刻三年
(1877)印本　三十九冊

410000－2241－0005252　D27.553/2593

天台山方外志三十卷　（明）釋傳燈撰　清光
緒二十年(1894)刻本　八冊

410000 - 2241 - 0005253　811.34/3423
重訂唐詩別裁集二十卷　（清）沈德潛選　清
乾隆二十八年(1763)長洲沈德潛教忠堂刻本
五冊

410000 - 2241 - 0005254　44.5364/455
西青散記四卷　（清）史震林撰　清乾隆二年
(1737)瓜渚草堂刻本　八冊

410000 - 2241 - 0005255　48.911/717
御製律呂正義上編二卷下編二卷續編一卷
（清）聖祖玄燁撰　清刻本　五冊

410000 - 2241 - 0005256　97.34/582 - 2
崇文書局彙刻書三十三種　（清）崇文書局輯
清光緒元年(1875)湖北崇文書局刻三年
(1877)印本　七十九冊

410000 - 2241 - 0005257　48.912/439
自遠堂琴譜十二卷　（清）吳灴輯　清嘉慶七
年(1802)學海堂刻本　八冊

410000 - 2241 - 0005258　44.5364/455.02
西青散記四卷　（清）史震林撰　清三元書局
刻本　四冊

410000 - 2241 - 0005259　811.34/3608
溫飛卿詩集七卷別集一卷集外詩一卷　（唐）
溫庭筠撰　（清）曾益注　（清）顧予咸補注
（清）顧嗣立重校　清宣統二年(1910)影印本
四冊

410000 - 2241 - 0005260　97.34/582 - 3
正覺樓叢書二十九種　（清）崇文書局輯　清
光緒崇文書局刻本　二十八冊

410000 - 2241 - 0005261　D27.553/2828
天台山記一卷　（唐）徐靈府撰　清光緒十年
(1884)遵義黎氏日本東京使署刻古逸叢書本
一冊

410000 - 2241 - 0005262　44.5364/517
姑妄聽之四卷　（清）紀昀撰　清乾隆五十八
年(1793)刻本　四冊

410000 - 2241 - 0005263　811.34/4007
李義山詩集三卷　（唐）李商隱撰　（清）朱鶴
齡箋注　（清）沈厚塽輯評　李義山詩譜一卷
諸家詩評一卷　（清）□□輯　清同治九年
(1870)廣州倅署刻三色套印本　三冊

410000 - 2241 - 0005264　97.34/601/2
半厂叢書初編十一種　（清）譚獻輯　清光緒
仁和譚氏刻本　二十冊

410000 - 2241 - 0005265　48.93211/106
與古齋琴譜四卷　（清）祝鳳喈撰　清咸豐五
年(1855)浦城祝氏刻本　四冊

410000 - 2241 - 0005266　48.9412/856
瑟譜六卷　（元）熊明來撰　清道光刻本
一冊

410000 - 2241 - 0005267　D27.554/4050
石鐘山志十六卷首一卷　（清）李成謀　（清）
丁義方蒐輯　（清）方宗誠　（清）胡傳釗校訂
清光緒九年(1883)聽濤眺雨軒刻本　八冊

410000 - 2241 - 0005268　97.34/601
半厂叢書初編十一種　（清）譚獻輯　清光緒
仁和譚氏刻本　十四冊

410000 - 2241 - 0005269　44.3564/682
蟪蛄雜記十二卷　題（清）竹勿山石道人撰
清刻本　六冊

410000 - 2241 - 0005270　811.34/4026
御選唐宋詩醇四十七卷目錄二卷　（清）高宗
弘曆選　清乾隆二十五年(1760)紫陽書院刻
本　三十二冊

410000 - 2241 - 0005271　97.34/607
榆園叢刻二十八種　（清）許增輯　清同治、
光緒間仁和許增榆園刻本　十六冊

410000 - 2241 - 0005272　97.34/657/2
式訓堂叢書初集十五種二集十三種　（清）章
壽康輯　清光緒會稽章氏刻本　二十四冊

410000 - 2241 - 0005273　97.34/657
式訓堂叢書初集十五種二集十三種　（清）章
壽康輯　清光緒會稽章氏刻本　二十八冊

410000－2241－0005274　97.34/659

知服齋叢書五集二十五種　（清）龍鳳鑣輯
清光緒順德龍氏知服齋刻本　十二冊

410000－2241－0005275　44.5364/752.02

螢窗異草二編四卷　題（清）浩歌子撰　題
（清）隨園老人評　題（清）柳橋居士重訂　清
光緒申報館鉛印申報館叢書本　四冊

410000－2241－0005276　D27.571/4450

武夷山志二十四卷首一卷　（清）董天工編
清道光二十六年（1846）五夫尺木軒刻本
八冊

410000－2241－0005277　97.34/664

廣雅書局叢書　（清）廣雅書局輯　清光緒廣
雅書局刻本　七十一冊　存四十一種二百三
十八卷

410000－2241－0005278　44.5364/752.03

螢窗異草初編四卷二編四卷三編四卷　題
（清）浩歌子撰　題（清）隨園老人評　清光緒
三十一年（1905）上海進步書局石印本　一冊

410000－2241－0005279　811.34/4026＝
2.02

分類補注李太白詩二十五卷　（唐）李白撰
（宋）楊齊賢集注　（元）蕭士贇補注　（明）
許自昌校　唐翰林李太白年譜一卷　（宋）薛
仲邕編　明萬曆三十年（1602）許自昌刻本
六冊

410000－2241－0005280　49.304/476

指月錄三十二卷　（明）瞿汝稷集　（明）嚴澂
較　（明）釋弘禮重校　清乾隆六年（1741）刻
本　二十冊

410000－2241－0005281　811.34/4026.02

御選唐宋詩醇四十七卷目錄二卷　（清）高宗
弘曆選　清光緒七年（1881）浙江書局刻本
二十冊

410000－2241－0005282　44.4363/657.02

景船齋雜記二卷　（清）章有謨撰　清光緒上
海申報館鉛印申報館叢書本　一冊

410000－2241－0005283　49.304/476－2

續指月錄二十卷首一卷尊宿集一卷　（清）聶
先編集　清光緒十二年（1886）金陵刻經處刻
本　六冊

410000－2241－0005284　D27.6983/8041

太湖備考十六卷首一卷　（清）金友理纂述
湖程紀略一卷　（清）吳曾撰　清刻本　八冊

410000－2241－0005285　44.45/103

武則天軼事詞十四卷　（清）□□輯　清乾隆
四十年（1775）抄本　十四冊

410000－2241－0005286　D27.6988/2311

西湖志四十八卷　（清）李衛等修　（清）傅王
露等纂　清雍正十三年（1735）刻本　二十
四冊

410000－2241－0005287　44.45/119

王邦盛世詞八卷　清乾隆三十九年（1774）小
廉抄本　八冊

410000－2241－0005288　D27.95/8014

曹江孝女廟誌八卷首一卷末一卷　（清）金廷
棟編輯　清光緒八年（1882）刻本　二冊

410000－2241－0005289　49.3071/837＝2

閱藏知津四十四卷總目四卷　（清）釋智旭編
次　清光緒十八年（1892）金陵刻經處刻本
十冊

410000－2241－0005290　97.34/712

振綺堂叢書初集十種二集十二種　（清）汪康
年輯　清光緒二十年（1894）泉唐汪氏刻本、
宣統二年（1910）鉛印本　二十冊

410000－2241－0005291　D43/7777

東洋史要二卷　（日本）桑原隲藏著　樊炳清
譯　清光緒二十五年（1899）上海東文學社石
印本　二冊

410000－2241－0005292　97.34/719/2

靈鶼閣叢書六集五十六種　（清）江標輯　清
光緒元和江氏湖南使院刻本　四十八冊

410000－2241－0005293　97.34/719

靈鶼閣叢書六集五十六種　（清）江標輯　清

光緒元和江氏湖南使院刻本　四十八册

410000－2241－0005294　97.34/746

晨風閣叢書二十二種　沈宗畸輯　清宣統元年(1909)番禺沈氏刻本　十六册

410000－2241－0005295　97.34/746/2

晨風閣叢書二十二種　沈宗畸輯　清宣統元年(1909)番禺沈氏刻本　十六册

410000－2241－0005296　811.34/4421

唐詩紀一百七十卷目錄三十四卷　(明)黃德水　(明)吳琯編　明刻本　二十四册　存七十二卷(一至六十、目錄一至十二)

410000－2241－0005297　44.5081/282

唐人百家小說偏錄家四十二種瑣記家四十六種傳奇家十六種　題(明)桃源居士輯　明刻本　十六册

410000－2241－0005298　97.34/754

海山仙館叢書五十六種　(清)潘仕成輯　清道光、咸豐間番禺潘氏刻本　一百二十册

410000－2241－0005299　97.34/754－2

海山仙館叢書五十六種　(清)潘仕成輯　清道光、咸豐間番禺潘氏刻本　一百一册

410000－2241－0005300　D91.21/1238

中州人物考八卷　(清)孫奇逢輯　清刻本一册

410000－2241－0005301　811.34/4453.5

杜詩鏡銓二十卷　(唐)杜甫撰　(清)楊倫編輯　杜工部年譜一卷諸家論杜一卷　(清)楊倫編　清乾隆五十七年(1792)九柏山房刻本(有圖)　八册

410000－2241－0005302　97.34/754＝2

功順堂叢書十八種　(清)潘祖蔭輯　清光緒吳縣潘氏刻本　二十四册

410000－2241－0005303　97.34/754＝2－2

滂喜齋叢書四十七種　(清)潘祖蔭輯　清同治、光緒間吳縣潘氏京師刻本　三十二册

410000－2241－0005304　97.34/754＝2－2/2

滂喜齋叢書四十七種　(清)潘祖蔭輯　清同治、光緒間吳縣潘氏京師刻本　三十二册

410000－2241－0005305　811.34/4453.5.02

杜詩鏡銓二十卷　(唐)杜甫撰　(清)楊倫編輯　讀書堂杜工部文集注解二卷　(清)張溍評注　杜工部年譜一卷　(清)楊倫編　清同治十一年(1872)望三益齋刻本(有圖)　十二册

410000－2241－0005306　D91.21/2630

唐宋名賢歷代確論一百卷　(明)□□撰　清光緒二十八年(1902)石印本　八册

410000－2241－0005307　811.34/4453.3

杜工部詩集二十卷集外詩一卷補注一卷文集二卷　(唐)杜甫撰　(清)朱鶴齡輯注　年譜一卷　(清)朱鶴齡訂　清康熙元年(1662)金陵葉永茹刻本　二十册　缺一卷(詩集二十)

410000－2241－0005308　44.5081/378

唐代叢書六集一百六十四種　(清)王文誥輯　清嘉慶十一年(1806)刻本　二十四册

410000－2241－0005309　D91.21/2840

小腆紀傳六十五卷　(清)徐鼒撰　補遺一卷　(清)徐承禮撰　清光緒十三年至十四年(1887－1888)金陵刻本　十六册

410000－2241－0005310　97.34/762

得月簃叢書初刻十種次刻十種　(清)榮譽輯　清道光長白榮氏刻本　二十册

410000－2241－0005311　44.537/518

無稽讕語五卷　題(清)蘭皋居士撰　清咸豐四年(1854)刻本　五册

410000－2241－0005312　44.5081/378.03

唐人說薈(唐代叢書)六集一百六十四種　(清)陳世熙輯　清宣統三年(1911)上海掃葉山房石印本　十六册

410000－2241－0005313　97.34/795

古逸叢書二十六種　(清)黎庶昌輯　清光緒遵義黎氏日本東京使署影刻本　四十九册

410000－2241－0005314　44.537/550

巾幗英雄傳四卷　題(清)藜牀舊主編　清光
緒二十年(1894)上海書局石印本　四冊

410000－2241－0005315　811.34/4453.2
唱經堂杜詩解四卷沈吟樓借杜詩一卷　(唐)
杜甫撰　(清)金人瑞解　清順治十六年
(1659)傳萬堂刻唱經堂才子書彙稿本　八冊

410000－2241－0005316　D91.21/4465
道學淵源錄一百卷首一卷　(清)黃嗣東輯
清光緒三十四年(1908)鳳山學舍鉛印本　十
四冊

410000－2241－0005317　44.537/949
真正後聊齋志异八卷　(清)徐昆撰　清光緒
二十二年(1896)上海文宜書局石印本　四冊

410000－2241－0005318　D91.21/4483
歷代名賢列女氏姓譜一百五十七卷　(清)蕭
智漢纂輯　清乾隆五十七年(1792)聽濤山房
刻本　一百二十冊

410000－2241－0005319　44.5373/113
在野邇言八卷　(清)王嘉楨撰　清光緒二十
年(1894)刻本　四冊

410000－2241－0005320　D91.21/4729
讀史任子自鏡錄二十二卷首一卷　(清)胡季
堂編輯　清道光元年(1821)培蔭軒刻本　十
二冊

410000－2241－0005321　44.5373/113.02
在野邇言八卷　(清)王嘉楨撰　清光緒十三
年(1887)本善堂刻本　四冊

410000－2241－0005322　49.32105/182
三論玄義二卷　(隋)釋吉藏撰　清光緒二十
五年(1899)金陵刻經處刻本　一冊

410000－2241－0005323　811.34/4453.4
杜工部集二十卷　(唐)杜甫著　(清)錢謙益
箋注　諸家詩話一卷唱酬題詠附錄一卷少陵
先生年譜一卷附錄一卷　清康熙六年(1667)
泰興季氏靜思堂刻本　十冊

410000－2241－0005324　97.34/818
貸園叢書初集十二種　(清)周永年輯　清乾

隆益都李文藻刻五十四年(1789)歷城周氏竹
西書屋重編印本　十六冊

410000－2241－0005325　44.5373/114
淞隱漫錄十二卷　(清)王韜撰　清光緒二十
九年(1903)上海點石齋石印本　六冊

410000－2241－0005326　97.34/818/2
貸園叢書初集十二種　(清)周永年輯　清乾
隆益都李文藻刻五十四年(1789)歷城周氏竹
西書屋重編印本　十六冊

410000－2241－0005327　D91.21/5030
己未詞科錄十二卷首一卷　(清)秦瀛輯　清
嘉慶十二年(1807)刻本　四冊

410000－2241－0005328　44.5081/388
說淵十集六十四卷　(明)陸楫輯　明嘉靖二
十三年(1544)雲間陸氏儼山書院刻本　十冊

410000－2241－0005329　44.5373/114.02
淞隱漫錄十二卷　(清)王韜撰　清光緒十九
年(1893)上海點石齋石印本　四冊

410000－2241－0005330　97.34/833
結一廬朱氏賸餘叢書四種　(清)朱澂輯　清
光緒三十一年(1905)仁和朱氏刻本　二十冊

410000－2241－0005331　44.5373/114－2
三續聊齋志異十卷　(清)王韜撰　清光緒二
十年(1894)寶善書局石印本　五冊

410000－2241－0005332　44.5081/388.02
古今說海一百三十五種　(明)陸楫輯　清道
光元年(1821)苕溪邵氏西山堂刻本　二十冊

410000－2241－0005333　44.5373/114－3
淞濱瑣語十二卷　(清)王韜撰　清光緒十九
年(1893)松隱廬鉛印本　四冊

410000－2241－0005334　97.34/833－2
結一廬朱氏賸餘叢書四種　(清)朱澂輯　清
光緒三十一年(1905)仁和朱氏刻朱印本　十
冊　存三種八十卷

410000－2241－0005335　D91.21/7532
古孝子傳一卷　(清)茆泮林輯　清道光十四
年(1834)刻本　一冊

410000－2241－0005336　44.5081/426

古今説部叢書　國學扶輪社輯　清宣統至民國上海國學扶輪社鉛印本　六十冊

410000－2241－0005337　44.5373/114－4

遯窟讕言十卷　（清）王韜撰　清光緒元年（1875）申報館鉛印申報館叢書本　四冊

410000－2241－0005338　49.36/760

五燈會元二十卷　（宋）釋普濟集　清光緒三十二年（1906）貴池劉氏影宋刻本　十二冊

410000－2241－0005339　97.34/850＝2

後知不足齋叢書二十五種　（清）鮑廷爵輯　清光緒常熟鮑氏刻本　三十二冊

410000－2241－0005340　D91.21/7732

草莽私乘一卷　（明）陶宗儀輯　清光緒十五年（1889）新陽趙氏刻本　一冊

410000－2241－0005341　44.5373/153

花間笑語五卷　題（清）釀花使者撰　清咸豐九年（1859）樊川文成堂刻本　四冊

410000－2241－0005342　D91.21/8059

貳臣傳十二卷逆臣傳四卷　（清）國史館編　清善成堂刻本　六冊

410000－2241－0005343　44.5373/165

鋤經書舍零墨四卷　（清）黃協塤撰　清光緒四年（1878）申報館鉛印申報館叢書本　二冊

410000－2241－0005344　49.39/126

高僧傳初集十五卷二集四十卷三集三十卷四集六卷　（南朝梁）釋慧皎撰　清光緒十年至十八年（1884－1892）金陵刻經處、江北刻經處刻本　二十四冊

410000－2241－0005345　44.5373/170

小家語四卷　（清）黃本銓撰　清光緒二年（1876）申報館鉛印申報館叢書本　四冊

410000－2241－0005346　811.35/0742

樂府詩集一百卷目錄二卷　（宋）郭茂倩編　清同治十三年（1874）湖北崇文書局刻本　十六冊

410000－2241－0005347　49.39/828

神僧傳九卷　（明）成祖朱棣撰　清宣統元年（1909）常州天寧寺刻本　四冊

410000－2241－0005348　97.34/860

藕香零拾三十九種　繆荃孫輯　清光緒、宣統間江陰繆氏刻本　十六冊

410000－2241－0005349　49.392/880

釋氏稽古略四卷　（元）釋覺岸撰　續略三卷（明）釋大聞撰　清光緒十二年（1886）刻本　五冊

410000－2241－0005350　44.5373/239

燕京雲上編　（清）柯曲印著　清光緒三十四年（1908）安雅書局鉛印本　一冊

410000－2241－0005351　D91.21/8324

碑傳集一百六十卷首二卷末二卷　（清）錢儀吉纂錄　清光緒十九年（1893）刻本　五十冊

410000－2241－0005352　49.398/183

居士傳五十六卷　（清）彭紹升撰　清乾隆四十一年（1776）刻本　四冊

410000－2241－0005353　811.35/1700

伊川擊壤集二十卷補遺一卷　（宋）邵雍撰　清光緒三年（1877）三原劉氏述荊堂刻本　六冊

410000－2241－0005354　44.5081/766

正續太平廣記十二卷　（明）馮夢龍輯　明刻本　十二冊

410000－2241－0005355　97.34/888

述古叢鈔四集二十四種　（清）劉晚榮輯　清同治、光緒間古岡劉氏藏修書屋刻本　四十冊

410000－2241－0005356　49.41/111

太上感應篇贅言不分卷　（清）于覺世撰　清光緒十七年（1891）豫恕堂刻本　一冊

410000－2241－0005357　D91.21/9711

蘭閨寶錄六卷　（清）惲珠輯　清道光十一年（1831）紅香館刻本　六冊

410000－2241－0005358　97.34/906

饕喜廬叢書四種　（清）傅雲龍輯　清光緒十

五年(1889)德清傅氏日本東京刻本　七冊

410000 - 2241 - 0005359　49.71/138

太上感應篇箋注二卷　(清)惠棟箋注　(清)李承煦　(清)李師默校　清同治五年(1866)蘇州毛氏刻本　一冊

410000 - 2241 - 0005360　49.41/138.02

太上感應篇箋注二卷　(清)惠棟箋注　清光緒十三年(1887)刻本　一冊

410000 - 2241 - 0005361　97.34/908

粵雅堂叢書二十集一百二十種續集五十種　(清)伍崇曜輯　清道光至光緒南海伍氏粵雅堂刻本　三百二十冊

410000 - 2241 - 0005362　44.51/437

新刻京臺公餘勝覽國色天香十卷　(明)吳敬所編輯　清大業堂刻本　八冊

410000 - 2241 - 0005363　49.41/459

道書全集五十七種　(明)閻鶴州輯　(清)周在延補　清康熙二十一年(1682)刻本　八冊　存七種三十一卷

410000 - 2241 - 0005364　44.51/437.02

新刻京臺公餘勝覽國色天香十卷　(明)吳敬所編輯　清學源堂刻本　八冊

410000 - 2241 - 0005365　49.45/414

覓玄語錄十章　(明)馬鳴冀著　清光緒七年(1881)抄本　一冊

410000 - 2241 - 0005366　49.49/114/1

歷代仙史八卷　(清)王建章纂輯　題(清)真吾清嵐氏增訂　清光緒七年(1881)常熟抱芳閣刻本　六冊

410000 - 2241 - 0005367　49.49/114/2

歷代仙史八卷　(清)王建章纂輯　題(清)真吾清嵐氏增訂　清光緒七年(1881)常熟抱芳閣刻本　六冊

410000 - 2241 - 0005368　97.34/947

觀自得齋叢書二十四種　(清)徐士愷輯　清光緒石埭徐氏觀自得齋刻本　二十四冊

410000 - 2241 - 0005369　44.415162/291

笠翁十種曲　(清)李漁編次　清康熙金相堂刻本　二十冊

410000 - 2241 - 0005370　D91.2103/3312

人表考九卷　(清)梁玉繩撰　清光緒十四年(1888)廣雅書局刻廣雅書局叢書本　四冊

410000 - 2241 - 0005371　97.34/948

邵武徐氏叢書初集十四種　(清)徐榦輯　清光緒邵武徐氏刻本　二十冊

410000 - 2241 - 0005372　D91.2103/4327

宮閨小名錄四卷　(清)尤侗纂　清刻本　一冊

410000 - 2241 - 0005373　97.34/952

春暉堂叢書十一種　(清)徐渭仁輯　清道光、咸豐間上海徐氏刻本　十二冊

410000 - 2241 - 0005374　811.34/4453

杜子美詩集二十卷　(唐)杜甫撰　(宋)劉辰翁評點　明刻本　十六冊

410000 - 2241 - 0005375　49.49/301 = 2

三教源流搜神大全七卷　(宋)□□輯　清宣統元年(1909)長沙葉氏郎園刻本　二冊

410000 - 2241 - 0005376　97.34/953

隨庵徐氏叢書十種　徐乃昌輯　清光緒南陵徐氏刻本　八冊

410000 - 2241 - 0005377　97.34/965 = 2

小石山房叢書四十一種　(清)顧湘輯　清同治十三年(1874)虞山顧氏刻本　十六冊

410000 - 2241 - 0005378　811.35/4453.4

角山樓蘇詩評註彙鈔二十卷目錄二卷附錄三卷　(宋)蘇軾撰　(清)趙克宜輯訂　清咸豐二年(1852)揚州王永元刻本　八冊

410000 - 2241 - 0005379　97.34/967

讀畫齋叢書八集四十六種　(清)顧修輯　清嘉慶四年(1799)桐川顧氏刻本　六十四冊

410000 - 2241 - 0005380　97.34/994

咫進齋叢書三集三十七種　(清)姚覲元輯　清光緒九年(1883)歸安姚氏刻本　二十四冊

259

410000－2241－0005381　　811.35/4453.2

施注蘇詩四十二卷總目二卷　（宋）蘇軾撰
（清）施元之等注　（清）顧嗣立等刪補　蘇詩
續補遺二卷　（宋）蘇軾撰　（清）馮景補注
王注正譌一卷　（清）邵長蘅撰　東坡先生年
譜一卷　（宋）王宗稷編　清康熙三十八年
(1699)商丘宋犖刻本　十冊

410000－2241－0005382　　811.35/4453.3

東坡先生編年詩五十卷　（宋）蘇軾撰　（清）
查慎行補注　東坡先生年表一卷　清乾隆二
十六年(1761)查開香雨齋刻本　二十冊

410000－2241－0005383　　D91.2323/4664

中州同官錄不分卷(清光緒二十二年)　（清）
楊國楨編　清光緒二十二年(1896)開封府刻
本　五冊

410000－2241－0005384　　49.49/495

關聖帝君聖蹟圖誌全集五卷　（清）盧湛彙輯
清嘉慶八年(1803)刻本　二十四冊

410000－2241－0005385　　811.35/4453.5

蘇文忠公詩合註五十卷首一卷　（宋）蘇軾撰
（清）馮應榴輯訂　清乾隆六十年(1795)桐
鄉馮氏踵息齋刻同治九年(1870)增修本　二
十四冊

410000－2241－0005386　　D91.24/1267

[江蘇蘇州]董氏家譜二卷　（清）孫景賢纂輯
清道光十二年(1832)刻本　二冊

410000－2241－0005387　　D91.24/8346

元史氏族表三卷　（清）錢大昕撰　清光緒二
十年(1894)廣雅書局刻廣雅書局叢書本
二冊

410000－2241－0005388　　49.913/507

五行大義五卷　（隋）蕭吉撰　清光緒二十三
年(1897)武進盛氏刻常州先哲遺書本　一冊

410000－2241－0005389　　D91.26/8025

無聲詩史七卷　（清）姜紹書輯　清康熙五十
九年(1720)刻本　四冊

410000－2241－0005390　　811.35/7438

劍南詩鈔六卷　（宋）陸游著　（清）楊大鶴選
清宣統二年(1910)上海掃葉山房石印本
六冊

410000－2241－0005391　　49.92/212

四翼附編四卷　（清）戴彭述　清光緒二十一
年(1895)皖江別墅刻本　一冊

410000－2241－0005392　　811.36/1047

中州集十卷首一卷中州樂府一卷　（金）元好
問集　清光緒七年(1881)讀書山房刻本　十
一冊

410000－2241－0005393　　49.92/311

風角書八卷　（清）張爾岐著　清道光十四年
(1834)安康張鵬飏刻本　二冊

410000－2241－0005394　　D91.266/8064－1033

求闕齋弟子記三十二卷　（清）王定安撰　清
光緒二年(1876)都門刻本　十六冊

410000－2241－0005395　　D91.2673/0143

龔氏四世循良傳附奏稿　（清）丁寶楨撰　清
同治刻本　一冊

410000－2241－0005396　　811.36/3160

元詩選初集二集三集　（清）顧嗣立輯　清康
熙長洲顧氏秀野草堂刻本　三十冊

410000－2241－0005397　　D91.2673/4030

李鴻章(中國四十年大事記)　梁啓超撰　清
光緒二十七年(1901)石印本　一冊

410000－2241－0005398　　811.36/3160.02

元詩選癸集十集　（清）顧嗣立詮次　（清）席
世臣校訂并補遺　清嘉慶三年(1798)南沙席
氏掃葉山房刻本　十二冊

410000－2241－0005399　　44.414278/434

奢摩他室曲叢第一集三種　吳梅輯　清宣統
二年(1910)長洲吳氏靈鶼閣刻本　二冊

410000－2241－0005400　　D91.2673/8064－1033

曾文正公事略四卷　（清）王定安撰　清光緒
元年(1875)都門刻本　四冊

410000－2241－0005401　　49.92/579

雲氣占候二卷　（清）韜廬子(汪宗沂)撰　清

光緒桐廬袁氏刻漸西村舍彙刊本　一冊

410000－2241－0005402　49.92/832

增廣玉匣記通書六卷　（清）朱說霖校　清同治八年(1869)姑蘇來青閣刻本　二冊

410000－2241－0005403　49.92/833

奇門遁甲啟悟一卷　（清）朱榮璪述　清光緒二十一年(1895)皖江別墅刻本　一冊

410000－2241－0005404　97.35/372

風雨樓叢書二十三種　鄧實輯　清宣統順德鄧氏鉛印本　九冊　存四種九卷

410000－2241－0005405　811.37/0038

青邱高季迪先生詩集十八卷首一卷遺詩一卷鳧藻集五卷扣舷集一卷附錄一卷　（明）高啟撰　（清）金檀輯注　清雍正六年(1728)桐鄉金檀文瑞樓刻本　八冊

410000－2241－0005406　D91.21/1127

國朝詩人徵略六十卷　（清）張維屏輯　清道光十年(1830)刻本　十六冊

410000－2241－0005407　49.94/185

嚴陵張九儀增釋地理琢玉斧巒頭歌括五卷　（清）張廷槙撰　（清）袁玉書參訂　清道光八年(1828)小酉山房刻本　四冊

410000－2241－0005408　D91.27/2699

歷代名人年譜十卷存疑及生卒年月無攷一卷　（清）吳榮光撰　清咸豐刻光緒二年(1876)京都寶經書坊印本　十冊

410000－2241－0005409　49.94/719

楊公河洛卦理秘旨一巳集一卷　（清）江大銘參集　清抄本　二冊

410000－2241－0005410　44.41515/122/2

審音鑑古錄九種六十六折　題（清）琴隱翁編　清道光十四年(1834)東鄉王繼善刻本(有圖)　八冊

410000－2241－0005411　49.95/100

太上說三元三官寶經一卷　（清）□□撰　清抄本　一冊

410000－2241－0005412　49.95/987

金丹度危三卷　（□）□□撰　清刻本　一冊

410000－2241－0005413　44.41515/122/1

審音鑑古錄九種六十六折　題（清）琴隱翁編　清道光十四年(1834)東鄉王繼善刻本(有圖)　二十冊

410000－2241－0005414　D91.2746/3411－1234

四洪年譜　（清）洪汝奎編輯　清宣統元年(1909)洪氏晦木齋刻洪氏晦木齋叢書本　四冊

410000－2241－0005415　49.961/755－2

異書四種　（清）申報館輯　清光緒二年(1876)申報館鉛印申報館叢書本　一冊　存二種二卷

410000－2241－0005416　811.37/2732

黔詩紀略三十三卷　（清）黎兆勳採詩　（清）唐樹義審例　（清）莫友芝傳證　清同治十二年(1873)遵義唐氏夢研齋金陵刻本　八冊

410000－2241－0005417　D91.2773/4039－6018

左文襄公[宗棠]年譜十卷　羅正鈞纂　清光緒二十三年(1897)湘陰左氏刻本　十冊

410000－2241－0005418　49.97/167

管窺輯要八十卷　（清）黃鼎纂定　清順治九年(1652)刻本(有圖)　三十二冊

410000－2241－0005419　D91.2773/5087

弇山畢公[沅]年譜一卷　（清）史善長撰　清同治十一年(1872)鎮洋畢長慶等刻本　一冊

410000－2241－0005420　97.35/482－4

玉簡齋叢書初集十四種二集八種　羅振玉輯　清宣統二年(1910)上虞羅氏刻本　二十冊

410000－2241－0005421　97.35/482－402

玉簡齋叢書十種　羅振玉輯　清宣統二年(1910)上虞羅氏影印本　八冊

410000－2241－0005422　49.97/476

大唐開元占經一百二十卷　（唐）釋瞿曇悉達等撰　清恒德堂刻本　二十冊

410000－2241－0005423　D93.29/1146

重訂金石契不分卷　（清）張燕昌輯　清光緒

二十二年（1896）貴池劉世珩聚學軒刻本
四冊

410000－2241－0005424　811.38/0018
出塞集三卷　（清）高玢撰　清道光二十六年
（1846）刻本　一冊

410000－2241－0005425　D93.29/1320
金石三跋十卷一跋四卷二跋四卷三跋二卷
（清）吳億著　清道光二十三年（1843）刻本
二冊

410000－2241－0005426　D93.29/1320
授堂金石文字續跋十四卷　（清）武億撰　清
道光二十三年（1843）偃師武氏刻授堂遺書本
三冊

410000－2241－0005427　49.975/164
陰隲文圖說四卷　（清）黃正元輯　清嘉慶十
五年（1810）太原文興齋刻本　四冊

410000－2241－0005428　D93.29/2693
筠清館金石文字五卷　（清）吳榮光撰　清道
光二十二年（1842）南海吳氏筠清館刻本
五冊

410000－2241－0005429　49.975/612
醒世鐘四卷　（清）許守德輯　清宣統三年
（1911）文茂山房刻本　四冊

410000－2241－0005430　49.975/713
坐花誌果八卷　（清）汪道鼎述　清光緒六年
（1880）刻本　四冊

410000－2241－0005431　D93.29/3261
金石三例　（清）盧見曾輯　清刻朱墨套印本
六冊

410000－2241－0005432　49.975/713－2
音釋坐花誌果八卷　（清）汪道鼎著　（清）胡
夢蕍音釋　清光緒十七年（1891）竹簡齋石印
本　四冊

410000－2241－0005433　D93.29/8340
小蓬萊閣金石文字不分卷　（清）黃易輯　清
嘉慶六年（1801）刻本　五冊

410000－2241－0005434　D93.292/8310

鐵雲藏龜不分卷藏陶不分卷附泥封　（清）劉
鶚輯　清光緒二十九年（1903）、三十年
（1904）抱殘守缺齋石印本　十冊

410000－2241－0005435　811.38/0780
海粟齋詩鈔二卷　（清）郭鑑庚撰　清道光二
十五年（1845）刻本　二冊

410000－2241－0005436　97.35/948/2
積學齋叢書二十種　徐乃昌輯　清光緒南陵
徐氏刻本（有圖）　十六冊

410000－2241－0005437　97.35/948
積學齋叢書二十種　徐乃昌輯　清光緒南陵
徐氏刻本（有圖）　十六冊

410000－2241－0005438　811.38/1042
主敬堂近詩偶錄一卷菊泉詩餘幻秋集一卷
（清）王嘉生撰　清乾隆三十四年（1769）刻本
一冊

410000－2241－0005439　811.38/1043
漁洋山人詩集續集十六卷　（清）王士禎撰
清康熙刻本　四冊

410000－2241－0005440　811.38/1049
駝南詩草八卷　（清）王覲光撰　清刻本
一冊

410000－2241－0005441　811.38/1067
是亦庵集四卷　（清）王四留撰　清刻本
四冊

410000－2241－0005442　811.7/2622
花月痕全書十六卷五十二回　（清）魏秀仁撰
題（清）棲霞居士評閱　清光緒十八年
（1892）上海圖書集成書局鉛印本　四冊

410000－2241－0005443　44.4152/526
空谷香傳奇二卷　（清）蔣士銓填詞　清光緒
十七年（1891）紅雪樓刻本　二冊

410000－2241－0005444　811.7/2644
儒林外史五十六回　（清）吳敬梓撰　清同治
十三年（1874）上海申報館鉛印本　八冊

410000－2241－0005445　811.7/2663
西湖佳話古今遺蹟十六卷　題（清）墨浪子搜

輯　清乾隆五十一年（1786）芥子園刻本
六冊

410000－2241－0005446　811.38/1172
京江耆舊集十三卷　（清）張學仁　（清）王豫
輯　清宣統元年（1909）柳甡春刻本　　八冊

410000－2241－0005447　811.7/2745
義俠好逑傳四卷十八回　（清）名教中人編次
　（清）游方外客批評　清末大文堂刻本
四冊

410000－2241－0005448　44.4152496/628.2
註釋拜月亭記二卷　（明）羅懋登註釋　清宣
統元年（1909）貴池劉氏暖紅室刻本　　二冊

410000－2241－0005449　811.38/1177
拾燼集一卷　題（清）張劉氏撰　清光緒二十
二年（1896）刻本　　一冊

410000－2241－0005450　811.7/2781
紅樓夢補四十八回　題（清）歸鋤子撰　清光
緒二年（1876）申報館鉛印申報館叢書本
十冊

410000－2241－0005451　D93.2945/1705
重修蘭州城碑記　（清）那彥成撰　清拓本
一冊

410000－2241－0005452　811.38/2623
梅村詩集箋注十八卷　（清）吳偉業撰　（清）
吳翌鳳箋注　清嘉慶十九年（1814）嚴榮滄浪
吟榭刻本　　十二冊

410000－2241－0005453　811.38/2660
明宮詞一卷　（清）程嗣章撰　清宣統三年
（1911）上海掃葉山房石印本　　一冊

410000－2241－0005454　D97.92/4485
大清通禮五十四卷　（清）來保修　（清）李玉
鳴等纂　（清）穆克登額等續纂　清道光四年
（1824）刻本　　十六冊

410000－2241－0005455　D97.92/7533
禮書一百五十卷　（宋）陳祥道撰　清嘉慶九
年（1804）福清郭氏校經堂刻本　　二十四冊

410000－2241－0005456　811.38/2704

**壯悔堂文集十卷遺稿一卷四憶堂詩集六卷詩
遺稿一卷**　（清）侯方域撰　（清）賈開宗等評
點選注　清刻本　　八冊

410000－2241－0005457　E12.91/4039
懿行編八卷　（清）李瀅輯　（清）徐惺鑒定
清康熙十九年（1680）刻本　　四冊

410000－2241－0005458　350.42/4641
光緒通商列表一卷　（清）楊楷撰　清光緒十
三年（1887）刻本　　一冊

410000－2241－0005459　E82/1074
錢穀備要十卷　（清）王又槐編輯　清刻本
八冊

410000－2241－0005460　E8253/0030
淮北票鹽志略十四卷　（清）童濂編　清道光
二十年（1840）刻本　　四冊

410000－2241－0005461　811.7/4021
新評龍圖神斷公案十卷　（明）李贄評　清道
光二十六年（1846）刻本　　五冊

410000－2241－0005462　811.38/3099
江左十五子詩選十五卷　（清）宋犖選　（清）
邵長蘅訂　（清）宋至校　清康熙刻本　　四冊

410000－2241－0005463　F/1033
福惠全書三十二卷　（清）黃六鴻著　清光緒
十九年（1893）刻本　　十二冊

410000－2241－0005464　811.7/4031
秋燈叢話十八卷　（清）王椷撰　清同治十年
（1871）文盛堂刻本　　六冊

410000－2241－0005465　F049/3610
危言四卷　（清）湯震撰　清光緒二十一年
（1895）石印本　　四冊

410000－2241－0005466　811.7/4404
四雪草堂重訂通俗隋唐演義二十卷一百回
（清）褚人穫撰　清同德堂刻本　　二十冊

410000－2241－0005467　811.7/4410
東周列國全志二十三卷一百八回　（清）蔡昇
評點　清書學山房刻本　　十二冊

263

410000 – 2241 – 0005468　811.7/4414

廣虞初新志四十卷　（清）黃承增輯　清嘉慶
八年(1803)寄鷗閒舫刻本　十六冊

410000 – 2241 – 0005469　F04.9/7784

文獻通考正續彙纂十二卷　（清）周宗濂撰
（清）楊守仁參校　清道光二年(1822)刻本
六冊

410000 – 2241 – 0005470　811.7/4442

聊齋志異新評十六卷　（清）蒲松齡撰　（清）
王士正評　（清）但明倫新評　清光緒七年
(1881)廣州林記書莊刻朱墨套印本　十六冊

410000 – 2241 – 0005471　F1/7570

時務策學八十二卷　（清）陳驤編　清光緒二
十七年(1901)求賢講舍刻本　二十冊

410000 – 2241 – 0005472　811.38/3423

欽定國朝詩別裁集三十二卷　（清）沈德潛纂
評　清乾隆二十六年(1761)刻本　八冊

410000 – 2241 – 0005473　F1/7570/2

時務通考續編三十一卷　題（清）點石齋主人
編　清光緒二十七年(1901)上海點石齋石印
本　十六冊

410000 – 2241 – 0005474　811.7/4442 = 2

詳註聊齋志異圖詠十六卷首一卷　（清）蒲松
齡著　（清）呂湛恩註　清光緒十二年(1886)
上海同文書局石印本　八冊

410000 – 2241 – 0005475　97.432/066

涇川叢書正集四十四種續集七種　（清）趙紹
祖　（清）趙繩祖輯　清道光十二年(1832)涇
縣趙氏古墨齋刻本　二十四冊

410000 – 2241 – 0005476　F12.91/3235

治浙成規八卷　（清）□□輯　清刻本　八冊

410000 – 2241 – 0005477　44.415251/644.3

繪風亭評第七才子書琵琶記六卷　（元）高明
撰　清映秀堂刻本　十四冊

410000 – 2241 – 0005478　811.7/4634

**說唐薛家府傳六卷四十二回卷首說唐小英雄
二卷十六回**　題（清）如蓮居士編次　清聚盛

堂刻本　八冊

410000 – 2241 – 0005479　811.38/3636

貽安堂詠古詩草二卷　（清）湯之暄撰　清乾
隆十九年(1754)貽安堂刻本　一冊

410000 – 2241 – 0005480　44.415251/644.3.02

繪風亭評第七才子書琵琶記六卷　（元）高明
撰　（清）陳方平輯　清雍正元年(1723)映秀
堂刻本　十二冊

410000 – 2241 – 0005481　F12.91/7423

學治偶存八卷　（清）陸維祺撰　清光緒十九
年(1893)刻本　四冊

410000 – 2241 – 0005482　F12.91/7552

自強學齋治平十議　題（清）自強學齋主人輯
清光緒二十三年(1897)文瑞樓石印本　十
二冊

410000 – 2241 – 0005483　97.452/073

廬陽三賢集　（清）張樹聲輯　清光緒元年
(1875)合肥張氏毓秀堂刻本　六冊

410000 – 2241 – 0005484　44.415251/644.3.03

仇實甫繪像第七才子書六卷　（元）高明撰
清雍正十三年(1735)吳門程氏課花書屋刻本
六冊

410000 – 2241 – 0005485　811.7/5019

續紅樓夢三十卷　（清）秦子忱撰　清嘉慶四
年(1799)抱甕軒刻本　十二冊

410000 – 2241 – 0005486　97.453/073

紹興先正遺書四集十四種　（清）徐友蘭輯
清光緒會稽徐氏鑄學齋刻本　四十八冊

410000 – 2241 – 0005487　44.415251/644.4

鏡香園毛聲山評第七才子書琵琶記十二卷
（元）高明撰　清刻本　六冊

410000 – 2241 – 0005488　811.7/5514 – 1814

紅樓夢圖詠不分卷　（清）改琦繪　（清）李光
祿輯　（清）淮浦居士重編　清光緒五年
(1879)淮浦居士上海刻本　四冊

410000 – 2241 – 0005489　811.7/5514

增評補像全圖金玉緣一百二十回首一卷

（清）曹霑　（清）高鶚撰　清光緒十四年（1888）石印本　十六冊

410000－2241－0005490　811.38/4245
樗寮先生全集　（清）姚椿撰　清道光、咸豐間刻本　十二冊

410000－2241－0005491　811.7/5514＝2
後紅樓夢三十回首一卷附錄二卷　（清）□□撰　清刻本　八冊

410000－2241－0005492　F12.93/2730
欽定科場條例六十卷首一卷續增科場條例不分卷　（清）奎潤等修　清刻本　五十二冊

410000－2241－0005493　811.38/4327
論語詩一卷　（清）尤侗撰　（清）武其田箋　清嘉慶八年（1803）鹿草山房刻本　一冊

410000－2241－0005494　F12.93/4424
國朝貢舉考略三卷明貢舉考略二卷　（清）黃崇蘭輯　清刻本　四冊

410000－2241－0005495　811.7/5514－1012
石頭記評贊　（清）王希廉撰　清同治十三年（1874）金陵刻本　四冊

410000－2241－0005496　F12.93/6049
國朝科場異聞錄九卷　（清）呂相燮輯　清光緒二十四年（1898）順成書局石印科場異聞錄五種本　二冊

410000－2241－0005497　F12.94/2028
爵秩全覽（清宣統辛亥秋季）不分卷　（清）□□輯　清宣統三年（1911）刻本　六冊

410000－2241－0005498　811.38/4404
黔詩紀略後編三十卷補三卷　（清）莫庭芝（清）黎汝謙採詩　陳田傳證　清宣統三年（1911）筱石氏京師刻本　十冊

410000－2241－0005499　811.7/5514－3408
紅樓夢賦一卷評花一卷紅樓夢題詞一卷讀紅樓夢雜記一卷　（清）沈謙撰　清光緒二年（1876）刻本　一冊

410000－2241－0005500　F12.94/3481
三國職官表三卷　（清）洪飴孫撰　清光緒十

七年（1891）廣雅書局刻廣雅書局叢書本三冊

410000－2241－0005501　F12.956/2658
欽定大清會典一百卷首一卷事例一千二百二十卷首一卷目錄八卷　（清）崑岡等纂修　清宣統元年（1909）商務印書館石印本　一百六十冊

410000－2241－0005502　F12.956/4234
欽定理藩院則例六十四卷總目二卷通例二卷　（清）理藩院纂修　清光緒十七年（1891）刻本　三十二冊

410000－2241－0005503　811.7/6075
說唐前傳十卷六十八回　題（清）如蓮居士編次　清光緒四年（1878）京都文和堂刻本十冊

410000－2241－0005504　F69.2/1194
救荒活民類要三卷　（元）張光大編輯　清光緒三年（1877）刻本　二冊

410000－2241－0005505　F69.2/4662
籌濟編三十二卷首一卷　（清）楊景仁輯　清光緒九年（1883）武昌書局刻本　八冊

410000－2241－0005506　811.7/6075＝2
殘唐五代史演義傳六卷　（明）羅本編輯（明）湯顯祖批評　清光緒十七年（1891）上海書局石印本　二冊

410000－2241－0005507　F69.27/0041
賑紀八卷　（清）方觀承輯　清乾隆十九年（1754）刻本　八冊

410000－2241－0005508　811.38/4426
兩當軒詩鈔十四卷竹眠詞鈔二卷　（清）黃景仁撰　清道光十三年（1833）順德黎氏刻本二冊

410000－2241－0005509　F8/4001
歐洲東方交涉記十二卷　（英國）麥高爾輯（美國）林樂知　（清）瞿昂來譯　清光緒七年（1881）刻本　二冊

410000－2241－0005510　F8/7100

英俄印度交涉書十四章附續編　（英國）馬文
著　（英國）羅亨利　（清）瞿昂來譯　清末刻
本　一冊

410000－2241－0005511　F82.6/4419
約章分類輯要三十八卷首一卷　蔡乃煌等纂
　清光緒二十六年(1900)湖南商務局刻本
三十冊

410000－2241－0005512　G12.8/2762
各國條款稅則不分卷　（清）□□輯　清末刻
本　二十冊

410000－2241－0005513　811.7/7513
燕山外史二卷　（清）陳球撰　清光緒三年
(1877)刻本　二冊

410000－2241－0005514　G25/3603
刑案匯覽六十卷首一卷末一卷拾遺備考一卷
續增十六卷　（清）祝慶祺編　清同治八年
(1869)刻本　八十冊

410000－2241－0005515　G29.6/7752/2
大清律例增修統纂集成四十卷督捕則例二卷
　（清）陶駿　（清）陶念霖增修　清光緒十一
年(1885)刻本　二十四冊

410000－2241－0005516　G29.6/7752
大清律例增修統纂集成四十卷附錄二卷
(清)陶駿　（清）陶念霖增修　清光緒三十四
年(1908)上海文瑞樓石印本　二十四冊

410000－2241－0005517　G22.75/0041
通行章程二卷　（清）王汝礪輯　清光緒十八
年(1892)刻本　二冊

410000－2241－0005518　G9/5520
各國交涉公法論十六卷　（英國）費利摩羅巴
德著　（英國）傅蘭雅口譯　（清）俞世爵筆述
　清光緒二十二年(1896)石印本　八冊

410000－2241－0005519　97.455/073
湖北叢書三十一種　（清）趙尚輔輯　清光緒
十七年(1891)三餘草堂刻本　一百冊

410000－2241－0005520　97.474/073
嶺南遺書六集五十九種　（清）伍元薇　（清）

伍崇曜輯　清道光、同治間南海伍氏粵雅堂
文字歡娛室刻本　八十冊

410000－2241－0005521　811.38/4440
莫宦詩草一卷　（清）黃壽袞撰　清光緒三十
四年(1908)石印本　一冊

410000－2241－0005522　H11/4412
戰略考三十一卷　（明）茅元儀輯　（清）潘鐸
評　清咸豐十年(1860)江甯潘鐸刻本　六冊

410000－2241－0005523　H19/0042
武備新書十種　（清）廖壽豐校譯　清光緒二
十三年(1897)浙江書局刻本　五冊

410000－2241－0005524　H19/5329
紀效新書十八卷首一卷　（明）戚繼光撰　清
光緒元年(1875)京都寶林堂刻本　六冊

410000－2241－0005525　811.38/4474
芰亭詩鈔二卷　（清）蔣周南撰　學愚道人詩
鈔一卷　（清）朱近曾撰　雲石山房小草一卷
　（清）周杰撰　清乾隆五十年(1785)山陽官
署刻本　四冊

410000－2241－0005526　97.5/377
左海全集十種　（清）陳壽祺撰　清嘉慶、道
光間三山陳氏刻本　二十八冊

410000－2241－0005527　811.7/8224
繡像東西漢全傳十八卷　（明）鍾惺評　清經
綸堂刻本　十二冊

410000－2241－0005528　H21.3/0074
奏定陸軍營制餉章不分卷　奕劻等編　清光
緒三十年(1904)鉛印本　一冊

410000－2241－0005529　811.38/4493
倚晴樓詩集十二卷續集四卷詩餘四卷　（清）
黃燮清撰　清咸豐七年至同治九年(1857－
1870)海鹽黃氏拙宜園刻倚晴樓集本　四冊

410000－2241－0005530　H29.2/4435
浙東籌防錄四卷　（清）薛福成纂輯　清光緒
十四年(1888)刻本　四冊

410000－2241－0005531　97.5/377/2
左海續集（小琅嬛館叢書）十種　（清）陳壽祺

撰　清道光、同治間刻本　五十二冊

410000 － 2241 － 0005532　811.7/8322

增訂精忠演義說本全傳二十卷八十回　（清）
錢彩編次　（清）金豐增訂　清大文堂刻本
十二冊

410000 － 2241 － 0005533　H47/4064

海防新論十八卷　（布國）希理哈撰　（英國）
傅蘭雅譯　（清）華蘅芳筆述　清同治七年
（1868）刻本　六冊

410000 － 2241 － 0005534　811.38/4900

廣雅書局叢書　（清）廣雅書局輯　清光緒廣
雅書局刻本　十二冊　存二種六十四卷

410000 － 2241 － 0005535　811.38/4917

甌北集五十三卷　（清）趙翼撰　清乾隆五十
年（1785）刻本　十二冊

410000 － 2241 － 0005536　I16.7/1014

善本書室藏書志四十卷附錄一卷　（清）丁丙
輯　清光緒二十五年至二十七年（1899 －
1901）錢唐丁立中鄂中刻本　十六冊

410000 － 2241 － 0005537　I16.786/7433

皕宋樓藏書志一百二十卷續志四卷　（清）陸
心源編　清光緒八年（1882）歸安陸心源十萬
卷樓刻潛園總集本　三十六冊

410000 － 2241 － 0005538　44.415257/736 － 3

玉茗堂還魂記二卷　（明）湯顯祖撰　清乾隆
五十年（1785）快雨堂冰絲館刻本　四冊

410000 － 2241 － 0005539　811.38/6077

遲刪集八卷附文一卷　（清）呂堅撰　清乾隆
滋樹堂刻本　四冊

410000 － 2241 － 0005540　44.415257/736 －
3.02

玉茗堂還魂記二卷　（明）湯顯祖撰　清光緒
三十四年（1908）貴池劉氏暖紅室刻本　四冊

410000 － 2241 － 0005541　811.38/6715

淮寧梅隱雷鳳羽先生孝義贈言不分卷　（清）
張體銓輯　清乾隆八年（1743）刻本　四冊

410000 － 2241 － 0005542　97.5/828

春雨樓叢書六種　（清）朱士端撰　清同治寶
應朱氏刻本　六冊

410000 － 2241 － 0005543　811.38/7172

四宜亭集不分卷　（清）馬剛選　清康熙五年
（1666）馬氏澄懷堂刻本　一冊

410000 － 2241 － 0005544　811.81/2722

情史類略二十四卷　題（明）詹詹外史評輯
清道光二十八年（1848）經國堂刻本　十二冊

410000 － 2241 － 0005545　811.81/2767

閱微草堂筆記二十四卷　（清）紀昀撰　清嘉
慶五年（1800）北平盛時彥刻本　十冊

410000 － 2241 － 0005546　97.5/835

玉山朱氏遺書二種　（清）諸可寶輯　清光緒
二十六年（1900）玉山書院刻本　三冊

410000 － 2241 － 0005547　811.38/7728

弱水集二十二卷　（清）屈復撰　（清）馬璞
（清）陳長鎮評　清乾隆七年（1742）刻本
四冊

410000 － 2241 － 0005548　44.415257/837

異方便淨土傳燈歸元鏡三祖實錄二卷　（清）
釋智達拈頌　清道光二十一年（1841）師林寺
刻本　二冊

410000 － 2241 － 0005549　811.38/7747

**紅豆樹館詩稿十四卷詞八卷詞補遺一卷逸稿
一卷**　（清）陶樑撰　清刻本　四冊

410000 － 2241 － 0005550　I16.86/7520

經籍跋文一卷　（清）陳鱣著　清光緒刻本
一冊

410000 － 2241 － 0005551　811.38/8011

雪厓詩選一卷　（清）余正元撰　清光緒十六
年（1890）刻本　一冊

410000 － 2241 － 0005552　44.415257/978/2

新編目連救母勸善戲文三卷　（明）鄭之珍編
　明萬曆四十年（1612）鄭氏高石山房刻本
三冊

410000 － 2241 － 0005553　811.38/8034

葦間詩集五卷　（清）姜宸英撰　清道光四年

（1824）慈谿葉元墥刻本　二冊

410000－2241－0005554　44.415257/978/1

新刻出相音註勸善目連救母行孝戲文三卷
（明）鄭之珍編　清維新書局刻本　三冊

410000－2241－0005555　44.5373/249

野叟閒談四卷　（清）杜響漁隱撰　清光緒三
十三年（1907）上海書局石印本　四冊

410000－2241－0005556　811.38/8066

貫華堂選批唐才子詩甲集八卷　（清）金人瑞
選批　清刻本　十二冊

410000－2241－0005557　44.5373/290

新鮮稀奇古怪四卷　（清）李慶曾著　清光緒
二十二年（1896）理文軒鉛印本　四冊

410000－2241－0005558　97.622/977

鄭氏遺書五種　（漢）鄭玄撰　（清）王復輯
清嘉慶二年（1797）承德孫氏刻問經堂叢書本
四冊

410000－2241－0005559　44.5373/347

壺天錄三卷　題（清）百一居士撰　清光緒七
年（1881）上海申報館鉛印申報館叢書本
二冊

410000－2241－0005560　44.5373/390

香飲樓賓談二卷　（清）陸長春撰　清光緒三
年（1877）上海申報館鉛印申報館叢書本
一冊

410000－2241－0005561　44.5373/442

繪圖古今眼前報四卷　（清）吳鑑芳編　清光
緒二十一年（1895）石印本　二冊

410000－2241－0005562　811.41/7771＝2

楚辭十九卷　（戰國）屈原撰　（明）陸時雍疏
　附錄一卷　清康熙四十四年（1705）有文堂
刻本　三冊

410000－2241－0005563　44.5373/442.02

繪圖古今眼前報四卷　（清）吳鑑芳編　清光
緒三十年（1904）上海紫來閣書社石印本
四冊

410000－2241－0005564　811.82/4435

出使日記續刻十卷（清光緒十七年至二十年）
（清）薛福成撰　清光緒二十四年（1898）傳
經樓刻本　十冊

410000－2241－0005565　97.656/272

總纂升菴合集二百四十卷　（明）楊慎著
（清）鄭寶琛纂輯　（清）王文林編次　清光緒
八年（1882）新都王鴻文堂刻本　一百冊

410000－2241－0005566　811.82/8064

**曾文正公手書日記不分卷（清道光二十一年
至同治十一年）**　（清）曾國藩撰　清宣統元
年（1909）上海中國圖書公司石印本　四十冊

410000－2241－0005567　44.5373/477

茶餘談薈二卷　題（清）見南山人著　清光緒
五年（1879）申報館鉛印申報館叢書本　一冊

410000－2241－0005568　97.657/117

廣雅書局叢書　（清）廣雅書局輯　清光緒廣
雅書局刻本　十六冊　存二種六十四卷

410000－2241－0005569　811.42/5317

註釋水竹居賦不分卷　（清）盛觀潮撰　題
（清）夢花齋主人識　清道光二十八年（1848）
巽記刻本　二冊

410000－2241－0005570　97.657/117/2

廣雅書局叢書　（清）廣雅書局輯　清光緒廣
雅書局刻本　十二冊　存二種六十四卷

410000－2241－0005571　811.83/0448

漢丞相諸葛忠武侯集二十一卷　（三國蜀）諸
葛亮撰　（明）諸葛羲基編輯　清刻重刊道藏
輯要本　六冊

410000－2241－0005572　97.657/378

歸雲別集十種　（清）陳士元撰　清道光十三
年（1833）應城吳毓梅刻本　二十冊

410000－2241－0005573　811.83/0900

鴻雪因緣圖記三集　（清）麟慶撰　清光緒十
二年（1886）上海點石齋石印本　六冊

410000－2241－0005574　97.657/965

顧端文公遺書十三種　（明）顧憲成撰　清光
緒三年（1877）涇里宗祠刻本　十八冊

410000 – 2241 – 0005575　811.42/7510

御定歷代賦彙一百四十卷外集二十卷逸句二卷補遺二十二卷目錄三卷　（清）陳元龍編輯　清康熙四十五年(1706)內府刻本　五十冊

410000 – 2241 – 0005576　44.5373/606

里乘（蘭苕館外史）十卷　（清）許奉恩撰　清光緒五年(1879)刻本　六冊

410000 – 2241 – 0005577　97.658/288

四六全書五種　（明）李日華撰　明崇禎十三年(1640)六有堂刻本　六冊　存四種二十六卷

410000 – 2241 – 0005578　44.5373/629

快心醒睡錄十六卷首一卷　（清）毛祥麟撰　清光緒二十一年(1895)上海書局石印本　六冊

410000 – 2241 – 0005579　I20.42/3332

東林書院志二十二卷　（清）高烜等增輯　清刻本　十六冊

410000 – 2241 – 0005580　44.5373/662

見聞隨筆二十六卷　（清）齊學裘撰　清同治十年(1871)天空海闊之居刻本　八冊

410000 – 2241 – 0005581　44.5373/662/2

見聞隨筆二十六卷　（清）齊學裘撰　清同治十年(1871)天空海闊之居刻本　八冊

410000 – 2241 – 0005582　I29.2/4477

翼教叢編六卷　（清）蘇輿編　清光緒二十四年(1898)武昌刻本　三冊

410000 – 2241 – 0005583　97.661/965

顧亭林先生遺書十種補遺十種　（清）顧炎武撰　清刻本　十六冊

410000 – 2241 – 0005584　44.5373/732.02

兩般秋雨盦隨筆八卷　（清）梁紹壬纂　清光緒十年(1884)錢唐許氏吉華堂刻本　八冊

410000 – 2241 – 0005585　97.662/170

黎洲遺著彙刊三十二種　（清）黃宗羲撰　清宣統二年(1910)上海時中書局鉛印本　二十冊

410000 – 2241 – 0005586　J21/1042

音韻闡微十八卷韻譜一卷　（清）李光地修　（清）王蘭生等編纂　清光緒七年(1881)淮南書局刻本　五冊

410000 – 2241 – 0005587　44.5373/736

翼駉稗編八卷　（清）湯用中撰　（清）徐廷華評　清同治八年(1869)刻本　八冊

410000 – 2241 – 0005588　44.5373/768

談屑四卷　（清）馮晟撰　清同治九年(1870)刻本　八冊

410000 – 2241 – 0005589　J21/2603

兩漢韻珠十卷　（清）吳章灃編輯　清光緒十八年(1892)刻本　十冊

410000 – 2241 – 0005590　J21/4031

李氏音鑑六卷首一卷　（清）李汝珍撰　清嘉慶十五年(1810)寶善堂刻同治七年(1868)木樨山房重修本　四冊

410000 – 2241 – 0005591　J21/4045

漢隸分韻七卷　（明）李石疊撰　清乾隆三十七年(1772)萬氏辨志堂刻本　六冊

410000 – 2241 – 0005592　97.662/388

陸桴亭先生遺書二十二種　（清）陸世儀撰　清光緒二十五年(1899)太倉唐受祺京師刻本　四冊

410000 – 2241 – 0005593　J21/4664

詩序韻語一卷　（清）楊恩壽撰　清光緒元年(1875)長沙楊氏刻坦園全集本　一冊

410000 – 2241 – 0005594　J21/7433

明本排字九經直音二卷補遺一卷　（宋）□□撰　（清）陸心源校　清光緒七年(1881)歸安陸氏十萬卷樓刻十萬卷樓叢書本　一冊

410000 – 2241 – 0005595　97.662/781

西河合集　（清）毛奇齡撰　清康熙蕭山書留草堂刻本　六十八冊

410000 – 2241 – 0005596　811.51/0811

四印齋所刻詞二十種　（清）王鵬運輯　清光緒臨桂王氏家塾刻本　十六冊

410000－2241－0005597　J21.4/4013

佩文廣韻彙編五卷　（清）李元祺編輯　清同治十一年(1872)金陵書局刻本　一冊

410000－2241－0005598　44.5373/803

天涯聞見錄四卷　（清）魏祝亭撰　清光緒十九年(1893)經綸堂刻本　四冊

410000－2241－0005599　811.51/2528

詞綜三十六卷　（清）朱彝尊抄撮　（清）汪森增定　（清）柯崇樸編次　（清）周篔辨譌　清康熙十七年(1678)休陽汪森裘杼樓刻三十年(1691)增刻本　八冊

410000－2241－0005600　44.5373/832

埋憂集十卷續集二卷　（清）朱翊清撰　清同治十二年(1873)刻本　四冊

410000－2241－0005601　44.5373/842

澆愁集八卷　（清）鄒弢撰　清光緒四年(1878)上海申報館鉛印申報館叢書本　四冊

410000－2241－0005602　811.84/4048

新齊諧二十四卷　（清）袁枚撰　清乾隆五十三年(1788)隨園刻本　十二冊

410000－2241－0005603　J22.4/1081

廣雅疏證十卷　（清）王念孫學　（清）王引之述　博雅音十卷　（隋）曹憲撰　（清）王念孫校　清刻本　八冊

410000－2241－0005604　44.5373/852

閨秀英才傳十二卷　題(清)鴛湖煙水散人撰　清光緒十九年(1893)鉛印本　四冊

410000－2241－0005605　811.51/2816

小檀欒室彙刻閨秀詞十集　徐乃昌輯　清光緒二十一年至二十二年(1895－1896)南陵徐氏小檀欒室刻本　十六冊　存八集八十種九十一卷

410000－2241－0005606　J22.5/2504

駢雅訓纂十六卷首一卷序目一卷駢雅七卷　(明)朱謀㙔撰　（清）魏茂林學　清道光二十五年(1845)有不為齋刻咸豐元年(1851)補刻本　八冊

410000－2241－0005607　44.5373/852＝2

閒談消夏錄十二卷　（清）朱翊清撰　清光緒二十一年(1895)上海書局石印本　四冊

410000－2241－0005608　97.664/212/2

戴氏遺書十五種　（清）戴震撰　清乾隆曲阜孔氏微波榭刻微波榭叢書本　五冊　存六種三十三卷

410000－2241－0005609　97.664/212

戴氏遺書十五種　（清）戴震撰　清乾隆曲阜孔氏微波榭刻微波榭叢書本　九冊　存十一種四十三卷

410000－2241－0005610　44.5373/940

宋人小說類編四卷補鈔一卷　題(清)秋紅晚翠軒餘叟輯　清同治十年(1871)刻本　五冊

410000－2241－0005611　97.664/278

杭大宗七種叢書　（清）杭世駿撰　清乾隆杭賓仁羊城刻本　六冊

410000－2241－0005612　811.51/5062.02

詞學叢書六種　（清）秦恩復輯　清光緒六年(1880)刻本　十冊

410000－2241－0005613　811.51/5062

詞學叢書六種　（清）秦恩復輯　清嘉慶、道光間江都秦氏享帚精舍刻本　十冊

410000－2241－0005614　J24/3940

藝文備覽一百二十卷補詳字義十四篇　（清）沙木集注　清嘉慶十一年(1806)長白阿克當阿刻本　四十二冊

410000－2241－0005615　44.5373/987

豆棚談助四卷　題(清)鈍庵　題(清)憨齋記　清末蘇報館鉛印本　四冊

410000－2241－0005616　97.665/103/2

授堂遺書八種　（清）武億撰　清道光二十三年(1843)偃師武氏刻本　十六冊

410000－2241－0005617　97.665/103

授堂遺書八種　（清）武億撰　清道光二十三年(1843)偃師武氏刻本　六冊

410000－2241－0005618　811.51/7730

絕妙好詞箋七卷　（宋）周密編　（清）查爲仁
　　（清）厲鶚箋　續鈔二卷　（宋）周密輯
（清）余集鈔撮　（清）徐楙補錄　清同治十一
年(1872)會稽章氏刻本　四冊

410000－2241－0005619　97.665/362

芳茂山人文集十二卷　（清）孫星衍著　清光
緒十二年(1886)吳縣朱氏槐廬家塾刻槐廬叢
書本　十二冊

410000－2241－0005620　811.51/8744

白香詞譜箋四卷　（清）舒夢蘭輯　（清）謝朝
徵箋　清光緒十一年(1885)仁和譚氏刻民國
九年(1920)補刻半厂叢書初編本　二冊

410000－2241－0005621　J24/8617

漢字母音釋二卷　（清）楊敦頤纂　清光緒三
十年(1904)石印本　一冊

410000－2241－0005622　811.52/1190

山中白雲詞八卷　（宋）張炎著　清宣統三年
(1911)石印本　四冊

410000－2241－0005623　97.665/525

珍埶宧遺書十一種　（清）莊述祖撰　清嘉慶
至道光武進莊氏脊令舫刻本　二十冊

410000－2241－0005624　811.52/1153

橫經堂詩餘二卷　（清）張泰初撰　清光緒二
年(1876)刻本　一冊

410000－2241－0005625　97.665/720

洪北江全集二十三種　（清）洪亮吉撰　清光
緒洪用懃授經堂刻本　八十四冊

410000－2241－0005626　44.415262/522

風流棒傳奇二卷　（清）萬樹撰　（清）吳秉鈞
評　清康熙二十五年(1686)縶花別墅刻擁雙
豔三種本　八冊

410000－2241－0005627　J24.2/1161

說文佚字攷四卷　（清）張鳴珂撰　清光緒十
三年(1887)豫章刻本　一冊

410000－2241－0005628　97.665/784

通藝錄二十種　（清）程瑤田撰　清嘉慶刻本
　　十二冊

410000－2241－0005629　811.52/2741

國朝常州詞錄三十一卷　繆荃孫校輯　清光
緒二十二年(1896)江陰繆氏雲自在龕刻本
十二冊　存三十卷(一至三十)

410000－2241－0005630　97.665/842

鄒叔子遺書七種　（清）鄒漢勛撰　清光緒新
化鄒氏刻本　十三冊

410000－2241－0005631　44.536/439/2

客窗閒話八卷　（清）吳熾昌著　清光緒元年
(1875)味經堂刻本　四冊

410000－2241－0005632　97.665/879

經韻樓叢書八種　（清）段玉裁撰　清乾隆、
道光間金壇段氏刻本　三十冊

410000－2241－0005633　97.665/917

焦氏叢書十種　（清）焦循撰　清光緒二年
(1876)衡陽魏氏刻本　二十三冊

410000－2241－0005634　44.415262/782

揚州夢二卷三十二齣　（清）嵇永仁撰　清同
治十一年(1872)永州刻本　四冊

410000－2241－0005635　J24.32/1061

諧聲譜二卷　（清）丁顯撰　清光緒三十年
(1904)刻本　二冊

410000－2241－0005636　811.87/1718

明人尺牘四卷國朝尺牘六卷　（清）鄧元鏸輯
　　清光緒十七年(1891)無錫鄧氏刻本　一冊

410000－2241－0005637　44.415264/165/2

石榴記傳奇四卷　（清）黃振塡詞　清乾隆三
十七年(1772)如皋黃氏柴灣村舍刻本　六冊

410000－2241－0005638　44.415264/165

石榴記傳奇四卷　（清）黃振塡詞　清乾隆三
十七年(1772)如皋黃氏柴灣村舍刻本　四冊

410000－2241－0005639　97.665/929

嘉定錢氏潛研堂全書二十一種　（清）錢大昕
撰　清光緒十年(1884)長沙龍氏家塾刻本
一百冊

410000－2241－0005640　97.665/929－2

嘉定錢氏潛研堂全書二十一種　　（清）錢大昕

撰　清光緒十年(1884)長沙龍氏家塾刻本
十冊　存十二種四十八卷

410000－2241－0005641　J24.5/4027
字通一卷　(宋)李從周撰　清乾隆、道光間
長塘鮑氏刻知不足齋叢書本　一冊

410000－2241－0005642　44.415264/279
西廂記後傳四卷　題(清)梅齋逸叟撰　清光
緒三十三年(1907)上海書局石印本　二冊

410000－2241－0005643　J24.61/4073
篆學瑣著三十種　(清)顧湘編　清道光二十
年(1840)海虞顧氏刻本　八冊

410000－2241－0005644　97.666/209
郝氏遺書三十三種　(清)郝懿行撰　清嘉
慶、光緒間刻本　八十三冊

410000－2241－0005645　97.666/545
董立方遺書八種　(清)董祐誠撰　清同治八
年(1869)董貽清成都刻本　三冊

410000－2241－0005646　J24.63/1192
隸法彙纂十卷　(清)項懷述編錄　清刻本
四冊

410000－2241－0005647　J25/0028
字典考證十二集三十六卷　(清)奕繪等輯
清光緒二年(1876)崇文書局刻本　六冊

410000－2241－0005648　44.415264/526/2
紅雪樓九種曲(清容外集)　(清)蔣士銓撰
清乾隆蔣氏紅雪樓刻本　十冊

410000－2241－0005649　97.666/730
二思堂叢書六種　(清)梁章鉅撰　清光緒元
年(1875)福州梁氏刻本　十六冊

410000－2241－0005650　J25/4803
會海字彙十二卷首一卷末一卷　(明)梅膺祚
撰　清康熙四年(1665)刻本　十四冊

410000－2241－0005651　44.5364/752－2
續聊齋志異圖詠五卷　題(清)浩歌子增訂
清光緒二十一年(1895)漱芳潤齋石印本
五冊

410000－2241－0005652　44.415264/526
紅雪樓九種曲(清容外集)　(清)蔣士銓撰
清乾隆蔣氏紅雪樓刻本　八冊

410000－2241－0005653　97.666/920
讀易樓合刻九種　(清)倪元坦撰　清嘉慶、
道光間刻本　三冊

410000－2241－0005654　811.91/4403
古謠諺一百卷　(清)杜文瀾輯　清咸豐十一
年(1861)秀水杜氏曼陀羅華閣刻曼陀羅華閣
叢書本　二十冊

410000－2241－0005655　811.608/1082
遏雲閣曲譜初集不分卷　(清)王錫純輯　清
光緒十九年(1893)鉛印本　八冊

410000－2241－0005656　811.608/1082/2
遏雲閣曲譜初集不分卷　(清)王錫純輯　清
光緒十九年(1893)鉛印本　八冊

410000－2241－0005657　97.673/113
新城王晉卿所注書四種　王樹柟撰　清光緒
十七年(1891)文莫堂刻本　十二冊

410000－2241－0005658　97.673/158
頤志齋叢書二十種　(清)丁晏撰　清道光至
同治丁氏六藝堂刻同治元年(1862)彙印本
二十冊

410000－2241－0005659　44.5364/965
桂山錄異八卷　(清)顧淓撰　清道光四年
(1824)文會堂刻本　四冊

410000－2241－0005660　44.415264/526/3
桂林霜二卷　(清)蔣士銓撰　清乾隆紅雪樓
刻紅雪樓九種曲本　一冊

410000－2241－0005661　97.673/311
覆瓿集九種　(清)張文虎輯　清同治、光緒
間刻本　十二冊

410000－2241－0005662　K01.2/3308
文選旁證四十六卷　(清)梁章鉅撰　清光緒
八年(1882)吳下刻本　十二冊

410000－2241－0005663　97.673/311－2
覆瓿集十三種　(清)張文虎撰　清同治、光

緒間刻本　十二冊　存三種二十四卷

410000－2241－0005664　K01.212/2717

詩韻歌訣初步五卷　（清）倪璐輯著　清乾隆二十五年(1760)克復堂刻本　二冊　存二卷（一至二）

410000－2241－0005665　97.673/312

篆園叢書十種　張慎儀著　清光緒至民國刻本　十四冊

410000－2241－0005666　97.673/312/2

篆園叢書十種　張慎儀著　清光緒至民國刻本　八冊

410000－2241－0005667　K01.212/3104

杜韓詩句集韻三卷　（清）汪文柏輯　清康熙四十五年至四十六年(1706－1707)練江汪氏古香樓刻本　三冊

410000－2241－0005668　K01.212/3631

新編詩韻大全五卷檢韻一卷　（清）湯祥瑟輯　清光緒十四年(1888)石印本　六冊

410000－2241－0005669　97.673/362

蒼筤集三種　（清）孫鼎臣撰　清咸豐刻本　八冊

410000－2241－0005670　K01.212/4088

佩文詩韻五卷　（清）李漁輯　清末文成堂刻本　二冊

410000－2241－0005671　44.5364/755

秋坪新語十二卷　題(清)天漢浮槎散人撰　清乾隆五十七年(1792)刻本　十二冊

410000－2241－0005672　97.673/383－2

番禺陳氏東塾叢書四種附一種　（清）陳澧撰　清末刻本　九冊

410000－2241－0005673　K01.212/7734

詩韻釋要五卷　（清）周兆基輯　清同治九年(1870)南皮張氏刻本　二冊

410000－2241－0005674　K01.213/1042

帶經堂詩話三十卷首一卷　（清）漁洋山人（王士禎）撰　（清）張宗柟輯　清同治十二年(1873)廣州藏修堂刻本　六冊

410000－2241－0005675　97.673/439

桐城吳先生全書六種　（清）吳汝綸撰　清光緒三十年(1904)王恩紱等刻本　二十二冊

410000－2241－0005676　44.415264/526.02

紅雪樓九種曲（清容外集）　（清）蔣士銓填詞　清乾隆經綸堂刻本　八冊

410000－2241－0005677　97.673/439

雷刻八種　（清）雷浚撰　清同治、光緒間吳縣雷氏刻本　十二冊

410000－2241－0005678　K01.213/1240

眉韻樓詩話四卷　孫雄輯　清光緒三十四年(1908)孫氏鉛印本　二冊

410000－2241－0005679　97.673/504

觀古堂所著書　葉德輝撰　清光緒長沙葉氏刻本　十六冊

410000－2241－0005680　44.415264/526－2

空谷香傳奇二卷　（清）蔣士銓填詞　清光緒十七年(1891)紅雪樓刻本　二冊

410000－2241－0005681　44.5364/949

柳崖外編八卷　（清）徐昆撰　清刻本　四冊

410000－2241－0005682　97.673/526

蔣侑石遺書三種　（清）蔣曰豫輯　清光緒三年(1877)蓮池書局刻本　五冊

410000－2241－0005683　811.62/4448

藏園九種曲　（清）蔣士銓撰　清煥乎堂刻本　十二冊

410000－2241－0005684　44.415264/526－3

香祖樓二卷　（清）蔣士銓撰　清刻本　二冊

410000－2241－0005685　K01.213/3735

聲調三譜　（清）王祖源輯　清光緒八年(1882)福山王氏天壤閣刻天壤閣叢書本　一冊

410000－2241－0005686　K01.213/3738

五代詩話十二卷　（清）王士禎輯　清刻本　六冊

410000－2241－0005687　811.62/4448.03

紅雪樓九種曲(清容外集) （清）蔣士銓填詞
清乾隆蔣氏紅雪樓刻本 十冊

410000－2241－0005688 97.673/627
柏堂遺書十五種 （清）方宗誠撰 清光緒桐
城方氏刻本 十四冊

410000－2241－0005689 811.62/4448.03/2
紅雪樓九種曲(清容外集) （清）蔣士銓填詞
清乾隆蔣氏紅雪樓刻本 十二冊

410000－2241－0005690 K01.213/4047
榕城詩話三卷 （清）杭世駿撰 清乾隆元年
(1736)刻本 一冊

410000－2241－0005691 K01.213/4090
緣菴詩話三卷 （清）李堂撰 清道光十年
(1830)刻本 一冊

410000－2241－0005692 97.673/840
安吳四種 （清）包世臣撰 清道光二十六年
(1846)白門倦遊閣木活字印本 十六冊

410000－2241－0005693 818.4/3708
楹聯叢話十二卷續話四卷巧對錄八卷 （清）
梁章鉅輯 清道光二十年(1840)環碧軒刻本
八冊

410000－2241－0005694 K01.213/4418
藝苑名言八卷 （清）蔣瀾纂輯 清嘉慶三年
(1798)刻本 四冊

410000－2241－0005695 97.673/840/2
安吳四種 （清）包世臣撰 清道光二十六年
(1846)白門倦遊閣木活字印本 十六冊

410000－2241－0005696 97.673/888
古桐書屋六種 （清）劉熙載撰 清同治、光
緒間刻本 八冊

410000－2241－0005697 97.673/972
鄭子尹遺書五種 （清）鄭珍撰 清咸豐、同
治刻本 八冊

410000－2241－0005698 K01.213/4462
海天琴思錄八卷 （清）林昌彝輯 清同治三
年(1864)刻本 四冊

410000－2241－0005699 882.7/1126
蒙古游牧記十六卷 （清）張穆撰 （清）何秋
濤校補 清同治六年(1867)壽陽祁氏刻本
四冊

410000－2241－0005700 97.673/982
曾文正公全集十五種 （清）曾國藩撰 清同
治、光緒間傳忠書局刻本 一百二十八冊

410000－2241－0005701 K01.213/7110
廣陵詩事十卷 （清）阮元記 清光緒十六年
(1890)京師揚州會館刻本 二冊

410000－2241－0005702 44.415264/526－4
心餘四種曲 （清）蔣士銓撰 清煥乎堂刻本
六冊

410000－2241－0005703 97.673/990
春在堂全書三十八種 （清）俞樾撰 清光緒
二十五年(1899)刻本 一百六十冊

410000－2241－0005704 K01.233/7519
白雨齋詞話八卷詞存一卷詩鈔一卷 （清）陳
廷焯撰 清光緒二十年(1894)刻本 四冊

410000－2241－0005705 K01.233/7519/2
白雨齋詞話八卷詞存一卷詩鈔一卷 （清）陳
廷焯撰 清光緒二十年(1894)刻本 四冊

410000－2241－0005706 44.415264/526－5
第二碑(後一片石)一卷 （清）蔣士銓填詞
題(清)見亭外史正譜 題(清)蒼厓老人評校
清刻本 一冊

410000－2241－0005707 903/4074
四裔編年表四卷 （美國）林樂知 （清）嚴良
勳譯 （清）李鳳苞彙編 清光緒二十三年
(1897)石印本 四冊

410000－2241－0005708 44.415264/546
芝龕記六卷 （清）董榕撰 清乾隆十六年
(1751)刻本 八冊

410000－2241－0005709 97.673/994
中復堂全集九種附一種 （清）姚瑩撰 清同
治六年(1867)姚濬昌安福縣署刻本 三十冊

410000－2241－0005710 44.5365/186

鏡花水月十二卷續集六卷　（清）袁枚編　清光緒三十年（1904）上海書局石印本　六冊

410000－2241－0005711　904/1133

歷代史論十二卷宋史論三卷元史論一卷左傳史論二卷明史論四卷　（明）張溥論正　清光緒九年（1883）蒼松山房刻朱墨套印本　八冊

410000－2241－0005712　K01.25/1012

紅樓夢評贊不分卷附刻四種　（清）王希廉撰　清光緒二年（1876）刻本　四冊

410000－2241－0005713　44.415265/952

寫心雜劇　（清）徐爔撰　清抄本　四冊

410000－2241－0005714　911/3111

萬國歷史彙編一百卷　（清）江子雲等編　清光緒二十九年（1903）上海官書局石印本　十六冊

410000－2241－0005715　44.415266/386/2

紅樓夢傳奇八卷　（清）陳鍾麟填詞　清道光十五年（1835）廣州汗青齋刻本　十六冊

410000－2241－0005716　44.415266/386

紅樓夢傳奇八卷　（清）陳鍾麟填詞　清道光十五年（1835）廣州汗青齋刻本　八冊

410000－2241－0005717　911/7757.02

萬國史記二十卷　（日本）岡本監輔撰　清光緒二十四年（1898）上海著易堂石印本　六冊

410000－2241－0005718　911/7757

萬國史記二十卷　（日本）岡本監輔撰　清光緒二十三年（1897）慎記書莊石印本　四冊

410000－2241－0005719　44.415266/736－2

東廂記四卷首一卷　（清）湯世瀠填詞　（清）胡來照評點　清光緒上海申報館鉛印申報館叢書本　四冊

410000－2241－0005720　44.415273/158

滄桑豔二卷　丁傳靖填詞　張士瑛評點　石凌漢正拍　清光緒三十四年（1908）豹隱廬刻本　一冊

410000－2241－0005721　915/4428

中東戰紀本末八卷首一卷末一卷續編四卷首一卷末一卷　（美國）林樂知著譯　蔡爾康纂輯　清光緒二十二年至二十三年（1896－1897）上海圖書集成局鉛印本　十二冊

410000－2241－0005722　K08.1/3191

國朝名人著述叢編十三種　（清）□□輯　清光緒五年（1879）上海淞隱閣鉛印本　六冊

410000－2241－0005723　920.21/4634

歷代輿地沿革險要圖　楊守敬　饒敦秩撰　清光緒五年（1879）東湖饒氏刻本　一冊

410000－2241－0005724　920.21/4634/2

歷代輿地沿革險要圖　楊守敬　饒敦秩撰　清光緒五年（1879）東湖饒氏刻本　一冊

410000－2241－0005725　44.415273/169

倚晴樓七種曲　（清）黃燮清填詞　清道光十四年（1834）刻本　八冊

410000－2241－0005726　920.22/0200

陶齋吉金錄八卷　（清）端方輯　清光緒三十四年（1908）金陵影印本　八冊

410000－2241－0005727　920.22/1000

金石萃編補畧二卷　（清）王言撰　清光緒八年（1882）刻本　四冊

410000－2241－0005728　920.22/1036.02

金石萃編一百六十卷　（清）王昶撰　續編二十一卷　（清）陸耀遹撰　清光緒十九年（1893）上海醉六堂石印本　二十四冊

410000－2241－0005729　920.22/1036

金石萃編一百六十卷　（清）王昶撰　清嘉慶十年（1805）青浦王昶經訓堂刻同治十一年（1872）重修本　四十八冊

410000－2241－0005730　K21/4022

西山先生真文忠公文章正宗二十四卷　（宋）真德秀輯　明嘉靖四十三年（1564）刻本　四十八冊

410000－2241－0005731　K21.3/1293

北夢瑣言二十卷逸文四卷附錄一卷　（宋）孫光憲撰　清光緒二十五年（1899）江陰繆氏刻雲自在龕叢書本　二冊　存十八卷（一至十

八）

410000－2241－0005732　K21.32/4404

欽定全唐文一千卷總目三卷　（清）董誥等輯
清光緒二十七年（1901）廣雅書局刻本　二
百冊

410000－2241－0005733　920.22/3117.02

金石索十二卷首一卷　（清）馮雲鵬　（清）馮
雲鵷輯　清光緒三十三年（1907）上海文新局
石印本　二十四冊

410000－2241－0005734　811.67/2552

繡像玉連環八卷七十六回　（清）朱素仙著
清道光三年（1823）亦芸書屋刻本　八冊

410000－2241－0005735　K21.49/7260

中州名賢文表三十卷　（明）劉昌編　清康熙
四十五年（1706）高山堂刻本　八冊

410000－2241－0005736　920.22/3117

金石索十二卷首一卷　（清）馮雲鵬　（清）馮
雲鵷輯　清道光元年（1821）雙桐書屋刻本
十二冊

410000－2241－0005737　44.5365/320

六合内外瑣言二十卷　（清）屠紳編　清刻本
十冊

410000－2241－0005738　K21.6/1087

郝文忠公陵川文集三十九卷附錄一卷　（元）
郝經撰　（清）王鏐編訂　清道光十六年
（1836）刻本　十冊

410000－2241－0005739　K21.6/1262

八家四六文註八卷首一卷補註一卷　（清）孫
星衍著　（清）徐貞幹註　清光緒十八年
（1892）上海圖書集成印書局鉛印本　八冊

410000－2241－0005740　98/120/2

白虎通義引書表一卷　王仁俊輯　清光緒三
十四年（1908）江蘇存古學堂木活字印本
一冊

410000－2241－0005741　98/120

白虎通義引書表一卷　王仁俊輯　清光緒三
十四年（1908）江蘇存古學堂木活字印本

一冊

410000－2241－0005742　K21.6/3004

古文苑二十一卷　（宋）章樵注　清光緒十二
年（1886）江蘇書局刻本　四冊

410000－2241－0005743　98/124

白虎通德論二卷　（漢）班固撰　（明）程榮校
明程榮刻本　一冊

410000－2241－0005744　44.5365/372

異談可信錄二十三卷　（清）鄧旭輯　清嘉慶
元年（1796）京都樂真堂刻本　十二冊

410000－2241－0005745　98/214

滂喜齋叢書　（清）潘祖蔭輯　清同治、光緒
間吳縣潘氏京師刻本　一冊　存四種五卷

410000－2241－0005746　811.67/2733

新增全圖珍珠塔後傳麒麟豹三十卷六十回
題(清)鴛湖逸史編　清光緒十七年（1891）上
海書局石印本　四冊

410000－2241－0005747　K21.6/4064

粵十三家集　（清）伍元薇輯　清道光二十年
（1840）南海伍氏詩雪軒刻本　四十冊

410000－2241－0005748　K21.6/5360

八旗文經五十六卷作者攷三卷敘錄一卷
（清）盛昱　（清）楊鍾羲編　清光緒二十七年
（1901）武昌刻本　十二冊

410000－2241－0005749　98/385

戠經筆記一卷　（清）陳倬撰　清刻本　一冊

410000－2241－0005750　44.415273/383

玉獅堂傳奇十種附一種　（清）陳烺填詞　清
光緒影印本　十四冊

410000－2241－0005751　K21.62/3022

國朝三家文鈔　（清）宋犖　（清）許汝霖選
清康熙三十三年（1694）刻本　十冊

410000－2241－0005752　98/436

易堂問目四卷　（清）吳鼎輯　清乾隆三十七
年（1772）鄒容成刻本　二冊

410000－2241－0005753　44.415273/383.02

玉獅堂後五種 　（清）陳烺填詞　清光緒十七年（1891）刻本　六冊

410000－2241－0005754　920.221/0200

陶齋吉金續錄二卷補遺一卷 　（清）端方輯　清宣統元年（1909）金陵影印本　二冊

410000－2241－0005755　98/439

吳氏遺箸五卷 　（清）吳夌雲撰　附錄一卷（清）王宗涑撰　清光緒十七年（1891）廣雅書局刻廣雅書局叢書本　二冊

410000－2241－0005756　44.415273/383.03

玉獅堂傳奇四種 　（清）陳烺填詞　清光緒十一年（1885）武林刻本　四冊

410000－2241－0005757　K21.65/1036

湖海文傳七十五卷 　（清）王昶輯　清道光十七年（1837）經訓堂刻本　十六冊

410000－2241－0005758　98/525

白虎通義考一卷目錄一卷闕文一卷 　（清）莊述祖輯　清刻本　一冊

410000－2241－0005759　K21.65/1036/2

湖海文傳七十五卷 　（清）王昶輯　清道光十七年（1837）經訓堂刻本　十六冊

410000－2241－0005760　K21.66/1060

石亭記事一卷 　（清）丁晏撰　清道光刻本　一冊

410000－2241－0005761　811.67/3443

沈賓漁四種曲 　（清）沈起鳳撰　清古香林刻本　八冊

410000－2241－0005762　98/607

經誼雜識一卷 　（清）許克勤著　清光緒二十一年（1895）海甯許氏刻本　一冊

410000－2241－0005763　811.67/3460

長生殿傳奇二卷 　（清）洪昇填詞　清康熙十八年（1679）刻本　四冊

410000－2241－0005764　98/710

述學內篇三卷外篇一卷補遺一卷別錄一卷 　（清）王中撰　清同治八年（1869）揚州書局刻本　二冊

410000－2241－0005765　44.415273/612

瘞雲巖傳奇二卷 　（清）許善長撰　清光緒十六年（1890）仁和許氏碧聲吟館刻碧聲吟館叢書本　一冊

410000－2241－0005766　44.5365/377

燕山外史二卷 　（清）陳球撰　清嘉慶十六年（1811）醇雅堂刻本　二冊

410000－2241－0005767　920.221/1040

西清續鑑甲編二十卷附錄一卷 　（清）王傑等編　清宣統二年（1910）上海涵芬樓影印本　四十二冊

410000－2241－0005768　920.221/1040/2

西清續鑑甲編二十卷附錄一卷 　（清）王傑等編　清宣統二年（1910）上海涵芬樓影印本　四十二冊

410000－2241－0005769　44.415273/808

返魂香傳奇四卷 　題（清）香雪道人撰　清光緒三年（1877）上海申報館鉛印申報館叢書本　四冊

410000－2241－0005770　K21.73/2732

夢筆生花初編八卷二編八卷三編八卷四編八卷 　（清）繆艮輯　清光緒三十三年（1907）上海書局石印本　八冊

410000－2241－0005771　K21.73/2772

普天忠憤全集十四卷 　（清）孔廣德編定　清光緒二十一年（1895）刻本　四冊

410000－2241－0005772　98.09/289

欽定篆文六經四書 　（清）李光地等編　清光緒九年（1883）上海同文書局石印本　十冊

410000－2241－0005773　K21.74/2671

寧都三魏全集 　（清）林時益輯　清道光二十五年（1845）寧都謝庭綏絨園書塾刻本　五十冊

410000－2241－0005774　44.5365/377.202

燕山外史註釋八卷 　（清）陳球著　題（清）若騃子輯註　清光緒三十二年（1906）上海海左書局石印本　四冊

410000－2241－0005775　98.09/375.02

十三經注疏并校勘記　（清）阮元撰校勘記
（清）盧宣旬摘錄　清光緒十三年（1887）點石
齋石印本　二十五冊

410000－2241－0005776　98.1/375.02

宋本十三經注疏附校勘記　（清）阮元撰校勘
記　（清）盧宣旬摘錄　清光緒十三年（1887）
脈望仙舘石印本　三十二冊

410000－2241－0005777　K22/6010

豫章羅先生文集十七卷　（宋）羅從彥撰　年
譜一卷　（元）曹道振編　明刻本　六冊　缺
四卷（十四至十七）

410000－2241－0005778　920.221/2517

敬吾心室識篆圖不分卷　（清）朱建卿編　清
光緒三十四年（1908）朱之榛石印本　二冊

410000－2241－0005779　920.221/2610

兩罍軒彝器圖釋十二卷　（清）吳雲撰　清同
治十一年（1872）歸安吳氏刻本　六冊

410000－2241－0005780　811.62/4448.02

藏園九種曲　（清）蔣士銓撰　清經鋤堂刻本
十二冊

410000－2241－0005781　98.09/375.04

宋本十三經注疏附校勘記　（清）阮元撰校勘
記　（清）盧宣旬摘錄　清光緒十三年（1887）
脈望仙舘石印本　三十二冊

410000－2241－0005782　811.67/4490

納書楹曲譜正集四卷續集四卷外集二卷補遺
四卷玉茗堂四夢全譜八卷　（清）葉堂訂譜
（清）王文治參訂　清乾隆五十七年至五十九
年（1792－1794）長州葉氏納書楹刻本　四冊
存二卷（牡丹亭二卷）

410000－2241－0005783　K22/7204

孟塗前集十卷後集二十二卷文集十卷駢體文
二卷　（清）劉開撰　清道光六年（1826）桐城
姚氏檗山草堂刻本　八冊

410000－2241－0005784　98.09/375

重刊宋本十三經注疏附校勘記　（清）阮元撰

校勘記　（清）盧宣旬摘錄　清嘉慶二十年
（1815）南昌府學刻道光六年（1826）印重刊宋
本十三經注疏附校勘記本　一百五十二冊

410000－2241－0005785　920.221/2644

攈古錄金文三卷　（清）吳式芬撰　清光緒二
十一年（1895）海豐吳氏刻本　九冊

410000－2241－0005786　98.1/375

重刊宋本十三經注疏附校勘記　（清）阮元撰
校勘記　（清）盧宣旬摘錄　清同治十二年
（1873）江西書局刻本　一百八十二冊

410000－2241－0005787　K22/7244

海峰文集八卷　（清）劉大櫆撰　清刻本
八冊

410000－2241－0005788　K22.21/4422

蔡中郎文集十卷外傳一卷　（漢）蔡邕撰　清
光緒七年（1881）吳興陸氏十萬卷樓刻十萬卷
樓叢書本　二冊

410000－2241－0005789　K22.25/7734

靖節先生集十卷首一卷　（晉）陶潛撰　（清）
陶澍集注　靖節先生年譜考異二卷　（清）陶
澍撰　清光緒九年（1883）江蘇書局刻本
四冊

410000－2241－0005790　K22.25/7734/2

靖節先生集十卷首一卷　（晉）陶潛撰　（清）
陶澍集注　靖節先生年譜考異二卷　（清）陶
澍撰　清光緒九年（1883）江蘇書局刻本
四冊

410000－2241－0005791　98.59/101

春秋四傳三十八卷　（□）□□撰　明刻本
二十四冊

410000－2241－0005792　44.5365/377.2

燕山外史注釋八卷　（清）陳球撰　題（清）若
駥子輯注　（清）項震新參校　清光緒五年
（1879）東甌師古齋刻本　四冊

410000－2241－0005793　98.62/129

孝經注疏九卷正義一卷　（唐）玄宗李隆基注
（宋）邢昺校　明崇禎二年（1629）古虞毛氏

汲古閣刻十三經注疏本　　一册

410000－2241－0005794　　920.221/3701
西清古鑑四十卷錢録十六卷　（清）梁詩正等
編纂　清光緒石印本　　二十四册

410000－2241－0005795　　K22.41/0743
安陽集五十卷附録一卷　（宋）韓琦著　**別録
三卷**　（宋）王巖叟輯　**遺事一卷**　（宋）強至
編次　**家傳十卷**　清乾隆四年（1739）陳錫輅
刻三十五年（1770）黃邦寧重修本（有圖）
十册

410000－2241－0005796　　98.8/121
鄭氏遺書五種　（漢）鄭玄撰　（清）王復輯
清嘉慶二年（1797）承德孫氏刻問經堂叢書本
　四册

410000－2241－0005797　　44.53/113－2
秋燈叢話十八卷　（清）王椷撰　清嘉慶十七
年（1812）刻本　　八册

410000－2241－0005798　　920.221/4083
括蒼金石志十二卷續四卷　（清）李遇孫輯
（清）鄒柏森校補　清同治十三年（1874）浙江
處州府署刻本　　八册

410000－2241－0005799　　98.8/892
通義堂集二卷　（清）劉毓崧著　清光緒十六
年（1890）思賢講舍刻本　　一册

410000－2241－0005800　　98.81/114
經義述聞不分卷　（清）王引之著　清刻本
六册

410000－2241－0005801　　K22.41/1047
宋王忠文公文集五十卷　（宋）王十朋撰
（清）唐傳鉎重編　清末埽葉山房石印本
十册

410000－2241－0005802　　98.81/114.02
經義述聞三十二卷　（清）王引之著　清光緒
七年（1881）上海文瑞樓鉛印本　　十六册

410000－2241－0005803　　920.221/4426/2
三古圖　（清）黃晟輯　明萬曆三十一年
（1603）吳萬化寶古堂刻清乾隆十七年至十八

年（1752－1753）天都黃晟重修本　　十八册

410000－2241－0005804　　811.67/4493
倚晴樓七種曲　（清）黃燮清填詞　清道光刻
本　　十册

410000－2241－0005805　　98.81/114－2
經義述聞三十二卷　（清）王引之著　清道光
七年（1827）京師壽藤書屋刻王刊四種本　　二
十四册

410000－2241－0005806　　K22.41/2734
道鄉先生文集四十卷補遺一卷　（宋）鄒浩撰
　　附録一卷道鄉先生年譜一卷　（清）李兆洛
編　清光緒二十五年（1899）刻本　　六册

410000－2241－0005807　　44.5365/437.02
挑燈新録六卷　（清）吳荊園撰　清光緒二十
年（1894）上海崇文書局石印本　　四册

410000－2241－0005808　　920.221/4426
重修宣和博古圖三十卷　（宋）王黼等撰　明
萬曆二十七年（1599）于承祖刻崇禎九年
（1636）于道南重修本　　十六册

410000－2241－0005809　　98.81/383
經傳繹義五十卷　（清）陳煒撰　清嘉慶九年
（1804）校字齋刻本　　二十册

410000－2241－0005810　　K22.41/3023
吳越錢氏傳芳集一卷　（清）錢泳輯　清嘉慶
十五年（1810）金匱錢氏刻本　　一册

410000－2241－0005811　　K22.41/4407
**宋黃文節公全集正集三十二卷首四卷外集二
十四卷別集十九卷續集十卷伐檀集二卷**
（宋）黃庭堅撰　清光緒二十年（1894）義甯州
刻本　　二十八册

410000－2241－0005812　　920.221/4491/2
歷代鐘鼎彝器款識法帖二十卷　（宋）薛尚功
輯　清嘉慶二年（1797）儀徵阮氏小瑯嬛仙館
刻本　　四册

410000－2241－0005813　　K22.41/4922
忠正德文集十卷附録一卷　（宋）趙鼎撰　清
道光十一年（1831）會稽吳傑刻本　　四册

410000－2241－0005814　98.81/429.05/2
皇清經解續編一千四百三十卷　王先謙輯
清光緒十四年（1888）南菁書院刻本　六十
九冊

410000－2241－0005815　44.53/387
續太平廣記八卷　（清）陸壽名撰　清嘉慶五
年（1800）懷德堂刻本　八冊

410000－2241－0005816　K22.482/4027
莊靖先生遺集十卷　（金）李俊民撰　清刻本
六冊

410000－2241－0005817　811.67/7534/2
繡像義妖全傳二十八卷五十四回　（清）陳遇
乾撰　（清）陳士奇　（清）俞秀山評定　清光
緒二年（1876）刻本　十二冊

410000－2241－0005818　920.221/4491
歷代鐘鼎彝器款識法帖二十卷　（宋）薛尚功
輯　清嘉慶二年（1797）儀徵阮氏小瑯嬛仙館
刻本　四冊

410000－2241－0005819　811.67/7534
繡像義妖全傳二十八卷五十四回　（清）陳遇
乾撰　（清）陳士奇　（清）俞秀山評定　清光
緒二年（1876）刻本　十二冊

410000－2241－0005820　K22.49/4772
郝文忠公陵川文集三十九卷附錄一卷　（元）
郝經撰　（清）王鏐編訂　清道光八年（1828）
刻本　十冊

410000－2241－0005821　44.53/396
黃嬭餘話八卷　（清）陳錫路撰　清光緒二年
（1876）仁和葛氏嘯園刻嘯園叢書本　四冊

410000－2241－0005822　920.221/4491/3
歷代鐘鼎彝器款識法帖二十卷　（宋）薛尚功
輯　清光緒三十三年（1907）貴池劉世珩刻本
四冊

410000－2241－0005823　K22.5/1105
明張文忠公全集四十六卷　（明）張居正撰
附錄二卷　（清）張敬修等撰　清光緒二十七
年（1901）紅藤碧樹山館刻本　十六冊

410000－2241－0005824　98.81/429
皇清經解一千四百八卷　（清）阮元輯　清道
光九年（1829）廣東學海堂刻咸豐十一年
（1861）補刻本　三百六十冊

410000－2241－0005825　K22.5/1122
文清公薛先生文集二十四卷　（明）薛瑄撰
（明）張鼎校正編輯　清雍正十二年（1734）河
津薛氏刻本　十二冊

410000－2241－0005826　98.81/429/2
皇清經解一千四百八卷　（清）阮元輯　清道
光九年（1829）廣東學海堂刻咸豐十一年
（1861）補刻本　三百六十冊

410000－2241－0005827　811.67/7580
紅樓夢傳奇八卷　（清）陳鍾麟填詞　清道光
十五年（1835）廣州汗青齋刻本　四冊

410000－2241－0005828　K22.5/2126
盧忠肅公集十二卷首一卷　（明）盧象昇撰
清光緒元年（1875）會稽施惠刻本　八冊

410000－2241－0005829　98.81/429.02
皇清經解一千四百八十卷　（清）阮元輯　清
光緒十三年（1887）上海書局石印本　五十
八冊

410000－2241－0005830　44.53/652
瓊林霏屑八卷　題（清）望海樓主人編輯　清
光緒三十二年（1906）上海鴻文書局石印本
八冊

410000－2241－0005831　44.5365/437
挑燈新錄六卷　（清）吳荊園撰　清道光三年
（1823）嘯月樓刻本　二冊

410000－2241－0005832　811.67/7593
玉獅堂傳奇十種　（清）陳烺填詞　清光緒十
一年（1885）武林刻十七年（1891）徐光瑩增刻
本　十冊

410000－2241－0005833　K22.5/2721
鳥鼠山人小集十六卷後集二卷雍音四卷唐雅
八卷擬漢樂府四卷擬古樂府二卷愿學編二卷
榮哀錄二卷　（明）胡纘宗撰　明嘉靖刻清末

補刻本　二十三冊

410000－2241－0005834　98.81/429.03
皇清經解一百九十卷　（清）阮元輯　清光緒
十七年(1891)鴻寶齋石印本　二十四冊

410000－2241－0005835　44.53/682.2
山海經十八卷　（晉）郭璞傳　（清）畢沅校
篇目考一卷　（清）畢沅撰　清光緒三年
(1877)浙江書局刻二十二子本　三冊

410000－2241－0005836　K22.5/4327
西堂全集　（清）尤侗撰　清刻本　二十六冊
存十六種六十一卷

410000－2241－0005837　811.68/4753
來生福彈詞三十六回　題(清)橘中逸叟撰
清刻本　十六冊

410000－2241－0005838　K22.5/4635
楊忠烈公集十卷　（明）楊漣撰　**表忠錄一卷**
末一卷　（清）□□輯　清道光十三年(1833)
刻本　八冊

410000－2241－0005839　98.81/429.04
皇清經解一千四百十二卷　（清）阮元輯　清
同治九年(1870)刻本　三百三十六冊

410000－2241－0005840　K22.5/9048
湛園未定稿六卷　（清）姜宸英撰　清康熙刻
本　六冊

410000－2241－0005841　44.5365/603
明齋小識八卷　（清）諸聯撰　清嘉慶十九年
(1814)寧遠堂刻本　十二冊

410000－2241－0005842　44.53/682.3
山海經箋疏十八卷　（晉）郭璞傳　（清）郝懿
行箋疏　**訂譌一卷敍錄一卷**　（清）郝懿行撰
清嘉慶十四年(1809)揚州阮氏琅嬛僊館刻
本　四冊

410000－2241－0005843　920.221/7110
積古齋鐘鼎彝器款識十卷　（清）阮元　（清）
朱爲弼編錄　清嘉慶九年(1804)揚州阮氏刻
文選樓叢書本　四冊

410000－2241－0005844　K22.56/4694

總纂升菴合集二百四十卷　（明）楊慎著
（清）鄭寶琛纂輯　（清）王文林編次　清光緒
八年(1882)新都王鴻文堂刻本　一百冊

410000－2241－0005845　K22.58/8023
晚聞堂集十六卷　（明）余紹祉撰　清道光十
七年(1837)刻本　五冊

410000－2241－0005846　920.221/7240
長安獲古編二卷補一卷　（清）劉喜海撰　清
同治丹徒劉鶚刻光緒三十一年(1905)補刻本
（有圖）　二冊

410000－2241－0005847　98.81/832
十三經札記二十二卷　（清）朱亦棟學　清光
緒四年(1878)武林竹簡齋刻本　六冊

410000－2241－0005848　98.81/832/3
十三經札記二十二卷　（清）朱亦棟學　清光
緒四年(1878)武林竹簡齋刻本　八冊

410000－2241－0005849　44.53/682.3.02
山海經箋疏十八卷　（晉）郭璞傳　（清）郝懿
行箋疏　**訂譌一卷敍錄一卷**　（清）郝懿行撰
清光緒二十一年(1895)上海書局石印本
六冊

410000－2241－0005850　44.53/682.3.03
山海經箋疏十八卷　（晉）郭璞傳　（清）郝懿
行箋疏　**訂譌一卷敍錄一卷**　（清）郝懿行撰
清光緒二十年(1894)上海書局石印本
六冊

410000－2241－0005851　98.81/935
經苑二十五種　（清）錢儀吉輯　清咸豐元年
(1851)嘉興錢氏刻本　三十九冊　存十四種
一百二十七卷

410000－2241－0005852　98.81/973
六經奧論六卷　（宋）鄭樵撰　清嘉慶十二年
(1807)魯齋刻本　四冊

410000－2241－0005853　K22.58/3187
默庵遺集八卷　（清）馮舒著　清光緒二十六
年(1900)常熟翁之廉刻朱印本　一冊

410000－2241－0005854　44.53/682.3.04

山海經箋疏十八卷 （晉）郭璞傳 （清）郝懿行箋疏 訂譌一卷 （清）郝懿行撰 清光緒十二年（1886）上海還讀樓刻本 四冊

410000－2241－0005855 98.81/938

古經解彙函十六種附小學彙函十四種 （清）鍾謙鈞等輯 清同治十二年（1873）粵東書局刻本 六十六冊 缺二卷（論語集解義疏六至七）

410000－2241－0005856 44.53/716.02

山海經存九卷首一卷 （晉）郭璞傳 （清）汪紱釋 清光緒二十一年（1895）石印本 四冊

410000－2241－0005857 K22.59/2608

貴池二妙集五十一卷 劉世珩輯 清光緒二十七年（1901）貴池劉氏刻本 十二冊

410000－2241－0005858 811.7/1009

唐語林八卷 （宋）王讜撰 校勘記一卷 （清）錢熙祚撰 清光緒十九年（1893）湖北官書處刻本 四冊

410000－2241－0005859 44.53/716

山海經存九卷首一卷 （晉）郭璞傳 （清）汪紱釋 清光緒二十一年（1895）石印本 四冊

410000－2241－0005860 811.7/1012

忠烈俠義傳一百二十回 （清）石玉崑述 清光緒八年（1882）聚珍堂木活字印本 二十四冊

410000－2241－0005861 44.53/760

迷樓記一卷 （唐）韓偓撰 明抄本 一冊

410000－2241－0005862 98.81/938.02/2

古經解彙函十六種附小學彙函十四種續附十種 （清）鍾謙鈞等輯 清光緒十四年（1888）上海蜚英館石印本 五冊

410000－2241－0005863 K22.6/0121

定盦文集三卷文集補編四卷續集四卷續錄一卷古今體詩二卷雜詩一卷詞選一卷詞錄一卷 （清）龔自珍撰 清宣統二年（1910）上海掃葉山房石印本 六冊

410000－2241－0005864 98.81/938.02

古經解彙函十六種附小學彙函十四種續附十種 （清）鍾謙鈞等輯 清光緒十四年（1888）上海蜚英館石印本 二十冊

410000－2241－0005865 44.53/769

智囊補二十八卷 （明）馮夢龍輯 清光緒十四年（1888）刻本 十二冊

410000－2241－0005866 811.7/1017

品花寶鑑六十回 （清）陳森撰 清刻本 二十冊

410000－2241－0005867 811.7/1017/2

品花寶鑑六十回 （清）陳森撰 清刻本 二十冊

410000－2241－0005868 K22.6/0163

澹靜齋全集七種 （清）龔景瀚著 清同治八年（1869）刻本 十四冊

410000－2241－0005869 811.7/1025

新編玉鴛鴦五集二十卷 （清）□□撰 清同治七年（1868）星沙刻本 六冊

410000－2241－0005870 98.85/158

試帖存稿經說二卷 （清）丁午撰 清光緒七年（1881）刻本 二冊

410000－2241－0005871 K22.6/0807

施愚山先生全集七種 （清）施閏章等撰 清刻本 八冊 存二種三十二卷

410000－2241－0005872 98.85/194

鄭氏佚書二十三種 （漢）鄭玄撰 （清）袁鈞學 清光緒十四年（1888）浙江書局刻本 十冊

410000－2241－0005873 98.85/259

羣經音辨二卷 （清）林慶炳輯 清光緒十八年（1892）小石渠閣刻本 二冊

410000－2241－0005874 K22.6/0830

鑑止水齋集二十卷 （清）許宗彥撰 清咸豐八年（1858）德清許延祭刻本 六冊

410000－2241－0005875 98.85/269

十一經音訓 （清）楊國楨撰 清道光十年（1830）大梁書院刻本 二十六冊

410000－2241－0005876　811.7/1036

繪圖繪芳錄八卷八十回　題(清)西泠野樵撰
　清光緒二十年(1894)上海書局石印本
八冊

410000－2241－0005877　98.85/311

篤志齋經解二卷　(清)張應聲撰　清同治十
年(1871)南皮張氏刻本　二冊

410000－2241－0005878　K22.6/1103

嬰山小圃晚年手定稿五卷　(清)張誠著　清
光緒元年(1875)刻本　一冊

410000－2241－0005879　811.7/1037

新刻玉釧緣全傳三十二卷　(清)□□撰　清
末石印本　二十四冊

410000－2241－0005880　44.5365/873.02

耳食錄五卷　(清)樂鈞撰　清光緒三十二年
(1906)上海書局石印本　五冊

410000－2241－0005881　98.85/385

羣經質二卷　(清)陳僅輯　清光緒十一年
(1885)四明陳氏文則樓木活字印陳餘山先生
所著書本　二冊

410000－2241－0005882　920.221/8002/2

兩漢金石記二十二卷　(清)翁方綱撰　清乾
隆五十四年(1789)南昌使院刻本　六冊

410000－2241－0005883　K22.6/1115

文貞公集十二卷首一卷　(清)張玉書著　張
文貞公年譜一卷　丁傳靖編　清光緒二十七
年(1901)木活字印本　十三冊

410000－2241－0005884　920.221/8002/3

兩漢金石記二十二卷　(清)翁方綱撰　清乾
隆五十四年(1789)南昌使院刻本　八冊

410000－2241－0005885　920.221/8002

兩漢金石記二十二卷　(清)翁方綱撰　清乾
隆五十四年(1789)南昌使院刻本　八冊

410000－2241－0005886　811.7/1074

青樓寶鑑六十四回　(清)韓邦慶撰　清光緒
二十年(1894)石印本　八冊

410000－2241－0005887　98.85/468

經義莛撞四卷讀經瑣記一卷　易順鼎著　清
光緒十年(1884)刻寶瓠齋雜俎本　一冊

410000－2241－0005888　98.85/829

漢碑徵經一卷　(清)朱百度撰　清光緒十五
年(1889)廣雅書局刻廣雅書局叢書本　一冊

410000－2241－0005889　44.5365/982

小豆棚十六卷　(清)曾衍東撰　清光緒六年
(1880)上海申報館鉛印申報館叢書本　六冊

410000－2241－0005890　811.7/1077

新刻按鑑編纂開闢衍繹通俗志傳六卷八十回
　(明)周游集　(明)王黌釋　(明)鍾惺評
　清同治八年(1869)佛山三元堂刻本　六冊

410000－2241－0005891　98.85/842

朋壽室經說六卷策問一卷　鄒壽祺撰　清宣
統元年(1909)刻本　四冊

410000－2241－0005892　44.53/891.02

世說新語三卷　(南朝宋)劉義慶撰　(南朝
梁)劉峻注　釋文一卷佚文一卷攷證一卷校
勘小識二卷引用書目一卷　清光緒十七年
(1891)思賢講舍刻本　四冊

410000－2241－0005893　811.7/1114

新刻批評繡像平山冷燕六卷二十回　題(清)
荻岸散人撰　(清)弘曉評　清乾隆靜寄山房
刻本　六冊

410000－2241－0005894　98.85/988/2

古經解鈎沉三十卷　(清)余蕭客撰　清乾隆
六十年(1795)刻道光二十年(1840)京江魯慶
恩補刻本　十二冊

410000－2241－0005895　98.85/988

古經解鈎沉三十卷　(清)余蕭客撰　清乾隆
六十年(1795)刻道光二十年(1840)京江魯慶
恩補刻本　八冊

410000－2241－0005896　K22.6/1320

授堂文鈔八卷續集二卷讀畫山房文鈔二卷首
二卷　(清)武億撰　清道光二十三年(1843)
偃師武氏刻授堂遺書本　四冊

410000－2241－0005897　44.5365/990.02

蕉軒摭錄十二卷　（清）俞夢蕉撰　清光緒上海申報館鉛印申報館叢書本　四冊

410000－2241－0005898　98.85/990

茶香室經說十六卷　（清）俞樾撰　清光緒十四年（1888）刻春在堂全書本　八冊

410000－2241－0005899　K22.6/2616

海日堂集七卷補遺一卷　（清）程可則撰　清道光五年（1825）刻本　四冊

410000－2241－0005900　98.86/860

漢書引經異文錄證六卷　（清）繆祐孫學　清光緒十一年（1885）刻本　二冊

410000－2241－0005901　44.5365/990＝2

夢厂雜著　（清）俞蛟撰　清同治九年（1870）刻本　四冊

410000－2241－0005902　K22.6/2864

烟嶼樓文集四十卷　（清）徐時棟著　清光緒元年（1875）刻本　八冊

410000－2241－0005903　98.89/360

古微書三十六卷　（明）孫瑴輯　（清）錢熙祚注　清光緒二十一年（1895）鴻文書局石印本　一冊

410000－2241－0005904　811.7/1703

醒睡錄初集十卷　（清）鄧文濱撰　清光緒上海申報館鉛印申報館叢書本　六冊

410000－2241－0005905　98.89/384/2

詩緯集證四卷　（清）陳喬樅撰　清道光二十六年（1846）小琅嬛館刻本　二冊

410000－2241－0005906　98.89/384

詩緯集證四卷　（清）陳喬樅撰　清道光二十六年（1846）小琅嬛館刻本　二冊

410000－2241－0005907　920.222/2608

秦漢瓦當文字二卷續一卷　（清）程敦著錄　清乾隆五十二年至五十九年（1787－1794）橫渠書院刻本　三冊

410000－2241－0005908　925.1/1044

石林奏議十五卷　（宋）葉夢得撰　清光緒十一年（1885）吳興陸氏皕宋樓影宋刻本　二冊

410000－2241－0005909　925.1/1022

東都事略一百三十卷　（宋）王稱撰　清光緒九年（1883）淮南書局刻本　八冊

410000－2241－0005910　K22.6/3648

懷清堂集二十卷　（清）湯右曾撰　清乾隆十一年（1746）仁和湯氏刻本　四冊

410000－2241－0005911　925.1/4028.02

宋朝事實二十卷末一卷　（宋）李攸撰　清光緒二十五年（1899）廣雅書局刻武英殿聚珍版書本　五冊

410000－2241－0005912　925.1/4028

宋朝事實二十卷末一卷　（宋）李攸撰　清乾隆武英殿木活字印武英殿聚珍版書本　八冊

410000－2241－0005913　K22.6/4039

顯志堂集十二卷　（清）馮桂芬著　清光緒二年（1876）吳縣馮氏校邠廬刻本　七冊

410000－2241－0005914　925.2/0863

金史詳校十卷首一卷末一卷　（清）施國祁撰　清光緒二十年（1894）廣雅書局刻廣雅書局叢書本　十二冊

410000－2241－0005915　K22.6/4048

袁文合箋十六卷　（清）袁枚著　（清）王廣業集箋　清光緒八年（1882）刻本　六冊

410000－2241－0005916　925.2/3004

大金國志四十卷　（宋）宇文懋昭撰　清嘉慶二年（1797）南沙席氏掃葉山房刻本　二冊

410000－2241－0005917　982.41/8752

[光緒]重修甯羌州志五卷　（清）馬毓華修　（清）鄭書香　（清）曹良模纂　清光緒十四年（1888）刻本　五冊

410000－2241－0005918　925.2/7167

遼史拾遺二十四卷　（清）厲鶚撰　清光緒元年（1875）江蘇書局刻本　五冊

410000－2241－0005919　K22.6/4080

柏梘山房文集十六卷文續集一卷詩集十卷詩續集二卷駢體文二卷　（清）梅曾亮撰　清咸豐六年（1856）刻本　六冊

410000 – 2241 – 0005920　920.222/7281

鐵雲藏龜不分卷　（清）劉鶚輯　清光緒二十九年(1903)抱殘守缺齋石印本　六冊

410000 – 2241 – 0005921　982.45/4560

新疆輿圖風土考五卷　（清）七十一纂　清光緒八年(1882)上海點石齋刻本　一冊

410000 – 2241 – 0005922　926/0020

明季稗史彙編十六種　題(清)留雲居士輯　清光緒二十二年(1896)上海圖書集成印書局鉛印本　六冊

410000 – 2241 – 0005923　K22.6/4429

容齋文鈔八卷詩集二十七卷　（清）茹綸常著　清乾隆刻本　八冊

410000 – 2241 – 0005924　926/0104

明會要八十卷　（清）龍文彬纂　清光緒廣雅書局刻本　二十冊

410000 – 2241 – 0005925　K22.6/4442

黃漳浦集五十卷首一卷目錄二卷　（明）黃道周撰　（清）陳壽祺重編　漳浦黃先生年譜二卷　（清）莊起儔輯　清道光福州陳氏刻本　三十冊

410000 – 2241 – 0005926　926/1032

明史藁三百十卷目錄三卷　（清）王鴻緒編撰　清雍正元年(1723)敬慎堂刻本　五十冊

410000 – 2241 – 0005927　K22/4611

水田居全集七種　（清）賀貽孫撰　清道光至同治敦書樓刻本　二十冊

410000 – 2241 – 0005928　K22.6/4646

楊文節公文集四十二卷首一卷附錄一卷　（宋）楊萬里撰　清乾隆五十九年(1794)刻本　十四冊

410000 – 2241 – 0005929　920.223/2609

泉幣圖說六卷　（清）吳文炳　（清）吳鶯纂輯　清嘉慶五年(1800)香雪山莊刻本　二冊

410000 – 2241 – 0005930　K22.6/4694

太史升菴全集八十一卷目錄二卷　（明）楊慎著　（明）楊有仁錄　清乾隆六十年(1795)新

都周參元養拙山房刻本　十六冊

410000 – 2241 – 0005931　K22.6/4721

郝文忠公陵川文集三十九卷附錄一卷　（元）郝經撰　（清）王鐸編訂　清道光十六年(1836)刻本　十冊

410000 – 2241 – 0005932　K22.6/7244

海峰文集八卷詩集十卷制藝二卷　（清）劉大櫆撰　清同治十三年至光緒元年(1874 – 1875)刻本　八冊

410000 – 2241 – 0005933　982.51/1740

[康熙]沂州志八卷　（清）邵士修　（清）王塤等纂　清康熙十三年(1674)刻本　八冊

410000 – 2241 – 0005934　K22.6/7543

左海全集十種　（清）陳壽祺撰　清嘉慶、道光間三山陳氏刻陳紹墉補刻本　二十八冊

410000 – 2241 – 0005935　920.223/2744

古今錢略三十二卷首一卷末一卷　（清）倪模述　清光緒三年(1877)望江倪氏兩彊勉齋刻本　十六冊

410000 – 2241 – 0005936　K22.6/7744

道援堂詩集十二卷詞一卷　（清）屈大均著　清刻本　八冊

410000 – 2241 – 0005937　982.51/2044

[乾隆]黃縣志十二卷　（清）袁中立修　（清）毛贊纂　清乾隆二十一年(1756)刻本　四冊

410000 – 2241 – 0005938　926/3428

野獲編三十卷首一卷補遺四卷　（明）沈德符撰　（清）錢枋輯　清道光七年(1827)錢塘姚氏扶荔山房羊城刻本　二十四冊

410000 – 2241 – 0005939　K22.6/7777

范湖草堂遺稿六卷　（清）周閑著　清光緒十九年(1893)木活字印本　一冊　存二卷(五至六)

410000 – 2241 – 0005940　982.51/3246

[乾隆]曲阜縣志一百卷　（清）潘相纂修　清乾隆三十九年(1774)刻本　十二冊

410000－2241－0005941　926/3434

南北史識小錄南史十四卷北史十四卷　（清）
沈名蓀　（清）朱昆田輯　（清）張應昌補正
清同治十年(1871)武林吳氏清來堂刻本　十
二冊

410000－2241－0005942　920.223/4027

古泉匯五集六十四卷續泉匯四集十四卷補遺
二卷　（清）李佐賢　（清）鮑康編輯　清同治
三年(1864)利津李氏石泉書屋刻光緒元年
(1875)續刻本　十六冊

410000－2241－0005943　920.223/4027/2

古泉匯五集六十四卷續泉匯四集十四卷補遺
二卷　（清）李佐賢　（清）鮑康編輯　清同治
三年(1864)利津李氏石泉書屋刻光緒元年
(1875)續刻本　二十六冊

410000－2241－0005944　K22.6/8371

香樹齋詩集十八卷詩續集三十六卷文集二十
八卷文集續鈔五卷　（清）錢陳羣撰　清光緒
十一年(1885)刻本　二十三冊

410000－2241－0005945　926/3603

潛菴先生擬明史稿二十卷　（清）湯斌擬
（清）田蘭芳評　清刻本　十三冊

410000－2241－0005946　44.53/886.04

世說新語補二十卷　（南朝宋）劉義慶撰
（南朝梁）劉峻注　（明）何良俊增　（明）王
世貞刪　（清）黃汝琳補訂　清乾隆二十七年
(1762)茂清書屋刻本　四冊

410000－2241－0005947　920.224/0200

匋齋藏石記四十四卷首一卷藏磚記二卷
（清）端方輯　清宣統元年(1909)石印本　十
二冊

410000－2241－0005948　44.5366/111

鐵槎山房見聞錄十二卷　（清）于克襄著　清
道光二十九年(1849)銕槎山房刻本　六冊

410000－2241－0005949　920.224/0200/2

匋齋藏石記四十四卷首一卷藏磚記二卷
（清）端方輯　清宣統元年(1909)石印本　十
二冊

410000－2241－0005950　982.51/8238

[道光]濟南府志七十二卷首一卷　（清）王贈
芳　（清）王鎮修　（清）成瓘　（清）冷烜纂
清道光二十年(1840)刻本　四十二冊

410000－2241－0005951　926/7537

荊駝逸史五十三種附一種　題（清）陳湖逸士
輯　清宣統三年(1911)中國圖書館石印本
十六冊

410000－2241－0005952　926.08/2126

盧忠肅公集十二卷首一卷　（明）盧象昇撰
清光緒元年(1875)會稽施惠刻本　四冊

410000－2241－0005953　982.52/1001

[光緒]黃岩縣志四十卷首一卷　（清）陳寶善
（清）孫熹修　（清）王棻纂　（清）陳鍾英
（清）鄭錫滸續修　王詠霓續纂　清光緒三
年(1877)刻本　十六冊

410000－2241－0005954　K22.62/0022

思綺堂文集十卷　（清）章藻功撰注　清康熙
六十一年(1722)錢塘章氏刻聚錦堂印本　二
十冊

410000－2241－0005955　K22.62/3140

炳燭齋文集初刻一卷續刻一卷　（明）顧大韶
著　清宣統元年(1909)國學扶輪社鉛印本
二冊

410000－2241－0005956　K22.62/3426

亦玉堂稿十卷　（明）沈鯉撰　清康熙二十九
年(1690)刻本　四冊

410000－2241－0005957　927/0038

李肅毅伯奏議十三卷　（清）李鴻章撰　（清）
章洪鈞　（清）吳汝綸編輯　清末石印本　十
三冊

410000－2241－0005958　982.52/1061

光緒睢寧縣志彙十八卷　（清）侯紹瀛修　（清）
丁顯纂　清光緒十二年至十三年(1886－1887)
刻本　六冊

410000－2241－0005959　920.25/2353/2

金陵歷代建置表一卷　（清）傅春官撰　清光

緒二十三年(1897)晦齋刻本　一冊

410000－2241－0005960　K22.62/4233
西山先生真文忠公文集五十五卷目錄二卷
(宋)真德秀撰　清同治四年(1865)蒲城拱極
堂刻本　二十八冊

410000－2241－0005961　44.5366/125
志異續編六卷　題(清)青城子編　清光緒三
年(1877)上海申報館鉛印申報館叢書本
三冊

410000－2241－0005962　K22.63/4447
延綠閣集十二卷　(清)華希閔撰　清光緒二
十二年(1896)刻本　六冊

410000－2241－0005963　K22.64/1043
蠶尾集十卷　(清)王士禎撰　清刻本　十冊

410000－2241－0005964　44.5322/890
西京雜記二卷　(漢)劉歆撰　清乾隆五十二
年(1787)餘姚盧氏抱經堂刻抱經堂叢書本
一冊

410000－2241－0005965　920.222/2608/2
秦漢瓦當文字一卷　(清)程敦著錄　清乾隆
五十二年(1787)橫渠書院刻本　一冊

410000－2241－0005966　44.5322/890/2
西京雜記二卷　(漢)劉歆撰　清宣統元年
(1909)抄本　一冊

410000－2241－0005967　K22.64/2007
樂善堂全集定本三十卷　(清)高宗弘曆撰
清乾隆二十四年(1759)內府刻本　八冊

410000－2241－0005968　920.227/2644
封泥考略十卷　(清)吳式芬　(清)陳介祺輯
清光緒三十年(1904)石印本　十冊

410000－2241－0005969　982.52/1102
[光緒]重修奉賢縣志二十卷首一卷末一卷
(清)韓佩金修　(清)張文虎纂　清光緒四年
(1878)志書局刻本　六冊

410000－2241－0005970　44.5332/117
唐語林八卷　(宋)王讜撰　校勘記一卷
(清)錢熙祚撰　清光緒十九年(1893)湖北官

書處刻本　四冊

410000－2241－0005971　982.52/1102/2
[光緒]重修奉賢縣志二十卷首一卷末一卷
(清)韓佩金修　(清)張文虎纂　清光緒四年
(1878)志書局刻本　六冊

410000－2241－0005972　927/0923
近世中國秘史二編　題(清)捫蝨談虎客輯
清光緒三十年(1904)上海廣智書店鉛印本
一冊

410000－2241－0005973　K22.64/8308
錢牧齋文鈔不分卷　(清)錢謙益著　清宣統
元年(1909)國學扶輪社鉛印本　五冊

410000－2241－0005974　927/1001
石渠餘紀六卷　(清)王慶雲述　清刻本
六冊

410000－2241－0005975　982.52/1121
[雍正]江浦縣志八卷　(清)項維正纂修　清
雍正四年(1726)刻本　四冊

410000－2241－0005976　K22.65/1150
茗柯文初編一卷二編二卷三編一卷四編一卷
　(清)張惠言撰　清光緒七年(1881)刻本
二冊

410000－2241－0005977　K22.65/1244
紀文達公集文十六卷詩十六卷　(清)紀昀撰
　清刻本　十二冊

410000－2241－0005978　44.5366/606
三異筆談一集四卷　(清)許元仲著　清光緒
上海申報館鉛印申報館叢書本　二冊

410000－2241－0005979　982.52/1130
[光緒]贛榆縣志十八卷　王豫熙修　張謇纂
　清光緒十四年(1888)刻本　四冊

410000－2241－0005980　K22.65/2611
池上老人遺稿不分卷　(清)吳廷琛著　清光
緒二年(1876)刻本　一冊

410000－2241－0005981　K22.65/3044
學古集四卷詩論一卷　(清)宋大樽著　清嘉
慶十三年(1808)刻本　一冊

410000－2241－0005982　927/1020

東華全錄四百九十四卷（天命朝至咸豐朝）
王先謙編　清光緒十三年(1887)京都善成堂
刻本　一百四十冊

410000－2241－0005983　920.44/1065

十七史商榷一百卷　（清）王鳴盛撰　清乾隆
五十二年(1787)洞涇草堂刻本　二十冊

410000－2241－0005984　982.52/2080

[光緒]通州直隸州志十六卷首一卷末一卷訂
訛一卷　（清）梁悅馨　（清）莫祥芝修
（清）季念詒　（清）沈鍠纂　清光緒元年
(1875)刻本　十六冊

410000－2241－0005985　K22.65/4206

邃雅堂集十卷文集續編一卷　（清）姚文田撰
　清道光元年(1821)、八年(1828)江陰學使
者署刻邃雅堂全書本　六冊

410000－2241－0005986　K22.65/4620

忠介公集十三卷首一卷末一卷附錄五卷
(明)楊爵著　清光緒十九年(1893)張氏履誠
堂刻本　六冊

410000－2241－0005987　982.52/2143

[嘉慶]山陽縣志十二卷　（清）何樹滋纂修
清嘉慶元年(1796)刻本　六冊

410000－2241－0005988　K22.65/4991

亦有生齋集詩鈔三十二卷文鈔二十卷詞鈔五
卷樂府二卷　（清）趙懷玉撰　清嘉慶二十四
年(1819)刻本　二十冊

410000－2241－0005989　920.25/2353

金陵歷代建置表一卷　（清）傅春官撰　清光
緒二十三年(1897)晦齋刻本　一冊

410000－2241－0005990　927/1034

丁文誠公奏稿二十六卷首一卷　（清）丁寶楨
撰　清光緒二十二年(1896)南海羅氏成都刻
本　二十七冊

410000－2241－0005991　982.52/2168

金山志十卷續二卷　（清）盧見曾纂　（清）釋
秋厓續纂　清光緒二十六年(1900)刻本

六冊

410000－2241－0005992　927/1073

湘軍志(湘軍水陸戰紀)十六篇　王闓運撰
清末刻本　四冊

410000－2241－0005993　920.25/7203

楚漢諸侯疆域志三卷　（清）劉文淇撰　清光
緒二年(1876)金陵刻本　一冊

410000－2241－0005994　927/1073＝2

湘軍記二十卷　（清）王定安撰　清末上海書
局石印本　四冊

410000－2241－0005995　927/1243

孫文定公奏疏十卷制義一卷南遊記一卷
(清)孫嘉淦撰　清嘉慶七年至十年(1802－
1805)敦和堂刻本　十二冊

410000－2241－0005996　44.5332/504

唐人小說六種(唐開元小說六種)　葉德輝輯
　清宣統三年(1911)葉氏觀古堂刻本　二冊

410000－2241－0005997　982.52/2717

[咸豐]邳州志二十卷首一卷　（清）董用威
（清）馬軼群修　（清）魯一同纂　清咸豐元年
(1851)刻光緒二十一年(1895)印本　四冊

410000－2241－0005998　927/2242

拳匪紀略八卷後編二卷　（清）僑析生撰　清
光緒二十七年(1901)石印本　四冊　缺二卷
(拳匪紀略七至八)

410000－2241－0005999　K22.66/4713

石笥山房文集六卷補遺一卷詩集十一卷詩餘
一卷補遺二卷續補遺二卷　（清）胡天游著
清咸豐二年(1852)山陰胡鳴泰刻本　八冊
缺二卷(續補遺二卷)

410000－2241－0006000　K22.66/4946

澄懷堂遺稿一卷　（清）趙奎昌撰　清道光十
三年(1833)刻本　一冊

410000－2241－0006001　927/2527

西巡回鑾始末記六卷　（日本）吉田良太郎彙
錄　題(清)八詠樓主人刊正　清光緒二十八
年(1902)石印本　六冊

410000－2241－0006002　K22.66/6034

羅忠節公遺集(羅山遺集)　(清)羅澤南撰
清咸豐、同治間長沙刻本　十冊

410000－2241－0006003　920.3/4447

歷代史表五十九卷　(清)萬斯同撰　清光緒
十五年(1889)廣雅書局刻廣雅書局叢書本
六冊

410000－2241－0006004　982.52/2880

[光緒]丹陽縣志三十六卷首一卷　(清)劉誥
(清)凌焯修　(清)徐錫麟　(清)姜璘纂
清光緒十一年(1885)鳴鳳書院刻本　十
六冊

410000－2241－0006005　44.5332/870

三水小牘二卷　(唐)皇甫枚撰　清乾隆五十
七年(1792)餘姚盧氏抱經堂刻抱經堂叢書本
一冊

410000－2241－0006006　44.5366/628

閩雜記十二卷　(清)施鴻保輯　清光緒四年
(1878)申報館鉛印申報館叢書本　四冊

410000－2241－0006007　927/2692

吾學錄初編二十四卷　(清)吳榮光述　清道
光二十九年(1849)湘西高國榮刻本　八冊

410000－2241－0006008　982.52/3144

[同治]蘇州府志一百五十卷首三卷　(清)李
銘皖　(清)譚鈞培修　(清)馮桂芬纂　清光
緒八年(1882)江蘇書局刻本　八十冊

410000－2241－0006009　927/3408

中東戰紀一卷　(清)洪棄父撰　清光緒三十
二年(1906)鉛印本　一冊

410000－2241－0006010　920.4/0070

文史通義八卷校讎通義三卷　(清)章學誠撰
清光緒二十四年(1898)長沙經文書局刻本
八冊

410000－2241－0006011　K22.66/7534

東籬遺草吟草一卷賦鈔一卷　(清)陳安塏撰
清道光十七年(1837)刻本　一冊

410000－2241－0006012　927/3416

洪文襄奏對筆記二卷　(清)洪承疇撰　清末
四川官印刷局鉛印本　一冊

410000－2241－0006013　K22.66/7734

陶文毅公全集六十四卷首一卷末一卷　(清)
陶澍著　清道光二十年(1840)兩淮淮北士民
刻本　二十四冊

410000－2241－0006014　920.4/1034

讀史提要錄十二卷　(清)夏之蓉撰　清乾隆
三十七年(1772)刻本　四冊

410000－2241－0006015　927/4210

國朝柔遠記十八卷附編二卷　(清)彭玉麟定
(清)王之春編　清光緒十七年(1891)廣雅
書局刻本(有圖)　六冊

410000－2241－0006016　K22.66/8000

豸華堂文鈔八卷甲部十二卷首一卷　(清)金
應麟著　清光緒元年(1875)刻本　四冊

410000－2241－0006017　920.4/2767

史通削繁四卷　(唐)劉知幾撰　(清)浦起龍
注冊　(清)紀昀削繁　清光緒元年(1875)湖
北崇文書局刻本　四冊

410000－2241－0006018　982.52/3189

[光緒]泰興縣志二十六卷首一卷末一卷
(清)楊激雲修　(清)顧曾烜纂　清光緒十二
年(1886)刻本　十冊

410000－2241－0006019　920.4/3340

史通通釋二十卷　(清)浦起龍釋　清光緒翰
墨園刻本　六冊

410000－2241－0006020　920.4/3340/2

史通通釋二十卷　(清)浦起龍釋　清光緒十
九年(1893)上海文瑞樓石印本　八冊

410000－2241－0006021　44.5366/682

咫聞錄十二卷　題(清)慵訥居士撰　清道光
十二年(1832)知不足齋刻本　十二冊

410000－2241－0006022　982.52/3651

光緒武進陽湖縣志三十卷首一卷　(清)王其
淦　(清)吳康壽修　(清)湯成烈纂　清光緒
五年(1879)刻本　二十冊

410000 – 2241 – 0006023　927/4274/2

彭剛直公奏稿八卷　（清）彭玉麟撰　清光緒
十七年(1891)德清俞樾吳下刻本　八冊

410000 – 2241 – 0006024　927/4274

彭剛直公奏稿八卷詩集八卷　（清）彭玉麟撰
　清光緒十七年(1891)德清俞樾吳下刻本
八冊

410000 – 2241 – 0006025　920.44/1065.02

十七史商榷一百卷　（清）王鳴盛撰　清光緒
十九年(1893)廣雅書局刻廣雅書局叢書本
二十冊

410000 – 2241 – 0006026　927/4403

平定粵匪紀略十八卷附記四卷　（清）杜文瀾
撰　清同治八年(1869)群玉齋木活字印本
十冊

410000 – 2241 – 0006027　K22.7/7433

儀顧堂集十六卷　（清）陸心源撰　清同治十
三年(1874)福州刻潛園總集本　八冊

410000 – 2241 – 0006028　K22.72/1114

延秋吟館詩鈔四卷續鈔四卷問心齋學治雜錄
二卷續錄四卷　（清）張聯桂撰　清光緒十一
年至十八年(1885 – 1892)刻本　八冊

410000 – 2241 – 0006029　K22.727/1044

竹簾館詞一卷　（清）王樹藩撰　清宣統元年
(1909)寶應朱氏刻本　一冊

410000 – 2241 – 0006030　982.52/4034

揚州畫舫錄十八卷　（清）李斗著　清乾隆六
十年(1795)刻同治十一年(1872)重修本
六冊

410000 – 2241 – 0006031　982.52/4034/2

揚州畫舫錄十八卷　（清）李斗著　清乾隆六
十年(1795)刻同治十一年(1872)重修本
六冊

410000 – 2241 – 0006032　K22.73/0123

半厂叢書初編十一種　（清）譚獻輯　清光緒
仁和譚氏刻本　十冊　存五種三十卷

410000 – 2241 – 0006033　982.52/4217

[嘉慶]新修江甯府志五十六卷　（清）呂燕昭
修　（清）姚鼐纂　清光緒六年(1880)刻本
十二冊

410000 – 2241 – 0006034　K22.73/1043

百柱堂全集內集三十四卷外集十九卷信甫詩
一卷文一卷　（清）王柏心著　清光緒二十四
年(1898)成山唐氏貴陽刻本　二十二冊

410000 – 2241 – 0006035　44.5341/370

續世說十二卷　（宋）孔平仲撰　（清）錢熙祚
校　清道光二十四年(1844)金山錢氏刻守山
閣叢書本　六冊

410000 – 2241 – 0006036　982.52/4291

[光緒]松江府續志四十卷首一卷圖一卷
（清）博潤修　（清）姚光發纂　清光緒十年
(1884)刻本　二十四冊

410000 – 2241 – 0006037　K22.73/1073

湘綺樓文集八卷詩集十四卷箋啟八卷　王闓
運撰　清宣統二年(1910)上海國學扶輪社石
印本　十二冊

410000 – 2241 – 0006038　K22.73/1134

暢園遺稿八卷白癡詞二卷　（清）張邁撰　清
光緒三十年(1904)刻本　一冊

410000 – 2241 – 0006039　982.52/4436

[乾隆]江都縣志三十二卷　（清）五格
（清）黃湘纂修　清乾隆八年(1743)刻本
十冊

410000 – 2241 – 0006040　927/4492

平定粵匪紀略十八卷附記四卷　（清）杜文瀾
撰　清同治十年(1871)京都聚珍齋木活字印
本　十七冊

410000 – 2241 – 0006041　927/4697

三藩紀事本末四卷　（清）楊陸榮編　清康熙
五十六年(1717)刻本　二冊

410000 – 2241 – 0006042　982.52/4475

[光緒]金山縣志三十卷首一卷　（清）龔寶琦
（清）崔廷鏞修　（清）黃厚本纂　清光緒四
年(1878)刻本　八冊

410000－2241－0006043　927/4697/2

三藩紀事本末四卷　（清）楊陸榮編　清刻本
一册

410000－2241－0006044　K22.73/1138

濂亭文集八卷遺文五卷遺詩二卷　（清）張裕
釗撰　清光緒八年(1882)海寧查氏木漸齋二
十一年(1895)遵義黎氏刻本　三册

410000－2241－0006045　K22.73/2221

倭文端公遺書八卷首二卷末一卷續刊四卷
（清）倭仁撰　清光緒元年(1875)六安求我齋
刻本　六册

410000－2241－0006046　K22.73/2641

小酉腴山館文鈔七卷集外文四卷詩鈔二卷補
錄一卷詩鈔續編二卷詩鈔三編二卷詩鈔四編
二卷　（清）吳大廷撰　清同治三年(1864)刻
本　六册　缺三卷(集外文四、詩鈔四編二
卷)

410000－2241－0006047　K22.73/2684

柈湖文集十二卷　（清）吳敏樹著　清光緒十
九年(1893)思賢講舍刻本　四册

410000－2241－0006048　982.52/5033

[光緒]無錫金匱縣志四十卷首一卷殉難紳民
表二卷烈女姓氏錄四卷　（清）裴大中　（清）
倪咸生修　（清）秦緗業纂　清光緒七年
(1881)刻本　二十册

410000－2241－0006049　K22.73/2688

魏稼孫全集四種　（清）魏錫曾撰　清光緒九
年(1883)刻本　十四册

410000－2241－0006050　927/4917

皇朝武功紀盛四卷　（清）趙翼撰　清乾隆五
十七年(1792)湛貽堂刻本　一册

410000－2241－0006051　K22.73/2741

藝風堂文集七卷外篇一卷續集八卷外集一卷
緩荃孫撰　清光緒二十六年至二十七年
(1900－1901)江陰繆氏刻宣統二年(1910)續
刻本　八册

410000－2241－0006052　K22.73/3000

410000－2241－0006052　982.52/6005

濂亭遺文五卷遺詩二卷　（清）張裕釗撰　清
光緒二十一年(1895)遵義黎氏刻本　二册

410000－2241－0006053　982.52/6005

[同治]續纂揚州府志二十四卷　（清）方濬頤
（清）英傑修　（清）晏端書　（清）錢振倫
纂　清同治十三年(1874)刻本　八册

410000－2241－0006054　920.8/8344

文獻徵存錄十卷　（清）錢林輯　（清）王藻編
清咸豐八年(1858)有嘉樹軒刻本　十册

410000－2241－0006055　982.52/7130

[光緒]常昭合志稿四十八卷首一卷末一卷
（清）鄭鍾祥　（清）張瀛修　（清）龐鴻文纂
清光緒三十年(1904)木活字印本　二十册

410000－2241－0006056　44.5346/720.02

夷堅志甲集二卷乙集二卷丙集二卷丁集二卷
戊集二卷己集二卷庚集二卷辛集二卷壬集二
卷癸集二卷　（宋）洪邁撰　清乾隆四十三年
(1778)周棨耕煙草堂刻涇縣洪氏補刻本
十册

410000－2241－0006057　K22.73/4240

彭文敬公全集　（清）彭蘊章撰　清同治刻長
洲彭氏家集本　十六册

410000－2241－0006058　K22.73/4435

庸庵全集六種　（清）薛福成撰　清光緒刻本
十二册

410000－2241－0006059　927/6715

硃批諭旨不分卷　（清）世宗胤禛批　清刻朱
墨套印本　一百十二册

410000－2241－0006060　982.52/7132

[嘉慶]如皋縣志二十四卷　（清）楊受廷
（清）左元鎮修　（清）馬汝舟　（清）江大鍵
纂　清嘉慶十三年(1808)刻本　十册

410000－2241－0006061　927/7412

各國立約始末記三十卷首二卷　（清）陸元鼎
編　清光緒三十二年(1906)上海商務印書館
鉛印本　二十二册

410000－2241－0006062　927/7503

郎潛紀聞十四卷郎潛二筆十六卷郎潛三筆十二卷 （清）陳康祺著 清光緒八年至十一年(1882－1885)刻本 十八冊

410000－2241－0006063 44.535/476.02

剪燈新話四卷 （明）瞿祐撰 清同治十年(1871)文盛堂刻本 二冊

410000－2241－0006064 K23.5/0733

清華館詩稿一卷 （清）郭沈昶撰 清咸豐刻本 一冊

410000－2241－0006065 K23.5/2643

八指頭陀詩集五卷褋文一卷 （清）釋敬安撰 清光緒刻本 一冊

410000－2241－0006066 982.52/7274

[咸豐]重修興化縣志十卷 （清）梁園棣修 （清）鄭之僑 （清）趙彥俞纂 清咸豐二年(1852)刻本 八冊

410000－2241－0006067 K23.5/4721

碧腴齋詩存八卷 （清）胡德琳撰 清乾隆、嘉慶間小倉山房刻隨園廿八種本 二冊

410000－2241－0006068 K23.5/4741

伊川草堂詩一卷 （清）胡薇元撰 清光緒二十七年(1901)刻本 一冊

410000－2241－0006069 927/7503/2

燕下鄉脞錄（郎潛二筆）十六卷 （清）陳康祺撰 清光緒七年(1881)暨陽刻舊雨草堂叢書本 四冊

410000－2241－0006070 K23.5/5025

才冶樓詩一卷 （清）史伸著 清刻本 一冊

410000－2241－0006071 K22.73/4435/2

庸庵全集六種 （清）薛福成撰 清光緒二十二年至二十三年(1896－1897)上海醉六堂石印本 十二冊

410000－2241－0006072 982.52/7548

[道光]泰州志三十六卷首一卷 （清）王有慶等修 （清）陳世鎔等纂 清道光七年(1827)刻光緒三十四年(1908)補刻本 十二冊

410000－2241－0006073 K22.73/4442

芳茂山人詩錄十卷 （清）孫星衍撰 清光緒十年(1884)吳縣朱氏槐廬家塾刻平津館叢書本 六冊

410000－2241－0006074 K22.73/4442

聊齋先生文集二卷 （清）蒲松齡撰 清宣統元年(1909)國學扶輪社鉛印本 一冊

410000－2241－0006075 K23.5/6032

羅忠節公遺集八卷 （清）羅澤南撰 清刻本 三冊

410000－2241－0006076 927.08/3521

北洋海軍章程 （清）奕譞等輯 清光緒十四年(1888)天津石印書局石印本 二冊

410000－2241－0006077 44.535/766－2

情史類略二十四卷 （明）馮夢龍撰 題（明）詹詹外史評輯 清康熙芥子園刻本 八冊

410000－2241－0006078 K23.5252/1717

來禽館集二十九卷 （明）邢侗撰 清道光九年(1829)刻本 六冊

410000－2241－0006079 K22.73/4644

損齋全書 （清）楊樹椿著 清光緒十九年(1893)柏經正堂刻本 六冊

410000－2241－0006080 K23.532/8080

溫飛卿詩集七卷別集一卷集外詩一卷 （唐）溫庭筠撰 （清）曾益注 （清）顧予咸補注 （清）顧嗣立重校 清康熙三十六年(1697)姑蘇顧氏秀野艸堂刻本 四冊

410000－2241－0006081 K22.73/4674

秋室集十卷 （清）楊鳳苞著 清光緒九年(1883)湖州陸氏刻本 二冊

410000－2241－0006082 44.535/951

玉芝堂談薈三十六卷 （明）徐應秋輯 明崇禎刻清康熙四十二年(1703)、乾隆三十八年(1773)、道光二十九年(1849)、光緒元年(1875)遞修本 三十二冊

410000－2241－0006083 982.53/1033

[萬曆]錢塘縣志十卷 （明）聶心湯纂修 清光緒十九年(1893)武林丁氏刻武林掌故叢編

本　五冊

410000－2241－0006084　K22.73/4713

石笥山房文集五卷補遺一卷　（清）胡天游著
　清宣統元年（1909）國學扶輪社鉛印本
四冊

410000－2241－0006085　927.1/2631/2

聖武記十四卷　（清）魏源撰　清道光二十六
年(1846)古微堂刻本　十二冊

410000－2241－0006086　982.53/1042

[同治]江山縣志十二卷首一卷末一卷　（清）
王彬修　（清）朱寶慈等纂　清同治十二年
(1873)文溪書院刻本　八冊

410000－2241－0006087　928.7/1126

蒙古游牧記十六卷　（清）張穆撰　（清）何秋
濤校補　清同治六年(1867)壽陽祁氏刻本
二冊

410000－2241－0006088　K22.73/6018

王壯武公遺集二十四卷首一卷　（清）王鑫撰
　清光緒十八年(1892)湘鄉王氏江甯刻本
十六冊

410000－2241－0006089　K23.535/4026－4607/2

分類補注李太白詩二十五卷　（唐）李白撰
（宋）楊齊賢集注　（元）蕭士贇補注　（明）
許自昌校　唐翰林李太白年譜一卷　（宋）薛
仲邕編　清康熙刻李杜全集本　十二冊

410000－2241－0006090　K23.535/4026－4607

分類補注李太白詩二十五卷　（唐）李白撰
（宋）楊齊賢集注　（元）蕭士贇補注　（明）
許自昌校　唐翰林李太白年譜一卷　（宋）薛
仲邕編　明萬曆三十年（1602）許自昌刻本
六冊

410000－2241－0006091　921.21/3148

南北史補志十四卷附贊一卷　（清）汪士鐸撰
　清光緒四年(1878)淮南書局刻本　六冊

410000－2241－0006092　929.3/1085.02

欽定滿洲源流考二十卷首一卷　（清）阿桂等
撰　清光緒三十年(1904)中西書局石印本

四冊

410000－2241－0006093　K22.73/6084

羅念庵先生文錄十八卷附錄一卷　（明）羅洪
先撰　清光緒十二年(1886)刻本　十冊

410000－2241－0006094　921.21/3404

東晉疆域志四卷　（清）洪亮吉撰　清光緒十
七年(1891)廣雅書局刻廣雅書局叢書本
二冊

410000－2241－0006095　K23.535/4453
－0826

集千家註杜工部詩集二十卷文集二卷　（唐）
杜甫撰　（明）許自昌校　明萬曆三十年
（1602）長洲許自昌刻本　六冊

410000－2241－0006096　44.535/987

硯雲甲編八種乙編八種　（清）金忠淳輯　清
光緒申報館鉛印申報館叢書本　十二冊

410000－2241－0006097　982.53/1046

[乾隆]紹興府志八十卷首一卷　（清）李亨特
修　（清）平恕　（清）徐嵩纂　清乾隆五十七
年(1792)刻本　四十六冊

410000－2241－0006098　K22.73/7510

陳一齋先生文集六卷　（清）陳梓撰　清宣統
三年(1911)上海國學扶輪社鉛印本　一冊

410000－2241－0006099　K23.535/4453
－3340

讀杜心解六卷首二卷　（清）浦起龍講解　清
雍正二年至三年(1724－1725)無錫浦氏寧我
齋刻本　十冊

410000－2241－0006100　921.28/8710

廿一史約編八卷首一卷　（清）鄭元慶述　清
善成堂刻本　十冊

410000－2241－0006101　980.21/2525

地圖綜要三卷　（明）朱國達等編　清順治二
年(1645)刻本　一冊

410000－2241－0006102　K22.73/7541

爾室文鈔二卷　（清）陳敬璋撰　清咸豐二年
(1852)刻本　一冊

410000－2241－0006103　　981/2631

海國圖志一百卷首一卷　（清）魏源撰　清光緒二年(1876)平慶涇固道署刻本　二十四冊

410000－2241－0006104　　K22.73/7684

寄鷗存稿一卷沅蘭詞一卷　（清）任道鎔撰清光緒十三年(1887)刻本　一冊

410000－2241－0006105　　K23.541/1000

蘇文忠公詩編注集成四十六卷總案四十五卷諸家雜綴酌存一卷蘇海識餘四卷賤詩圖一卷　（宋）蘇軾撰　（清）王文誥輯訂　清光緒十四年(1888)浙江書局刻本(有圖)　二十四冊

410000－2241－0006106　　981/2828

瀛環志略十卷　（清）徐繼畬輯著　**續集四卷末一卷**　（英國）慕維廉撰　**補遺一卷**　（清）薛□撰　（清）陳俠君校正　清光緒二十四年(1898)老掃葉山房石印本　六冊

410000－2241－0006107　　982.53/2113

[光緒]縉雲縣志十六卷首一卷末一卷　（清）何乃容　（清）葛華修　（清）潘樹棠纂　清光緒二年至七年(1876－1881)刻本　十冊

410000－2241－0006108　　922.1/4088

尚史七十卷　（清）李鍇撰　清乾隆三十八年(1773)悅道樓刻本　二十八冊

410000－2241－0006109　　K23.541/2653

驂鸞小草不分卷　（清）魏成憲撰　清嘉慶十九年(1814)刻本　一冊

410000－2241－0006110　　982/1040

九域志十卷　（宋）王存等刪定　清光緒八年(1882)金陵書局刻本　四冊

410000－2241－0006111　　44.5356/536

雲間據目鈔五卷　（明）范濂撰　清光緒四年(1878)申報館鉛印申報館叢書本　二冊

410000－2241－0006112　　982.53/2311

西湖志四十八卷　（清）李衛等修　（清）傅王露等纂　清雍正十三年(1735)刻本　二十冊

410000－2241－0006113　　44.5356/536/2

雲間據目鈔五卷　（明）范濂撰　清光緒四年(1878)申報館鉛印申報館叢書本　二冊

410000－2241－0006114　　K23.541/4730

文恭集四十卷　（宋）胡宿撰　清乾隆四十年(1775)武英殿木活字印武英殿聚珍版書本十冊

410000－2241－0006115　　982/4033

李氏五種合刊　（清）李兆洛輯　清光緒十四年(1888)埽葉山房刻本　十六冊

410000－2241－0006116　　44.5356/539

煙霞小說　（明）范欽輯　清光緒三十一年(1905)上海育文書局石印本　六冊

410000－2241－0006117　　982/4877

大清一統志五百卷　（清）和珅等纂修　清光緒二十七年(1901)上海寶善齋石印本　六十冊

410000－2241－0006118　　44.5357/279

青泥蓮花記十三卷　（明）梅鼎祚纂輯　清宣統二年(1910)京都自強書局石印本　四冊

410000－2241－0006119　　K23.542/4403－1047

蘇東坡詩集注三十二卷　（宋）蘇軾撰　（宋）王十朋纂輯　（清）朱從延校　清乾隆四十七年(1782)樂全堂刻本　十六冊

410000－2241－0006120　　982.53/2537

[道光]嵊縣志十四卷首一卷末一卷　（清）李式圃修　（清）朱淥等纂　清道光八年(1828)刻本(卷六至七配清抄本)　十二冊

410000－2241－0006121　　922.05/2231

史要七卷　（清）任啟運輯　（清）吳兆慶纂註　清嘉慶二十二年(1817)刻本　四冊

410000－2241－0006122　　982.024/2250

太平寰宇記二百卷目錄二卷　（宋）樂史撰清乾隆五十八年(1793)南昌萬廷蘭刻本　二十四冊

410000－2241－0006123　　922.05/7748

南北史捃華八卷　（清）周嘉猷輯　清同治四年(1865)刻本　四冊

410000－2241－0006124　　K23.55/0023

高季迪先生大全集十八卷　（明）高啓撰　清
康熙三十四年(1695)許氏竹素園刻本　六冊

410000－2241－0006125　982.53/2627
[光緒]嘉興府志八十八卷首二卷　（清）許瑤
光修　（清）吳仰賢纂　清光緒三年至四年
(1877－1878)鴛湖書院刻本　四十八冊

410000－2241－0006126　982.026/4001
江蘇海塘新志八卷首一卷　（清）李慶雲
（清）蔣師轍纂　清光緒十六年(1890)刻本
四冊

410000－2241－0006127　922.1/1042
綱鑑會纂三十九卷首一卷　（明）王世貞編
御撰資治通鑑綱目三編二十卷　（清）張廷玉
等編　清光緒二十五年(1899)掃葉山房鉛印
本　二十冊

410000－2241－0006128　982.028/4043
華嶽志八卷首一卷　（清）李榕纂輯　（清）楊
翼武評閲　清道光十一年(1831)華麓楊翼武
清白別墅刻光緒九年(1883)湘鄉楊昌濬重修
光緒三十年(1904)仙姑觀遞修本(有圖)
四冊

410000－2241－0006129　922.1/1726
綱鑑擇語十卷　（清）司徒修撰　清道光十六
年(1836)絡野堂刻本　八冊

410000－2241－0006130　922.1/2644
尺木堂綱鑑易知錄二十卷御撰資治通鑑綱目
三編四卷　（清）吳乘權等輯　清光緒十三年
(1887)上海點石齋石印本　十二冊

410000－2241－0006131　922.1/2644.02
尺木堂綱鑑易知錄九十二卷明鑑易知錄十五
卷　（清）吳乘權等輯　清光緒三十年(1904)
上海校經山房鉛印本　十六冊

410000－2241－0006132　K22.73/7733
五周先生集六種　冒廣生輯　清光緒二十二
年(1896)如皐冒氏刻如皐冒氏叢書本　一冊

410000－2241－0006133　982.08/8073
皇朝藩屬輿地叢書六集二十八種　（清）文瑞

樓主人輯　清光緒二十九年(1903)金匱浦氏
靜寄東軒石印本　四十八冊

410000－2241－0006134　K22.73/8002
復初齋文集三十五卷　（清）翁方綱撰　清道
光十六年(1836)李彥章刻光緒三年至四年
(1877－1878)補修本　八冊

410000－2241－0006135　982.102/1140
津門雜記三卷　（清）張燾撰　清光緒十年
(1884)錢塘張氏刻本　三冊

410000－2241－0006136　922.1/2800
竹書紀年統箋十二卷　（南朝梁）沈約附注
（清）徐文靖統箋　前編一卷　（清）徐文靖統
箋　雜述一卷　（清）徐文靖彙輯　清光緒三
年(1877)浙江書局刻二十二子本　四冊

410000－2241－0006137　K22.73/8002/2
復初齋文集三十五卷　（清）翁方綱撰　清道
光十六年(1836)李彥章刻光緒三年至四年
(1877－1878)補修本　八冊

410000－2241－0006138　982.53/4421
[雍正]寧波府志三十六卷首一卷　（清）曹秉
仁修　（清）萬經等纂　清道光二十六年
(1846)慈谿沈琛其介祉堂刻本　十六冊

410000－2241－0006139　982.11/0038
[光緒]蔚州志二十卷首一卷　（清）慶之金修
（清）楊篤纂　清光緒三年(1877)刻本
八冊

410000－2241－0006140　K22.73/8023
曾惠敏公遺集四種　（清）曾紀澤撰　清光緒
十九年(1893)江南製造總局鉛印本　八冊

410000－2241－0006141　K23.56/0043
隨安廬詩集四卷　（清）亢樹滋撰　清光緒十
五年(1889)刻本　一冊

410000－2241－0006142　K22.73/8023/2
曾惠敏公遺集四種　（清）曾紀澤撰　清光緒
十九年(1893)江南製造總局鉛印本　八冊

410000－2241－0006143　922.1/4240
通鑑輯要前編二卷正編十九卷續編八卷明史

擧要八卷　（清）姚培謙　（清）張景星輯錄
清咸豐二年(1852)寶仁堂刻本　二十冊

410000－2241－0006144　K23.56/1043
漁洋山人精華錄箋注十二卷補一卷　（清）王
士禎撰　（清）金榮箋注　（清）徐准纂輯　年
譜一卷　（清）□□編　清康熙吳縣金榮鳳翺
堂刻本　十冊

410000－2241－0006145　K22.73/9702
恪靖侯盾鼻餘瀋不分卷　（清）左宗棠撰　清
光緒七年(1881)刻本　一冊

410000－2241－0006146　922.2/1777
史記一百三十卷　（漢）司馬遷撰　（南朝宋）
裴駰集解　索隱二卷　（唐）司馬貞撰　清光
緒四年(1878)金陵書局刻本　十六冊

410000－2241－0006147　982.11/1192
[同治]欒城縣志十四卷首一卷末一卷　（清）
陳詠修　（清）張惇德纂　清同治十一年至十
二年(1872－1873)刻本　六冊

410000－2241－0006148　K23.56/1084
雁門集十四卷唱和錄一卷別錄一卷附卷一卷
　（元）薩都剌撰　（清）薩龍光編注　清嘉慶
十二年(1807)刻本　七冊

410000－2241－0006149　982.11/3014
[道光]直隸定州志二十二卷首一卷　（清）寶
琳　（清）勞沅恩纂修　清道光二十九年
(1849)刻本　十二冊

410000－2241－0006150　922.2/1773
史記一百三十卷　（漢）司馬遷撰　（明）歸有
光評點　方望溪平點史記四卷　（清）方苞撰
　清光緒二年(1876)武昌張氏刻本　二十冊

410000－2241－0006151　K22.74/4437
畏廬文集一卷　林紓著　清宣統二年(1910)
上海商務印書館鉛印本　一冊

410000－2241－0006152　922.2/1773.02
二十四史　清同治、光緒間五省官書局刻光
緒五年(1879)湖北書局彙印本　八十冊　存
四種四百十七卷

410000－2241－0006153　922.2/2622
廿二史紀事提要八卷　（清）吳綏纂　清嘉慶
元年(1796)刻本　六冊

410000－2241－0006154　982.11/4937
[光緒]趙州屬邑志八卷　（清）孫傳栻纂修
清光緒二十三年(1897)刻本　四冊

410000－2241－0006155　922.2/3712
史記志疑三十六卷　（清）梁玉繩撰　清光緒
十三年(1887)廣雅書局刻廣雅書局叢書本
十四冊

410000－2241－0006156　922.2/7170
四史疑年錄七卷　（清）阮劉文如輯　清宣統
元年(1909)刻本　四冊

410000－2241－0006157　K23.56/1132
味真閣詩鈔十二卷　（清）張安保著　清道光
二十七年(1847)刻本　二冊　存六卷(一至
六)

410000－2241－0006158　982.11/7560
[乾隆]三河縣志十六卷首一卷　（清）陳昶修
　（清）王大信纂　清乾隆二十五年(1760)刻
本　八冊

410000－2241－0006159　982.53/4753
[光緒]嚴州府志三十八卷首一卷　（清）吳士
進修　（清）吳世榮續修　（清）鄒伯森等續纂
　清光緒九年(1883)增修本　二十六冊

410000－2241－0006160　982.12/0043
[乾隆]解州全志十八卷圖一卷　（清）言如泗
修　（清）呂濫纂　清乾隆二十九年(1764)刻
本　四冊

410000－2241－0006161　982.12/1014
[同治]榆次縣志十六卷首一卷末一卷　（清）
俞世銓　（清）陶良駿修　（清）王平格
（清）王序賓纂　清同治二年(1863)刻本
八冊

410000－2241－0006162　K23.56/1320
授堂詩鈔八卷　（清）武億撰　清道光二十三
年(1843)偃師武氏刻授堂遺書本　二冊

410000－2241－0006163　991.05/4483

歷代名賢列女氏姓譜一百五十七卷　（清）蕭
智漢纂輯　清乾隆五十七年(1792)聽濤山房
刻本　一百二十冊

410000－2241－0006164　982.12/1051

[光緒]山西通志一百八十四卷首一卷　（清）
曾國荃　（清）張煦修　（清）王軒　（清）楊
篤纂　清光緒十八年(1892)刻本　九十六冊

410000－2241－0006165　K23.56/2205

小林墅詩鈔不分卷　（清）鍾鼎撰　（清）鍾祖
孝注　清末刻本　一冊

410000－2241－0006166　922.4/7125

歷代史略六卷　（清）柳詒徵編纂　清末江楚
書局刻本　八冊

410000－2241－0006167　991.06/2599

[江蘇鎮江]趙氏分譜八卷　（清）朱炳煌輯
清咸豐元年(1851)木活字印本　十冊

410000－2241－0006168　K23/0832

偕園吟草五卷雜詠一卷　（清）許禧身著　清
宣統元年(1909)鉛印本　一冊

410000－2241－0006169　922.4/7175

繹史一百六十卷世系圖一卷年表一卷　（清）
馬驌撰　清康熙九年(1670)刻本　四十八冊

410000－2241－0006170　982.12/6024

[道光]太原縣志十八卷　（清）員佩蘭修
(清)楊國泰纂　清道光六年(1826)刻本
六冊

410000－2241－0006171　982.12/7418

[嘉慶]介休縣志十四卷　（清）徐品山
(清)陸元鏸修　（清）熊兆占等纂　清嘉慶二
十四年(1819)刻本　八冊

410000－2241－0006172　922.5/6033

歷代名賢齒譜九卷名媛齒譜三卷　（清）易宗
涒輯　清雍正十三年至乾隆十三年(1735－
1748)湘鄉易氏賜書堂刻乾隆六十年(1795)
湘鄉易昌騰續刻本　二十冊

410000－2241－0006173　991.06/3643

[河南商丘]湯氏家譜四卷　（清）湯培原纂修
清光緒三十四年(1908)湯氏刻本　四冊

410000－2241－0006174　982.22/0030

[同治]棗強縣志補正五卷　（清）方宗誠纂修
清同治十三年(1874)刻光緒二年(1876)增
刻本　一冊

410000－2241－0006175　K23.56/2603

南野堂詩集七卷首一卷南野堂筆記十二卷
(清)吳文溥撰　清乾隆五十九年至嘉慶元年
(1794－1796)刻本　八冊

410000－2241－0006176　922.5/7211

鄂國金佗稡編二十八卷續編三十卷　（宋）岳
珂輯　清光緒九年(1883)浙江書局刻本　十
二冊

410000－2241－0006177　991.1/1015

朱子年譜四卷年譜考異四卷朱子論學切要語
二卷　（清）王懋竑纂訂　校勘記三卷　（清）
王炳撰　清光緒九年(1883)武昌書局刻本
四冊

410000－2241－0006178　K23.56/2642

陋軒詩十二卷續二卷　（清）吳嘉紀撰　清道
光二十年(1840)泰州夏氏刻本　五冊

410000－2241－0006179　982.22/1044

[光緒]襄陽府志二十六卷志餘一卷　（清）恩
聯等修　（清）王萬芳纂　清光緒十一年
(1885)刻本　十六冊

410000－2241－0006180　922.6/4917

廿二史劄記三十六卷補遺一卷　（清）趙翼撰
清刻本　八冊

410000－2241－0006181　K23.56/2654

花宜館詩鈔二卷　（清）吳振棫撰　清道光二
十五年(1845)刻本　一冊

410000－2241－0006182　K23/2456

哦月樓詩存三卷詩餘續附一卷　（清）儲慧著
清光緒十一年(1885)鉛印本　一冊

410000－2241－0006183　991.1/3172

李恕谷先生[塨]年譜五卷　（清）馮辰纂

(清)惲鶴生訂　（清)李鍇修訂　清光緒三十四年(1908)國粹叢書鉛印本　一冊

410000－2241－0006184　922.6/8346

潛研堂全書 （清)錢大昕撰　清刻本　三十二冊　存三種一百十卷

410000－2241－0006185　K23/2741

錦霞閣詩集五卷詞集一卷 包蘭瑛撰　清宣統二年(1910)杭州刻本　二冊

410000－2241－0006186　982.22/3144

[光緒]荊州府志八十卷首一卷 （清)倪文蔚　（清)蔣銘勳修　（清)顧嘉蘅纂　清光緒六年(1880)刻本　三十二冊

410000－2241－0006187　K23/3131

借閒生詩三卷詞一卷 （清)汪遠孫撰　清道光二十年(1840)錢唐汪氏振綺堂刻本　一冊

410000－2241－0006188　K23/3281

宋浣花詩詞合刻二種 （清)宋志沂撰　（清)劉履芬輯　清同治十二年(1873)刻本　一冊

410000－2241－0006189　982.22/4060

[同治]來鳳縣志三十二卷首一卷末一卷 (清)李勗修　（清)何遠鑒　（清)張鈞纂　清同治五年(1866)刻本　八冊

410000－2241－0006190　K23/6022

函樓詩鈔十六卷詞鈔四卷 （清)易佩紳撰　清光緒刻本　一冊　存二卷(詩鈔九、詞鈔二)

410000－2241－0006191　991.1/4727

孔子編年五卷 （宋)胡仔撰　清同治九年(1870)京都墨文齋刻本　一冊

410000－2241－0006192　K23.56/2648

蘭山課業松厓詩錄二卷詩賦約編四卷風騷補編二卷 （清)吳鎮撰　清乾隆五十七年(1792)刻本　五冊

410000－2241－0006193　982.53/7773

[同治]湖州府志九十六卷首一卷 （清)宗源瀚　（清)郭世昌修　（清)周學濬　（清)陸心源纂　清同治十三年(1874)愛山書院刻光緒九年(1883)重修本　四十冊

410000－2241－0006194　982.53/7794

[光緒]處州府志三十卷首一卷末一卷 （清)潘紹詒修　（清)周榮椿等纂　清光緒三年(1877)刻本　二十八冊

410000－2241－0006195　982.22/4062

[嘉慶]溧陽縣志十六卷 （清)李景嶧（清)陳鴻壽修　（清)史炳等纂　清光緒二十二年(1896)木活字印本　十八冊

410000－2241－0006196　991.12/4914

孟子[軻]編年四卷 （清)狄子奇撰　清光緒十三年(1887)浙江書局刻本　一冊

410000－2241－0006197　922.7/1080

王先生十七史蒙求十六卷 （宋)王令撰　**李氏蒙求補注六卷** （唐)李瀚撰　（清)金三俊輯　清道光二十八年(1848)大文堂刻本　六冊

410000－2241－0006198　K23.1/7231

詩經恒解六卷 （清)劉沅輯注　清光緒三十一年(1905)豫誠堂刻本　六冊

410000－2241－0006199　922.7/2644

貞觀政要十卷 （唐)吳競撰　（元)戈直集論明成化元年(1465)內府刻本　六冊

410000－2241－0006200　982.22/4454

[光緒]德安府志二十卷首一卷末一卷 （清)賡音布修　（清)劉國光纂　清光緒十四年(1888)刻本　二十冊

410000－2241－0006201　982.531/3504

咸淳臨安志一百卷 （宋)潛說友纂　**校栞咸淳臨安志札記三卷** （清)黃士珣撰　清道光十年(1830)錢唐汪氏振綺堂刻同治六年(1867)補刻本(原缺卷九十、九十八至一百)　二十四冊

410000－2241－0006202　K23.56/2788

五百四峯堂詩鈔二十五卷 （清)黎簡撰　清同治十三年(1874)南海陳氏刻廣州儒雅堂重修本　八冊

410000－2241－0006203　982.22/7214

[光緒]歸州志十卷首一卷　（清）沈雲駿修
（清）劉玉森纂　清光緒八年(1882)刻本
六冊

410000－2241－0006204　K23.56/2811

小醉經室詩集六卷　（清）徐廷珍撰　清光緒
十年(1884)江都徐氏刻本　二冊

410000－2241－0006205　K23.26/1047

樓邨詩集二十五卷　（清）王式丹撰　清雍正
四年(1726)王懋訥刻本　四冊

410000－2241－0006206　982.23/0030

[同治]桂陽直隸州志二十七卷首一卷　（清）
汪敦灝修　王闓運纂　清同治七年(1868)刻
本　十三冊

410000－2241－0006207　982.54/1081

[光緒]盱眙縣志稾十七卷首一卷　（清）王錫
元修　（清）高延第纂　清光緒十七年(1891)
刻本　八冊

410000－2241－0006208　982.23/4210

[同治]衡陽縣志十二卷　（清）羅慶薌修
（清）彭玉麟纂　清同治十三年(1874)刻本
七冊

410000－2241－0006209　K23.4/0824

遁集集前編六卷後編十卷　（清）許貞幹輯
清光緒二十八年至三十四年(1902－1908)味
青齋刻本　十六冊

410000－2241－0006210　922.7/4946

增定二十一史韻四卷首一卷末一卷　（明）趙
南星編　（清）仲弘道增續　續編四卷　（清）
仲弘道纂述　清康熙三十五年(1696)蘭雪堂
刻本　六冊

410000－2241－0006211　982.54/2667

[光緒]婺源縣志六十四卷首一卷　（清）吳鶚
修　（清）汪正元纂　清光緒九年(1883)刻本
二十四冊

410000－2241－0006212　922.95/4067

國語二十一卷　（三國吳）韋昭解　（宋）宋庠

補音　戰國策十卷　（宋）鮑彪注　清同治九
年(1870)經綸堂刻本　十冊

410000－2241－0006213　982.24/0082

[同治]臨川縣志五十四卷首一卷末一卷
（清）童範儼修　（清）陳慶齡纂　清同治九年
(1870)刻本　二十四冊

410000－2241－0006214　K23.4/1043

古詩箋三十二卷　（清）王阮亭（士禎）選
（清）聞人倓箋　清乾隆三十一年(1766)芷蘭
堂刻本　十二冊

410000－2241－0006215　922.953/2623

戰國策十卷　（宋）鮑彪校注　（元）吳師道重
校　清乾隆二十七年(1762)文盛堂刻本
六冊

410000－2241－0006216　K23.56/3010

緯蕭草堂詩六卷　（清）宋至撰　清康熙刻本
五冊

410000－2241－0006217　922.953/4067.02

國語二十一卷　（三國吳）韋昭解　（宋）宋庠
補音　清同治九年(1870)經綸堂刻本　四冊

410000－2241－0006218　991.3/3565

貳臣傳十二卷逆臣傳四卷　（清）國史館編
清末京都琉璃廠半松居士刻本　十六冊

410000－2241－0006219　982.24/7753

[雍正]江西通志一百六十二卷首三卷　（清）
謝旻修　（清）陶成　（清）惲鶴生纂　清雍正
十年(1732)刻本　一百二十冊

410000－2241－0006220　K23.4/2540

宋元明詩約鈔三百首二卷　（清）朱梓　（清）
冷昌言編輯　清道光二十一年(1841)李光明
莊刻本　二冊

410000－2241－0006221　982.54/3133

[光緒]續修廬州府志一百卷首一卷末一卷
（清）黃雲修　（清）林之望　（清）王宗沂纂
清光緒十一年(1885)刻本　四十八冊

410000－2241－0006222　982.24/8022

[同治]南昌府志六十六卷首一卷末一卷

（清）許應鑅　（清）王之藩修　（清）曾作舟
（清）杜防纂　清同治十二年（1873）刻本
四十冊

410000－2241－0006223　982.25/4444
[道光]香山縣志八卷首一卷附錄一卷　（清）
祝淮修　（清）黃培芳等纂　清道光八年
（1828）刻本　九冊

410000－2241－0006224　K23.56/3038
鷗館閒吟一卷　（清）任道鎔撰　清光緒刻本
一冊

410000－2241－0006225　982.25/7712
[乾隆]潮州府志四十二卷首一卷　（清）周碩
勳纂修　清光緒十九年（1893）潮郡保安總局
刻本　二十五冊

410000－2241－0006226　923.1/1160
前漢書一百卷　（漢）班固撰　（唐）顏師古注
清光緒十四年（1888）上海圖書集成印書局
鉛印二十四史本　二十冊

410000－2241－0006227　K23.4/2832
列朝詩集乾集二卷甲集前編十一卷甲集二十
二卷乙集八卷丙集十六卷丁集十六卷閏集六
卷　（清）錢謙益輯　清宣統二年（1910）神州
國光社鉛印本　二十八冊

410000－2241－0006228　923.1/3484
漢書疏證三十六卷　（清）沈欽韓撰　清光緒
二十六年（1900）浙江官書局刻本　二十四冊

410000－2241－0006229　991.33/1124
栗恭勤公[毓美]年譜二卷　（清）張壬林編
（清）傅鍾沅訂正　清光緒十六年（1890）刻本
二冊

410000－2241－0006230　923.1/7746
漢書注校補五十六卷　（清）周壽昌撰　清光
緒十七年（1891）廣雅書局刻廣雅書局叢書本
十冊

410000－2241－0006231　K23.4/4028
歷代題畫詩類五十四卷　（唐）李行敏等撰
清孫氏平津館抄本　二十冊

410000－2241－0006232　923.2/3484
後漢書疏證三十卷　（清）沈欽韓撰　清光緒
二十六年（1900）浙江官書局刻本　十六冊

410000－2241－0006233　982.3/2641
[乾隆]盛京通志四十八卷　（清）呂耀曾等修
（清）魏樞纂　（清）雷以誠補修　清乾隆元
年（1736）刻咸豐二年（1852）雷以誠補刻本
二十冊

410000－2241－0006234　923.2/5045
後漢書補注二十四卷　（清）惠棟撰　清嘉慶
九年（1804）桐鄉馮集梧刻本　六冊

410000－2241－0006235　K23.46/4212
松風餘韵五十卷末一卷　（清）姚弘緒編　清
乾隆八年（1743）寶善堂刻本　十二冊

410000－2241－0006236　982.55/3604
[康熙]寧化縣志七卷　（清）祝文郁修
（清）李世熊纂　清康熙二十三年（1684）檀河
精舍刻本　七冊　缺一卷（二）

410000－2241－0006237　K23.4/4012
敬業堂詩集五十卷　（清）查慎行撰　清刻本
十冊

410000－2241－0006238　982.36/3850
[道光]承德府志六十卷首二十六卷　（清）海
忠纂修　（清）廷杰　（清）李世寅重訂　清光
緒十三年（1887）刻本　二十四冊

410000－2241－0006239　K23.56/3437
蘭韻堂詩集十二卷文集五卷御覽集六卷經進
文稿二卷　（清）沈初撰　清乾隆五十九年
（1794）刻本　九冊

410000－2241－0006240　923.4/3404
十六國疆域志十六卷　（清）洪亮吉撰　清光
緒十七年（1891）廣雅書局刻廣雅書局叢書本
六冊

410000－2241－0006241　923.5/2237
十六國春秋一百卷　（北魏）崔鴻撰　清光緒
十二年（1886）湖北官書處刻本　十二冊

410000－2241－0006242　982.401/1117

[嘉慶]長安縣志三十六卷　（清）張聰賢修
（清）董曾臣纂　清嘉慶二十年(1815)刻本
六冊

410000－2241－0006243　K23.56/3724

䜱䜱亭集三十二卷後集十二卷　（清）祁寯藻
撰　清咸豐六年至七年(1856－1857)壽陽祁
氏刻本　六冊

410000－2241－0006244　923.7/0436

西魏書二十四卷　（清）謝啟昆撰　清光緒九
年(1883)刻本　六冊

410000－2241－0006245　K23.46/4541

津門詩鈔三十卷　（清）梅成棟纂　清道光四
年(1824)思誠書屋刻本　十冊

410000－2241－0006246　982.61/1107

[光緒]重修彭縣志十三卷首一卷末一卷補遺
一卷　（清）張龍甲修　（清）呂調陽纂　清光
緒四年(1878)刻本　十冊

410000－2241－0006247　923.7/0436/2

西魏書二十四卷　（清）謝啟昆撰　清光緒九
年(1883)刻本　六冊

410000－2241－0006248　K23.4/4971

山滿樓箋注唐詩七言律六卷　（清）趙臣瑗選
輯　清康熙山滿樓刻本　六冊

410000－2241－0006249　982.61/1134

蜀典十二卷　（清）張澍編輯　清光緒二年
(1876)尊經書院刻本　四冊

410000－2241－0006250　K23.56/4040

春園吟稿二卷　（清）查有新撰　清嘉慶十三
年(1808)刻本　一冊

410000－2241－0006251　K23.4/5044

全史宮詞二十卷　（清）史夢蘭撰　清咸豐六
年(1856)刻本　四冊

410000－2241－0006252　982.41/0038

[正德]武功縣志三卷首一卷　（明）康海纂
（清）孫景烈評注　清同治十二年(1873)湖北
崇文書局刻本　一冊

410000－2241－0006253　982.61/2640

光緒井研志四十二卷首一卷　（清）高承瀛修
（清）吳嘉謨　（清）龔煦春纂　清光緒二十
六年(1900)刻本　十二冊

410000－2241－0006254　K23.4/7550

御定歷代題畫詩類一百二十卷　（清）陳邦彥
輯　清康熙四十六年(1707)內府刻本　三十
二冊

410000－2241－0006255　982.41/0100

[光緒]富平縣志稿十卷首一卷　樊增祥
（清）劉錕修　（清）譚麐纂　清光緒十七年
(1891)刻本　十冊

410000－2241－0006256　982.61/2714

[乾隆]富順縣志五卷首一卷　（清）段玉裁
（清）李芝纂修　清光緒八年(1882)刻本
五冊

410000－2241－0006257　924/2889

五代史記七十四卷　（宋）歐陽修撰　（宋）徐
無黨注　（清）彭元瑞增注　（清）劉鳳誥排次
清嘉慶雲牲書屋刻道光八年(1828)重修本
四十冊

410000－2241－0006258　K23.42/3104

眉綠樓詞蜡板新聲不分卷　（清）顧文彬撰
清刻本　一冊

410000－2241－0006259　K23.56/4062

攬青閣詩鈔二卷　（清）李貽德撰　清同治六
年(1867)刻本　一冊

410000－2241－0006260　982.41/2043

[嘉靖]喬三石耀州志十一卷五台山志一卷
（明）李廷寶修　（明）喬世寧纂　清乾隆二十
七年(1762)刻本　二冊

410000－2241－0006261　K23.432/0826

唐詩品彙九十卷拾遺十卷詩人爵里詳節一卷
（明）高棅編輯　（明）陸允中校訂　明萬曆
三十三年(1605)陸允中刻本　二十二冊

410000－2241－0006262　991.35/1066

百將圖傳二卷　（清）丁日昌輯　清同治八年
(1869)江蘇書局刻本　二冊

410000－2241－0006263　924/3491

新舊唐書合鈔二百六十卷首一卷　（清）沈炳
震撰　清雍正十一年(1733)刻本　八十八冊

410000－2241－0006264　982.61/4037

[雍正]四川通志四十七卷首一卷　（清）黃廷
桂等修　（清）張晉生等纂　清乾隆元年
(1736)刻本　五十冊

410000－2241－0006265　991.7/4487

廣印人傳十六卷補遺一卷　葉銘輯　清宣統
三年(1911)西泠印社刻本　四冊

410000－2241－0006266　924/3714

南漢書十八卷考異十八卷文字略四卷叢錄二
卷　（清）梁廷枏撰　清道光九年(1829)刻本
八冊

410000－2241－0006267　K23.432/1042

古唐詩合解十六卷　（清）王堯衢註　清李光
明莊刻本　六冊

410000－2241－0006268　K23.56/4222

測海集六卷　（清）彭紹升撰　清刻本　四冊

410000－2241－0006269　924/4923

新舊唐書互證二十卷　（清）趙紹祖撰　清嘉
慶十八年(1813)涇縣趙氏古墨齋刻本　四冊

410000－2241－0006270　991.39/3136

歷代名媛圖說二卷　（清）□□撰　清光緒五
年(1879)上海點石齋石印本　四冊

410000－2241－0006271　K23.432/2814

而菴說唐詩二十二卷首一卷　（清）徐增述
清乾隆二十三年(1758)文茂堂刻本　六冊

410000－2241－0006272　991.8/1127

國朝詩人徵略六十卷　（清）張維屏輯　清道
光十年(1830)刻本　十二冊

410000－2241－0006273　982.41/4777

馬嵬志十六卷首一卷　（清）胡鳳丹編輯　清
光緒三年(1877)永康胡氏退補齋刻本　六冊

410000－2241－0006274　K23.56/4444

影山草堂六種　（清）莫友芝撰　清咸豐至光
緒刻本　二冊　存二種十四卷

410000－2241－0006275　924/7438

南唐書十八卷　（宋）陸游撰　音釋一卷
（元）戚光撰　明末海虞毛氏汲古閣刻本
四冊

410000－2241－0006276　924/7438.02

南唐書合刻　（清）蔣國祥　（清）蔣國祚輯
清振鷺堂刻本　七冊

410000－2241－0006277　K23.56/4461

藤香館詩刪存四卷詞刪存二卷　（清）薛時雨
撰　清光緒五年(1879)刻本　五冊

410000－2241－0006278　991.02/2510

中興名臣事略八卷　朱孔彰撰　清光緒二十
七年(1901)上海書局石印本　五冊

410000－2241－0006279　995/1034

華盛頓傳八卷　（清）黎汝謙　（清）蔡國昭譯
清光緒十二年(1886)鉛印本　八冊

410000－2241－0006280　982.61/5507

[嘉慶]成都縣志六卷首一卷　（清）王泰雲等
修　（清）衷以壎等纂　（清）楊芳燦續纂　清
嘉慶二十一年(1816)刻本　六冊

410000－2241－0006281　924/4211

五代史記七十四卷　（宋）歐陽修撰　（宋）徐
無黨注　（清）彭元瑞增注　（清）劉鳳誥排次
清道光八年(1828)刻本　四十冊

410000－2241－0006282　K23.432/4004

唐人五言排律選十卷　（元）李存選　清敬業
堂刻本　二冊

410000－2241－0006283　K23.432/4047

御選唐詩三十二卷目錄三卷　（清）聖祖玄燁
選　（清）陳廷敬等輯　清康熙五十二年
(1713)內府刻朱墨套印本　十五冊

410000－2241－0006284　991.02/2541/2

歷代名臣言行錄二十四卷　（清）朱桓編輯
清光緒十七年(1891)上海廣百宋齋鉛印本
十二冊

410000－2241－0006285　991.02/2541

歷代名臣言行錄二十四卷　（清）朱桓編輯

清光緒十三年(1887)上海廣百宋齋鉛印本
十二冊

410000－2241－0006286　982.64/1134
續黔書八卷　（清）張澍撰　清刻本　一冊

410000－2241－0006287　991.03/0030
增廣尚友錄統編二十四卷　（明）廖用賢編
（清）張伯琮補輯　清光緒十四年(1888)上海
鴻章書局石印本　十六冊

410000－2241－0006288　991.03/0030/2
增廣尚友錄統編二十四卷　（明）廖用賢編
（清）張伯琮補輯　清光緒十四年(1888)上海
文瑞樓石印本　十六冊

410000－2241－0006289　K23.561/0011
栖雲閣詩十六卷拾遺三卷　（清）高珩撰　清
乾隆刻本　七冊

410000－2241－0006290　982.64/7724
[道光]貴陽府志八十八卷餘編二十卷首二卷
　（清）周作楫修　（清）蕭琯　（清）鄒漢勳
纂　清咸豐二年(1852)刻本　四十冊

410000－2241－0006291　K23.432/4234
全唐詩三十二卷　（清）曹寅等編　清光緒十
三年(1887)上海同文書局石印本　三十二冊

410000－2241－0006292　982.64/8718
[道光]遵義府志四十八卷首一卷　（清）平翰
等修　（清）鄭珍　（清）莫友芝纂　清道光二
十一年(1841)刻光緒十八年(1892)補刻本
二十冊

410000－2241－0006293　K23.432/4443
－0099
唐詩三百首注疏六卷　（清）孫洙編　（清）章
燮注　清道光十五年(1835)立言堂刻本
六冊

410000－2241－0006294　925/2757
包孝肅公奏議十卷　（宋）包拯撰　清朝宗書
室木活字印本　一冊

410000－2241－0006295　K23.432/4715
東嵒草堂評訂唐詩鼓吹十卷　（金）元好問輯

（元）郝天挺注　（明）廖文炳解　（清）朱
三錫評　清康熙刻本　十冊

410000－2241－0006296　982.7/0006
[光緒]綏遠志十卷首一卷　（清）貽穀修
（清）高賡恩纂　清光緒三十四年(1908)刻本
　六冊

410000－2241－0006297　991.03/3192/2
史姓韻編二十四卷　（清）汪輝祖輯　清光緒
二十九年(1903)上海文瀾書局石印本　八冊

410000－2241－0006298　K23.4482/3149
金詩選四卷　（清）顧奎光選輯　（清）陶玉禾
糸評　清乾隆十六年(1751)刻本　四冊

410000－2241－0006299　K23.562/1055
凝翠樓集四卷　（清）王慧撰　清康熙四十七
年(1708)朱氏銀槎閣刻光緒二十三年(1897)
印本　一冊

410000－2241－0006300　K23.4482/3635
金源紀事詩八卷　（清）湯運泰撰　（清）湯顯
業　（清）湯顯榦注　清同治十二年(1873)淮
南書局刻本　四冊

410000－2241－0006301　K23.562/5040
懷園集杜詩八卷集李詩八卷　（清）車萬育撰
　清康熙二十八年至三十三年(1689－1694)
刻本　四冊

410000－2241－0006302　K23.449/1052
元人集十種　（清）毛晉編　明崇禎十一年
(1638)海虞毛氏汲古閣刻本　二十冊

410000－2241－0006303　K23.449/3149
元詩選六卷補遺一卷　（清）顧奎光選輯
（清）陶瀚　（清）陶玉禾參評　清乾隆十六年
(1751)刻本　四冊

410000－2241－0006304　925/4400
宋元通鑑一百五十七卷　（明）薛應旂編集
（明）陳仁錫評閱　明天啓六年(1626)陳仁錫
刻本　二十八冊

410000－2241－0006305　K23.562/8712
觚賸八卷　（清）鈕琇輯　清康熙三十九年

(1700)鈕氏臨野堂刻本　四冊　存四卷(吳觚三卷、燕觚一卷)

410000－2241－0006306　K23.45/3140

明詩綜一百卷　(清)朱彝尊錄　(清)汪森等緝評　清康熙刻雍正秀水朱氏六峰閣印本二十八冊

410000－2241－0006307　K23.46/0071

粵十三家集　(清)伍元薇輯　清道光二十年(1840)南海伍氏詩雪軒刻本　三十冊

410000－2241－0006308　K23.564/1065

玉谿生詩詳註三卷首一卷　(唐)李商隱撰(清)馮浩編訂　清乾隆四十五年(1780)德聚堂刻本　四冊

410000－2241－0006309　925/7833

元朝秘史十卷續集二卷　(元)忙豁侖紐察脫察安撰　清光緒三十四年(1908)長沙葉氏觀古堂刻本　六冊

410000－2241－0006310　K23.466/1012

江蘇詩徵一百八十三卷　(清)王豫輯　清道光元年(1821)王氏焦山海西庵詩徵閣刻本四十冊

410000－2241－0006311　K23.46/1043

二家詩鈔　(清)邵長蘅選　清康熙三十四年(1695)刻本　五冊

410000－2241－0006312　K23.564/1070

帶經堂集九十二卷　(清)王士禛撰　(清)程哲校編　清康熙四十九年至五十一年(1710－1712)程氏七略書堂刻乾隆十二年(1747)黃晟槐蔭草堂重修本　二十四冊

410000－2241－0006313　K23.46/2152

本朝名媛詩鈔六卷　(清)胡孝思　(清)朱珖評輯　清乾隆三十一年(1766)刻本　二冊

410000－2241－0006314　990.3/7119

海國名人類類韻編二十四卷提要六卷　(清)阮丙炎輯　清光緒二十九年(1903)文來書局石印本　八冊

410000－2241－0006315　K23.46/2168

國朝山左詩鈔六十卷　(清)盧見曾纂　清乾隆二十三年(1758)德州盧見曾雅雨堂刻本二十冊

410000－2241－0006316　Z73.4/2629

策學備纂三十二卷目錄三十二卷首一卷(清)蔡啟盛　(清)吳熲炎輯　清光緒十四年(1888)上海點石齋石印本　八十冊

410000－2241－0006317　991/2620

初月樓聞見錄十卷續錄十卷　(清)吳德旋撰　清道光四年(1824)刻本　四冊

410000－2241－0006318　K23.46/2541

白田風雅二十四卷　(清)朱彬輯　清光緒十二年(1886)金陵刻本　四冊

410000－2241－0006319　991/4412

國朝名臣事略十五卷　(元)蘇天爵撰　清抄本　二冊

410000－2241－0006320　K23.564/1282

齊太史移居倡詶集三卷首一卷尾一卷　(清)齊毓川編輯　清宣統二年(1910)上海國學扶輪社石印本　一冊

410000－2241－0006321　Z73.4/2628

尊經書院初集十二卷　王闓運輯　清光緒十年(1884)四川刻本　十二冊

410000－2241－0006322　991.01/1242

畿輔人物考八卷　(清)孫奇逢輯　(清)高鑣(清)孫立雅編　清同治八年(1869)刻孫夏峰全集本　八冊

410000－2241－0006323　K23.46/2654

國朝杭郡詩輯三十二卷續輯四十六卷　(清)吳顥編　(清)孫振棫重編　清刻本　四十冊

410000－2241－0006324　K23.564/2624

西泠五布衣遺著三十二卷　(清)丁丙輯　清同治、光緒間錢唐丁氏當歸草堂刻本　十冊

410000－2241－0006325　991.01/3145

史外八卷　(清)汪有典撰　清光緒三年(1877)刻本　八冊

410000－2241－0006326　991.01/7132

南陽人物志十卷　（清）馬三山輯　**南陽人物明志八卷**　（清）劉沛然編次　清同治九年(1870)豫章劉拱宸南陽府衙刻本　六冊

410000－2241－0006327　K26.16/7745

古今志異六卷　（清）□□撰　清光緒十八年(1892)問柳書屋刻本　六冊

410000－2241－0006328　991.01/8006

國朝天台耆舊傳八卷　（清）金文田輯　清光緒二十八年(1902)木活字印本　一冊

410000－2241－0006329　Z73.4/3484

功順堂叢書十八種　（清）潘祖蔭輯　清光緒吳縣潘氏刻本　三十二冊

410000－2241－0006330　K26.165/2603

定香亭筆談四卷　（清）阮元記　（清）吳文溥錄　清光緒二十五年(1899)浙江書局刻本　四冊

410000－2241－0006331　K26.173/4446

畫禪室隨筆四卷　（明）董其昌撰　清光緒十四年(1888)醉竹閒窩刻本　二冊

410000－2241－0006332　K26.25/5067

東明聞見錄一卷　（明）瞿共美撰　清刻本　一冊

410000－2241－0006333　K23.466/9715

國朝閨秀正始集二十卷附錄一卷補遺一卷續集十卷附錄一卷補遺一卷　（清）完顏惲珠輯　清道光十一年至十六年(1831－1836)紅香館刻本　十冊

410000－2241－0006334　K26.26/3150

述學內篇三卷外篇一卷補遺一卷別錄一卷（清）汪中撰　清同治八年(1869)揚州書局刻本　二冊

410000－2241－0006335　K26.26/4428

札樸十卷　（清）桂馥撰　清嘉慶十八年(1813)山陰小李山房刻本　十冊

410000－2241－0006336　K23.465/7110

兩浙輶軒錄四十卷姓氏韻編一卷補遺十卷姓氏韻編一卷　（清）阮元訂　清光緒十六年(1890)浙江書局刻本　三十二冊

410000－2241－0006337　Z73.4/4050

廣學會薈刻八種　（英國）李提摩太等撰　清光緒鉛印本　四冊

410000－2241－0006338　K23.46/3131

清尊集十六卷　（清）汪遠孫輯　清道光十九年(1839)錢塘汪氏振綺堂刻本　四冊

410000－2241－0006339　K25.166/4032

夢花雜志五卷　（清）李澄述　清道光六年(1826)刻本　二冊

410000－2241－0006340　K25.2/2542

繡像雙釵記四卷　（清）□□撰　清光緒十八年(1892)京都琉璃廠刻本　四冊

410000－2241－0006341　K23.46/7731

金華詩錄五十四卷補遺六卷外集六卷別集四卷書後一卷　（清）朱琰輯　清乾隆三十八年(1773)金華府學刻本　十六冊

410000－2241－0006342　Z73.4/2694

藝海珠塵八集　（清）吳省蘭輯　清嘉慶南匯吳氏聽彝堂刻本　四十八冊

410000－2241－0006343　Z15.1/1161

善本書室藏書志四十卷附錄一卷　（清）丁丙輯　清光緒二十五年至二十七年(1899－1901)錢唐丁立中鄂中刻本　十六冊

410000－2241－0006344　K26.266/4026

棣懷堂隨筆十一卷首一卷末一卷雲湖合編二卷　（清）李象鵾撰　清刻本　八冊

410000－2241－0006345　Z73.4/3712

俟園叢書十三種　（清）海霔輯　清同治、光緒間刻本　十二冊　存九種十一卷

410000－2241－0006346　K25.2/7791

龍圖公案六卷　（清）□□撰　清善成堂刻本　四冊

410000－2241－0006347　K23.565/0836

杜詩註釋二十四卷首一卷　（唐）杜甫撰（清）許寶善編輯　清嘉慶八年(1803)雲間許氏自怡軒刻光緒三年(1877)吳縣朱氏補刻本

十二冊

410000－2241－0006348　K23.46/8328

欽定熙朝雅頌集一百六卷首集二十六卷餘集
二卷　（清）鐵保纂輯　清嘉慶九年（1804）刻
本　二十四冊

410000－2241－0006349　K23.462/0044

江邨銷夏錄三卷　（清）高士奇輯　清寶芸堂
刻本　四冊

410000－2241－0006350　K23.462/7522

篋衍集十二卷　（清）陳維崧輯　（清）蔣國祥
校訂　清康熙三十六年（1697）宜興蔣國祥刻
本　四冊

410000－2241－0006351　K25.3/1038

繪像鐵花仙史二十六回　題（清）雲封山人編
次　清光緒十七年（1891）鉛印本　四冊

410000－2241－0006352　K23.565/1273

天真閣集三十二卷　（清）孫原湘撰　長真閣
集七卷詩餘一卷　（清）席佩蘭學　清嘉慶刻
本　十冊

410000－2241－0006353　Z73.4/4427

春暉堂叢書十一種　（清）徐渭仁輯　清道
光、咸豐間上海徐氏刻同治補刻本　十二冊

410000－2241－0006354　K26.273/7647

客窗閒話八卷續八卷　（清）吳熾昌著　清光
緒十一年（1885）京都奎文堂刻本　八冊

410000－2241－0006355　K25.3/2610

說鈴五十四卷　（清）吳震方輯　清刻本　十
六冊

410000－2241－0006356　K23.464/0012

述本堂詩集十六種　（清）方觀承輯　清乾隆
二十年（1755）桐城方氏述本堂刻本　六冊

410000－2241－0006357　Z73.4/4429/2

觀古堂所著書　葉德輝撰　清光緒長沙葉氏
刻本　十二冊

410000－2241－0006358　K23.464/3115

吳中女士詩鈔十二卷　（清）任兆麟輯　清乾
隆五十四年（1789）刻本　二冊

410000－2241－0006359　K25.3/2802

玉芝堂談薈三十六卷　（明）徐應秋輯　明崇
禎刻清康熙四十二年（1703）、乾隆三十八年
（1773）、道光二十九年（1849）、光緒元年
（1875）遞修本　三十六冊

410000－2241－0006360　K26.52/2706

丁亥入都紀程二卷　（清）黎庶昌撰　清光緒
十四年（1888）鉛印本　一冊

410000－2241－0006361　K23.565/2649

素脩堂詩集二十四卷後集六卷補遺一卷
（清）吳蔚光撰　清嘉慶十六年（1811）古金石
齋刻本　八冊

410000－2241－0006362　Z73.4/4429

雙楳景闇叢書十六種　葉德輝輯　清光緒、
宣統間長沙葉氏郋園刻本　五冊

410000－2241－0006363　K23.565/4620

古雪詩鈔一卷續鈔一卷詩餘一卷　（清）楊繼
端撰　清嘉慶十四年（1809）刻本　一冊

410000－2241－0006364　K23.473/2628

瓊州雜事詩一卷　（清）程秉釗撰　清光緒十
四年（1888）刻本　一冊

410000－2241－0006365　K23.566/1114/2

湖海詩瓢一卷　（清）張元吉撰　清光緒十九
年（1893）無錫文苑閣木活字印本　一冊

410000－2241－0006366　K23.473/2851

屈翁山詩集八卷詞一卷　（清）屈大均撰
（清）徐肇元選　清康熙研露齋刻本　四冊

410000－2241－0006367　K25.3/3447

諧鐸十二卷　（清）沈起鳳撰　清同治五年
（1866）刻本　六冊

410000－2241－0006368　K23.566/1114

焦桐集四卷附集一卷　（清）張元吉輯　清光
緒十九年（1893）無錫文苑閣木活字印本
一冊

410000－2241－0006369　Z73.4/4930

仰視千七百二十九鶴齋叢書六集　（清）趙之
謙輯　清光緒六年（1880）會稽趙氏刻本　三

十六冊

410000 - 2241 - 0006370　K23.566/1134

養素堂詩集二十六卷　(清)張澍撰　清道光
二十二年(1842)棗華書屋刻本　十四冊

410000 - 2241 - 0006371　K25.3/4810

英雲夢傳八卷　題(清)松雲氏撰　清聚錦堂
刻本　八冊

410000 - 2241 - 0006372　Z22/1715/2

精選黃眉故事十卷　(明)鄧百拙彙編　清三
槐堂刻本　六冊

410000 - 2241 - 0006373　K23.473/4441

蘊蘭吟館詩餘一卷　(清)恩賜撰　清光緒元
年(1875)刻本　一冊

410000 - 2241 - 0006374　K23.566/1747

蕙西先生遺稿一卷　(清)邵懿辰撰　清同治
八年(1869)吳縣潘氏安順堂京師刻滂喜齋叢
書本　一冊

410000 - 2241 - 0006375　K23.566/2143

使粵吟三卷　(清)何桂清撰　清道光二十四
年(1844)刻本　一冊

410000 - 2241 - 0006376　K23.473/5151

薛荔山莊詩稿五卷春雲集六卷續錄一卷
(清)成瑞等著　清刻本　三冊

410000 - 2241 - 0006377　K25.3/7250

唐世說新語十三卷　(唐)劉肅撰　(明)王世
貞校　明萬曆三十一年(1603)刻本　二冊

410000 - 2241 - 0006378　K23.473/6680

滇海雪鴻集一卷　(清)嚴錫康編輯　清同治
八年(1869)刻本　一冊

410000 - 2241 - 0006379　K23.566/2553

抱研齋詩草三卷　(清)朱靜江撰　清道光十
年(1830)畊厚堂刻本　一冊

410000 - 2241 - 0006380　K23.473/8023

四友遺詩四種　(清)黎庶昌輯　清光緒二十
年(1894)遵義黎氏川東道署刻本　五冊

410000 - 2241 - 0006381　Z73.4/7503

國學扶輪叢書十三種　國學扶輪社輯　清宣
統國學扶輪社鉛印本　八十冊

410000 - 2241 - 0006382　K23.566/2844

古甉吟稿二卷詩餘一卷　(清)徐莐撰　清道
光十九年(1839)刻本　一冊

410000 - 2241 - 0006383　Z21.31/0033

隋經籍志考證十三卷　(清)章宗源撰　清光
緒三年(1877)湖北崇文書局刻本　四冊

410000 - 2241 - 0006384　K23.566/3112

自然好學齋詩鈔十卷　(清)汪端撰　清同治
十三年(1874)刻本　三冊

410000 - 2241 - 0006385　K25.316/7544

西湖拾遺四十四卷附錄一卷　(清)陳樹基搜
輯　清光緒上海申報館鉛印申報館叢書本
十二冊

410000 - 2241 - 0006386　Z22/0825

註釋白眉故事十卷　(明)許以忠纂輯　清康
熙四十一年(1702)聚錦堂刻本　六冊

410000 - 2241 - 0006387　K25.35/3663

虞初志八卷　(明)湯顯祖點評　(明)鍾人傑
校閱　明刻本　二冊

410000 - 2241 - 0006388　K23.566/3407

沈四山人詩錄六卷附錄一卷　(清)沈謹學撰
　清光緒三年(1877)八囍齋刻本　一冊

410000 - 2241 - 0006389　K23.72/0044

竹石居詞草一卷川雲集一卷　(清)童華撰
清光緒刻本　一冊

410000 - 2241 - 0006390　K26.77/4435

**出使英法義比四國日記六卷(清光緒十六年
至十七年)**　(清)薛福成著　清光緒二十二
年(1896)上海圖書集成印書局鉛印本　三冊

410000 - 2241 - 0006391　K23.566/3612

石華小草一卷玉琴餘韵一卷　(清)湯百純撰
　清道光十七年(1837)刻本　一冊

410000 - 2241 - 0006392　K26.77/4436

北行日記一卷(清光緒六年六月至十月)
(清)薛寶田著　清光緒六年(1880)刻本

一册

410000－2241－0006393　K23.566/4036
小蘇潭詞六卷　題(清)蕉南舊史撰　清刻本
　　二册

410000－2241－0006394　K25.36/3322
兩般秋雨盦隨筆八卷　(清)梁紹壬纂　清同
文堂刻本　八册

410000－2241－0006395　K23.566/4410
秦川焚餘草六卷首一卷補遺一卷附刻一卷
(清)董平章撰　清光緒二十七年(1901)閩縣
董氏容齋刻本　三册

410000－2241－0006396　K23.72/2042
裁雲館詞二卷　(清)喬載繇撰　清道光二十
六年(1846)刻本　一册

410000－2241－0006397　Z73.4/7550
湖海樓叢書十二種　(清)陳春輯　清嘉慶蕭
山陳氏湖海樓刻光緒八年(1882)印本　三十
二册

410000－2241－0006398　K26.77/9402
鄉程日記一卷(清道光二十年一月至三月)
(清)王相撰　清咸豐四年(1854)刻本　一册

410000－2241－0006399　K23.566/4422
秋江集注六卷　(清)黃任撰　(清)王元麟注
　　清道光二十三年(1843)東山家塾刻本
六册

410000－2241－0006400　K23.72/2633
劍膽琴心室詞一卷瀟湘秋雨舸詞一卷　(清)
程泳涵撰　清光緒十三年(1887)刻本　一册

410000－2241－0006401　K26.6/2514
皇朝詞林典故六十四卷　(清)朱珪纂　清嘉
慶十年(1805)刻本　三十册

410000－2241－0006402　Z22/1715
精選黃眉故事十卷　(明)鄧百拙彙編　清乾
隆七年(1742)天德堂刻本　四册

410000－2241－0006403　K23.566/4423
泲湖集不分卷　(清)葉名灃著　清道光二十
八年(1848)漢陽葉氏刻本　一册

410000－2241－0006404　K26.84/8074
名家制義四十八卷　(清)俞長城編　清刻本
　　四十六册

410000－2241－0006405　K23.566/4775
麥浪園女弟子詩六卷　(清)胡履春輯　清道
光二十五年(1845)樹人堂刻本　一册

410000－2241－0006406　K23.72/3672
弟一生修梅花館詞五卷存悔词一卷香海棠館
詞話一卷　況周儀撰　清光緒十八年(1892)
刻本　一册

410000－2241－0006407　Z64/8825
空策度津筏不分卷　題(清)竹虛軒主人撰
清同治四年(1865)竹虛軒刻本　四册

410000－2241－0006408　K23.566/7244
夢蟾樓詩錄一卷　(清)劉壽萱撰　存希閣詩
錄一卷　(清)繆徵甲撰　清光緒九年(1883)
刻本　一册

410000－2241－0006409　Z73.6/3127
讀畫齋叢書八集四十六種　(清)顧修輯　清
嘉慶四年(1799)桐川顧氏刻本　六十四册

410000－2241－0006410　K23.72/5083
戣園詞一卷　(清)史念祖撰　清光緒三十一
年(1905)趙爾巽刻本　一册

410000－2241－0006411　K23.72/7224
惠山竹枝詞一卷　(清)劉繼增撰　清光緒十
年(1884)陸賡元刻本　一册

410000－2241－0006412　K27.3/1043
雪梅寶卷二卷　(清)□□撰　清光緒瑪瑙經
房刻本　二册

410000－2241－0006413　K23.72/8260
紅燕詞鈔二卷　(清)鍾景撰　清刻本　一册

410000－2241－0006414　K27.3/3403
達摩祖卷一卷　(清)□□撰　清末瑪瑙經房
刻本　一册

410000－2241－0006415　K27.3/6253
延壽寶卷一卷　(清)□□撰　清宣統元年
(1909)翼化堂刻本　一册

410000－2241－0006416　K27.3/7773

韓湘寶卷二卷十八回　（清）煙波釣徒風月主人撰述　（清）王昭公鑒定　清光緒二十年(1894)上海翼化堂刻本　二冊

410000－2241－0006417　K23.7241/2604

夢窗詞甲乙丙丁稿四卷補遺一卷　（宋）吳文英撰　重校夢窗詞札記一卷　朱祖謀撰　清光緒三十四年(1908)无著盒刻本　一冊

410000－2241－0006418　K23.57/4093

恩誦堂續集七卷　（清）李尚迪撰　清咸豐九年(1859)刻本　一冊

410000－2241－0006419　K27.3/6033

江南松江府華亭縣白沙邨孝修回郎寶卷一卷附七七寶卷一卷喫素經一卷花名寶卷一卷法船經一卷　（清）□□撰　清光緒二十六年(1900)上海翼化堂刻本　一冊

410000－2241－0006420　K23.7241/4036

漱玉詞一卷附補遺一卷附錄一卷斷腸詞一卷　（宋）李清照　（宋）朱淑真撰　清光緒七年(1881)臨桂王氏家塾四印齋刻本　一冊

410000－2241－0006421　K27.3/2043

山西平陽府平陽邨秀女寶卷全集一卷　（清）□□撰　清光緒七年(1881)刻本　一冊

410000－2241－0006422　K23.7242/1116

安陸集一卷附錄一卷　（宋）張先撰　清刻本　一冊

410000－2241－0006423　K27.3/3089

何仙姑寶卷二卷　（清）□□撰　清光緒六年(1880)常州善堂書局刻本　一冊

410000－2241－0006424　K23.7245/4684

東山寓聲樂府一卷補鈔一卷　（宋）賀鑄撰　清光緒十四年(1888)臨桂王氏家塾刻四印齋所刻詞本　一冊

410000－2241－0006425　K27.3/3070

河南開封府花枒良愿龍圖寶卷全集二卷　（清）□□撰　清末刻本　二冊

410000－2241－0006426　K27.3/2124

何仙姑寶卷二卷　（清）□□撰　清光緒二年(1876)鎮江寶善堂刻本　一冊

410000－2241－0006427　K27.3/4023

趙氏賢孝寶卷二卷　（清）□□撰　清末刻本　二冊

410000－2241－0006428　K23.7241/3008

燈昏鏡曉詞四卷　（清）宋謙撰　清宣統二年(1910)鉛印本　一冊

410000－2241－0006429　K27.3/4043

張氏三娘賣花寶卷全集一卷　（清）□□撰　清光緒十九年(1893)蘇城瑪瑙經房刻本　一冊

410000－2241－0006430　K27.3/4043.02

張氏三娘賣花寶卷全集一卷　（清）□□撰　清宣統元年(1909)刻本　一冊

410000－2241－0006431　K23.726/0413

搥琴詞一卷　（清）諸可寶撰　清末刻本　一冊

410000－2241－0006432　K23.726/2739

心安隱室詞集四卷　（清）詹肇堂撰　清光緒十年(1884)刻本　一冊

410000－2241－0006433　K27.3/4443

江南松江府上海縣太平邨蘭英寶卷二卷　（清）□□撰　清光緒十年(1884)西湖瑪瑙經房刻本　一冊

410000－2241－0006434　K27.3/4644

如如老祖化度眾生指往西方寶卷一卷　（清）□□撰　清光緒瑪瑙寺經房刻本　一冊

410000－2241－0006435　K27.3/4680

楊將軍勸化文一卷　（清）葉楘生撰　清光緒十七年(1891)刻本　一冊

410000－2241－0006436　K23.57/4447

江上小蓬萊吟舫詩存十八卷詩餘二卷　（清）葉坤厚撰　清光緒九年(1883)懷甯葉伯英陝西藩署刻本　六冊　存六卷(詩存一至六)

410000－2241－0006437　K27.3/5233

浙江嘉興府秀水縣刺心寶卷二卷　（清）□□

撰　清光緒五年(1879)杭州瑪瑙寺經房刻本
　一冊

410000－2241－0006438　K23.726/4408

太素齋詞鈔二卷　(清)勒方錡撰　清光緒十
年(1884)刻本　一冊

410000－2241－0006439　K27.3/5532

目連卷一卷　(清)□□撰　清光緒三年
(1877)西湖慧空經房刻本　一冊

410000－2241－0006440　K23.726/4461

藤香館詞一卷　(清)薛時雨撰　清同治五年
(1866)刻本　一冊

410000－2241－0006441　K27.3/7223

太華山紫金嶺兩世修行劉香寶卷全集二卷
(清)□□撰　清末杭州瑪瑙寺經房刻本
二冊

410000－2241－0006442　K23.726/6672

餐花吟館詞鈔六卷　(清)嚴駿生撰　清道光
四年(1824)刻本　四冊

410000－2241－0006443　K23.726/7701

蘭當詞二卷　(清)陶方琦撰　清刻朱印本
一冊

410000－2241－0006444　K27.3/7551

湖廣荆州府永慶縣修行梅氏花綑寶卷二集
(清)□□撰　清光緒八年(1882)陳春發刻本
　一冊

410000－2241－0006445　K23.726/8041

桐華仙館詞一卷　(清)王憲成撰　清刻本
一冊

410000－2241－0006446　K23.7264/7517

西湖竹枝詞一卷　(清)陳璨注　(清)孫喬年
點評　清乾隆三十六年(1771)刻本　一冊

410000－2241－0006447　K27.3/8067

觀世音菩薩本行經二卷　(宋)釋普明編集
清末刻本　二冊

410000－2241－0006448　K23.7262/1713

情田詞三卷　(清)邵瑛撰　清道光二十二年
(1842)石帆書屋刻本　二冊

410000－2241－0006449　K23.7265/4003

紅杏詞二卷天台紀游一卷　(清)李方湛撰
清嘉慶九年(1804)小石梁山館刻本　一冊

410000－2241－0006450　K25.26/7123

螢窗異草初編四卷二編四卷三編四卷　題
(清)浩歌子撰　題(清)隨園老人評　題
(清)柳橋居士重訂　清光緒申報館鉛印申報
館叢書本　八冊　缺四卷(三編四卷)

410000－2241－0006451　K23.7265/7284

快晴小築詞二卷　(清)劉錫嘏撰　清嘉慶十
二年(1807)刻本　一冊

410000－2241－0006452　K23.57/4041

符江詩存一卷　(清)李超瓊輯　清光緒二十
二年(1896)木活字印本　一冊

410000－2241－0006453　K27.3/8083

金鎖寶卷一卷　(清)□□撰　清光緒二十六
年(1900)刻本　一冊

410000－2241－0006454　K23.7265/8332

雙花閣詞鈔一卷　(清)錢之鼎撰　清嘉慶二
十一年(1816)三山草堂刻本　一冊

410000－2241－0006455　Z22/4444

增補事類統編九十三卷首一卷　(清)黄葆真
增輯　清光緒十二年(1886)上海同文書局石
印本　十二冊

410000－2241－0006456　K23.7268/2626

蓮子居詞話四卷　(清)吳衡照撰　清同治六
年(1867)刻本　二冊

410000－2241－0006457　Z22.15/3714

七修類藁五十一卷續藁七卷　(明)朗瑛著述
　清光緒六年(1880)廣州翰墨園刻本　十
六冊

410000－2241－0006458　K23.727/2528

曝書亭集詞注七卷　(清)朱彝尊撰　(清)李
富孫注　清嘉慶十九年(1814)嘉興李氏校經
㢈刻道光九年(1829)印本　四冊

410000－2241－0006459　K23.573/0038

高陶堂遺集八卷　(清)高心夔撰　(清)李鴻

裔刪定　清光緒八年(1882)平湖朱氏經注經
齋刻本　四冊

410000－2241－0006460　K23.727/2635
籜仙詞稿五卷　(清)吳寶書撰　清光緒八年
(1882)無錫吳氏木活字印本　一冊

410000－2241－0006461　K23.573/1003
待輶集一卷且甌歌一卷　(清)石方洛撰　清
光緒三十年(1904)刻本　一冊

410000－2241－0006462　K23.727/4221
吟香閣詩草不分卷　(清)姚僊霞撰　清光緒
八年(1882)刻本　一冊

410000－2241－0006463　K23.573/1005
伊蒿室文集六卷詩集二卷詩餘一卷　(清)王
效成著　清咸豐五年(1855)望三益齋刻本
一冊　存三卷(詩集二卷、詩餘一卷)

410000－2241－0006464　Z22.4/4444
古今類傳四卷　(清)董穀士　(清)董炳文輯
　清康熙三十一年(1692)未學齋刻本　四冊

410000－2241－0006465　K23.727/4688
白山詞介五卷　(清)楊鍾羲錄　清宣統二年
(1910)刻朱印本　一冊

410000－2241－0006466　K23.7273/0036
射雕詞二卷續鈔一卷　(清)應寶時撰　清光
緒十年(1884)、十四年(1888)刻本　一冊

410000－2241－0006467　K27.3/4423
新刻韓仙寶傳十二回　(清)□□撰　清光緒
二十三年(1897)樂善堂刻本　一冊

410000－2241－0006468　K23.573/1100
通隱堂詩存四卷　(清)張京度著　清同治六
年(1867)五百梅花艸堂刻本　一冊

410000－2241－0006469　Z22.5/7528/2
潛確居類書一百二十卷　(明)陳仁錫纂輯
明崇禎賜閒堂刻本　六十八冊

410000－2241－0006470　K23.7273/0078
茶夢盦燼餘詞一卷　(清)高望曾撰　清同治
九年(1870)刻本　一冊

410000－2241－0006471　K27.5/1037
新刻玉釧緣全傳三十二卷　(清)□□撰　清
末石印本　二十四冊

410000－2241－0006472　K27.5/1106
煙波漁唱四卷　(清)張應昌撰　清道光二十
四年(1844)刻本　一冊　存二卷(一至二)

410000－2241－0006473　K23.573/1154
笠杖記六卷　(清)張盛藻撰　清光緒七年
(1881)刻本　一冊　存四卷(一至四)

410000－2241－0006474　Z22.5/7528
潛確居類書一百二十卷　(明)陳仁錫纂輯
明金閶映雪草堂刻本　八十冊

410000－2241－0006475　K27.5/4694
廿一史彈詞註十一卷　(明)楊慎編著　(清)
張三異增定　清乾隆五十一年(1786)漢陽張
任佐視履堂刻本　八冊

410000－2241－0006476　K23.7273/1004
榆園叢刻十五種附一種　(清)許增輯　清同
治、光緒間刻本　一冊　存二種六卷

410000－2241－0006477　K23.573/1161
寒松閣集五種　(清)張鳴珂撰　清光緒嘉興
張氏刻本　六冊

410000－2241－0006478　Z22.6/7474
小知錄十二卷　(清)陸鳳藻輯　清同治十二
年(1873)淮南書局刻本　四冊

410000－2241－0006479　K23.573/1253
經雅堂遺稿二卷　(清)孫慧良著　清光緒六
年(1880)梁溪華翼綸刻本　一冊

410000－2241－0006480　K23.7273/1117
冰壺詞六卷　(清)張雲驤撰　清光緒十二年
(1886)刻本　一冊　存三卷(一至三)

410000－2241－0006481　K23.7273/1124
夢溪櫂謳二卷　(清)張崇蘭撰　清光緒二十
三年(1897)刻本　一冊

410000－2241－0006482　K28.4/2628
四夢彙譚四卷　(清)吳紹箕撰　清光緒五年
(1879)上海申報館鉛印申報館叢書本　四冊

410000－2241－0006483　　K23.573/2104

悔初廬詩稿二卷　（清）柴文杰撰　清光緒三年(1877)沈嘉澍刻本　一冊

410000－2241－0006484　　L04.2/3631

玉臺畫史五卷別錄一卷　（清）湯漱玉輯　清道光十一年(1831)錢塘汪氏振綺堂刻本　三冊

410000－2241－0006485　　Z75.6/1134

二酉堂叢書(張氏叢書)二十一種　（清）張澍輯　清道光元年(1821)武威張氏二酉堂刻本　十二冊

410000－2241－0006486　　K23.573/2310

夢蘧樓詩草一卷詩餘一卷　（清）傅霖撰　清同治四年(1865)敦敘堂刻本　一冊

410000－2241－0006487　　Z76.41/1044

野客叢書三十卷附錄一卷　（宋）王楙撰　清刻本　八冊

410000－2241－0006488　　K23.7273/1132

淮海秋笳集一卷　（清）李肇增輯　清咸豐十年(1860)遲雲山館刻本　一冊

410000－2241－0006489　　K25.362/1043

香祖筆記十二卷　（清）王士禎撰　清刻本　六冊

410000－2241－0006490　　L31/7743

紅豆樹館書畫記八卷　（清）陶樑編輯　清光緒八年(1882)吳趨潘氏韡園刻本　六冊

410000－2241－0006491　　K23.7273/1190

詞源二卷　（宋）張炎撰　清光緒八年(1882)娛園刻榆園叢刻本　一冊

410000－2241－0006492　　L31.2/1000

圖繪寶鑑八卷　（元）夏文彥纂　（明）毛大倫增補　（清）藍瑛等纂輯　清刻本　四冊

410000－2241－0006493　　Z76/7221

劉武慎公遺書　（清）劉長佑撰　清光緒二十六年(1900)鉛印本　二十八冊

410000－2241－0006494　　K23.7273/1223

寄龕詞四卷　（清）孫德祖撰　清同治九年

(1870)刻本　一冊

410000－2241－0006495　　K23.573/2634

梵隱堂詩存十卷　（清）釋祖觀撰　清同治五年(1866)釋悅巖刻本　二冊

410000－2241－0006496　　K25.362/4442

聊齋文集二卷　（清）蒲松齡撰　清宣統二年(1910)國學扶輪社鉛印本　二冊

410000－2241－0006497　　Z76.5/0040

高子遺書十二卷附錄一卷　（明）高攀龍撰　**高忠憲公年譜一卷**　（明）華允誠述　清光緒二年(1876)無錫東林書院刻本　十三冊

410000－2241－0006498　　L31.3/7462

吳越所見書畫錄六卷書畫說鈴一卷　（清）陸時化編輯　清光緒五年(1879)懷煙閣木活字印本　六冊

410000－2241－0006499　　K23.7273/1227

詩餘偶鈔六卷　王先謙輯　清光緒十六年(1890)長沙王氏刻本　一冊

410000－2241－0006500　　Z76.5/3603

湯文正公全集四種　（清）湯斌撰　清同治九年(1870)蘇廷魁等刻本　三十八冊

410000－2241－0006501　　Z61/2233

鳴鶴堂文集二卷　（清）任源祥著　（清）瞿源洙集評　清同治十二年(1873)宜興任重光刻本　一冊

410000－2241－0006502　　K23.573/2691

掃葉詩存六卷　（清）釋悟帚撰　清咸豐四年(1854)刻本　一冊

410000－2241－0006503　　K23.7273/2180

琈珸山房紅夢樓詞一卷　（清）何鏞撰　清光緒十二年(1886)上海木活字印本　一冊

410000－2241－0006504　　L32.2/2570

墨池編二十卷　（宋）朱長文纂次　**印典八卷**　（清）朱象賢編　清康熙五十三年(1714)、六十一年(1722)吳郡朱氏就閒堂刻雍正十一年(1733)印本　八冊

410000－2241－0006505　　Z76.5/6001

呂新吾先生全集 （明）呂坤撰 清光緒十五年（1889）刻本 三十七冊

410000－2241－0006506 K23.7273/2530

彊邨詞三卷 朱祖謀撰 清光緒三十一年（1905）刻本 一冊

410000－2241－0006507 K23.573/2694

十國宮詞一卷 （清）吳省蘭撰 清同治十二年（1873）淮南書局刻本 一冊

410000－2241－0006508 K23.573/2867

梨花雪（白霓裳）十二折首一折尾一折 （清）徐鄂填詞 （清）秦本楨評校 清光緒十二年（1886）上海大同書局石印本 四冊

410000－2241－0006509 K23.7273/2604

侯鯖詞五種 （清）吳唐林輯 清光緒十一年（1885）杭州刻本 二冊

410000－2241－0006510 K23.7273/2677

玉玲瓏館詞存一卷曲存一卷 （清）魏熙元撰 清光緒十六年（1890）一樹冬青書屋刻本 一冊

410000－2241－0006511 K23.573/3136

伏敔堂詩錄十五卷首一卷續錄四卷 （清）江湜撰 清同治元年至五年（1862－1866）長洲江氏刻本 一冊 存四卷（續錄四卷）

410000－2241－0006512 Z64/1043

分甘餘話四卷 （清）王士禛撰 清康熙刻本 四冊

410000－2241－0006513 Z76.6/2022

焦氏叢書十種 （清）焦循撰 清光緒二年（1876）衡陽魏氏刻本 四十八冊

410000－2241－0006514 K23.573/3148

悔翁詩餘五卷 （清）汪士鐸撰 清光緒九年（1883）合肥張氏味古齋刻本 一冊

410000－2241－0006515 Z76.6/2224

倭文瑞公遺書十一卷首二卷 （清）倭仁撰 清刻本 八冊

410000－2241－0006516 Z64/1293

北夢瑣言二十卷 （宋）孫光憲撰 清乾隆二

十一年（1756）德州盧氏雅雨堂刻雅雨堂藏書本 四冊

410000－2241－0006517 K25.366/3308

歸田瑣記八卷 （清）梁章鉅撰 清道光二十五年（1845）刻本 二冊

410000－2241－0006518 K23.7273/3141

春星堂續集十卷 （清）汪簠輯 清光緒十二年（1886）錢唐汪氏長沙刻叢睦汪氏遺書本 一冊 存二卷（匯香詞一卷、凭隱詩餘一卷）

410000－2241－0006519 Z76.6/4048

隨園三十六種 （清）袁枚撰 清光緒十九年（1893）石印本 二十四冊

410000－2241－0006520 K23.573/3150

容甫先生遺詩五卷補遺一卷附錄一卷 （清）汪中撰 清宣統二年（1910）順德鄧氏風雨樓鉛印本 一冊

410000－2241－0006521 K23.7273/3143

鬘雲軒詞二卷 （清）汪士進撰 清同治十一年（1872）都門刻本 一冊

410000－2241－0006522 K23.7273/3188

雙橋小築詞存五卷集餘一卷 （清）江人鏡撰 清光緒二十四年（1898）揚州運署題襟館刻本 一冊 存三卷（詞存一至三）

410000－2241－0006523 K23.7273/3288

曉夢春紅詞一卷 （清）潘介繁撰 清同治八年（1869）刻本 一冊

410000－2241－0006524 K23.7273/3433

話山草堂詩鈔四卷詞鈔一卷文鈔一卷 （清）沈道寬撰 清光緒三年（1877）大興沈敦蘭潤州榷廨刻話山草堂遺集本 一冊 存一卷（詞鈔一卷）

410000－2241－0006525 K23.7273/3672

粵西詞見二卷 況周儀撰 清光緒二十二年（1896）金陵刻本 一冊

410000－2241－0006526 Z64/3308

浪跡續談八卷叢談十一卷 （清）梁章鉅撰 清末刻本 四冊

410000 – 2241 – 0006527　Z76.6/4917

甌北全集七種　（清）趙翼撰　清光緒三年
(1877)滇南唐氏刻本　四十八冊

410000 – 2241 – 0006528　K23.7273/4207

景石齋詞略一卷　（清）姚詩雅撰　清光緒七
年(1881)刻本　一冊

410000 – 2241 – 0006529　K23.573/4030

蘇鄰遺詩續集一卷　（清）李鴻裔著　清光緒
十七年(1891)中江李氏上洋石印本　一冊

410000 – 2241 – 0006530　K23.7273/4302

甌江竹枝詞一卷　（清）戴文儁撰　清光緒六
年(1880)刻本　一冊

410000 – 2241 – 0006531　Z76.6/7535

番禺陳氏東塾叢書四種附一種　（清）陳澧撰
清咸豐至光緒間富文齋刻本　十冊

410000 – 2241 – 0006532　K25.366/3347

池上草堂筆記近錄六卷續錄六卷三錄六卷四
錄六卷　（清）梁恭辰撰　清光緒十六年
(1890)太倉趙崇慶刻本　八冊

410000 – 2241 – 0006533　Z64/3720

嘯亭雜錄十卷續錄三卷　（清）昭槤著　清末
上海文瑞樓石印本　四冊

410000 – 2241 – 0006534　K23.573/4425

證甌齋詩集八卷　（清）蔡鑾揚撰　清光緒六
年(1880)刻本　一冊

410000 – 2241 – 0006535　K25.37/1042

淞隱漫錄十二卷　（清）王韜撰　清光緒十年
(1884)石印本　四冊

410000 – 2241 – 0006536　K23.573/4447

帳墨居詩鈔一卷　（清）范其駿撰　清光緒十
六年(1890)刻本　一冊

410000 – 2241 – 0006537　K23.7273/4442

聊齋詞一卷　（清）蒲松齡撰　清宣統二年
(1910)上海國學扶輪社鉛印本　一冊

410000 – 2241 – 0006538　Z76.6/7710

水流雲在館叢書　（清）周天麟撰　清光緒二
十一年至二十五年(1895 – 1899)刻本　十冊

410000 – 2241 – 0006539　K23.7273/4444

花影吹笙詞鈔二卷小遊仙詞一卷　（清）葉英
華撰　清光緒三年(1877)刻本　一冊

410000 – 2241 – 0006540　K25.373/1122

四述奇十六卷　張德彝撰　清光緒九年
(1883)著易堂鉛印本　八冊

410000 – 2241 – 0006541　Z76.65/7224

劉氏遺書八卷　（清）劉台拱撰　清光緒十五
年(1889)廣雅書局刻本　二冊

410000 – 2241 – 0006542　K23.7273/4451

水雲樓詞二卷續一卷　（清）蔣春霖撰　清光
緒湖南思賢書局刻本　一冊

410000 – 2241 – 0006543　Z64/1044

詞林海錯類選四卷　（明）夏樹芳輯　清道光
十年(1830)同安陳榮春刻本　四冊

410000 – 2241 – 0006544　K23.573/4480

澹秋館遺詩一卷補遺一卷　（清）林毓麟撰
清宣統三年(1911)成都鉛印本　一冊

410000 – 2241 – 0006545　K23.7273/4947

約園詞稿十卷　（清）趙起撰　清光緒二十六
年(1900)春靄堂刻本　二冊

410000 – 2241 – 0006546　Z76.73/0013

鴻濛室叢書　（清）方玉潤撰　清咸豐十一年
至同治十三年(1861 – 1874)刻本　十九冊

410000 – 2241 – 0006547　K23.7273/6023

廬山詩錄四卷　易順鼎等撰　清光緒十九年
(1893)刻本　一冊

410000 – 2241 – 0006548　K23.573/4650

飲雪軒詩集四卷　（清）楊泰亨撰　清宣統二
年(1910)經畬家塾刻本　一冊

410000 – 2241 – 0006549　K23.7273/6093

鶴緣詞一卷　（清）呂耀斗撰　清光緒二十六
年(1900)呂氏敬止堂刻本　一冊

410000 – 2241 – 0006550　K23.573/4674

鏡海樓詩集四卷　（清）楊鳳翰撰　清光緒十
一年(1885)瀘州鹽局刻本　二冊

410000 – 2241 – 0006551　K23.7273/7205

麈根詞一卷　（清）劉恩黻撰　清光緒三十四年(1908)吳氏雙照樓刻朱印本　一冊

410000 – 2241 – 0006552　Z64/1243

讀書錄十一卷續錄十二卷　（明）薛瑄撰　清乾隆十一年(1746)薛天章刻本　八冊

410000 – 2241 – 0006553　K23.7273/7238

約園詞二卷　（清）劉淮年撰　清光緒十年(1884)刻本　二冊

410000 – 2241 – 0006554　K23.573/4782

壺盦類稿　（清）胡念修輯　清光緒二十七年(1901)刻鵠齋刻本　四冊

410000 – 2241 – 0006555　K23.7273/7213

夢玉詞一卷　（清）陳裴之撰　清道光四年(1824)刻本　一冊

410000 – 2241 – 0006556　Z64/1731

通俗編三十八卷　（清）翟灝撰　清乾隆十六年(1751)無不宜齋刻本　四冊

410000 – 2241 – 0006557　Z80.81/8324

新鐫經苑二十五種　（清）錢儀吉輯　清咸豐元年(1851)錢氏刻本　七十七冊

410000 – 2241 – 0006558　L33/5033

桐陰論畫二卷首一卷附錄一卷畫訣二卷二編二卷三編二卷　（清）秦祖永撰　清光緒八年(1882)刻朱墨套印本　四冊

410000 – 2241 – 0006559　K23.573/4917

飛鴻閣琴意二卷　（清）趙函撰　清道光十六年(1836)刻本　一冊

410000 – 2241 – 0006560　L35/4748

胡氏書畫攷三種　（清）胡敬輯　清嘉慶二十一年(1816)刻本　四冊

410000 – 2241 – 0006561　K23.7273/7790

小遊仙館詞鈔一卷　（清）周尚文撰　清同治六年(1867)刻本　一冊

410000 – 2241 – 0006562　K25.4/2287

耳食錄十二卷二編八卷　（清）樂鈞撰　清同治十年(1871)敦仁堂刻本　十冊

410000 – 2241 – 0006563　K23.7273/8709

冷紅詞四卷絕妙好詞校錄一卷　鄭文焯撰　清光緒二十二年(1896)歸安沈氏耦園刻本　一冊

410000 – 2241 – 0006564　Z84/8772

士禮居黃氏叢書十九種　（清）黃丕烈輯　清光緒十三年(1887)蜚英館影印本　二十八冊

410000 – 2241 – 0006565　K25.5/7577

繡像三國演義續編十二卷　題(清)陳氏尺蠖齋評釋　清光緒十九年(1893)上海廣百宋齋鉛印本　八冊

410000 – 2241 – 0006566　K23.7273/8709

比竹餘音四卷　鄭文焯撰　清光緒二十八年(1902)吳興沈氏刻本　一冊

410000 – 2241 – 0006567　K23.7273/8741

蓮因室詩集二卷詞集一卷　（清）鄭蘭孫撰　清光緒元年(1875)刻本　一冊

410000 – 2241 – 0006568　Z84.63/1320

三禮義證十二卷　（清）武億撰　清道光二十三年(1843)偃師武氏刻授堂遺書本　二冊

410000 – 2241 – 0006569　K25.65/3663

鐫玉茗堂批點殘唐五代史演義傳六卷六十回　（明）羅本編輯　（明）湯顯祖批評　清致遠堂刻本　二冊

410000 – 2241 – 0006570　Z64/2132

何氏語林三十卷　（明）何良俊撰并注　明嘉靖二十九年(1550)華亭何氏清森閣刻本　十冊

410000 – 2241 – 0006571　Z85/1061

羣經異字同聲考四卷　（清）丁顯撰　清光緒十六年(1890)刻本　四冊

410000 – 2241 – 0006572　K25.65/6041

新刻三寶太監西洋記通俗演義二十卷一百回　（明）羅懋登編次　清光緒上海申報館鉛印申報館叢書本　十冊

410000 – 2241 – 0006573　K23.7273/8824

鳳孫樓詞二卷　（清）管繩萊撰　清光緒元年

(1875)武進管氏刻本　一冊

410000－2241－0006574　Z85.19/7175

左傳事緯十二卷左傳字釋一卷　（清）馬驌編論　清乾隆四十九年（1784）黃氏懷澄堂刻本六冊

410000－2241－0006575　K23.573/6634

紉蘭室詩鈔三卷鰈硯廬詩鈔二卷聯吟集一卷（清）嚴永華著　清光緒十七年（1891）刻本二冊

410000－2241－0006576　K26.65/8324

改良繪圖解人頤廣集八卷　（宋）胡銓撰（清）錢德蒼重訂　清光緒三十二年（1906）善記書莊石印本　四冊

410000－2241－0006577　K25.66/0030

繪圖鳳凰山十卷七十二回　（清）□□撰　清宣統二年（1910）上海章福記書局石印本十冊

410000－2241－0006578　Z88.3/1320

經讀考異八卷補一卷句讀敘述二卷補一卷（清）武億著　翟晴江四書攷異内句讀一卷（清）翟灝撰　清道光二十三年（1843）偃師武氏刻授堂遺書本　二冊

410000－2241－0006579　K25.66/1000

繡像九美圖全傳十二卷七十五回　（清）曹春江編　清道光二十三年（1843）四友軒刻本十二冊

410000－2241－0006580　K23.73/7503

岱游集一卷　（清）陳文述撰　清宣統元年（1909）江浦陳氏上海刻房山山房叢書本一冊

410000－2241－0006581　K23.81/7510

御定歷代賦彙一百四十卷外集二十卷逸句二卷補遺二十二卷目錄三卷　（清）陳元龍編輯　清康熙四十五年（1706）内府刻本　三十六冊

410000－2241－0006582　K23.81/7771

七十家賦鈔六卷　（清）張惠言輯　清道光元

年（1821）合河康氏刻本　四冊

410000－2241－0006583　K25.66/1040

雙鳳奇緣傳八十回　題（清）雪樵主人撰　清嘉慶十四年（1809）忠恕堂刻本　十六冊

410000－2241－0006584　K23.8127/7120

六朝唐賦讀本二卷　（清）馬傳庚選注　清同治十三年（1874）京都玉燕書巢馬氏刻本二冊

410000－2241－0006585　Z85.4/1032

公羊傳一卷穀梁傳一卷　（清）王源評訂（清）程茂粲正　清康熙五十五年（1716）柳衣園刻本　二冊

410000－2241－0006586　K25.66/1049

新鐫玉茗堂批評按鑑粲補北宋志傳十卷五十回南宋志傳十卷五十回　題（明）研石山樵訂正　清經元堂刻本　八冊

410000－2241－0006587　K23.86/7110

兩浙輶軒續錄五十四卷姓氏韻編一卷補遺六卷姓氏韻編一卷　（清）潘衍桐訂　清光緒十七年（1891）浙江書局刻本　四十冊

410000－2241－0006588　Z87/1244

四書考輯要二十卷　（清）陳宏謀輯　（清）陳蘭森編校　清乾隆三十六年（1771）桂林陳氏培遠堂刻本（有圖）　八冊

410000－2241－0006589　K23.92/1033

有正味齋駢文二十四卷首一卷　（清）吳錫麒撰　（清）王廣業箋　（清）葉聯芬注　清光緒十五年（1889）上海蜚英館石印本　四冊

410000－2241－0006590　M6/4071

教務紀略四卷首一卷　李剛己輯　清光緒三十年（1904）山東印書館鉛印本　五冊

410000－2241－0006591　Z88.3/1320/2

羣經義證八卷　（清）武億著　清道光二十三年（1843）偃師武氏刻授堂遺書本　一冊

410000－2241－0006592　K24.1/2180

紫釵記二卷　（明）湯顯祖撰　清刻本　八冊

410000－2241－0006593　K25.66/1074

新刊繡像彭公案二十三卷一百回　（清）王辰
桐撰　清光緒十八年（1892）刻本　二十四冊

410000 － 2241 － 0006594　N08.1/3444

小方壺齋輿地叢鈔十二帙補編十二帙再補編
十二帙　王錫祺輯　清光緒十七年至二十三
年（1891 － 1897）上海著易堂鉛印本　八十
四冊

410000 － 2241 － 0006595　K25.66/1089

新刊五美緣全傳八卷八十回　題（清）寄生氏
撰　清道光十二年（1832）三餘堂刻本　十
二冊

410000 － 2241 － 0006596　K23.573/7545

孝威詩集十八卷　（清）陳孝威撰　清光緒十
七年（1891）鉛印本　二冊

410000 － 2241 － 0006597　K25.66/2644/2

儒林外史五十六回　（清）吳敬梓撰　題（清）
天目山樵評　清光緒七年（1881）上海申報館
鉛印本　十冊

410000 － 2241 － 0006598　K25.66/2644

齊省堂增訂儒林外史五十六回　（清）吳敬梓
撰　清同治十三年（1874）刻本　十六冊

410000 － 2241 － 0006599　K23.573/7775

硯東詩鈔二卷　（清）歐陽輅撰　王先謙選
清光緒十五年（1889）長沙王氏刻本　一冊

410000 － 2241 － 0006600　Z87.5/0030

游定夫先生集六卷首一卷末一卷　（宋）游酢
撰　清同治六年（1867）新化游智開和州官舍
刻本　二冊

410000 － 2241 － 0006601　K25.66/2767

錦上花四十八回　題（清）修目閣主人撰　清
嘉慶十八年（1813）善成堂刻本　十冊

410000 － 2241 － 0006602　K25.66/3275

繡像雙珠鳳全傳十二卷八十回　（清）□□撰
　清光緒十八年（1892）淨雅書屋刻本　十
二冊

410000 － 2241 － 0006603　N16/4040

環遊地球新錄四卷　（清）李圭撰　清光緒四

年（1878）鉛印本　四冊

410000 － 2241 － 0006604　K23.573/8046

蓉谷詩鈔十一卷駢文一卷　（清）曾旭著　清
同治五年（1866）湘潭曾氏聽香唫舫刻本
四冊

410000 － 2241 － 0006605　K25.66/4828

新鐫孫龐演義六卷二十回　（清）□□撰　清
古吳文秀堂刻本　四冊

410000 － 2241 － 0006606　Z88.3/1204

顨軒孔氏所著書　（清）孔廣森撰　清謙益堂
刻本　十二冊

410000 － 2241 － 0006607　Z64/2322

霜紅龕集四十卷　（清）傅山撰　附錄三卷傅
青主先生年譜一卷　丁寶銓編　清宣統三年
（1911）山陽丁氏刻本　十二冊

410000 － 2241 － 0006608　K24.14/4448

藏園九種曲　（清）蔣士銓撰　清經綸堂刻本
十二冊

410000 － 2241 － 0006609　N24/2063

支那疆域沿革略說一卷　（日）重野安繹
（日）河田羆著　清末輿地學會刻本　一冊

410000 － 2241 － 0006610　Z64/3044

讀書紀數略五十四卷　（清）宮夢仁輯　清康
熙四十六年至四十七年（1707 － 1708）宮夢仁
刻本　十二冊

410000 － 2241 － 0006611　K25.66/7421

林蘭香八卷六十四回　題（清）隨緣下士編輯
　題（清）寄旅散人批點　清光緒二十年
（1894）維新堂刻本　八冊

410000 － 2241 － 0006612　Z88.8/7744

五經類編二十八卷　（清）周世樟編輯　清雍
正二年（1724）刻本　十冊

410000 － 2241 － 0006613　K23.71/4460

唐宋諸賢絕妙詞選十卷中興以來絕妙詞選十
卷　（宋）黃昇輯　明末古虞毛氏汲古閣刻本
五冊

410000 － 2241 － 0006614　K23.7/4712

317

苾芻館詞集六卷　（清）胡延撰　清光緒二十九年（1903）金陵糧儲道廨刻本　四冊

410000－2241－0006615　N26/2671

宸垣識略十六卷　（清）吳長元輯　清光緒二年（1876）寶林堂刻本　八冊

410000－2241－0006616　N26/3154

西征日記一卷（清光緒三年至四年）　汪振聲撰　清光緒二十六年（1900）夢華軒刻本　一冊

410000－2241－0006617　K25.66/7537

雪月梅傳十卷五十回　（清）陳朗編輯　（清）董孟汾評釋　邵松年校定　清乾隆四十年（1775）刻本　十冊

410000－2241－0006618　N28.92/1087

齊乘六卷　（元）于欽纂　釋音一卷　（元）于潛撰　清乾隆四十六年（1781）刻本　四冊

410000－2241－0006619　K25.66/7540

西遊真詮一百回　（明）吳承恩撰　（清）陳士斌詮解　清刻本　二十冊

410000－2241－0006620　K24.152/3572

虎口餘生傳奇四卷　題（清）遺民外史撰　清刻本　四冊

410000－2241－0006621　Z89/0080

小學六卷　（清）高愈纂注　清同治八年（1869）江蘇書局刻本　四冊

410000－2241－0006622　Z89.1/4476

拾雅二十卷　（清）夏味堂述　（清）夏紀堂注　清嘉慶二十五年（1820）高郵夏氏刻本　十冊

410000－2241－0006623　Z64/4463

寄蝸殘贅十六卷　（清）汪堃纂　清同治十一年（1872）不懼無悶齋刻本　八冊

410000－2241－0006624　K25.66/8832

新刻粉粧樓傳記十卷八十回　題（清）竹溪山人撰　清嘉慶十年（1805）竹溪山人刻本　十二冊

410000－2241－0006625　K23.71/1090

四印齋彙刻宋元三十一家詞　（清）王鵬運輯　清光緒十九年（1893）臨桂王氏刻四印齋所刻詞本　四冊

410000－2241－0006626　Z89.1/6616

爾雅匡名二十卷　（清）嚴元照撰　清光緒十一年（1885）吳興陸氏守先閣刻本　四冊

410000－2241－0006627　K23.71/1137

蜨花樓詞鈔一卷續集一卷　（清）張湄撰　清道光二十三年至二十四年（1843－1844）刻本　一冊

410000－2241－0006628　Z89.1/0849

爾雅蒙求二卷　（清）李拔式撰　清旌孝堂刻本　二冊

410000－2241－0006629　K24.1525/7501

繪風亭評第七才子書琵琶記六卷寫清篇一卷　（元）高明撰　（明）毛聲山批　清雍正元年（1723）三多齋刻本　八冊

410000－2241－0006630　Z64/4449

無邪堂答問五卷　（清）朱一新撰　清光緒二十一年（1895）順德葆真堂刻本　五冊

410000－2241－0006631　Z89.9/3191

石經彙函十種　王秉恩輯　清光緒十六年（1890）四川尊經書局刻本　十六冊

410000－2241－0006632　T92.3/7267

歷代黃河變遷圖考十卷　（清）劉鶚撰　清光緒十九年（1893）袖海山房石印本　四冊

410000－2241－0006633　Z89.9/7247

漢魏石經考三篇　（清）劉傳瑩撰　清光緒十二年（1886）沌城黃氏試舘刻本　一冊

410000－2241－0006634　V2/3442

沈氏尊生書七種　（清）沈金鰲撰　清乾隆四十九年（1784）無錫沈氏刻本　二十四冊

410000－2241－0006635　Z64/4477

錫金識小錄十二卷　（清）黃印輯　清光緒二十二年（1896）木活字印本　六冊

410000－2241－0006636　V24.173/1022

注解傷寒論十卷　（漢）張仲景（機）述

（晉）王叔和撰次　（金）成無己注解　**傷寒明理論四卷**　（金）成無己撰　清光緒二十二年（1896）湖南書局刻本　六冊

410000－2241－0006637　K24.1526/7507
紅樓夢傳奇八卷　（清）陳鍾麟填詞　清道光十五年（1835）廣州汗青齋刻本　八冊

410000－2241－0006638　V91/3080
補註洗冤錄集證四卷　（宋）宋慈撰　（清）王又槐集證　（清）阮其新補註　**檢骨圖格一卷**　（清）刑部題定　**作吏要言一卷**　（清）葉鎮著　（清）朱椿增　清道光二十三年（1843）刻三色套印本　四冊

410000－2241－0006639　K23.71/1150
詞選二卷附錄一卷續詞選二卷宋四家詞選一卷唐五代詞選三卷樂府指迷一卷詞旨一卷詞源二卷　（清）張惠言等選錄　清刻本　四冊

410000－2241－0006640　K24.1526/7534
繡像義妖全傳二十八卷五十四回　（清）陳遇乾撰　（清）陳士奇　（清）俞秀山評定　清光緒二年（1876）刻本　四冊

410000－2241－0006641　Z64/4917
簷曝雜記六卷　（清）趙翼撰　清刻本　二冊

410000－2241－0006642　Z64/4944
寄園寄所寄十二卷　（清）趙吉士輯　清康熙三十五年（1696）休寧趙氏寄園刻本　十二冊

410000－2241－0006643　K23.71/3126
詞學叢書六種　（清）秦恩復輯　清嘉慶、道光間江都秦氏享帚精舍刻本　十冊

410000－2241－0006644　K24.526/7230
小蓬萊傳奇十種　（清）劉清韻填詞　（清）錢梅坡校訂　清光緒二十六年（1900）上海藻文石印本　六冊

410000－2241－0006645　K23.71/4075
四明近體樂府十四卷　（清）袁鈞輯　清嘉慶二十三年（1818）慈谿鄭喬遷藏密盧刻本　二冊

410000－2241－0006646　Z64/7436

冷廬雜識八卷　（清）陸以湉撰　清咸豐六年（1856）刻光緒十九年（1893）烏程龐氏重修本　八冊

410000－2241－0006647　K23.71/4124
詞綜三十六卷　（清）朱彝尊抄撮　（清）汪森增定　（清）柯崇樸編次　（清）周篔辨譌　（清）王昶纂　清康熙十七年（1678）休陽汪森裘杼樓刻三十年（1691）增刻乾隆九年（1744）汪氏碧梧書屋重修本　十二冊

410000－2241－0006648　K23.71/4423
十國宮詞一卷　（清）莊師洛著　（清）何其偉注　清嘉慶九年（1804）刻本　一冊

410000－2241－0006649　Z64/8080
熙朝新語十六卷　（清）余金輯　清嘉慶二十三年（1818）刻本　三冊

410000－2241－0006650　Z66.7/2624
寒松堂全集十二卷寒松老人年譜一卷　（清）魏象樞撰　清嘉慶十六年（1811）蔚州魏氏刻本　十三冊

410000－2241－0006651　K23.716/1036
詞綜三十八卷　（清）朱彝尊抄撮　（清）汪森增定　（清）柯崇樸編次　（清）周篔辨譌　**明詞綜十二卷國朝詞綜四十八卷二集八卷**　（清）王昶纂　清光緒二十八年（1902）金匱浦氏刻本　十二冊　存五十六卷（國朝詞綜四十八卷、二集八卷）

410000－2241－0006652　K23.716/1188
絳跗山館詞錄三卷　（清）張金鏞撰　清咸豐二年（1852）刻本　一冊

410000－2241－0006653　K23.716/1192
國朝金陵詞鈔八卷閨秀一卷　陳作霖輯　清光緒二十八年（1902）刻本　四冊

410000－2241－0006654　K23.716/2741
國朝常州詞錄三十一卷　繆荃孫校輯　清光緒二十二年（1896）江陰繆氏雲自在龕刻本　十二冊

410000－2241－0006655　K23.716/3672

薇省詞鈔十卷附錄一卷　況周儀撰錄　清光
緒二十四年(1898)廣陵刻本　四冊

410000－2241－0006656　K23.7165/7110
詞林韻釋一卷　(宋)□□編　清嘉慶十五年
(1810)刻本　一冊

410000－2241－0006657　K23.717/1132
綠竹詞二種　(清)□□輯　清末刻本　一冊

410000－2241－0006658　Z73/2114
嶺南遺書六集五十九種　(清)伍元薇　(清)
伍崇曜輯　清道光、同治間南海伍氏粵雅堂
文字歡娛室刻本　八十八冊

410000－2241－0006659　K23.717/7724
聽秋軒閨中同人集一卷　(清)駱綺蘭輯　清
刻本　一冊

410000－2241－0006660　K23.7173/3443
粵東三家詞鈔　(清)葉衍蘭編　清光緒二十
一年(1895)刻本　一冊

410000－2241－0006661　K23.7173/3677
和珠玉詞一卷　(清)張祥齡等撰　清光緒二
十年(1894)刻本　一冊

410000－2241－0006662　K23.7173/4757
同人詞選　(清)孫漍輯　清咸豐三年(1853)
刻本　一冊　存六種六卷

410000－2241－0006663　Z73.4/1013
西政叢書三十二種　題(清)求自強齋主人輯
清光緒二十三年(1897)慎記書莊石印本
三十二冊

410000－2241－0006664　Z73.4/1631
古微堂內集三卷外集七卷　(清)魏源著　清
光緒四年(1878)淮南書局刻本　四冊

410000－2241－0006665　Z73.4/7123
龍威祕書十集一百七十七種　(清)馬俊良編
清乾隆五十九年至嘉慶元年(1794－1796)
石門馬氏大酉山房刻本　八十冊

410000－2241－0006666　Z73.4/2808
隨庵徐氏叢書十種　徐乃昌輯　清光緒南陵
徐氏刻本　八冊

410000－2241－0006667　Z73.4/3225
海山仙館叢書五十六種　(清)潘仕成輯　清
道光、咸豐間番禺潘氏刻本　一百二十一冊

410000－2241－0006668　48.3222/113
王氏書畫苑　(明)王世貞　(明)詹景鳳輯
明萬曆十八年至十九年(1590－1591)王元貞
刻本　十六冊　存十三種三十七卷

410000－2241－0006669　44.5356/901
何氏語林三十卷　(明)何良俊撰并注　明嘉
靖二十九年(1550)華亭何氏青森閣刻本　十
二冊

410000－2241－0006670　44.234/422
靈隱子六卷　(唐)駱賓王撰　(明)陳魁士注
明萬曆二十四年(1596)陳大科刻本　六冊

410000－2241－0006671　44.53/113
新鎸玉茗堂批選王弇州先生豔異編四十卷續
編十九卷　(明)王世貞撰　(明)湯顯祖評
明末刻本　二十冊

410000－2241－0006672　26.3294/210
金薤琳琅二十卷　(明)都穆撰　補遺一卷
(清)宋振譽撰　清乾隆四十三年(1778)餘姚
汪荻洲刻本　四冊

410000－2241－0006673　44.2496/437/2
重刻吳淵潁集十二卷　(元)吳萊著　(明)宋
濂編　(清)查遴輯　附錄一卷　清康熙四十
九年(1710)浦江吳氏豹文堂刻雍正元年
(1723)重修本　四冊

410000－2241－0006674　43.23256/303
詩宗彙韻二十六卷　(明)司馬泰編　明嘉靖
二十五年(1546)抄本　二十四冊

410000－2241－0006675　44.73/456＝2.02
開橋寶卷一卷　(清)□□撰　清光緒二十九
年(1903)王聚泰抄本　一冊

410000－2241－0006676　97.34/965
藝苑捃華四十八種　(清)顧之逵輯　清同治
七年(1868)務本堂刻本　二十四冊

410000－2241－0006677　13.118/525

味經齋遺書　（清）莊存與撰　清光緒陽湖莊氏刻本　二冊　存二種五卷

410000－2241－0006678　13.123079/370

闕里文獻考一百卷首一卷末一卷　（清）孔繼汾纂輯　清乾隆二十七年(1762)刻本　八冊

410000－2241－0006679　13.41/987

理學庸言二卷　（清）金錫齡撰　清光緒二十一年(1895)番禺金氏刻本　一冊

410000－2241－0006680　22.03/718.02

史通通釋二十卷　（清）浦起龍釋　清光緒十九年(1893)上海文瑞樓石印本　八冊

410000－2241－0006681　22.113/416－2

文獻通考詳節二十四卷　（元）馬端臨著（清）嚴虞惇錄　清乾隆二十九年(1764)嚴有禧繩武堂刻本　六冊　存十九卷(一至十九)

410000－2241－0006682　22.1242/524

通鑑綱目分註補遺四卷書法存疑一卷　（清）芮長恤述　（清）繆德菜校正　清光緒十六年(1890)溧陽繆氏小嶼山館刻本　四冊

410000－2241－0006683　22.181/833

朱九江先生論史口說一卷　（清）朱次琦撰（清）邱煒萲斠　清光緒二十六年(1900)粵城實經閣刻本　一冊

410000－2241－0006684　22.181/247

讀史論略一卷　（清）杜詔撰　清光緒二十九年(1903)鎮江善化堂刻本　一冊

410000－2241－0006685　22.225/158

晉書校文五卷　丁國鈞撰　清光緒二十年(1894)常熟丁氏木活字印常熟丁氏叢書本　二冊

410000－2241－0006686　22.273/378.02

庸閒齋筆記十二卷　（清）陳其元撰　清光緒十五年(1889)上海檢古齋石印本　六冊

410000－2241－0006687　22.6/392.03

廣輿記二十四卷　（明）陸應陽纂　（清）蔡方炳增輯　清康熙刻本　十四冊

410000－2241－0006688　22.6/720

乾隆府廳州縣圖志五十卷　（清）洪亮吉編清光緒二十三年(1897)新化三味書室刻本二十冊

410000－2241－0006689　22.6213/982.062

[康熙]益都縣志十四卷首一卷　（清）陳食花修　（清）鍾諤纂　清康熙十一年(1672)刻本六冊

410000－2241－0006690　22.6222/751

歷下志遊正編四卷外編四卷　題（清）師史氏撰　清光緒上海申報館鉛印申報館叢書本二冊

410000－2241－0006691　22.6223/167.073

[同治]黃縣志十四卷首一卷末一卷　（清）尹繼美修　（清）王棠纂　清同治十年(1871)刻本　四冊

410000－2241－0006692　982.52/7132

[道光]如皋縣續志十二卷　（清）范仕義修（清）吳鎧纂　清道光十七年(1837)刻本二冊

410000－2241－0006693　22.6514/438.795

[光緒]黎里續志十六卷首一卷　（清）蔡丙圻纂修　清光緒二十五年(1899)禊湖書院刻本六冊

410000－2241－0006694　Z73.6/3127－2

南宋群賢小集七十四種　（清）顧修輯　清嘉慶六年(1801)石門顧氏讀畫齋刻本　三十二冊

410000－2241－0006695　51.1249/828－2

算學啟蒙通釋三卷　（元）朱世傑編撰　（清）徐鳳誥學　清光緒十二年(1886)甘泉徐鳳誥刻本　三冊

書名筆畫字頭索引

十一畫

十二畫

335

十七畫

十八畫

書名筆畫索引

三畫

四畫

六畫

七畫

369

371

九畫

373

376

十畫

384

390

393

十二畫

400

十三畫

408

十四畫

十五畫

415

417

十六畫

十七畫

十八畫

428

429

二十二畫

二十三畫

二十四畫

二十五畫